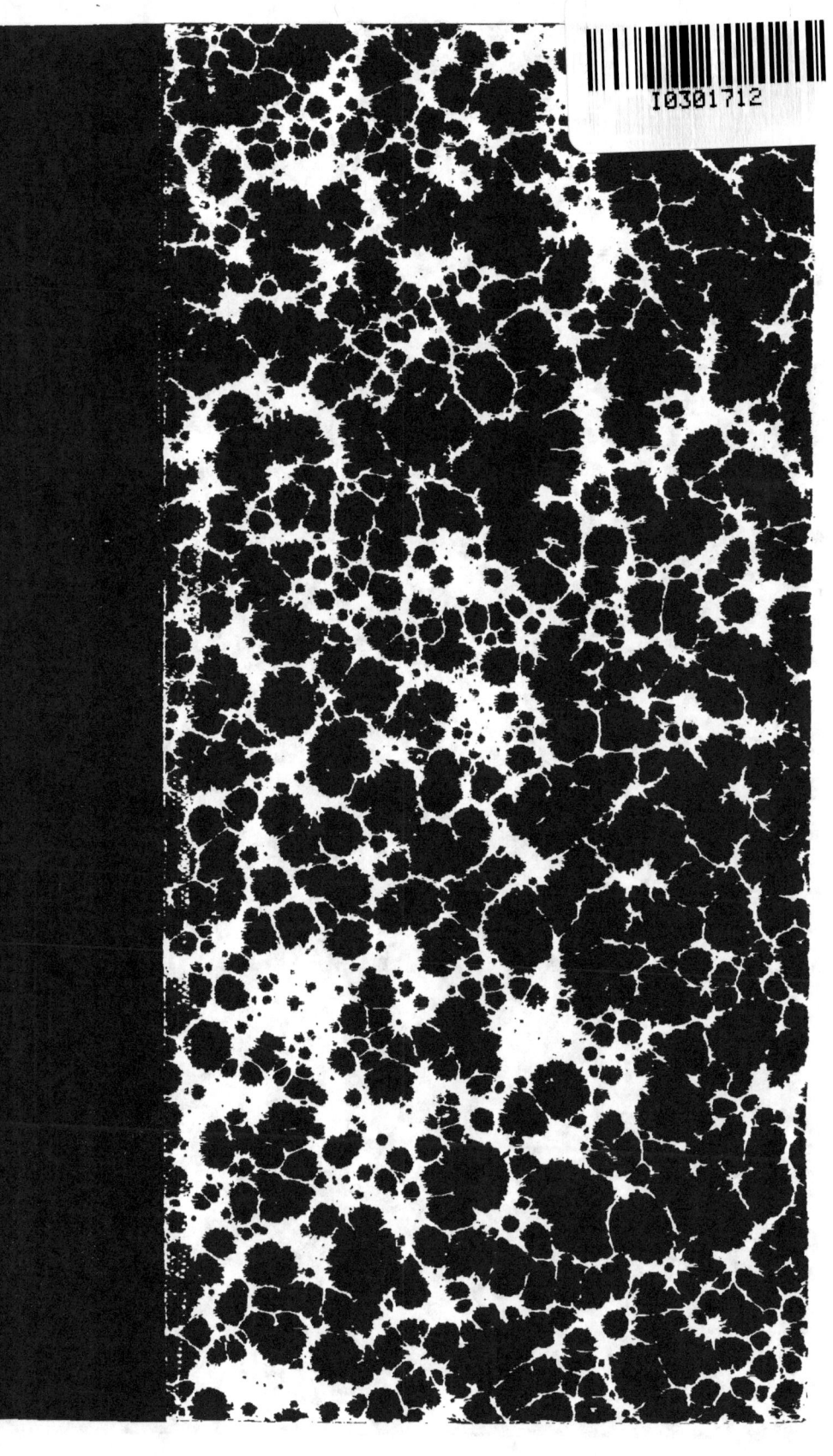

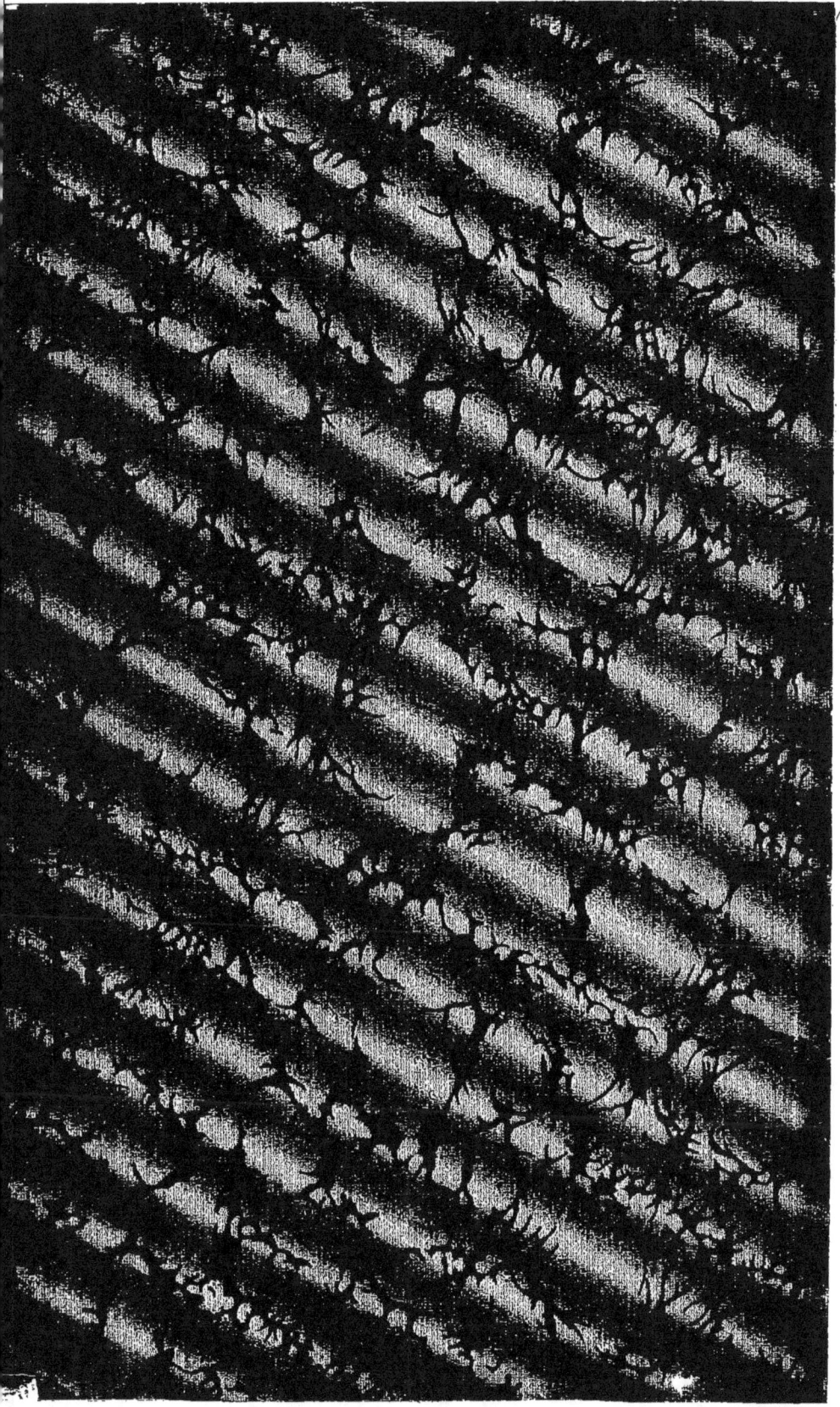

BIBLIOTHÈQUE
DE LA
VILLE DE MONTPELLIER

CATALOGUE

DES

OUVRAGES LÉGUÉS

PAR

M. LE Dr C.-A. FAGES

IMPRIMÉ PAR DÉCISION DU CONSEIL MUNICIPAL, EN DATE DU 12 AVRIL 1879

MONTPELLIER
IMPRIMERIE GROLLIER, BOULEVARD DU PEYROU

1880

Salle des Catalogues

CATALOGUE

DES

OUVRAGES LÉGUÉS A LA VILLE DE MONTPELLIER

PAR

M. le Dr C.-A. FAGES

BIBLIOTHÈQUE
DE LA
VILLE DE MONTPELLIER

CATALOGUE
DES
OUVRAGES LÉGUÉS
PAR
M. LE Dr C.-A. FAGES

IMPRIMÉ PAR DÉCISION DU CONSEIL MUNICIPAL, EN DATE DU 12 AVRIL 1879

MONTPELLIER
IMPRIMERIE GROLLIER, BOULEVARD DU PEYROU

1880

CATALOGUE
DES LIVRES

LÉGUÉS A LA VILLE DE MONTPELLIER

PAR

LE DR C.-A. FAGES.

A

1. **A'Bdoûl-Kerym.** Voyage de l'Inde à la Mekke, extrait et traduit de la version anglaise de ses Mémoires, avec des notes par L. Langlès. — *Paris, Crapelet,* an V-1797, *in-12.*

2. **Abercrombie** (J.). Inquiries concerning the intellectual powers and the investigation of Truth; second édition. — *Edinburgh, Waugh and Innes,* 1831, *in-8°.*

3. Abrégé historique de la grande Émigration des Peuples Barbares et des Émigrations principales arrivées dans l'ancien monde, depuis cette époque (par Rœderer). — *Bruxelles, De Mat,* 1817, *in-8°.*

4. Académie Celtique (Mémoires de l'), ou Mémoires d'antiquités celtiques, gauloises et françaises, publiés par l'Académie celtique. — *Paris, Dentu,* 1807-09, T. I-IV, *in-8°.*

5. Académie royale de Prusse (Mémoires de l'), concernant l'anatomie, la physiologie, la physique, l'histoire naturelle, etc.; par M. Paul, de la Société royale des sciences de Montpellier. — *Avignon, Niel,* 1768, *10 vol. in-12.*

6. **Ackermann** (J.-F.). Uber die Kretinen, eine besondre Menschenabart in dem Alpen. — *Gotha, Ettinger,* 1790, *in-8°.*

7. **Ackermann** (J.-Ch.-G.). Opuscula ad Medicinæ Historiam pertinentia. — *Norimbergæ, in Bibliopolio Steiniano,* 1797, *in-8°.*

8. **Acosta** (J.). Histoire naturelle et morale des Indes, tant orientales qu'occidentales; où il est traicté des choses remarquables du ciel, des élémens, métaux, plantes et animaux qui sont propres de ce pays; ensemble des mœurs, cérémonies, loix, gouvernemens et guerres des mesmes Indiens; traduicte en françois par Robert Regnauld. Dernière édition. — *Paris, Tiffaine*, 1616, *in-8°*.

9. Actes de la Société d'Histoire naturelle de Paris. Tome I. Première partie. — *Paris, Regnier*, 1792, *in-fol., frontisp. et pl. gr.*

10. **Adam** (Al.). Histoire d'Espagne, depuis la découverte qui en a été faite par les Phéniciens, jusqu'à la mort de Charles III; traduite de l'anglais sur la 2ᵉ édition; par P.-C. Briand. — *Paris, Collin*, 1808, *4 vol. in-8°*.

11. — Antiquités romaines, ou tableau des mœurs, usages et institutions des Romains; traduit de l'anglais sur la septième édition, avec des notes (par de Laubépin). — *Paris, Verdière*, 1818, *2 vol. in-8°*.

12. **Adanson** (M.). Histoire Naturelle du Sénégal. Coquillages; avec la relation abrégée d'un voyage fait en ce pays, pendant les années 1749-57. — *Paris, Bauche*, 1757, *in-4°, pl. gr.*

13. — Familles des Plantes. Contenant une Préface Istorike *(sic)* sur l'état ancien et actuel de la Botanike, et une Téorie de cette science. — *Paris, Vincent*, 1763, *2 vol. in-8°, pl. gr.*

14. — Cours d'Histoire Naturelle fait en 1772; publié avec une Introduction et des notes, par M. J. Payer. — *Paris, Masson et Cⁱᵉ*, 1845, *2 vol. gr. in-8°*.

15. **Adelon** (N.-P.). Physiologie de l'Homme; seconde édition. — *Paris, Compère*, 1829, *4 vol. in-8°*.

16. **Adelung** (Fr.). Versuch einer Literatur der Sanskrit-Sprache. — *Sᵗ-Petersburg, Kray*, 1830, *in-8°*.

17. **Adelung** (Joh.-Christ). Mithridates oder allgemeine Sprachenkunde mit dem vater unser als sprachprobe in bey nahe fünfhundert sprachen und mundarten. — *Berlin, Voss*, 1806-17, *4 vol. in-8° rel en 5*.

18. **Ader** (J.-J.). Résumé de l'histoire du Béarn, de la Gascogne supérieure et des Basques. — *Paris, Lecointé et Durey*, 1826, *in-16*.

— 3 —

19. **Adhémar** (J.). Révolutions de la Mer. Déluges périodiques. Deuxième édition. — *Paris, Lacroix-Comon*, 1860, *in-8°, pl. gr.*

20. **Ælianus.** De Natura animalium libri XVII. Cum animadversionibus C. Gesneri, et D. W. Trilleri : curante Abr. Gronovio, qui et suas adnotationes adjecit. — *Londini, Bowyer*, 1744, 2 *vol. in-4°.*

21. **Agardh** (C.-A.). Systema Algarum. — *Lundæ, Literis Berlingianis*, 1824, *in-12.*

22. **Agassiz** (L.). De l'Espèce et de la Classification en Zoologie ; traduction de l'anglais par Félix Vogeli ; édition revue et augmentée par l'auteur. — *Paris, Baillière*, 1869, *in-8°.*

23. **Agassiz** (L.) et **Gould** (A.-A.). Outlines of comparative Physiology, touching the structure and development of the Races of animals, Living and Extinct ; edited from the revised Edition and greatly enlarged, by Thomas Wright. — *London, Bohn*, 1851, *in-8°, fig.*

24. **Agrippa** (H.-C.). De la grandeur et de l'excellence des Femmes au-dessus des Hommes. Ouvrage composé en latin et traduit en françois, avec des notes curieuses et la vie d'Agrippa (par d'Arnaudin neveu). — *Paris, Babuty*, 1713, *in-12.*

25. **Aignan.** Le Prestre médecin, ou discours physique sur l'établissement de la Médecine. Avec un Traité du Caffé et du Thé de France, selon le système d'Hippocrate. — *Paris, d'Houry*, 1696, *in-12.*

26. **Aignan** (E.). Bibliothèque étrangère d'histoire et de littérature ancienne et moderne, ou choix d'ouvrages remarquables et curieux, traduits ou extraits de divers auteurs, avec des notices et des remarques. — *Paris, Ladvocat*, 1823-24, 3 *vol. in-8°.*

27. **Aikin** (J.). Observations sur les Hôpitaux, relatives à leur construction, aux vices de l'air d'hôpital, aux moyens d'y remédier, à l'admission ou rejet des malades, à la maladie antisociale, à la petite vérole, aux femmes en couche, aux insensés, etc. Ouvrage traduit de l'anglais, avec quelques notes, par M. Verlac. — *Paris, Briand*, 1788, *in-12.*

28. — Biographical Memoirs of Medecine in Great Britain from the revival of Literature to the time of Harvey. — *London, Johnson*, 1780, *in-8°.*

29. **Aikin** (J.). England described : being a concise delineation of every county in England and Wales, with an account of its most important products, notices of the principal seats, etc. — *London, Baldwin,* 1818, *in-8°, carte.*

30. **Albanès** (A. d') et **Fath** (G.). Les Nains célèbres depuis l'antiquité jusques et y compris Tom-Pouce. — *Paris, Havard,* 1846, *in-8°, fig.*

31. **Alberti** (F.). Nouveau Dictionnaire Français-Italien et Italien-Français, composé sur les Dictionnaires des Académies de France et de la Crusca. Troisième édition. — *Lyon, Delamollière,* 1788, 2 *vol. in-4°.*

32. **Alberti** (L.). Description physique et historique des Cafres sur la côte méridionale de l'Afrique. — *Amsterdam, Maaskamp,* 1811, *in-8°, planches.*

33. **Albin** (E.). Insectorum Angliæ naturalis historia illustrata in centum tabulis æneis eleganter ad vivum expressis, et istis, qui id poscunt accurante etiam coloratis. His accedunt annotationes et observationes a Guil. Derham. — *Londini, Innys,* 1731, *gr. in-4°, pl. coloriées.*

34. **Albinus** (P.). Commentatio de Linguis peregrinis atque Insulis ignotis ex scripto manu ipsius exarato. Edidit M. Samuel Cnanthius ; accedit Hugonis Grotii de Origine Gentium Americanarum Dissertatio. — *Vittembergæ in Saxonibus, Meiselius,* 1714, *in-12.*

35. **Aldrovandus** (U.). De Animalibus Insectis libri septem cum singulorum iconibus ad vivum expressis. — *Bononiæ, Ferronius,* 1638, *in-fol.*

36. **Alexander ab Alexandro.** Genialium Dierum libri VI. — *Parisiis, Vascosanus,* 1549, *in-8°.*

37. **Alexandri** (V.). Les Doïnas, poésies Moldaves, traduites par J.-E. Voinesco, précédées d'une Introduction par Georges Bell. Deuxième édition. — *Paris, Cherbulliez,* 1855, *in-12.*

38. **Alfieri** (V.). De la Tyrannie. Traduction exacte de l'italien (par Merget). — *Paris, Molini,* an X-1802, *in-8°.*

39. **Allard** (C.). Souvenirs d'Orient. La Dobroutcha. — *Paris, Douniol,* 1859, *in-8°, pl. gr.*

40. **Allazzi** (L.). Leonis Allatii animadversiones in Antiquitatum Etruscarum fragmenta ab Inghiramio edita. — *Parisiis, Cramoisy,* 1640, *in-4°.*

41. Allemands (Des), par un Français (de Fabry). — *Paris, Amyot,* 1846, *in-8°*.

42. **Alletz** (E.). Essai sur l'Homme, ou accord de la Philosophie et de la Religion. Seconde édition. — *Paris, Le Clerc et Cie*, 1833, *2 vol. in-8°.*

43. **Allou** (C.-N.). Essai sur l'Universalité de la Langue Française, ses causes, ses effets, et les motifs qui pourront contribuer à la rendre durable. — *Paris, Didot*, 1828, *in-8°*.

44. Alphabets de différentes Langues mortes et vivantes (par Des Hauterayes). — *(Extr. de l'Encycl. méthodique) In-4°*.

45. Alphabetum veterum Etruscorum et nonnulla eorumdem monumenta (edidit J. Ch. Amadutius). — *Romæ, typis Congreg.*, 1771, *in-8°*.

46. **Alpinus** (P.). Historia Ægypti naturalis. — *Lugduni-Batavorum, Potvliet*, 1735, *2 vol. in-4° rel. en 1.*

> I. Rerum Ægyptiarum libri quatuor. — II. De Plantis Ægypti, et dissertatio de Laserpitio et Lotoægyptia; cum observat. et notis J. Veslingii; accedunt ejusdem Veslingii Paræneses ad Rem Herbariam et Vindiciæ Opobalsami, etc.

47. **Alquié** (A.). Précis de la doctrine médicale de l'École de Montpellier. 4° édition. — *Montpellier, Ricard*, 1846, *in-8°, front. et pl. lith.*

48. Alteste und alte zeit. Fragmente von verfasser des *Magusanischen Europa.* — *Hannover, Helwingschen Hofbuchhandlung,* 1838-40, *3 parties in-12.*

> I. 1° Zu Sanchoniathon; — 2° Der letzte Drususzug. — II. Die Schriften des Eolus und die Jarhbücher von Gael-ag aus den Chronicles of Eri von O'Connor, in's deutsche übersetzt. — III. 1° Der Katte; — 2° Gaelica zu Sanchoniathon; — 3° Bethams Guel and Cimbri.

49. **Amard** (L.-V.-F.). Homme, Univers et Dieu, ou Religion et Gouvernement universel. — *Paris, Ladrange*, 1844, *2 vol. in-8°.*

50. Ambigu Erotique, ou joli mélange, en prose et en vers, de pièces galantes, de nouvelles, d'anecdotes, de contes, de fables, d'épigrammes, de madrigaux, etc. — *Bruxelles, Dujardin*, 1789, *5 vol. in-12.*

51. **Ambrosius** (Th.) ex comitibus Albonesii. Introductio in Chaldaicam linguam, Syriacam atque Armenicam et decem alias linguas. Characterum differentium alphabeta, circiter

quadraginta et eorumdem invicem conformatio. Mystica et cabalistica quam plurima scitu digna. Et descriptio ac simulachrum Phagoti Afranii. — *Papiæ, Simoneta*, 1539, *in-4°*.

52. **Ameilhon** (H.-P.). Histoire du Commerce et de la Navigation des Égyptiens sous le règne des Ptolémées. — *Paris, Saillant*, 1766, *in-12*.

53. **Amelin** (J.-M.). Tableau statistique et pittoresque du département de l'Hérault.

> Manuscrit autographe de 1531 pages, relié en 4 vol. in-4°. C'est de ce manuscrit qu'a été extrait le *Guide du voyageur dans le département de l'Hérault*, publié par le même auteur en 1827.

54. — Atlas de vues pittoresques du département de l'Hérault, pouvant servir de complément au Guide du voyageur dans le département de l'Hérault.

> Recueil de 2173 Vues, aquarelles, dessins à la plume, à la sépia, à l'encre de chine et à la mine de plomb, réunis en 10 vol. gr. in-fol. Un onzième volume renferme 221 vues de France et de l'Algérie.

55. **Ammianus Marcellinus.** Rerum gestarum quæ exstant. M. Boxhornzverius recensuit et animadversionibus illustravit. — *Lugduni-Batavorum, Maire*, 1632, *in-12, tit. gr. (Hist. Aug. Script. minorum pars quarta)*.

56. — Ammien Marcellin, ou les dix-huit livres de son histoire qui nous sont restés; nouvelle traduction (par Moulines). — *Lyon, Broupet*, 1778, *3 vol. in-12*.

57. **Amoreux** (P.-J.). Recueil de Mémoires manuscrits et autographes sur divers sujets d'histoire et d'histoire naturelle. — *1 vol. petit in-fol*.

> 1. Liste de mes opuscules imprimés. — Liste de mes opuscules restés manuscrits. — Autre liste de mes écrits imprimés ou prêts à l'être. — Projets d'ouvrages. *(Tous ces ouvrages ont été rangés par ordre chronologique dans une liste dressée par M. Fages et jointe aux précédentes.)*
> 2. Quels sont les avantages que les mœurs ont retirés des Exercices et des Jeux publics chez les différents peuples et dans les différents temps où ils ont été en usage? 1776. (150 pp.).
> 3. Les Voyages peuvent-ils être considérés comme un moyen de perfectionner l'éducation? 1787. (73 pp.)
> 4. Préface (latine) et essai d'une bibliographie entomologique.
> 5. Insecta nociva. Recueil de notes pour une seconde (?) édition de la *Notice des Insectes de la France réputés vermineux*.
> 6. Mémoire sur le Charançon des blés, 1783. (16 pp.)
> 7. Rapport sur un insecte qui dépouille l'orme à larges feuilles, et sur le moyen de détruire cet insecte, an II. (4 pp.)

8. Dissertation sur les vers des navires, 1783. (24 pp.)
9. Exposition des différents systèmes qu'on a établis au sujet du corail et des autres productions marines analogues, etc.; 1771. (16 pp. — Double.).

58. **Amoreux** (P.-J.). Recueil de Mémoires manuscrits et autographes de Botanique. — *1 vol. petit in-fol.*
   1. Mémoire sur les Fulcres des Plantes, 1763. (10 pp.)
   2. Quels sont les arbres, les arbustes et les plantes qui, croissant sur le rivage de la mer sans avoir néanmoins besoin d'en être baignés à toutes les marées, pourraient être employés à la construction des digues sur les côtes et le long des rivières où la mer monte, etc.; 1778. (13 pp.)
   3. Remarques sur la plante nommée *Pæderos*, que les Sicyoniens consacraient à Vénus; 1789. (7 pp.)
   4. Peut-il y avoir des circonstances où le bien public exige qu'on gêne ou qu'on limite tel ou tel genre de culture? 1785. (30 pp.)
   5. La Plante vulgairement nommée *Barbe de Renard (Tragacantha Massiliensis)*, qui croit naturellement sur les bords de la mer de Provence, est-elle la même que celle cultivée dans le Levant pour en extraire la gomme adragant? 1785. (26 pp.)
   6. Mémoire sur le Cytize des Anciens, reconnu pour être la luzerne arborescente des Modernes, etc.; 1787. (12 pp.)
   7. Mémoire et expériences sur les effets que le vif argent peut produire sur les végétaux, 1787 (20 pp. doubles.)

59. — Histoire générale et particulière des Chênes. Divisée en quatre parties.
   Manuscrit autographe en 3 vol. gr. in-4°, dont 1 de planches.

60. — Recherches et expériences sur les divers Lichens dont on peut faire usage en médecine et dans les arts. — *S. ind.*, 1787, *in-8°*.
   Ex. de l'auteur, avec nombreuses additions manuscrites.

61. — Notice des Insectes de la France réputés venimeux, tirée des écrits des Naturalistes, des Médecins et de l'observation. — *Paris, Rue et Hôtel Serpente*, 1789, *in-8°, pl. gr.*

62. — Essai historique et littéraire sur la Médecine des Arabes. — *Montpellier, Ricard, s. d., in-8°.*

63. — Précis historique de l'Art Vétérinaire, pour servir d'Introduction à une Bibliographie vétérinaire générale. — *Montpellier, Ricard*, 1810, *in-8°.*

64. — État de la végétation sous le climat de Montpellier, ou époques des fleuraisons et des productions végétales. — *Montpellier, Renaud*, 1809, *in-8°, pap. fort.*

65. **Amoreux** (P.-J.). Traité des Haies vives destinées à la clôture des champs, des prés, des vignes et des jeunes bois ; où l'on indique les différentes sortes de Haies, avec des préceptes sur leur construction et leur entretien, etc. Seconde édition, considérablement augmentée. — *Montpellier, Ricard,* 1809, *in-8°, pl. gr.*

66. — Mémoire sur le Bornage, ou la Limitation des Possessions rurales ; pour servir de suite et de complément à la seconde édition du *Traité des Haies*, du même auteur. — *Montpellier, Ricard,* 1809, *in-8°*.

67. **Ampère** (A.-M.). Essai sur la Philosophie des Sciences, ou exposition analytique d'une classification naturelle de toutes les connaissances humaines. — *Paris, Bachelier,* 1834 et 1843, 2 *vol. in-8°*.

68. **Ampère** (J.-J.). De l'Histoire de la Poésie. Discours prononcé à l'Athénée de Marseille, le 12 mars 1830. — *Marseille, Feissat,* 1830, *in-8°*.

69. — Histoire littéraire de la France avant le douzième siècle. — *Paris, Hachette,* 1839-40, 3 *vol. in-8°*. = Histoire de la Littérature française au moyen-âge, comparée aux littératures étrangères. Introduction : Histoire de la formation de la langue française. — *Paris, Teissier,* 1841, 1 *vol. in-8°*.

70. Amusement philosophique sur le Langage des Bestes (par le P. Bougeant). — *Paris, Gissey et autres,* 1739, *in-12*.

71. **Amyot** (C.-J.-B.). Entomologie française. Rhynchotes. Méthode Mononymique. — *Paris, Baillière,* 1848, *in-8°, pl.*

72. — Histoire naturelle des Insectes Hémiptères. *Paris, Roret,* 1843, *in-8° et pl. (Suites à Buffon.)*

73. Analyse de la Religion chrétienne, par E. F. E. D. F., et par Jean Meslier, curé d'Etrepigny et de Bul..., en Champagne.
    Mss. in-4° provenant de la bibliothèque Draparnaud. On trouve à la suite : Sermon des Cinquante (par Voltaire).

74. Analyse d'un cours du docteur Gall, ou Physiologie et Anatomie du Cerveau d'après son système (par Adelan). — *Paris, Giguet et Michaud,* 1808, *in-8°*.

75. **Ancillon** (F.). Mélanges de Littérature et de Philosophie. — *Paris, Schoell,* 1809, 2 *vol. in-8°*.

76. — Essais philosophiques, ou nouveaux Mélanges de Littérature et de Philosophie. — *Paris, Paschoud,* 1817, 2 *vol. in-8°*.

77. **Ancillon.** Nouveaux essais de Politique et de Philosophie. — *Paris, Gide*, 1824, *2 vol. in-8°*.

78. **Anderson** (J.). Histoire naturelle de l'Islande, du Groenland, du détroit de Davis et d'autre pays situés sous le Nord ; traduite de l'allemand par M. (Sellius). — *Paris, Jorry*, 1750, *2 vol. in-12, pl. gr.*

79. **André** (le P. Y.-M.). Essai sur le Beau ; avec un discours préliminaire et des réflexions sur le Goût ; par Formey. — *Amsterdam, Schneider*, 1760, *in-12*.

80. — Essai sur le Beau. Nouvelle édition, augmentée de six Discours. — *Paris, Ganeau*, 1763, *2 vol. in-12*.

81. **Andrée** (C.-M.). Neuester Zustand der vorzüglichern Spitäler und Armenanstalten in einigen hautptorten des In-und Auslandes. — *Leipzig, Barth*, 1810-11, *2 vol. br. en 1*.

82. **Andreossy** (F.). Histoire du Canal du Midi, connu précédemment sous le nom de Canal de Languedoc. — *Paris, Dufart*, an VIII, *in-8°, cart. gr.*

83. **Andry** (N.). De la Génération des Vers dans le corps de l'homme, de la nature et des espèces de cette maladie ; des moyens de s'en préserver et de la guérir. Troisième édition. — *Paris, Alix*, 1741, *2 vol. in-8°, pl. gr.*

84. — Vers Solitaires et autres de diverses espèces, dont il est traité dans le *Livre de la Génération des Vers*, représentez en plusieurs planches, avec les renvois aux pages où il en est parlé ; ensemble, plusieurs remarques importantes sur ce sujet. — *Paris, d'Houry*, 1718, *in-4°*.

85. Anecdotes de Médecine, ou choix des Faits singuliers qui ont rapport à l'Anatomie, la Pharmacie, l'Histoire Naturelle, etc. ; auxquels on a joint des anecdotes concernant les Médecins les plus célèbres (par Dumonchaux). — *Lille, Henry*, 1766, *2 part. en 1 vol. in-12*.

86. Anecdotes historiques, littéraires et critiques sur la Médecine, la Chirurgie et la Pharmacie (par Pierre Sue). — *Bruxelles, Dujardin*, 1789, *2 vol. in-12*.

87. **Anglada** (Ch.). Essai sur la Contagion (Thèse). — *Montpellier, Vve Picot*, 1832, *in-8°*.

88. — Quels sont les avantages de la connaissance de l'Histoire de la Médecine pour la Médecine elle-même ? (Thèse.) — *Montpellier, Martel*, 1850, *in-8°*.

89. **Anglade Delcros** (J.-G.-T.). Nouvelle Étude de l'Homme, ou de l'État sauvage, considéré comme le dernier degré de dégénération de l'Espèce Humaine, avec un aperçu des principales causes de cette dégénération et des moyens de s'en garantir. — *Paris, Dondey-Dupré*, 1820, *2 vol. in-8°*.

90. Angleterre (L') et les Anglais, ou petit portrait d'une grande famille; copié et retouché par deux témoins occulaires (de Gourbillon et Dickenson). — *Paris, Le Normant*, 1817, *3 vol. in-8°*.

91. **Anibert** (L.-M.). Mémoire sur l'ancienneté d'Arles, suivi d'observations sur la formation des Marais voisins de cette ville, et sur un Passage de l'Histoire d'Ammien-Marcellin. — *Arles, Mesnier*, 1782, *in-12, pl. gr.*

92. — Mémoires historiques et critiques sur l'ancienne République d'Arles, pour servir à l'histoire générale de Provence. — *Yverdon et Arles*, 1780-89, *4 vol. in-12, pl. gr.*

93. Annales des sciences naturelles. Zoologie, publiée sous la direction de MM. H. et A. Milne-Edwards. — Botanique, publiée sous la direction de MM. A. Brongniart et J. Decaisne. — — *Paris, Bechet et Masson*, 1824-78, *210 vol. in-8°, pl.*

94. Annales d'Hygiène publique et de Médecine légale, par MM. Adelon, Andral, Barruel, d'Arcet, Devergie (A.), Esquirol, Keraudren, Leuret, Marc, Orfila, Parent Duchatelet, Villermé. — *Paris, Gabon*, 1829, *in-8°. (Tome Ier.)*

95. Annuaire des Voyages et de la Géographie pour les années 1844-47, par une réunion de Géographes et de Voyageurs. — — *Paris, Guillaumin et Gide*, *4 vol. in-12*.

96. **Anquetil Duperron** (A.-H.). Recherches historiques et géographiques sur l'Inde, précédées d'une lettre sur les antiquités de l'Inde. — *Berlin, Bourdeaux*, 1786-87, *2 part. in-4°*.

97. — Recherches sur les anciennes Langues de la Perse. Premier Mémoire, sur le Zend. — Second Mémoire, sur le Pazend, le Pehlvi, le Paris et le Deri. (Extrait des Mémoires de l'Académie des Inscriptions.) — *Paris, Panckoucke*, 1773, *in-12*.

98. Ansartung (Ueber die) der Europäer in fremden Erdtheilen (Extr. du *Göttingisches historiches Magasin* von E. Meiners und L. T. Spittler. — *Hanover*, 1794), *in-8°*. = Ueber die Ursachen

der Ungleichheit der Stände unter den vornehmsten Europäischen völkern autre extrait de 31 pp.)

99. Anthropological (The). Review. — *London, Trübner and Co, 1863-avril 1870, 8 vol. in-8°.*

100. Anthropological Society (Memoirs of the) of London. — *London, Trubner, 1865-70, 3 vol. in-8°.*

101. Anthropological Society (Journal of the) of London. — *London, Trubner, 1863-70, 8 vol. in-8 rel. en 7.*

102. Anthropologie (Société d') de Paris. Mémoires. — *Paris, Masson, 1860-75, 4 vol. in-8°, fig.*

103. Anthropologie (Société d') de Paris. Bulletins. — *Paris, Masson, 1860-67, 18 vol. in-8°, pl.*

104. Anthropologie. V^r aux Recueils.

105. Anthropophagie (L'), ou les Anthropophages. — *Amsterdam, 1764, in-8°, front. gr.*

106. Anthropozoon (L') ou l'Homme Bête. — *S. ind.*, 1765, *in-12*.

107. Antiquité (L') des Tems rétablie et défendue contre les Juifs et les nouveux Chronologistes (par le P. Pezron). — *Paris, Ve Edme Martin*, 1687, *in-4°*.

108. **Anville** (J.-B.-B. d'). Géographie ancienne abrégée. — *Paris, Merlin*, 1768, *3 vol. in-12, frontisp. gr.*

109. — Mémoires sur l'Égypte ancienne et moderne, suivis d'une description du golfe arabique ou de la mer Rouge. — *Paris, Imprimerie royale*, 1766, *in-4°, pl. gr.*

110. — Antiquité géographique de l'Inde et de plusieurs autres contrées de la Haute Asie. — *Paris, Imprimerie royale*, 1775, *in-4°, cartes.*

111. **Apollodorus.** Bibliothèque d'Apollodore l'athénien, traduction nouvelle avec le texte grec revu et corrigé, des notes, etc.; par L. Clavier. — *Paris, Delance et Lesueur*, an XIII-1805, *2 vol. in-8°.*

112. **Apollonius de Rhodes.** L'expédition des Argonautes, ou la Conquête de la Toison d'Or. Traduit du grec en français par J.-J.-A. Caussin. — *Paris, Moutardier*, an V, *in-8°.*

113. Apologie de Socrate d'après Platon et Xénophon, avec des remarques sur le texte grec et la traduction française, par Fr. Thurot. — *Paris, Didot*, 1816, *in-8°.*

114. Apologues. Deuxième édition (par Creuzé de Lesser). — *Paris, Didot*, 1825, *in-12*.

115. **Apulée.** Les Métamorphoses, ou l'Ane d'Or, avec le Démon de Socrate, traduits en françois, avec des remarques (par Conpain de Saint-Martin). — *Francfort et Leipsig, La Compagnie*, 1769, *2 tom. en 1 vol. in-12, frontisp. gr.*

116. **Arago** (F.). Astronomie populaire, publiée sous la direction de J.-A. Barral; œuvre posthume. — *Paris, Gide et Baudry*, 1854-57, *4 vol. in-8°, planches.*

117. **Arbanère** (E.-G.). Tableau des Pyrénées françaises, contenant une description complète de cette chaîne de montagnes et de ses principales vallées, depuis la Méditerranée jusqu'à l'Océan ; accompagnée d'observations sur le caractère, les mœurs et les idiomes des peuples des Pyrénées, sur l'origine et les usages des Basques, etc. — *Paris, Treuttel et Würtz*, 1828, *2 vol. in-8°.*

118. **Arbousset** (Th.). Relation d'un Voyage d'exploration au Nord-Est de la Colonie du Cap de Bonne-Espérance, entrepris dans les mois de mars, avril et mai 1836. — *Paris, Arthus Bertrand*, 1842, *in-8°.*

119. **Arcet** (J.-P.-J. d'). Mémoire sur les Os provenant de la viande de boucherie, dans lequel on traite de la conservation de ces os, de l'extraction de leur gélatine par le moyen de la vapeur et des usages alimentaires de la dissolution gélatineuse qu'on en obtient. — *Paris*, 1830, *in-8°.*

120. **Archenholtz** (J.-W.). Histoire des Flibustiers; traduite de l'allemand (par Bourgoing), avec un avant-propos et quelques notes du traducteur. — *Paris, Heinrichs*, an XII (1804), *in-8°.*

121. Archives de Botanique, ou recueil mensuel de Mémoires originaux, d'extraits et analyses bibliographiques, d'annonces et d'avis divers concernant cette science; rédigées par une Société de Botanistes français et étrangers, sous la direction de M. A.-J. Guillemin. — *Paris*, 1833, *2 vol. in-8°, pl. gr.*

122. Archives littéraires de l'Europe, ou mélanges de Littérature, d'Histoire et de Philosophie, par une Société de Gens de Lettres, suivis d'une Gazette littéraire universelle. — *Paris, Henrichs*, 1804, *5 vol. in-8°.*

123. Arcueil (Société d'). Mémoires de Physique et de Chimie. Tome III. — *Paris, Ve Perronneau*, 1817, *in-8°*.

124. **Argens** (A.-B. Mis d'). La Philosophie du Bons-Sens, ou Réflexions philosophiques sur l'Incertitude des connoissances humaines. Douzième édition. — *Dresde, Walther*, 1769, 2 vol. *in-12*.

125. **Argenson** (M.-R. d'). Des Nationalités Européennes ; avec des cartes indiquant la division des Peuples, suivant les langues parlées et la religion. — *Paris, Dentu*, 1859, *in-8*.

126. **Aristoteles.** Opera omnia græce et latine. — *Genevæ, P. de la Rovière*, 1606-07, 2 *vol. gr. in-8°*.

127. — In hoc opere continentur totius Philosophiæ naturalis paraphrases, Francisco Vatablo recognitæ. — *Parisiis, Colinæus*, 1528, *in-8°*.

128. — Organum hoc est libri ad Logicam attinentes, Boëthio interprete, cum scholiis, etc. — *Lugduni, Paganus*, 1547, *in-8°. On y a joint :*
    In Aristotelis decem Prædicamenta, Joannis Murmellii Isagoge. — *Lugduni, Doletus*, 1541.

129. — La Politique : traduction de Champagne, revue par Hoefer. L'Économique, traduction par Hoefer. Lettre à Alexandre sur le Monde ; traduction de Batteux. — *Paris, Lefèvre*, 1843, *in-12*.

130. — Histoire des Animaux, avec la traduction françoise par Camus. — *Paris, Desaint*, 1783, 2 *vol. in-4°*.

131. Aristoteles Thierkunde. Ein bertrag zur Geschichte der Zoologie, Physiologie und alten Philosophie, dargestellt von Jürgen Bona Meyer. — *Berlin, Reimer*, 1855, *in-8°*.

132. **Armandi** (P.). Histoire militaire des Éléphants, depuis les temps les plus reculés jusqu'à l'introduction des armes à feu ; avec des observations critiques sur quelques-uns des plus célèbres faits d'armes de l'antiquité. — *Paris, Amyot*, 1843, *in-8°, pl. gr.*

133. **Armstrong** (J.). Histoire naturelle et civile de l'isle de Minorque, traduite sur la 2e édition angloise. — *Amsterdam, Arkstée et Merkus*, 1769, *in-12, pl. gr.*

134. **Arnault** (A.) et **Nicole** (P.). La Logique ou l'Art de Penser,

contenant, outre les règles communes, plusieurs observations nouvelles propres à former le jugement. — *Paris, Desprez*, 1738, *in-12*.

135. **Arndt** (E.-M.). Versuch in vergleichender Volkergeschichte. — *Leipzig, Weidmann*, 1843, *in-8°*.

136. **Arndt** (G.-A.). Quatenus Taciti de Germania libello fides sit tribuenda, disputatio. — *Lipsiæ, Langenhem*, 1775, *in-4°*.

137. **Arrianus.** Expeditionis Alexandri libri septem et Historia Indica, græce et latine, cum annotationibus Georg. Raphelii. Accedunt Eglogæ Photii ad Arrianum pertinentes cum lectionibus variantibus Dav. Hoeschelii, etc. — *Amstelædami, Wetstenius*, 1757, *in-8°, frontisp. gr.*

138. — Ponti Euxini et maris Erythræi Periplus, nunc primum e græco sermone in latinum versus plurimisque mendis repurgatus; accesserunt scholia, J.-Guil. Stuckio authore. — *Genevæ, Eust. Vignon*, 1577, *in-fol.*

139. **Artaud** (A.-F.). Italie (moderne). — Sicile, par M. DE LA SALLE. — *Paris, Didot*, 1835, *in-8°, cartes et pl. gr. (Univers pittoresque.)*

140. **Assemani** (Abr.). Lettres du Dr Abraham Assemani Arménien sur divers sujets de Géologie, de Physique et de Médecine, à M. le docteur Usca Arménien, à Padoue. — *Toulouse, Bellegarrigue*, 1813, *in-8°, pap. fort.*

141. **Asselinau** (Ch.). L'Enfer du Bibliophile. — *Paris, Tardieu*, 1860, *in-12*.

142. **Assier** (A. d'). Histoire naturelle du Langage : Physiologie du Langage phonétique. Physiologie du Langage graphique. — *Paris, G. Baillière*, 1868, *2 vol. in-18*.

143. **Astarloa** (P. de). Apologia de la Lengua Bascongada ò ensayo critico filosofico de su perfeccion y antigüedad sobre todas las que se conocen. — *Madrid, Ortega*, 1803, *in-8°*.

144. **Astruc** (J.). Mémoires pour servir à l'Histoire de la Faculté de Médecine de Montpellier; revus et publiés par Lorry. — *Paris, Cavelier*, 1767, *in-4°*.

145. **Aubé** (Ch.). Species général des Hydrocanthares et Gyriniens; pour faire suite au Species général des Coléoptères de la collection Dejean. — *Paris, Mequignon*, 1838, *in-8°*.

146. **Aubert** (G.) de Poitiers. Histoire des Guerres faictes par les Chrestiens contre les Turcs, sous la conduite de Godefroy de Bouillon, duc de Lorraine, pour le recouvrement de la Terre Sainte. — *Paris, Sertenas,* 1559, *in-4°.*

147. **Aubry** (J.). Ioannis Auberii de restituenda et vindicanda Medicinæ dignitate Apologeticus. — *Parisiis, Cottereau,* 1608, *petit in-8°.*

148. **Aucapitaine** (H.). Études sur le passé et l'avenir des Kabyles. Les Kabyles et la colonisation de l'Algérie. — *Paris, Challamel,* 1864, *in-12.*

149. **Audebert** (J.-B.). Histoire naturelle des Singes et des Makis. — *Paris, Desrays,* an VIII, *gr. in-fol., pap. vél., pl. coloriées.*

150. **Audinet-Serville** (J.-G.). Histoire naturelle des Insectes Orthoptères. — *Paris, Roret,* 1839, *in-8°, pl. (Suites à Buffon.)*

151. **Audouin** (V.) et **Milne Edwards** (H.). Recherches anatomiques et physiologiques sur la circulation dans les Crustacés. — *Paris, Thuau,* 1827, *gr. in-4°, pl.* (Extr. des *Annales des Sciences naturelles. Juillet et Août* 1827.)

152. — Précis d'Entomologie ou d'Histoire Naturelle des animaux articulés. Première division : Histoire Naturelle des Annélides, Crustacés, Arachnides et Myriapodes ; précédée d'une Introduction Historique, et suivie d'une Biographie, d'une Bibliographie et d'un Vocabulaire par M. V. Audouin ; ouvrage complété par une Iconographie. — *Paris,* 1829, *2 part. en 1 vol. gr. in-8°, pl. gr.*

153. **Aulus Gelliùs.** Noctes Atticæ. — *Lugduni-Batavorum, de Vogel,* 1644, *in-12, tit. gr.*

154. — Œuvres complètes d'Aulu-Gelle, traduction française de MM. de Chaumont, Flambart et Buisson. Nouvelle édition, revue par MM. Charpentier et Blanchet. — *Paris, Garnier frères,* 1863, *2 vol. gr. in-18.*

155. Avantages (Des) de l'Esprit d'Observation dans les sciences et les arts, avec quelques remarques relatives à la Physionomie, par (X. Atger). — *Paris, de Beausseaux,* 1809, *in-8°.*

156. **Avezac** (M.-A.-P. d'). Esquisse générale de l'Afrique, aspect et constitution physique, histoire naturelle, ethnologie, linguistique, état social, histoire, explorations et géographie. — *Paris, Dondey-Dupré,* 1837, *in-12.*

157. **Avezac** (M.-A.-P. d'). Esquisse générale de l'Afrique et Afrique ancienne. — Carthage, par M. Dureau de la Malle, et M. J. Yanoski. — Numidie, Mauritanie, par M. Louis Lacroix. — L'Afrique chrétienne et domination des Vandales en Afrique, par M. J. Yanoski. — *Paris, Didot,* 1844, *in-8°,* cart. et fig. *(Univers pittoresque.)*

158. — Notice sur le pays et le peuple des Yébous en Afrique. — *(Extr. des Mémoires de la Société ethnologique de Paris,* 1845*), in-8°.*

159. **Avienus** (Rufus Festus). Description de la Terre. Les Régions maritimes; Phénomènes et Pronostics d'Aratus, et pièces diverses; trad. par MM. E. Despois et Ed. Saviot. = Itinéraire de Cl. Rutilius Numatianus; poème sur son retour à Rome, traduction nouvelle par E. Despois. — *Paris, Panckoucke,* 1843, *in-8°.*

160. Avis aux Habitants des Villes et des Campagnes de la Province de Languedoc, sur la manière de traiter leurs Grains et d'en faire du Pain. — *Montpellier, Martel,* 1786, *in-8°.*

161. **Aygalenq** (F.). Aperçu général sur la perfectibilité de la Médecine Vétérinaire et sur les rapports qu'elle a avec la médecine humaine; suivi d'un projet d'organisation des Écoles vétérinaires en France. — *Paris, Huzard,* an IX, *in-8°.*

162. **Azaïs** (H.). Essai sur le Monde. — *Paris, Arthus Bertrand,* 1806, *in-8°.*

On y a joint :

Accord du Livre de la Genèse avec la Géologie et les monumens humains sur les faits et les époques de la création et du déluge universel, et sur le fait d'une révolution qui, par l'ordre divin, avait frappé à la fois tous les globes de notre monde planétaire, y avait éteint la lumière et la nature vivante, et ne finit qu'à l'époque où Dieu créa de nouveaux êtres sur la terre, quarante siècles avant l'ère chrétienne; par Gervais de Laprise. — *Caen, Manoury,* 1803.

163. — Un mois de séjour dans les Pyrénées. — *Paris, Leblanc,* 1809, *in-8°.*

164. **Azara** (Félix). Essais sur l'Histoire naturelle des quadrupèdes de la Province du Paraguay; avec un appendice sur quelques Reptiles; traduits sur le manuscrit inédit de l'auteur, par M. L.-E. Moreau-Saint-Méry. — *Paris, Pougens,* an IX (1801), 2 *vol. in-8°.*

165. **Azara** (Félix). Voyages dans l'Amérique méridionale, depuis 1781 jusqu'en 1801 ; contenant la description géographique, politique et civile du Paraguay et de la rivière de la Plata ; l'histoire de la découverte et de la conquête de ces contrées ; des détails nombreux sur leur histoire naturelle et sur les peuples sauvages qui les habitent, etc.; publiés d'après les manuscrits de l'auteur, avec une notice sur sa vie et ses écrits, par C.-A. Valckenaer; enrichis de notes par G. Cuvier; suivis de l'histoire naturelle des oiseaux du Paraguay et de la Plata, par le même auteur ; traduits et annotés par Sonnini. — *Paris, Dentu*, 1809, *4 vol. in-8°, et atlas pet. in-fol.*

166. **Azéma de Montgravier** (W.). Études d'Histoire et d'Archéologie sur l'invasion de l'Afrique septentrionale par les Romains. — *Toulouse, Chauvin*, 1860, *in-8°.*

167. **Azuni** (D.-A.). Histoire géographique, politique et naturelle de la Sardaigne. — *Paris, Levrault*, an X (1802), *2 vol. in-8°.*

B

168. **Babié** (F.). Voyages chez les Peuples sauvages, ou l'Homme de la Nature, histoire morale des peuples sauvages des deux continens, et des naturels des Isles de la mer du Sud ; d'après les mémoires de R*** (Richard). — *Paris, Laurens*, an IX (1801), *3 vol. in-8°, fig. gr.*

169. **Babinet** (J.). Études et lectures sur les Sciences d'observation et leurs applications pratiques. — *Paris, Mallet Bachelier*, 1855-56, *2 vol. in-12.*

170. **Babrius.** Fables, traduites par A.-L. Boyer. — *Paris, Didot*, 1844, *in-8°.*

171. **Bachelier d'Agès** (P.-J.). De la Nature de l'Homme, et des moyens de le rendre plus heureux. — *Paris, Buisson*, an VIII, *in-8°.*

172. **Bachot** (G.). Erreurs populaires touchant la Médecine et régime de santé ; œuvre nouvelle, désirée de plusieurs et promise par feu M. Laurens Joubert. — *Lyon, B. Vincent*, 1626, *in-8°.*

173. **Bacon** (Fr.). De Dignitate et Augmentis scientiarum. — *Wirceburgi, Stahel*, 1779-80, *2 tom. en 1 vol. in-8°.*

174. **Bacon** (Fr.). Novum organum Scientiarum. — *Wirceburgi, Stahel*, 1779, *in-8°, portr. ajouté.*

175. — Historia vitæ et mortis. — *Amstelodami, Ravesteinius*, 1663, *in-12.*

176. — Sermones fideles, ethici, politici, æconomi : sive Interiora rerum. Accedunt Faber Fortunæ ; Colores boni et mali, etc. — *Lugduni-Batavorum, Hackius*, 1644, *in-12, bas., titre gr.*

177. — Sylva Sylvarum sive Historia naturalis in decem centurias distributa, anglice olim conscripta a Francisco Bacono, nunc latio transscripta a Jac. Grutero. = Novus Atlas, opus imperfectum latine conscriptum, cum præfatione W. Raway. — *Lugduni-Batavorum, Hackius*, 1648, *in-12, frontisp. gr.*

178. — Œuvres philosophiques, morales et politiques, avec une notice biographique par J.-A.-C. Buchon. — *Paris, Desrez*, 1836, *in-4°.*

179. — Précis de Philosophie de Bacon, et des Progrès qu'ont fait les Sciences Naturelles par ses préceptes et son exemple, avec un Appendice sur quelques points particuliers appartenant au sujet général ; par J.-A. Duluc. — *Paris, V° Nyon*, An XI-1802, 2 T. en 1 vol. *in-8°.*

180. — Histoire de la Vie et des Ouvrages de François Bacon, suivie de quelques-uns de ses écrits, traduits pour la première fois en français ; par J.-B. de Vauzelles. — *Paris, Levrault*, 1833, 2 vol. *in-8°.*

181. **Bacon-Tacon** (P.-J.-J.). Recherches sur les origines Celtiques, principalement sur celles du Bugey, considéré comme berceau du delta celtique. — *Paris, Didot*, an VI, 2 vol. *in-8°, portr. et pl. gr.*

182. **Badin** (A.). Grottes et Cavernes. — *Paris, Hachette*, 1867, gr. *in-18, fig. gr.*

183. **Baer** (C.-E. de). Crania selecta ex Thesauris anthropologicis academiæ imperialis Petropolitanæ iconibus et descriptionibus illustrata. — Über Papuas und Alfuren ; ein commentar zu den beiden ersten abschnitten der abhandlung *Crania Selecta*, etc. — *S¹-Pétersbourg*, 1859, 2 livr. gr. *in-4°. (Extr. des Mém. de l'Acad. Imp. des Sc. de S¹-Pétersbourg. V° Série, Sc. nat., t. 8.)*

184. **Baer** (F.-C.). Essai historique et critique sur l'Atlantique des anciens, dans lequel on se propose de faire voir la conformité qu'il y a entre l'histoire des Atlantiques et celle des Hébreux. Seconde édition. — *Avignon, Seguin*, 1835, *in-8°, cartes.*

185. **Bagehot** (W.). Lois Scientifiques du Développement des Nations dans les principes de la sélection naturelle et de l'hérédité. — *Paris, Germer Baillière*, 1873, *in-8°*.

186. **Baglivus** (Georg.). Opera omnia medico-practica et anatomica. Editio octava. — *Lugduni, Anisson*, 1714, *in-4°*.

187. **Bagnolo** (G.-F.-G.). Della Gente Curzia e dell' età di Q. Curzio l'istorico, con annotazioni. — *Bologna*, 1741, *in-8°*.

188. **Bailly** (J.-S.). Histoire de l'Astronomie moderne en Europe. — *Paris, Bernard*, an XIII-1805, 2 vol. *in-8°*.

189. — Lettres sur l'origine des Sciences et sur celle des Peuples de l'Asie, adressées à M. de Voltaire. — *Londres et Paris, Debure*, 1777, *in-8°*.

190. — Lettres sur l'Atlantide de Platon et sur l'ancienne histoire de l'Asie. — *Londres et Paris*, 1779, *in-8°*.

191. **Bailly** (J.-L.-A.). Notices historiques sur les Bibliothèques anciennes et modernes. — *Paris, Rousselon*, 1828, *in-8°*.

192. **Baird** (R.). Histoire des Sociétés de Tempérance des États-Unis d'Amérique, avec quelques détails sur celles de l'Angleterre, de la Suède et autres contrées. — *Paris, Hachette*, 1836, *in-8°*.

193. **Bajon.** Mémoires pour servir à l'Histoire de Cayenne et de la Guiane Françoise, dans lesquels on fait connoître la nature du climat de cette contrée, les maladies qui attaquent les Européens nouvellement arrivés, et celles qui règnent sur les Blancs et les Noirs; observations sur l'Histoire naturelle du pays, etc. — *Paris, Grangé*, 1771-72, 2 vol. *in-8°, pl. gr.*

194. **Bajot** (L.-M.). Abrégé historique et chronologique des principaux Voyages de découvertes par mer, depuis l'an 2000 avant Jésus-Christ jusqu'au commencement du XIXᵉ siècle; extrait des *Annales maritimes et coloniales;* seconde édition. — *Paris, imprimerie royale*, 1835, *in-8°*.

195. **Baker** (H.). Essai sur l'histoire naturelle du Polype insecte; traduit de l'anglois par P. Demours. — *Paris, Durand*, 1744, *in-12, pl. gr.*

196. — Le Microscope à la portée de tout le monde, ou description, calcul et application de la nature, de l'usage et de la force des meilleurs Microscopes; avec les méthodes nécessaires pour préparer, appliquer, considérer et conserver toutes

sortes d'objets, et les précautions à prendre pour les examiner avec soin, etc.; traduit de l'anglois sur l'édition de 1743 (par le P. Pézénas). — *Paris, Jombert*, 1754, *in-8°, planches.*

197. **Baker** (S.-W.). Découverte de l'Albert-N'yanza; traduit de l'anglais par Gustave Masson. — *Paris, Hachette*, 1868, *in-8°.*

198. **Bakker** (G.). Natuur-en Geschiedkundig Onderzoek aangaande den Oorspronkelijken stam van het Menschelijk Geslacht. — *Haarlem, Bohn*, 1810, *in-8°.*

199. **Balbi** (A.). Atlas Ethnographique du globe, ou classification des Peuples anciens et modernes, d'après leurs langues; précédé d'un discours sur l'utilité et l'importance des langues appliquées à plusieurs branches des connaissances humaines; d'un aperçu sur les moyens graphiques employés par les différens peuples de la terre; d'un coup d'œil sur l'histoire de la langue slave et sur la marche progressive de la civilisation et de la littérature en Russie, avec environ 700 vocabulaires des principaux idiomes connus, etc. — *Paris, Rey et Granier*, 1826, 1 vol. gr. *in-fol.*, et 1 vol. *in-8°. (T. I seul paru.)*

200. — Abrégé de Géographie rédigé sur un nouveau plan, d'après les derniers traités de paix et les découvertes les plus récentes; troisième édition. — *Paris, Renouard*, 1844, gr. *in-8°, cartes et plans.*

201. **Balbiani** (P.). Della Incertezza della Medicina et della necessità di più semplici mezzi curativi nel trattamento delle malattie. — *Pisa, Nistri*, 1823, *in-8°.*

202. **Baldini** (F.). De' Sorbetti, saggio medico fisico. = De' Bagni freddi, saggio medico fisico. Seconda edizione con un appendice de' Bagni d'acqua marina. — *Napoli, Raimondi*, 1775, *in-8°.*

203. **Ballanche** (P.-S.). Du Sentiment considéré dans ses rapports avec la Littérature et les Arts. — *Lyon, Ballanche,* an IX-1801, *in-8°.*

204. **Ballexserd** (J.). Dissertation sur l'Éducation physique des Enfants, depuis leur naissance jusqu'à l'âge de puberté; nouvelle édition. — *Paris, V° Vallat-la-Chapelle*, 1780, *in-8°.*

205. **Ballhorn** (F.). Alphabete Orientalischer und Occidentalischer sprachen. — *Leipzig, Brockhaus*, 1859, gr. *in-8°.*

206. **Balme** (C.). Répertoire de Médecine, ou Recueil d'extraits et

d'indications de différens ouvrages anglais, français, italiens et latins. — *Lyon, Kindelem,* 1814, *in-8°.*

207. **Baltzer** (J.-B.). Ueber die Anfänge der Organismen und die Argeschichte des Menschen; fünf vorträge zur wiederlegung der Prof. Carl Vogt zu Breslau gehaltenen vorlesungen : *Ueber die Urgeschichte des Menschen.* — *Paderborn, Schöningh,* 1869, *in-8°.*

208. **Balzac** (H. de). Physiologie du Mariage, ou Méditations de philosophie éclectique sur le bonheur et le malheur conjugal. Nouvelle édition. — *Paris, Charpentier,* 1858, *gr. in-18.*

209. **Banal.** Catalogue des Plantes usuelles, rangées suivant la méthode de M. Linneus, démontrées par le sieur Banal fils aîné, jardinier-botaniste au Jardin-Royal (de Montpellier). — *Montpellier, Picot,* 1786, *in-8°.*

210. **Banau** (J.-B.) et **Turben** (N.). Mémoire sur les Épidémies du Languedoc. — *Paris,* 1786, *in-8°.*

211. **Banks** et **Solander.** Supplément au Voyage de M. de Bougainville, ou Journal d'un Voyage autour du monde (en 1768-1771); traduit de l'anglois par M. de Fréville. — *Paris, Saillant et Nyon,* 1772, *in-8°.*

212. **Barbaste** (M.). De l'Homicide et de l'Anthropophagie. — *Paris, Baillière et Périsse,* 1856, *in-8°.*

213. **Barbé-Marbois** (F.). Histoire de la Louisiane et de la cession de cette colonie par la France aux États-Unis, précédée d'un discours sur la Constitution et le Gouvernement des États-Unis. — *Paris, Didot,* 1829, *in-8°, carte.*

214. **Barberi** (J.-P.). Dictionnaire portatif français-italien et italien-français, composé sur la dernière édition du Vocabulaire de l'Académie della Crusca, sur celui d'Alberti et sur les meilleurs dictionnaires français, rédigé sur un nouveau plan, avec l'accent prosodique sur tous les mots italiens. — *Paris, Aillaud,* 1822, *2 vol. in-8°.*

215. **Barbier** (A.-A.). Dictionnaire des ouvrages anonymes et pseudonymes, composés, traduits ou publiés en français et en latin, avec les noms des auteurs, traducteurs et éditeurs, accompagné de notes historiques et critiques. 2° édition. — *Paris, Barrois,* 1822-27. *4 vol. in-8°, portrait.*

216. **Barbier** (J.-B.-G.). Traité élémentaire de Matière Médicale. Seconde édition. — *Paris, Mequignon,* 1824, *3 vol. in-8°.*

217. **Barbut** (J.). Les Genres des Insectes de Linné, constatés par divers échantillons d'Insectes d'Angleterre, copiés d'après nature (texte anglais et français). — *Londres, Dixwell*, 1781, *in-4°, frontisp. gr. et pl. color.*

218. **Barchou de Penhoën** (A.-T.-H.). Essai d'une Philosophie de l'Histoire. — *Paris, Guiraudet et Jouault*, 1854, 2 vol. *in-8°.*

219. **Bard** (J.). Considérations pour servir à l'histoire du développement moral et littéraire des Nations. — *Paris, Pichard*, 1826, *in-8°.*

220. **Bardetti** (St.). De' primi abitatori dell' Italia. — *Modena, Montanari*, 1769, 2 part. en 1 vol. *in-4°.*

221. **Barker-Webb** (P.) et **Berthelot** (S.). Ethnologie et Annales de la conquête des Iles Canaries. — *Paris, Béthune*, 1842, gr. *in-4°, pl. lith.* (Extr. de l'*Hist. nat. des Iles Canaries.*

222. **Barnard Davis** (J.) et **Thurnam** (J.). Crania Britannica. Delineations and descriptions of the Skulls of the Aboriginal and Early inhabitants of the British Islands; with notices of their other remains. — *London*, 1865, 2 vol. *in-fol.*

223. **Barot** (O.). Lettres sur la Philosophie de l'Histoire. — *Paris, Germer Baillière*, 1864, *in-18.*

224. **Barrault** (E.). Occident et Orient. Études politiques, morales, religieuses pendant 1833-34 de l'ère chrétienne, 1249-1250 de l'hégyre. — *Paris, Desessart*, 1835, *in-8°.*

225. **Barrère** (P.). Essai sur l'Histoire naturelle de la France équinoxiale, ou Dénombrement des plantes, des animaux et des minéraux qui se trouvent dans l'isle de Cayenne, les isles de Remire, sur les côtes de la mer et dans le continent de la Guyane, avec leurs noms différens, latins, françois et indiens, et quelques observations sur leur usage dans la médecine et dans les arts. — *Paris, Piget*, 1741, *in-8°.*

226. **Barrois** (J.). Éléments carlovingiens linguistiques et littéraires. — *Paris, Crapelet*, 1846, *in-4°.*

227. **Barrow** (J.). Voyage dans la partie méridionale de l'Afrique, fait dans les années 1797 et 1798, contenant des observations sur la géologie, la géographie, l'histoire naturelle de ce continent et une esquisse du caractère physique et moral des diverses races d'habitans qui environnent l'établissement du Cap de Bonne-Espérance, etc.; traduit de l'anglais par L. DEGRANDPRÉ. — *Paris, Dentu*, an X-1801, 2 vol. *in-8°.*

228. **Barrow** (J.). Nouveau Voyage dans la partie méridionale de l'Afrique, traduit de l'anglais (par Walckenaer). — *Paris, Dentu,* 1806, *2 vol. in-8°, cartes et fig.*

229. — Voyage en Chine, formant le complément du Voyage de Lord Macartney, contenant des observations et des descriptions faites pendant le séjour de l'auteur dans le Palais impérial de Yuen-Mien-Yuen et en traversant l'Empire Chinois, de Peking à Canton ; suivi de la Relation de l'ambassade envoyée en 1719 à Peking, par Pierre Ier, empereur de Russie ; traduits de l'anglais, avec des notes, par J. Castéra. — *Paris, Buisson,* an XIII (1805), *3 vol. in-8° et atlas in-4°.*

230. — Histoire chronologique des Voyages vers le Pôle Arctique, entrepris pour découvrir un passage entre l'Océan Atlantique et le grand Océan, depuis les premières navigations des Scandinaves jusqu'à l'expédition faite, en 1818, sous les ordres des capitaines Ross et Buchan ; traduit de l'anglais (par Defauconpret). — *Paris, Gide fils,* 1819, *2 vol. in-8°.*

231. **Barthélémy** (J.-J.). Voyage en Italie, imprimé sur ses lettres originales écrites au comte de Caylus, avec un Appendice où se trouvent des morceaux inédits de Winckelmann, du P. Jacquier, de l'abbé Zarillo, publié par A. Serieys. — *Paris, Buisson,* an X (1801), *in-8°.*

232. — OEuvres diverses. — *Paris, Jansen,* an VI, *2 vol. in-8°.*

233. **Barthélemy Saint-Hilaire.** Le Bouddha et sa religion. — *Paris, Didier,* 1860, *in-8°.*

234. — Lettres sur l'Égypte. Deuxième édition. — *Paris, Lévy,* 1857, *gr. in-18.*

235. **Barthez** (P.-J.). Nouveaux Élémens de la Science de l'Homme ; seconde édition augmentée. — *Paris, Goujon,* 1806, *2 vol. in-8°.*

236. — Nouvelle Méchanique des mouvements de l'homme et des animaux. — *Carcassonne, Polère,* an VI (1798), *in-4°.*

237. — Théorie du Beau dans la nature et les arts, mis en ordre et publié par son frère, avec la vie de l'auteur. — *Paris, Colin,* 1807, *in-8°.*

238. **Barthès de Marmorières** (A.). Mémoires d'Agriculture et de Méchanique, dans lesquels on propose des pratiques simples et nouvelles relatives au bien de l'État et des avanta-

ges particuliers de la Province de Languedoc, avec le moyen de remédier aux abus du jaugeage des vaisseaux dans tous les ports du Royaume. — *Paris, Prault*, 1762, *in-8°*.

239. **Bartholinus** (Th.). De Nivis usu medico observationes variæ. Accessit D. Erasmi Bartholini de figura Nivis dissertatio ; cum operum authoris catalogo. — *Hafniæ, Haubold*, 1661, *in-12*.

240. — De Luce Hominum et Brutorum libri III ; novis rationibus, et raris historiis secundum illustrati. — *Hafniæ, Godicchenius*, 1669, *in-12*.

241. **Bartram** (W.). Voyage dans les parties du Sud de l'Amérique Septentrionale, savoir : les Carolines, la Géorgie, les Florides, le pays des Cherokees, le vaste territoire des Muscogulges ou de la Confédération Creek, et le pays des Chactaws ; contenant des détails sur le sol et les productions naturelles de ces contrées et des observations sur les mœurs des Sauvages qui les habitent ; traduit de l'anglais par P.-V. Benoist. — *Paris, Carteret et Brosson*, an VII, 2 vol. *in-8°*, *fig. et carte gr.*

242. **Bartran** (A.) et **Hartmann** (R.). Zeitschrift für Ethnologie und ihre Hülfswissenschaften als lehre von Menschen in seinen beziehungen zun Natur und zur Geschichte. — *Berlin, Wiegandt und Hempel*, 1869-70, 2 vol. *in-8°*, *planches*.

243. **Basse** (P.-A.). Élémens de la grammaire allemande. — *Paris, Warée*, an VIII° (1800), *in-12*.

244. **Bastian** (A.). Das Beständige in den Menschenrassen und die Spielweite ihrer Veränderlichkeit. Prolegomena zu einer Ethnologie der Culturvölker. — *Berlin, Reimer*, 1868, *in-8°*.

245. **Basville** (De). Mémoires pour servir à l'Histoire de Languedoc. — *Amsterdam, Boyer*, 1734, *in-12*.

246. **Batteux** (l'abbé C.). La Morale d'Épicure, tirée de ses propres écrits. — *Paris, Desaint et Saillant*, 1758, *in-12*, *frontisp. gr.*

247. — Histoire des Causes premières, ou Exposition sommaire des pensées des Philosophes sur les principes des Êtres. — *Paris, Saillant*, 1769, *in-8°*.

248. **Baudelot de Dairval** (C.-C.). De l'utilité des Voyages et de l'avantage que la recherche des antiquités procure aux sçavans. — *Rouen, Ferrand*, 1727, 2 vol. *in-12*, *fig*.

249. **Baudet-Dulary.** Essai sur les Harmonies physiologiques. — *Paris, Baillière*, 1844, *in-8°, pl. gr.*

250. **Baudrimont** (A.). Histoire des Basques ou Escualdunais primitifs, restaurée d'après leur langue, les caractères ethnologiques et les mœurs des Basques actuels. — *Paris, Duprat*, 1854, *in-8°.*

251. **Baumes** (T.). Mémoire sur cette question : déterminer, par l'observation, quelles sont les maladies qui résultent des émanations des eaux stagnantes, et des pays marécageux, soit pour ceux qui habitent dans les environs, soit pour ceux qui travaillent à leur desséchement, et quels sont les moyens de les prévenir et d'y remédier. — *Nismes, Belle*, 1789, *in-8°.*

252. **Baumer** (J.-W.). Medicina Forensis, præter partes consuetas, primas lineas Jurisprudentiæ medico-militaris et veterinario-civilis continens. — *Francofurti et Lipsiæ, ex offic. Garbiana*, 1778, *in-8°.*

253. **Baungarten Crusius** (A.-M.). Periodologie oder die Lehre von den periodischen veränderungen im Leben des gesunden und kranken Menschen. — *Halle, Schwetschke*, 1836, *in-8°.*

254. **Baur** (F.-Ch.). Symbolik und Mythologie oder die Naturreligion des Alterthums. — *Stuttgart, Metzler*, 1824-25, *2 parties en 3 vol. in-8°.*

255. **Bayle** (P.). Dictionnaire historique et critique; nouvelle édition, augmentée de notes extraites de Chaufepié, Joly, La Monnoie, Leduchat, L.-J. Leclerc, Prosper Marchand, etc., etc. — *Paris, Desoer*, 1820, *16 vol. in-8°.*

256. **Baze** (A.). Biologie, ou Essai médico-philosophique sur l'Homme, considéré dans les quatre âges de la vie. — *Montpellier, Martel*, 1820, *in-8°.*

257. **Bazin** (A.). Du Système nerveux de la vie animale et de la vie végétative, de leurs Connexions anatomiques, et des Rapports physiologiques et zoologiques qui existent entre eux. — *Paris, Baillière*, 1841, *in-4°.*

258. **Beattie** (J.). Essai sur la Poésie et sur la Musique, considérées dans les affections de l'âme; traduit de l'anglais. — *Paris, Benoist*, an VI, *in-8°.*

259. **Beauclair** (P.-L. de). Cours de Gallicismes. — *Francfort*, 1794-95, *2 vol. in-12.*

260. **Beaufort** (L. de). Dissertation sur l'incertitude des cinq premiers siècles de l'Histoire Romaine. Nouvelle édition. — *La Haye, Van Cleef*, 1750, *2 part. en 1 vol. in-12.*

261. **Beaumont** (L.-Élie de). Leçons de Géologie pratique, professées au Collége de France. — *Paris, Bertrand*, 1845, *et Baillière*, 1849, *2 vol. in-8°.*

262. **Beaussire** (E.). Antécédents de l'Hégelianisme dans la Philosophie française; Dom Deschamps, son système et son école, d'après un ms. et des correspondances inédites du XVIIIe siècle. — *Paris, G. Baillière*, 1865, *in-18.*

263. **Beauval** (F.). Gespräche für das geselhschaftliche leben zur erlenung der Umgangsprache im deutschen und französischen; dritte auflage. — *Dresden, Arnold*, 1829, *3 vol. in-12.*

264. **Beauzée** (N.). Grammaire générale, ou Exposition raisonnée des Éléments nécessaires du Langage, pour servir de fondement à l'étude de toutes les langues. — *Paris, Barbou*, 1767, *2 vol. in-8°.*

265. **Bechstein** (J.-M.). Ornithologisches Taschenbuch von und für Deutschland, oder kurse beschreibung aller Vögel Deutschlands. — *Leipzig, Richter*, 1803, *3 part. en 1 vol. in-12, pl. color.*

266. **Beck** (Ch.-D.). Anleitung zur genauern kenntniss der allgemeinen Welt-und Völker-Geschichte. — *Leipzig, Weidmann*, 1813, *in-8°. Tome I*[er].

267. **Béclard** (P.-A.). Élémens d'Anatomie générale, ou Description de tous les genres d'organes qui composent le corps humain. — *Paris, Béchet*, 1823, *in-8°.*

268. **Becquerel** (A.-C.). Des Climats et de l'influence qu'exercent les sols boisés et non boisés. — *Paris, Didot*, 1853, *in-8°.*

269. **Bedarride** (I.). Les Juifs en France, en Italie et en Espagne; recherches sur leur état, depuis leur dispersion jusqu'à nos jours, sous le rapport de la législation, de la littérature et du commerce. Deuxième édition. — *Paris, Lévy*, 1860, *in-8°.*

270. — Du Prosélytisme et de la liberté religieuse, ou le Judaïsme au milieu des cultes chrétiens dans l'état actuel de la civilisation. — *Paris, Lévy*, 1835, *in-8°.*

271. **Beer** (J.-G.). Die Familie der Bromeliaceen nach ihrem habituellen character bearbertet mit besonderer berücksichtigung der Ananassa. — *Wien, Tendler and C°*, 1857, *in-8°.*

272. **Behrius** (G.-H.). Lexicon physico-chymico-medicum reale, iis præcipue utile, qui de hac vel illa materia aliorum etiam doctorum virorum suffragia et observationes scire sicque de suis simul opinionibus certiores fieri cupiunt, cum præfatione D. Michaelis Alberti. — *Argentorati, Beckius*, 1738, *in-4°*.

273. **Bell** (Ch.). The Hand; its mechanism and vital endowments, as evincing design. Fifth edition revised, with woodcuts. — *London, Murray*, 1852, *in-8°, port. gr.*

274. **Bell** (J.-S.). Journal d'une résidence en Circassie pendant les années 1837-1839 ; traduit de l'anglais, et augmenté d'une introduction et de notes ; par Louis Vivien. — *Paris, Bertrand*, 1841, 2 vol. *in-8°, fig.*

275. **Belleval** (Ch. de). Beautés méridionales de la Flore de Montpellier, par un ancien Herboriste de cette ville. — *Montpellier, Tournel*, 1826. = Questions ou observations particulièrement philologiques sur quelques Plantes, par un vieux Herboriste. — *Montpellier, Tournel*, 1830. = Nomenclateur botanique Languedocien. — *Montpellier, Vᵉ Picot*, 1832, *1 vol. in-8°*.

276. — Nomenclateur botanique Languedocien. — *Montpellier, Castel*, 1840, *in-12*.

277. — Observations grammaticales (Extr. du *Bulletin de la Société des Sciences, Lettres et Arts de Montpellier*). *In-8°*.

278. Atlas de l'Afrique par M. Bellin (et autres géographes). — *1 vol. petit in-fol.*

279. **Belon** (P.). L'Histoire de la Nature des Oyseaux, avec leurs descriptions et naïfs portraicts retirez du naturel, escritte en sept livres. — *Paris, Cavellat*, 1555, *in-fol., fig. dans le texte.*

280. **Beloselski**. Dianyologie, ou Tableau philosophique de l'Entendement. — *Dresde, Meinhold*, 1790, *in-8°, pl. gr.*

281. **Belzoni** (G.). Voyages en Égypte et en Nubie, contenant le récit des recherches et découvertes archéologiques faites dans les pyramides, temples, ruines et tombes de ces pays, suivis d'un voyage sur les côtes de la Mer Rouge et à l'oasis de Jupiter Ammon ; traduits de l'anglais et accompagnés de notes par G.-B. Depping. — *Paris, Galignani*, 1821, 2 vol. *in-8°, port. et cartes gr.*

282. **Benjamin de Tudèle.** Voyages de Benjamin de Tudèle

autour du monde, commencé l'an 1153; de Jean du Plan Carpin, en Tartarie; du frère Ascelin et de ses compagnons, vers la Tartarie; de Guillaume de Rubruquis, en Tartarie et en Chine, en 1253; suivis des additions de Vincent de Beauvais et de l'histoire de Guillaume de Nangis, pour l'éclaircissement des précédents voyages. — *Paris, imprimé aux frais du Gouvernement*, août 1830, *in-8°*.

283. **Benloew** (L.). De l'Accentuation dans les langues indo-européennes, tant anciennes que modernes. — *Paris, Hachette et Cie*, 1847, *in-8°*.

284. — Aperçu général de la science comparative des Langues, pour servir d'introduction à un Traité comparé des Langues indo-européennes. — *Paris, Durand*, 1858, *in-8°, pl. gr.*

285. **Bentham** (G.). Catalogue des Plantes indigènes des Pyrénées et du Bas-Languedoc, avec des notes et observations sur les espèces nouvelles ou peu connues; précédé d'une Notice sur un voyage botanique fait dans les Pyrénées pendant l'été de 1825. — *Paris, Huzard*, 1826, *in-8°*.

286. **Bentham** (J.). Essai sur la nomenclature et la classification des principales branches d'Art-et-Science; ouvrage extrait du *Chrestomathia* de Jérémie Bentham, par George BENTHAM. — *Paris, Bossange*, 1823, *in-8°*.

287. — Esquisse d'un ouvrage en faveur des Pauvres, publié en français par Ad. Duquesnoy. — *Paris, impr. des Sourds-Muets*, an X, *in-8°*.

288. **Bentham** (J.) et **Grote** (G.). La Religion naturelle, son influence sur le bonheur du genre humain, d'après les papiers de Jérémie Bentham, par George Grote; traduit de l'anglais par E. CAZELLES. — *Paris, G. Baillière*, 1875, *in-18*.

289. **Bérard** (F.). Doctrine médicale de l'École de Montpellier et comparaison de ses principes avec ceux des autres Écoles anciennes et modernes. — *Montpellier, Martel*, 1821, *in-8° (tome Ier seulement)*. = On y a joint : Observations cliniques pour servir de preuve à la Doctrine médicale de l'École de Montpellier. — 1819, 12 pp. *(tout ce qui a paru)*.

290. — Esprit des Doctrines médicales de Montpellier; ouvrage inédit de F. BÉRARD, précédé d'un Précis historique sur sa vie et ses écrits, par H. PETIOT. — *Paris, Baillière*, 1830, *in-8°*,

portrait. = *On y a joint :* Discours sur le Génie de la Médecine et son mode d'enseignement. — *Paris, Baillière*, 1830.

291. **Bérard** (F.). Doctrine des rapports du physique et du moral, pour servir de fondement à la Physiologie dite intellectuelle et à la Métaphysique. — *Paris, Gabon et Cie*, 1823, *in-8°*.

292. — Discours sur les améliorations progressives de la santé publique par l'influence de la civilisation. — *Paris, Gabon*, 1826, *in-8°*.

293. **Béraud** (A.-P.). De la Phrénologie humaine appliquée à la Philosophie, aux Mœurs et au Socialisme. — *Paris, Durand*, 1848, *in-8°, front. et pl. gr.*

294. **Béraud** (F.-F.-A.). Les Filles publiques de Paris et la Police qui les régit, précédé d'une notice historique sur la Prostitution chez les divers peuples de la terre, par M. A.-M. — *Paris et Leipzig, Desforges et Cie*, 1839, *2 vol. in-8°, rel. en 1.*

295. **Beresford** (J.). Les Misères de la vie humaine, ou les Gémissemens et Soupirs exhalés au milieu des fêtes, des spectacles, des bals et des concerts; des amusements de la campagne, des plaisirs de la table, de la chasse, de la pêche et du jeu, des délices du bain, des récréations, de la lecture, des agrémens du voyage, des jouissances domestiques, de la société du grand monde, et du séjour enchanteur de la capitale; traduit de l'anglais, sur la huitième édition, par T.-P. Bertin. — *Paris, Chaumerot*, 1809, *2 vol. in-8°, pl. gr.*

296. **Berger de Xivrey** (J.). Traditions Tératologiques, ou Récits de l'antiquité et du moyen-âge en Occident, sur quelques points de la Fable du Merveilleux et de l'histoire naturelle. — *Paris, Imprimerie Royale*, 1836, *in-8°*.

297. — Essais d'appréciations historiques, ou examen de quelques points de Philologie, de Géographie, d'Archéologie et d'Histoire. — *Paris, Desforges*, 1837, *2 vol. in-8°*.

298. **Berghaus** (H.). Anthropologischer und Ethnographischer Atlas (4 und 19 tafeln). — *Gotha, J. Perthes*, 1848, *in-fol.*

299. — Grundlinien der Ethnographie. Enthaltend in zwei abtheilungen eine allgemeine völkertafel oder nachweisung aller völker des Erdbodens, nach Sprachstämmen und Sprachfamilien ethnographisch und geographisch geordnet; und eine vergleichende, übersichtliche beschreibung ihrer sitten, gebräuche und gewohnheiten. — *Stuttgart*, 1850, *in-8°*.

300. **Bergier** (N. S.). Les Élémens primitifs des Langues, découverts par la comparaison des racines de l'Hébreu avec celles du Grec, du Latin et du Français ; ouvrage dans lequel on examine la manière dont les langues ont pu se former, et ce qu'elles peuvent avoir de commun. Nouvelle édition, augmentée d'un Essai de Grammaire générale ; par P.-I. Proudhon. — *Besançon, Bintot*, 1850, *in-8°*.

301. **Bergmann** (F.-G.). Les Scythes, les ancêtres des peuples Germaniques et Slaves, leur état social, moral, intellectuel et religieux ; esquisse ethnogénéalogique et historique. — *Colmar, Decker*, 1858, *in-8°*.

302. — Les Gètes, ou la filiation généalogique des Scythes aux Gètes et des Gètes aux Germains et aux Scandinaves, démontrée sur l'histoire des migrations de ces Peuples et sur la continuité organique des phénomènes de leur état social, moral, intellectuel et religieux. — *Strasbourg, Treuttel et Wurtz*, 1859, *in-8°*.

303. — Résumé d'études d'Ontologie générale et de Linguistique générale, ou Essais sur la nature et l'origine des Êtres, la pluralité des Langues primitives, et la formation de la matière première des mots ; seconde édition augmentée. — *Paris, Cherbuliez*, 1869, *gr. in-18*.

304. **Berington** (J.). Histoire littéraire des Arabes ou des Sarrazins pendant le moyen-âge, traduit de l'anglais par A.-M-H. B. (Boulard). — *Paris, Debausseaux*, 1823, *in-8°*.

305. **Berkeley** (G.). Recherches sur les vertus de l'Eau de Goudron, où l'on a joint des Réflexions philosophiques sur divers autres sujets ; traduits de l'anglois (par Boullier), avec deux Lettres de l'Auteur. — *Amsterdam, Mortier*, 1745, *in-12*.

306. **Berlier** (Th.). Précis de l'ancienne Gaule, ou recherches sur l'état des Gaules avant les conquêtes de César. — *Bruxelles, Hayez*, 1822, *in-8°*.

307. — Guerre des Gaules, traduite des Mémoires dits Commentaires de César, avec un grand nombre de notes géographiques, historiques, littéraires, morales et politiques. — *Paris, Parmantier*, 1825, *in-8°*.

308. **Bernard** (N.). Mémoires pour servir à l'histoire naturelle de la Provence — *Paris, Didot*, 1787-88, *3 vol. in-12, pl.*

309. — Mémoire pour servir à l'histoire naturelle de l'Olivier, dans

lequel on trouve la physique de cet arbre, la notice des principales variétés qu'on cultive dans la Provence, sa culture, l'histoire des insectes qui se nourrissent de ses productions et la meilleure manière d'extraire l'huile d'olive, etc. — *S. ind.*, *in-8°, pl. gr.*

310. **Bernard** (Cl.). De la Physiologie générale. — *Paris, Hachette,* 1872, *in-8°.*

311. **Bernard** (Th.). Étude sur les variations du Polythéisme grec. *Paris, Franck,* 1853, *gr. in-18.*

312. **Bernd** (Ch.-S.-Th.). Die Verwandtschaft der Germanischen und Slavischen sprachen mit einander, und zugleich mit der griechischen und römischen dargethan. — *Bonn, Weber,* 1822, *in-8°.*

313. **Bernier** (F.). Voyages de François Bernier, contenant la description des États du Grand-Mogol, de l'Hindoustan, du Royaume de Kachemire, etc., où il est traité des richesses, des forces, de la justice et des causes principales de la décadence des États de l'Asie, et où l'on voit comment l'or et l'argent, après avoir circulé dans le monde, passent dans l'Hindoustan, d'où ils ne reviennent plus. — *Amsterdam, Marret,* 1710, *2 vol. in-12, cart. et fig. gr.*

314. **Bernier** (J.). Essais de Médecine, où il est traité de l'Histoire de la Médecine et des Médecins, du devoir des médecins à l'égard des malades, etc. — *Paris, Langronne,* 1689, *in-4°.*

315. **Bernt** (J.). Systematisches handbuch der Staats-Arsneykunde. — *Wien, Kupffer und Wimmer,* 1816, *in-8°.*

316. **Berosus.** Antiquitatum libri quinque, cum commentariis Joan. Annii Viterbensis. — *Witebergæ, Henckelius,* 1612, *in-12, frontisp. gr.*

317. **Bersot** (E.). Du Spiritualisme et de la Nature. — *Paris, Ladrange,* 1846, *in-8°.*

318. — La Philosophie de Voltaire, avec une introduction et des notes. — *Paris, Ladrange,* 1848, *gr. in-18.*

319. — Mesmer et le Magnétisme animal; deuxième édition, augmentée d'un chapitre sur les Tables tournantes et les Esprits. — *Paris, Hachette,* 1854, *in-18.*

320. — Libre Philosophie. — *Paris, Baillière,* 1868, *in-18.*

321. **Berthelot** (Sabin). Mémoire sur les Guanches. (Extr. des *Mém. de la Société Ethnologique*). — *Paris*, in-8°.

322. **Bertholon** (N.). De l'Électricité des Végétaux ; ouvrage dans lequel on traite de l'électricité de l'atmosphère sur les plantes, de ses effets sur l'économie des végétaux, de leurs vertus medico et nutritivo-électriques, et principalement des moyens de pratique de l'appliquer utilement à l'agriculture, avec l'invention d'un électro-végétomètre. — *Paris, Didot*, 1783, *in-8°, pl.*

323. — De la Salubrité de l'Air des villes, et en particulier des moyens de la procurer. — *Montpellier, Martel*, 1786, *in-8°*.

324. — Mémoires de MM. Bertholon et Le Gentil sur la question proposée par la Société Royale des Sciences de Montpellier au nom des États Généraux de la Province de Languedoc, pour le sujet du Prix de 1780 : Déterminer par un moyen fixe, simple et à portée de tout cultivateur, le moment auquel le vin, en fermentation dans la cave, aura acquis toute la force et toute la qualité dont il est susceptible, et Observations sur cette question par M. Mourgue. — (*Montpellier*, 1780), *in-4°*.

325. **Berthoud** (S.-H.). Fantaisies scientifiques de Sam. — *Paris, Garnier*, 1861, *gr. in-18*.

326. **Bertin** (R.-J.-F.-H.). Quelques observations critiques, philosophiques et médicales, sur l'Angleterre, les Anglais et les Français détenus dans les prisons de Plimouth. — *Paris, Barrois*, an IX-1801, *in-12*.

327. **Bertola** (A. de' Giorgi). Della Filosofia della Storia, libri tre. — *Pavia, Bolzani*, 1787, *in-8°*.

328. **Bertotius** (A.). Methodus generalis, et compendaria, ex Hippocratis, Galeni, et Avicennæ placitis deprompta, ac in ordinem redacta. Ad omnes morbos rectâ ratione curandos, summè utilis, et necessaria. — *Lugduni, Coterius*, 1558, *in-16, tit. gr.*   On y a joint :

 1° Gulielmi Grataroli, Opuscula. — *Lugduni, Coterius*, 1558, *titr. gr.*

 2° Alberti cognomento magni, de Secretis mulierum, liber I. De virtutibus herbarum, lapidum, ac animalium quorundam, liber I. De mirabilibus mundi, ac de nonnullis effectibus causatis à quibusdam animalibus, liber I. — *Lugduni, Junta*, 1558.

329. **Bertrand** (Al.). Lettres sur les Révolutions du globe, revues, corrigées et considérablement augmentées, enrichies de nouvelles notes par MM. Arago, Élie de Beaumont, Al. Brongniart, etc. Sixième édition. — *Paris, Tessier, 1846, gr. in-18, pl. gr.*

330. **Bertrand** (Ant.). Traité touchant l'économie des Vers à soye, dressé par Antoine Bertrand, du lieu de Saint-Bauzille-de-Putois, commis par Noss. des Estats de Languedoc à la culture des Pépinières des Meuriers de cette Province. Première partie. — *Montpellier, J. Martel, 1723, in-12.*

331. **Bertrand** (C.). Anatomie philosophique. — Conformation osseuse de la tête chez l'homme et les vertébrés. — *Paris, Masson, 1862, gr. in-8°, pl. lithogr.*

332. **Bertrand** (E.). Dictionnaire universel des Fossiles propres et des Fossiles accidentels, contenant une description des terres, des sables, des sels, des soufres, des bitumes, des pierres simples et composées, communes et précieuses, transparentes et opaques, amorphes et figurées, des minéraux, des métaux, des pétrifications du règne animal et du règne végétal, etc., avec des recherches sur la formation de ces fossiles, sur leur origine, leurs usages, etc. — *La Haye, Gosse, 1763, 2 vol. in-8°, rel. en 1.*

333. — Recueil de divers traités sur l'Histoire naturelle de la Terre et des Fossiles. — *Avignon, Chambeau, 1766, in-4°, portr. gr.*

334. **Bertrand** (J.). De l'Eau relativement à l'économie rustique, ou Traité de l'irrigation des prés. Nouvelle édition. — *Paris, Marchant, an IX (1801), in-12, pl.*

335. **Bertrand** (J.-B.). Relation historique de la Peste de Marseille, en 1720. Nouvelle édition. — *Amsterdam et Marseille, Mossy, 1779, in-12.*

336. **Bertrand** (M.). Extase : de l'état d'Extase considéré comme une des causes des effets attribués au magnétisme animal. — *Paris, 1826, in-8°. (Encyclopédie progressive, 8ᵉ Traité, 1826.)*

337. **Bertrand**, de Saint-Germain. Des Manifestations de la Vie et de l'Intelligence à l'aide de l'Organisation. — *Paris, Leclère, 1848, in-8°.*

338. **Bertuch** (F.-J.) et **Vater** (J.-S.). Allgemeines Archiv für Ethnographie und Linguistik ; bearbeitet von mehreren Gelehrten. Erster band (und einziger). — *Weimar, 1808, in-8°, cartes et planches coloriées.*

339. **Besoldus** (Christ.). De Natura Populorum, ejusque pro loci positu, ac temporis decursu variatione : et insimul etiam, de Linguarum ortu atque immutatione, philologicus discursus. Editio secunda. — *Tubingæ, Brunnius*, 1632, *in-4°*.

340. **Bessières** (G.-L.). Introduction à l'étude philosophique de la Phrénologie, et nouvelle classification des facultés cérébrales. — *Paris, Baillière*, 1836, *in-8°, tabl.*

341. **Betham** (W.). Etruria-Celtica. Etruscan Literature and Antiquities investigated ; or the language of that ancient and illustrious people compared and identified with the Iberno-Celtic, and both shown to be Phœnician. — *Dublin, Dixon Hardy*, 1842, 2 vol. *in-8°, pl. gr.*

342. **Beudant** (F.-S.). Voyage minéralogique et géologique en Hongrie pendant l'année 1818. — *Paris, Verdière*, 1822, *1 vol. in-4°.*

343. — Cours élémentaire d'Histoire naturelle. Géologie. Cinquième édition. — *Paris, Masson*, 1851, *in-12, fig.*

344. — Traité élémentaire de Minéralogie. — *Paris, Verdière*, 1824, *in-8°, pl. gr.*

345. **Beulé** (E.). Fouilles et Découvertes résumées et discutées en vue de l'Histoire de l'Art. — *Paris, Didier et Cie*, 1875, *2 vol. gr. in-18.*

346. **Beverovicius** (Joh.). Epistolica quæstio de Vitæ Termino, fatali, an mobili ? cum Doctorum responsis. Secunda editio. — *Lugduni-Batavorum, Maire*, 1636, *in-4°.*

347. **Bez** (F. de). In omnes Regum Franconiæ et Franco Galliæ res gestas a Pharamundo primo Franconiæ rege ad regnum Francisci primi compendium. — *Parisiis, Dionysius a Prato*, 1577-78, *in-4°.*

348. **Bezançon** (G. de). Les Médecins à la censure, ou Entretiens sur la Médecine. — *Paris, Gontier*, 1677, *pet. in-12.*

349. **Bianchini** (Gius.). Parere sopra la cagione della morte della signora Contessa Cornelia Zangari, ne' Bandi, Cesenate ; esposto in una Lettera al signor Conte Ottolino Ottolini. Quarta edizione. — *Roma, Puccinelli*, 1758, *in-8°.*

350. **Bibel** (Die) als ein Menschenwerk betrachtet. Umriße zu einer Geschichte derselben, in briefen an seine freunde, von Claudius. — *Paris und Leipzig, Renouard*, 1841, *in-12.*

351. Bible (La) enfin expliquée par plusieurs aumôniers de S. M. le R. D. P. (par Voltaire). — *Londres*, 1776, *2 vol. in-8°*.

352. Bible (La Sainte) qui contient le Vieux et le Nouveau Testament, revue sur les originaux par J.-F. Ostervald, avec des Parallèles. — *Bruxelles*, 1863, *in-12*.

353. Bibliographie Agronomique, ou Dictionnaire raisonné des ouvrages sur l'économie rurale et domestique et sur l'art vétérinaire ; suivie de notices biographiques sur les auteurs et d'une table alphabétique des différentes parties de l'art agricole, etc. (par V.-D. Musset-Pathay). — *Paris, Collas*, 1810, *in-8°*.

354. Bibliographie médicinale raisonnée, ou Essai sur l'exposition des livres les plus utiles à ceux qui se destinent à l'étude de la médecine, etc.; par (Du Monchaux). — *Paris, Ganeau*, 1756, *in-12*.

355. Bibliotheca Americana, being a choice collection of Books relating to north and south America and the West-Indies, including voyages to the soutern hemisphere, etc. — *Paris (Renouard)*, 1831, *in-8°*.

Le faux-titre porte : Bibliotheca americana or a chronological catalogue of Books relating, etc.

356. Bibliotheca medico-chirurgica et pharmaceutico-chemica, oder Verzeichniss derjenigen medizinischen, chirurgischen, pharmazeutischen und chemischen bücher, welche von jahre 1750 an, bis zu ende des jahres 1820 in Deutschland erschienen sind und welche man in der buchhandlung von Theod. Christ. Fred. Enslin, in Berlin ; zweite auflage. — *Berlin, Schade*, 1821, *in-8°*.

357. Bibliotheca physico medica. Verzeichniss wichtiger aelterer sowohl als saemmtlicher seit den 1821 in Deutschland gedruckter buecher aus den faechern der Physic, Chemie, Geognosie, Mineralogie, Botanick, etc., zu finden bei Leop. Woss in Leipzig. — *Leipzig*, 1835, *in-8°*.

358. Bibliothèque (Petite) amusante, ou Recueil de Pièces choisies (par J.-F. de Los Rios). — *London, Crowder*, 1781, *2 vol. in-24, rel. en 1*.

359. **Bichat** (X.). Anatomie générale appliquée à la Physiologie et à la Médecine. — *Paris, Brosson, Gabon et Cie*, an X-(1801), *4 vol. in-8°*. = Addition à l'Anatomie générale de Bichat, par P.-A. Béclard. — *Paris, Brosson et Chaudé*, 1821, *1 vol. in-8°, portrait*.

360. **Bienville** (J.-D.-F. de). Traité des erreurs populaires sur la Santé. — *La Haye, Gosse*, 1775, *in-8°*.

361. **Biessy** (C.-V.). Aperçu général et observations pratiques sur la Médecine légale. — *Lyon, Kindelem*, 1810, *in-8°*.

362. **Bigot de Morogues** (P.-M.-S.). Mémoire historique et physique sur la chute des Pierres tombées sur la surface de la terre à diverses époques. — *Orléans, Jacob*, 1812, *in-8°*.

363. Biographie étrangère, ou Galerie universelle, historique, civile, militaire, politique et littéraire ; contenant les portraits politiques de plus de trois mille personnages célèbres étrangers à la France, parmi lesquels on distingue surtout les indépendans espagnols de l'Amérique méridionale, etc., etc.; par une Société de Gens de Lettres. — *Paris, Eymery*, 1819, *2 tomes en 1 vol. in-8°*.

364. Biographie Moderne, ou Galerie Historique, Civile, Militaire, Politique et Judiciaire ; contenant les portraits politiques des Français de l'un et de l'autre sexe, morts ou vivans, qui se sont rendus plus ou moins célèbres, depuis le commencement de la Révolution jusqu'à nos jours (par A. de Beauchamp et autres). — *Paris, Eymery*, 1815, *2 vol. in-8°*.

365. Biographie des Médecins Français vivans, et des Professeurs des Écoles ; par un de leurs confrères (Morel de Rubempré). — *Paris, chez les Marchands de Nouveautés*, 1826, *in-32*.

366. **Biot** (Éd.). De l'abolition de l'Esclavage ancien en Occident. Examen des causes principales qui ont concouru à l'extinction de l'esclavage ancien dans l'Europe occidentale, et de l'époque à laquelle ce grand fait historique a été définitivement accompli. — *Paris, Renouard et Cie*, 1840, *in-8°*.

367. **Biot** (J.-B.). Essai sur l'histoire générale des Sciences pendant la révolution française. — *Paris, Duprat*, an II-1803, *in-8°*.

368. — Précis élémentaire de Physique expérimentale. Troisième édition. — *Paris, Deterville*, 1824, *2 vol. in-8°, pl.*

369. — Traité élémentaire d'Astronomie physique ; avec des additions relatives à l'Astronomie nautique, par de Rossel. Seconde édition. — *Paris, Klostermann*, 1810-11, *3 vol. in-8°, pl.*

370. **Biria** (J.-A.-J.). Histoire naturelle et médicale des Renoncules, précédée de quelques observations sur la Famille des

Renonculacées (Thèse). — *Montpellier, Martel aîné,* 1811, *in-4°, pl. gr.*

371. **Biron** (C.). Curiosités de la nature et de l'art, apportées dans deux voyages des Indes ; l'un aux Indes d'Occident en 1698 et 99 , et l'autre aux Indes d'Orient en 1701 et 1702 ; avec une relation abrégée de ces deux voyages. — *Paris, Moreau,* 1703, *in-12, pl.*

372. **Bischoff** (C.-H.-E.). Exposition de la doctrine de Gall sur le Cerveau et le Crâne ; suivie de remarques sur cette doctrine par le Dr C.-W. Hufeland, et d'un Rapport de la visite de Gall dans les prisons de Berlin et de Spandau. Traduit de l'allemand sur la seconde édition, avec des notes, etc. ; par BARBEGUIÈRE. — *Berlin,* 1806, *in-8°, planche gr.*

373. **Bischoff** (Fr.-H.-Th.) und **Möeller** (J.-H.). Vergleichendes Wörterbuch der alten, mittleren und neuen Geographie. — *Gotha, Becker,* 1829, *in-8°.*

374. **Black** (W.). Esquisse d'une histoire de la Médecine et de la Chirurgie, depuis leur commencement jusqu'à nos jours, ainsi que de leurs principaux auteurs, progrès, imperfections et erreurs ; traduite de l'anglois par CORAY. — *Paris, Fuchs,* an VI-1798, *in-8°.*

375. **Blainville** (H. de). Histoire des Sciences de l'Organisation et de leurs progrès comme base de bonne Philosophie. — *Paris, Perisse,* 1847, *3 vol. in-8°.*

376. **Blair** (W.). Anthropology : or the natural history of Man ; with a comparative view of the structure and functions of Animated Beings in general. — *London, Longman and Rees,* 1803, *in-8°.*

377. **Blanc** (A.). Leçons de Zoologie générale pour servir d'Introduction à l'étude de l'Ornithologie. — *Paris, Baillière,* 1848, *in-8°.*

378. **Blanchard** (E.). La Zoologie agricole ; ouvrage comprenant l'histoire entière des animaux nuisibles et des animaux utiles : Les Plantes d'ornement. — *Paris, Masson,* 1854, *livraisons I-XV, in-4°, pl. color.*

379. **Blanchard** (F.). De l'Influence de l'Ignorance et de la Misère sur la Santé publique. — *Montpellier, Ricard,* 1833, *in-8.*

380. **Blane** (G.). Elements of Medical Logick, or philosophical

principles of the practice of Physick. Third edition, with large additions. — *London, Underwood*, 1825, *in-8°*.

381. **Bloch** (M.-E.). Traité de la Génération des Vers des Intestins et des Vermifuges; traduit de l'allemand; suivi d'un Précis du Traitement contre les Tænia. — *Strasbourg, Treuttel*, 1788, *in-8°, pl. gr.*

382. **Blondin** (T.). Stahl philosophe et physiologiste, ou Étude sur la Doctrine Médicale de G.-E. Sthal, considéré au point de vue philosophique et physiologique. — *Paris, Baillière et fils*, 1860, *in-8°*.

383. **Blumenbach** (J.-F.). De Generis Humani varietate nativa Liber. — *Gœttingæ, Vidua Vandenhoeck*, 1776, *in-8°*.

384. — De Generis humani varietate nativa; editio tertia. — *Gottingæ, Vandenhoek et Ruprecht*, 1795, *in-12*.

385. — De l'Unité du Genre Humain et de ses Variétés; ouvrage précédé d'une Lettre à Joseph Banks. Traduit du Latin sur la troisième édition, par Fréd. CHARDEL. — *Paris, Allut*, an XIII-(1804), *in-8°*.

386. — Decades (sex) collectionis suæ Craniorum diversarum gentium illustratæ. — *Gottingæ, Dieterich*, 1820, *in-4°*. = Nova Pentas Craniorum, etc., tanquam complementum Priorum Decadum. — *Ibid.*, 1828.

387. — Handbuch der vergleichenden Anatomie. — *Göttingen, Dieterich*, 1824, *in-8°*.

388. — Institutiones Physiologicæ. — *Gottingæ, Dieterich*, 1787, *in-8°, fig. gr.*

389. — Institutions Physiologiques; traduites du latin, et augmentées de notes, par J.-Fr. PUGNET. — *Lyon, Reymann et Cie*, 1797, *in-12*.

390. — Beyträge zur Naturgeschichte. — *Göttingen, Dieterich*, 1806-11, 2 vol. *in-12*.

391. — Manuel d'Histoire naturelle; traduit de l'allemand, par SOULANGE ARTAUD. — *Metz, Collignon*, an XI-1803, 2 vol. *in-8°, fig.*

392. — Introductio in Historiam Medicinæ Litterariam. — *Gottingæ, Dieterich*, 1786, *in-8°*.

393. **Boate** (G.). Histoire naturelle d'Irlande, contenant une des-

cription très-exacte de sa situation, de sa grandeur, de sa figure, de la nature de ses montagnes, de ses forêts, de ses bruyères, de ses marais et de ses terres labourables, etc., etc.; traduit de l'anglois (par P. Briot). — *Paris, de Ninville,* 1666, *in-12.*

394. **Bochart** (S.). Geographiæ sacræ pars prior, Phaleg, seu de dispersione gentium et terrarum divisione facta in ædificatione turris Babel; pars altera, Chanaan seu de coloniis et sermone Phœnicum. — *Cadomi, Cardonellus,* 2 *part. en 1 vol. in-fol.*

395. **Bock** (J.-N.-E. de). OEuvres diverses, contenant les Apparitions, le Voyageur, le Tribunal secret, etc.; un essai sur l'histoire du Sabéïsme, auquel on a joint le catéchisme de la Religion des Druses; un mémoire historique sur le peuple nomade appelé en France Bohémien, et en Allemagne Zigeuner. — *Metz, C. Lamort,* 1788, *2 vol. in-8°, rel. en 1.*

396. **Boddmer** (W.-R.). Le Vulgaire et les Métaphysiciens, ou Doutes et vues critiques sur l'École empirique. — *Paris, Fuchs,* an X-1802, *in-8°.*

397. **Bodenstedt** (Fr.). Die Völker des Kaukasus und ihre freiheitskämpfe gegen die Russen. Eing beitrag zur neuesten geschichte des Orients; zweite ausgabe. — *Frankfurt am Main, Lizius,* 1849, *in-8°, pl. lithogr.*

398. — Les Peuples du Caucase et leur guerre d'indépendance contre la Russie, pour servir à l'histoire la plus récente de l'Orient. — *Paris, Dentu,* 1859, *in-8°.*

399. **Bodichon** (E.). Études sur l'Algérie et l'Afrique. — *Alger, l'auteur,* 1847, *in-8°.*

400. — De l'Humanité. — *Genève, Vaney,* 1853, *gr. in-8°.*

401. **Bodin** (J.). Methodus ad facilem Historiarum cognitionem. — *Amstelodami, Ravesteynius,* 1650, *in-12, titre gr.*

402. — Universæ Naturæ Theatrum, in quo rerum omnium effectrices causæ et fines contemplantur, et continuæ series quinque libris discutiuntur. — *Lugduni, Roussin,* 1596, *in-8°.*

403. **Boehmer** (G.-R.). Bibliotheca scriptorum Historiæ naturalis OEconomiæ, aliarumque artium ac scientiarum ad illam pertinentium realis systematica. — *Lipsiæ, Junius,* 1785-89, *5 part. en 9 tom. in-8°.*

404. **Boemus** (J.) Aubanus. Omnium Gentium mores, leges, et ritus, ex multis clarissimis rerum scriptoribus, nuper collecti et novissime recogniti, tribus libris absolutum opus, Aphricam *(sic)*, Asiam et Europam describentibus. — *Lugduni, Justus*, 1536, *in-8°*.

405. **Boerner** (Fr.). Institutiones Medicinæ legalis. — *Vitembergæ, Ahlfeldius*, 1756, *in-8°, portr. gr.*

406. — Noctes Guelphicæ, sive opuscula argumenti medico-literarii antehac separatim edita, nunc collecta, revisa, aucta; accedunt Primitiæ Wittembergenses. — *Rostochii et Wismariæ, Bergerus*, 1755, *in-8°, portrait gr.*

407. **Bohlen** (P. von). Die Genesis historisch-kritisch erläutert. — *Königsberg, Borntrâger*, 1835, *in-8°*.

408. — Das alte Indien, mit besonderer rucksicht auf Ægypten. — *Königsberg, Borntrâger*, 1830, 2 *vol. in-8°*.

409. **Bogorow** (J.-A.). Frensko-Belgarski i Belgarsko-Frenski Reatschnik. — *Wiena, Sommerow*, 1871-73, 2 *vol. in-8°*.

410. **Boilat** (P.-D.). Esquisses Sénégalaises. Physionomie du pays; peuplades; commerce; religions; passé et avenir; récits et légendes. — *Paris, P. Bertrand*, 1853, *gr. in-8°, carte et atlas colorié.*

411. **Boileau** (J.). Histoire des Flagellans, où l'on fait voir le bon et le mauvais usage des Flagellations parmi les chrétiens, etc.; traduite du latin. Seconde édition (revue par l'abbé Grasset). — *Amsterdam, Du Sauzet*, 1732, *in-12.*

412. **Boisduval** (J.-A.). Europæorum Lepidopterorum Index methodicus; pars prima, sistens Genera Papilio, Sphinx, Bombyx et Noctua. Lin. — *Parisiis, Méquignon-Marvis*, 1829, *in-8°.*

413. — Genera et Index methodicus Europæorum Lepidopterorum. — *Parisiis, Roret*, 1840, *in-8°.*

414. — Histoire naturelle des Lépidoptères diurnes. — *Paris, Roret*, 1836, *T. I*ᵉʳ, *in-8°, pl. color. (Suites à Buffon.)*

415. — Species général des Lépidoptères nocturnes (Hétérocères); par MM. Boisduval et Guénée. — *Paris, Roret, T. I* (1874), *et T. V-X* (1852-57), *in-8°, pl. color. (Suites à Buffon).*

416. — Essai sur l'Entomologie horticole, comprenant l'histoire des insectes nuisibles à l'horticulture, avec l'indication des moyens

propres à les éloigner ou à les détruire, et l'histoire des insectes et autres animaux utiles aux cultures. — *Paris, Donnaud*, 1867, *in-8°, portr. gr. et fig.*

417. **Boissier de Sauvages** (P.-A.). De la culture des Mûriers. = Observations sur l'origine du Miel. — *Nismes, Gaude*, 1763, *2 part. en 1 vol. in-8°.*

418. **Boiste** (P.-C.-V.). Dictionnaire universel de la langue française, avec le latin et l'étymologie, extrait comparatif, concordance, critique et supplément de tous les Dictionnaires français ; Manuel encyclopédique de grammaire, d'orthographe, de vieux langage et de néologie. Treizième édition. — *Paris, Didot*, 1851, *gr. in-4°.*

419. **Boitard** (M.-P.). Manuel du Naturaliste préparateur, ou l'Art d'empailler les animaux et de conserver les végétaux et les minéraux. — *Paris, Roret*, 1825, *in-16.*

420. **Bolingbroke** (H. St-John). Letters on the study and use of History ; a new edition. — *Basil, Tourneisen ; and Paris, Pissot*, 1788, *in-8°.*

421. **Bon** (F.-X.). Dissertation sur l'utilité de la Soye des araignées, en latin et en français, à laquelle on a joint l'analyse chimique de cette soye, avec quelques autres pièces qui ont été faites à ce sujet ; par M. Bon, premier président honoraire en la Cour des comptes, aides et finances de Montpellier. — *Avignon, Girard*, 1748, *in-8°.*

422. **Bonafous** (M.). Traité du Maïs, ou Histoire naturelle et agricole de cette céréale. — *Paris, Huzard*, 1833, *in-8°, pl.*

423. **Bonavita** (J.-M.). Recherches sur le Mal de mer. — *Montpellier, Martel*, 1842, *in-12.*

424. **Bonnet** (Ch.). OEuvres d'Histoire naturelle et de Philosophie. — *Neufchâtel, Fauche*, 1779-83, *18 vol. in-8°, portrait et pl. gr.*

425. — Essai analytique sur les facultés de l'âme. Seconde édition. — *Copenhague, Philibert*, 1769, *2 vol. in-8°.*

426. — La Palingénésie philosophique, ou Idées sur l'état passé et sur l'état futur des êtres vivans ; ouvrage destiné à servir de supplément aux derniers écrits de l'auteur, et qui contient principalement le Précis de ses Recherches sur le Christianisme. — *Lyon, Bruyset*, 1770, *2 tomes en 1 vol. in-8°.*

427. — Considérations sur les corps organisés, où l'on traite de leur

origine, de leur développement, de leur reproduction, et où l'on a rassemblé en abrégé tout ce que l'histoire naturelle offre de plus certain et de plus intéressant sur ce sujet. — *Amsterdam, Marc-Michel Rey*, 1762, *2 vol. in-8°*.

428. **Bonnet** (Ch.). Contemplation de la nature; nouvelle édition. — *Hambourg, Virchaux*, 1782, *3 vol. in-8°*.

429. — Traité d'Insectologie, ou Observations sur les Pucerons; Observations directes sur les Insectes. — *Amsterdam, Rey*, 1780, *2 vol. in-8°, pl. gr*.

430. **Bonneville** (N.). De l'Esprit des Religions; ouvrage promis et nécessaire à la Confédération universelle. Nouvelle édition. — *Paris, Cercle social*, an IV (1792), *2 vol. in-8°*.

431. **Bonstetten** (Ch.-V. de). L'Homme du Midi et l'Homme du Nord, ou l'Influence du climat. — *Genève, Paschoud*, 1824, *in-8°*.

432. Book (The) and its Story; on occasion of the Jubilee of the british and foreign Bible society, by L. N. R.; eight edition with additions. — *London, Bagster and sons*, 1853, *in-8°, fig*.

433. **Borch** (de). Lettres sur la Sicile et sur l'Ile de Malte, écrites en 1777. — *Turin, Reycends*, 1782, *2 vol. in-8°*.

434. **Borel** (P.). Trésor de Recherches et Antiquités Gauloises et Françoises, réduites en ordre alphabétique. Et enrichies de beaucoup d'Origines, Épitaphes, et autres choses rares et curieuses, comme aussi de beaucoup de mots de la Langue Thyoise ou Theuthfranque. — *Paris, Courbé*, 1655, *in-4°*.

435. — Bibliotheca chimica, seu Catalogus Librorum philosophicorum Hermeticorum in quo quatuor millia circiter authorum chimicorum, vel de transmutatione metallorum, re minerali, et arcanis, tam manuscriptorum quam in lucem editorum cum eorum editionibus, usque ad annum 1653 continentur. — *Parisiis, Du Mesnil*, 1654, *in-12*.

436. — De vero Telescopii inventore, cum brevi omnium conspiciliorum historia. Ubi de eorum confectione, ac usu, seu de effectibus agitur, novaque quædam circa ea proponuntur. Accessit etiam Centuria observationum Microscopicarum. — *Hagæ Comitum, Vlacq*, 1655-56, *2 part. en 1 vol. in-4°, fig*.

437. **Bories.** Mémoire sur la manière de déterminer les titres ou degrés de spiritualité des Eaux de vie et Esprits de vin. —

In-4°, pl. gr. (Extr. des *Mém. de la Soc. Royale des Sciences de Montpellier).*

438. **Borring** (L.-S.). Dictionnaire français-danois et danois-français. — *Copenhague, Soldenfeldt,* 1853-56, *2 vol. in-18.*

439. **Borrow** (G.). The Zincali ; or an account of the Gypsies of Spain with an original collection of their Songs and Poetry; seventh edition. — *New-York, Carter,* 1847.

440. — The Bible in Spain ; or the journeys, adventures and imprisonments of an englishman in an attempt to circulate the Scriptures in the Peninsula. — *New-York, Carter,* 1847, *in-8° (relié avec le précédent).*

441. — La Bible en Espagne, traduit de l'anglais sur la troisième édition. — *Paris, Amyot,* 1845, *2 tomes en 1 vol. in-8°.*

442. **Bory de Saint Vincent** (J.-B.-G.-M.). Essais sur les Isles Fortunées et l'antique Atlantide, ou précis de l'histoire générale de l'archipel des Canaries. — *Paris, Baudouin, germinal an XI, in-4°, pl. gr.*

443. — Voyage dans les quatre principales îles des Mers d'Afrique pendant les années neuf et dix de la République (1801 et 1802), avec l'Histoire de la Traversée du Capitaine Baudin jusqu'au Port Louis de l'Ile Maurice. — *Paris, Buisson,* an XIII (1804), *3 vol. in-8° et atlas gr. in-4°.*

444. — Voyage souterrain, ou description du Plateau de Saint-Pierre de Maestricht et de ses vastes cryptes, suivi de la relation de nouveaux voyages entrepris dans les Montagnes maudites, par L. Dufour. — *Paris, Ponthieu,* 1821, *in-8°, carte et pl. gr.*

445. — L'Homme (Homo). Essai zoologique sur le Genre humain ; 2ᵉ édition, enrichie d'une carte nouvelle pour l'intelligence de la distribution des espèces d'hommes à la surface du globe terrestre. — *Paris, Rey et Gravier,* 1827, *2 vol. in-12.*

446. — L'Homme (Homo). Essai zoologique sur le genre humain, etc.; 3ᵉ édition. — *Paris, Rey et Gravier,* 1836, *2 vol. in-16 et atlas.*

447. — Sur l'Anthropologie de l'Afrique française (lu à l'Académie des Sciences le 30 juin). — *In-8° de 19 pp., pl. color.*

448. **Bosc** (L.-A.-G.). Manuel de l'histoire naturelle des Crustacés, contenant leur description et leurs mœurs ; édition mise au

courant des connaissances actuelles, par A.-G. Desmarct. — *Paris*, 1830, 2 *vol. in-18.*

449. **Bossuet** (J.-B.). Discours sur l'Histoire universelle, depuis le commencement du monde jusqu'à l'empire de Charlemagne. — *Paris, Lefèvre,* 1823, 3 *vol. in-16.*

450. **Bossut** (Ch.). Histoire générale des Mathématiques, depuis leur origine jusqu'à l'année 1808. — *Paris, Louis,* 1810, 2 *vol. in-8°, portr. gr.*

451. **Boswel** (James). État de la Corse, suivi d'un Journal d'un voyage dans l'isle et des Mémoires de Pascal Paoli ; traduit de l'anglais et de l'italien par M. S. D. C. (Seigneux de Correvon), avec une préface du traducteur. Seconde édition. — *Londres,* 1769, 2 *parties en 1 vol.*

452. **Bosworth** (J.). The Origin of the Dutch : with a sketch of their language and literature and short examples tracing the progress of the language. — *London, Longman and Co.,* 1836, *gr. in-8°, cart.*

453. Botanique : recueil de 30 planches coloriées à la main. — *In-8°.*

454. **Boubée** (N.). La Géologie dans ses rapports avec l'Agriculture et l'Économie politique. Modifications graves à introduire dans notre système d'économie politique, et notamment dans le cadre général de l'instruction publique. Seconde édition. — *Paris,* 1840, *in-8°.*

455. **Bouché** (J.-B.), de Cluny. Druides et Celtes, ou Histoire de l'origine des Sociétés et des Sciences. — *Paris, Lecou,* 1848, *in-12.*

456. **Bouché** (P.-Fr.). Naturgeschichte der Insecten besonders in hinsiche ihrer ersten zustände als Larven und Puppen. Erste Lieferung (seule parue). — *Berlin, Nicolaï,* 1834, *in-8°, pl. gr.*

457. **Boucheporn** (F. de). Études sur l'histoire de la Terre et sur les causes des révolutions de sa surface. — *Paris, Carilian-Gœury,* 1844, *in-8°, pl.*

458. **Boucher de la Richarderie** (G.). Bibliothèque universelle des voyages, ou Notice complète et raisonnée de tous les voyages anciens et modernes dans les différentes parties du monde, publiés tant en langue française qu'en langues étrangères, classés par ordre de pays dans leur série chronologique,

avec des extraits plus ou moins rapides des voyages les plus estimés, etc. — *Paris, Treuttel et Wurtz*, 1808, *6 vol. in-8°*.

459. **Boucher de Perthes** (J.). De la Création. Essai sur l'origine et la progression des Êtres. — *Paris, Treuttel et Wurtz*, 1841, *5 vol. in-12*.

460. — Antiquités celtiques et antédiluviennes. Mémoire sur l'industrie primitive et les arts à leur origine. — *Paris, Treuttel et Wurtz*, 1847-57, *2 vol. gr. in-8°, pl. gr.*

461. **Boucheron** (P.-P.). Traité anatomique, physiologique et pathologique du Système pileux et en particulier des cheveux et de la barbe. — *Paris, l'auteur*, 1837, *in-8°*.

462. **Boudard** (P.-A.). Études sur l'Alphabet Ibérien et sur quelques monnaies autonomes d'Espagne. — *Paris, Leleux*, 1852, *in-8°*.

463. **Boudin** (J.-Ch.-M.). Traité de Géographie et de Statistique médicales, et des maladies endémiques, comprenant la Météorologie et la Géologie médicales, les Lois statistiques de la population et de la mortalité, la Distribution géographique des maladies et la Pathologie comparée des races humaines. — *Paris, Baillière*, 1857, *2 vol. gr. in-8°, pl. noires et color.*

464. **Boué** (A.). Mémoires géologiques et paléontologiques. — *Paris, Levrault*, 1832, *T. 1, in-8° (seul paru), pl. gr.*

465. — Guide du Géologue-Voyageur. — *Paris, Levrault*, 1835-36, *2 vol. in-12, pl. gr.*

466. — La Turquie d'Europe, ou Observations sur la géographie, la géologie, l'histoire naturelle, la statistique, les mœurs, les coutumes, l'archéologie, l'agriculture, l'industrie, le commerce, les gouvernements divers, le clergé, l'histoire et l'état politique de cet empire. — *Paris, Arth. Bertrand*, 1840, *4 vol. in-8°, carte.*

467. **Bouffey** (L.-D.-A.). Recherches sur l'influence de l'Air dans le développement, le caractère et le traitement des maladies; ouvrage où l'on s'est proposé d'établir le rapport des constitutions atmosphériques avec les constitutions nosologiques. — *Paris, Croullebois*, 1813, *in-8°*.

468. **Bouhier** (J.). Remarques sur Cicéron. Nouvelle édition. — *Paris, Gandouin*, 1746, *in-12*.

469. **Bouillier** (Fr.). Du Principe vital et de l'Ame pensante, ou

Examen des diverses doctrines médicales et psychologiques sur les rapports de l'âme et de la vie. — *Paris, Baillière*, 1862, *in-8°.*

470. **Boulanger** (N.-A.). L'antiquité dévoilée par ses usages, ou examen critique des principales opinions, cérémonies et institutions religieuses et politiques des différens peuples de la terre. — *Amsterdam, Rey*, 1777, *3 vol. in-12.*

471. — Le Christianisme dévoilé, ou examen des principes et des effets de la Religion chrétienne. — *Londres, s. ind.*, 1767-69, *2 part. en 1 vol. in-12.*

472. **Boullainvilliers** (H. de). Essais sur la Noblesse de France, contenant une dissertation sur son origine et abaissement, avec des notes historiques, critiques et politiques; un projet de dissertation sur les premiers François et leurs colonies, etc. — *Amsterdam*, 1732, *in-12.*

473. **Boulland** (G.-F.-A.). Essai d'Histoire universelle, ou exposé comparatif des traditions de tous les peuples, depuis les temps primitifs jusqu'à nos jours. — *Paris, Paulin*, 1836, *2 vol. in-8°.*

474. — Histoire des Transformations religieuses et morales des Peuples. — *Paris, Debécourt*, 1839, *in-8°.*

475. **Bourdon** (I.). La Physiognomie et la Phrénologie, ou connaisance de l'homme d'après les traits du Visage et les reliefs du Crâne. Examen critique des systèmes d'Aristote, de Porta, de La Chambre, de Camper, de Lavater, de Gall et de Spurzheim; avec un Tableau phrénologique et les Portraits interprétés de MM. Thiers, Guizot, Villèle, Lamartine, Wellington, et seize autres contemporains illustres. — *Paris, Gosselin*, 1842, *in-18, pl. gr.*

476. **Bourguet.** (L.). Lettres philosophiques sur la formation des sels et des cristaux, et sur la génération et le méchanisme organique des plantes et des animaux; à l'occasion de la pierre Belemnite et de la pierre Lenticulaire, etc. — *Amsterdam, L. Honoré*, 1729, *in-12.*

477. **Bourlot** (J.). Histoire de l'Homme préhistorique antediluvien et postdiluvien. (Extr. du *Bulletin de la Société d'histoire naturelle de Colmar*, 1869.) — *Colmar, Decker*, 1870, *in-8°.*

478. **Bourrit** (M.-T.). Nouvelle description des vallées de glace et des hautes montagnes qui forment la chaîne des Alpes

Pennines et Rhétiennes. — *Genève, Barde,* 1783, 2 *vol. in-8°, pl. et cart. gr.*

479. **Bourrit** (M.-T.). Nouvelle description des glacières et glaciers de Savoie, particulièrement de la vallée de Chamouni et du Mont-Blanc, et de la dernière découverte d'une route pour parvenir à cette haute montagne. — *Genève, Barde,* 1785, *in-8°, pl. gr.*

480. **Bouteille** (H.). Ornithologie du Dauphiné, ou description des oiseaux observés dans les départements de l'Isère, de la Drôme, des Hautes-Alpes et des contrées voisines, avec la collaboration de M. de Labatie. — *Grenoble, Bouteille,* 1843, 2 *vol. gr. in-8°, pl. lithog.*

481. **Boutroux** (Ém.). De la contingence des Lois de la Nature (thèse). — *Paris, Baillière,* 1864, *in-8°.*

482. **Bouvet** (Fr.). Les Athées et les Théologiens au Concile œcuménique. — *Paris, Dentu,* 1868, *in-12.*

483. **Bowdvich** (Edw.). An Essay on the superstitions, customs and arts common to the ancient Égyptians, Abyssinians and Ashantees. — *Paris, Smith,* 1821, *in-4°, pl. gr.*

484. — Voyage dans le pays d'Aschantie, ou relation de l'ambassade envoyée dans ce royaume par les Anglais (en 1817), avec des détails sur les mœurs, les usages, les lois et le gouvernement de ce pays; des notices géographiques sur d'autres contrées situées dans l'intérieur de l'Afrique, et la traduction d'un manuscrit arabe, où se trouve décrite la mort de Mungo Park; traduit de l'anglais par DUFAUCONPRET. — *Paris, Gide fils,* 1819, *in-8°.*

485. **Bowles** (G.). Introduction à l'histoire naturelle et à la géographie physique de l'Espagne, traduite de l'original espagnol par le Vte de Flavigny. — *Paris, Cellot et Jombert,* 1776, *in-8°.*

486. **Boyer** (A.). Dictionnaire anglois-françois et françois-anglois, tiré des meilleurs auteurs qui ont écrit dans ces deux langues; nouvelle édition, revue et corrigée par L.-F. Fain. — *Paris, Lefèvre,* 1817, 2 *vol. gr. in-4°.*

487. **Boyne** (L.-S.). Cursory Remarks on the physical and moral history of the Human species and its connections with surrounding agency. — *London, Baldwin,* 1825, *in-8°.*

488. **Brachet** (J.-L.). Recherches expérimentales sur les fonctions

du système nerveux ganglionnaire et sur leur application à la pathologie. — *Paris, Gabon*, 1830, *in-8°*.

489. **Bradford** (A.-W.). American antiquities and researches into the origin and history of the red race. — *New-York, Dayton and Saxton*, 1841, *in-8°*.

490. **Brande** (W.-T.). Outlines of Geology; being the substance of a course of lectures delivered in the theatre of the Royal Institution in the year 1816. — *London, Murray*, 1817, *in-8°*.

491. **Brandt** (J.-F.). Untersuchungen über die verbreitung des Tigers *(Felis Tigris)* und seine beziehungen zur menschheit. — *St-Petersburg, Eggers*, 1856, *gr. in-4°*. (Extr. des *Mém. de l'Acad. imp. des Sciences de St-Pétersbourg*, 6e série, t. 8.) = *(On y a joint)* : Essai sur la domesticité des Mammifères, précédé de considérations sur les divers états des animaux dans lesquels il nous est possible d'étudier leurs fonctions; par Fréd. CUVIER. (Extr. des *Mém. du Museum d'Hist. nat.*, t. 13.)

492. **Brard** (C.-P.). Histoire des Coquilles terrestres et fluviatiles qui vivent aux environs de Paris. — *Paris, Paschoud*, 1825, *in-12, pl. color.*

493. **Brasseur de Bourbourg** (L'abbé C.-E.). Recherches sur les ruines de Palenqué et sur les origines de la civilisation du Mexique. — *Paris, Arthus Bertrand, s. d., gr. in-4°*.

494. **Breislak** (S.). Voyages physiques et lithologiques dans la Campanie, suivis d'un Mémoire sur la constitution physique de Rome, avec la carte générale de la Campanie d'après Zannoni, celle des cratères éteints entre Naples et Cumes, celle du Vésuve, du plan physique de Rome, etc.; traduits du manuscrit italien et accompagnés de notes par le général Pommereuil. — *Paris, Dentu*, an IX (1801), 2 *vol. in-8°, cartes gr.*

495. **Bremser.** Traité zoologique et physiologique sur les Vers intestinaux de l'Homme; traduit de l'allemand par GRUNDLER, revu et augmenté par de BLAINVILLE. — *Paris, Panckoucke*, 1824, *in-8° et atlas in-4°*.

496. **Brera** (V.-L.). Traité des maladies vermineuses, précédé de l'histoire naturelle des Vers et de leur origine dans le corps humain; traduit de l'italien et augmenté de notes par J. BARTOLI et CALVET neveu. — *Paris, Delaplace*, an XII-1804, *in-8°*.

497. **Brerewood** (Ed.). Recherches curieuses sur la Diversité des Langues et Religions par toutes les principales parties du

monde, mises en françois par J. de la Montagne. — *Paris, de Varennes*, 1640, *in-8°*.

498. **Bressy** (J.). Théorie de la Contagion et de son application à la Petite Vérole, à la Vaccine, à leurs inoculations et à l'Hygiène. — *Paris, Gabon*, an XII, *in-12*.

499. **Breulier** (A.). Philologie numismatique. Considérations nouvelles sur la Numismatique gauloise. — *Paris, Leleux*, 1852, *gr. in-8°, 20 p.* (Extr. de la *Revue archéologique*, VIII° année.)

500. **Brewer** (E.-C.). La Clef de la Science, ou les Phénomènes de la Nature expliqués. — *Paris, Renouard et Cie*, 1854, *gr. in-18*.

501. **Brez** (J.). La Flore des Insectophiles, précédée d'un Discours sur l'utilité des insectes et de l'étude de l'insectologie. — *Utrecht, Wild et Altheer*, 1791.

502. Brigandage (Le) de la Médecine dans la manière de traiter les petites véroles et les plus grandes maladies par l'émétique, la saignée du pied et le kermès minéral, etc. (par Ph. Hecquet). — *Utrecht, Le Febvre*, 1732-33, *3 vol. in-12*.

503. **Brisseau-Mirbel** (C.-F.). Élémens de Physiologie végétale et de Botanique. — *Paris, Magimel*, 1815, *2 vol. in-8° et atlas*.

504. — Exposition de la Théorie de l'Organisation végétale, servant de réponse aux questions proposées en 1804 par la Société royale de Gottingue. Seconde édition. — *Paris, Dufart*, 1809, *in-8°*.

505. **Brisson** (A.-D.). Regnum animale in classes IX distributum, sive synopsis methodica sistens generalem Animalium distributionem in classes IX, et duarum primarum classium, Quadrupedum scilicet et Cetaceorum, particularem divisionem in ordines, sectiones, genera et species, cum brevi cujusque speciei descriptione, etc. Editio altera. — *Lugduni-Batavorum, Haak*, 1762, *in-8°*.

506. **Brissonius** (B.). De Ritu Nuptiarum liber; ejusdem de jure Connubiorum liber alter. — *Parisiis, Rovillius*, 1564, *pet. in-4°*.

507. **Brissot de Warville** (J.-P.). De la Vérité, ou Méditations sur les moyens de parvenir à la vérité dans toutes les connoissances humaines. — *Neuchatel et Paris, Desauges*, 1782, *in-8°*.

508. **Broc** (P.-P.). Essai sur les Races Humaines, considérées sous les rapports anatomique et philosophique. — *Paris, Rouvier*, 1836, *in-8'*.

509. **Brongniart** (A.). Introduction à la Minéralogie, ou exposé des principes de cette science et de certaines propriétés des minéraux, considérées principalement dans la valeur qu'on peut leur attribuer comme caractères. — *Paris, Levrault*, 1825, *in-8°*.

510. **Brosi** (J.-B.). Die Kelten und Althelvetier : ein beitrag zur ältesten geschichte der Schweiz. — *Solothurm, Scherer*, 1851, *in-8°*.

511. **Brothier** (L.). Histoire de la Terre. Deuxième édition. — *Paris, Dubuisson, s. d., in-16*.

512. — Histoire populaire de la Philosophie. Deuxième édition. — *Paris, Dubuisson, s. d., in-16*.

513. **Brotonne** (F. de). Civilisation primitive, ou Essai de restitution de la période antéhistorique pour servir d'introduction à l'Histoire Universelle. — *Paris, Warée*, 1845, *in-8°*.

514. — Histoire de la Filiation et des Migrations des Peuples. — *Paris, Desessart*, 1837, 2 vol. *in-8°*.

515. **Brougham** (H.). Discours sur le but, les avantages et les plaisirs de la Science ; traduit de l'anglais par N. Boquillon. 2ᵉ édition. — *Paris, Audot*, 1828, *in-16*.

516. — Discours sur la Théologie naturelle, indiquant la nature de son évidence et les avantages de son étude ; traduit de l'anglais par J.-C. Tarver. — *Paris, Bossange*, 1835, *in-8°*.

517. **Broussais** (F.-J.-V.). Recherches sur la Fièvre Hectique, considérée comme dépendante d'une lésion d'action des différens systèmes, sans vice organique. — *Paris, Méquignon*, an XI-1803, *in-8°*.

518. — Cours de Phrénologie. — *Paris, Baillière*, 1836, *in-8°, fig. gr.*

519. — Irritation, considérée sous le rapport physiologique et pathologique. — *Paris*, 1826, *in-8°*. (Article extrait de l'*Encyclopédie progressive*.)

520. — De l'Irritation et de la Folie, ouvrage dans lequel les rapports du physique et du moral sont établis sur les bases de la médecine physiologique. Deuxième édition, considérablement augmentée par l'auteur, publiée par son fils Casimir Broussais. *Paris, Baillière*, 1839, 2 vol. *in-8°*.

521. **Broussais** (C.). Hygiène morale, ou application de la physiologie à la morale et à l'éducation. — *Paris, Baillière*, 1837, *in-8°*.

522. **Broussonet** (P.-M.-A.). Ichthyologia sistens Piscium descriptiones et icones. — *Londini*, *Elmsly*, gr. in-4°, pl. gr.

523. **Brown** (J.). Considérations sur les rapports qui lient les hommes en société, ou des éléments de l'Organisation sociale ; traduit de l'anglais sur la troisième édition, avec un discours préliminaire et des notes, par D.-F. Donnant. — *Paris*, *Obré*, an VIII, in-8°.

524. **Brown-Séquard** (C.-E.). Leçons sur le diagnostic et le traitement des principales formes de paralysie des membres inférieurs ; traduites de l'anglais par le Dr Richard Gordon, bibliothécaire de la Faculté de Médecine de Montpellier. Seconde édition, précédée d'une introduction sur la physiologie des actions réflexes, empruntée aux leçons du professeur Rouget. — *Paris*, *Masson*, 1865, in-8°.

525. **Browne** (W.-G.). Nouveau voyage dans la Haute et Basse Égypte, la Syrie, le Dar-four, où aucun Européen n'avait pénétré, fait depuis les années 1792 jusqu'à 1798, contenant des détails curieux sur diverses contrées de l'intérieur de l'Afrique, sur la Natolie, sur Constantinople et Paswan-Oglow, etc., etc. ; traduit de l'anglais, par J. Castera. — *Paris*, *Dentu*, an VIII-1800, 2 vol. in-8°, pl. et frontisp. gr.

526. **Bruce** (J.). Voyage aux sources du Nil, en Nubie et en Abyssinie pendant les années 1768-73 ; traduit de l'anglois par J. Castera. — *Paris*, *Hôtel de Thou*, 1770-91, 5 vol. in-4° et atlas.

527. **Bruce-Whyte** (A.). Histoire des Langues romanes et de leur littérature, depuis leur origine jusqu'au XIVe siècle. — *Paris*, *Treuttel et Wurtz*, 1821, 3 vol. gr. in-8°.

528. **Brué** (A.-H.). Atlas universel de géographie physique, politique, ancienne et moderne, contenant les cartes générales et particulières de toutes les parties du monde ; seconde édition. — *Paris*, 1830, in-fol.

529. **Brugnone** (G.). Trattato delle Razze de' Cavalli ; col disegno della Fabrica della Regia Mandria di Chivasso e quello de' Prati, e Pascoli. — *Torino*, *Fratelli Reycends*, 1781, in-8°, plans gr.

530. **Brunn** (H.). Artificum liberæ Græciæ Tempora : Dissertatio. — *Bonnæ*, *Georgius*, 1833, in-8°.

531. **Brünnich** (M.-Th.). Entomologia sistens Insectorum tabulas systematicas, cum introductione et iconibus (texte latin et danois). — *Hafniæ*, 1764, in.8°, pl. gr.

532. **Bruyères** (H.). La Phrénologie, le Geste et la Physionomie démontrés par 120 portraits, sujets et compositions. — *Paris, Aubert*, 1847, *in-4°*.

533. **Bryan** (Ed.). Histoire civile et commerciale des colonies anglaises dans les Indes occidentales, depuis leur découverte par Christophe Colomb jusqu'à nos jours; suivie d'un tableau historique et politique de l'île de Saint-Domingue, avant et depuis la révolution française; traduit de l'anglais (par Soulès). — *Paris, Dentu*, an IX-(1801), *in-8°, carte*.

534. **Buat** (L.-G. du). Histoire ancienne des Peuples de l'Europe. — *Paris, Desaint*, 1772, *12 vol. in-12*.

535. **Buch** (L. de). Voyage en Norvège et en Laponie, fait dans les années 1806-08; traduit de l'allemand par J.-B.-B. Eyriés; précédé d'une introduction de M. A. de Humboldt; suivi d'un mémoire de M. de Buch, sur la limite des neiges perpétuelles dans le Nord. — *Paris, Gide fils*, 1816, *2 vol. in-8°*.

536. **Buchan** (A.-P.). Observations pratiques sur les bains d'eau de mer et sur les bains chauds; traduit de l'anglais par Rouxel. — *Paris, Gabon*, 1812, *in-8°*.

537. **Buchanan** (G.). Rerum Scoticarum historia; accessit de Jure regni apud Scotos, eodem auctore. — *Amsterodami, Lud. Elzevirius*, 1643, *in-8°*.

538. **Buchez** (P.-J.-B.). Histoire de la formation de la nationalité française. — *Paris, Dubuisson*, 1859, *2 vol. in-16*.

539. — Introduction à la science de l'Histoire; deuxième édition augmentée. — *Paris, Guillaumin*, 1842, *2 vol. in-8°*.

540. **Büchner** (L.). Science et nature, essais de philosophie et de science naturelle; traduit de l'allemand par Aug. Delondre. — *Paris, Baillière*, 1866, *2 vol. in-18*.

541. — Force et matière. — Études philosophiques et empiriques de Sciences naturelles; ouvrage traduit de l'allemand d'après la septième édition, par L.-F. Gamper. — *Paris, Reinwald*, 1869, *gr. in-18*.

342. — Force et matière. Études populaires d'Histoire et de Philosophie naturelles; trad. de l'allemand; troisième édition. — *Paris, Reinwald*, 1869, *in-8°*.

543. — Conférences sur la théorie Darwinienne de la transmutation des espèces et de l'apparition du monde organique. Applica-

tion de cette théorie à l'homme ; ses rapports avec la doctrine du progrès et avec la philosophie matérialiste du passé et du présent. Traduit de l'allemand par A. Jacquot. — *Leipzig*, *Thomas*, 1869, *in-8°*.

544. **Büchner** (L.). L'Homme selon la science : son passé, son présent, son avenir, ou, d'où venons-nous ? — qui sommes-nous ? — où allons-nous ? Exposé très-simple suivi d'un grand nombre d'éclaircissements et remarques scientifiques ; traduit de l'allemand par Ch. Letourneau. — *Paris, Reinwald*, 1870-72, *1 vol. in-8°*.

545. **Buchon** (J.-A.). Atlas géographique, statistique, historique et chronologique des deux Amériques et des villes adjacentes ; traduit de l'Atlas exécuté en Amérique d'après Lesage, avec de nombreuses corrections et augmentations. — *Paris, Carez*, 1825, *gr. in-fol., 63 cartes color.*

546. — La Grèce continentale et la Morée. Voyage, séjour et études historiques en 1840 et 1841. — *Paris, Gosselin*, 1843, *gr. in-18*.

547. **Buc'hoz** (P.-J.). Fauna Gallicus (Tome VI du *Dictionnaire vétérinaire et des animaux domestiques*, du même auteur). — *Paris*, 1755, *in-12 (le titre manque)*.

548. — Aldrovandus Lotharingiæ, ou Catalogue des animaux quadrupèdes, reptiles, oiseaux, poissons, insectes, vermisseaux et coquillages qui habitent la Lorraine et les Trois-Évêchés. — *Paris, Fétil*, 1771, *in-12*.

549. **Buckingham** (J.-S.). Tableau pittoresque de l'Inde, ou description géographique, statistique, commerciale, morale et politique de l'Indostan ; traduit de l'anglais par B. Laroche. — *Paris, Fournier*, 1833, *in-8°, carte.*

550. **Buckland** (W.). La Géologie et la Minéralogie dans leurs rapports avec la Théologie naturelle ; trad. de l'anglais par L. Doyère. — *Paris, Crochard*, 1838, *2 vol. in-8°*.

551. **Buckle** (H.-Th.). Histoire de la Civilisation en Angleterre ; traduction autorisée, par A. Baillot. — *Paris, Lacroix et Cie*, 1865, *5 vol. in-8°*.

552. **Buet** (J.-A.). Histoire générale du Choléra-Morbus, depuis 1817 jusqu'en août 1831, contenant : 1° l'historique de ses ravages dans tous les pays qu'il a parcourus en Asie et en Europe ; 2° l'exposé des mesures sanitaires prises par les Gouvernements

européens; 3° le rapprochement et l'appréciation de tous les faits connus propres à éclairer la question de la contagion ou de la non contagion, etc. — *Paris, Panckoucke*, 1831, *in-8°.*

553. **Buffon.** Dictionnaire des Sciences naturelles, contenant l'Histoire des animaux, des végétaux, des minéraux, des divers phénomènes de la nature et de tout ce qui a rapport à la physique et à l'histoire naturelle. — *Paris et Amsterdam, Rey*, 1781, 2 *vol. in-8°.*

554. — Histoire naturelle générale et particulière, avec la description du cabinet du Roi. — *Paris, Impr. royale*, 1749-1804, 44 *vol. in-4°, fig. (Exemplaire aux armes du Roi.)*

>Histoire naturelle générale et particulière. 1749-67, *15 vol.* — Supplément. 1774-89, *7 vol.* — Oiseaux. 1770-83, *9 vol. (tomes XVI-XXIV).* — Minéraux. 1783-88, *5 vol. rel. en 6 (le 6° forme l'atlas).* — Ovipares et Serpents, par de LACÉPÈDE. 1788-89, *2 vol.* — Poissons, par le même. 1798-1803, *5 vol.* — Cétacés. An XII (1804), *1 vol.*
>On y a joint :
>Observations de M. LAMOIGNON-MALESHERBES sur l'*Histoire naturelle générale et particulière de Buffon et Daubenton.* — *Paris, Pougens*, an VI (1798), 2 *vol. in-8°, tirés in-4°, portr. gr.*

555. — Histoire naturelle de l'Homme. — *Paris, Verdière et Ladrange*, 1828-29, 3 *vol. in-8°. (Extr. de l'édition de ses Œuvres, donnée par Lamouroux et Desmarets.)*

556. — Suites à Buffon, formant, avec les Œuvres de cet auteur, un cours complet d'Histoire naturelle. — *Paris, Roret, in-8°.*

>Zoologie générale, ou Mémoires et Notices sur la zoologie, l'anthropologie et l'histoire de la science, par Isidore GEOFFROY SAINT-HILAIRE. *1 vol., fig.* — Cétacés, ou Recueil et examen des faits dont se compose l'histoire de ces animaux, par F. CUVIER. *1 vol., fig.* — Reptiles, par M. DUMÉRIL et BIBRON. *10 vol. et fig.* — Poissons, par A.-Aug. DUMÉRIL. *T. I et II, fig.* — Introduction à l'Entomologie, comprenant les principes généraux de l'anatomie, de la physiologie des insectes, etc., par LACORDAIRE. *2 vol. et fig.* — Insectes Coléoptères, par LACORDAIRE et CHAPUIS. *1 vol. et fig.* — Orthoptères, par SERVILLE. *1 vol. et fig.* — Hémiptères, par AMYOT et SERVILLE. *1 vol. et fig.* — Lépidoptères diurnes, par BOISDUVAL. *T. Ier, fig.* — *Id.* nocturnes, par MM. BOISDUVAL et GUÉNÉE. *T. I et V à X, fig.* — Névroptères, par le Dr RAMBUR. *1 vol. et pl.* — Hyménoptères, par LEPELETIER de SAINT-FARGEAU et BRULLÉ. *4 vol. et pl.* — Diptères, par MACQUART. *2 vol. et pl.* — Aptères, par WALCKENAER et GERVAIS. *4 vol. et pl.* — Crustacés, par MILNE-EDWARDS. *3 vol. et pl.* — Helminthes ou Vers intestinaux, par DUJARDIN. *1 vol. et pl.* — Annelés, par de QUATREFAGES et Léon VAILLANT. *T. I et II et fig.* — Zoophytes Acalèphes, par LESSON. *1 vol. et pl.* — Infusoires,

par Dujardin. *1 vol. et pl.* — Echinodermes, par Dujardin et Hupé. *1 vol. et pl.* — Coralliaires ou Polybes proprement dits, par Milne-Edwards et J. Haime. *3 vol. et pl.* — Géologie, par Huot. *2 vol. et pl.*

557. **Buisson** (F.-R.). De la division la plus naturelle des phénomènes physiologiques considérés chez l'homme, avec un précis historique sur F.-X. Bichat. — *Paris, Brosson*, an X- (1802), *in-8°*.

558. **Buldinger** (L.-G.). Litteratura universa materiæ medicæ alimentariæ, toxicologiæ, pharmaciæ et therapiæ generalis, etc. — *Marburgi*, 1793, *in-8°*.

559. **Bullet** (J.-B.). L'existence de Dieu démontrée par les merveilles de la nature. — *Paris, Delalain*, 1768, 2 *part. en 1 vol. in-12.*

560. Bulletin de la Société Botanique de France. Session extraordinaire tenue à Montpellier en juin 1857. — *Paris, in-8°*.

561. Bulletin de la Société de Géographie. — *Paris*, 1821-78, *110 vol. in-8°*.

562. Bulletin général et universel des annonces et des nouvelles scientifiques, publié sous la direction de M. de Ferussac. — *Paris*, 1823, *4 vol. in-8°. (Ces 4 vol. ont précédé les sections ultérieures du Bulletin.)*

563. — Deuxième section des Sciences naturelles et de Géologie. — *Paris*, 1824-31, *27 vol. in-8°. (Un 28e vol. est formé des mois de décembre de chaque année, formant table.)*

564. — Sixième section : Sciences géographiques, etc. ; Économie publique ; Voyages. — *Paris*, 1824-31, *28 vol. in-8°*.

565. **Bulliard** (P.). Dictionnaire élémentaire de Botanique ; revu et presqu'entièrement refondu par L.-Cl. Richard ; précédé d'un Dictionnaire botanique latin-françois. — *Amsterdam, Libraires associés*, 1800, *in-8°*.

566. **Buniva** (M.-F.). Melethemata inauguralia ad physicam, anatomen, physiologiam pertinentes. — *(Augustæ Taurinorum, Priolus*, 1788), *in-8° (sans titre imprimé).*

567. **Bunsen** (C.-C.-J. de). Dieu dans l'Histoire ; traduction réduite par L. Dietz ; et précédée d'une notice sur la vie et les ouvrages de Bunsen, par Henri Martin. — *Paris, Didier*, 1868, *gr. in-18*.

568. **Burdach** (C.-F.). Traité de Physiologie considérée comme science d'observation ; avec des additions des professeurs

Baer, Meyen, Meyer, J. Muller, Rathke, Valentin, Wagner ; traduit de l'allemand sur la deuxième édition ; par A.-J.-L. Jourdan. — *Paris, Baillière*, 1837-41, *9 vol. in-8°, pl. gr.*

569. **Burdach** (C.-F.). Anthropologie für das gebildete Publicum ; unter mitwirkung des verfassers ungearbeitet und herausgegeben von des sen sohne Ernst Burdach ; zweite auflage. — *Stuttgart, Pecher,* 1847, *in-8°, pl.*

570. — Der Mensch nach den verschiedenen seit en seiner natur. Ein Anthropologie für das gebildete Publikum, etc. ; neue auflage. — *Stuttgart, Becher,* 1854, *in-8°, portrait et pl. gr.*

571. — Die Zeitrechnung des Menschlichen. — *Leipzig, Voss,* 1829, *in-12.*

572. — Asklepiades und John Brown, eine parallele. — *Leipzig, Meissner,* 1810, *in-12.*

573. **Bureaud-Riofrey** (A.-M.). Londres ancien et moderne, ou Recherches sur l'état physique et social de cette métropole. *Paris, J.-B. Raillère,* 1839, *in-8°.*

574. **Buret** (E.). De la misère des classes laborieuses en Angleterre et en France ; de la nature de la misère, de son existence, de ses effets, de ses causes et de l'insuffisance des remèdes qu'on lui a opposés jusqu'ici ; avec l'indication des moyens propres à en affranchir les sociétés. — *Paris, Paulin,* 1840, *2 vol. in-8°.*

575. **Burgess** (R.). Description of the Circus on the via Appia near Rome ; with some account of the Circensian games. — *London, Murray,* 1828, *in-8°, pl. gr.*

576. **Burigny** (L. de). Théologie payenne, ou Sentimens des philosophes et des peuples payens les plus célèbres, sur Dieu, sur l'âme et sur les devoirs de l'homme. — *Paris, De Bure,* 1754, *2 vol. in-12.*

577. **Burmeister** (H.). Geschichte der Schöpfung ; eine darstellung des Entwickelungsganges der Erde und ihrer Bewohner. *Leipzig, Wigand,* 1843, *in-8°.*

678. — Histoire de la Création, exposé scientifique des phases de développement du globe terrestre et de ses habitants ; traduit de l'allemand par E. Maupas. — *Paris, Savy,* 1870, *in-8°, fig.*

579. **Burnet** (Th.). Hippocrates contractus, in quo magni Hippocratis medicorum principis opera omnia, in brevem epitomen, summa diligentia redacta habentur. Editio ultima. — *Lugduni-Batavorum, Haak,* 1752, *in-12.*

580. **Burnouf** (E.). La Science des Religions. Deuxième édition. — *Paris, Maisonneuve*, 1872, *in-12*.

581. **Burnouf** (J.-L.). Méthode pour étudier la langue grecque. — *Paris, Delalain*, 1813, *in-8°*.

582. **Burton** (G.). Λείψανα veteris Linguæ Persicæ quæ apud priscos scriptores græcos et latinos reperiri potuerunt. Accedit Marci Zwerii Boxhornii epistola de Persicis Curtio memoratis vocabulis eorumque cum germanicis cognatione; præfatione notis et additamentis instructa a Jo. Henr. von Seelen. ⊕ *Lubecæ, Boeckmann*, 1720, *in-8°*.

583. **Burton** (R.). Voyage aux grands Lacs de l'Afrique Orientale, traduit de l'anglais par M° Henriette Loreau. — *Paris, Hachette*, 1862, *gr. in-8°, fig*.

584. **Butler** (Ch.). Horæ Biblicæ, ou Recherches littéraires sur la Bible, son texte original, ses éditions et ses traductions les plus anciennes et les plus curieuses; ouvrage traduit de l'anglois (par BOULARD). — *Paris, Garnery*, 1810, *in-8°*.

585. **Butret** (C.). Taille raisonnée des arbres fruitiers et autres opérations relatives à leur culture, démontrées clairement par des raisons physiques, tirées de leur différente nature et de leur manière de végéter et de fructifier. — *Paris, Meurant*, an VI (1798), *in-12*.

586. **Bulte** (W.). Prolégomènes de l'Arithmétique de la Vie Humaine, contenant la classification générale des talens, l'échelle des âges de l'homme et une formule d'évaluation de toutes les situations géographiques, d'après un même système. — *Paris (Dentu)*, 1812, *in-8°*.

587. **Buttmann** (Ph.). Mythologus oder gesammelte Abhandlungen über die Sagen des Alterthums. — *Berlin, Mylius*, 1828-29, 2 part. *in-8°*, rel. en 1, *pl. grav*.

588. **Byron** (J.). The narrative of the hon. John Byron (commodore in a late expedition round the world) containing an account of the great distresses suffered by himself and its companions on the coast of Patagonia from the year 1740 till their arrival in England, 1746, with a description of St Jago de Chili and the manners and customs of the inhabitants, etc., written by himself; the second edition. — *London, Baker and Leigh*, 1768, *in-8°, fig*.

C

589. **Cabanis** (P.-J.-G.). Du degré de certitude de la Médecine. Nouvelle édition, augmentée de plusieurs autres écrits du même auteur. — *Paris, Crapart*, an XI-1803, *in-8°*.

590. — Coup d'œil sur les Révolutions et sur la réforme de la Médecine. — *Paris, Crapart*, an XII-1804, *in-8°*.

591. — Rapports du physique et du moral de l'homme. Seconde édition. — *Paris, Crapelet*, an XIII-1805, 2 *vol. in-8°, mar.*

> On y a joint l'Analyse de cet ouvrage avec des notes de Pariset, par Fréd. BÉRARD. *(Extrait de la Revue Médicale et étrangère*, etc., de mars 1824.)

592. — Lettre (posthume et inédite) à M. F. (Fauriel) sur les causes premières avec notes, par F. Bérard. — *Paris, Gabon*, 1824, *in-8°*.

593. **Cadet-de-Vaux** (A.). Mémoire sur la gélatine des os, et son application à l'économie alimentaire, privée et publique, et principalement à l'économie de l'homme malade et indigent. — *Paris, Xhrouet*, s. d., *in-8°, pl.*

594. **Cælsus** (T.-P.). Ratio occurrendi morbis a mineralium abusu produci solitis. Accedit Lucas Dorascentius, de usu chalybis atque mercurii in obstructione curanda. — *Romæ, Sabeundi*, 1783, *in-12*.

595. **Cæsar** (C.-J.). Commentarii de Bello Gallico erklaert von Fried. Kraner : siebente auflage besorgt von W. Dittenberger. — *Berlin, Weidman*, 1870, *in-8°*.

596. — Les Commentaires de César ; traduction nouvelle, le texte en regard, avec des notes critiques et littéraires, etc. ; précédée d'un coup d'œil sur l'histoire, l'état politique, religieux, etc., des Gaulois, etc. ; par Le Deist de Botidoux. — *Paris, Nicolle*, 1809, 5 *vol. in-8°*.

597. **Caillard** (J.-L.). Mémoire sur le danger des émanations marécageuses et sur la maladie épidémique observée à Pantin et dans plusieurs autres communes voisines du canal de l'Ourcq, en 1810. — *Paris, Méquignon-Marvis*, 1816, *in-8°*.

598. **Cailliaud** (F.). Voyage à Méroé, au Fleuve Blanc, au delà de Fâzoql dans le midi du royaume de Sennâr, à Syouach et dans

cinq autres oasis; fait dans les années 1819-22. — *(Paris)*, *Impr. Royale*, 1826-27, *4 vol. in-8°, pl. color.*

599. **Calepinus** (A.). Dictionnarium... tot recens factis accessionibus ita locupletatum ut jam Thesaurum linguæ latinæ quilibet polliceri sibi audeat. Adjectæ sunt latinis dictionibus Hebrææ, Græcæ, Gallicæ, Italicæ, Germanicæ, Hispanicæ atque Anglicæ,..... etc.; editio novissima. — *Lugduni*, *Borde et Arnaud*, 1663, 2 *vol. in-fol.*

600. **Cambessedes** (J.). Monographie du genre Spiræa, précédée de quelques considérations générales sur la famille des Rosacées. — *Paris*, *Migneret*, 1824, *in-8°, pl.*

601. **Cambouliu** (F. R.). Essai sur l'histoire de la Littérature catalane. — *Paris*, *Durand (Montpellier, Boehm)*, 1877, *in-4°.*

602. **Cambry** (J.). Monumens celtiques, ou recherches sur le culte des Pierres, précédées d'une notice sur les Celtes et sur les Druides, et suivies d'étymologies celtiques. — *Paris*, *Johanneau*, an XIII-(1805), *in-8°, planches.*

603. **Cameron** (V.-L.). A travers l'Afrique, voyage de Zanzibar à Benguela; traduit de l'anglais par M° H. Loreau. — *Paris*, *Hachette*, 1878, *1 vol. in-8°, fig.*

604. **Campanella** (Th.). OEuvres choisies. Précédées d'une Notice par Louise Colet. — *Paris*, *Lavigne*, 1844, *in-12.*

605. **Campdera** (F.). Monographie des Rumex, précédée de quelques vues générales sur la famille des Polygonées. — *Paris*, *Treuttel et Würtz*, 1819, *gr. in-4°, pl.*

606. **Camper** (P.). Dissertation sur les variétés naturelles qui caractérisent la Physionomie des hommes des divers climats et des différents âges; suivie de réflexions sur la Beauté, particulièrement sur celle de la tête, etc.; traduit du hollandois par H.-J. Jansen. — On y a joint une dissertation du même auteur sur la meilleure forme des souliers. — *Paris*, *Jansen*, 1791, *in-4°, pl. gr.*

607. — Discours sur le moyen de représenter d'une manière sûre les diverses passions qui se manifestent sur le visage; sur l'étonnante conformité qui existe entre les quadrupèdes, les oiseaux, les poissons et l'homme; et enfin sur le beau physique, traduits du hollandois par D.-B. Quatremère Disjonval. — *Utrecht*, *Wild et Althier*, 1792, *in-4°, pl. gr.*

On y a joint, du même :

Dissertation physique sur les différences réelles que présentent les traits du visage chez les hommes de différens pays et de différents âges ; sur le beau qui caractérise les statues antiques et les pierres gravées, etc.; traduit du hollandais, par le même. — *Paris, Wildt et Alther*, 1791, *pl.*

2° Prodrome d'un ouvrage sur le système des vaisseaux lymphatiques, par Paul Mascagni. — *Sienne, Pazzini Carli*, 1784.

608. — Observations anatomiques sur la structure intérieure et le squelette de plusieurs espèces de Cétacés, publiées par A.-G. Camper fils, avec des notes de G. Cuvier. — *Paris, Dufour*, 1820, *gr. in-4° et atlas in-fol.*

609. — Œuvres de Pierre Camper, qui ont pour objet l'Histoire naturelle, la Physiologie et l'Anatomie comparée. — *Paris, Jansen*, an XI (1803), *3 vol. in-8° et atlas in-fol.*

610. — Réponse à la question proposée en 1783 par la Société Batave de Rotterdam : Exposer les raisons physiques, pourquoi l'homme est sujet à plus de maladies que les autres animaux? Quels sont les moyens de rétablir sa santé, qu'on peut emprunter des observations que fournit l'anatomie comparée. — *In-8°. (Extrait de ses œuvres.)*

611. **Camus** (A.-G.). Mémoire sur la collection des Grands et Petits Voyages, et sur la collection des Voyages de Melchisedech Thevenot. — *Paris, Baudouin, frimaire* an XI (1802), *gr. in-8°.*

612. **Candide,** ou l'Optimisme ; traduit de l'allemand par le docteur Ralph. (par VOLTAIRE). — 1771, *in-12.*

613. **Candolle** (A.-P. de). Rapports sur deux Voyages botaniques et agronomiques dans les départements de l'Ouest et du Sud-Ouest, et dans les départements du Nord-Est et du Centre. — *Paris, Huzard*, 1808-13, *2 part. en 1 vol. in-8°.*

614. — Catalogus Plantarum Horti Botanici Monspeliensis, addito Observationum circa species novas aut non satis cognitas fasciculo. — *Monspelii, Martel*, 1813, *in-8°.*

615. — Théorie élémentaire de la Botanique, ou Exposition des principes de la classification naturelle et de l'art de décrire et d'étudier les végétaux. — *Paris, Déterville*, 1813, *in-8°.*

616. — Théorie élémentaire de la Botanique, ou Exposition des

principes de la classification naturelle et de l'art de décrire et d'étudier les végétaux. Seconde édition, revue et augmentée. — *Paris, Deterville*, 1819, *in-8°*.

617. **Candolle** (A.-P. de). Cours de Botanique. Première partie : Organographie végétale, ou Description raisonnée des organes des plantes, pour servir de suite et de développement à la Théorie élémentaire de la Botanique, et d'introduction à la Physiologie végétale et à la description des familles. — *Paris, Deterville*, 1827, *2 vol. in-8°, pl. gr.*

618. — Cours de Botanique. Seconde partie : Physiologie végétale : ou Exposition des forces et des fonctions vitales des végétaux, pour servir de suite à l'Organographie végétale et d'introduction à la Botanique géographique et agricole. — *Paris, Béchet*, 1832, *3 vol. in-8°*.

619. **Candolle** (Alph. de). Géographie botanique raisonnée, ou Exposition des faits principaux et des lois concernant la distribution géographique des Plantes de l'époque actuelle. — *Paris, Masson*, 1855, *2 vol. in-8°*.

620. **Canonge** (J.). Notice historique sur la ville des Baux en Provence et sur la maison des Baux, précédée d'une description. — *Paris, Hachette ; Nimes, Giraud*, 1844, *in-8°*.

621. **Capefigue** (B.). Essai sur les invasions maritimes des Normands dans les Gaules ; suivi d'un aperçu des effets que les établissements des hommes du Nord ont eus sur la langue, la littérature, les mœurs, les institutions nationales et le système politique de l'Europe. — *(Paris), Impr. royale*, 1823, *in-8°*.

622. — Les Juifs au moyen âge. — *Paris, Dufey*, 1833, *in-8°*.

623. **Capo de Feuillide** (J.-G.). Les Nationalités. — *Paris, Lévy*, 1855, *in-8°*.

624. Caractères des Médecins, ou l'idée de ce qu'ils sont communément et celle de ce qu'ils devroient être, d'après *Pénélope* de feu M. de La Mettrie ; par (Ph. de Limbourg). — *Paris, Comp. des Libr.*, 1760, *pet. in-12*.

625. **Cardan** (J.). Les Livres de Hierome Cardanus, médecin milannois, intitulez de la Subtilité et subtiles Inventions, ensemble les causes occultes et raisons d'icelles ; traduits de latin en françoys par Richard Le Blanc. — *Paris, Micard*, 1566, *in-8°*.

626. **Cardonne** (de). Mélanges de Littérature orientale. — *La Haye*, 1771, *in-12*.

627. **Carli** (J.-R.). Lettres Américaines, dans lesquelles on examine l'origine, l'état civil, politique, militaire et religieux, les arts, l'industrie, les sciences, les mœurs, les usages des anciens habitants de l'Amérique, les grandes époques de la nature, l'ancienne communication des deux Hémisphères et la dernière révolution qui a fait disparaître l'Atlantide; pour servir de suite aux Mémoires de D. Ulloa, avec des observations et additions du traducteur (Lefebvre de Villebrune). — *Paris, Buisson*, 1788.

628. Carmina ethica ex diversis auctoribus collegit Ant. Aug. Renouard. — *Parisiis, apud editorem*, 1795, *in-12, pap. vél.*

629. **Caro** (E.). La Philosophie de Gœthe. — *Paris, Hachette*, 1866, *gr. in-18*.

630. — Le Matérialisme et la Science. Deuxième édition. *Paris, Hachette*, 1868, *gr. in-18*.

631. **Carrel** (Ar.). Résumé de l'Histoire d'Écosse, avec une introduction par Augustin Thierry. — *Paris, Lecointe et Durey*, 1825, *in-16*.

632. **Cartier de St-Philip.** Le Je ne sai quoi; nouvelle édition. — *Utrecht, Broedelet*, 1730, 2 *vol. in-12*.

633. **Cartheuser** (J.-F.). De Morbis endemiis libellus. — *Francofurti, Braun*, 1771, *in-8°*.

634. **Carus** (C.-G.). Analecten zur Naturwissenschaft und Heilkunde, gesammelt auf einer Reise durch Italien, im jahre 1828. — *Dresden, Hilscher*, 1829, *in-8°, pl.*

635. — Traité élémentaire d'Anatomie comparée, suivi de Recherches d'anatomie philosophique ou transcendante sur les parties primaires du système nerveux et du squelette intérieur et extérieur; traduit de l'allemand sur la 2e édition par A.-J.-L. Jourdan. — *Paris, Baillière*, 1835, 3 *vol. in-8° et atlas in-4°*.

636. — Organon der Erkenntniss der Natur und des Geistes. — *Leipzig, Brockhaus*, 1856, *in-12*.

637. — Symbolik der menschlichen gestalt, ein handbuch zur Menschenkenntniss; zweite auflage. — *Leipzig, Brockaus*, 1858, *in-8°, pl.*

638. **Casalis** (E.). Études sur la Langue Séchuana, précédées d'une introduction sur l'origine et les progrès de la Mission chez les Bassoutos, publiées par le Comité de la Société des Missions évangéliques de Paris chez les peuples non chrétiens. — *Paris, Impr. royale*, 1841, *in-8°*.

639. — Les Bassoutos, ou vingt-trois années de séjour et d'observations au Sud de l'Afrique. — *Paris, Meyrueis*, 1859, *in-8°*, *pl. gr.*

640. **Casanova** (A.). Dottrina delle Razze. Straordinario irridismo umano ed animale, ovverossia quadruplice serie di fatti sull' incrociamento fra stirpi diverse che proverebbero l'opportunità di usufruttare le teoriche dei vermicellisti ed ovaristi cumulativamente declinando da ogni odierna preferenza tassativa alle ovaristiche ed epigenetiche. Aggiuntevi alcune glosse al Trattato sui Mostri di I. Geoffroy S. H. ed alle memorie del prof. Polli intorno l'attual morbo (da fermento infusoriiforme...!) del baco da seta. — *Milano, Zanaboni*, 1863, *in-4°*.

641. **Casinius** (A.). Qu'est-ce que l'Homme? ou Controverse sur l'état de pure nature, dans laquelle sont longuement démontrées, surtout par les Pères, la raison et la fin de la Providence surnaturelle de Dieu relativement aux hommes. Édition enrichie de notes et remarques par le docteur J. Scheeben, traduite et augmentée d'une préface par l'abbé Cros. — *Paris, Vaton*, 1864, *in-12*.

642. **Casper** (J.-L.). Beiträge zur medicinischen Statistik und Staatsarzneikunde. — *Berlin, Dümmler*, 1825, *in-8°*.

643. — Die wahrscheinliche Lebensdauer des Menschen, in den verschiedenen bürgerlichen und geselligen Verhältnissen, nach ihren Bedingungen und hemmnissen. — *Berlin, Dümmler*, 1835, *in-8°*.

644. **Castel** (R.-R.). Les Plantes, poëme. Quatrième édition. — *Paris, Crapelet*, 1811, *in-12*, *pl. gr.*

645. **Castellanus** (P.). Κρεωφαγια, sive de usu Carnium libri IV. — *Antverpiæ, Verdussius*, 1626, *in-8°*.

646. **Castelli** (B.). Lexicon medicum græco-latinum ante a Jac. Pancratio Brunone iterato editum, nunc denuo ab eodem et aliis plurimis novis accessionibus locupletatum, etc. — *Genevæ, de Tournes*, 1746, *in-4°*.

647. **Castilhon** (L.). Considérations sur les Causes physiques et morales de la diversité du génie, des mœurs et du gouvernement des nations, tirées en partie d'un ouvrage anonyme, intitulé : *l'Esprit des Nations*. Seconde édition, augmentée d'un VIe livre. — *Bouillon, Soc. Typogr.*, 1770, 3 vol. *in-12*.

648. — Essai sur les erreurs et les superstitions anciennes et modernes. Nouvelle édition. — *Francfort, Knoe et Eslinger*, 1766, 2 tom. en 1 vol. *in-8°*.

649. — Le Diogène moderne, ou le Désapprobateur, tiré en partie des manuscrits de sir Charles Wolban et de sa correspondance avec sir George Bedfort, sir Olivier Stewert, etc., sur différens sujets de littérature, de morale et de philosophie. — *Bouillon, Société Typographique*, 1770, 2 vol. *in-12*.

650. **Castillon** (H.). Histoire de Bagnères-de-Luchon, suivie de notices historiques sur tous les établissements thermaux et les bains des Pyrénées, tels que Bagnères-de-Bigorre, Saint-Sauveur, Cauterets, Ax, Rennes, Cap-Bern, Sainte-Marie, Barèges, etc. Deuxième édition. — *Toulouse, Dupin*, 1843, *in-8°*.

651. **Castillon** (J. de). Discours sur l'origine de l'Inégalité parmi les Hommes, pour servir de réponse au discours que M. Rousseau a publié sur le même sujet. — *Amsterdam, Jolly*, 1756, *in-8°*.

652. **Castle** (A.). Phrénologie spiritualiste; nouvelles études de Psychologie appliquée. — *Paris, Didier et Cie*, 1862, *in-8°*, *pl. gr.*

653. **Caston** (A. de). Les Marchands de Miracles. Histoire de la superstition humaine. — *Paris, Dentu*, 1864, *in-18*.

654. **Castren** (M.-A.). Reisen im Norden. Enthaltend : Reise in Lappland im jahre 1838. — Reise in dem Russischen Karelien im jahre 1839. — Reise in Lappland in dem nördlichen Russland und Sibirien in den jahren 1841-44; aus dem schwedischen übersetzt von H. Helms. — *Leipzig, Avenarius und Mendelssohn*, 1853, *pet. in-8°*.

655. **Castro** (Rod. a.). Medicus-Politicus : sive de officiis medico-politicis Tractatus, cum duplici indice, uno capitum, altero rerum præcipuarum. — *Hamburgi, Hertelius*, 1662, *pet in-4°*.

656. Catalogue de la Bibliothèque scientifique (botanique) de MM. de Jussieu (avec notice par J. Decaisne). — *Paris, Labitte*, 1857, *in-8°*.

657. Catalogue de tous les objets curieux rassemblés par feu M. de Nanteuil; consistant en une collection considérable et précieuse d'Histoire Naturelle, de tableaux originaux de grands maîtres, dessins, gouaches et estampes; par F. Gaillard et A. Paillet. — *Paris, Paillet*, 1792, *in-8°*.

658. Catalogue des Coléoptères de la collection de M. le Comte Dejean. — *Paris, Méquignon-Marvis*, 1833-34, *1 vol. in-8°*.

659. Catalogue des livres imprimés, des manuscrits et des ouvrages chinois, tartares, japonais, etc., composant la bibliothèque de feu M. Klaproth. — *Paris, Merlin*, 1839, *in-8°*.

660. Catalogue des ouvrages mis à l'Index. — *Paris, Beaucé-Rusand*, 1825, *in-8°*.

661. Catalogue raisonné des Coquilles et autres curiosités naturelles, avec une liste des principaux cabinets qui s'en trouvent, une autre liste des auteurs les plus rares qui ont traité de cette matière, et une table alphabétique des noms arbitraires, tant françois que francisés, attribués aux coquilles par les curieux. — *Paris, Flahault et Prault*, 1736, *in-12, fig. gr.*

662. Catalogue systématique et raisonné des curiosités de la Nature et de l'Art qui composent le cabinet de M. Davila, avec figures. — *Paris, Briasson*, 1767, *3 vol. in-8°*.

663. **Catelan** (L.). Discours et démonstration des ingrediens de la Thériaque. — *Lyon, Mallet*, 1624. = Traicté des Eaux distillées qu'un appoticaire doit tenir en sa boutique, lequel peut commodément et utilement estre joinct à la Pharmacopée de Monsieur Bauderon. — *Lyon, Rigaud*, 1614, *1 vol. in-8°*.

664. **Catesby** (M.). The Natural history of Carolina, Florida and the Bahama Islands : containing the figures of Birds, Beasts, Fishes, Serpents, Insects and Plants : particulary the Forest-Trees, Shrubs, and others Plants not hitherto described, or very incorrectly figured by authors, together with their descriptions in english and french; to which are added observations on the air, soil, and waters : with remarks upon Agriculture, Grain, Pulse, Roots, etc.; revised by Edwards. — *London, Marsh*, 1754, *2 vol. gr. in-fol., pl. color.*

665. **Cazin** (A.). La Chaleur. — *Paris, Hachette*, 1867, *gr. in-18, fig.*

666. — Les Forces physiques. — *Paris, Hachette*, 1869, *gr. in-18, fig.*

667. **Cebes.** Cebetis Tabula, nova versione donata et selectioribus criticorum notis illustrata ; accedit quoque Ludovici Odaxii versio , etc. ; opera Th. Johnson. — *Londini ,* 1720 , *in-12.*

668. **Cederhielm** (J.). Faunæ Ingricæ Prodromus exhibens methodicam descriptionem Insectorum agri Petropolensis, præmissa Mammalium , Avium , Amphibiorum et Piscium enumeratione. — *Lipsiæ, Hartknoch,* 1798 , *in-8°, pl. color.*

669. **Cellarius** (Chr.). Notitia Orbis antiqui. — *Lipsiæ, Gleditschius,* 1773, *2 vol. in-4°.*

670. **Cellier du Fayel** (N.-H.). Origine commune de la Littérature et de la Législation chez tous les Peuples , démontrée par l'examen comparatif des monuments littéraires des Hébreux , des Hindous, des Chinois, des Mahométans , etc. — *Paris, Impr. unis,* 1843 , *in-8°.*

671. **Censorinus.** Liber de Die Natali , cum perpetuo commentario Henrici Lindenbrogii , nec non notarum spicilegio collecto ex variorum scriptis, ut et C. Lucilii Satyrarum quæ supersunt reliquiæ. Cum notis et animadvers. Fr. J. F. Douzæ, ex recensione Sigeberti Havercampi. — *Lugduni-Batavorum , Luchtmans ,* 1762 , *in-8°.*

672. — Le livre de Censorinus sur le Jour Natal. Traduit par J. Mangeart. — *Paris, Panckoucke,* 1843, *in-8°.*

673. Centralblatt fur Naturwissenschaften und Anthropologie. Heransgegeber : Dr Gustav Theodor Fechner. Erster und zweiter jahrgang. — *Leipzig, Avenarius und Mendelssohn,* 1853-54. *(T. I, II, seuls parus.)*

674. **Cerise** (L.). Exposé et examen critique du Système Phrénologique, considéré dans ses principes , dans sa méthode, dans sa théorie et dans ses conséquences , etc. — *Paris, Trinquart,* 1836 , *in-8°.*

675. **Costantino Cesare.** De li Scelti et utilissimi documenti de l'Agricoltura nuovamente dal latino in volgare tradotto per Nicolo Vitelli, et con la dichiaratione de alcuni nomi antichi di pesci, come volgarmente hoggidi se adimandano. — *Vinegia (Bartholomeo detto Imperadore),* 1554 , *in-8°.*

676. **Chabouillet** (J.-M.-A.). Catalogue général et raisonné des Camées et Pierres gravées de la Bibliothèque Impériale, suivi de la description des autres monuments exposés dans le cabinet des médailles et antiques. — *Paris, Claye,* 1858, *gr. in-18.*

— 67 —

677. **Chabrier** (F.). Dissertation sur le Déluge universel, ou Introduction à la Géognosie de notre planète. — *Montpellier, Jullien,* 1823, *in-8°.*

678. **Chabrier** (J.). Essai sur le Vol des Insectes, et Observations sur quelques parties de la mécanique des mouvements progressifs de l'Homme et des Animaux vertébrés ; suivi d'un Mémoire contenant des idées nouvelles sur le Système solaire. — *Paris, Belin,* 1822, *in-4°, pl. gr.*

679. **Chahan de Cirbied** (J.-M.) et **Martin** (J.). Recherches curieuses sur l'Histoire ancienne de l'Asie, puisées dans les manuscrits orientaux de la Bibliothèque impériale et d'autres. *Paris, Le Prieur,* 1806, *in-8°, frontisp. gr.*

680. **Chaho** (A.). Voyage en Navarre pendant l'insurrection des Basques (1830-1835). — *Paris, Bertrand,* 1836, *in-8°.*

681. — Histoire primitive des Euskariens-Basques, langue, poésie, mœurs et caractère de ce peuple, introduction à son histoire ancienne et moderne. — *Bayonne, Ve Bonzom,* 1847, *in-8°.*

682. — Philosophie des Religions comparées ; troisième édition. — *Paris,* 1848, *2 vol. gr. in-8°.*

683. **Challemel-Lacour.** La Philosophie Individualiste ; étude sur Guillaume de Humboldt. — *Paris, G. Baillière,* 1864, *in-18.*

684. **Chambers** (W.). Dissertation sur le Jardinage de l'Orient ; ouvrage traduit de l'anglois, avec plusieurs additions fournies par l'auteur. = Discours servant d'explication, par Tan Chet-Qua de Quang-Cheou-Fou, gentilhomme ; comme aussi Miaaf, Tra, Cghmw et Attq ; ci-devant Athrhtpow ; dans lequel les Principes établis dans la Dissertation précédente se trouvent éclaircis et appliqués à la pratique. — *Londres, Griffin,* 1772-73, *2 part. en 1 vol. in-4°.*

685. **Champfleury** (J.). Histoire de l'Imagerie populaire. — *Paris, Dentu,* 1869, *gr. in-18, fig.*

686. — Les Excentriques. Nouvelle édition. — *Paris, Lévy,* 1856, *gr. in-18.*

687. **Champollion-Figeac** (J.-J.). Résumé complet de Chronologie générale et spéciale, contenant les Éléments de la Chronologie sacrée et profane, l'exposition des Calendriers anciens et modernes, des Périodes civiles ou astronomiques et des Ères diverses, etc.; suivi de la Biographie des Chronologistes,

d'une Bibliographie et d'un Vocabulaire. — *Paris, Bachelier*, 1830, *pet. in-16*.

688. **Champollion-Figeac** (J.-J.). Traité élémentaire d'Archéologie. Monuments d'Architecture, de Sculpture et de Peinture, comprenant les Inscriptions de tout genre, les Statues, Bas-Reliefs, Figurines, Tombeaux, Autels, Vases peints, Mosaïques, etc., précédé d'une introduction historique et suivi d'un vocabulaire; deuxième édition. — *Paris, Fournier*, 1843, *2 vol. in-16*.

689. — Nouvelles recherches sur les Patois, ou idiomes vulgaires de la France, et en particulier sur ceux du département de l'Isère; suivies d'un Essai sur la Littérature dauphinoise, et d'un appendix contenant des pièces en vers ou en prose peu connues, des extraits de manuscrits inédits, et d'un vocabulaire. — *Paris, Goujon*, 1809, *in-12*.

690. — Égypte ancienne. — *Paris, Didot*, 1839, *in-8°, carte et pl. gr. (Univers pittoresque.)*

691. **Champollion** le jeune (J.-F.). Précis du Système Hiéroglyphique des anciens Égyptiens, ou Recherches sur les Éléments premiers de cette écriture sacrée, sur leurs diverses combinaisons, et sur les rapports de ce système avec les autres méthodes graphiques égyptiennes. — *Paris, Treuttel et Würtz*, 1824, *2 vol. in-8° rel. en 1*.

692. — Notice descriptive des Monumens égyptiens du Musée Charles X. — *Paris, Crapelet*, 1827, *in-12*.

693. — Lettres écrites d'Égypte et de Nubie en 1828 et 1829; collection complète, accompagnée de 3 mémoires inédits et de planches. — *Paris, Didot*, 1833, *in-8°*.

694. **Chandler** (R.). Voyages dans l'Asie Mineure et en Grèce, faits aux dépens de la Société des *dilettanti* dans les années 1764, 1765 et 1766; traduits de l'anglais et accompagnés de notes, par MM. J.-P. Servois et Barbié du Bocage. — *Paris, Arthus Bertrand*, 1806, *3 vol. in-8°, cartes et pl.*

695. **Chaptal** (J.-A.-C.). Mémoire sur le sucre de Betteraves. — *(Paris), Vᵉ Perroneau*, 1825, *in-8°*.

696. **Charpentier** (J. de). Essai sur la Constitution Géognostique des Pyrénées, avec une planche et une carte géognostique des Pyrénées. — *Paris, Levrault*, 1823, *in-8°. (Manque la carte)*.

697. **Charas** (M.). Nouvelles expériences sur la Vipère, où l'on

verra une description exacte de toutes ses parties, la source de son venin, ses divers effets, et les remèdes exquis que les artistes peuvent tirer du corps de cet animal. Seconde édition. — *Paris, d'Houry, 1694, in-8°, pl. et front. gr.*

698. **Charrière** (E.). La Politique de l'Histoire. — *Paris, Gosselin, 1841-42, 2 vol. in-8°.*

699. **Charron** (P.). De la Sagesse. Nouvelle édition, publiée avec des sommaires et des notes explicatives, historiques et philosophiques ; par Amaury Duval. — *Paris, Rapilly, 1827, 3 vol. in-8°, portr. gr.*

700. **Charvet** (G.). Les Voies Romaines chez les Volces Arécomiques. — *Alais, Martin, 1874, in-8°, carte.* (Extr. du *Bulletin de la Soc. scientif. et litt. d'Alais.*)

701. **Chasles** (Ph.). Tableau de la marche et des progrès de la langue et de la littérature française depuis le commencement du XVI° siècle jusqu'en 1610. — *Paris, Didot, 1828, in-4°.*

702. — Caractères et Paysages. — *Paris, Delaunay, 1833, in-8°.*

703. **Chassanis** (J.-J.). Dissertation sur la maladie épidémique qui a régné à Lodève et autres villes du Royaume en 1751, ou Traité des Fièvres malignes, vermineuses, épidémiques, dans lequel on expose leurs causes, leurs symptômes, leur prognostic et leur véritable curation. — *Avignon, Garrigan, 1753, in-12.*

704. **Chassant** (A.). Essai sur la Paleographie française, ou Introduction à la lecture des écritures usitées dans les chartes et autres titres au XI°, XII°, XIII°, XIV°, XV°, XVI° et XVII° siècles. — *Evreux, Ancelle, 1835, in-8°, planches.*

705. **Chatel.** Histoire naturelle et philosophique de l'Homme. — *Paris, Duchesne, 1816, 2 vol. in-12.*

706. **Chauchard.** Carte générale de l'empire d'Allemagne. — *Paris, Dezauche, 9 feuilles entoilées.*

On y a joint une carte d'une partie des Pays-Bas, pour servir de supplément à la précédente.

707. — Carte de la partie septentrionale de l'Italie. — *Paris, Dezauche, 1731, 2 feuilles entoilées.*

708. **Chauliac** (G. de). Chirurgia Guidonis de Cauliaco. Addita recepta aquæ balnei de porecta per Thuram de Castello edita. — *Lugduni, Vinc. de Portonariis, 1537, in-8°.*

709. **Chaussier** (Fr.). Tables synoptiques du plan général des divisions et sous-divisions principales d'Anatomie. — *Paris, Barron,* 1799-1811, *20 tableaux.* (Manquent les N°s 12 et 17-19.)

710. — Recueil de Mémoires, Consultations et Rapports sur divers objets de Médecine légale. — *Paris, Barrois,* 1824, *in-8°, pl. gr.*

711. **Chavannes** (A.-C.). Anthropologie, ou Science générale de l'Homme, pour servir d'introduction à l'étude de la Philosophie et des Langues, etc. — *Lausanne, Hignou,* 1788, *in-8°.*

712. **Chavannes** (E.). Monographie des Antirrhinées. — *Paris, Treuttel et Würtz,* 1833, *gr. in-4°, pl. gr.*

713. **Chavée** (H.-J.). Lexicologie Indo-Européenne, ou Essai sur la science des mots Sanskrits, Grecs, Latins, Français, Lithuaniens, Russes, Allemands, Anglais, etc. — *Paris, Franck,* 1849, *in-8°.*

714. Chef d'œuvre (Le) d'un Inconnu. Poème, heureusement découvert et mis au jour avec des remarques savantes et recherchées, par le Dr Chrisostôme Matanasius (St Hyacinthe). — *La Haye, La Comp.,* 1714, *in-12.*

715. **Chenier** (L.-S. de). Recherches historiques sur les Maures, et histoire de l'empire de Maroc. — *Paris, l'auteur,* 1787, *3 vol. in-8°.*

716. **Chenier** (M.-J. de). Tableau historique de l'état et des progrès de la Littérature française depuis 1789; deuxième édition. — *Paris, Maradan,* 1817, *in-8°.*

717. **Chérubin** (P.-J.-B.). De l'Extinction des Espèces. Études biologiques sur quelques-unes des lois qui régissent la vie. — *Paris, Baillière,* 1868, *in-8°.*

718. **Chéruel** (A.). Dictionnaire historique des Institutions, Mœurs et Coutumes de la France; deuxième édition. — *Paris, Hachette,* 1865, *2 vol. gr. in-18.*

719. **Chesnel** (A. de). Histoire de la Rose chez les Peuples de l'antiquité et chez les modernes; description des espèces cultivées, culture des rosiers, propriété des roses et leurs diverses préparations alimentaires, cosmétiques, etc. — *Toulouse, Vieusseux,* 1820, *in-8°.*

720. **Chevalier** (J.-D.). Lettres à M. De Jean, docteur de la Faculté de Médecine de Paris. I. Sur les Maladies de Saint-Domingue.

II. Sur les Plantes de la même île. III. Sur le Remora et les Halcyons. — *Paris, Durand*, 1752, *in-12*.

721. **Chevassieu d'Audebert** (N.). Exposé des Températures, ou les influences de l'air sur les maladies et la constitution de l'homme et de ses animaux, et ses effets dans la végétation. — *Versailles, Pierres, 3 pl. rel. en 1 vol. in-8°.*

722. **Chevreul** (E.). Lettres adressées à M. Villemain sur la Méthode en général et la définition du mot *Fait*, relativement aux sciences, aux lettres, aux beaux-arts, etc. — *Paris, Garnier*, 1856, *gr. in-18*.

723. **Chiaie** (St. delle). Istituzioni di Anatomia e Fisiologia comparata. — *Napoli, el Fibreno*, 1832, *in-8°. T. Ier*.

724. — Compendio di Elmintografia Umana. Editio seconda. — *Napoli, el Fribreno*, 1833, *in-8°, pl. gr.*

725. **Chiniac de la Bastide** (J.-B.). Discours sur la nature et les dogmes de la Religion Gauloise. — *Paris, Butard*, 1769, *in-12*.

726. Chien (Le) primitif, aperçus nouveaux sur l'origine du culte des animaux, du langage du pouvoir représentatif et de la Musique; par M***. — *Nantes, Forest*, 1846, *in-8°, fig.*

727. **Choffard** (P.-P.). Notice historique sur l'art de la Gravure en France. — *Paris, Pichard*, an XII-1804, *in-8°*.

728. **Choisy** (J.-D.). Des Doctrines exclusives en Philosophie Rationelle. — *Genève, Sestié*, 1828, *in-8°*.

729. **Choris** (L.). Voyage pittoresque autour du Monde (1815-18), avec des portraits de sauvages d'Amérique, d'Asie, d'Afrique, et des Iles du grand Océan; des paysages, des vues maritimes, etc.; accompagné de descriptions par M. le Baron Cuvier et M. A. de Chamisso, et d'observations sur les crânes humains par M. le Dr Gall. — *Paris, Didot*, 1822, *in-fol.*

730. **Choulant** (L.). Drei Anthropologische-vorlesungen. — *Leipzig, Voss*, 1834, *in-8°*.

731. — Historisch-Literarisches Jahrbuch für die Deutsche medicin. Erster jahrgang (1837). — *Leipzig, Voss*, 1838, *in-8°*.

732. **Christ** (W.). Avien und die ältesten Nachrichten über Iberien und die Westküste Europa's. — *München, Straub*, 1865, *gr. in-4°. (Aus den Abhandl. der K. Bayer Akad. der W.)*

733. **Ciacconius** (P.). De Triclinio sive de modo convivandi

apud priscos Romanos et de conviviorum apparatu. Accedit Fulvii Ursini appendix et Hier. Mercurialis de accubitu in cœna antiquorum origine dissertatio. — *Lipsiæ, Teubner*, 1758, *in-12.*

734. **Cicarellus** (A.). Opuscule sur les Truffes ; traduction libre du latin ; avec des annotations sur le texte et un préambule historique, par M.-J. Amoreux. — *Montpellier, Tournel*, 1813, *in-8°.*

735. **Cicero** (M.-T.). Sententiæ insigniores, Apophthegmata, Parabolæ, seu similia, atque ejusdem aliquot piæ sententiæ, etc.; omnia Petri Lagnerii opera collecta et congesta. — *Lugduni, Rovillius*, 1575, *in-12.*

736. — Entretiens sur la Nature des Dieux, traduits par M. l'abbé d'Olivet. Quatrième édition. — *Paris, Barbou*, 1766, 2 vol. *in-12.*

737. — Les Livres de Cicéron de la Vieillesse, de l'Amitié, les Paradoxes, le Songe de Scipion. Traduction nouvelle avec le latin en regard, par Debarret. 3° édition. — *Paris, Barbou*, 1768, *in-12.*

738. **Cid** (F.-X.). Tarantismo observado en España, con que se prueba el de la Pulla, dudado de algunos, y tratado de otros de fabuloso ; y memorias para escribir la Historia del insecto llamado Tarantula efectos de su veneno en el cuerpo humano, y curacion por la musica con el modo de obrar de esta, y su aplicacion como remedio à varias enfermedades. — *Madrid, Gonzalez*, 1787, *pet. in-8°, pl.*

739. Cinq Dialogues, faits à l'imitation des anciens, par Oratius Tubero (Lamothe-Levayer). — *Mons, La Flèche*, 1671. = Hexameron rustique, ou les six journées passées à la campagne entre des personnes studieuses (par le même). Septième édition. — *Cologne, Brenussen*, 1698, 2 vol. *in-12, rel. en 1.*

740. **Clair** (H.). Les Monumens d'Arles, antique et moderne. — *Arles, Garcin*, 1837, *in-8°.*

741. **Clairier.** Le Tableau naturel de l'homme, ou observations physiognomoniques sur les divers caractères des Hommes. — *Strasbourg, Heitz*, an II, *in-8°.*

742. **Clamor-Marquart** (L.). Die Farben der Blüthen, eine chemisch-physiologische abhandlung. — *Bonn, Habicht*, 1835, *in-8°.*

743. **Clarac** (de). Description des antiques du Musée National du Louvre. — *Paris, Vinchon*, 1848, *in-12*.

744. — Sur la statue antique de Vénus Victrix, découverte dans l'île de Milo en 1820...., et sur la statue antique connue sous le nom de l'Orateur, du Germanicus et d'un personnage romain en Mercure. — *Paris, Didot*, 1821, *gr. in-4°, pl. gr.*

745. **Claramontius** (Sc.). De conjectandis cujusque moribus et latitantibus animi affectibus libri decem, cura Herm. Conringii recensiti. — *Lugduni*, 1704, *in-8°, portr.*

746. **Clarke** (E.-D.). Voyages en Russie, en Tartarie et en Turquie ; traduits de l'anglais (par E. de L'Aubespin). — *Paris, Buisson*, 1813, *3 vol. in-8°, cartes.*

747. **Clavareau** (N.-M.). Mémoire sur les Hôpitaux civils de Paris. Dans lequel on traite de la situation de chacun d'eux, comparé avec les anciens, des améliorations qui y ont été opérées, de celles dont ils sont susceptibles. Avec des notes historiques sur leur origine et leur accroissement successif ; et sur les moyens de former un seul hôpital capable de recevoir tous les malades indigents d'une ville de premier ordre. — *Paris, Prault*, an XIII-(1805), *in-8°, pl. gr.*

748. **Clavel** (A.). Les Races humaines et leur part dans la civilisation. — *Paris, Poulet Malassis et de Broise*, 1860, *in-8°.*

749. **Clavier** (E.). Histoire des premiers temps de la Grèce, depuis Inachus jusqu'à la chute des Pisistratides ; pour servir d'introduction à tous les ouvrages qui ont paru sur ce sujet. — *Paris, Collin*, 1809, *2 vol. in-8°.*

750. — Mémoire sur les Oracles des Anciens. — *Paris, Bobée*, 1818, *in-8°.*

751. **Clavigero** (F.-S.). Storia antica del Messico cavata da' migliori storici spagnuoli, e da' manoscritti, e dalle pitture antiche degl' Indiani : divisa in dieci libri, e corredata di carte geografiche e di varie figure : e dissertazioni sulla terra, sugli animali, e sugli abitatori del Messico. — *Cesena, Biasini*, 1780-81, *4 vol. in-4°.*

752. **Clemens** (A.). Allgemeine Betrachtungen über die klimatischen Einflüsse, und versuch einer allgemeinen charakteristik der Gebirgsgegenden und ihrer bewohner. — *Frankfurt am Mayn, Hermann*, 1820, *in-8°.*

753. **Clément.** Essai sur la Science du Langage. — *Paris, Hachette*, 1843, *in-8°*.

754. **Clerc.** Histoire naturelle de l'Homme considéré dans l'état de maladie, ou Médecine rappelée à sa première simplicité. — *Paris, Lacombe*, 1767, 2 vol. *in-8°*.

755. **Cléri-Malige.** L'Homme sauvage et l'Homme civilisé. — *Toulouse*, 1864, *in-12*.

756. **Clifton.** État de la Médecine ancienne et moderne, avec un plan pour perfectionner celle-ci ; traduit de l'anglois par M. L. D. F. (l'abbé Desfontaines), etc. — *Paris, Quillau*, 1742, *in-12*, *frontisp. gr.*

757. — Traité de la Raison humaine, traduit de l'anglois (par Poppel) ; augmenté d'une préface qui contient plusieurs autoritez justificatives des sentiments de l'auteur. — *Francfort-sur-le-Mein, Varentrapp*, 1744, *in-12*.

758. **Clos** (J.-A.). Nouvel aperçu sur la Météorologie. — *Paris, Bachelier*, 1828, *in-8°*.

759. **Cloquet** (J.). Manuel d'Anatomie descriptive du corps humain. — *Paris, Bechet*, 1825, 3 vol. gr. *in-4°*, *pl. color.*

760. — Anatomie des Vers intestinaux, Ascaride lambricoïde et Echinorhynque géant. — *Paris, Crevot*, 1824, *in-4°*, *pl.*

761. **Coakley-Lettsom** (J.). Le Voyageur naturaliste, ou Instructions sur les moyens de ramasser les objets d'histoire naturelle, et de les bien conserver. Avec des observations propres à étendre les recherches relatives aux connoissances humaines en général. Traduit de l'anglois sur la seconde édition (par C.-F.-A. de Lezay-Marnesia). — *Amsterdam et Paris, Lacombe*, 1775, *in-12*.

762. — Histoire de l'origine de la Médecine ; traduite de l'anglois par M. H. — *Paris, Hérissant*, 1787, *in-8°*.

763. **Cocchi** (A.). Del Vitto Pitagorico per uso della medicina. — *Venezia, Occhi*, 1744, *in-12*.

764. — Régime de Pythagore, traduit de l'italien (par de Puisieux). — *Paris, Gogué*, 1762, *in-8°*.

765. — Recueil de pièces de Médecine et de Physique, traduites de l'italien de Cocchi et autres (par de Puisieux). — *Paris, d'Houry*, 1763, *in-12*.

766. Code ou nouveau Règlement sur les lieux de Prostitution dans la ville de Paris. — *Londres, s. ind.*, 1775, *in-12*.

767. **Colenso** (J.-W.). The Pentateuch and Book of Joshua critically examined. — *London, Longman and Co*, 1863, 2 vol. *in-8°*.

768. — Bishop Colenso on the Pentateuch. — *London, Longman and Co*, 5 part. en 1 vol. *in-12*.

769. **Coler** (S.-M.). Dissertatio de origine gentium Celticarum. — *Tubingæ, Grætzius*, 1706, *in-4°*.

770. **Colladon** (F.). Histoire naturelle et médicale des Casses, et particulièrement de la Casse et des Sénés employés en médecine (thèse). — *Montpellier, Martel*, 1816, *in-4°, pl. gr.*

771. Collection de Mémoires ou de Lettres relatives aux effets, sur les oliviers, de la gelée du 11 au 12 janvier 1820 ; imprimé.... pour l'instruction des propriétaires des départements méridionaux de la France. — *Paris, Huzard*, 1822, *in-8°*.

772. **Colletet** (F.). Traittez des Langues estrangères, de leurs alphabets et des chiffres. — *Paris, Promé*, 1660, *in-4°*.

>On y a joint : Observations fondamentales sur les Langues anciennes et modernes, ou Prospectus de l'ouvrage intitulé : *La Langue primitive conservée*, par Le Brigant. — *Paris, Barrois*, 1787.

773. **Collin de Plancy** (J.-A.-S.). Anecdotes du dix-neuvième siècle, ou Collection inédite d'historiettes, d'anecdotes récentes, de pièces curieuses, pour servir à l'histoire des mœurs et de l'esprit du siècle où nous vivons, comparé aux siècles passés. — *Paris, Painparré*, 1821, 2 tom. en 1 vol. *in-8°*.

774. **Collins** (A.). Essai sur la Nature et la Destination de l'Ame humaine, traduit de l'anglois. — *Londres*, 1769, *in-12*.

775. **Colombier** (C.-C.). Préceptes sur la santé des gens de guerre, ou Hygiène militaire. — *Paris, Lacombe*, 1775, *in-8°*.

776. **Combe** (G.). Elements of Phrenology, fourth edition. — *Edinburgh, Maclachlan and Stewart*, 1836, *in-12, pl. gr.*

777. — Traité complet de Phrénologie, traduit de l'anglais avec des notes par H. Lebeau. — *Paris, G. Baillière*, 1844, 2 vol. *in-8°, pl. noires et color.*

778. — Notes on the United states of North America, during a phrenological visit in 1838-39-40. — *Edinburgh, Maclachlan, Stewart and C°*, 1841.

779. **Combes** (E.). Voyage en Égypte, en Nubie, dans les déserts de Beyouda, des Bicharys, et sur les côtes de la Mer Rouge. — *Paris, Desessart*, 1846, 2 vol. *in-8°, carte*.

780. — et **Tamisier** (M.). Voyage en Abyssinie, dans le pays de Galla, de Choa et d'Ifat; précédé d'une excursion dans l'Arabie Heureuse, accompagnée d'une carte de ces diverses contrées (1835-37). Deuxième édition. — *Paris, Magen*, 1839, 4 vol. *in-8°*.

781. **Combes** (H.). De la Médecine en France et en Italie. Administration, Doctrines, Pratique. — *Paris, Baillière*, 1842, *in-8°*.

782. — Salubrité publique. De l'Éclairage au Gaz, étudié au point de vue économique et administratif, et spécialement de son action sur le corps de l'homme. — *Paris, Roret, s. d., in-12*.

783. **Combles** (de). Traité de la culture des Pêchers; cinquième édition, précédée d'une Notice sur de Combles et ses ouvrages, par L. Du Bois. — *Paris, Raynal*, 1822, *in-12*.

784. **Comenius** (I.-A.). Janua Aurea reserata quatuor Linguarum, sive compendiosa Methodus Latinam, Germanicam, Gallicam et Italicam Linguam perdiscendi; cum quadruplici Indice, a Nathaniele Dhuëz in Idioma Gallicum et Italicum traducta. Editio secunda. — *Lugd.-Batav., ex officinâ Elseviriorum*, 1644, *in-8°*.

785. — Janua Linguarum reserata, cum græcæ versione Theodori Simonii innumeris in locis emendatæ à Stephano Curcellæo. — *Amstelodami, Daniel Elzevirius*, 1665, *in-12*.

786. **Comte** (Ach.). Traité complet d'Histoire Naturelle : Zoologie, Généralités, Espèce humaine. — *Paris, Didot*, 1848, *in-12, pl. gr.*

787. **Comte** (Aug.). Système de Politique Positive. — *Paris, chez les principaux libraires*, 1824, *in-8°. T. I*er*, première partie (n'a pas été continué)*.

788. — Discours sur l'Esprit positif. — *Paris, Carilian-Gœury*, 1844, *in-8°*.

789. **Comte** (Ch.). Traité de Législation, ou Exposition des Lois générales suivant lesquelles les Peuples prospèrent, dépérissent ou restent stationnaires; deuxième édition. — *Paris, Chamerot*, 1835, 4 vol. *in-8°*.

790. **Condillac** (E. B. de). Essai sur l'origine des Connoissances

humaines. Ouvrage où l'on réduit à un seul principe tout ce qui concerne l'Entendement humain. Nouvelle édition. — *Paris, Nyon, 1788, 2 vol. in-12, rel. en 1.*

791. **Condillac** (E. B. de). La Logique, ou les premiers développements de l'Art de Penser. — *1789, in-12.*

792. — Traité des Systèmes, où l'on en démêle les inconvénients et les avantages. — *Paris, Jombert, 1771, in-12.*

793. — Traité des Sensations. Nouvelle édition, augmentée de l'extrait raisonné de cet ouvrage. — *Londres et Paris, Barrois, 1788, 2 vol. in-12.*

794. — Traité des Animaux, où, après avoir fait des observations critiques sur le sentiment de Descartes et sur celui de M. de Buffon, on entreprend d'expliquer leurs principales facultés. — *Amsterdam et Paris, 1766, in-12.*

795. **Condorcet** (M.-J.-A.-N. C. de). Esquisse d'un Tableau historique des progrès de l'Esprit humain; suivie de réflexions sur l'esclavage des Nègres. — *Paris, Masson, 1822, in-8°.*

796. Conformitez (Les) des Cérémonies modernes avec les anciennes, où il est prouvé, par des autoritez incontestables, que les cérémonies de l'Église romaine sont empruntées des Payens, avec un Traité de la conformité qu'ils ont en leur conduite, mis à la fin sous le titre d'Addition de quelques autres conformitez entre les Cérémonies (par P. Mussard). — *Imprimé l'an 1667, in-8°.*

797. **Confucius et Mencius.** Les Quatre livres de Philosophie morale et politique de la Chine; traduits du chinois par M. G. Pauthier. — *Paris, Charpentier, 1854, gr. in-18.*

798. Congrès historique Européen, réuni à Paris, au nom de l'Institut historique. Discours et compte-rendu des séances. Années 1835, 1837-38. — *Paris, Krabbe, 1836-39, 4 vol. gr. in-8°. (L'année 1836 n'a pas paru.)*

799. Congrès International d'Anthropologie et d'Archéologie préhistoriques. Compte rendu de la 2e session. Paris, 1867. — *Paris, Reinwald, 1868, gr. in-8°.*

800. Conjectures sur les Mémoires originaux dont il paroit que Moyse s'est servi pour composer le Livre de la Genèse (par Astruc), avec des remarques. — *Bruxelles, Friex, 1753, in-12.*

801. **Connop Thirlwall.** Histoire des origines de la Grèce

ancienne, traduite de l'anglais par Ad. Joanne. — *Paris, Paulin*, 1852, *in-8°*.

802. **Connor** (B.). Evangelium Medici : seu Medicina mystica ; de suspensis naturæ legibus, sive de Miraculis, religiosique εν τοῖς βιβλίοις memoratis, quæ medicæ indagini subjici possunt, ubi perpensis prius corporis natura, sano et morboso corporis humani statu, necnon motus legibus, rerum status super naturam, præcipue qui corpus humanum et animam spectant, juxta medicinæ principia explicantur; editio quarta. — *Ienæ, Croekerus*, 1724, *in-12*.

803. **Conringius** (H.). De habitus corporum Germanicorum antiqui ac novi causis liber singularis : annotationibus uberrimis dilucidavit J.-Ph. Burggravius. — *Francofurti-ad-Mœnum, Stockius*, 1727, *in-8°*.

804. Conseils (quelques) à un jeune voyageur (par le comte M. Blanc d'Hauterive). — *Paris, Impr. royale*, 1826, *in-8°*.

805. Conservateur (le), ou Bibliothèque choisie de Littérature, de Morale et d'Histoire (par Delandine). — *Paris, Buisson*, 1787-88, 4 vol. *in-12*.

806. Conservatoire des Sciences et des Arts, ou Recueil de pièces intéressantes sur les Antiquités, la Mythologie, la Peinture, la Musique, l'Art et la Théorie de l'action théâtrale, les Belles-Lettres, la Philosophie, etc.; traduit de différentes langues. — *Paris, Deterville, s. d., 6 vol. in-8°, pl. gr.*

807. Contagion (la) sacrée, ou Histoire naturelle de la Superstition; ouvrage traduit de l'anglois (par d'Holbach), avec des notes relatives aux circonstances; nouvelle édition. — *Paris, Lemaire*, an V, *2 part. en 1 vol. in-8°*.

808. Contes traduits de l'anglois (par Blavet). — *Londres et Paris, Vᵉ Duchesne*, 1774, *2 part. en 1 vol. in-12*.

809. **Conti** (N.). Natalis Comitis Mythologiæ sive Explicationis Fabularum libri X; ejusdem libri IIII de Venatione. Addita Mythologia Musarum a Geof. Linocerio uno libello comprehensa. — *Hanoviæ, typis Wechelianis*, 1605, *in-8°*.

810. **Cooke Taylor** (W.). The natural History of Society in the barbarous and civilized state : an Essay towards discovering the origin and course of Human improvement. — *London, Longman*, 1840, *2 vol. in-8°*.

811. **Coquerel** (Ch.). Histoire abrégée de la Littérature anglaise, depuis son origine jusqu'à nos jours. — *Paris, Janet,* 1828, *in-16.*

812. **Constantin** (L.-A.). Bibliothéconomie, ou Nouveau Manuel complet pour l'arrangement, la conservation et l'administration des Bibliothèques. — *Paris, Roret,* 1841, *in-16.*

813. **Cordier** (F.-S.). Guide de l'Amateur de Champignons, ou Précis de l'Histoire des Champignons alimentaires, vénéneux et employés dans les arts, qui croissent sur le sol de la France, contenant la description des caractères particuliers à chacune de ces plantes, des généralités sur leur emploi dans les arts, sur la préparation culinaire des espèces alimentaires, etc. — *Paris, Bossange,* 1826, *in-12, pl. color.*

814. **Cordier de Launay** (L.-G.-R.). Théorie circonsphérique des deux Genres du Beau, avec application à toutes les Mythologies et aux cinq Beaux-Arts. — *Paris, Baudouin,* 1812, *in-12.*

815. **Cormon** (B.) et **Manni** (V.). Dictionnaire portatif et de prononciation italien-français et français-italien, composé sur le Vocabulaire italien de l'Académie de la Crusca. Quatrième édition, revue et augmentée par Chapellon. — *Paris, Cormon,* 1823, 2 *vol. in-8°.*

816. **Cornalia** (E.). Illustrazione della Mummia Peruviana esistente nel civico museo di Milano. — *Milano, Bernardoni,* 1860, *in-fol. lithogr.*

817. **Cornay** (J.-E.). Éléments de Morphologie humaine, pour servir à l'étude des Races. — *Paris, Gide,* 1847-50, *in-12, pl. lith.*

818. — Anthropologie. Mémoire sur le Métisme animal chez les espèces humaines, etc. Et exposition des principes de Physiométrie générale. — *Paris, Baillière,* 1863, *in-12, pl. gr.*

819. **Coste** (J.-F.). Du service des Hôpitaux militaires, rappelé aux vrais principes. — *Paris, Croullebois,* 1790, *in-8°.*

820. **Cotte** (le P. L.). Traité de Météorologie, contenant : l'histoire des observations météorologiques; un traité de météores, l'histoire et la description du Baromètre, du Thermomètre et des autres instruments météorologiques, etc. — *Paris, Imp. royale,* 1774, *in-4°.*

821. **Coulon** (A. von). Post-Karte von Baiern. — *S. ind.,* 1810, *in-fol. entoilée.*

822. **Courier** (P.-L.). Collection complète de ses pamphlets politiques et opuscules littéraires. — *Bruxelles*, 1826, *in-8°, portr. gr.*

823. **Cournot** (A.-A.). Matérialisme, Vitalisme, Rationalisme. Études sur l'emploi des données de la science en Philosophie. — *Paris, Hachette*, 1875, *gr. in-18.*

824. Cours gastronomique, ou les dîners de Manant-ville ; ouvrage anecdotique, philosophique et littéraire ; seconde édition, par feu C*** (C.-L. CADET-GASSICOURT). — *Paris, Capelle et Renaud*, 1809, *in-8°, carte.*

825. **Courson** (A. de). Histoire des Peuples Bretons dans la Gaule et dans les Iles Britanniques, langue, coutumes, mœurs et institutions. — *Paris, Furne*, 1846, *2 vol. gr. in-8°.*

826. **Court de Gebelin** (A.). Monde primitif analysé et comparé avec le Monde moderne, considéré dans son génie allégorique et dans les allégories auxquelles conduisit ce génie ; précédé du Plan général des diverses parties qui composent ce monde primitif. Nouvelle édition. — *Paris, Durand*, 1782-87, *9 vol. in-4°, front. et pl. gr.*

827. — Lettre à l'auteur anonyme de deux prétendus Extraits insérés dans le Journal des Savans des mois de Nov. et Déc. 1773, publiés contre le plan général et raisonné du Monde primitif. — *Paris, Valleyre*, 1774, *in-4°.*

828. — Monde primitif, analysé et comparé avec le Monde moderne, considéré dans l'histoire naturelle de la parole, ou origine du langage et de l'écriture. — *Paris, Boudet*, 1775, *in-4°. (T. Ier de l'ouvrage précédent.)*

829. — Histoire naturelle de la parole, ou Grammaire universelle. Avec un discours préliminaire et des notes, par le Comte Lanjuinais. — *Paris, Plancher*, 1816, *in-8°, front. et pl. gr.*

830. **Courtaud** (S.). 1. Monspeliensis Medicorum Universitas, oratio pronunciata die vigesima prima mensis octobris anni MDCXLIV a S. Curtaudo dictæ Universitatis decano. — *Monspelii, Petrus du Buisson*, 1645, *in-4°.*

> On y a joint les pièces suivantes, publiées la plupart pendant la polémique virulente que suscita ce discours entre les Écoles de Paris et de Montpellier.
> 2. Navicula Solis. Cento extemporalis fartus ex elegantiis grammaticalibus orationis Simeonis Curtantii. — *(S. ind. Attribué à Gui-Patin.)*

3. Centonis **Κακορραφιας** Diffibulatio in qua pleraque Diplomata Pontificia et Regia Academiæ Monspeliensis falsi convincuntur. *(Attribué à René Moreau.)* — *Parisiis*, 1646.

4 et 4 *bis*. Appendix ad Centonis **Κακορραφιας** diffibulationem. *(2 ex.)*

5. Seconde Apologie de l'Université en Médecine de Montpellier, répondant aux *Curieuses Recherches des Universités de Paris et de Montpellier* (de Riolan.) — *Paris, Piot*, 1653. *(Attribué à Isaac Conquet.)*

6. Cani Mivro sive Curto Fustis; hoc est Caroli Guillemei doct. Paris. Responsio pro se ipso ad alteram alogiam impudentissimi et importunissimi Curti Mompel Canis cellarii. — *Lutetiæ-Parisiorum*, 1654.

7. Caroli Jacobi filii Guillemæi doct. Paris. Defensio altera adversus impias, impuras et impudentes tum in se tum in Principem Medicinæ scholam Parisiensem Anonymi Copreæ calumnias ac contumelias.

8. Margarita, scilicet e stercilinio et cloaca Lenonis Αθέου, Cotytii Baptæ, Spurcidici, Barbari, Solecistæ imo Holobarbari, Holoborbori, Holosolæci Verberonis, Curti, I. Heroardi verissimi aniatri, indignissimi, quotfuerunt, archiatri, ut vulgo loquuntur, nepotis Purulentia, etc.

9. Olim et nunc pseudo physico-medicæ male-superbientis scholæ Parisiensis empirico-methodicæ πρὸς τὸν ἰῃ ἐν ἠδελφισμένον καὶ ἐπιστάμενον ορθως. — *Parisiis*, 1646.

10. Illustris virtutis et sanctitatis viro D. D. Michaeli Le Masle..... cantori et canonico Ecclesiæ Parisiensis, nomine Saluberrimæ Facultatis medicorum Parisiensium gratiarum actio, pro instauratione scholarum (auctore Joan. Bérault). — *Parisiis*, 1643.

11. Panegyris seu Agon studii iatrici Parisiensis heroico carmine designatus in scholis Medicorum propositus.... a N. Morino dum Rude donatus est. Panegyris altera in eadem qua superior habita olim solennitate Montis-Pessuli. — *Parisiis, Martinus*, 1657.

12. Déclaration de Mc Pierre le Comte, docteur régent en la Faculté de Médecine à Paris, pour montrer la fausseté de l'Advis faict à MM. les Gens du Roy sur la construction d'un Théâtre anatomique, par un qui a supprimé son nom.

13. Défense de l'*Advis présenté à Mess. les Gens du Roy*, etc., contre la Réponse à M° Pierre Le Comte.

14. Saluberrimæ Medicorum Parisiensium Facultati monitum salutare. — (*Parisiis*, 1652) 1 *ff*.

831. **Courtet de l'Isle** (V.). La Science politique fondée sur la Science de l'homme, ou étude des races humaines sur le rapport philosophique, historique et social. — *Paris, Arthus Bertrand*, 1838, *in-8°*.

832. — Tableau Ethnographique du genre humain. — *Paris, Arthus Bertrand*, 1849, *in-8°, fig*.

833. **Cousin** (V.). Nouveaux fragments philosophiques pour servir à l'histoire de la Philosophie ancienne. — *Paris, Pichon-Didier*, 1828, *in-8°*.

834. — Premiers essais de Philosophie. 3ᵉ Édition. — *Paris, libr. nouv.*, 1855, *in-12*.

835. — Philosophie sensualiste au dix-huitième siècle. 3ᵉ Édition. — *Paris, libr. nouv.*, 1856, *in-12*.

836. — Philosophie de Kant. 3ᵉ Édition. — *Paris, libr. nouv.*, 1857, *in-12*.

837. — Philosophie Écossaise. 3ᵉ édition. — *Paris, libr. nouv.*, 1857, *in-12*.

838. **Couture.** Traité de l'Olivier. — *Aix, David*, 1786, 2 vol. *in-8°*.

839. **Cowles Prichard** (J.). Researches into the physical history of Mankind. Third edition. — *London, Sherwood and Co*, 1836-47, 5 vol *in-8°*, *pl. noires et coloriées*.

On y a joint : *Six ethnological maps with a sheet of Letterspress, by J.-C. Prichard, in illustration of his works,* accompagnant la 3ᵉ édition de Londres, 1843, *gr. in-8°*.

840. — The Eastern origin of the Celtic nations proved by a comparison of their dialects with the sanskrit, greek, latin and teutonic languages, forming a supplement to *Researches into the physical history of Mankind.* — *London, Sherwood, Gilbert and Piper*, 1831, *in-8°*.

841. **Coxe** (W.). Lettres à M. W. Melmoth, sur l'état politique, civil et naturel de la Suisse ; traduites de l'anglois, et augmentées d'observations par le traducteur (Ramond). Nouvelle édition. — *Paris, Belin*, 1782, 2 vol. *in-8°*.

842. **Cramer** (P.). Papillons exotiques des trois parties du monde : l'Asie, l'Afrique et l'Amérique (texte hollandais et français), dessinés sur les originaux, gravés et enluminés sous la direction de l'auteur. — *Amsterdam, Baalde; et Utrecht, Wild*, 1779-82, 4 vol. *in-4°*, *pl. coloriées*.

On trouve, à la fin du T. 4, un Essai d'un ordre systématique des Insectes à ailes farineuses *Lepidopteræ* représentés dans l'ouvrage, par C. Stoll.

843. **Crawford** (A.). Experiments and observations on Animal heat, and the inflammation of combustible bodies ; being an attempt to resolve these Phenomena into a general law of the Nature. Second edition. — *London, Johnson*, 1788, *in-8°, pl.*

844. **Crawford** (J.). History of the Indian Archipelago, contaiuing an account of the manners, arts, languages, religions, institutions and commerce of its inhabitants. — *Edinburgh, Constable*, 1820, *3 vol. in-8°, cartes et planches.*

845. **Craufurd** (Q.). Researches concerning the laws, theology, learning, commerce, etc.; of ancient and modern India. — *London, Cadell and Davies*, 1817, *in-8°.*

846. **Creplin** (F.-C.-H.). Observationes de Entozois. — *Grypiswaldiæ, Mauritius*, 1825, *et Berolini Dummlerus*, 1829, *2 vol. in-8°, pl.*

847. **Crespon** (J.). Ornithologie du Gard et des pays circonvoisins. — *Nismes, Bianquis-Gignoux*, 1840, *in-8° et atlas.*

848. **Creuzer** (F.). Religions de l'antiquité, considérées principalement dans leurs formes symboliques et mythologiques; ouvrage traduit de l'allemand, refondu en partie, complété et développé par J.-D. Guigniaut. — *Paris, Treuttel et Wurtz*, 1825-41, *4 vol. in-8° divisés chacun en 2 part. (Le T. 4 contient les planches et leur explication.)*

849. **Cros-Mayrevieille.** La Méthodologie des sciences morales et politiques appliquée à la science de l'Histoire. — *Paris, Renouard*, 1848, *in-8°.*

850. **Crull** (W.-H.). Dissertatio anthropologico-medica de Cranio ejusque ad Faciem ratione (thesis). — *Groningæ, Veenkamp*, 1820, *in-8°, planches.*

851. **Cubi i Soler** (M.). Leçons de Phrénologie scientifique et pratique, complétées par de nouvelles et importantes découvertes psychologiques et nervo-électriques; traduction de l'espagnol. — *Paris, Baillière*, 1858, *2 vol. in-8°, portr. et fig. gr.*

852. Culte (Du) des Dieux fétiches, ou Parallèle de l'ancienne religion de l'Égypte avec la religion actuelle de la Nigritie (par de Brosses). — *S. ind.*, 1760, *in-12.*

853. Cultivateur (Le), journal des Progrès agricoles, rédigé par une réunion d'agriculteurs. — *Paris*, 1829-33, *9 vol. in-8°.*

854. Curieuses Recherches sur les Escholes en Médecine de Paris et de Montpelier, nécessaires d'estre sçeuës pour la conservation de la vie; par un ancien docteur en médecine de la Faculté de Paris (J. Riolan). — *Paris, Meturas*, 1651, *in-8°.*

(Voir le N° 830.)

855. Curiosités de la Littérature, traduction de l'anglais (de J. d'Israeli) par M. T.-P. Bertin, sur la cinquième édition. — *Paris, Charles,* 1809, *2 tom. in-8°, rel. en 1.*

856. Curiosités Philologiques, Géographiques et Ethnologiques (par L. de Wailly). — *Paris, Paulin et Le Chevalier,* 1855, *in-12.*

857. Curiosités Théologiques, par un Bibliophile (G. Brunet). — *Paris, Delahays,* 1861, *in-12.*

858. **Curten** aîné. Essai sur les Jardins, suivi du plan de la presqu'île Perrache, située au midi de la ville de Lyon. — *Lyon, Reymann,* 1807, *in-8°, pl. gr.*

859. **Curtius** (G.-G.-H.). De antiquis Italiæ incolis. Pars prior. — *Grypisvaldiæ, Mauritius (Berolini, typ. Haynianis),* 1829, *in-8°.*

860. **Cuvier** (G.). Histoire des progrès des Sciences naturelles, depuis 1789 jusqu'à 1831. — *Paris, Baudouin,* 1826-36, *5 vol. in-8°.*

861. — Histoire des Sciences naturelles, depuis leur origine jusqu'à nos jours, chez tous les peuples connus; complétée, rédigée, annotée et publiée par M. Magdeleine de Saint-Agy. — *Paris, Masson,* 1841-45, *5 vol. in-8°.*

862. — Extrait du Cours d'Histoire Naturelle de M. Cuvier, par M. Bosredon Ransijat. — *Paris, Valade,* 1805, *in-8°.*

863. — Tableau élémentaire de l'histoire naturelle des Animaux. — *Paris, Baudouin,* an VI, *in-8°.*

864. — Discours sur les révolutions de la surface du Globe, et sur les changements qu'elles ont produits dans le règne animal; sixième édition française, revue et augmentée. — *Paris, d'Ocagne,* 1830, *in-8°, pl.*

865. — Recherches sur les Ossemens fossiles, où l'on rétablit les caractères de plusieurs animaux, dont les révolutions du Globe ont détruit les espèces. 4° Édition. — *Paris, d'Ocagne,* 1834-36, *10 vol. in-8° et atlas in-4°.*

866. — Le Règne Animal distribué d'après son organisation pour servir de base à l'histoire naturelle des animaux, et d'introduction à l'anatomie comparée. Nouvelle édition. — *Paris, Deterville,* 1829, *5 vol. in-8° et 1 vol. de pl.*

Les T. 4 et 5 contiennent les Crustacés, Arachnides et Insectes; par Latreille.

867. **Cuvier** (G.). Le Règne Animal distribué d'après son organisation, etc. Races humaines. — *Paris, Fortin, Masson et Cie, gr. in-8°, pl. gr.*

868. — Le Règne Animal distribué d'après son organisation, etc. Les Arachnides avec un atlas, par Ant. Dugès et Milne Edwards. — *Paris, Fortin Masson et Cie, gr. in-8°, pl. gr.*

869. Le Règne Animal distribué d'après son organisation, etc. Insectes. — *Paris, Fortin Masson et Cie, 4 vol. in-4°, dont 2 de planches.*

870. — Mémoires pour servir à l'Histoire et à l'Anatomie des Mollusques. — *Paris, Deterville, 1817, in-4", pl. gr.*

871. — Histoire naturelle des Poissons, par M. le Bon Cuvier et par M. Valenciennes. — *Paris, Levrault, 1828-49, 22 vol. in-8°, et 35 cahiers de planches.*
   (Manquent les vol. 16-22, et les cahiers 16-30 de planches.)

872. — Iconographie du Règne Animal de G. Cuvier, ou représentation d'après nature de l'une des espèces les plus remarquables et souvent encore non figurées de chaque genre d'animaux, avec un texte descriptif mis au courant de la science; par M. F.-E. Guérin-Méneville. — *Paris, Baillière, 1829-44, 3 vol. in-8°.*

873. — Leçons d'Anatomie comparée, recueillies et publiées par M. Dumeril; seconde édition. — *Paris, Crochard, 1835-46, 8 vol. in-8°.*

874. — Lettres à C.-M. Pfaff sur l'Histoire Naturelle, la Politique et la Littérature, 1788-1792; traduites de l'allemand par Louis Marchant. — *Paris, Masson, 1858, gr. in-18.*

875. — Recueil des Éloges historiques, lus dans les séances publiques de l'Institut de France (depuis 1800 jusqu'en 1827). — *Strasbourg, 1819-27, 3 vol. in-8°.*

876. **Cuvier** (F.). Supplément à l'Histoire Naturelle générale et particulière de Buffon, offrant la description des Mammifères et des Oiseaux les plus remarquables découverts jusqu'à ce jour et accompagné de gravures. — *Paris, Pillot, 1831, 2 vol. in-8°, port. gr. et pl. color.*

877. Histoire naturelle des Cétacés (Baleines, Dauphins, etc.); ou recueil et examen des faits dont se compose l'histoire de ces animaux. — *Paris, Roret, in-8°, fig. (Suites à Buffon.)*

878. **Cuvillier-Fleury** (A.-A.). Voyages et Voyageurs, 1837-1854. — *Paris, Lévy*, 1856, *gr. in-18*.

879. **Czoernig** (C. von). Die Vertheilung der Voelkerstaemme und deren gruppen in der OEsterreichischen monarchie (sprachgraenzen und sprachinseln) sammt einer statistisch-etnographischen uebersicht. (Abgedruckt aus dem 1 Bande der : *Ethnographie der OEsterreichischen monarchie.*) — *Wien, Kais. Kœnigl. Hof und Staatsdruckerei*, 1856, *gr. in-4°, carte col.*

D

880. **Dahlbom** (A.-G.). Hymenoptera Europæa præcipue Borealia; *formis typicis* nonnullis specierum generumve *exoticorum* aut *extraneorum* propter nexum systematicum associatis; per familias, genera, species et varietates disposita atque descripta. — *Lundæ, Lundberg*, 1843-45, *1 vol. in-8°*.

881. **Damiron** (P.). Essai sur l'Histoire de la Philosophie en France au dix-neuvième siècle. Seconde édition. — *Paris, Schubart*, 1828, *2 vol. in-8°*.

882. **Dampmartin** (M. de). Origine de la forme des Caractères alphabétiques de toutes les nations, des clefs chinoises, des hiéroglyphes égyptiens, etc., précédée d'un discours préliminaire, etc. — *Paris, l'auteur*, 1839, *gr. in-4°*.

883. **Dancel** (J.-F.). De l'influence des Voyages sur l'homme et sur ses maladies. — *Paris, Baillière*, 1846, *in-8°*.

884. **Daniel** (C.-F.). Entwurf einer bibliotek der Staats-Arzneikunde oder der gerichtlichen arzneikunde und medicinischen polizen von ihrem anfange bis auf das iahr 1784. — *Halle, Hemmerdeschen buchhandlung*, 1784, *in-8°*.

885. **Dantal** (P.). Rudiment théorique et pratique de la Langue Latine, calqué sur Lhomond, et suivi d'un petit Dictionnaire de tous les mots employés dans l'ouvrage. Seconde édition. — *Lyon, Boursy*, 1812, *in-12*.

886. **Darcet** (F.). Discours en forme de dissertation sur l'état actuel des montagnes des Pyrénées et sur les causes de leur dégradation. — *Paris, Cavelier*, 1776, *in-8°*.

887. **Darluc** (M.). Histoire naturelle de la Provence, contenant ce

qu'il y a de plus remarquable dans les règnes végétal, minéral, animal, et la partie géoponique. — *Avignon*, *Niel*, 1782-86, 3 vol. *in-8°*.

888. **Darttey.** Recherches sur l'origine des Peuples du Nord et de l'Occident de l'Europe. — *Paris*, *Cousin*, 1859, *in-8°*.

889. **Darwin** (E.). Zoonomia; or, the laws of Organic Life, in three parts. Second American, from the third London edition, corrected by the author. — *Boston, Thomas and Andrews*, 1803, 2 vol. *in-8°*.

890. — Les Amours des Plantes, poëme suivi de notes et de dialogues, traduit de l'anglais par J.-P.-F. Deleuze. — *Paris, Digeon*, an VIII, *in-12*.

891. — The Botanic Garden, a poem, in two parts; containing the Economy of Vegetation and the Loves of the Plants; with philosophical notes. — *London, Jones*, 1825, *in-8°*, *portr. gr.*

On y a joint du même :

The Temple of Nature; or, the Origin of Society : a poem, with philosophical notes. — *London*, *Jones*, 1824, *pl. gr.*

892. **Darwin** (Ch.). On the Origin of species, by means of natural selection, or the Preservation of favoured races in the struggle for life. Fifth thousand. — *London*, *Murray*, 1860, *in-8°*.

893. — De l'Origine des Espèces ou des Lois du progrès chez les êtres organisés, traduit en français par Mlle Clémence-Aug. Royer. — *Paris, Guillaumin*, 1862, *gr. in-18*.

894. — L'Origine des Espèces au moyen de la sélection naturelle, ou la lutte pour l'existence dans la nature; traduit sur l'invitation et avec l'autorisation de l'auteur sur les cinquième et sixième éditions anglaises, augmentées d'un nouveau chapitre et de nombreuses notes et additions de l'auteur; par J.-J. Moulinié. — *Paris, Reinwald*, 1873, *in-8°*.

895. — La Descendance de l'Homme et la Sélection sexuelle, traduit de l'anglais par J.-J. Moulinié, préface par Carl Vogt. — *Paris, Reinwald*, 1872, 2 vol. *gr. in-8°*.

896. — De la Variation des Animaux et des Plantes sous l'action de la domestication, traduit de l'anglais par J.-J. Moulinié, préface de Carl Vogt. — *Paris, Reinwald*, 1868, 2 vol. *in-8°*, *fig. gr.*

897. — De la Fécondation des Orchidées par les Insectes et des

bons résultats du croisement; traduit de l'anglais par L. Rerolle. — *Paris, Reinwald*, 1870, *gr. in-8°.*

898. **Datty.** Des plantations, de leur nécessité en France, de leur utilité dans les départements du Midi pour l'assainissement de l'air, ou Traité de la culture des arbres forestiers, de leur usage dans l'économie, la médecine et les arts. — *Arles, Mesnier*, 1805, *in-8°.*

899. **Daudin** (F.-M.). Histoire naturelle, générale et particulière des Reptiles; ouvrage faisant suite aux Œuvres de Buffon, etc. — *Paris, Dufart*, an XIII-XI, *8 vol. in-8°, pl. color.*

900. — Recueil de Mémoires et de Notes sur des espèces inédites ou peu connues de Mollusques, de Vers et de Zoophytes. — *Paris, Fuchs*, 1800, *in-12.*

901. **Daumas** (M.-J.-E.). Le Sahara algérien; études géographiques, statistiques et historiques sur la région au Sud des établissemens français en Algérie. — *Paris, Fortin Masson*, 1845, *in-8°.*

902. — Le Grand Désert. Itinéraire d'une caravane du Sahara au pays des Nègres, royaume de Haoussa; par le général Daumas et Ausone de Chancel. Nouvelle édition. — *Paris, Lévy*, 1856, *gr. in-18.*

903. **Daunou** (P.-C.-F.). Discours sur l'état des Lettres au XIIIe siècle, précédé d'une notice sur l'auteur par M. Guérard. — *Paris, Ducrocq, s. d., in-8°.*

904. **Davesiès de Pontès** (L.). Études sur l'histoire de Paris ancien et moderne. — *Paris, Lévy*, 1865, *gr. in-18.*

905. **David** de Saint-Georges. Histoire des Druides, et particulièrement de ceux de la Calédonie, d'après M. Smith, suivie de recherches sur les antiquités celtiques et romaines des arrondissements de Poligny et de Saint-Claude, et d'un mémoire sur les Tourbières du Jura. — *Arbois, Javel*, 1845, *in-8°.*

906. **Davies** (E.). Celtic researches on the origin, traditions and language, of the ancient Britons; with some introductory sketches on primitive society. — *London, Booth*, 1804, *gr. in-8°.*

907. **Davin** (H.-L.-G.). De la Racine en Botanique, en Agriculture et en Pharmacie (thèse). — *Montpellier, Tournel ainé*, 1850, *in-8°.*

908. **Davis** (J.-B.) et **Thurnam** (J.). Crania Britannica. Delinea-

tions and descriptions of the Skulls of the Aboriginal and Early Inhabitants of the British Islands; together with notices of their other remains. — *London, Taylor and Francis*, 1856-65, 2 vol. in-fol., pl.

909. **Dawson** (R.). The present state of Australia; a description of the country, its advantages and prospects with reference to Emigration: and a particular account of the manners, customs and condition of its aboriginal inhabitants. Second edition. — *London, Smith, Elder and Co.*, 1831, in-8°.

910. **Dazille** (J.-B.). Observations sur les maladies des Nègres, leurs causes, leurs traitemens et les moyens de les prévenir. Seconde édition. — *Paris, Croullebois*, 1792, 2 vol. in-8°.

911. **Déal** (J.-N.). Dissertation sur les Parisii ou Parisiens et sur le culte d'Isis chez les Gaulois, ou Observations sur quelques passages du II° chapitre de l'Histoire physique, civile et morale de Paris, par Dulaure. — *Paris, Didot*, 1826, in-8°.

912. **Debout** (E.). Esquisse de la Phrénologie et de ses applications, exposées aux gens du monde. — *Paris, Lebrun*, 1845, in-12, gr.

913. **Debrun des Beaumes** (L.-P.). Tableau méthodique de tous les genres de Productions naturelles qui se trouvent en France. — *Paris, Egron*, 1812, in-8°.

914. **Defay.** La Nature considérée dans plusieurs de ses opérations, ou Mémoires et observations sur diverses parties de l'Histoire naturelle, avec la Minéralogie de l'Orléanois. — *Paris, Cuchet et Nyon*, 1783, in-8°.

915. **Degerando** (J.-M.). Histoire comparée des systèmes de Philosophie, considérés relativement aux principes des connaissances humaines; deuxième édition. — *Paris, Eymery*, 1822-23, 4 vol. in-8°. = (2° Partie) : Histoire de la Philosophie moderne à partir de la renaissance des lettres, jusqu'à la fin du XVIII° siècle. — *Paris, Delahays*, 1858, 4 vol. in-8°.

Voir aussi Gérando (de).

916. **De Grandpré** (L.). Voyage à la Côte Occidentale d'Afrique, fait dans les années 1786 et 1787, contenant la description des mœurs, usages, lois, gouvernement et commerce des États du Congo fréquentés par les Européens, et un Précis de la Traite des Noirs, ainsi qu'elle avait lieu avant la Révolution française; suivi d'un Voyage fait au Cap de Bonne-Espérance,

contenant la description militaire de cette colonie. — *Paris, Dentu*, an IX-1801, *2 vol. in-8°, cartes.*

917. **De La Court** (L.-P.). Tableau des Gaules en forme de colloque entre des hommes des principales nations de l'Europe, divisé en deux parties : la première monstre, par raisons morales, naturelles et mathématiques, la prééminence de la France sur les autres parties du monde, la différence des personnes, selon le climat où ils vivent et à quels offices, arts ou science chacun est propre, selon l'humeur et qualité en laquelle il abonde le plus, avec les marques extérieures de ces humeurs et qualitez ; et la seconde faict voir, par passages de la Saincte Escriture et raisons manifestes, l'origine des Gaulois et François, mieux qu'on n'a faict jusques icy. — *Paris, Bessin*, 1622, *in-8°*.

918. **Delacroix.** Dictionnaire historique des cultes religieux établis dans le monde, depuis son origine jusqu'à présent. — *Paris, Laporte*, 1777, *3 vol. pet. in-8°, fig. gr.*

919. **Delamethérie** (J.-C.). De l'Homme considéré moralement, de ses mœurs et de celle des animaux. — *Paris, Maradan*, an XI-1802, *2 vol. in-8°.*

920. — Considérations sur les Êtres organisés. — *Paris, Courcier*, 1804-06, *3 vol. in-8°, portr.*

921. — De la Nature des Êtres existants, ou Principes de la Philosophie naturelle. Nouvelle édition. — *Paris, Courcier*, 1805, *in-8°.*

922. — De la Perfectibilité et de la Dégénérescence des Êtres organisés. — *Paris, Courcier*, 1806, *in-8°.*

923. — Leçons de Géologie. — *Paris*, 1816, *3 vol. in-8°.*

924. Délassemens de l'Iatrique (par Pierquin de Gembloux). — *Paris*, 1818, *in-12.*

925. **Delatre** (L.). La Langue française dans ses rapports avec le Sanscrit et les autres langues Indo-Européennes. — *Paris, Didot*, 1854, *in-8° d. v. f. T. Ier.*

926. **Delaulnaye** (Fr.-H.-I.). Histoire générale et particulière des Religions et du Culte de tous les peuples du monde, tant anciens que modernes. — *Paris, Fournier*, 1791, *gr. in-4°. T. Ier (seul paru).*

927. **Delessert** (E.). Six semaines dans l'île de Sardaigne. — *Paris, librairie nouvelle*, 1875, *in-12.*

— 91 —

928. **Delille** (J.). Les Jardins, ou l'art d'embellir les paysages. Poème. 2ᵉ Édition. — *Paris, Valade*, 1782, *in-8°*.

929. — Les Géorgiques de Virgile, traduction nouvelle en vers françois, enrichie de notes et de figures. Troisième édition. — *Paris, Bleuet*, 1770, *gr. in-8°. pl. gr.*

930. **Delivet** (J.-B.-C.). Principes d'Hygiène navale, ou l'Homme de mer considéré dans la navigation, sous les rapports des influences qu'il éprouve, et des moyens propres à assurer la conservation de sa santé. — *Gênes, chez l'auteur*, 1808, *in-8°*.

931. **Della-Torre** (J.-M.). Histoire et phénomènes du Vésuve. Traduit de l'italien par l'abbé Péton. — *Paris, Hérissant*, 1740, *in-12, pl.*

932. **Deloche** M. Du principe des nationalités. — *Paris, Guillaumus et Cⁱᵉ*, 1860, *in-8°*.

933. **Delpech et Coste** J.-J.-M.-C.-V. Recherches sur la génération des Mammifères par M. Coste, suivies de recherches sur la formation des Embryons, par MM. Delpech et Coste. — *Paris, Rouvier et Le Bouvier*, 1834, *in-4°, pl. lith.*

934. **Delvaille** (C.). Études sur l'Histoire Naturelle. — *Paris, Lévy*, 1859, *gr. in-18*.

935. — Études sur l'Histoire Naturelle. Nouvelle édition. — *Paris, Baillière*, 1862, *gr. in-18*.

936. **Delvau** (A.). Dictionnaire de la Langue verte: argots parisiens comparés. — *Paris, Dentu*, 1861, *in-8°*.

937. **Demanet** (l'abbé). Nouvelle histoire de l'Afrique française, enrichie de cartes et d'observations astronomiques et géographiques, de remarques sur les usages locaux, les mœurs, la religion, etc., etc....., avec une dissertation physique et historique sur l'origine des Nègres et la cause de leur couleur. — *Paris, Vᵛᵉ Duchesne*, 1767, 2 *vol. in-12.*

938. **Demangeon** J.-B. Physiologie intellectuelle, ou développement de la doctrine du Professeur Gall sur le Cerveau et ses fonctions, considérés sous le rapport de l'anatomie comparée, de l'histoire naturelle, de l'éducation, de la morale, de la physionomie, etc.: suivie du rapport de la visite de Gall dans les prisons de Berlin, de Spandau, et dans la maison de Bicêtre. Seconde édition. — *Paris, Delance*, 1808. *in-8°, portr. et pl. gr.*

939. **Demangeon** (J.-B.). Anthropogénèse ou génération de l'Homme; avec des vues de comparaison sur les reproductions des trois Règnes de la Nature, et des recherches sur la conservation des espèces et des races, les ressemblances sexuelles et autres, le croisement des races, les causes de la fécondité, de la stérilité, de l'impuissance, et sur d'autres phénomènes des revivifications naturelles. — *Paris, Rouen frères*, 1829, *in-8°*.

940. **Démeunier** (J.-N.). L'Esprit des usages et des coutumes des différens peuples, ou observations tirées des voyages et des historiens. — *Paris, Pissot*, 1776, *3 vol. in-8°*.

941. **Demogeot** (J.). Histoire de la Littérature française, depuis ses origines jusqu'à nos jours. — *Paris, Hachette*, *gr. in-18*.

942. **Denina** (C.). La Clef des Langues, ou observations sur l'origine et la formation des principales langues qu'on parle et qu'on écrit en Europe. — *Berlin, Mettra*, 1804, *3 vol. in-8°*.

943. — Essai sur les traces anciennes du caractère des Italiens modernes, des Siciliens, des Sardes et des Corses, suivi d'un coup d'œil sur le tableau historique, statistique et moral de la haute Italie. — *Paris, Fantin*, 1807, *in-8°*.

944. **Denis** (F.). Les Navigateurs, ou choix de Voyages anciens et modernes. — *Paris, Janet*, s. d., *in-12*.

945. — Portugal. — *Paris, Didot*, 1846, *in-8°, carte et pl. gr. (Univers pittoresque.)*

946. — Brésil, par M. F. Denis. — Colombie et Guyanes, par M. C. Farnin. — *Paris, Didot*, 1838, *in-8°, cartes et pl. gr. (Univers pittoresque.)*

947. — Scènes de la Nature sous les Tropiques, et de leur influence sur la poésie; suivies de Camoens et Jozé Indio. — *Paris, Janet*, 1824, *in-8°, pl. gr.*

948. — Le Monde enchanté. Cosmographie et Histoire naturelle fantastiques du moyen âge. — *Paris, Fournier*, 1843, *in-24, front. gr.*

949. **Denny** (H.). Monographia Anoplurorum Britanniæ; or, an essay on the british species of parasitic insects belonging to the order Anoplura of Leach, with the modern divisions of the genera according to the views of Leach, Nitzsch, and Burmeister. — *London, Bohn*, 1842, *in-8°, 26 pl. col.*

950. **Denon** (C.). Voyage dans la Basse et la Haute Égypte, pendant les campagnes du général Bonaparte. — *Londres, Peltier*, 1802, *2 vol. gr. in-4° et atlas in-fol.*

951. — Voyages en Sicile. — *Paris, Didot*, 1788, *in-8°, pl.*

952. **Deparcieux** (A.). Essai sur les probabilités de la durée de la vie humaine, d'où l'on déduit la manière de déterminer les rentes viagères, tant simples qu'en tontines, précédé d'une courte explication sur les rentes à terme ou annuités. — *Paris, Guérin*, 1746, *in-4°.*

953. **Depping** (G.-B.). Histoire générale de l'Espagne, depuis les temps les plus reculés jusqu'à la fin du dix-huitième siècle. — *Paris, Colas*, 1811, *T. I et II (seuls parus), in-8°.*

   Exemplaire de l'auteur. — On y a joint un cahier in-8°, contenant les cartons et les suppressions de la censure impériale.

954. — Histoire des Expéditions maritimes des Normands et de leur établissement en France au X° siècle. Nouvelle édition entièrement refondue. — *Paris, Didier*, 1844, *gr. in-18.*

955. **Derham** (G.). Théologie astronomique, ou démonstration de l'existence et des attributs de Dieu dans l'examen et la description des cieux. Traduite de l'anglois sur la 5e édition (par Bellanger). — *Paris, Chaubert*, 1729, *in-8°.*

956. — Physico-Theology : or a demonstration of the being and attributes of God, from his works of creation. With large notes, and many curious observations. The twelfth edition. *London, Innys and Richardson*, 1754, *in-8°.*

957. — Théologie physique, ou démonstration de l'existence et des attributs de Dieu, tirée des œuvres de la création ; accompagnée d'un grand nombre de remarques et d'observations curieuses. Traduite de l'anglois (par Lufneu). Nouvelle édition. — *Leyde, Luchtmans*, 1769, *2 vol. in-8°.*

958. **Derode** (V.). Considérations sur les Lois de la Progression des Langues. (Extrait des *Mémoires de la Société royale des sciences de Lille.*) — *Lille, Danel*, 1840, *in-8°, pl. gr.*

959. **Désaugiers** (M.-A.). Chansons et Poésies fugitives. — *Paris, Rosa*, 1816, *in-12, front. gr.*

960. **Desbarolles** (A.). Le Caractère allemand expliqué par la Physiologie. — *Paris, Lacroix et Cie*, 1866, *gr. in-18.*

961. **Descartes** (R.). Discours de la Méthode pour bien conduire sa raison, et chercher la vérité dans les sciences. — *Paris, Renouard*, 1824, *in-16*.

962. — L'Homme de René Descartes et la formation du fœtus, avec les remarques de Louis de La Forge. Nouvelle édition. — *Paris, Comp. des Libraires*, 1729, *in-12*.

963. **Deschamps** (M.-H.). Études des Races humaines. III° Mémoire, Méthode naturelle d'Ethnologie. — *Paris, Leiber et Comelin*, 1857-59, *2 livr. in-8°*.

964. **Descourtilz** (E.). Voyages d'un Naturaliste et ses observations faites sur les trois règnes de la nature dans plusieurs ports de mer français, en Espagne, dans l'Amérique Septentrionale, etc. — *Paris, Dufart*, 1809, *3 vol. in-8°, pl. gr.*

965. **Desfontaines** (R.). Tableau de l'École de Botanique du Muséum d'histoire naturelle. — *Paris, Brosson*, 1804, *in-8°*.

966. **Des Genettes** (R.-N.-D.). Éloges des Académiciens de Montpellier; recueillis, abrégés et publiés pour servir à l'histoire des sciences dans le dix-huitième siècle. — *Paris, Bossange et Masson*, 1811, *in-8°*.

967. — Essais de Biographie et Bibliographie médicales. — *Paris, Panckoucke*, 1825, *in-8°*.

968. — Mélanges de médecine. — *Paris, Panckouke*, 1827, *3 part. en 1 vol. in-8° (tiré à 50 exempl.)*

969. **Desgrouais.** Les Gasconismes corrigés. Nouvelle édition. — *Toulouse, Douladoure*, 1801-an IX, *in-12*.

970. **Deshayes** (G.-P.). Description de Coquilles caractéristiques de Terrains. — *Paris, Levrault*, 1831, *in-8°, pl. lith.*

971. **Desmarest** (A.-G.). Considérations générales sur la classe des Crustacés, et description des espèces de ces animaux qui vivent dans la mer, sur les côtes ou dans les eaux douces de la France. — *Paris, Levrault*, 1825, *in-8°, 56 pl.*

972. **Desmoulins** (A.). Anatomie des Systèmes nerveux des animaux à vertèbres, appliquée à la Physiologie et à la Zoologie. Ouvrage dont la partie physiologique est faite conjointement avec F. Magendie. — *Paris, Méquignon-Marvis*, 1825, *2 vol. in-8° et atlas.*

973. — Histoire naturelle des Races humaines du Nord-Est de l'Europe, de l'Asie boréale et orientale et de l'Afrique australe,

d'après les recherches spéciales d'antiquités, de physiologie, d'anatomie et de zoologie, appliquée à la recherche des origines des anciens peuples, à la science étymologique, à la critique de l'histoire, etc. — *Paris, Méquignon-Marvis*, 1826, *in-8°*.

974. **Des Moulins** (Ch.). Mémoires (trois) sur les Echinides. (Extr. des *Actes de la Société Linnéenne de Bordeaux*, 1835-37), *1 vol. in-8°*.

975. **Desnoues** (G.). Lettres de G. Desnoues et de M. Guglielmini, et d'autres savants, sur différentes nouvelles découvertes. — *Rome, Rossi*, (1706), *in-8°, pl. gr.*

976. **Desor** (E.). Les Palafittes, ou constructions Lacustres du Lac de Neuchatel. — *Paris, Reinwald*, 1865, *in-8°*.

977. **Desplaces** (A.). Impressions et symboles rustiques. — *Paris, Didier*, 1854, *in-12*.

978. **Desprez** (H.). Les Peuplés de l'Autriche et de la Turquie, histoire contemporaine des Illyriens, des Magyars, des Roumains et des Polonais. — *Paris, Comon*, 1850, *2 vol. in-8°*.

979. **Destutt de Tracy** (A.-L.-C.). Élémens d'Idéologie. — *Paris, V° Courcier*, 1803-18, *5 parties en 4 vol. in-8°*.

980. — Principes logiques, ou recueil de faits relatifs à l'Intelligence humaine. — *Paris, Courcier*, 1817, *in-8°*.

981. — Commentaire sur l'*Esprit des Lois* de Montesquieu; suivi d'observations inédites de Condorcet sur le vingt-neuvième livre du même ouvrage, et d'un Mémoire sur cette question : Quels sont les moyens de fonder la morale d'un peuple? — *Paris, Desoer*, 1819, *in-8°*.

982. **Devaux** (C.). Les Kebaïles du Djerdjera; études nouvelles sur le pays vulgairement appelé la Grande Kabylie. — *Marseille, Camoin*, 1859, *gr. in-18*.

983. **Devergie** (A.). Médecine légale, théorique et pratique, avec le texte et l'interprétation des lois relatives à la médecine légale; revus et annotés par J.-B.-F. Dehaussy de Robécourt. — *Paris, Baillière*, 1836, *3 vol. in-8°*.

984. **Dezeimeris** (J.-E.). Lettres sur l'Histoire de la Médecine et sur la nécessité de l'enseignement de cette histoire, suivies de fragments historiques. — *Paris, chez l'auteur*, 1838, *in-8°*.

985. — Dictionnaire historique de la Médecine ancienne et moderne, ou Précis de l'Histoire générale, technologique et litté-

raire de la médecine, suivi de la Bibliographie médicale du dix-neuvième siècle, et d'un répertoire bibliographique par ordre de matières; par MM. Dezeimeris, Ollivier (d'Angers) et Raige-Delorme. — *Paris, Bechet, 1828-39, 4 tomes en 7 vol. in-8°.*

986. **Dhéré** (C.). De la Nutrition, considérée anatomiquement et physiologiquement dans la série des animaux, d'après les idées de M. Ducrotay de Blainville. — *Paris, Levrault, 1826, in-8°.*

987. Diabotanus, ou l'Orviétan de Salins, poème héroï-comique (par C.-L. Giraud), traduit du languedocien. — *Paris, Delaguette, 1749, in-12.*

988. Dictionnaire bibliographique, ou nouveau manuel du libraire, par M. P*** (Étienne Psaume). — *Paris, Ponthieu, 1824, 2 vol. in-8°.*

989. Dictionnaire classique d'Histoire naturelle, par MM. Audouin, Is. Bourdon, Ad. Brongniart, de Candolle, de Ferussac, A. Desmoulins, Drapiez, Edwards, Flourens, Geoffroy St-Hilaire, A. de Jussieu, Kunth, G. de Lafosse, Lamouroux, Latreille, Lucas fils, Presle-Duplessis, C. Prévost, A. Richard, Thiébaut de Berneaud et Bory St-Vincent. — *Paris, Rey et Granier, 1822-31, 16 vol. in-8°, pl. color. (le 17° vol. forme l'atlas).*

990. Dictionnaire de l'Économie Politique, contenant l'exposition des principes de la science, l'opinion des écrivains qui ont le plus contribué à sa fondation et à ses progrès, la biographie générale de l'Économie Politique, avec des notes biographiques et une appréciation raisonnée des principaux ouvrages; par MM. Frédéric Bastiat, H. Baudrillart, Ad. Blaise, Blanqui, Maurice Block, Cherbuliez, Michel Chevalier, Ambroise Clément, Al. de Clercq, Ch. Coquelin, Courcelle Seneuil, A. Courtois, F. Cuvier, Dunoyer, Dupuit, Gust. de Puynode, Léon Faucher, Joseph Garnier, etc., etc., publié sous la direction de MM. Ch. Coquelin et Guillaumin. — *Paris, Guillaumin et Cie, 1852-53, 2 vol. gr. in-8°, portr. gr.*

991. Dictionnaire de l'Industrie manufacturière, commerciale et agricole, par A. Baudrimont, Blanqui, Colladon, d'Arcet, Desormeaux, Courlier, Parent-Duchatelet, etc., etc. — *Paris, Baillière, 1833-41, 10 vol. in-8°, pl. gr.*

992. Dictionnaire des Gens du Monde historique, littéraire, critique,

moral, physique, militaire, politique, caractéristique et social, etc. (par Sticotti). — *Paris, Costard*, 1771, *3 vol. in-8°.*

993. Dictionnaire des Hommes de Lettres, des Savans et des Artistes de la Belgique, présentant l'énumération de leurs principaux ouvrages (par Ph. Vander-Maelen). — *Bruxelles, Vandermaelen*, 1837, *gr. in-8°.*

994. Dictionnaire des Merveilles de la Nature, par A.-J. S. D. (Sigaud de Lafond). — *Paris, hôtel Serpente*, 1783, *2 vol. in-8°.*

995. Dictionnaire des Sciences Médicales, par une Société de Médecins et de Chirurgiens. — *Paris, Panckoucke*, 1812-22, *60 vol. in-8°.*

996. Dictionnaire des Sciences Médicales. Biographie médicale. — *Paris, Panckoucke*, 1820-25, *7 vol. in-8°.*

997. Dictionnaire d'Ethnographie moderne, ou Recueil de notions sur les mœurs, usages et caractères des peuples existants sur la terre, d'après les observations et les voyages les plus récents ; précédé d'une introduction ethnographique donnant la classification générale et les caractères naturels et sociaux de ces peuples ; par M. X....., publié par l'abbé Migne. — *Paris, Migne*, 1853, *gr. in-8°.*

998. Dictionnaire du Bas-Langage, ou des manières de parler usitées parmi le peuple; ouvrage dans lequel on a réuni les expressions proverbiales, figurées et triviales ; les sobriquets, termes ironiques et facétieux ; les barbarismes, solécismes et généralement les locutions basses et vicieuses que l'on doit rejeter de la bonne conversation (par d'Hautel). — *Paris, Collin*, 1808, *2 vol. in-8°.*

999. Dictionnaire étymologique et raisonné des Racines latines (par A. Court de Gebelin). — *Paris, Valleyre*, 1780, *in-8°.* *(Extrait du Monde primitif.)*

1000. Dictionnaire (Nouveau) françois-allemand et allemand-françois ; septième édition. — *Strasbourg, Koenig*, 1810, *2 vol. in-8°.*

1001. Dictionnaire françois-breton ou françois-celtique du dialecte de Vannes, par M. L. A*** (Armeyrie). — *Leyde, La Compagnie*, 1744, *in-8°.*

1002. Dictionnaire historique, critique et bibliographique, contenant les Vies des Hommes illustres, célèbres ou fameux de tous les pays et de tous les siècles ; suivi d'un Dictionnaire abrégé des mythologies et d'un Tableau chronologique des événements les plus remarquables qui ont eu lieu depuis le commencement du monde ; par une Société de Gens de Lettres. — *Paris, Ménard et Desenne, 1821-23, 30 vol. in-8°.*

1003. Dictionnaire languedocien-françois..... enrichi, dans plusieurs de ses articles, de remarques critiques, historiques, grammaticales, et d'observations de physique et d'histoire naturelle. Nouvelle édition, augmentée d'une collection de proverbes languedociens et provençaux ; par M. L. D. S. (l'abbé de SAUVAGES.) — *Nismes, Gaude, 1785, 2 vol. in-8°, rel. en 1.*

<small>Exemplaire de Charles de Belleval, rempli d'annotations et d'additions écrites de sa main.</small>

1004. Dictionnaire néologique à l'usage des Beaux-Esprits du siècle, avec l'Éloge historique de Pantalon-Phœbus, par un avocat de province (J.-J. BEL), etc. Septième édition. — *Amsterdam et Leipzig, Arkstée et Merkus, 1756, in-12.*

1005. Dictionnaire philosophique portatif (par VOLTAIRE). — *Londres, 1764, in-8°.*

1006. Dictionnaire universel, historique et critique des mœurs, lois, usages et coutumes civiles, militaires et politiques ; et des cérémonies et pratiques religieuses et superstitieuses, tant anciennes que modernes, des peuples des quatre parties du monde ; par une Société de Gens de Lettres (COSTARD, FALLET et CONTANT) ; contenant tout ce qui peut donner des idées justes et exactes du génie et du caractère de chaque peuple, etc., etc. — *Paris, Costard, 1772, 4 vol. in-8°.*

1007. **Diderot** (D.). Le Neveu de Rameau. Nouvelle édition, revue et corrigée sur les différents textes, avec introduction par Charles Asselineau. — *Paris, Poulet-Malassis, 1862, gr. in-18.*

1008. — Pensées philosophiques. — *Aux Indes, chez Bedihuldgemale, 1848, in-12.*

1009. **Didier** (Ch.). Nationalité française. — *Paris, Pagnerre, 1841, in-32.*

1010. **Diefenbach** (L.). Celtica. Sprachliche Documente zur Geschichte der Kelten ; zugleich als beitrag zur Sprachforschung überhaupt. — *Stuttgard, Imle und Liesching, 1839-40, 3 part. en 1 vol. in-8°.*

<small>La seconde partie a pour titre : Celtica, versuch einer genealogischen Geschichte der Kelten : Die Iberischen and Britischen Kelten.</small>

1011. **Diefenbach** (L.). Vorschule der Völkerkunde und der Bildungsgeschichte. — *Frankfurt A. M., Sauerländer*, 1864, *in-8°*.

1012. **Diereville.** Relation du Voyage du Port Royal de l'Acadie ou de la Nouvelle France, dans laquelle on voit un détail des divers mouvements de la mer dans une traversée de long cours; la description du Païs, les occupations des François qui y sont établis, les manières des différentes nations sauvages, leurs superstitions et leurs chasses; avec une dissertation exacte sur le Castor. — *Rouen, Besongue*, 1708, *in-12*.

1013. **Diez** (F.). Introduction à la Grammaire des Langues Romanes. Traduite de l'allemand par Gaston Paris. — *Paris, Franck*, 1863, *in-8°*.

1014. **Diodore de Sicile.** Bibliothèque historique, traduite du grec par A.-F. Miot. — *Paris, Imprimerie Royale*, 1834-38, 7 *vol. in-8°*.

1015. **Diogène Laerce.** Les Vies des plus illustres Philosophes de l'antiquité; traduites du grec de Diogène Laerce, auxquelles on a ajouté la vie de l'auteur, celles d'Épictète, de Confucius, et leur morale; et un abrégé historique de la vie des femmes philosophes de l'antiquité. Nouvelle édition. — *Paris, Richard*, 1796, 2 *vol. in-8°*.

1016. **Diruf** (K.-F.). Grundlinien der allgemeinen Naturlehre des Menschen. — *Erlangen, Palm*, 1810, *in-8°*.

1017. Discours philosophiques sur l'Homme, considéré relativement à l'état de nature et à l'état de société, par P. G. B. (H.-S. Gerdil, barnabite). — *Turin, Reycends*, 1769, *in-8°*.

1018. Discours sur la liberté de Penser, écrit à l'occasion d'une nouvelle secte d'*Esprits forts* ou de gens qui pensent librement (par D.-A. Collins); traduit de l'anglois par Scheurleer et Rousset. — *Londres*, 1714, *in-8°*.

1019. Disquisitions on several subjects. The second edition. — *London, Dodsley*, 1782, *in-12*.

1020. Dissertation philologique sur les Plantes religieuses, suivie de réflexions sur les nouvelles dénominations des plantes par noms d'auteurs (par P.-J. Amoreux). — *Montpellier, Durville*, 1817, *in-8°*.

1021. Dissertation physique à l'occasion du Nègre blanc (par Maupertuis). — *Leyde*, 1744, *in-12*.

1022. Dissertation sur l'origine de la Maladie Vénérienne, dans laquelle on prouve qu'elle n'a point été apportée de l'Amérique et qu'elle a commencé en Europe par une épidémie; par M. S** (A.-R. Sanchès). — *Paris, Didot le jeune*, 1765, *in-12*.

1023. Dissertation sur l'origine des Francs ; sur l'établissement et les premiers progrès de la monarchie françoise dans les Gaules, etc.; avec une histoire abrégée des Rois de France en vers (par Ribaud de la Chapelle). — *Paris, Chambert*, 1748, *in-12*.

1024. Dissertation sur l'origine des Français, où l'on examine s'ils descendent des Tectosages ou anciens Gaulois établis dans la Germanie (par Dom J. Vaissette). — *Paris, Vincent*, 1722, *in-12*.

1025. Dissertation sur le passage du Rhône et des Alpes par Annibal, l'an 218 avant notre ère; troisième édition, accompagnée d'une carte, suivie de nouvelles observations sur les deux dernières campagnes de Louis XIV et d'une dissertation sur le mariage du célèbre Molière (par le comte de Fortia d'Urban). — *Paris, Lebègue*, 1821, *in-8°*.

1026. Dissertations mêlées sur divers sujets importans et curieux (par J.-Fr. Bernard). — *Amsterdam, Bernard*, 1740, *2 vol. in-12*.

1027. Dissertationum ludicrarum et Amænitatum Scriptores varii. — *Lugduni-Batavorum, Hegerus et Hackius*, 1638, *in-12*.

> B. Pirckheimeri, Laus Podagræ; — C. Calcagnini, Encomium Pulicis; — N. Wunman, de Arte Natandi; — Ph. Melanchtonis, Laus Formicæ; — M.-A. Majoragii, Encomium Luti; — J.-C. Scaligeri, Laus Anseris; — J. Passeratii, Encomium Asini; — J. Dousæ, Laus Umbræ; Itali cujusdam, in obitum Picæ; — C. Barlæi de Ente Rationis; — Ejusdem Nuptiæ Peripateticæ; — D. Heinsii, Laus Pediculi; — A. Salernitani, Bellum grammaticale; — Justi Lipsii, Laus Elephantis; — G. Menapii, Encomium Febris quartanæ; — J. Gutherii Encomium Cæcitatis; — F. Scribanii Musæ Principatus.

1028. Dissertationi Istoriche (dal barone di Petrasch sotto nome di Pietro Cinerio). — *In-8°*.

1029. Divinités (des) génératrices, ou du culte du Phallus chez les anciens et les modernes ; des cultes du Dieu des Lampsaque, de Pan, de Vénus, etc., etc.; origine, motifs, conformités, variétés, progrès, altérations et abus de ce culte chez différens peuples de la terre ; de leur continuation chez les Indiens et les chrétiens d'Europe, etc. (par Dulaure). — *Paris, Dentu,* 1805, *in-8°, pl. gr.*

1030. **Dobrowsky** (J.). Slavin. Bothschaft ans Böhmen an alle Slawischen völker, oder beiträge zu ihrer charakteristik, zur kenntniss ihrer mythologie, ihrer geschichte und alterthümer, ihrer literatur und ihrer sprachkunde nach allen mundarten. Mit einem anhange : der böhmische *Cato*, etc.; zweite auflage; von Wenceslaw Danka. — *Prag, Mayregg,* 1834, *in-8°, planches.*

1031. Doctrines morales et politiques, Cas de conscience et Aphorismes des Jésuites, textuellement extraites et traduites des écrivains de la Compagnie de Jésus. — *Paris, Labitte,* 1844, *in-8°.*

1032. **Dolomieu** (D.). Sur la Philosophie minéralogique, et sur l'espèce minéralogique. — *Paris, Bossange,* an IX-(1801), *in-8°.*

1033. — Voyage aux Iles de Lipari, fait en 1781, ou Notices sur les Iles Æoliennes, pour servir à l'Histoire des Volcans; suivi d'un Mémoire sur une espèce de Volcan d'air, et d'un autre sur la Température du climat de Malthe, etc. — *Paris, Hôtel Serpente,* 1783, *in-8°.*

1034. — Mémoire sur les Iles Ponces, et Catalogue raisonné des produits de l'Etna; pour servir à l'Histoire des Volcans, suivis de la description de l'éruption de l'Etna, du mois de juillet 1787. — *Paris, Cuchet,* 1788, *in-8°, cartes.*

1035. **Domeny de Rienzi** (G.-L.). Océanie, ou cinquième partie du monde. Revue géographique et ethnographique de la Malaisie, de la Micronésie, de la Polynésie et de la Mélanésie; offrant les résultats des voyages et des découvertes de l'auteur et de ses devanciers, ainsi que ses nouvelles classifications et divisions de ces contrées. — *Paris, Didot,* 1836-38, *3 vol. in-8°, cartes et pl. gr. (Univers pittoresque.)*

1036. **Domet de Vorges.** La Métaphysique en présence des Sciences; essai sur la nécessité d'une philosophie fondamentale. — *Paris, Didier,* 1875, *in-12.*

1037. **Donati** (V.). Essai sur l'Histoire naturelle de la Mer Adriatique; traduit de l'italien (par J. Salvemini de Castillon). — *La Haye, P. de Hondt,* 1758, *gr. in-4°.*

1038. **Donnadieu** (A.-L.). Recherches pour servir à l'Histoire des Tétranyques (Thèse). — *Lyon, Georg,* 1875, *gr. in-8°, pl.*

1039. **Doornik** (J.-E.). Wijsgeerig-natuurkundig onderzoek aangaande den Oorspronglijken Mensch en de Oorspronglijke stammen van deszelfs Geslacht. — *Amsterdam, Van Esveldt-Holtrop,* 1808, *in-8°.*

1040. — Wijsgeerig-natuurkundige Verhandelingen. — *Arnhem, Thieme,* 1816, *in-8°, port. gr.*

1041. **Dorthes.** Observations on the Structure and OEconomy of some curious Species of Aranea. — *(Extr. des Trans. de la Soc. Linn. de Londres,* T. II, 1794), *in-4°.*

1042. **Dortous de Mairan** (J.-J.). Lettre au R. P. Parennin, missionnaire à Pékin, contenant diverses questions sur la Chine. — *Paris, Desaint et Saillant,* 1709, *in-12.*

1043. — Lettres au R. P. Parennin, missionnaire à Pékin, contenant diverses questions sur la Chine; nouvelle édition, augmentée de divers opuscules sur différentes matières. — *Paris, imprimerie royale,* 1770, *in-8°.*

1044. — Dissertation sur la Glace, ou explication physique de la formation de la glace et de ses divers phénomènes. — *Paris, impr. royale,* 1749, *in-12, frontisp. et pl. gr.*

1045. **Douay** (E.). Le Suicide ou la Mort volontaire. — *Paris, Décembre-Alonnier,* 1870, *in-12.*

1046. **Doublet** (V.) et **Perrève** (P.). Guide universel, ou l'Art de faire soi-même ses affaires avec sûreté. Sixième édition. — *Paris, Marescq et Dujardin,* 1834, *in-8°.*

1047. Doutes sur la Langue Françoise proposez à Messieurs de l'Académie françoise, par un gentilhomme de province (le P. Bouhours). Seconde édition. — *Paris, Mabre-Cramoisy,* 1682, *in-12.*

1048. **Doyère** (L.). Recherches sur l'Alucite des Céréales, l'étendue de ses ravages et les moyens de les faire cesser, suivies de quelques résultats relatifs à l'ensilage des grains. — *Paris, Dusacq,* 1852, *gr. in-8°, pl. lithogr.*

1049. **Drake** (S.-G.). Biography and history of the Indians of north America; comprising a general account of them, and details in the lives of all the most distinguished chiefs, and others, who have been noted among the various Indian nations upon the continent. Also, a history of their wars; their manners and customs, and the most celebrated speeches of their orators, from their first being known to Europeans to the present times. Likewise Exhibiting an analysis of the most distinguische, as well, as absurd authors, who have written upon the great question of the first peopling of America; third edition. — *Boston, Perkins, Cornhill and Hilliard*, 1834, *in-8°, planches gr.*

1050. **Dralet.** Description des Pyrénées, considérées principalement sous les rapports de la Géologie, de l'Économie politique, rurale et forestière, de l'Industrie et du Commerce; ouvrage où l'on traite de la nature, de l'étendue et des hauteurs comparées de ces montagnes; de la température qui y règne, des plantes et des animaux qu'elles nourrissent, etc. — *Paris, Bertrand*, 1813, *2 vol. in-8°.*

1051. **Draparnaud** (J.-P.-R.). Tableau des Mollusques terrestres et fluviatiles de la France. — *Montpellier, Renaud*, an IX, *in-8°.*

1052. — Histoire naturelle des Mollusques terrestres et fluviatiles de la France; ouvrage posthume. — *Paris, Colas*, 1805, *in-4°, pl. gr.*

1053. — Discours sur la Philosophie des Sciences. — *Montpellier, Renaud*, an X, *in-8°.*

1054. **Draper** (J.-W.). Les Conflits de la Science et de la Religion. — *Paris, G. Baillière*, 1875, *in-8°, percal.*

1055. **Dromel** (J.). La Loi des Révolutions. Les Générations. — Les Nationalités. — Les Dynasties. — Les Religions. — *Paris, Didier*, s. d., *in-8°.*

1056. **Drouin** de Bercy. L'Europe et l'Amérique comparées. — *Paris, Rosa*, 1818, *2 vol. in-8°, pl. col.*

1057. **Drosnay** (A. de). Les Petits Mystères de l'Académie française; révélations d'un curieux. — *Paris, Saint-Jorre*, 1844, *in-8°.*

1058. **Drury** (D.). Illustrations of Natural History, wherein are exhibed upward of two hundred and forty figures of exotic Insects according to their genera....; with a particular description of each Insect, interspesed with Remarks and reflections on the nature and properties of many of them. To which is added a Translation into the French. — *London, White*, 1770-82, *3 vol. gr. in-4°, pl. coloriées.*

1059. **Du Bois-Aymé** (A.). Mémoire sur les Tribus arabes des Déserts de l'Égypte. — *Livourne, Marenigh*, 1814, *in-8°*.

1060. **Dubeux** (L.). La Perse. — *Paris, Didot*, 1871, *in-8° (carte et planches gr. (Univers pittoresque.)*

1061. **Dubois** (E.-F.). Traité des Études Médicales, ou de la manière d'étudier et d'enseigner la médecine. — *Paris, Labé*, 1838, *in-8°*.

1062. **Dubois** (J.-A.). Mœurs, institutions et cérémonies des Peuples de l'Inde. — *Paris, impr. royale*, 1835, *2 vol. in-8°*.

1063. **Du Bos** (J.-B.). Histoire critique de l'établissement de la Monarchie françoise dans les Gaules. — *Amsterdam, Wetstein et Smith*, 1735, *3 vol. in-12*.

1064. — Réflexions critiques sur la Poésie et sur la Peinture. Quatrième édition. — *Paris, Mariette*, 1740, *3 vol. in-12*.

1065. **Du Breuil** (A.). Culture perfectionnée et moins couteuse du Vignoble. — *Paris, Masson*, 1863, *in-12, fig*.

1066. **Duby** (J.-E.). Aug. Pyrami de Candolle Botanicon Gallicum seu Synopsis plantarum in Flora Gallica descriptarum. Editio secunda. Ex herbariis et schedis Candollianis propriisque digestum a J.-E. Duby. — *Paris, Desray*, 1828-30, *2 vol. in-8°*.

1067. **Du Camp** (M.). Le Nil (Égypte et Nubie). — *Paris, Librairie Nouvelle*, 1854, *in-12, carte*.

1068. **Du Cerceau** (J.-A.). OEuvres; nouvelle édition. — *Paris, Vᶜ Estienne*, 1748-49, *2 vol. in-12, frontisp. gr.*

1069. **Du Chaillu** (P.). Voyages et Aventures dans l'Afrique équatoriale; mœurs et coutumes des habitants, chasse au gorille, au crocodile, au léopard, à l'éléphant, à l'hippopotame, etc., etc. Édition française. — *Paris, Lévy*, 1863, *gr. in-8°, fig. et carte*.

1070. **Duchinski** (F.-H.). Peuples Aryâs et Tourans agriculteurs et nomades. Nécessité des réformes dans l'exposition de l'Histoire des peuples Aryâs-Européens et Tourans, particulièrement des Slaves et des Moscovites. — *Paris, Klincksieck*, 1864, *in-8°*.

1071. **Ducrotay de Blainville** (H.-M.). Manuel de Malacologie et de Conchyliologie, contenant : 1° une Histoire abrégée de cette partie de la zoologie, des considérations générales sur l'anatomie, la physiologie et l'histoire naturelle des Malacozoaires, avec un catalogue des principaux auteurs qui s'en sont occupés ; 2° des principes de Conchyliologie, avec une histoire abrégée de cet art et un catalogue raisonné des auteurs principaux qui en traitent ; 3° un système général de Malacologie, tiré à la fois de l'animal et de sa coquille, etc. — *Paris, Levrault*, 1825-27, *2 vol. in-8°, dont un de planches.*

1072. — Cours de Physiologie générale et comparée, publié par le Dr Hollard et revu par l'auteur. — *Paris, Baillière*, 1833, *3 vol. in-8°.*

1073. **Dufour** (J.-M.). Questions illustres, ou Bibliothèque des livres singuliers en Droit ; analyse d'un très-grand nombre de ces livres et recueil d'Arrêts sur les Questions de Droit singulières. — *Paris, Tardieu-Denesle*, 1813, *in-12.*

1074. **Dufour** (L.). Recherches anatomiques sur les Carabiques et sur plusieurs autres insectes coléoptères. — *Paris, Thuau*, 1824-26, *in-8° et atlas in-4°.*

1075. — Recherches anatomiques et physiologiques sur les Hémiptères, accompagnées de considérations relatives à l'Histoire naturelle et à la classification de ces insectes. (Extr. des *Mém. de l'Acad. des Sc.; Savans étrangers*, T. IV). — *Paris, Bachelier*, 1833, *gr. in-4°, pl. gr.*

1076. — Recherches anatomiques et physiologiques sur les Orthoptères, les Hyménoptères et les Nevroptères. — *Paris, Impr. Royale*, 1841, *gr. in-4°, pl. gr.*

1077. **Dufour** (P.). Essai sur l'Étude de l'Homme, considéré sous le double point de vue de la vie animale et de la vie intellectuelle. — *Paris, Pesron*, 1833, *2 vol. in-8°.*

1078. **Dufresne** (P.). Histoire naturelle et médicale de la Famille des Valérianées (thèse). — *Montpellier, Martel*, 1811, *in-4°, pl.*

1079. **Dugald Stewart.** Esquisses de Philosophie morale ; traduit de l'anglais par Th. Jouffroy. — *Paris, Johanneau*, 1826, *in-8°.*

1080. — Essais philosophiques sur les systèmes de Locke, Berkeley, Priestley, Horne-Tooke, etc. ; traduit de l'anglais par Ch. Huret. — *Paris, Johanneau*, 1828, *in-8°.*

1081. **Dugès** (A.). Mémoire sur la conformité organique dans l'échelle animale. — *Montpellier, Ricard*, 1832, *gr. in-4°, pl.*

1082. **Dugès** (A.). Traité de Physiologie comparée de l'homme et des animaux. — *Montpellier, Castel*, 1838-39, *3 vol. in-8°, portr. et fig.*

1083. — Recherches sur l'ostéologie et la myologie des Batraciens à leurs différens âges. — *Paris, Baillière*, 1834, *in-4°, pl. gr.*

1084. **Duguet** (C.). Pythagore, ou Précis de Philosophie ancienne et moderne dans ses rapports avec les métamorphoses de la nature ou la métempsycose. — *Paris, Joubert*, 1841, *in-8°.*

1085. **Duhamel du Monceau** (H.-L.). La Physique des Arbres, où il est traité de l'anatomie des plantes et de l'économie végétale, pour servir d'introduction au Traité complet des Bois et des Forêts, avec une Dissertation sur l'utilité des méthodes de botanique et une explication des termes propres à cette science et qui sont en usage pour l'exploitation des bois et des forêts. — *Paris, Guérin et Delatour*, 1750, *2 vol. gr. in-4°, fig. gr.*

1086. — Histoire d'un insecte qui dévore les grains de l'Angoumois, avec les moyens que l'on peut employer pour le détruire. — *Paris, Guérin et Delatour*, 1762, *in-12, pl. gr.*

1087. **Dujardin** (F.). Histoire naturelle des Helminthes ou vers intestinaux. — *Paris, Roret*, 1845, *in-8°, pl. (Suites à Buffon.)*

1088. — Histoire naturelle des Zoophytes Infusoires (animalcules microscopiques), comprenant la physiologie et la classification de ces animaux et la manière de les étudier à l'aide du microscope. — *Paris, Roret*, 1841, *1 vol. in-8° et pl. (Suites à Buffon.)*

1089. — Histoire naturelle des Zoophytes Echinodermes, comprenant la description des Crinoïdes, des Ophiurides, des Astérides, des Echinides et des Holoturides; par M. F. Dujardin et M. H. Hupé. — *Paris, Roret*, 1862, *in-8°, pl. color. (Suites à Buffon.)*

1090. **Dulaure** (J.-A.). Des Cultes qui ont précédé et amené l'Idolâtrie ou l'adoration des figures humaines. — *Paris, Fournier*, 1805, *in-8°.*

1091. **Dulaurier** (E.). Mémoires, Lettres et Rapports relatifs au cours de langues Malaye et Javanaise, et à deux voyages littéraires entrepris en Angleterre pendant les années 1838 et 1840. — *Paris, Duprat*, 1843, *in-8°.*

1092. **Dumarsais** (C.-C.). Essai sur les Préjugés, ou de l'influence des Opinions sur les mœurs et sur le bonheur des hommes ; ouvrage contenant l'apologie de la Philosophie. (L'auteur est le b^{on} d'Holbach.) — *Paris, Desray,* an I, *2 tom. en 1 vol. in-8°.*

1093. **Dumas** (A.). Gaule et France, avec une introduction aux Scènes historiques. — *Paris, Gosselin,* 1842, *gr. in-18.*

1094. **Dumas** (C.-L.). Essai sur la Vie, ou analyse raisonnée des Facultés vitales. — *Montpellier, Picot,* 1785, *in-8°.*

1095. — Discours sur les progrès futurs de la Science de l'Homme. — *Montpellier, Tournel père et fils,* an XII, *in-4°, grand papier.*

1096. **Du Mège** (A.). Statistique générale des départements Pyrénéens ou des provinces de Guienne et de Languedoc. — *Paris, Treuttel et Wurtz,* 1828-30, *2 vol. in-8°, carte.*

1097. **Dumeril** (A.-M.-C.). Zoologie analytique, ou méthode naturelle de classification des animaux, rendue plus facile à l'aide de tableaux synoptiques, par A.-M.-Constant Duméril. — *Paris, Allais,* 1806, *in-8°.*

1098. — Élémens des Sciences naturelles. Troisième édition. — *Paris, Deterville,* 1825, *2 vol. in-8°, pl.*

1099. — Éléments des Sciences naturelles. Cinquième édition. — *Paris, Roret,* 1846, *2 vol. gr. in-18, pl.*

1100. — Entomologie analytique. Histoire, classification naturelle et méthodique des Insectes à l'aide de tableaux synoptiques. *(Extr. de Mém. de l'Acad. des Sciences,* t. 31.) — *Paris, Didot,* 1860, *2 vol. gr. in-8°.*

1101. **Duméril** (A.-A.). Histoire naturelle des Poissons, ou Ichthyologie générale. — *Paris, Roret,* 1865-70, T. I-II, *in-8°, pl. color. (Suites à Buffon.)*

1102. — et **Bibron** (G.). Histoire naturelle des Reptiles (Serpents, Lézards, Grenouilles, Tortues, etc.). — *Paris, Roret,* 1834-54, *9 vol. en 10 tom. in-8°, fig. (Suites à Buffon.)*

1103. **Dumesnil** (A.). De l'Esprit des Religions. Troisième édition. — *Paris, Baudouin,* 1825, *in-8°.*

1104. — Mœurs politiques au XIXe siècle. Deuxième édition. — *Paris, Audin,* 1830, *in-8°.*

1105. **Dumont** (L.-A.). Hœckel et la Théorie de l'Évolution en Allemagne. — *Paris, Baillière,* 1873, *in-18.*

1106. **Dumont d'Urville** (J.-S.-C.). Voyage de découvertes de l'*Astrolabe*, exécuté pendant les années 1826-29. Zoologie, par MM. Quoy et Gaimard (Races humaines). — *Paris, Tastu*, 1830, gr. in-8°.

1107. — Voyage au Pôle Sud et dans l'Océanie, sur les corvettes l'*Astrolabe* et *la Zélée*, exécuté pendant les années 1837-40. Anthropologie, par MM. Hombron et Jacquinot. — *Paris, Gide*, 1846, 2 vol. in-8° et atlas gr. in-fol.

1108. **Dunal** (M.-F.). Histoire naturelle, médicale et économique des Solanum et des genres qui ont été confondus avec eux (Thèse). — *Montpellier, Martel aîné*, 1813, gr. in-4°, pl. gr.

1109. — Monographie de la Famille des Anonacées. — *Paris, Treuttel et Würtz*, 1817, gr. in-4°, pl. gr.

1110. — Considérations sur la nature et les rapports de quelques-uns des organes de la Fleur (Thèse). — *Montpellier, Martel aîné*, 1829, in-4°, pl. lithogr.

1111. — Notice sur le Battage des Grains et sur les nouvelles machines à battre. — *Montpellier, Vve Picot*, 1833, in-8°, pl. lithogr. (Extr. des Mémoires de la Soc. d'Agr. de l'Hérault.)

1112. **Dunbar** (J.). Essays on the History of Mankind in rude and cultivated ages. — *London, Strahan and Co*, 1780, in-8°.

1113. Dunciade (La), poème; nouvelle et dernière édition, augmentée par l'auteur (PALISSOT). — *Paris, Lepetit*, an VIII, in-12, pap. vél., fig.

1114. **Dunmore Lang** (J.). View of the origin and migrations of the Polynesian Nation; demonstrating their ancient discovery and progressive settlement of the continent of America. — *London, Cochrane*, 1834, in-8°.

1115. **Dunoyer** (C.-B.). L'Industrie et la Morale, considérées dans leurs rapports avec la Liberté. — *Paris, Sautelet et Cie*, 1825, in-8°.

1116. — De la Liberté du Travail, ou simple exposé des conditions dans lesquelles les forces humaines s'exercent avec le plus de puissance. — *Paris, Guillaumin*, 1845, 3 vol. in-8°.

1117. **Dupin**, de Montpellier. Dissertation chirurgico-légale, dans laquelle l'auteur, en justifiant la Médecine et la Chirurgie du reproche d'incertitude et d'insuffisance, discute d'après l'histoire des découvertes et des vicissitudes de l'une et l'autre science, et surtout d'après la pénurie ou les dangers, l'impuissance ou la cruauté de quelques moyens curatifs, s'il ne serait pas nécessaire de rendre la condamnation des malfaiteurs plus utile à la société, en faisant subir à certains de ces malheureux des épreuves de physique, de médecine, de chirurgie, etc., etc., etc. — *Montpellier, Picot*, 1790, *in-8°*.

1118. **Dupin** (C.-F.-E.). Histoire de l'Administration des secours publics, ou analyse historique de la législation des secours publics, etc. — *Paris, Eymery*, 1821, *in-8°*.

1119. **Duplan-Lasserre** (J.). Charpente du Globe terrestre, ou enchaînement de toutes les montagnes. — *Paris, Lecomte et Durey*, 1825, *in-12*.

1120. **Du Pleix** (Sc.). Les Causes de la Veille et du Sommeil, des Songes, et de la Vie et de la Mort. — *Paris, Sonnius*, 1609, *in-12*.

1121. **Du Ponceau** (P.-S.). A Dissertation on the nature and character of the Chinese system of Writing; to which are subjoined a vocabulary of the Cochinchinese language by Joseph Morrone, whith references to plates, containing the characters belonging to each word, etc.; by M. de la Palun, and a Cochinchinese and latin dictionary in use among the R. Missions of Cochinchina. — *Philadelphia, M'carty and Davis*, 1838, *in-8°*, pl.

1122. **Dupont** (P.). Histoire de l'Imprimerie. — *Paris (impr. de Paul Dupont)*, 1854, *gr. in-18*.

1123. **Dupont**, de Nemours (P.-S.). Philosophie de l'Univers. — *Paris, Dupont*, s. d., *in-8°*.

1124. **Duprat** (P.). Essai historique sur les Races anciennes et modernes de l'Afrique Septentrionale, leurs origines, leurs mouvements et leurs transformations, depuis l'antiquité la plus reculée jusqu'à nos jours. — *Paris, Labitte*, 1845, *in-8°*.

1125. **Du Pui** (M.-S.). Dissertatio medica de Homine dextro et sinistro. — *Lugduni-Batavorum*, 1780, *in-8°. 1re partie*.

1126. **Dupuis** (C.-F.). Abrégé de l'Origine de tous les Cultes. — *Paris, Agasse*, an VI, *in-8°*.

1127. **Durand** (D.). La Vie et les Sentimens de Lucilio Vanini. — *Rotterdam, Fritsch*, 1717, *in-12*.

1128. **Durand** (J.-B.-L.). Voyage au Sénégal fait dans les années 1785-86, contenant la description historique, philosophique et politique des établissements et du commerce des Européens dans les mers de l'Océan Atlantique, depuis le Cap-Blanc jusqu'à la rivière de Serra-Leone inclusivement ; suivi de la relation d'un voyage par terre de l'île Saint-Louis à Galam, etc. — *Paris, Dentu*, 1807, *2 vol. in-8°.*

1129. **Durand** (J.-P.). Les Origines animales de l'homme, éclairées par la Physiologie et l'Anatomie comparatives. — *Paris, Baillière*, 1871, *gr. in-8°, fig. gr.*

1130. **Dureau-de-Lamalle** (A.). Géographie physique de la Mer Noire, de l'intérieur de l'Afrique et de la Méditerranée, accompagnée de deux cartes dressées par J.-N. Buache, représentant l'une les changemens arrivés aux Mers intérieures, l'autre l'intérieur de l'Afrique et les routes suivies dans leurs expéditions par les conquérants grecs et romains. — *Paris, Dentu*, 1807, *in-8°.*

1131. **Dürer** (Alb.). Quatre livres de la proportion des parties et pourtraits des corps humains, traduict de la langue latine par Loys Meygret. — *Paris, Perrier*, 1557, *in-fol. (Le titre manque.)*

1132. **Duret** (Cl.). Thrésor de l'Histoire des Langues de cest Univers, contenant les origines, beautez, perfections, décadences, mutations, changemens, conversions et ruines des Langues. 2ᵉ édition. — *Yverdon, Soc. Helvetiale Caldoresque*, 1619, *in-4°, pl. et fig. gr.*

1133. **Duruy** (V.). Introduction générale à l'Histoire de France ; deuxième édition. — *Paris, Hachette*, 1867, *gr. in-18.*

1134. — Italie ancienne, par MM. Duruy, Filon, Lacroix et Yanoski. Première partie, Annales ; deuxième partie, Institutions, mœurs et coutumes. — *Paris, Didot*, 1850-51, *2 vol. in-8° et 1 vol de pl. et cartes gr. (Univers pittoresque.)*

1135. **Dusaulchoy** (J.). Le Causeur. Ambigu littéraire, critique, moral et philosophique. — *Paris, Ferra*, 1817, *2 vol. in-12.*

1136. **Dusaulx** (J.). Voyage à Barège et dans les Hautes-Pyrénées, fait en 1788. — *Paris, Didot*, 1796, *2 vol. in-8°.*

1137. **Dussieux** (L.). Essai historique sur les invasions des Hongrois en Europe et spécialement en France. — *Paris, Ducessois*, 1839, *in-8°.*

1138. **Dutens** (L.). Origine des découvertes attribuées aux Modernes, où l'on démontre que nos plus célèbres philosophes ont puisé la plupart de leurs connoissances dans les ouvrages des Anciens, et que plusieurs vérités importantes sur la Religion ont été connues des Sages du Paganisme. Seconde édition. — *Paris, V° Duchesne*, 1776, 2 vol. *in-8°*.

1139. **Du Tilliot.** Mémoire pour servir à l'Histoire de la Fête des Foux, qui se faisoit autrefois dans plusieurs églises. — *Lausanne et Genève*, 1751, *in-12, fig.*

1140. **Dutrochet** (H.). Recherches anatomiques et physiologiques sur la structure intime des Animaux et des Végétaux, et sur leur motilité. — *Paris, Baillière*, 1824, *in-8°, pl.*

1141. — Mémoires pour servir à l'histoire anatomique et physiologiques des Végétaux et des Animaux. — *Paris, Baillière*, 1837, 2 vol. *in-8°*.

1142. **Dutouquet** (E.). Occiput et Sinciput, roman phrénologique. — *Paris, Barbu*, 1837, 2 vol. *in-8°*.

1143. **Duval** (Jacques). Des Hermaphrodits, accouchemens des Femmes, et Traitement qui est requis pour les relever en santé et bien élever leurs enfans ; où sont expliquez la figure des laboureur et verger du genre humain, signes de pucelage, défloration, conception, et la belle industrie dont use nature en la promotion du concept et plante prolifique. — *Rouen, Gueuffroy*, 1612, *in-8°*.

1144. **Duval** (Jules). Notre Planète. — *Paris, Hachette*, 1870, *gr. in-18.*

1145. — Notre Pays. — *Paris, Hachette*, 1867, *in-12.*

1146. **Duvernoy** (G.-L.). Leçons sur l'histoire naturelle des corps organisés. *(Extr. de la Revue et Magasin de zoologie*, 1847-51), *in-8°, pl.*

1147. **Duvillard** (E.-E.). Analyse et tableaux de l'influence de la petite vérole sur la mortalité à chaque âge et de celle qu'un préservatif tel que la Vaccine peut avoir sur la population et sur la longévité. — *Paris, Impr. Impériale*, 1806, *gr. in-4°.*

E

1148. **Earth** (The) and Man : or, physical geography in its relation to the History of Mankind. Slihhtly abriged from the work of Arnold Guyot, with corrections and a few notes. — *London, Parker and son*, 1852, *in-12*.

1149. **Ebermaier** (J.-Ch.). Saggio istorico della Luce in riguardo alla sua influenza sulla complessiva natura e particolarmente sul corpo umano oltre alla visione, traduzione del tedesco di Jac. Panzani. — *Venezia, Mario*, 1805, *in-8°*.

1150. **Eccardus** (J.-G.). De origine Germanorum eorumque vetustissimis coloniis, migrationibus ac rebus gestis libri duo. Ex schedis manuscriptis viri illustris edidit, figuras adjecit et præfatus est Ch.-L.-Scheidius. — *Goettingæ, Schmidius*, 1750, *in-4°, fig. gr.*

1151. **Ecker** (A.). Crania Germaniæ meridionalis occidentalis. Beschreibung und Abbildung von Schädeln früherer und heutiger Bewohner des sudwestlichen Deutschlands und insbesondere des Grossherzogthums Baden, ein beitrag zur kenntniss der physischen Beschaffenheit und geschichte der deutschen Volksstämme. — *Freiburg i B., Wagner*, 1865, *in-fol. pl.*

1152. — und **Lindenchmit** (L.). Archiv für Anthropologie. Zeitschrift fur Naturgeschichte und Urgeschichte des Menschen, herausgegeben von C.-E.-V. Baer, E. Desor, A. Ecker, W.-His, L. Lindenschmit, G. Lucæ, L. Rütimeyer, H. Schaaffhausen, C. Vogt, und H. Welcker. — *Braunschweig, Vieweg*, 1866-74, *6 vol. in-4°, pl. gr.*

1153. **Eckstein** (F. d'). De quelques Légendes Brahmaniques qui se rapportent au berceau de l'espèce humaine. — Légende des deux sœurs, la Kadroû et la Vinatâ. — *Paris, Impr. Impériale*, 1856, *in-8°*.

1154. Éclaircissements sur les Antiquités de Nismes (par C. Caumette). — (*Nismes*, 1788) *in-12, pl. gr.*

1155. Éclaircissemens (Nouveaux) sur l'Origine et le Pentateuque des Samaritains, par un Religieux Bénédictin de la Congrégation de S.-Maur (Dom Poncet et Dom Clément). — *Paris, Nyon*, 1760, *in-8°*.

1156. **Edwards** (W.-F.). De l'influence des Agens physiques sur la Vie. — *Paris, Crochard*, 1824, *in-8°, pl.*

1157. — Des Caractères physiologiques des Races humaines, considérés dans leurs rapports avec l'Histoire. Lettre à M. Amédée Thierry. — *Paris, Compère jeune*, 1829, *in-8°*.

1158. — Recherches sur les Langues Celtiques. — *Paris, Impr. Royale*, 1844, *in-8°*.

1159. Effets de l'air sur le corps humain considérés dans le son, ou Discours sur la nature du chant, par M.... (E.-E. de BETHISI de MEZIÈRES). — *Amsterdam et Paris, Lambert*, 1760, *in-12*.

1160. Égalité (De l') des deux Sexes; discours physique et moral, où l'on voit l'importance de se défaire des préjugez (par F. POULLAIN DE LA BARRE et FRELIN). — *Paris, Du Puis*, 1673, *in-12*.

1161. **Eggède** (J.). Description et histoire naturelle du Groenland, traduite en françois par M. D. R. D. P. (Des Roches de Parthenay). — *Copenhague et Genève, Philibert*, 1763, *in-8°, pl. gr.*

1162. **Egger** (E.). Mémoires d'Histoire ancienne et de Philologie. — *Paris, Durand*, 1863, *in-8°*.

1163. — Notions élémentaires de Grammaire comparée, pour servir à l'étude des trois langues classiques. — *Paris, Durand*, 1856-57, *in-12*.

1164. **Eichhoff** (F.-G.). Parallèle des Langues de l'Europe et de l'Inde, ou Étude des principales Langues romanes, germaniques, slavonnes et celtiques comparées entre elles et à la Langue sanscrite, avec un essai de transcription générale. — *Paris, Impr. Royale*, 1836, *gr. in-4°*.

1165. — Histoire de la Langue et de la Littérature des Slaves, Russes, Serbes, Bohèmes, Polonais et Lettons, considérées dans leur origine indienne, leurs anciens monuments et leur état présent. — *Paris, Cherbuliez*, 1839, *in-8°*.

1166. — Tableau de la Littérature du Nord au moyen-âge en Allemagne et en Angleterre, en Scandinavie et en Slavonie. Nouvelle édition. — *Paris, Didier*, 1857, *in-8°*.

1167. **Eichhorn** (J.-G.). Geschichte der schönen Redekunste in der danischen, schwedischen und hollandischen von verschiedenen verfassern. — *Göttingen, Vandenhoek und Ruprecht*, 1810, *in-8°, cart.*

_{Forme la 2e partie du 4e vol. de l'ouvrage : *Geschichte der Literatur von ihren anfange bis auf die neut en zeiten.*}

1168. **Eichthal** (G. d'). Histoire et origine des Foulahs ou Fellans. *(Extr. des Mémoires de la Société Ethnographique de Paris.)* Carte. = Études sur l'histoire primitive des Races océaniennes et américaines. *(Suite au Mémoire précédent, extr. du même recueil.) In-8°.*

1169. **Eiselt** (J.-N.). Geschichte systematik und Literatur der Insectenkunde von den ältesten zeiten bis auf die gegenwart. — *Leipzig, Hartmann*, 1836, *in-8°.*

1170. **Ellis** (W.). Polynesian researches during a residence of nearly six years in the south Sea Islands; including descriptions of the natural history and scenery of the Islands, with remarks on the history, mythology, traditions, government, arts, manners, and customs of the inhabitants. — *London, Fisher and Jackson*, 1829, 2 vol. *in-8°, fig. gr.*

1171. **Elmiger** (J.). Histoire naturelle et médicale des Digitales (thèse). — *Montpellier, Martel aîné*, 1812, *in-4°, pl. gr.*

1172. Éloge de l'Asne, par un Docteur de Montmartre (D.-J. Cajot). — *Paris, Delaguette*, 1769, *in-12.*

1173. **Eloy** (N.-F.-J.). Dictionnaire historique de la Médecine ancienne et moderne, ou Mémoires disposés en ordre alphabétique pour servir à l'Histoire de cette science et à celle des Médecins, Anatomistes, Botanistes, Chirurgiens et Chymistes de toutes nations. — *Mons, Hoyois*, 1778, 4 vol. *in-4°, frontisp. gr.*

1174. — Examen de la question médico-politique : Si l'usage habituel du café est avantageux ou doit être mis au rang des choses indifférentes à la conservation de la santé ; s'il peut se concilier avec le bien de l'État dans les Provinces Belgiques, ou s'il est nuisible et contraire à tous égards. — *Mons, Hoyois*, s. d., *in-12.*

1175. **Emeric-David** (T.-B.). Recherches sur l'Art Statuaire, considéré chez les Anciens et chez les Modernes, ou Mémoire sur cette question proposée par l'Institut national de France : Quelles ont été les causes de la perfection de la sculpture antique et quels seraient les moyens d'y atteindre ? Nouvelle édition, publiée par M. Paul Lacroix. — *Paris, Renouard*, 1863, *gr. in-18.*

1176. **Emerson** (R.). Essais de Philosophie américaine, traduits et précédés d'une introduction par E. Montégut. — *Paris, Charpentier*, 1851, *in-12.*

1177. **Emerson** (R.). Essai sur la Nature, avec une étude sur la vie et les œuvres d'Emerson ; traduit de l'anglais par X. Eyma. — *Paris, Libr. intern.*, 1865, *in-12*.

1178. **Enaux** et **Chaussier** (F.). Méthode de traiter les morsures des animaux enragés et de la Vipère, suivie d'un Précis sur la Pustule maligne. — *Dijon, Defay*, 1785, *in-12*.

1179. **Enfantin** (P.). La Vie Éternelle, passée, présente, future. Deuxième édition. — *Paris, Pagnerre*, s. d., *in-16*.

1180. **Engel** (J.). Untersuchungen über Schädelformen. — *Prag, Calve*, 1851, *in-8°, lithogr.*

1181. **Engelmann** (W.). Bibliotheca Scriptorum classicorum et græcorum et latinorum. Alphabetisches Verzeichniss der Ausgaben, Uebersetzungen und Erläuterungs-Schriften der griechischen und lateinischen Schriftsteller des Alterthums, welche vom Jahre 1700 bis gegen Ende des Jahres 1858 besonders in Deutschland gedruckt worden sind. Siebente umgearbeitete und ergänzte auflage. — *Leipzig, W. Engelmann*, 1858, *in-8°*.

1182. **Épicurisme** (De l') considéré dans les sciences physiologiques et médicales ; Essai pour servir à l'Histoire de la Médecine du 18° siècle, par un médecin (attribué à Genssane). — *Paris, Gabon*, 1815, *in-8°*.

1183. **Erasmus** (D.). Adagiorum Epitome ex novissima Chiliadum seu ipsorum fontium recognitione excerpta, et multis in locis jam longe accuratius, quam ante emendata, etc. — *Amsterodami, Janssonius*, 1649, *in-12*.

1184. **Erdan** (A.). Congrès linguistique. Les Révolutionnaires de l'A-B-C. — *Paris, Coulon-Pineau*, 1854, *in-8°*.

1185. — La France Mistique *(sic)*, tablau *(sic)* des excentricités religieuses de ce tems. — *Paris, Coulon-Pineau*, 2 vol. *in-8°, portraits*.

1186. **Erichson** (W.-F.). Bericht über die wissenschaftlichen Leistungen in gebiete der Entomologie Während des jahres 1838-45 (aus *Wiegmann's Archiv für Naturgeschichte*). — *Berlin, Nicolai*, 1840-47, *8 livr, in-8°*.

1187. **Ernst.** Papillons d'Europe peints d'après nature par Ernst, gravés et coloriés sous sa direction (et sous celle de Gigot d'Orcy), décrits par Engramelle. — *Paris, Delaguette*, 1779-92, *8 vol. gr. in-4°, fig. color.*

1188. Errotika Biblion (par le comte de Mirabeau). Troisième édition. — *Paris*, an IX-1801, *in-12*.

1189. **Erro y Azpiroz** (J.-B. de). Alfabeto de la lengua primitiva de España, y explicacion de sus mas antiguos monumentos, de inscripciones y medallas. — *Madrid, imprenta de Repullés*, 1806, *5 vol. in-8°, fig. et pl. gr.*

1190. — Alphabet de la Langue primitive de l'Espagne, et explication de ses plus anciens monumens, en Inscriptions et médailles ; suivi de la critique de cet ouvrage par D. J. A. C. (Conde); traduits de l'espagnol en français par extrait, avec des remarques sur la lecture et l'explication de ces inscriptions, par Éloi Johanneau. — *In-8°, s. ind.*

1191. **Ersch** (J.-S.). Handbuch der Deutschen Literatur seit der mitte des achtzehnten Jahrhunderts bis auf die neueste zeit. (Ersten bandes dritte abtheilung : Literatur der Jurisprudences und Politik.) — *Amsterdam*, 1812, *in-8°*.

1192. — Literatur der Medicin seit der mitte des achtzehnten Jahrhunderts bis auf die neueste zeit. Neue fortgesetzte ausgabe von F.-A. Puchelt. — *Leipsig, Brockhaus*, 1822, *in-8°*.

1193. Esprit (L') du Judaïsme, ou examen raisonné de la Loi de Moyse et de son influence sur la Religion chrétienne (traduit de l'anglois de Collins, par d'Holbach. — *Londres, s. ind.*, 1770, *in-12*.

1194. Esprit (de l'), (par Helvetius). — *Paris, Durand*, 1776, *in-8°*.

1195. Esprit (L') des Nations (par l'abbé Espiard de la Borde). — *La Haye, Beauregard*, 1752, *2 vol. in-12 rel. en 1*.

1196. **Esquiros** (A.). Les Vierges Martyres, 3ᵉ édition. — Les Vierges Folles, 4ᵉ édition. — Les Vierges Sages. — *Paris, Delavigne*, 1842-46, *3 vol. in-16*.

1197. — Paris, ou les Sciences, les Institutions et les Mœurs au XIXᵉ siècle. — *Paris, Imp. réunis*, 1847, *2 vol. in-8°*.

1198. Essai chronologique sur les Hivers les plus rigoureux, depuis 396 ans av. J.-C. jusqu'en 1820 inclusivement; suivi de quelques recherches sur les effets les plus singuliers de la Foudre, depuis 1676 jusqu'en 1821. Le tout précédé d'un Précis élémentaire sur l'hiver, considéré sous les rapports astronomique et météorologique, etc.; par G. P. (Gabriel Peignot). — *Paris, Renouard*, 1824, *in-8°*.

— 117 —

1199. Essai historique sur la Médecine en France (par Chomel). — *Paris, Lottin*, 1762, *in-12*.

1200. Essai philosophique sur l'Ame des Bêtes; où l'on trouve diverses Réflexions sur la Nature de la Liberté; sur celle de nos Sensations, sur l'Union de l'Ame et du Corps, sur l'Immortalité de l'Ame (par Bouillier). Seconde édition, revue et augmentée. — *Amsterdam, Changuion*, 1737, 2 *vol. in-12*.

1201. Essai pour servir à l'histoire de la Putréfaction, par le traducteur des *Leçons de Chymie* de Shaw (Madame d'Arconville). — *Paris, Didot*, 1766, *in-8°*.

1202. Essai sur cette question : quand et comment l'Amérique a-t-elle été peuplée d'animaux, par E. B. d'E. (Bailly d'Engel). — *Amsterdam, Rey*, 1767, 5 *vol. in-12 rel. en 4*.

1203. Essai sur le caractère et les mœurs des François, comparés à ceux des Anglois (par Rutlige). — *Londres*, 1776, *in-12*.

1204. Essai sur les Mœurs et l'Esprit des Nations, et sur les principaux faits de l'Histoire, depuis Charlemagne jusqu'à Louis XIII. Nouvelle édition (par Voltaire). — *Lausanne, Pott*, 1770, 6 *vol. in-8°, port. gr.*

1205. Essai sur la Minéralogie des Monts Pyrénées (par l'abbé Palassou). — *Paris, Didot*, 1784, *in-4°*.

> On y a joint : Mémoire sur la Géologie des Montagnes Maudites dans la vallée del Essera dans les Pyrénées, par M. Reboul. (Extrait *du Journal de Physique*, déc. 1822.)

1206. Essai sur la Philologie Slave, et sur l'Influence politique et religieuse qui l'a dirigée; par D. S.... K. (Schoepping), avec un avant-propos, par H.-C.-L. Landrin fils. — *Paris, Franck*, 1846, *in-8°*.

1207. Essai sur le Despotisme (par le comte de Mirabeau). — *Londres*, 1776, *in-8°*.

1208. Essai sur les Hiéroglyphes, ou nouvelles lettres à ce sujet (par Bertuch). — *Weimar, au Bureau d'Industrie*, 1864, *in-4°, fig*.

1209. Essai sur les Montagnes, par le C. de N. (le Comte de Nogaret). — *Amsterdam*, 1785, 2 *vol. in-8°*.

1210. Essai sur les Préjugés, où l'on traite principalement de la nature et de l'influence des préjugés philosophiques (par J. Trembley). — *Neuchatel, Fauche-Borel*, 1790, *in-12*.

1211. Essai sur l'Établissement des Hôpitaux dans les grandes villes ; par l'auteur du Mémoire sur la nécessité de transférer et reconstruire l'Hôtel-Dieu de Paris (par C.-P. Coqueau). — *Paris, Pierres*, 1787, *in-8°*.

1212. Essai sur l'Histoire naturelle de Saint-Domingue (par le P. Nicolson). — *Paris, Gobreau*, 1776, *in-8°, front. et pl. gr.*

1213. Essai sur l'Histoire de Provence, suivi d'une Notice des Provençaux célèbres (par Bouche). — *Marseille, Mossy*, 1785, 2 vol. *in-4°, front. gr.*

1214. Essai synthétique sur l'origine et la formation des Langues (par Copineau). — *Paris, Ruault*, 1774, *in-8°*.

1215. Essai théorique et pratique sur la Culture des Arbres Fruitiers. Contenant les règles de leur taille, tant générales que particulières à chaque espèce ; les maladies des différents arbres, leurs causes, leurs effets, les moyens de les en préserver, de les soigner et de les guérir ; la connaissance des Insectes qui leur font la guerre et les moyens de les détruire ; par J.-P. Bostangi-Bachi. — *Carcassonne, Teissié*, s. d., *in-12*.

1216. Essais de Médecine politique, ou Pensées détachées sur l'administration médicinale (par E. Gilibert). — *Avignon, Merande*, 1766, *in-12*.

1217. Essais philosophiques sur les Mœurs de divers animaux étrangers, avec des observations relatives aux principes et usages de plusieurs peuples, ou extraits des voyages de M. (Foucher d'Obsonville) en Asie. — *Paris, Couturier*, 1783, *in-8°*.

1218. Essais philosophiques sur l'Homme, ses principaux rapports et sa destinée, fondée sur l'expérience et la raison, suivis d'observations sur le Beau, publiés par L.-H. de Jacob, sur les manuscrits autographes de l'auteur (Michel de Polétika). — *Saint-Pétersbourg, Pluchart*, 1822, *in-8°*.

1219. **Estève** (L.). Traité de l'Ouie, où, après avoir exposé les parties organiques de l'Oreille, l'on donne une Théorie du Tintouin et du Sifflement, avec plusieurs expériences nouvelles et la Théorie physique et méthaphysique du Son et de l'Audition. — *Avignon, Tournel*, 1751, *in-12*.

1220. **Estienne** (H.). La Précellence du langage françois. Nouvelle édition, accompagnée d'une étude sur Henri Estienne, et de notes philologiques et littéraires, par L. Feugère. — *Paris, Delalain*, 1850, *in-18*.

1221. **Estienne** (H.). Traicté de la Conformité du Langage françois avec le Grec. Divisé en trois livres, avec une Préface remonstrant quelque partie du désordre et abus qui se commet aujourd'huy en l'usage de la langue françoise. En ce Traicté sont descouverts quelques secrets, tant de la langue grecque que de la françoise. — *Paris, Delalain*, 1852, *in-12*.

1222. État de la Gaule au cinquième siècle, à l'époque de la conquête des Francs, extrait des mémoires d'Euribald ; ouvrage inédit, et contenant des détails sur l'entrée des Francs en Gaule (par Fournel). — *Paris, Rondonneau*, an XIII-(1805), 2 vol. *in-12*.

1223. État (De l') sauvage, considéré comme le dernier degré de dégénération de l'Espèce Humaine, avec un aperçu des principales causes de cette dégénération, et des moyens de s'en garantir, par J^s Dan....del (des Pyrénées). — *Paris, Dentu*, 1809, *in-8°*.

1224. **Etheridge** (J.-W.). Jerusalem and Tiberias ; Sora and Cordova : a survey of the religious and scholastic learning of the Jews ; designed as an introduction to the study of hebrew literature. — *London, Longman Brown and Co*, 1856, *in-8°*.

1225. Ethocratie, ou le Gouvernement fondé sur la Morale (par d'Holbach). — *Amsterdam, Rey*, 1776, *in-8°*.

1226. Étrennes (Les) de l'Institut national, ou la Revue littéraire de l'an VII et de l'an VIII (par Colnet). — *Paris*, an VII-VIII, 2 vol. *in-12*, rel. en 1.

1227. **Eusebius Pamphilus.** Chronicorum Canonum libri duo. Opus ex Haicano codice a doct. Joh. Zohrabo.... diligenter expressum et castigatum. Accessit Samuelis presbyteri Aniensis temporum usque ad suam ætatem ratio e libris historicorum summatim collecta. Angelus Maius et Joh. Zohrabus nunc primum conjunctis curis latinitate donatum notisque illustratum additis græcis reliquiis ediderunt. — *Mediolani, regiis typis*, 1818, *in-fol*.

1228. **Euler** (L.). Lettres à une Princesse d'Allemagne sur divers sujets de Physique et de Philosophie. — *Paris, Barrois*, 1775, 3 vol. *in-8°*.

1229. Euphormionis Lusinini Satyricon, multo quam ante emendatius (auctore Joan. Barclai). — *Leydæ, Marcus*, 1619, pet. *in-12*.

1230. **Eutropius.** Historiæ romanæ Epitome. Sexti Rufi Breviarium. — *Parisiis, Renouard (typis C. Crapelet), 1796, in-12, pap. vélin.*

1231. **Ewerbeck** (H.). Qu'est-ce que la Bible? d'après la nouvelle Philosophie allemande. — *Paris, Ladrange, 1850, in-8°.*

1232. — Qu'est-ce que la Religion? d'après la nouvelle Philosophie allemande. — *Paris, Ladrange, 1850, in-8°.*

1233. — L'Allemagne et les Allemands. — *Paris, Garnier, 1851, in-8°.*

1234. Examen critique, et complément des Dictionnaires historiques les plus répandus, depuis le dictionnaire de Moreri jusqu'à la Biographie universelle inclusivement. T. Ier (A.-J.), (par A. Barbier). — *Paris, Rey et Granier, 1820, in-8°.*

1235. Examen désintéressé des différents ouvrages qui ont été faits pour déterminer la figure de la Terre (par Maupertuis). Seconde édition, augmentée de l'Histoire du livre. — *Amsterdam, 1741, in-8°, fil.*

1236. Examen du Fatalisme, ou Exposition et Réfutation des différens systèmes de Fatalisme qui ont partagé les Philosophes sur l'origine du monde, sur la nature de l'âme, et sur les principes des actions humaines (par l'abbé Pluquet). — *Paris, Didot, 1757, 3 vol. in-12.*

1237. Excellence (De l') des Hommes contre l'égalité des Sexes (par F. Poulain de la Barre). — *Paris, Du Puis, 1675, in-12.*

1238. Excursions dans l'Afrique septentrionale, par les délégués de la Société établie à Paris pour l'exploration de Carthage, ouvrage accompagné d'inscriptions et de planches. — *Paris, Gide, 1838, in-8°.*

1239. Exposition sommaire de la structure et des différentes parties de l'Encéphale ou Cerveau, suivant la méthode adoptée par l'École de médecine de Paris (par Chaussier). — *Paris, Barrois, 1807, in-8°, pl. gr.*

1240. Extrait raisonné du Traité de l'Homme physique et moral, et des Institutions médicinales (par De La Caze). — *Paris, Guerin et Delatour, 1758, in-12.*

1241. **Eyma** (X.). Les Peaux Rouges, scènes de la vie des Indiens. — *Paris, Giraud, 1854, in-18.*

1242. **Eyma** (X.). Les Peaux Noires, scènes de la vie des Esclaves. — *Paris, Lévy*, 1857, *gr. in-18.*

1243. Ezour-Vedam (L'), ou ancien commentaire du Vedam, contenant l'exposition des opinions religieuses et philosophiques des Indiens; traduit du Samscretam par un Brame, revu et publié avec des observations préliminaires, des notes et des éclaircissemens (par le baron de Sainte-Croix). — *Yverdon, de Felice*, 1778, 2 *vol. in-12.*

F

1244. **Faber** (J.) (A.-A. de Merian). Synglosse oder grundsätze der Sprachforschung. — *Karlsruhe, Braun*, 1826, *in-8°.*

1245. **Fabre** (P.). Recherches sur la nature de l'Homme, considéré dans l'état de santé et dans l'état de maladie. — *Paris, Delalain*, 1776, *in-8°.*

1246. — Essai sur les Facultés de l'Ame, considérées dans leurs rapports avec la sensibilité et l'irritabilité de nos organes. — *Amsterdam et Paris, Vente*, 1785, *in-12.*

1247. — Recherches sur différens points de Physiologie, de Pathologie et de Thérapeutique, pour servir de base à un cours de Pathologie. — *Paris, Barrois*, 1793-94, 2 *vol. in-8°.*

1248. **Fabre** (J.-J.-V.). Tableau littéraire du XVII° siècle, ou Essai sur les grands Écrivains de ce siècle et les progrès de l'Esprit humain en France; suivi de l'éloge de La Bruyère, avec des notes et des dissertations. — *Paris, Michaud*, 1810, *in-8°.*

1249. **Fabre** (le P. A.). Panégyrique de la ville d'Arles, suivi de remarques historiques, pour prouver les faits avancés dans le discours, et pour servir à l'Histoire de cette ville. — *Arles, Mesnier*, 1743, *in-12.*

1250. **Fabre d'Olivet** (M.). Lettres à Sophie sur l'Histoire. — *Paris, Lavillette*, an IX-1801, 2 *vol. in-8°, frontisp. gr.*

1251. — De l'État Social de l'Homme; ou Vues philosophiques sur l'Histoire du genre humain; précédées d'une dissertation introductive sur les motifs et l'objet de cet ouvrage. — *Paris, Brière*, 1822, 2 *vol. in-8°.*

1252. — Histoire philosophique du genre humain, ou l'Homme considéré sous ses rapports religieux et politiques dans l'état social, à toutes les époques et chez les différents peuples de la terre. — *Paris, Brière*, 1824, *2 vol. in-8°.*

1253. **Fabricius** (J.-A.). Théologie de l'Eau, ou Essai sur la Bonté, la Sagesse et la Puissance de Dieu, manifestée dans la création de l'Eau ; traduit de l'allemand (par Burnand). — *La Haye, Paupil*, 1741, *in-8°.*

1254. **Fabricius** (J.-Chr.). Genera Insectorum eorumque characteres naturales secundum numerum, figuram, situm et proportionem omnium partium oris, adjecta mantissa specierum nuper detectarum. — *Chilonii, Bartschius*, 1777, *in-8°.*

1255. — Philosophia Entomologica sistens Scientiæ fundamenta adjectis definitionibus, exemplis, observationibus adumbrationibus. — *Hamburgi et Kilonii, Bohnius*, 1778, *in-8°.*

1256. — Entomologia systematica emendata et aucta secundum classes, ordines, genera, species, adjectis synonimis, locis, observationibus, descriptionibus, etc. — *Hafniæ*, 1792-99, *5 vol. in-8°.*

1257. — Systema Eleutheratorum secundum ordines, genera, species, adjectis synonymis, etc. — *Kiliæ, Impensis Bibliopolii acad. novi*, 1801, *2 vol.*

1258. — Systema Rhyngotorum secundum ordines, genera, species, adjectis synonymis, etc. — *Brunsvigæ, Reichard*, 1803, *in-8°.*

1259. — Systema Piezatorum secundum ordines, genera, species adjectis synonymis, etc. — *Brunsvigæ, Reichard*, 1804, *in-8°.*

1260. Systema Antliatorum secundum ordines, genera, species, adjectis synonymis, etc. — *Brunsvigæ, Reichard*, 1805, *in-8°.*

1261. — Voyage en Norwège, avec des observations sur l'Histoire naturelle et l'Économie, traduit de l'allemand (par Millin). — *Paris, Levrault*, an X-(1802), *in-8°.*

1262. **Fabricius** (O.). Fauna Groenlandica, systematice sistens Animalia Groenlandiæ occidentalis hactenus indagata, quoad nomen specificum, triviale, vernaculumque ; synonyma auctorum plurium, descriptionem, locum, victum, generationem, mores, usum, capturamque singuli, prout detegendi occasio fuit, etc. — *Hafniæ et Lipsiæ, Rothe*, 1780, *in-8°, pl.*

1263. **Fabricy** (G.). Recherches sur l'époque de l'Équitation et de l'usage des Chars équestres chez les Anciens : où l'on montre l'incertitude des premiers temps historiques des peuples, relativement à cette date. — *Marseille, Mossy*, 1764, 2 vol. *in-8°*, frontisp. gr.

1264. **Fages** (A.-C.). Recherches pour servir à l'histoire critique et apologétique de la Fièvre (Thèse). — *Montpellier, Martel aîné*, 1820, *in-8°*.

1265. **Faidherbe** (L.). Notice sur la Colonie du Sénégal et sur les pays qui sont en relation avec elle. — *Paris, Challamel*, 1859, *in-8°*.

1266. **Faivre** (E.). La Variabilité des Espèces et ses limites. — *Paris, Baillière*, 1868, gr. *in-18*.

1267. **Falconert** (W.). Remarks on the Influence of climate, situation, nature of contry, population, nature of Food and Way of Live on the disposition and temper, manners, and behaviour, intellects, laws and customs, form of Government and religion of Mankind. — *London, Dilly*, 1781, *in-4°*.

1268. **Fallot** (L.). De la Simulation et de la Dissimulation des maladies, dans leurs rapports avec le service militaire. — *Bruxelles, Tircher*, 1836, *in-8°*.

1269. **Famin** (C.). Chili, Paraguay, Uruguay, Buenos-Ayres, par César Famin. — Patagonie, Terre-du-Feu et Archipel des Malouines, par Frédéric Lacroix. Iles diverses des trois Océans et Régions circompolaires par Bory de St-Vincent et Fréd. Lacroix. — *Paris, Didot*, 1839-40, 2 vol. *in-8°*. *(Univers pittoresque.)*

1270. **Farnham** (Th.-J.). Travels in the great western Prairies, the Anahuac and Rocky Mountains and in the Oregon territory. — *New-York, Greeley and Mellrath*, 1843, *in-8°*.

1271. **Farr** (W.). A Medical Guide to Nice; containing every information necessary to the invalid and resident stranger, with separate remarks on all' those diseases to which its climate is calculated, etc.; also observations on the climate of Bagneres de Bigorre as the most eligible summer residence for consumptive patients. — *London, Churchill*, 1841, *in-8°*.

1272. **Faujas de Saint-Fond** (B.). Essai sur l'Histoire naturelle des Roches de Trapp, contenant leur analyse et des recherches sur leurs caractères distinctifs; suivi du tableau systématique de toutes les espèces et variétés de trapps et des roches qui ont pour base cette pierre. — *Paris, rue et hôtel Serpente*, 1788, *in-12*.

1273. **Faujas de Saint-Fond** (B.). Voyage en Angleterre, en Écosse et aux Iles Hébrides, ayant pour objet les Sciences, les Arts, l'Histoire naturelle et les mœurs, etc. — *Paris, Jansen, 1797, 2 vol. in-8°, fig.*

1274. Faune française, ou Histoire naturelle générale et particulière des animaux qui se trouvent en France, constamment ou passagèrement, à la surface du sol, dans les eaux qui le baignent et dans le littoral des mers qui le bornent; par MM. Vieillot, A.-G. Desmarest, Ducrotay de Blainville, etc. — *Paris, Levrault, 1821 et s., livr. 1-29, in-8° (non terminé).*

1275. **Faure** (S.). Essai sur la composition d'un nouvel Alphabet, pour servir à représenter les sons de la voix humaine et leurs diverses modifications avec beaucoup plus de fidélité que par tous les alphabets connus; suivi de l'Esquisse d'une nouvelle Prosodie, dans laquelle on indique un moyen très-commode pour noter jusqu'à 125 modifications diverses de la même voix, ce qui pourrait rendre la lecture d'une langue quelconque, comme la musique, aussi fidèlement lisible à Pékin qu'à Paris, etc. — *Paris, Didot, 1831, in-8°.*

1276. **Fauriel** (C.-C.). Dante et les Origines de la Langue et de la Littérature italiennes. — *Paris, Durand, 1854, 2 vol. in-8°.*

1277. **Favre** (J.-B.-C.). Récul d'Uvras Patoizas. — *Mounpéyé, Tournel, 1818-15, 2 tom. rel. en 1 vol. in-12.*

1278. **Featherstonhaugh** (G.-W.). Excursion through the slave states from Washington on the Potomac to the frontier of Mexico; with sketches of popular manners and geological notices. — *New-York, Harper, 1844, gr. in-8°.*

1279. **Féburier.** Traité complet théorique et pratique sur les Abeilles. — *Paris, Huzard, 1810, in-8°, pl.*

1280. — Essai sur les Phénomènes de la Végétation, expliqués par les mouvemens des séves ascendante et descendante. — *Paris, Huzard, 1812, in-8°.*

1281. **Fée** (A.-L.-A.). Études philosophiques sur l'instinct et l'intelligence des Animaux. — *Strasbourg, Levrault, 1853, in-12.*

1282. — Le Darwinisme, ou examen de la théorie relative à l'origine des Espèces. — *Paris, Masson, 1864, in-8°.*

1283. — Promenade dans la Suisse Occidentale et le Valais. — *Paris, Rouvier et Le Bouvier, 1835, in-8°.*

1284. **Fée** (A.-L.-A.). Voyage autour de ma bibliothèque; Littérature et Philosophie. — *Paris, Vᵉ Boyer-Levrault, 1856, in-12.*

1285. **Fejér** (G.). Aborigines et incunabula Magyarorum, ac gentium cognatarum populi Pontici, Pontus. — *Budæ, typis reg. Univers. Hungaricæ, 1840, in-4°.*

1286. **Fellemberg** (E.). Vues relatives à l'Agriculture de la Suisse et aux moyens de la perfectionner; traduit de l'allemand par C.-H. Pictet. — *Genève, Paschoud, 1808, in-8°.*

1287. **Fénelon.** OEuvres philosophiques : I. Démonstration de l'existence de Dieu tirée de l'art et de la nature. II. Démonstration de l'existence de Dieu tirée des preuves purement intellectuelles et de l'idée de l'Infini lui-même. Nouvelle édition. *Paris, les frères Estienne, 1775, in-12.*

1288. **Fennell** (J.-H.). A Natural history of British and Foreign Quadrupeds; containing many modern discoveries, original observations, and numerous anecdotes. — *London, Thomas, 1841, in-8°, pl. gr.*

1289. **Ferguson** (A.). An Essay on the History of civil Society. A new edition. — *Basil. Tourneisen, 1789, in-8°.*

1290. — Essai sur l'Histoire de la Société civile; traduit de l'anglois par Bergier. — *Paris, Desaint, 1783, 2 vol. in-12.*

1291. **Fermin** (Ph.). Description générale, historique, géographique et physique de la colonie de Surinam, contenant ce qu'il y a de plus curieux et de plus remarquable touchant sa situation, ses rivières, ses forteresses, son gouvernement et sa police, avec les mœurs et les usages des habitants naturels du pays et des Européens qui y sont établis, etc. — *Amsterdam, Van Harrevelt, 1769, 2 tom. in-8° rel. en 1, carte et fig. gr.*

1292. **Ferrari** (J.). Vico et l'Italie. — *Paris, Eveillard, 1839, in-8°.*

1293. **Ferrarius** (J.-B.). De Florum Cultura Libri IV. — *Romæ, Paulinus, 1633, in-4°, pl.-gr.*

1294. — Hesperides sive de Malorum aureorum cultura et usu, libri quatuor. — *Romæ, Scheus, 1646, in-fol., frontisp. et pl. gr.*

1295. **Ferrarius** (Ph.). Lexicon Geographicum in quo universi orbis urbes, provinciæ, regna, maria et flumina recensentur : illud primum edidit Philippus Ferrarius; nunc Michael Antonius Baudrand hanc editionem emendavit, illustravit et dimidia parte auctiorem fecit, etc. — *Patavii, de Cadorinis, 1675, 2 part. en 1 vol. in-fol.*

1296. **Ferrerius** (A.). Liber de Somniis. Hippocratis de Insomniis liber. Galeni liber de Insomniis. Synesii liber de Somniis. Augerii liber de diebus decretoriis secundum Pythagoricam doctrinam et astronomicam observationem. — *In-8°, sans indic. (paginé 319-467).*

1297. **Ferrier** (A.). La Hollande. Guide pittoresque et artistique du Voyageur. — *Bruxelles, Société belge de librairie*, 1841, in-12, fig.

1298. **Ferrier** (J.-P.). Voyages en Perse, dans l'Afghanistan, le Beloutchistan et le Turkestan. — *Paris, Dentu*, 1860, 2 vol. in-8°, portr. et carte lithogr.

1299. **Ferrière** (E.). Le Darwinisme. — *Paris, Germer-Baillière*, 1872, gr. in-18.

1300. **Festus.** Sex. Pompeii Festi et Mar. Verrii Flacci de Verborum significatione Lib. XX. Notis et emendationibus illustravit Andreas Dacerius, in usum Delphini; accedunt notæ integræ Jos. Scaligeri, Fulvii Ursini et Ant. Augustini, cum fragmentis et schedis. — *Amstelodami, Huguetanus*, 1699, in-4°, front. gr.

1301. **Feuerbach** (L.). La Religion. Mort-Immortalité-Religion. Traduit de l'allemand par F. Roy. — *Paris, Lacroix*, 1864, in-8°.

1302. **Feutry** (A.-A.-J.). Manuel Tironien, ou Recueil d'abréviations faciles et intelligibles de la plus grande partie des mots de la langue françoise, rangés par ordre alphabétique. — *Paris, Debure*, 1775, in-8°.

1303. **Fichte** (I.-H.). Anthropologie. Die Lehre von der menschlichen Seele. Neubegründet auf naturwissenschaftlichen wege für Naturforscher, Seelenärzte und wissenschaftlich Gebildete überhaupt. — *Leipzig, Brockhaus*, 1856, in-8°.

1304. **Figuier** (L.). L'Homme primitif. Deuxième édition. — *Paris, Hachette*, 1870, gr. in-8°, fig.

1305. — Les Races Humaines. — *Paris, Hachette*, 1872, gr. in-8°, fig.

1306. **Filippi** (F. de). Le Déluge de Noé. Traduit de l'italien par A. Pommier. — *Paris, Leiber et Gommelin*, 1858, in-12.

1307. **Fischer** (J.-E.). Questiones Petropolitanæ : I. De origine Ungrorum; II. De origine Tatarorum; III. De diversis Shinarum imperatoris nominibus titulisque ; IV. De Hyperboreis ; edidit Aug. Lud. Schloezer. — *Gottingæ et Gothæ, Dieterich*, 1770, *in-12.*

1308. **Fischer** (E.-G.). Physique mécanique, traduite de l'allemand, avec des notes de M. Biot. — *Paris, Klostermann*, 1813, *in-8°.*

1309. **Fischer** (G.). Mémoire pour servir d'introduction à un ouvrage sur la Respiration des animaux, contenant la bibliographie ; suivi de quelques remarques sur les milieux des Vers intestins, et en particulier sur le *Cystidicola Farionis*. — *Paris, Drisonnier*, an IV-1798, *in-8°.*

1310. — Bibliographia Palæonthologica Animalium systematica. Editio altera, aucta. — *Mosquae, typis universitatis Cæsareæ*, 1834, *in-8°.*

1311. **Fischer** (J.-Bern. de). De Senio ejusque gradibus et morbis, necnon de ejusdem acquisitione Tractatus de novo revisus et abundanter auctus. Accesserunt Fr. Ranchini et Floyeri Gerocomicarum amplæ sciagraphiæ ; necnon Welstedii et Dethardingii conspirante quasi ad Longævitatem fato, eodem MDCCXXIV anno cum Floyeri Geroc. edita commenta, tribus verbis indigitata. Editio secunda. — *Erfordiæ, Woberus*, 1760, *in-8°.*

1312. **Fischer** (J.-Bapt.). Synopsis Mammalium. — *Stuttgardtiæ, Cotta*, 1829, *in-8°.*

1313. **Fix** (Th.). Observation sur l'état des Classes Ouvrières. — *Paris, Guillaumin*, 1846, *in-8°.*

1314. **Fizes** (A.). Opera medica. His accessit de Hominis generatione exercitatio, digesta, concinnata, latinitate donata a Nicolao Fizes, auctoris patre. — *Monspelii, Rigaud*, 1742, *in-4°.*

1315. **Flacourt** (de). Histoire de la grande isle de Madagascar, avec une relation de ce qui s'est passé ès années 1655, 1656 et 1657, non encore veue par la première impression. — *Troyes, Oudot, et se vendent à Paris chez P. Bienfait*, 1661, *in-4°, pl. gr.*

1316. **Flammarion** (C.). La Pluralité des Mondes habités ; étude où l'on expose les conditions d'habitabilité des terres célestes, discutées au point de vue de l'astronomie, de la physiologie et de la philosophie naturelle. Nouvelle édition. — *Paris, Didier*, 1864, *in-12, pl.*

1317. **Flammarion** (C.). Les Mondes imaginaires et les Mondes réels, voyage pittoresque dans le Ciel; revue critique des théories humaines, scientifiques et romanesques anciennes et modernes. Quatrième édition. — *Paris, Didier*, 1866, *in-12, fig.*

1318. — Dieu dans la Nature. Deuxième édition. — *Paris, Didier*, 1867, *in-12, portrait.*

1319. **Fleming** (J.). The Philosophy of Zoology; or a general view of the structure, functions, and classification of animals. — *Edinburg, Constable*, 1822, *2 vol. in-8°, pl. gr.*

1320. **Fleury** (Cl.). Discours sur l'Histoire ecclésiastique; nouvelle édition, augmentée des discours sur la Poésie des Hébreux, l'Écriture Sainte, la Prédication, les libertés de l'Église gallicane. On y a joint le Discours sur le renouvellement des Études ecclésiastiques depuis le XIV° siècle, par l'abbé Goujet. — *Paris, Herissant*, 1764, *in-12.*

1321. Flore des Serres et des Jardins de l'Europe, ou description et figures des Plantes les plus rares et les plus méritantes nouvellement introduites sur le continent et en Angleterre, etc., soit inédites, soit extraites des meilleurs recueils de botanique et d'horticulture, etc., publié sous la direction de L. van Houtte. — *Gand, Louis van Houtte*, 1846-79, *22 vol. in-8°, fig. color.*

1322. Flore Médicale, décrite par F.-P. Chaumeton, peinte par Mme E. P. (Panckoucke) et par P.-J. Turpin. — *Paris, Panckoucke*, 1814-20, *8 vol. in-8°, pl. color.*

1323. **Flourens** (M.-J.-P.). De la Vie et de l'Intelligence. — *Paris, Garnier*, 1858, *in-12.*

1324. — De la Raison, du Génie et de la Folie. — *Paris, Garnier*, 1861, *in-12.*

1325. — Psychologie comparée. Deuxième édition en partie refondue. — *Paris, Garnier frères*, 1864, *gr. in-18.*

1326. — Cours de Physiologie comparée. De l'Ontologie, ou étude des Êtres; leçons professées au Museum d'histoire naturelle, recueillies et rédigées par Ch. Roux. — *Paris, Baillière*, 1856, *in-8°.*

1327. — Ontologie naturelle, ou Étude philosophique des Êtres. — *Paris, Garnier*, 1861, *gr. in-18.*

1328. **Flourens** (M.-J.-P.). Résumé analytique des observations de Frédéric Cuvier sur l'Instinct et l'Intelligence des animaux. — *Paris, Pitois*, 1841, *in-12*.

1329. — De l'Instinct et de l'Intelligence des animaux. Troisième édition, entièrement refondue. — *Paris, Hachette*, 1851, *gr. in-18*.

1330. — De la Longévité humaine et de la quantité de vie sur le globe. — *Paris, Garnier*, 1854, *in-18*.

1331. — Examen du Livre de M. Darwin sur l'Origine des Espèces. *Paris, Garnier*, 1864, *gr. in-18*.

1332. — Buffon. Histoire de ses travaux et de ses idées. — *Paris, Paulin*, 1844, *gr. in-18*.

1333. — Des Manuscrits de Buffon, avec des fac-simile de Buffon et de ses collaborateurs. — *Paris, Garnier*, 1860, *gr. in-18*.

1334. — Cuvier. Histoire de ses travaux. Seconde édition. — *Paris, Paulin*, 1845, *gr. in-18*.

1335. **Flourens** (G.). Science de l'Homme. Première partie. 2ᵉ édition. — *Paris, Le Chevalier*, 1869, *in-12*. (T. Ier, seul paru.)

1336. **Fodéra** (M.). Discours sur la Biologie, ou Science de la vie, suivi d'un tableau des connaissances naturelles envisagées d'après leur nature et leur filiation. — *Paris, Baillière*, 1826, *in-8°*.

1337. **Foderé** (F.-E.). Essai sur le Goître et le Cretinage, où l'on recherche particulièrement quelles sont les causes de ces deux maladies des habitants des vallées et quels sont les moyens physiques et moraux qu'il convient d'employer pour s'en préserver entièrement à l'avenir. — *Turin, Impr. Royale*, 1792, *in-8°*.

1338. — Voyage aux Alpes-Maritimes, ou Histoire naturelle, agraire, civile et médicale du comté de Nice et pays limitrophes, enrichi de notes de comparaison avec d'autres contrées. — *Paris, Levrault*, 1821, 2 vol. *in-8°*.

1339. — Essai théorique et pratique de Pneumatologie humaine, ou Recherches sur la nature, les causes et le traitement des flatuosités et de diverses vesanies, telles que l'extase, le somnambulisme, la magi-manie et autres, qui ont pour phénomène principal l'insensibilité, et qui ne peuvent s'expliquer par les simples connaissances de l'organisme. — *Strasbourg*, 1829, *in-8°*.

1340. **Foderé** (F.-E.). Leçons sur les Épidémies et l'Hygiène publique, faites à la Faculté de Médecine de Strasbourg. — *Paris, Levrault*, 1822-24, *4 vol. in-8°*.

1341. — Essai historique et moral sur la pauvreté des nations, la population, la mendicité, les hôpitaux et les enfans trouvés. — *Paris, Huzard*, 1825, *in-8°*.

1342. **Foissac** (P.). Rapports et Discussions de l'Académie royale de Médecine sur le Magnétisme animal, recueillis par un sténographe et publiés avec des notes explicatives. — *Paris, Baillière*, 1833, *in-8°*.

1343. — De l'Influence des Climats sur l'Homme. — *Paris, Baillière*, 1837, *in-8°*.

1344. **Földváry** (A.). Les Ancêtres d'Attila; étude historique sur les races scythiques. — *Paris, Sandoz et Fischbacher*, 1875, *in-12*.

1345. **Foley** (A.-E.). Quatre années en Océanie. Histoire naturelle de l'homme et des sociétés qu'il organise, mœurs et coutumes de certains Papous australiens, anatomie et physiologie du plus arriéré des noirs. — *Paris, Baillière*, 1876, *in-8°*.

1346. **Fonseca** (J. da). Nouveau Dictionnaire portatif Français-Portugais et Portugais-Français. Nouvelle édition. — *Lisbonne, Rolland*, 1839-40, *2 part. en 1 vol. in-8°*.

1347. **Fontana** (F.). Traité sur le Venin de la Vipère, sur les Poisons Américains, sur le Laurier-cerise et sur quelques autres Poisons végétaux. On y a joint des observations sur la structure primitive du corps animal; différentes expériences sur la Reproduction des nerfs et la description d'un nouveau canal de l'œil. — *Florence*, 1781, *2 vol. in-4°, pl.*

1348. — Opuscules physiques et chymiques. Traduits de l'italien par Gibelin. — *Paris, Nyon*, 1784, *in-8°*.

1349. **Fontanier** (V.). Voyage dans l'Archipel Indien. — *Paris, Ledoyen*, 1852, *in-8°*.

1350. **Fontenelle** (B. L. B. de) Entretiens sur la Pluralité des Mondes. Nouv. édition. — *Londres, Nourse*, 1761, *in-12*.

On y a joint l'*Histoire des Oracles*, du même.

1351. **Fonvielle** (W.). La Mort. — *Paris, Taride*, 1858, *in-16*.

1352. **Forbin** (L.-N.-P.-A. de). Voyage dans le Levant en 1817 et 1818 ; seconde édition. — *Paris, Delaunay*, 1819, *in-8°*.

1353. **Forcade** (E.). Études historiques. — *Paris, Lévy*, 1858, *gr. in-18*.

1354. **Forichon** (L.) et **Maupied** (F.-L.-M.). De l'Origine de l'Homme et de l'Unité de l'Espèce Humaine. — *Louvain, Fonteyn*, 1844, *in-8°*.

1355. **Formaleoni.** Histoire philosophique et politique du commerce, de la navigation et des colonies des Anciens dans la Mer-Noire, avec l'hydrographie du Pont-Euxin, publiée d'après une carte ancienne conservée dans la bibliothèque de S.-Marc ; traduit de l'italien par le chevalier d'Hénin. — *Venise, Palese*, 1789, 2 *vol. in-12*.

1356. **Formey** (J.-H.-S.). Introduction générale aux Sciences, avec les conseils pour former une bibliothèque peu nombreuse, mais choisie. Cinquième édition. — *Amsterdam, Schneider*, 1764, *in-12*.

1357. **Forskäl** (P.). Descriptiones Animalium, Avium, Amphibiorum, Piscium, Insectorum, Vermium, in itinere Orientali observatorum. Post mortem auctoris edidit Carsten Niebuhr. Adjuncta est materia medica Kahirina atque Tabula maris Rubri Geographica. — *Hauniæ, Möllerus*, 1775, *in-4°*

1358. **Forsten** (R.). Disquisitio medica Cantharidum, historiam naturalem, chemicam et medicam exhibens. Editio altera priori accuratior. — *Argentorati, König*, 1776, *in-12*.

1359. **Forster** (J.-R.). Histoire des Découvertes et des Voyages faits dans le Nord, mise en français par M. Broussonet, avec trois cartes géographiques. — *Paris, Cuchet*, 1788, 2 *vol. in-8°*, *cartes*.

1360. — Observations faites pendant le second voyage de Cook dans l'Hémisphère Austral et autour du monde, sur la géographie, l'histoire naturelle et la philosophie morale, et en particulier sur la terre et ses couches, l'eau et l'océan, l'atmosphère et les révolutions du globe, les corps organisés et l'espèce humaine ; trad. de l'anglois (par Pingeron). — *Paris, hôtel de Thou*, 1778, *in-4°*, *pl. gr*.

1361. — Enchiridion Historiæ naturali inserviens, quo termini et delineationes ad Avium, Piscium, Insectorum, et Plantarum adumbrationes intelligendas et concinnandas secundum methodum systematis Linnæani continentur. — *Halæ, Hemmerde*, 1788, *in-8°*.

1362. **Forster** (J.-R.). Manuel pour servir à l'histoire naturelle des Oiseaux, des Poissons, des Insectes et des Plantes, où sont expliqués les termes employés dans leurs descriptions et suivant la méthode de Linné; traduit du latin, augmenté d'un Mémoire de Murray sur la Conchyliologie, traduit de la même langue, et de plusieurs additions considérables extraites des ouvrages de Lacépède, Jussieu, Lamarck, Cuvier, par J.-B.-F. Léveillé. — *Paris, Villier*, an VII (1799), *in-8°*.

1363. — Novæ species Insectorum. Centuria I. — *Londini, Davies*, 1771. = Ejusdem Florulæ Insularum Australium Prodromus. — *Gottingæ, Dieterich*, 1786, *1 vol. in-8°*.

1364. **Forster** (Th.). Researches about Atmospheric phænomena. Third edition. — *London, Harding*, 1823, *in-8°, pl. color.*

1365. **Fortia d'Urban** (A.-J.-F.-X.-P.-E.-S.-P.-A. de). Mémoires pour servir à l'Histoire ancienne du globe terrestre (avant le déluge d'Ogygès). — *Paris, Xhrouet*, 1805-09, *10 vol. in-12, rel. en 5*.

<small>Sous ce faux-titre, l'ouvrage comprend :
1. Histoire ancienne des Saliens. — 2. Considérations sur l'origine et l'histoire ancienne du globe, ou introduction à l'histoire ancienne de l'Europe. — 3. Mémoire et plan de travail sur l'histoire des Celtes ou Gaulois, c'est-à-dire sur l'histoire de France avant Clovis. — 4-5. Histoire de la Chine avant le déluge d'Ogygès. — 6. Essai sur l'origine des anciens Peuples, suivi d'une Théorie élémentaire des Comètes appliquée à la Comète de 1807. — 7. Bérose et Annius de Viterbe, ou les antiquités Caldéennes. — 8. Essai sur quelques-uns des plus anciens monuments de la géographie, terminé par les preuves de l'identité des déluges d'Yao, de Noé, d'Ogygès et de l'Atlantide, et l'explication physique de ce déluge. — 9. Histoire et Théorie du déluge d'Ogygès ou de Noé et de la submersion de l'Atlantide. — 10. Nouveau système préadamite, ou conciliation de la Genèse avec l'antiquité de l'Histoire, précédé de nouvelles observations sur l'antiquité de la Chine.</small>

1366. — Mélanges de Géographie, d'Histoire et de Chronologie anciennes, avec deux cartes et un Mémoire de M. Barbié du Bocage, destiné à servir de supplément à l'Histoire et aux OEuvres de Xénophon. — *Paris, Courcier*, s. d., *in-8°*.

1367. — Tableau historique et géographique du Monde, depuis son origine jusqu'au siècle d'Alexandre, c'est-à-dire jusqu'au quatrième siècle avant l'ère chrétienne inclusivement. — *Paris, Deterville*, 1810, *4 vol. in-12, rel. en 2.*

1368. **Fortia d'Urban** (A.-J.-F.-X.-P.-E.-L.-P.-A. de). Plan d'un Atlas portatif, suivi d'une liste des écrivains et artistes célèbres, jusques et y compris le 3e siècle avant l'ère chrétienne, terminé par un catalogue raisonné des géographes grecs, composé en latin par Luc Holstenius, publié pour la première fois avec une traduction française. — *Paris, Xhrouet*, 1809, *in-12.*
Le faux-titre porte : Mélanges d'histoire et de géographie.

1369. — Essai sur l'Origine de l'Écriture, sur son introduction dans la Grèce et son usage jusqu'au tems d'Homère, c'est-à-dire jusqu'à l'an 1000 avant notre ère. — *Paris, Fournier*, 1832, *in-8°, pl. gr.*

1370. — Antiquités et Monumens du département de Vaucluse. Première partie, contenant l'Histoire des Cavares et du passage d'Annibal par le département de Vaucluse. Deuxième partie, contenant l'Histoire de la conquête de la Gaule méridionale par les Romains, l'explication de médailles celtiques nouvellement découvertes et l'Histoire de l'Atlantide. — *Avignon, Seguin*, 1808, *2 part. en 1 vol. in-12, pl. gr.*

1371. — Mémoires pour servir à l'histoire des propriétés territoriales dans le département de Vaucluse, et principalement dans la ville et le territoire d'Avignon, etc. — *Paris, Xhrouet; et Avignon, Seguin*, 1808, *in-12.*

1372. **Fortis** (J.-B.). Voyage en Dalmatie, traduit de l'Italien. — *Berne, Société Typographique*, 1778, *2 vol. in-8°, fig. gr.*

1373. **Fortoul** (H.). Études d'Archéologie et d'Histoire. — *Paris, Didot*, 1854, *2 vol. in-8°.*

1374. **Fossati** (J.). Manuel pratique de Phrénologie ou Physiologie du Cerveau, d'après les doctrines de Gall, de Spurhzeim, de Combe et des autres phrénologistes. — *Paris, Baillière*, 1845, *in-12, pl. et fig. gr.*

1375. **Fourcault** (A.). Nouveaux principes de Physiologie, ou Lois de l'Organisme, considérées dans leurs rapports avec les lois physiques et chimiques. Deuxième édition. — *Paris, Dusillion*, 1844, *2 vol. in-8°.*

1376. **Fourmont** (E.). Réflexions sur l'origine des anciens Peuples

Chaldéens, Hébreux, Phéniciens, Égyptiens, Grecs, etc., jusqu'au temps de Cyrus. Nouvelle édition, augmentée de la vie de l'auteur. — *Paris, Debure*, 1747, 2 vol. *in-4°*.

1377. **Fournier** (F.-l.). Dictionnaire portatif de Bibliographie, contenant plus de 17000 articles de livres rares, curieux, estimés et recherchés, avec les marques connues pour distinguer les éditions originales des contrefaçons qui en ont été faites, et des notes instructives sur la rareté ou le mérite de certains livres...., suivi du catalogue des éditions *cum notis variorum, ad usum Delphini*, et de celles imprimées par les Aldes, les Elzeviers, Baskerville, etc. — *Paris, Fournier frères*, 1805, *in-8°*.

1378. **Fracastor** (J.). Sylphilis, ou le Mal Vénérien; poème latin, avec la traduction en français et des notes (par Macquer et Lacombe). — *Paris, Quillau*, 1753, *in-12*.

1379. **Franchi** (A.). Le Rationalisme, avec une introduction par D. Bancel. — *Paris, Bohné*, s. d., *gr. in-18*.

1380. **Franciosi** (Ch. de). Sur l'Eau, à la Montagne, dans la Plaine. Feuillets d'Herbier. — *Paris, Brunet*, 1868, *in-8°*.

1381. **Franck** (A.). De la Certitude, rapport à l'Académie des Sciences morales et politiques, précédé d'une introduction sur les devoirs de la Philosophie dans l'état présent de la Société. — *Paris, Ladrange*, 1847, *in-8°*.

1382. — Dictionnaire des Sciences Philosophiques, par une Société de professeurs et de savants sous la direction de M. Ad. Franck; deuxième édition. — *Paris, Hachette*, 1875, *gr. in-8°*.

1383. — Études Orientales. — *Paris, Lévy*, 1861, *in-8°*.

1384. **Franck** (de **Franckenau**) (G.). Satyræ medicæ XX, quibus accedunt dissertationes VI varii simulque rarioris argumenti, una cum oratione de Studiorum noxa, editæ ab autoris filio G.-F. Franck. — *Lipsiæ, Weidmann*, 1722, *pet. in-8*.

1385. **Franck** (G.-P.). Sistema completo di Polizia medica. Traduzione dal Tedesco. — *Milano, Pirotta e Maspero*, 1808, 9 vol. *in-8°*.

1386. **François** (L.). Observations sur la *Philosophie de l'Histoire* et le *Dictionnaire philosophique*; avec des réponses à plusieurs difficultés. — *Paris, Pillot*, 1770, 2 *tom. in-8° rel. en 1, frontisp. gr.*

1387. **Frankenheim** (M.-L.). Völkerkunde. Charakteristik und Physiologie der Völker. — *Breslau, Trewendt und Granier,* 1852, *in-8°.*

1388. **Franklin** (B.). Opuscules. — *Paris, Renouard,* 1795, *in-18.*

1389. **Franzius** (J.-G.-F.). Scriptores Physiognomoniæ veteres, ex recensione Perusci et Frid. Sylburgii, græce et latine, recensuit animadversiones Sylburgi et Dan. Guil. Trilleri in Melampodem emendationes; addidit suasque adspersit notas Joh.-Geor. Frid. Franzius. — *Altenburgi, Richterus,* 1780, *in-8°.*

1390. **Frarière** (de). Éducation antérieure. Influences maternelles pendant la gestation sur les prédispositions morales et intellectuelles des Enfants. Nouvelle édition. — *Paris, Didier,* 1862, *in-18.*

1391. **Fray** (J.-B.). Essai sur l'origine des Corps organisés et inorganisés, et sur quelques Phénomènes de Physiologie animale et végétale. — *Paris, Vᵉ Courcier,* 1817, *in-8°.*

1392. **Frégier** (N.-A.). Des Classes dangereuses de la Population dans les grandes villes, et des moyens de les rendre meilleures. — *Paris, Baillière,* 1840, *2 vol. in-8°.*

1393. **Freind** (J.). Histoire de la Médecine, depuis Galien jusqu'au XVIᵉ siècle, où l'on voit les progrès de cet art de siècle en siècle, par rapport principalement à la pratique; les nouvelles maladies qu'on a vu naître, et les noms des médecins, avec les circonstances les plus remarquables de leur vie, leurs découvertes, leurs opinions, et enfin leur méthode de traiter les maladies. Traduite de l'anglois (par Noguez). — *Paris, Vincent,* 1728, *in-4°.*

1394. **Frère** (l'abbé). Principes de la Philosophie de l'Histoire. — *Paris, Gaume,* 1839, *in-8°.*

1395. **Freret** (N.). OEuvres complètes; édition augmentée de plusieurs ouvrages inédits et rédigée par feu M. de Septchênes. — *Paris, Dandré,* an IV (1796)-an VII, *20 vol. pet. in-12.*

1396. — OEuvres (philosophiques) complètes. — *Londres,* 1775, *4 vol. in-8°, rel. en 1.*

1397. — Défense de la Chronologie fondée sur les monumens de l'Histoire ancienne contre le Système chronologique de M. Newton. — *Paris, Durand,* 1758, *in-4°.*

1398. **Fresnel** (F.). Lettres sur l'histoire des Arabes avant l'Islamisme. — *Paris, Barrois,* 1836, *in-8°.*

1399. **Friederich** (A.). Crania Germanica Hartagowensia. Beschreibung und abbildung Altdeutscher Schädel aus einem Todtenhügel bei Minsleben in der Grafschaft Wernigerode ; 1 helf. — *Wernigerode, Augerstein*, 1865, *in-fol.*

1400. **Friedlander.** Bibliographie méthodique des ouvrages publiés en Allemagne sur les Pauvres, les Prisons, les Hôpitaux et les Institutions de bienfaisance de ce pays. — *Paris*, 1822, *in-8°. (Extr. de la Revue Encyclopédique.)*

1401. **Friedreich** (J.-B.). Systematische Literatur der arztlichen und gerichtlichen Psychologie. — *Berlin, Enslin*, 1833, *in-8°.*

1402. **Frœbel** (J.). A travers l'Amérique. Traduction de l'allemand par E. Tandel. — *Bruxelles, Lacroix et Cie*, 1861, *3 vol. in-12.*

1403. **Fuchsius** (S.). Metoposcopia et Ophthalmoscopia. — *Argentinæ, Glaserus*, 1615, *in-8°, fig. gr.*

1404. **Furnari** (S.). Voyage médical dans l'Afrique septentrionale, ou de l'ophthalmologie, considérée dans ses rapports avec les différentes races, contenant : 1° l'histoire, les mœurs, la constitution physique et morale des différentes races qui habitent l'Afrique française ; 2° des considérations anatomiques et physiologiques sur l'œil, suivant les races ; 3° les causes, la nature et le traitement des maladies oculaires qui règnent en Afrique ; 4° l'indication des moyens hygiéniques et thérapeutiques pour prévenir ou guérir ces maladies ; suivi d'une appréciation analytique de la médecine chez les Arabes. — *Paris, Baillière*, 1840, *in-8°.*

1405. **Fuster** (J.-J.-N.). Des changements dans le Climat de la France ; histoire de ses révolutions météorologiques. — *Paris, Capelle*, 1845, *in-8°.*

G

1406. **Gabillot.** Étude physiologique de l'Instinct chez l'Homme et chez les Animaux dans l'état sain et dans l'état maladif. — *Paris, Baillière*, 1844, *in-8°.*

1407. **Gaffarel** (P.). Histoire ancienne des Peuples de l'Orient jusqu'au premier siècle avant notre ère. — *Paris, Lemerre*, 1876, *in-12.*

1408. **Gagneur** (M.-L.). Le Divorce. — *Paris, Bibl. démocr.*, 1872, *in-16.*

1409. **Galabert** (L.). Canal des Pyrénées, joignant l'Océan à la Méditerranée, ou continuation du Canal du Midi, depuis Toulouse jusqu'à Bayonne. — *Paris, Locquin, in-4°, carte.*

1410. **Galenus** (Cl.). Libri duo de Semine, Joan. Guinterio interprete. — *Parisiis, Colinæus, 1533, pet. in-8°.*

1411. — De usu Partium Corporis humani libri XVII, Nic. Regio interprete, cura J. Sylvii. Accessit ejusdem Sylvii brevis Isagoge partis ususque rationem edifferens. — *Parisiis, Wechelus, 1538, in-fol.*

1412. — De l'usage des parties du Corps humain, traduit du grec en latin et mis en bon ordre par questions et réponses pour la facilité des jeunes estudians en chirurgie; par A. E. B. D. C. I. — *Paris, Du Mesnil, 1639, in-4°.*

1413. **Gall** (J.-J.) et **Spurzheim** (G.). Anatomie et Physiologie du Système nerveux en général, et du Cerveau en particulier, avec des observations sur la possibilité de reconnoitre plusieurs dispositions intellectuelles et morales de l'homme et des animaux, par la configuration de leurs têtes. — *Paris, Schoell, 1810-19, 4 vol. gr. in-4° et atlas.*

On y a joint :

Recherches sur le Système nerveux en général et sur celui du cerveau en particulier; Mémoire..... suivi d'observations par F.-J. Gall et G. Spurzheim. — *Paris, Schoell, 1809.*

1414. — Sur les fonctions du Cerveau et sur celles de chacune de ses parties, avec des observations sur la possibilité de reconnaître les instincts, les penchants, les talens ou les dispositions morales et intellectuelles des hommes et des animaux par la configuration de leur cerveau et de leur tête. — *Paris, Baillière, 1825, 6 vol. in-8°. (Seconde édition de l'ouvrage précédent.)*

1415. — Des Dispositions innées de l'Ame et de l'Esprit, du Matérialisme, du Fatalisme et de la Liberté morale, avec des Réflexions sur l'Éducation et sur la Législation criminelle. — *Paris, Schoell, 1811, in-8°. (Tirage à part des 3 premières sections du second vol. du N° 1413.)*

1416. — Exposition de la Doctrine physionomique du Docteur Gall, ou Nouvelle théorie du Cerveau, considéré comme le siége des facultés intellectuelles et morales (par le Gal NORMANT). — *Paris, Henrichs, an XII, in-8°, pl.*

1417. **Gallesio** (G.). Traité du Citrus. — *Paris, Fantin*, 1811, *in-8°*.

1418. — Teoria della Riproduzione vegetale. — *Pisa, Capurro*, 1816, *in-8°*.

1419. **Galletti** (J.-G.-A.). Geschichte der Staaten und Völker der alten Welt. — *Leipzig, Hartmann*, 1822, *2 vol. in-8°*.

1420. **Galli** (C.). Essai sur le Nom et la Langue des anciens Celtes. — *Saint-Étienne, Janin*, 1843, *in-8°*.

1421. **Galoppe d'Onquaire** (J.-H.-A.). Hommes et Bêtes. Physiologies anthropozoologiques et amusantes. — *Paris, Amyot*, 1862, *gr. in-18*.

1422. **Garat** (D.-J.). Origines des Basques de France et d'Espagne. — *Paris, Hachette*, 1869, *gr. in-18*.

1423. **Garcin** (E.). Les Français du Nord et du Midi. — *Paris, Didier*, 1868, *gr. in-18*.

1424. **Gardane** (J.-J.). Essai sur la Putréfaction des Humeurs animales, sur la Suppuration et sur la Croûte inflammatoire; traduits du latin de différents auteurs, auxquels on a réuni toutes les expériences détachées relatives à cette question, avec une Dissertation sur la salive et des réflexions sur tous ces objets. — *Paris, d'Houry*, 1769, *in-8°*.

1425. **Gardanne** (C.-P.-L.). Réflexions philosophiques sur la Médecine et le Médecin. — *Paris, Chanson*, 1818, *in-16*.

1426. **Gariel** (P.). Idée de la Ville de Montpelier, recherchée et présentée aux honestes gens. — *Montpellier, D. Pech*, 1665, *in-4°*, *portr. et pl. gr.*

> On y a joint une *Dissertation généalogique* (sur la famille de La Roque) *pour servir de supplément à l'Histoire de Montpellier*, avec une carte du diocèse, par Cavelier.

1427. **Garidel** (P.-J.). Histoire des Plantes qui naissent aux environs d'Aix et dans plusieurs autres endroits de la Provence. — *Aix, David*, 1715, *in-fol., pl. gr.*

1428. **Garinet** (J.). Histoire de la Magie en France, depuis le commencement de la Monarchie jusqu'à nos jours. — *Paris, Foulon*, 1818, *in-8°, front. gr.*

1429. **Garmannus** (L.-C.-F.). De Miraculis Mortuorum libri tres; quibus præmissa Dissertatio de Cadavere et Miraculis in genere, opus physico-medicum curiosis observationibus, experimentis, etc., exornatum, cura I. H. Garmanni autor. fil.

editum. — *Dresdæ et Lipsiæ, Zimmermanus*, 1709, *1 vol. en 2 tom. in-4°*.

1430. **Garnier** (A.). La Psychologie et la Phrénologie comparées. — *Paris, Hachette, 1839, in-8°*.

1431. **Garnier** (Jos.). Du Principe de Population. Énergie de ce principe; — avantages et maux qui peuvent en résulter; — obstacles qu'il rencontre ou qu'il peut lui opposer; — remèdes pour en contre-balancer les effets; — théories économiques, politiques, morales et socialistes auxquelles il a donné lieu; — contrainte morale; — réformes économiques, politiques et sociales; — émigration; — charité; — socialisme; — droit au travail, etc. — *Paris, Garnier*, 1857, *gr. in-18*.

1432. **Garnier** (Jul.). Voyage autour du monde. Océanie, les Iles des Pins, Loyalty et Tahiti. — *Paris, Plon*, 1871, *in-12, fig. et carte*.

1433. **Garth** (S.). Poetical works. — *Glascow, Foulis*, 1771, *in-16*.

1434. **Gasparin** (A. de). L'Égalité. — *Paris, Lévy*, 1869, *gr. in-18*.

1435. **Gass** (P.). Voyage des capitaines Lewis et Clarke, depuis l'embouchure du Missouri jusqu'à l'entrée de la Colombia dans l'Océan Pacifique; fait dans les années 1804, 1805 et 1806, contenant le Journal authentique des événements les plus remarquables du voyage, ainsi que la description des habitants, du sol, du climat et des productions animales et végétales des pays situés à l'Orient de l'Amérique septentrionale; traduit en français par A.-J.-N. Lallemant, avec des notes, etc. — *Paris, Arthus Bertrand*, 1860, *in-8°*.

1436. **Gast** (J.). The History of Greece from the accession of Alexander of Macedon, till its final subjection to the roman power. — *Basil, Tourneisen*, 1797, *2 vol. in-8°*.

1437. **Gasté** (L.-F.). Du Calcul appliqué à la Médecine comme complément de la Théorie, des Faits et des Raisonnemens sur lesquels doivent être fondées la Pathologie, la Thérapeutique et la Clinique. — *Montpellier, Castel*, 1838, *in-8°*.

1438. **Gattel** (C.-M.). Nuevo Diccionario portatil Español y Frances, resumido despues de los mejores Lexicografos de ambas Naciones. — *Paris, Bossange*, 1806, *2 vol. in-16 rel. en 1*.

1439. **Gatterer** (J.-C.). Versuch einer allgemeinen Weltgeschichte, bis zur entdeckung Amerikens. — *Göttingen Vandenhoeck und Ruprecht*, 1792, *in-8°*.

1440. **Gattine** (M.-A. de) et **Carli** (D. de). Relation curieuse et nouvelle d'un voyage de Congo fait ès années 1666 et 1667. — *Lyon, Amaury,* 1680, *in-12.*

1441. **Gauckler** (P.). Le Beau et son histoire. — *Paris, Baillière,* 1873, *in-18.*

1442. **Gaussen.** Dissertation sur le Thermomètre de Réaumur. — *Béziers, Fuzier,* 1789, *in-8°.*

1443. **Gaussin** (P.-L.-J.-B.). Du Dialecte de Tahiti, de celui des Iles Marquises, et en général de la Langue Polynésienne. — *Paris, Didot,* 1853, *in-8°.*

1444. **Gautier** (H.). L'Histoire de la ville de Nismes et de ses antiquitez. — *Paris, Cailleau; et Nismes,* 1724, *in-8°, fig. gr.*

1445. **Gautier** (Th.). Ménagerie intime. — *Paris, Lemerre,* 1869, *gr. in-16.*

1446. — Les Grotesques. — *Paris, Lévy,* 1856, *in-12.*

1447. **Gautieri** (J.). Tyrolensium, Carynthiorum Styriorumque Struma, observata et descripta. — *Vindobonæ, de Kurtzbek,* 1794, *in-8°.*

1448. **Gavarret** (J.). Principes généraux de Statistique médicale, ou développement des règles qui doivent présider à son emploi. — *Paris, Bechet et Labé,* 1840, *in-8°.*

1449. **Gazola** (J.). Préservatif contre la Charlatanerie des faux médecins; ouvrage posthume, trad. de l'italien par A. F. D. D. C. — *Leide, Luzac,* 1735, *in-12.*

1450. **Geer** (Ch. de). Mémoires pour servir à l'histoire des Insectes. — *Stockholm,* 1752-70, 7 *tom. en 8 vol. in-4°.*

    La Bibliothèque ne possède que l'atlas du tome VII.

1451. **Geffroy** (A.). Rome et les Barbares. Études sur la Germanie de Tacite. Deuxième édition. — *Paris, Didier, in-12.*

1452. **Gelpke** (H.-C.). Ueber das Urvolk der Erde oder das Menschengeschlecht von Adam, und dessen Abstammung von einem Menschenpaare. — *Braunschweig, Meyer,* 1820, *in-12.*

1453. **Générations** (Sur les) actuelles. Absurdités humaines. — Rêveur des Alpes (par E.-P.-P. de Sénancour). — *Paris, l'an* 1793 *de l'ère chrétienne (vieux style), in-12.*

1454. **Génin** (F.). Récréations Philologiques, ou recueil de notes pour servir à l'histoire des mots de la langue française. — *Paris, Chamerot,* 1856, 2 *vol. in-8°.*

1455. **Génin** (F.). Les Jésuites et l'Université. Deuxième édition. — *Paris, Paulin*, 1844, *in-8°*.

1456. **Genovesi** (A.). Delle Scienze metafisiche. — *Napoli*, 1791, *in-8°*.

1457. **Genssane** (de). Histoire naturelle de la province de Languedoc, partie minéralogique et géoponique ; avec un règlement instructif sur la manière d'exploiter les mines de charbon de terre. — *Montpellier, Rigaud et Pons*, 1776-79, 5 *vol. in-8°, pl. gr.*

1458. **Geoffroy** (E.-L.). Dissertation sur l'organe de l'Ouïe. De l'Homme. Des Reptiles. Des Poissons. — *Amsterdam et Paris, Cavelier*, 1778, *in-8°*.

1459. — Histoire abrégée des Insectes, dans laquelle ces animaux sont rangés suivant un ordre méthodique ; nouvelle édition, revue, corrigée et augmentée d'un supplément considérable. — *Paris, Volland*, an VII, 2 *vol. in-4°, pl. color.*

1460. **Geoffroy Saint-Hilaire** (E.). Composition de la Tête osseuse de l'Homme et des Animaux. *(Extr. des Ann. des Scienc. nat.*, 1824.*)* — *Paris, Tastu*, 1824, *in-8°, pl.*

1461. — Cours de l'Histoire naturelle des Mammifères. Partie comprenant quelques vues préliminaires de philosophie naturelle, et l'histoire des Singes, des Makis, des Chauve-Souris et de la Taupe ; pouvant servir de complément à l'histoire naturelle des Quadrupèdes de Buffon. — *Paris, Pichon et Didier*, 1829, *in-8°, pl. gr.*

1462. — Principes de Philosophie zoologique, discutés en mars 1839 au sein de l'Académie Royale des Sciences. — *Paris, Pichon et Didier*, 1830, *in-8°*.

1463. — Philosophie anatomique. Fragmens sur la structure et les usages des Glandes mammaires des Cétacés. — *Paris, Deville-Cavellin*, 1834, *in-8°*.

1464. — Études progressives d'un Naturaliste pendant les années 1834 et 1835 ; faisant suite à ses publications dans les 24 volumes des Mémoires et Annales du Muséum d'Histoire Naturelle. — *Paris, Roret*, 1835, *gr. in-4°*.

1465. **Geoffroy Saint-Hilaire** (I.). Histoire générale et particulière des Anomalies de l'organisation chez l'Homme et les Animaux ; ouvrage comprenant des recherches sur les caractères, la classification, l'influence physiologique et pathologique, les rapports généraux, les lois et les causes des monstruosités, des variétés et vices de conformation, ou Traité de Tératologie. — *Paris, Baillière*, 1832-36, *3 vol. in-8° et atlas.*

1466. **Geoffroy Saint-Hilaire** (I.). Histoire naturelle générale des Règnes Organiques, principalement étudiée chez l'Homme et les Animaux. — *Paris, Masson*, 1854-62, *3 tomes en 5 vol. gr. in-8°.*

1467. — Essais de Zoologie générale, ou Mémoires et Notices sur la Zoologie générale, l'Anthropologie et l'Histoire de la science. — *Paris, Roret*, 1841, *in-8°. (Suites à Buffon.)*

1468. — Acclimatation et Domestication des Animaux utiles. Quatrième édition, contenant l'historique des travaux faits et des résultats obtenus depuis la création de la Société Impériale d'Acclimatation. — *Paris, Librairie agricole*, 1861, *in-8°, fig.*

1469. — Vie, Travaux et Doctrine scientifique d'Étienne Geoffroy Saint-Hilaire, par son fils Isidore Geoffroy Saint-Hilaire. — *Paris, Bertrand*, 1847, *gr. in-18.*

1470. Geographi Græci minores. Hudsonianæ editionis adnotationes integras cum Dodwelli dissertationibus edidit, suasque et variorum adjecit, etc., J.-F. Gail. — *Parisiis, typis regiis*, 1826-31, *3 vol. in-8°, cartes.*

1471. **Georget** (E.-J.). De la Physiologie du Système nerveux, et spécialement du Cerveau. Recherches sur les maladies nerveuses en général, et en particulier sur le siége, la nature et le traitement de l'Hystérie, de l'Hypocondrie, de l'Épilepsie et de l'Asthme convulsif. — *Paris, Baillière*, 1821, *2 vol. in-8°.*

1472. **Gérando** (A. de). Essai historique sur l'origine des Hongrois. — *Paris, imprimeurs unis*, 1844, *in-8°.*

1473. — La Transylvanie et ses habitants. Seconde édition. — *Paris, imprimeurs unis*, 1850, *2 vol. in-8°, pl. gr.*

1474. **Gérard** (P.-A.-F.). Histoire des Races humaines d'Europe, depuis leur formation jusqu'à leur rencontre dans la Gaule. — *Bruxelles, Decq*, 1849, *gr. in-18.*

1475. — La Barbarie Franke et la Civilisation Romaine ; études historiques. — *Bruxelles, Decq*, 1845, *in-16.*

1476. **Gerardus** (L.). Flora Gallo-Provincialis, cum iconibus æneis. — *Parisiis, Bauche*, 1761, *in-8°, pl. gr.*

— 143 —

1477. **Gerdy** (P.-N.). Physiologie médicale didactique et critique. Histoire naturelle de l'Homme. — *Paris, Crochard,* 1832, *in-8°. Tome I*er.

1478. — Physiologie philosophique des Sensations et de l'Intelligence, fondée sur des Recherches et des Observations nouvelles et applications à la morale, à l'éducation, à la politique. — *Paris, Labé,* 1846, *in-8°.*

1479. **Gerland** (G.). Anthropologische beiträge. Erster band. — *Halle, Lippert,* 1875, *in-8°.*

1480. **Geringer** (N.) et **Burnouf** (E.). L'Inde française, ou Collection de dessins lithographiés représentant les divinités, temples, costumes, physionomies, meubles, armes, ustensiles, etc., des peuples Hindous qui habitent les possessions françaises de l'Inde, et en général la côte de Coromandel et le Malabar. — *Paris, Geringer,* 1827, *livr. 1-14, in-fol., pl. color.*

1481. **Gervais** (J.-A.). Opuscule sur la Vinification, traitant des vices des méthodes usitées pour la fabrication des vins, etc. — *Montpellier, Tournel,* 1820, *in-8°.*

1482. **Gervais** (P.). Zoologie de la France. — *Paris, Dubochet et C*ie, 1843, *in-12.* (Extrait de *Patria.*)

1483. — Atlas de Zoologie, ou Collection de 100 planches comprenant 237 figures d'animaux nouveaux ou peu connus, classés d'après la méthode de M. de Blainville, avec une explication. — *Paris, Delahays,* 1844, *in-8°.*

1484. — De la Métamorphose des organes et des générations alternantes dans la série animale et dans la série végétale. — *Montpellier, Martel,* 1860, *in-8°.*

1485. — Recherches sur l'Ancienneté de l'homme et la Période quaternaire. — *Paris, Bertrand,* 1867, *in-4°, pl. gr.*

1486. **Gervais de Rouville** (P.). Description géologique des environs de Montpellier. — *Montpellier, Boehm,* 1853, *in-4°.*

1487. **Gesnerus** (C.). De raris et admirandis Herbis quæ, sive quod noctu luceant, sive alias ob causas Lunariæ nominantur, et obiter de aliis etiam rebus quæ in tenebris lucent, etc.; editio secunda, cum iconibus. — *Hafniæ, Hauboldus,* 1669, *in-12.*

1488. **Gesnerus** (J.). Tractatus physicus de Petrificatis in duas partes distinctus, quarum prior agit de Petrificatorum différentiis, et eorum varia origine; altera vero de Petrificatorum variis originibus, præcipuarumque Telluris mutationum testibus. — *Lugduni-Batavoruum Haak*, 1758, *in-8°*.

1489. **Gfrörer** (A.-Fr.). Urgeschichte des menschlichen Geschlechts — *Schaffhausen, Hurter*, 1855, *in-8°*. Zwerter Band.

1490. **Gibert** (J.-B.). Mémoire pour servir à l'histoire des Gaules et de la France. — *Paris, de Nully*, 1744, *in-12*.

1491. **Giboin** (N.-J.-B.). Fragmens de Physiologie végétale. — *Montpellier, Izard et Ricard*, an VII, *in-4°*. *(Notes mss. de Draparnaud.)*

1492. **Gibson** (W.-S.). The Certanties of Geology. — *London, Smith*, 1840, *gr. in-8°*.

1493. **Giebel** (C.-G.). Der Mensch. Sein Korperbau, seine Lebensthätigkeit und entwickung. — *Leipzig, Wigand*, 1868, *in-8°, pl.*

1494. Gigantologie. Histoire de la grandeur des Géants, où il est démontré que de toute ancienneté les plus grands hommes et géants n'ont esté plus hauts que ceux de ce temps (par Jean RIOLAN). — *Paris, Périer*, 1618, *in-8°*.
On y a joint :
Gigantomachie, pour respondre à la Gigantostologie (par le même), s. ind., 1613. = L'Imposture descouverte des os humains supposés et faussement attribués au roy Theutobochus (par le même). — *Paris, Ranvier*, 1614.

1495. **Gilchrist** (G.). Utilité des Voyages sur mer, pour la cure des différentes maladies, et notamment de la consomption ; avec un appendix sur l'usage des Bains dans les Fièvres, par M. Bourru. — *Paris, Didot*, 1770, *in-12*.

1496. **Gilibert** (J.-E.). L'Anarchie médicale, ou la Médecine considérée comme nuisible à la Société. — *Neuchatel*, 1772, *3 vol. in-12*.

1497. — Exercitia phytologica, quibus omnes plantæ Europeæ, quas vivas invenit in variis herbationibus, seu in Lithuania, Gallia, Alpibus, analysi nova proponuntur, ex typo naturæ describuntur, novisque observationibus aut figuris raris illustrantur : additis stationibus, tempore florendi, usibus medicis aut æconomicis, propria auctoris experientia natis. — *Lugduni-Gallorum, Delamollière*, 1792, *2 vol. in-8°, pl. gr.*

1498. — Le Calendrier de Flore pour l'année 1778 autour de Grodno, et pour l'année 1808 autour de Lyon. — *Lyon, Leroy*, 1809, *in-8°*.

1499. **Gillies** (J.). The History of ancient Greece, its colonies and conquests from the earliest accounts till the division of the Macedonian Empire in the East, including the history of literature, philosophy and the fine arts. — *Basil, Tourneisen*, 1790, 5 vol. in-8°.

1500. **Guinguené** (P.-L.). Histoire littéraire d'Italie, continuée par F. Salfi. — *Paris, Michaud*, 1811-23, 10 vol. in-8°.

1501. **Gioeni**, de' duchi d'Angio (G.). Saggio di Litologia Vesuviana. — *Napoli*, 1791, in-8°.

1502. — Descrizione di una nuova famiglia, e di un nuovo genere di Testacei trovati nel littorale di Catania. Con qualche osservazioni sopra una spezie di Ostriche, per servire alla Conchiologia generale. — *Napoli*, 1783, in-8°, pl. gr.

1503. **Girard** (M.). F. Péron, naturaliste, voyageur aux Terres Australes; sa vie, appréciation de ses travaux, analyse raisonnée de ses recherches sur les animaux vertébrés et invertébrés, d'après ses collections déposées au Museum d'histoire naturelle. — *Paris, Baillière*, 1857, in-8°, port.

1504. **Girardin** (J.). Des Fumiers considérés comme engrais. Cinquième édition. — *Paris, Masson*, 1847, in-16, fig.

1505. **Girardin** (M.-J.). Considérations générales sur les Volcans et examen critique des diverses théories qui ont été successivement proposées pour expliquer les phénomènes volcaniques. — *Rouen, Periaux*, 1831, in-8°.

1506. **Giraud-Soulavie** (J.-L.). Histoire naturelle de la France Méridionale, ou Recherches sur la Minéralogie du Vivarais, du Viennois, du Valentinois, du Forez, de l'Auvergne, du Vélai, de l'Uségeois, du Comtat-Venaissin, de la Provence, des diocèses de Nismes, Montpellier, Agde, etc.; sur la Physique de la Mer Méditerranée, sur les Météores, les Arbres, les Animaux, l'Homme et la Femme de ces contrées. — *Nismes; et Paris, Quillau*, 1780-84, 7 vol. in-8°, pl. gr. *(Manque le 7°.)*

1507. — Chronologie physique des éruptions des Volcans éteints de la France Méridionale, depuis celles qui avoisinent la formation de la Terre jusques à celles qui sont décrites dans l'Histoire. — *(Tome IV de l'ouvrage précédent.)*

1508. **Girault-Duvivier** (C.-P.). Grammaire des Grammaires, ou Analyse raisonnée des meilleurs traités sur la Langue françoise. 4ᵉ édition. — *Paris, Janet et Cotelle*, 1819, 2 vol. in-8°.

1509. **Girod-Chantrans.** Recherches chimiques et microscopiques sur les Conferves, Bisses, Tremelles, etc. — *Paris, Bernard*, an X (1802), *gr. in-4°.*

1510. **Girou de Buzareingues** (C.). De la Génération. — *Paris, Huzard*, 1828, *in-8°.*

1511. **Girtanner** (C.). Ueber das Kantische Prinzip für die Naturgeschichte. Ein versuch diese wissenschaft philosophich zu behandeln. — *Gottingen, Vandenhoek und Ruprecht*, 1796, *in-8°.*

1512. **Gleichen** (F. de). Découvertes les plus nouvelles dans le Règne Végétal, ou Observations microscopiques sur les parties de la génération des Plantes renfermées dans leurs fleurs et sur les insectes qui s'y trouvent, avec quelques essais sur le germe, un supplément d'observations mêlées, etc.; traduit de l'allemand par J.-F. Isenflamm. — *(Nurenberg)*, 1770, *3 part. en 1 vol. in-fol., pl. color.*

1513. — Dissertation sur la génération des Animalcules spermatiques et ceux d'Infusions, avec des observations microscopiques sur le sperme et sur différentes infusions. Ouvrage traduit de l'allemand (par Lavaux). — *Paris, Digeon,* an VII, *gr. in-4°, pl. noires et color.*

1514. **Gleisberg** (P.). Die Lehre von der Entstehung des Menschen oder Schöpfung und Zeugung : anatomisch, physiologisch und culturhistorisch dargestellt für die Gebildeten aller Stände. — *Dresden, Tittel,* s. d., *gr. in-8° (Livraisons I-VII), pl.*

1515. **Gley** (G.). Langue et Littérature des anciens Francs. — *Paris, Michaud*, 1814, *in-8°.*

1516. **Globe** (Le), recueil philosophique, politique et littéraire. (N^{os} du 17 septembre 1828 au 29 mars 1829, avec quelques lacunes). — *1 vol. pet. in-fol.*

1517. **Gnomologiæ**, sive Sententiæ collectaneæ, et Similia, ex Demosthenis Orationibus et Epistolis collectæ per Joannem Loinum. — Divi Gregorii Sententiarum Spiritualium libri tres, Joan. Lango interprete. — Arithmologia ethica, Sententiæ morales certis numeris comprehensæ a Joach. Camerario conversæ. Omnia græce et latine. — *Basileæ, Lucius (absque anno), in-16.*

1518. **Gobet** (N.). Les anciens Minéralogistes du royaume de France, avec des notes. — *Paris, Ruault*, 1779, *2 vol. in-8°, pl.*

1519. **Gobineau** (A. de). Essai sur l'Inégalité des Races Humaines. — *Paris, Didot*, 1853-55, *4 vol. in-8°.*

1520. — Lecture des Textes Cunéiformes. — *Paris, Didot,* 1858, *in-8°.*

1521. **Godron** (D.-A.). De l'Espèce et des Races dans les Êtres organisés, et spécialement de l'Unité de l'Espèce Humaine. — *Paris, Baillière,* 1859, *2 vol. in-8°.*

1522. **Godwin** (W.). Recherches sur la Population et sur la Faculté d'accroissement de l'Espèce Humaine, contenant une Réfutation des doctrines de M. Malthus sur cette matière ; traduit de l'anglais par F.-S. Constancio. — *Paris, Aillaud,* 1821, *2 vol. in-8°.*

1523. **Goedaert** (J.). Metamorphosis et Historia Naturalis Insectorum, cum commentariis D. Joan. de Mey. — *Medioburgi, Fierenstus,* s. d., *in-12, titre et fig. gr.*

1524. — Métamorphoses naturelles, ou Histoire des Insectes, observée très-exactement suivant leur nature et leurs propriétés. — *Amsterdam, Gallet,* 1700, *3 vol. pet. in-18, portr. et fig. gr.*

1525. **Goethe** (J.-W.). Zur Naturwissenschaft überhaupt, besonders zur Morphologie. Erfahrung, Betrachtung, Folgerung durch lebensereignisse verbunden. — *Stuttgard und Tübingen, Cotta,* 1817-20, *2 vol. in-8°, rel. en 1.*

1526. — OEuvres d'Histoire naturelle, comprenant divers Mémoires d'anatomie comparée, de botanique et de géologie ;.traduits et annotés par Ch.-Fr. Martins. — *Paris, Cherbuliez,* 1837, *in-8° et atlas in-fol.*

1527. — Le Faust, traduction complète, précédée d'un essai sur Goethe, accompagnée de notes et de commentaires, et suivie d'une Étude sur la Mystique du Poème, par M. H. Blaze. — *Paris, Charpentier,* 1841, *gr. in-18.*

1528. **Gomara** (F.-L. de). Histoire génerallle *(sic)* des Indes occidentales et terres neuves, qui jusques à présent ont esté descouvertes, augmentée en ceste cinquiesme edition de la description de la nouvelle Espagne et de la grande ville de Mexicque, autrement nommée Tenuctitan, composée en espagnol, et traduite en françois par le s. de Genillé Mart. Fumée. — *Paris, Sonnius,* 1584, *in-8°.*

1529. **Gontier** (P.). Excitationes Hygiasticæ, sive de Sanitate tuenda et vita producenda, libri XVIII : opus ex luculentissimis selectiss. authorum monumentis nova methodo adornatum, omnibus suæ valetudinis studiosis, cujuslibet naturæ, ætatis, sexus, conditionis, gentis.... necessarium. — *Lugduni, Iullieron*, 1668, *in-4°*.

1530. **Gonzalez di Mendozza** (G.). Dell' Historia della China descritta nella lingua spagnuola et tradotta nell' italiana da Francesco Avanzo, divise in tre libri et in tre viaggi fatti da i Padri Agostiniani et Franciscani in quei paesi. — *Roma, Martinelli*, 1586.

1531. **Gordon Latham** (R.). The natural History of the varieties of Man. — *London, Van Voorst*, 1850, *in-8°*.

1532. **Gorini Corio** (J.). L'Anthropologie. Traité métaphysique. Traduit de l'italien. — *Lausanne, Bousquet*, 1761, 2 vol. *in-12*, front. gr.

1533. **Gorres** (J. von). Die Völkertafel des Pentateuch. I. Die Japhetiden und ihr auszug aus Armenien. — *Regensburg, Manz*, 1845, gr. *in-4°*, cartes.

1534. **Gosse** (L.-A.). Essai sur les Déformations artificielles du Crâne. — *Paris, Baillière*, 1855, *in-8°*, pl. lithogr.

1535. **Gosselinus** (A.). Historia Gallorum veterum. — *Cadomi, Poisson*, 1636, *in-12*.

1536. **Gossellin** (P.-F.-J.). Géographie des Grecs analysée, ou les systèmes d'Eratosthènes, de Strabon et de Ptolémée, comparés entre eux et avec nos connoissances modernes. — *Paris, Didot*, 1790, *in-4°*.

1537. — Recherches sur la Géographie systématique et positive des Anciens, pour servir de base à l'histoire de la Géographie ancienne. — *Paris, Impr. de la République*, an VI, 4 vol. *in-4°*.

1538. **Gottsched** (J.-C.). Le Maître de la Langue allemande, ou nouvelle grammaire allemande méthodique et raisonnée, composée sur le modèle des meilleurs auteurs de nos jours, et principalement sur celui de Gottsched; dixième édition. — *Strasbourg, Koenig*, 1786, *in-8°*.

1539. **Goüan** (A.). Hortus regius Monspeliensis, sistens Plantas tum indigenas tum exoticas N° MM.CC ad genera relatas, cum nominibus specificis, synonymis selectis, nominibus trivialibus, habitationibus indigenarum, hospitiis exoticarum, secundum Sexualem Methodum digestas. — *Lugduni, Tournes*, 1762, *in-8°*, pl. gr.

1540. **Goüan** (A.). Flora Monspeliaca, sistens plantas N° 1850 ad sua genera relatas, et hybrida methodo digestas; adjectis nominibus specificis trivialibusque, synonymis selectis, habitationibus plurium in agro Monspeliensi nuper detectarum, et earum quæ in usus medicos veniunt nominibus pharmaceuticis, virtutibusque probatissimis. — *Lugduni, Duplain,* 1765, *in-8°, pl. gr.*

1541. — Herborisations des environs de Montpellier, ou Guide botanique à l'usage des Élèves de l'École de santé; ouvrage destiné à servir de supplément au Flora Monspeliaca. — *Montpellier, Izard et Ricard, an IV, in-8°, carte gr. (avec notes mss. de Belleval).*

On y a joint du même :

Nomenclateur Botanique, contenant : 1° l'explication et traduction française des noms et termes latins; 2° l'énumération méthodique des classes, ordres, genres, etc., d'après Linné; 3° la connaissance de ce système et la manière de s'en servir. — *Montpellier, Izar et Ricard,* an III.

1542. — Explication du Système du chevalier von Linné. — *(Montpellier,* 1787*), in-8°.*

1543. — Traité de Botanique et de Matière Médicale, contenant : 1° l'explication du système de Linné; 2° le Nomenclateur botanique; 3° l'énumération méthodique des caractères par classes, ordres, genres; 4° l'exposition des vertus des plantes médicinales et économiques, à l'usage des Étudiants en Médecine. — *Montpellier, Izar et Ricard,* an XII-1804, *in-8°.*

1544. — Histoire des Poissons, contenant la description anatomique de leurs parties externes et internes, et le caractère des divers genres rangés par classes et par ordres, avec un vocabulaire complet, des tables raisonnées en latin et en françois, des expériences sur le mouvement natatoire et musculaire, sur le mechanisme de la respiration, sur les organes de l'ouïe et de la génération, etc. (texte latin et français). — *Strasbourg, König,* 1770, *in-4°, pl. gr.*

1545. **Gouraud** (C.). Histoire du Calcul des Probabilités, depuis ses origines jusqu'à nos jours; avec une Thèse sur la légitimité des principes et des applications de cette analyse. — *Paris, Durand,* 1848, *gr. in-8°.*

1546. — Les Destinées. De l'Inégalité entre les hommes. — *Paris, Libr. internat.,* 1868, *in-12.*

1547. **Gourbillon** (J.-A. de). Voyage critique à l'Etna en 1819. — *Paris, Mougie*, 1820, *2 vol. in-8°, fig.*

1548. **Gourdault** (J.). Voyage au Pôle Nord des navires la *Hansa* et la *Germania*, rédigé d'après les relations officielles allemandes. — *Paris, Hachette*, 1875, *in-8°, carte et fig.*

1549. **Goureau** (C.). Les Insectes nuisibles aux Arbres fruitiers, aux Plantes potagères, aux Céréales et aux Plantes fourragères. — *Paris, Masson*, 1861, *2 part., in-8°.*

1550. **Graaf** (N.). Voyages aux Indes Orientales et en d'autres lieux de l'Asie, avec une relation curieuse de la ville de Batavia, et des Mœurs et du Commerce des Hollandois établis dans les Indes. — *Amsterdam, Bernard*, 1719, *in-12, cart. gr.*

1551. **Graaf** (R. de). De Virorum organis generationi inservientibus, de Clysteribus et de usu Siphonis in anatomia. Ejusdem de Mulierum organis generationi inservientibus, tractatus novus demonstrans tum Homines et Animalia cætera omnia quæ Vivipara dicuntur, haud minus quam Ovipara ab Ovo originem ducere.... — *Lugduni-Batavorum, Hackius*, 1668 et 1672, *2 vol. pet. in-8° rel. en 1, titres, port. et pl. gr.*

1552. **Graff** (G.). Abriss der alten geschichte des Orients, ethnographisch geordnet, mit dem Nöthigen aus der Cultur und Litteratur Geschichte, unter steter hinweisung auf quellen und hilfschriften.... — *Mainz, Kupferberg*, 1829, *in-8°.*

1553. **Graisse** (J.-C.-T.). Bibliotheca Psychologica oder Verzeichniss der wichtigsten über das Wesen des Menschen-und Thierseelen und die Unsterblichkeitslehre handelnden Schriftsteller älterer und neuerer zeit, in alphabetischer ordnung zusammengestellt, und mit einer wissenschaftlichen uebersicht begleitet. — *Leipzig, Engelmann*, 1845, *in-8°.*

1554. **Graffenauer** (J.-L.). Lettres écrites en Allemagne, en Prusse et en Pologne, dans les années 1805-08, contenant des recherches statistiques, historiques, littéraires, physiques et médicales; avec des détails sur les monuments publics, les usages particuliers des habitans, les établissements utiles, les curiosités, les savans et leurs découvertes, etc., ainsi que des notices sur divers hôpitaux militaires de l'armée et des fragments pour servir à l'histoire de la dernière campagne. — *Paris, Kœnig*, 1809, *in-8°.*

1555. **Granger.** Relation du Voyage fait en Égypte en l'année 1730, où l'on voit ce qu'il y a de plus remarquable, particulièrement sur l'Histoire naturelle. — *Paris, Vincent*, 1745, *in-12*.

1556. **Grant** (A.). Les Nestoriens, ou les Tribus perdues, contenant les preuves de leur identité, une exposition de leurs mœurs, coutumes et cérémonies, et l'esquisse d'un voyage dans l'ancienne Assyrie, l'Arménie, la Médie et la Mésopotamie ; trad. de l'anglais. — *Paris, Delay*, 1843, *in-8°*.

1557. **Grant** (J.). Thoughts on the origin and descent of the Gael : with an account of the Picts, Caledonians and Scots ; and observations relative to the authenticity of the Poems of Ossiam. *Edinburgh, Walker and Grey*, 1814, *in-8°*.

1558. **Graslin** (L.-F.). De l'Ibérie, ou Essai critique sur l'origine des premières populations de l'Espagne. — *Paris, Leclerc*, 1838, *in-8°, pap. fort (exemplaire de l'auteur)*.

1559. **Gratiolet** (P.). De la Physionomie et des Mouvements d'expression ; suivi d'une notice sur sa vie et ses travaux, et de la nomenclature de ses ouvrages, par L. Grandeau. — *Paris, Hetzel*, 1865, *gr. in-18, port.*

1560. **Gravenhorst** (J.-L.-C.). Ichneumonologia Europæa. — *Vratislaviæ et Lipsiæ, Voss*, 1829, *3 vol. in-8°*.

1561. **Grégoire** (H.). Essai historique et patriotique sur les Arbres de la Liberté. — *Paris, Desenne*, an II, *in-16*.

1562. — De la Littérature des Nègres, ou Recherches sur leurs facultés intellectuelles, leurs qualités morales et leur littérature, suivies de notices sur la vie et les ouvrages des Nègres qui se sont distingués dans les sciences, les lettres et les arts. — *Paris, Maradan*, 1808, *in-8°*.

1563. — De la Domesticité chez les Peuples anciens et modernes. — *Paris, Egron*, 1814, *in-8°*.

1564. **Grégoire** (S^t), de Tours. Histoire ecclésiastique des Francs (depuis 573 jusqu'en 594) ; suivie d'un sommaire de ses autres ouvrages et précédée de sa vie écrite au Xe siècle, par Odon, abbé de Cluni. Traduction nouvelle par H. Bordier. — *Paris, Didot*, 1859-62, *2 vol. in-12*.

1565. **Gregory** (J.). Observations sur les Devoirs et les Fonctions d'un Médecin, et sur la méthode de perfectionner l'Histoire Naturelle. Traduit de l'anglois (par Verlac). — *Edimbourg et Paris, Stoupe*, 1774, *in-12*.

1566. **Gregory** (J.). Discours sur les devoirs, les qualités et les connaissances du médecin, avec un cours d'études; traduit de l'anglois (par Verlac) sur la nouvelle édition corrigée et annotée par l'auteur. — *Paris, Briand*, 1788, *in-12*.

1567. **Grellmann** (H.-M.-G.). Histoire des Bohémiens, ou Tableau des mœurs, usages et coutumes de ce peuple nomade, suivi de recherches historiques sur leur origine, leur langage et leur première apparition en Europe; trad. de l'allemand, sur la deuxième édition, par M. J. — *Paris, Chaumerot*, 1810, *in-8°*.

1568. **Grenier** (P.-J.). Étude médico-psychologique du Libre Arbitre humain. — *Paris, Delahaye*, 1868, *in-8°*.

1569. **Grenier** (C.) et **Godron** (D.-A.). Flore de France, ou Description des Plantes qui croissent naturellement en France et en Corse. — *Paris, Baillière*, 1848-56, *3 tom. en 6 vol. in-8°*.

1570. **Greve** (B.-A.). Erfahrungen und Beobachtungen uber die Krankheiten der Hausthiere im vergleich mit den krankheiten der menschen; ein beytrag zur vergleichenden Pathologie und Chirurgie für aerzte und thierärzte. — *Oldenburg, Schulze*, 1818, *2 vol. in-12*.

1571. **Grevin** (J.). Deux Livres des Venins, ausquels il est amplement discouru des bestes venimeuses, thériaques, poisons et contre-poisons : ensemble les œuvres de Nicandre, médecin et poëte grec, traduites en françois. — *Anvers, Plantin*, 1667-68, *2 part. en 1 vol. in-4°* (aux armes de M. Bonnier de La Mosson.)

1572. **Grew** (N.). Anatomie des Plantes, qui contient une Description exacte de leurs parties et de leurs usages, et qui fait voir comment elles se forment et comment elles croissent; et l'Ame des Plantes, par M. Dedu, avec un Recueil d'expériences et observations curieuses sur le combat qui procède du mélange des corps, sur les saveurs et sur les odeurs. — *Leyde, Vander*, 1685, *in-12, front. et fig. gr.*

1573. **Grey** (G.). Polynesian mythology and ancient traditional history of the New Zealand race, as furnished by their priests and chiefs. — *London, Murray*, 1855, *in-8°, pl. gr.*

1574. **Grimaud** (J.-C.-M. de). Mémoire sur la Nutrition. — *Montpellier, Martel aîné*, 1788, *2 part. en 1 vol. in-8°*.

1575. — Cours complet de Physiologie; ouvrage posthume, publié par son disciple et son ami, le Dr Lanthois. Seconde édition. — *Paris, Egron*, 1824, 2 vol. *in-8°*.

1576. **Grimaud de Caux** (G.). Études sur l'Ovologie, fragment de Philosophie naturelle. (Article du Dictionnaire pittoresque d'Hist. nat.). — *Paris*, 1838, *in-8°, pl. gr.*

1577. **Grognier** (L.-F.). Cours de multiplication et de perfectionnement des principaux Animaux domestiques, où l'on traite de leurs services et de leurs produits. Troisième édition, augmentée de considérations générales sur l'amélioration des races et d'un traité sur les porcs, par H. Magne. — *Paris, Bouchard-Huzard; Lyon, Savy*, 1841, *in-8°*.

1578. **Grosse** (C.). Magazin für die Naturgeschichte des Menschen. — *Zittau und Leipzig, Schöps*, 1788-90, 3 vol. *in-12*.

1579. — Physikalische Abhandlungen. — *Zittau und Leipzig, Schöps*, 1793, *in-8°*.

1580. **Grotius** (H.). Historia Gotthorum, Vandalorum et Langobardorum : ab Hugone Grotio partim versa, partim in ordinem digesta. Præmissa sunt ejusdem Prolegomena ubi Regum Gotthorum ordo et chronologia, cum elogiis. Accedunt nomina appellation et verba Gotthica, Vandalica, Langobardica, cum explicatione. — *Amstelodami, Lud. Elzevirius*, 1655, *in-8°, frontisp. gr.*

1581. **Grouner** (A.-S.). Histoire Naturelle de la Suisse dans l'ancien Monde, traduite de l'allemand (par Dulon). — *Neufchatel, Renaud*, 1776, *in-12*.

1582. **Gruithuisen** (F.-V.-P.). Organozoonomie, oder : Ueber das niedrige Lebensverhältniss als Propädeutik zur Anthropologie; mit einem anhange : versuch eines Terminologiums der allgemeinen physiologischen, anthropologischen und philosophischen Ausdrücke, zun theil als register der Organozoonomie und Anthropologie, zun theil mit besondern Erklärungen und Bemerkungen, en alphabetischer ordnung. — *München, Lentner*, 1811, *in-8°*.

1583. — Beiträge zur Physiognosie und Eautognosie fur freunde der Naturforschung auf dem Erfahrungswege : von den jahren 1809, 1810 und 1811. — *München, Lentner*, 1812, *in-8°, pl.*

1584. Gründliche anweisung alle Arten von Vögeln zu fangen, einzustellen, nach dem Geschlecht und andern Merkmalen zu unterscheiden, zahm zu machen, abzurichten, ihre merkwürdige eigenschaften zu erkennen, sie fremde gesänge zu lehren, und zum Aus und Einfliegen zu gewöhnen; nebst einem anhange von Joseph Mitelli Jagdlust; aus neue ganz umgearbeitet herausgegeben von Johann Matthias Vechstein. — *Nürnberg und Altdorf, Monath und Kussler,* 1797, *in-8°, pl. gr.*

1585. **Gruner** (C.-G.). Analecta ad Antiquitates medicas quibus Anatome Ægyptiorum et Hippocratis, necnon mortis genus quo Cleopatra regina periit, explicantur. — *Vratislaviæ, Kornius,* 1774, *in-8°.*

   On y a joint du même :

  Vitæ liberæ et dissolutæ Encomium (Oratio). — *Ienæ, in Bibliopolio academico,* 1795.

1586. — Morborum Antiquitates. Collegit ex optimis quibusque auctoribus recensuit, ordinavit et suo quemvis morbum loco collocandum curavit. — *Vratislaviae, Kornius,* 1774, *in-8°.*

1587. — Nosologia historica ex monumentis medii ævi lecta, animadversionibus historicis ac medicis illustrata. — *Ienæ, in Bibliopolio academico,* 1795, *in-8°.*

1588. — Censura librorum Hippocrateorum qua veri a falsis, integri a suppositis segregantur, etc.; editio nova. — *Vratislaviæ, Kornius,* 1773, *in-8°.*

1589. **Gua de Malves** (J.-P. de). Projet d'ouverture et d'exploitation des minières et mines d'or et d'autres métaux aux environs du Cézé, du Gardon, de l'Eraut et d'autres rivières du Languedoc, de la Comté de Foix, du Rouergue, etc. — *Paris, Dessain,* 1764, *in-8°, pl. gr.*

1590. **Guardia** (J.-M.). Essai sur l'ouvrage de J. Huarte : Examen des aptitudes diverses pour les sciences. — *Paris, Durand,* 1855, *in-8°.*

1591. **Guer** (J.-A.). Histoire critique de l'Ame des Bêtes, contenant les sentimens des philosophes anciens et ceux des modernes sur cette matière. — *Amsterdam, Changuion,* 1749, 2 *vol. in-8°, rel. en 1.*

1592. **Guérard de Provins** (F.). Mémoire sur l'Antiquité de la Civilisation et des dernières révolutions de la terre. — *Paris, Gaultier-Laguionie,* 1823, *in-8°, portr.*

1593. **Guérin** (J.). Mesures barométriques, suivies de quelques observations d'Histoire naturelle et de Physique, faites dans les Alpes françaises, et d'un précis de la Météorologie d'Avignon. — *Avignon, Guichard*, 1829, *in-16*.

1594. **Guérin** (V.). Description de l'Ile de Patmos et de l'Ile de Samos. — *Paris, Durand*, 1856, *in-8°*.

1595. **Guérin du Rocher** (P.-M.-S.). Histoire véritable des Temps fabuleux. — *Paris, Berton*, 1776-79, *4 vol. in-8°*.

1596. **Guérin-Méneville** (F.-E.). Magazin de Zoologie. Première série (1831-38). — *Paris, Lequien*, *4 vol. in-8°, pl. color.*

1597. **Guettard** (J.-E.). Mémoires sur différentes parties des Sciences et Arts. — *Paris, Ruault*, 1768-70, *3 vol. in-4°, pl. gr.*

1598. **Gueudeville** (N. de). Amusement Philosophique très-sérieux-comique, historique, politique, critique, satyrique, etc. — *La Haye et Francfort*, 1743, *2 part. en 1 vol. in-12, frontisp. gr.*

1599. **Guibelet** (J.). Examen de l'*Examen des Esprits* (de Huarte). — *Paris, Soly*, 1632, *in-8°, rel. parch.*

1600. **Guichard** (E.). L'Harmonie étymologique des Langues, en laquelle, par plusieurs antiquitez et étymologies de toute sorte, se démontre évidemment que toutes les langues sont descendues de l'Hébraïque. — *Paris, Le Noir*, 1610, *2 vol. in-8° rel. en 2.*

1601. **Guignes** (J. de). Mémoire dans lequel on prouve que les Chinois sont une colonie égyptienne; avec un précis des mémoires de l'abbé Barthélemy sur les Lettres phéniciennes. — *Paris, Desaint et Saillant*, 1759, *in-12.*

1602. **Guignes** (C.-L.-J. de). Voyages à Péking, Manille et l'Ile de France, faits dans l'intervalle des années 1784 à 1801. — *Paris, Impr. Impériale*, 1808, *3 vol. in-8° et atlas in-fol.*

1603. **Guilliard** (A.). Éléments de Statistique humaine ou Démographie comparée, où sont exposés les principes de la science nouvelle, et confrontés, d'après les documents les plus authentiques, l'état, les mouvements généraux et les progrès de la population dans les pays civilisés. — *Paris, Guillaumin*, 1855, *in-8°.*

1604. **Guillemeau** (J.-L.-M.). Essai sur l'histoire naturelle des Oiseaux du département des Deux-Sèvres. — *S. ind., in-8°.*

1605. **Guillemin** (A.). Le Soleil. Deuxième édition. — *Paris, Hachette*, 1868, *gr. in-18, fig.*

1606. — La Lune. — *Paris, Hachette*, 1866, *gr. in-18, lith. fig.*

1607. **Guindant** (T.). Exposition des variations de la Nature dans l'Espèce humaine, où l'on se demande si, posées les lois naturelles les plus générales sur lesquelles portent l'ordre et l'harmonie du corps humain, la nature peut quelquefois s'en écarter. — *Paris, Debure*, 1771, *in-8°.*

1608. **Guitton** (E.). Nouvelle classification zoologique, basée sur les appareils et les fonctions de la reproduction. *(Extrait de la Revue et Magasin de Zoologie, année 1854.)* — *Paris, Raçon et Cie*, 1854, *in-8°.*

1609. **Guizot** (F.). Nouveau Dictionnaire universel des Synonymes de la Langue française, contenant les synonymes de Girard, Beauzée, Roubaud, d'Alembert, etc., et généralement tout l'ancien Dictionnaire, mis en meilleur ordre, corrigé, augmenté d'un grand nombre de nouveaux synonymes, et précédé d'une Introduction. — *Paris, Maradan*, 1809, *2 part. en 1 vol. in-8°.*

1610. — Encyclopédie. Article servant de discours préliminaire à l'Encyclopédie progressive, ou collection de Traités sur l'histoire, l'état actuel et les progrès des connaissances humaines. — *Paris, Béchet*, 1826, *in-8°.*

1611. **Guttierez** (J.-L.). Opusculum de Fascino. — *Lugduni, Borde Arnaud et Rigaud*, 1653, *in-4°.*

1612. **Guyon** (C.-M.). Histoire des Amazones anciennes et modernes, enrichie de médailles. — *Paris, Villette*, 1740, *2 part. en 1 vol. in-12, pl. gr.*

1613. **Guyot** (J.). Sur la Viticulture du Nord-Ouest de la France. Rapport à M. le Ministre de l'agriculture. — *Paris, Imp. Impériale*, 1867, *gr. in-8°.*

1614. **Guys** (P.-A.). Marseille ancienne et moderne. — *Paris, Duchesne*, 1786, *in-8°.*

1615. — Voyage littéraire de la Grèce, ou lettres sur les Grecs anciens et modernes, avec un parallèle de leurs mœurs; nouvelle édition. On y a joint un voyage de Sophie à Constantinople, un voyage d'Italie, et quelques opuscules du même. — *Paris, Ve Duchesne*, 1776, *2 vol. in-8°.*

1616. **Guys** (H.). Voyage en Syrie. Peinture de mœurs musulmanes, chrétiennes et israélites. — *Paris, Rouvier*, 1855, *in-8°*.

1617. Gulza (La), ou choix de Poésies illyriques, recueillies dans la Dalmatie, la Bosnie, la Croatie et l'Herzégovine (par P. Mérimée). — *Paris, Levrault*, 1827, *in-12*.

1618. **Gyarmath** (S.). Affinitas Linguæ Hungaricæ cum linguis Fennicæ originis, grammatice demonstrata. Nec non vocabularia dialectorum Tartaricarum et Slavicarum cum Hungarica comparata. — *Gottingæ, Dieterich*, 1799, *in-8°*.

H

1619. **Habicot** (N.). Antigigantologie, ou Contre-Discours de la grandeur des Géans. — *Paris, Corrozet*, 1618, *in-8°*.

1620. **Haeckel** (E.). Histoire de la Création des Êtres organisés d'après les lois naturelles. Conférences scientifiques sur la Doctrine de l'Évolution en général et celle de Darwin, Gœthe et Lamarck en particulier; traduites de l'allemand par le D^r Ch. Letourneau, et précédées d'une introduction biographique par Ch. Martins. — *Paris, Reinwald*, 1874, *in-8°, pl.*

1621. — Anthropogénie, ou Histoire de l'Évolution humaine. Leçons familières sur les principes de l'Embryologie et de la Phylogénie humaines; traduites de l'allemand sur la deuxième édition par le D^r Ch. Letourneau. — *Paris, Reinwald*, 1877, *in-8°, pl.*

1622. **Hagedorn** (C.-L. de). Réflexions sur la Peinture, traduites de l'allemand par Huber. — *Leipzig, Fritsch*, 1775, 2 vol. *in-8°*.

1623. **Hagers** (I.). Neue beweise der verwandtschaft der Hungarn mit den Lapplandern; eine beilage zu Sprengels und Forsters neuen beiträgen zur Völker und Länderkunde. — *Wien, Kurtzbek*, 1794, *in-12*.

1624. **Haguenot** (H.). Mélanges curieux et intéressants de divers objets relatifs à la Physique, à la Médecine, à l'Histoire naturelle. — *Avignon, Roberty*, 1771, *in-12*.

1625. **Halévy** (L.). Résumé de l'Histoire des Juifs modernes. — *Paris, Lecointe*, 1828, *in-16*.

1626. **Hahn** (C.-W.) et **Koch** (L.-C.). Die Arachniden. Getreu nach der natur abgebildet und beschrieben. — *Nürnberg, Zeh,* 1831-35, *2 vol. in-8°, pl. color.* = Die Arachniden. Getreu, etc. Fortzetzung des Hahn'schen werkes, von C.-L. Koch. — *Nürnberg, Zeh und Lotzbeck,* 1841-48, *14 vol. in-8°, pl. color.*

1627. **Hahn** (J.-G. von). Mythologische Parallelen. — *Iena, Mauke,* 1859, *in-8°.*

1628. **Hahnius** (J.-D.). Oratio de usu Venenorum in Medecina. — *Lipsiæ, Junius,* 1775, *in-8°.*

1629. **Hales** (E.). La Statique des Végétaux et l'Analyse de l'Air. Expériences nouvelles lues à la Société Royale de Londres; ouvrage traduit de l'anglois par M. de Buffon. — *Paris, Debure,* 1735, *in-4°, pl. gr.*

1630. **Hales** (E.). Hæmastatique, ou la Statique des animaux : Expériences hydrauliques faites sur des animaux vivans, avec un Recueil de quelques expériences sur les pierres que l'on trouve dans les reins et dans la vessie, et des recherches sur la nature de ces concrétions irrégulières; traduit de l'anglois et augmenté de plusieurs remarques, etc. (par Sauvages). — *Genève, Cramer et Philibert,* 1744, *in-4°, fig.*

1631. **Halford** (H.). Essays and Orations, read and delivered at the royal college of Physicians, to which is added an account of the opening of the tomb of king Charles I. — *London, Murray,* 1831, *in-8°, pl. lithogr.*

1632. **Hall** (J.-C.). Interesting Facts connected with the Animal Kingdom; with some remarks on the unity of our species. — *London, Wkittaker,* 1841, *in-8°, pl. gr.*

1633. **Hallam** (H.). Histoire de la Littérature de l'Europe pendant les quinzième, seizième et dix-septième siècles; traduit de l'anglais par Alph. Borghers. — *Paris, Ladrange,* 1839-40, *4 vol. in-8°.*

1634. **Haller** (A. de). Elementa Physiologiæ corporis Humani. — *Lausannæ, Bousquet,* 1757-82, *9 vol. in-4°.*

1635. — La Génération, ou exposition des Phénomènes relatifs à cette fonction naturelle; de leur méchanisme, de leurs causes respectives, et des effets immédiats qui en résultent; traduite de la Physiologie de Haller, avec quelques notes et une dissertation sur l'origine des eaux de l'amnios (par Piet). — *Paris, Desventes de la Doué,* 1774, *2 vol. in-8°.*

1636. **Haller** (A. de). Deux Mémoires sur la Formation des Os, fondés sur des expériences. — *Lausanne, Bousquet,* 1758, *in-12.*

1637. — Sur la formation du Cœur dans le Poulet; sur l'OEil; sur la structure du Jaune, etc. — *Lausanne, Bousquet,* 1758, 2 vol. *in-12.*

1638. — Bibliotheca Botanica qua scripta ad rem herbariam facientia a rerum initiis recensentur. — *Tiguri, Orell, Gessner, Fuessli et Soc.,* 1771-72, 2 vol. *in-4°.*

1639. — Bibliotheca Anatomica qua scripta ad anatomen et physiologiam facientia a rerum initiis recensentur. — *Tiguri, Orell, Gessner, Fuessli et Soc.,* 1774-77, 2 vol. *in-4°.*

1640. **Halma** (F.). Het groot Fransch-Nederduitsch en Nederduitsch-Fransch Woodenboeck, uit het gebrnik, en uit de beste Schryveren, met behulp van voornaame Taalkundigen opgesteld; Derde Druke. — *Leiden, Wetstein,* 1758-61, 2 vol. gr. *in-4°, frontisp. gr.*

1641. **Halma-Grand.** Origine de l'Université. — *Paris, Imprimeurs unis,* 1845, *in-8°.*

1642. **Hamilton** (A.) et **Langlès** (L.). Catalogue des Manuscrits sanskrits de la Bibliothèque impériale, avec des notices du contenu de la plupart des ouvrages, etc. — *Paris, Impr. bibliographique,* 1807, *in-8°.*

1643. **Hamilton Smith** (C.). The natural history of the Human species, its typical forms, primœval distribution, filiations, and migrations. — *Edinburgh, Lizars,* 1848, *in-8°, pl.*

1644. **Hammer** (J. de). Sur les origines Russes; extraits de manuscrits orientaux adressés à M. le comte N. de Romanzoff dans une suite de lettres depuis l'an 1816 jusqu'à l'an 1825. — *Saint-Pétersbourg, Impr. de l'Acad. imp. des Sciences,* 1827, gr. *in-4°.*

1645. — Histoire de l'ordre des Assassins; ouvrage traduit de l'allemand, et augmenté de pièces justificatives, par J.-J. Hellert et P.-A. de la Nourais. — *Paris, Paulin,* 1833, *in-8°.*

1646. **Hamy** (E.). Précis de Paléontologie Humaine. — *Paris, Baillière,* 1870, *in-8°.*

1647. **Hancock** (T.). Essay on Instinct, and its physical and moral relations. — *London, Phillips, and Yard,* 1824, *in-8°.*

1648. **Hansteen** (C.). Reise-Erinnerungen aus Sibirien : deutsch, von H. Sebald. — *Leipzig, Lorck,* 1854, *in-8°.*

1649. **Harasti** (G.). Della più utile coltivazione e manipolazione del Lino. — *Vicenza, Turra,* 1783, *in-8°.*

1650. **Harris** (J.). Hermès, ou Recherches philosophiques sur la Grammaire universelle; ouvrage traduit de l'anglois avec des remarques et additions; par F. Thurot. — *Paris, Impr. de la Républ.,* an IV, *in-8°.*

1651. — Histoire littéraire du Moyen Age (traduit de l'anglois, par Boulard). — *Paris, Maradan,* 1789, *in-12.*

1652. **Harris** (M.). An Exposition of English Insects, including the several classes of Nevroptera, Hymenoptera, Diptera and Libellulæ, exhibiting on 51 copper plates near 500 figures accurately drawn and highly finished in colours from nature, the whole minutely described, arranged and named according to the Linnean system, with remarks, etc. (texte anglais et français). — *London, White,* 1772, *2 vol. gr. in-4°, dont 1 de planches.*

1653. **Hartley** (D.) De l'Homme, de ses facultés physiques et intellectuelles, de ses devoirs et de ses espérances; ouvrage traduit de l'anglais, avec des notes explicatives de R.-A. Sicard. — *Paris, Ducauroy,* an X-1802, *2 vol. in-8°.*

1654. **Hartmann** (E. de). Le Darwinisme; ce qu'il y a de vrai et de faux dans cette théorie; traduit de l'allemand par G. Guéroult. — *Paris, Baillière,* 1877, *in-18.*

1655. **Hartmann** (P.-C.). Der Geist des Menschen in seinen Verhaltnissen zum physischen Leben, oder grundzüge zu einer Physiologie des Denkens. — *Wien, Gerold,* 1820, *in-8°.*

1656. **Harvey** (G.). Ars curandi morbos Expectatione; item de Vanitatibus, Dolis, et Mendaciis Medicorum. Accedunt his præcipue Supposita, et Phænomena, quibus veterum recentiorumque Dogmata de Febribus, Tussi, Phthisi, Asthmate, Apoplexia, Calculo renum et vesicæ, Ischuria et Passione Hysterica convelluntur, aliaque verisimiliora traduntur.

Georgii-Ernesti Stahl, Sileni Alcibiadis, id est Ars sanandi cum Expectatione (opposita Arti curandi nuda expectatione : satyra Harveana). Ubi Firmitas, Fides, et Veritas, proborum et peritorum Medicorum, ostenditur, declaratur, et confirmatur. Accedunt his præcipue Supposita, et Phænomena, quibus veterum recentiorumque Dogmata de Febribus, etc., seponuntur, et veriora ostenduntur. — *Parisiis, Horth-hemels*, 1730, *1 vol. in-12*.

1657. **Hasselquist** (F.). Voyages dans le Levant, dans les années 1749-52, publiés par Ch. Linnœus. Traduits de l'allemand par M*** (Eidous). — *Paris, Saugrain*, 1769, *2 parties en 1 vol. in-12*.

1658. **Hauteserre** (A. Dadin de). Rerum Aquitanicarum libri quinque, in quibus vetus Aquitania illustratur. — *Tolosæ, Colomerius*, 1648, *in-4°*.

1659. **Haüy** (R.-J.). Traité de Minéralogie. — *Paris, Louis*, an X-1801, *4 vol. in-8° et 1 vol. in-4°*.

1660. — Traité élémentaire de Physique; seconde édition. — *Paris, Courcier*, 1806, *2 vol. in-8°*.

1661. **Hay** (D.-R.). The Natural Principles of Beauty as developed in the Human figure. — *Edinburgh and London, Blackwood*, 1852, *in-8°, fig*.

1662. **Hebenstreit** (J.-E.). Anthropologia Forensis, sistens medici circa Rempublicam causasque dicendas officium cum rerum anatomicarum ac physicarum quæ illud attinent expositionibus. Editio altera. — *Lipsiæ, Lankisius*, 1753, *in-8°, pl. gr*.

1663. **Hecker** (A.-F.). Die Heilkunst auf ihren Wegen zur gewissheit oder die Theorien, Systema und Heilmethoden der Aertze seitz Hippokrates bis auf unsere zeiten; vierte auflage. — *Erfurt und Gotha, Henning*, 1819, *in-8°*.

1664. **Heckewelder** (J.). Histoire, mœurs et coutumes des nations Indiennes qui habitaient autrefois la Pensylvanie et les États voisins; trad. de l'anglais par Du Ponceau. — *Paris, de Bure*, 1822, *in-8°*.

1665. **Hecquet** (P.). Le Brigandage de la Chirurgie, ou la Médecine opprimée par le Brigandage de la Chirurgie. Ouvrage posthume. — *Utrecht, Le Fèvre*, 1738, *2 part. en 1 vol. in-12*.

1666. **Hedelin** (F.). Des Satyres, Brutes, Monstres et Démons; de leur nature et adoration, contre l'opinion de ceux qui ont estimé les Satyres estre une espèce d'hommes distincts et séparez des Adamiques. — *Paris, Buon*, 1627, *pet. in-8°*.

1667. **Heeren** (A.-H.-L.). De la Politique et du Commerce des Peuples de l'antiquité; traduit de l'allemand sur la 4° et der.

nière édition, par W. Suckau. — *Paris, Didot,* 1830-44, 7 *vol. in-8°, cartes et plans.*

1668. **Heeren** (A.-H.-L.). Handbuch der Geschichte der Staaten des Alterthums, mit besonderer rücksicht auf ihre Verfassungen, ihren Handel und ihre Colonieen. — *Göttingen, Rosenbuch's Wittwe,* 1799, *in-8°, portrait.*

1669. — Manuel de l'Histoire ancienne, considéré sous le rapport des constitutions, du commerce et des colonies des divers états de l'antiquité; traduit de l'allemand par Al. Thurot, Seconde édition. — *Paris, Didot,* 1827, *in-8°.*

1670. — Essai sur l'Influence des Croisades; traduit de l'allemand par Ch. Villers. — *Paris, Treuttel et Würtz,* 1808, *in-8°.*

1671. **Hegewald** (L.). De l'Origine de la Nation Russe. — *Saint-Pétersbourg, Hintze,* 1850, *gr. in-8°.*

1672. **Hegewisch** (D.-H.). Geographische und historische Nachrichten die Colonieen der Griechen betreffend; nebst Betrachtungen über die Veranlassungen über den Zustand und die Schicksale dieser Colonieen. — Ueber die Griechischen Colonieen seit Alexander dem grossen, ein nachtrag zu den geographische und historiche nachrichten die Colonieen der Griechen, etc. — *Altona, Hammerich,* 1808-11, 2 *vol. in-8°.*

1673. **Heister** (C. von). Ethnographische und geschichtliche Notizen über die Zigeuner. — *Königsberg, Gräfe und Unzer,* 1842, *in-8°.*

1674. **Helfferich** (A.). Der Organismus der Wissenschaft und die Philosophie der Geschichte. — *Leipzig, Brockhaus,* 1856, *in-8°.*

1675. **Helliez.** Geographie de Virgile; notice des lieux dont il est parlé dans les ouvrages de ce poète; accompagnée d'une carte géographique. — *Paris, Brocus,* 1771, *in-12.*

1676. **Helvetius** (C.-A.). De l'Homme, de ses Facultés intellectuelles et de son éducation. — *Londres,* 1776, *in-8°.*

1677. **Hément** (F.). Simples discours sur la Terre et sur l'Homme. — *Paris, Didier,* 1875, *in-12.*

1678. **Henke** (A.). Lehrbuch der gerichtlichen Medicin; zum behuf akademischer und zum gebrauch für gerichtliche ärzte und rechtsgelehrte. — *Berlin, Dümmler,* 1832, *in-8°.*

1679. **Hennequin** (A.). Essai sur l'Analogie des Langues. — *Bordeaux, Vᵉ Laplace,* 1838, *in-8°.*

1680. **Hennicke** (J.-F.). Commentatio de Geographia Africæ Herodotea (thesis). — *Gottingæ, Dieterich*, 1788, in-4°.

1681. **Henry** (D.-M.-J.). Lettre à M. Champollion le Jeune, sur l'incertitude de l'âge des Monumens Égyptiens, et sur l'histoire physique, politique et religieuse de l'Égypte avant l'invasion de Cambyse. — *Paris, Bossange*, 1828, in-8°.

1682. — L'Égypte Pharaonique, ou histoire des Institutions des Égyptiens sous leurs rois nationaux. — *Paris, Didot*, 1846, 2 vol. in-8°.

1683. **Henzen** (J.-C.-G.). Entwurf eines verzeichnisses Veterinarischer Bücher und einzelner abhandlungen die zur theoretischen und practischen Kenntniss von Pferden, Eseln, Mauleseln, Schaafen und Schweinen. — *Göttingen, Frauzen und Grosse*, 1781, in-8°.

1684. **Hérault de Sechelles** (M.-J.). Théorie de l'Ambition, avec des notes par J.-B. S.... (Salles). — *Paris, Bouquet*, an X- (1802), in-8°.

1685. **Herbelot** (B. d'). Bibliothèque Orientale, ou dictionnaire universel contenant tout ce qui fait connaître les peuples de l'Orient; leurs histoires et traditions; leurs religions et leurs sectes; leurs gouvernemens, politique, loix, mœurs, coutumes et les révolutions de leurs empires, les arts et les sciences....; les vies de leurs saints, philosophes, docteurs, poètes, historiens, capitaines, etc.; des jugemens critiques et des extraits de leurs œuvres écrits en arabe, persan ou turc, etc. — *La Haye, Néaulme et van Daalen*, 1777-78, 3 vol. in-4°, portr.

1686. **Herbst** (J.-F.-W.). Kurze Einleintung zur Kenntniss der Insecten. — *Berlin und Stralsund, Lange*, 1784-86, 2 vol. in-8°, pl. color.

1687. **Herder** (J.-G.). Ideen zur Philosophie der Geschichte der Menschheit. — *Leipzig, Hartknoch*, 1812, 2 vol. in-8°.

1688. — Idées sur la Philosophie de l'Histoire de l'humanité; ouvrage traduit de l'allemand et précédé d'une introduction par Edgard Quinet. — *Paris, Levrault*, 1827-28, 3 vol. in-8°.

1689. — Kalligone. Vom Angenehmen und Schönen; Kunst und Kunstrichterei; Erhabnen und Ideal. — *Leipzig, Hartknoch*, 1800, 3 vol. in-12, rel. en 1.

1690. — Histoire de la Poésie des Hébreux, traduite de l'allemand pour la première fois et précédée d'une notice sur Herder par la baronne A. de Carlowitz. — *Paris, Didier*, 1845, *in-12.*

1691. **Héricart de Thury** (L.). Description des Catacombes de Paris, précédée d'un Précis historique sur les Catacombes de tous les peuples de l'ancien et du nouveau Continent. — *Paris, Bossange et Masson*, 1815, *in-8°, pl. gr.*

1692. **Hérissant** (L.-A.-P.). Bibliothèque physique de la France, ou Liste de tous les ouvrages, tant imprimés que manuscrits, qui traitent de l'Histoire naturelle de ce Royaume, avec des notes critiques et historiques; ouvrage achevé et publié par M.... (Coquereau). — *Paris, J.-T. Hérissant*, 1771, *in-8°.*

1693. **Herisson** (E.). Nouvelle Carte générale et détaillée de l'Europe, offrant le tableau actuel géographique, politique et commercial de tous ses États, etc., depuis le traité de Tilsit, etc., gravée par Glot. — *Paris, Desray, in-fol. entoilée en 4 parties.*

1694. **Hermann** (J.). Tabula Affinitatum Animalium olim academico specimine edita nunc uberiore commentario illustrata cum annotationibus ad Historiam naturalem animalium augendam facientibus. — *Argentorati, Treuttel*, 1783, *in-4°.*

1695. — Observationes Zoologicæ quibus novæ complures, aliæque animalium species describuntur et illustrantur. Opus posthumum edidit F.-L. Hammer. — *Argentorati, Kœnig*, an XII (1804), *gr. in-4°.*

1696. — Mémoire Aptérologique, publié par F.-L. Hammer. — *Strasbourg, Levrault*, an XII (1804), *in-fol.*

1697. **Hérodote.** Histoire, suivie de la vie d'Homère; nouvelle traduction par A.-F. Miot. — *Paris, Didot*, 1822, 3 vol. *in-8°.*

1698. **Herrera** (A.). Histoire générale des voyages et conquestes des Castillans dans les Isles et Terre ferme des Indes Occidentales; traduite de l'espagnol par N. de la Coste. — *Paris, Vᵉ Nic. de la Coste*, 1671, *in-4°.*

1699. **Herrera** (G.-A.-de). Agricultura general, que trata de la Labranza del Campo, y sus particularidades : Crianza de Animales, propriedades de las Plantas que en ella se contienen, y virtudes provechosas à la salud humana. — *Madrid, de Urrutia*, 1790, *pet. in-fol.*

1700. — Della Agricoltura, tratta da diversi Scrittori, dal sig. Gabriello Alfonso d'Herrera, et tradotta di lingua spagnuola in italiana da Mambrino Roseo da Fabriano, nella quale si contengono le regole, i modi et l'usance che si osservano nell' arare la terra et piantar le vigne, et gli alberi, governare i bestiami et fare ottimamente, cioche all' agricoltura s'appartiene. — *Venetia, Spineda*, 1608, *in-4°*.

1701. **Herrich-Schäffer.** Nomenclator Entomologicus. Verzeichniss der Europäischen Insecten ; zur Erleichterung des Tauschverkehrs mit Preisen versehn. — *Regensburg, Pustet*, 1835-40, 2 vol. *in-12*.

1702. **Hersart de la Villemarqué** (Th.). Poèmes des Bardes Bretons du VIe siècle ; traduits pour la première fois, avec le texte en regard, revus sur les plus anciens manuscrits. — *Paris, Renouard*, 1850, *in-8°*.

1703. — Les Romans de la Table Ronde et les Contes des anciens Bretons ; troisième édition. — *Paris, Didier*, 1860, *gr. in-18*.

1704. **Herschell** (J.-F.-W.). Discours sur l'étude de la Philosophie naturelle, ou Exposé de l'histoire des procédés et des progrès des sciences physiques et naturelles; trad. de l'anglais par P.., (Peyrot). — *Paris, Paulin*, 1834, *gr. in-18*.

1705. — Traité d'Astronomie ; traduit de l'anglais (par Peyrot), et augmenté d'un chapitre sur l'application de la théorie des chances à la série des orbites des comètes, par A. Cournot. 2e édition. — *Paris, Paulin*, 1836, *gr. in-18*.

1706. **Hervas** (L.). Catalogo de las Lenguas de las naciones conocidas, y numeracion, division, y classes de estas, segun la diversidad de sus idiomas y dialectos. — *Madrid*, 1800-05, 6 vol. *in-8°*.

1707. — Origine, Formazione, Meccanismo, ed Armonia degl'Idiomi. — *Cesena, Biasini*, 1785, *in-4°*.

1708. **Herzen** (A.). Physiologie de la Volonté; traduit de l'italien par Ch. Letourneau. — *Paris, G. Baillière*, 1874, *in-18*.

1709. **Hesiodus.** Opera quæ extant (græce), cum interpretatione et notis Dan. Heinsii. — *Lugduni-Batavorum, Patius*, 1613, *in-8°*.

1710. — Traduction d'Hésiode, précédée d'une Dissertation sur la vie, les ouvrages et le siècle de ce poète, et d'un Essai sur la Théogonie ; par J.-B.-A. Mondot. — *Montpellier, Picot*, 1835, *in-8°*.

1711. **Heuschling** (X.). Manuel de Statistique Ethnographique universelle, précédé d'une introduction théorique d'après l'état actuel de la science. — *Bruxelles, Stapleaux*, 1849, *gr. in-8°*.

1712. **Heusinger** (C.-F.). Grundriss der physischen und psychischen Anthropologie fur Aerzte und Nichtärzte. — *Eisenach, Baerecke*, 1829, *in-8°*.

1713. **Hewsonius** (G.). Disquisitio experimentalis de Sanguinis natura, variisque ejus per morbos mutationibus. Ex anglico latine vertit, et præfatione additisque nonnullis observationibus illustravit J. Thiensius van de Wynpersse. — *Lugduni-Batavorum, Honkoop*, 1785, *in-8°, pl.*

1714. **Heyne** (G.). Opuscula Academica collecta et animadversionibus locupletata. — *Gottingæ, Dieterich*, 1785-1801, *5 vol. in-8°*.

1715. **Hillary** (W.). Observations on the changes of the Air and the concomitant Epidemical Diseases, in the Island of Barbados. To which is added a Treatise on the putrid bilious Fever, commonly called The Yellow Fever; and such other Diseases, as are indigenous or endemial, in the West India Islands, or in the Torrid Zone. — *London, Hitch and Hawes*, 1759, *in-8°*.

1716. Hindoustan (L'), ou Religion, Mœurs, Usages, Arts et Métiers des Hindous; ouvrage orné de planches, gravées d'après les dessins originaux faits sur les lieux; rédigé d'après les Notices manuscrites, explicatives de ces dessins, et augmenté de ce que les voyages et les mémoires les plus récents ont pu fournir d'authentique, par M. P*** (J.-A. Pannelier). — *Paris, Nepveu*, 1816, *6 vol. pet. in-12, pl. color.*

1717. **Hippocrates.** Opera, ex interpretatione latina Anutii Foësii, curante Jo.-Fred. Pierer. — OEuvres d'Hippocrate, traduites en français sur le texte grec, d'après l'édition de Foës; par J.-B. Gardeil. — *Paris*, 1836-37, *2 vol. in-8° (fait partie de l'Encyclopédie des sciences médicales.)*

1718. — Traité d'Hippocrate, des Airs, des Eaux et des Lieux; traduction nouvelle, avec le texte collationné sur deux manuscrits, des notes, etc.; par Coray. — *Paris, Baudelot*, an IX (1800), *2 vol. in-8°*.

1719. — Prælectiones in librum Hippocratis de Aere, Aquis et Locis, auctore Joanne Martino. — *Parisiis, Guillemot*, 1646, *in-4°*.

1720. Histoire abrégée de la Littérature grecque sacrée et ecclésiastique (par Schoell) ; deuxième édition. — *Paris, Gide*, 1832, *in-8°*.

1721. Histoire abrégée de la ville de Nîmes, avec la description de ses antiquités (par Maucomble). — *Amsterdam, 1767, 2 part. en 1 vol. in-8°*.

1722. Histoire de la Religion des Juifs et de leur établissement en Espagne et autres parties de l'Europe, où ils se sont retirés après la destruction de Jérusalem, par Rabbi-Moses Levi (Richard Simon). — *Amsterdam, de la Faille, 1680, in-4°*.

1723. Histoire de la Société Royale des Sciences établie à Montpellier, avec les mémoires de Mathématiques et de Physique tirés des registres de cette Société. — *Lyon, Duplain; Montpellier, Martel, 1766-78, 2 vol. in-4°*.

1724. Histoire de l'Estat et République des Druides, Eubages, Sarronides, Bardes, Vacies, anciens François, gouverneurs des païs de la Gaule depuis le déluge universel jusques à la venue de Jésus-Christ en ce monde.... ; escrit nouvellement en françois (par F.-Noel Talepied). — *Paris, Parant, 1585, in-8°*.

1725. Histoire de la Fondation des Colonies des anciennes Républiques, adaptée à la dispute présente de la grande Bretagne, avec ses colonies américaines ; traduit de l'anglois par (A.-M.) Cerisier. — *Utrecht, Schoonhoven, 1778, in-8°*.

1726. Histoire de l'Homme, considéré dans ses mœurs, dans ses usages et dans sa vie privée (par Dom Fournier). — *Paris, Le Clerc, 1779, 3 vol. in-8°*.

1727. Histoire de la Philosophie hermétique, accompagnée d'un Catalogue raisonné des Écrivains de cette science (par N. Lenglet-Dufresnoy) ; avec le véritable Philalèthe, revu sur les originaux. — *Paris, Coustelier, 1742, 3 vol. in-12*.

1728. Histoire des anciennes révolutions du Globe terrestre. Avec une relation chronologique et historique des Tremblemens de terre, arrivés sur notre globe depuis le commencement de l'Ère chrétienne jusqu'à présent (par Kruger, trad. de l'allemand par F.-A. Deslandes). — *Paris, Damonneville, 1752, in-12*.

1729. Histoire des Découvertes faites par divers savants voyageurs (Pallas, Gmelin, Lebechin, etc.) dans plusieurs contrées de la Russie et de la Perse, relativement à l'histoire civile et naturelle, etc. (traduit de l'allemand par Frey des Landres). — *Lausanne, Heubach, 1784-87, 6 vol. in-8°, fig*.

1730. Histoire des deux Voyages entrepris par ordre du gouvernement anglais, l'un par terre, dirigé par le cap. Francklin; l'autre par mer, sous les ordres du cap. Parry, pour la découverte d'un passage de l'Océan Atlantique dans la Mer Pacifique; traduit de l'anglais avec une carte des régions polaires. — *Paris, Gide fils*, 1824, *in-8°, cart.*

1731. Histoire des Penchants et des Sentiments de l'Homme, d'après la doctrine de Gall; par L. Ch. — *Paris, Baume*, 1829, *in-8°, port. et pl. gr.*

1732. Histoire des Sévarambes, peuples qui habitent une partie du troisième continent, communément appelé la Terre Australe, contenant une relation du gouvernement, des mœurs, de la religion et du langage de cette nation, inconnue jusqu'à présent aux peuples de l'Europe (par D. Vairasse). Nouvelle édition. — *Amsterdam, P. Mortier*, 1715, *2 vol. in-12, rel. en 1.*

1733. Histoire des Singes, et autres animaux curieux dont l'instinct et l'industrie excitent l'admiration des hommes, comme les Éléphans, les Castors, etc. (par P.-A. Alletz). — *Paris, Duchesne*, 1752, *in-12.*

1734. Histoire des temps anté-diluviens ou antérieurs au déluge d'Yao, arrivé l'an 2298 avant notre ère, suivie d'une chronologie de la vie de Jésus-Christ. Préface (par de Fortia d'Urban). — *Paris, Fournier*, 1837, *in-12.*

1735. Histoire des Wahabis, depuis leur origine jusqu'à la fin de 1809; par L. A.. (L.-A.-O. de Corancez). — *Paris, Crapart*, 1810, *in-8°.*

1736. Histoire détaillée des Isles de Jersey et Guernesey (par Falle); traduite de l'anglois par M. Le Rouge. — *Paris, V° Delaguette*, 1757, *in-12.*

1737. Histoire du Canal de Languedoc, rédigée sur les pièces authentiques conservées à la Bibliothèque Impériale et aux Archives du Canal par les descendans de Pierre-Paul Riquet de Bonrepos. — *Paris, Crapelet*, an XIII-1805, *in-8°, front. gr.*

On y a joint la Carte du Canal de communication des Mers en Languedoc.... réduite par d'Houdan, 1777.

1738. Histoire du Commerce et de la Navigation des Anciens (par D. Huet). — *Paris, Fournier*, 1716, *in-12.*

1739. Histoire du Kamtschatka, des isles Kurilski et des contrées voisines, par Krakeninnikow; publiée à Pétersbourg en langue russienne par ordre de S. M. Impériale, traduite par M. E. (Eidous, sur la trad. anglaise de Grieve). — *Lyon, Duplain*, 1767, 2 *vol. in-12, cartes.*

1740. Histoire du Monde Primitif ou des Atlantes (par Delisle de Sales). Nouvelle édition. — *Paris*, 1780, 2 *vol. in-8°, pl. gr.*

1741. Histoire du Mont Vésuve, avec l'explication des phénomènes qui ont coutume d'accompagner les embrasements de cette montagne; traduit de l'italien par Duperron de Castera. — *Paris, Ganeau*, 1741, *in-12, pl.*

1742. Histoire naturelle, civile et politique des Galligènes antipodes de la nation françoise, dont ils tirent leur origine, où l'on développe la naissance, les progrès, les mœurs et les vertus singulières de ces Insulaires, etc. — *Genève, Cramer*, 1770, 2 *vol. in-12, rel. en 1.*

1743. Histoire (L') Naturelle éclaircie dans une de ses parties principales, la Conchyologie, qui traite des coquillages de mer, de rivière et de terre; ouvrage dans lequel l'on trouve une nouvelle méthode latine et françoise de les diviser, augmenté de la Zoomorphose, ou représentation des animaux à coquille, avec leurs explications. Nouvelle édition (par A.-J. Dezallier d'Argenville). — *Paris, Debure*, 1757, *gr. in-4°, fig. gr.*

1744. Histoire Naturelle (L') éclaircie dans une de ses parties principales, l'Oryctologie, qui traite des Terres, des Pierres, des Métaux, des Minéraux et autres fossiles; ouvrage dans lequel on trouve une nouvelle méthode latine et française de les diviser, et une notice critique des principaux ouvrages qui ont paru sur ces matières (par M. A.-J. Dezallier d'Argenville). — *Paris, de Bure*, 1755, *gr. in-4°, pl. gr.*

1745. Histoire naturelle de l'Ame, traduite de l'anglois de Charp par feu M. H. (Hunault) (composée par J.-O. La Mettrie). — *La Haye, Néaulme*, 1745, *in-8°.*

1746. Histoire naturelle drolatique et philosophique des Professeurs du Jardin des Plantes, des Aide-Naturalistes, Préparateurs, etc., attachés à cet établissement, accompagné d'épisodes scientifiques et pittoresques, par I. S. de Gosse (Isidore de Salles), avec des annotations de M. F. Gérard. — *Paris, Sandré*, 1847, *in-12.*

1747. Histoire naturelle du Cacao et du Sucre (par D. Quélus ou de

Chélus, corrigée par N. Mahudel). — *Paris, d'Houry*, 1719, *in-12, pl. gr.*

1748. Histoire naturelle et morale des Iles Antilles de l'Amérique, avec un vocabulaire caraïbe (par César de Rochefort). Seconde édition, etc. — *Rotterdam, Leers*, 1665, *in-4°, front. et pl. gr.*

1749. Histoire naturelle et politique de la Pensylvanie et de l'établissement des Quakers dans cette contrée, traduite de l'allemand par M. D. S. (Rousselot de Surgy). — *Paris, Ganeau*, 1768, *in-12, carte.*

1750. Histoire nouvelle de tous les Peuples du monde, réduite aux seuls faits qui peuvent instruire et piquer la curiosité, ou histoire des Hommes ; partie de l'histoire ancienne (par Delisle de Sales). — *Paris, s. n.*, 1779, *3 vol. in-12.*

1751. Histoire particulière de l'Abeille commune, considérée dans tous ses rapports avec l'histoire générale de l'Homme (par B.-E. Manuel). — *Paris, Agasse*, an XIV-1805, *2 vol. in-8°.*

1752. Histoire universelle des Religions, Théogonies, Symboles, Mystères, Dogmes, Livres sacrés. Origine des cultes, fourberies sacerdotales, prodiges et miracles, superstitions, crimes des prêtres, mœurs, coutumes et cérémonies religieuses, mythologies de l'Inde, de la Chine, du Japon, de la Chaldée, de la Perse, de l'Égypte, des Celtes, des Germains, des Slaves, de la Grèce, de l'Italie, etc., depuis l'origine du monde jusqu'à nos jours, par une société d'hommes de lettres et de savants, sous la direction de J.-A. Buchon. — *Paris*, 1845, *2 vol. gr. in-8°.*

1753. Historiæ Romanæ Epitomæ Lucii Julii Flori, C. Vell. Paterculi, Sex. Aur. Victoris, Sexti Rufi Festi, Messalæ Corvini, Eutropii, Paulli Diaconi, M. Aur. Cassiodori, Jornandis et Julii Exuperantii. Accessit Tractatus de mensuris et ponderibus. — *Amsterodami, Janssonius*, 1630, *in-24.*

1754. **Hobbes** (T.). Œuvres Philosophiques et Politiques, contenant les Éléments philosophiques du Citoyen ; traduits en françois, par un de ses amis (Sorbière) ; le Corps politique (trad. par le même) ; et le Traité de la Nature Humaine (trad. par d'Holbach). — *Neufchatel, Impr. de la Société Typogr.*, 1787, *2 vol. in-8°, portr.*

1755. **Hodges** (W.). Voyage pittoresque de l'Inde, fait dans les années 1780-83 ; traduit de l'anglais, et augmenté de notes par L. Langlès. — *Paris, Delance*, an XIII-1805, 2 *vol. petit in-12.*

1756. **Hofacker** (J.-D.). Ueber die Eigenschaften welche sich bei Menschen und Thieren von den Eltern auf die nachkommen vererben, mit besonderer rücksicht auf die Pferdezucht, unt berträgen von Fr. Notter. — *Tübingen, Biander*, 1828, *in-8°.*

1757. **Hoffbauer** (J.-H.). Der Mensch in allen Zonen der Erde. — *Leipzig, Engelmann*, 1832, *in-12.*

1758. **Hogarth** (W.). Analyse de la Beauté, destinée à fixer les idées vagues qu'on a du goût; traduite de l'anglais (par H. Jansen). — *Paris, Levrault, Schoell et Cie*, an XIII-1805, 2 *vol. in-8°, pl. gr.*

1759. **Hogg** (T.). A Concise and Practical Treatise on the Growth and Culture of the Carnation, Pink, Auricula, Polyanthus, Ranunculus, Tulip, Hyacinth, Rose, and other Flowers; including a Dissertation on soils and manures, and containing catalogues of the finest and most esteemed varieties of each Flower. Fourth edition. — *London, For and Whittaker*, s. d., *in-8°, pl. color.*

1760. **Holbach** (P.-T. d'). Le Bon Sens, ou Idées naturelles opposées aux Idées surnaturelles. — *Londres, s. ind.*, 1772, *in-12.*

1761. **Hollard** (H.). De l'Homme et des Races humaines. — *Paris, Labé*, 1853, *gr. in-18.*

1762. **Holmberg** (H.-J.). Ethnographische Skizzen über die Völker des Russischen Amerika, erste Abtheilung *(aus den Akten der Finnl. Soc. d. Wissensch.)* — *Helsingfors, Friis*, 1855, *gr. in-4°, carte.*

1763. **Holmboe** (C.-A.). Traces de Buddhisme en Norvége avant l'introduction du Christianisme. — *Paris, Raçon*, 1857, *in-8°, pl.*

1764. **Holtzmann** (A.). Kelten und Germanen. Eine historiche Untersuchung. — *Stuttgart, Krabbe*, 1855, *pet. in-4°.*

1765. **Holwell** (J.-Z.). Évènemens historiques intéressans relatifs aux Provinces de Bengale et à l'Empire de l'Indoustan. On y a joint la mythologie, la cosmogonie, les fêtes et les jeûnes des Gentous qui suivent le Shastah, et une dissertation sur la métempsycose, dont on attribue faussement le dogme à Pythagore; traduit de l'anglois. — *Amsterdam, Arkstée et Merkus*, 1768, *in-8°.*

1766. **Homan.** Post charte durch ganz Deutschland und durch die angränzenden Theile der benachbarten Länder. — *Nürnberg, 1806, en feuilles.*

1767. **Home** (F.). Les Principes de l'Agriculture et de la Végétation. Ouvrage traduit de l'anglois (par Marais), auquel on a joint deux Mémoires nouveaux sur la manière de préserver le Froment de la corruption et de le conserver. — *Paris, Prault, 1761, in-12.*

1768. Homélies prononcées à Londres en 1765, dans une assemblée particulière (par Voltaire). — *S. ind.*, 1767, *in-12.*

On y a joint du même : Le Dîner du Comte de Boulainvilliers, par M. St-Hyacinthe. — *S. ind.*, 1728.

1769. **Homère.** Le Combat des Rats et des Grenouilles, traduit du grec par M. Trianon. — *Paris, Curmer,* 1841, *in-12, fig. gr.*

1770. Homme (De l') et de ses Rapports les plus intimes, ou Essais sur l'analyse de la Sensation, la liberté de l'Homme, l'existence de Dieu, la nature de l'Ame, et sur la Mort. Seconde édition. — *Hambourg*, 1800, 2 vol. *in-8°.*

1771. **Hoogeveen** (T.). Tractatus de Fœtus humani morbis, cui accedit observationum anatomicarum fasciculus. — *Lugduni-Batavorum, Luchtmans*, 1784, *in-8°.*

1772. **Hoppe** (D.-H.). Entomologisches Taschenbuch für die Anfänger und Liebhaber dieser Wissenschaft auf das jahr 1796. — *Regensburg, Weiss, in-12.*

1773. **Horapollo.** Hieroglyphica, græce et latine, cum integris observationibus et notis Joan. Merceri et Dav. Hoeschelii, et selectis Nic. Caussini, curante J. Corn. de Pauw, qui suas etiam observationes addidit. — *Trajecti-ad-Rhenum, Charlois,* 1727, *in-4°.*

1774. — Hiéroglyphes dits d'Horapolle ; ouvrage traduit du grec par Requier. — *Amsterdam et Paris, Musier,* 1779, *in-12.*

1775. — Essai sur les Hiéroglyphes d'Horapollon et quelques mots sur la Cabale, par le chevalier de Goulianof. — *Paris, Dufart,* 1827, *in-4°.*

1776. **Horatius.** Poemata, scholiis sive annotationibus instar commentarii illustrata a Joanne Bond ; editio nova. — *Amstelodami, Dan. Elzevirius,* 1676, *in-12.*

1777. **Horrebóws** (N.). Nouvelle description physique-historique de l'Islande, avec des observations critiques sur l'histoire naturelle de cette isle, par Anderson; ouvrage traduit de l'allemand (par Rousselot de Surgy et Meslin). — *Paris, Charpentier*, 1764, *2 vol. in-12.*

1778. **Houstoun** (G.). Reliquiæ Houstounianæ seu Plantarum in America Meridionali a Gulielmo Houstoun collectarum icones, manu propria ære incisæ; cum descriptionibus e schedis ejusdem in bibliotheca Jos. Banks asservatis. — *Londini*, 1781, *in-4°, pl. gr.*

1779. **Houzeau** (J.-C.). Physique du Globe et Météorologie. — *Bruxelles, Jamar*, s. d., *in-12, pl.*

1780. — Règles de Climatologie, ou Exposé sommaire des notions que la science possède sur le cours des saisons et sur les variations du temps. — *Bruxelles, Jamar*, s. d., *in-12, pl.*

1781. — Histoire du Sol de l'Europe. — *Bruxelles, Méline, Cans et C.*, 1857, *in-8°, pl, color.*

1782. — Études sur les Facultés mentales des Animaux, comparées à celles de l'Homme, par un voyageur naturaliste. — *Mons, Manceaux*, 1872, *2 vol. in-8°.*

1783. **Hovelacque** (A.). La Linguistique. — *Paris, Reinwald*, 1876, *in-12.*

1784. **Howard** (J.). État des Prisons, des Hôpitaux et des Maisons de Force; traduit de l'anglois (par Mlle de Keralio). — *Paris, Lagrange*, 1788, *2 vol. in-8°, portr. gr.*

1785. — Histoire des principaux Lazarets de l'Europe, accompagnée de différens Mémoires relatifs à la Peste, au moyen de se préserver de ce fléau et aux différens modes de traitement employés pour en arrêter les ravages; traduite de l'anglais par T.-P. Bertin, suivie d'un Traité sur la Peste par Richard Mead. — *Paris, Bertin*, an IX-1801, *in-8°.*

1786. **Huarte** (J.). Examen de Ingenios para las Sciencias. Donde se muestra la diferencia de habilidades que ay en los hombres, y el genere de letras que a cada uno responde en particular. — *(Anvers) En la Oficina Plantiniana, por Rafelengio*, 1593, *in-8°.*

1787. — L'Examen des Esprits pour les Sciences, où sont montrées les différences d'Esprits qui se trouvent parmy les hommes, et à quelle sorte de science chacun est propre en particulier, composé par Iean Huarte, nouvellement traduit suivant l'ancien original (par Dalibray), augmenté selon la dernière impression d'Espagne, reveu, corrigé et mis en meilleur ordre, en cette dernière édition. — *Lyon, Blanc,* 1668, *2 part. en 1 vol. in-12.*

1788. **Huber** (M.). Notices générales des Graveurs divisés par nations et des Peintres rangés par écoles, précédées de l'Histoire de la gravure et de la peinture, depuis l'origine de ces arts jusqu'à nos jours, et suivies d'un Catalogue raisonné d'une collection choisie d'estampes. — *Dresde et Leipzig, Breitkopf,* 1787, *1 vol. in-8°, rel. en 2, frontisp. gr.*

1789. **Huber** (F.). Nouvelles observations sur les Abeilles. — *Genève, Barde, Manget,* 1792, *in-8°, pl. gr.*

1790. — Observations sur le vol des Oiseaux de proie. — *Genève, Barde,* 1784, *in-4°, pl. gr.*

1791. **Huber** (P.). Recherches sur les Mœurs des Fourmis indigènes. Nouvelle édition. — *Genève, Cherbuliez,* 1861, *gr. in-18, pl.*

1792. **Hübner** (J.). Beiträge zur Geschichte des Schmetterlinge. — *Augsburg,* 1786-90, *2 vol. in-8°, frontisp. gr.*

1793. **Hueck** (A.). De Craniis Estonum, commentatio anthropologica. — *Dorpati Livonorum,* 1838, *gr. in-4°, lithogr.*

1794. **Hufeland** (C.-W.). L'Art de prolonger la vie humaine. Traduit de la 2e édition de l'allemand (par A. Duvau). — *Coblenz, sans ind., 2 tom. en 1 vol. in-12.*

1795. — Ueber die gleichzahl beider Geschlechter in Menschengeschlecht; ein beitrag zu der höhern ordnung der Dinge in der Natur. — *Berlin, Reimer,* 1820, *in-12.*

1796. **Hughens.** Nouveau traité de la Pluralité des mondes; traduit du latin en françois (par Dufour). — *Paris, Moreau,* 1702, *in-12.*

1797. **Hüllmann** (K.-D.). Historich-etymologischer versuch über den Keltisch-Germanischen Volksstamm. — *Berlin, Lange,* 1798, *in-12.*

1798. **Humboldt** (F.-H.-A. de). Expériences sur le Galvanisme, et en général sur l'irritation des fibres musculaires et nerveuses; traduction de l'allemand (par Gravel), avec des additions par Jadelot. — *Paris, Didot,* an VII-1799, *in-8°, pl.*

1799. **Humboldt** (F.-H.-A. de). De Distributione geographica Plantarum secundum cœli temperiem et altitudinem montium, Prolegomena. Accedit tabula ænea. — *Lutetiæ-Parisiorum, Schoell*, 1817, *in-8°, pl.*

1800. — Essai géognostique sur le Gisement des Roches dans les deux hémisphères (trad. de l'allemand, par Léonard); 2ᵉ édition. — *Paris, Levrault*, 1826, *in-8°*.

1801. — Tableaux de la Nature, ou considérations sur les déserts, sur la physionomie des végétaux, sur les cataractes de l'Orénoque, sur la structure et l'action des volcans dans les différentes régions de la terre; traduits de l'allemand par J.-B.-B. Eyriès. — *Paris, Gide*, 1828, *2 vol. in-8°*.

1802. — Tableaux de la Nature. Edition nouvelle avec changements et additions importantes; traduite par Ch. Galusky. — *Paris, Gide et J. Baudry*, 1851, *2 vol. gr. in-18, cartes*.

1803. — Voyage aux Régions Équinoxiales du Nouveau Continent, fait dans les années 1799 à 1804 par Al. de Humboldt et A. Bonpland; rédigé par A. de Humboldt. — *Paris*, 1816-31, *T. I-XIII, in-8°. (Manquent IX à XIII.)*

1804. — Vues des Cordillères et Monumens des Peuples indigènes de l'Amérique. — *Paris, Bourgeois-Maze*, s. d., *2 vol. in-8°, pl. noires et coloriées*.

1805. — Untersuchungen uber Amerika's Bevölkerung aus den alten Kontinente, gewidmet von Joh. S. Water. — *Leipzig, Vogel*, 1801, *in-8°*.

1806. — Essai politique sur le royaume de la Nouvelle-Espagne. — *Paris, Schoell*, 1811, *5 vol. in-8°*.

1807. — Recueil d'observations de Zoologie et d'Anatomie comparée; faites dans l'Océan Atlantique, dans l'intérieur du Nouveau Continent et dans la Mer du Sud, pendant les années 1799 à 1803. — *Paris, Levrault*, an XIII, 1805, *gr. in-4°, pl. gr.*

1808. — Essai sur la Géographie des Plantes, accompagné d'un tableau physique des régions équinoxiales, fondé sur des mesures exécutées, depuis le dixième degré de latitude boréale jusqu'au dixième degré de latitude australe, pendant les années 1799-1803. — *Paris, Schoell*, 1807, *gr. in-4°, pl.*

1809. — Fragmens de Géologie et de Climatologie asiatiques. — *Paris, Gide*, 1831, *2 vol. in-8°*.

1810. **Humboldt** (F.-H.-A. de). Examen critique de l'histoire de la Géographie du nouveau continent et des progrès de l'Astronomie nautique au quinzième et seizième siècles. — *Paris, Gide,* 1836-39, *5 vol. in-8°.*

1811. — Asie centrale. Recherches sur les chaînes de montagnes et la climatologie comparée. — *Paris, Gide,* 1843, *3 vol. in-8°, carte.*

1812. — Cosmos, essai d'une description physique du monde; traduit par H. Faye. — *Paris, Gide,* 1846-59, *4 vol. in-8°.*

1813. **Humboldt** (G. de). Berichtigungen und Zusätze zum ersten Abschnitte des zweyten Bandes des Mithridates über die Cantabrische oder Baskische Sprache. — *Berlin, Voss,* 1817, *in-8°,*

1814. — Prüfung der Untersuchungen über die Urbewohner Hispaniens vermittelst der Vaskischen Sprache. — *Berlin, Dümmler,* 1812, *gr. in-4°.*

1815. — Recherches sur les habitans primitifs de l'Espagne, à l'aide de la langue basque; traduit de l'allemand par M. A. Marrast, avec avertissement et notes du traducteur. — *Paris, Franck,* 1816, *gr. in-8°.*

1816. — Uber die Kawi-Sprache auf der Insel Java nebst einer einleitung über die verschiedenheit des menschlichen sprachbaues und ihren einfluss auf die geistige entwickelung des menschengeschlechts. — *Berlin, Druckerei der Kon. Akad. der Wissenschaften,* 1836-39, *3 vol. gr. in-4°.*

1817. **Hume** (D.). Discours politiques, traduits de l'anglais par M. de M..... (Mauvillon). — *Amsterdam, Schreuder,* 1754, *in-12.*

1818. — Histoire naturelle de la Religion, traduite de l'anglois (par Merian), avec un examen critique et philosophique de cet ouvrage. = Dissertations sur les Passions, sur la Tragédie, sur la règle du Goût; traduit de l'anglois (par le même). — *Amsterdam, Schneider,* 1759-60, *2 vol. in-12.*

1819. **Humphry Davy.** Les derniers jours d'un Philosophe; entretiens sur la nature, les saisons, les métamorphoses de la terre et du ciel, l'humanité, l'âme et la vie éternelle; ouvrage traduit de l'anglais, accompagné d'une préface et de notes par Camille Flammarion. — *Paris, Didier,* 1869, *in-12.*

1820. **Huot** (M.-J.-J.-N.). Nouveau cours élémentaire de Géologie. *Paris, Roret,* 1837-39, *2 vol. in-8°. (Suites à Buffon.)*

1821. **Huxley** (T.-H.). De la place de l'Homme dans la nature; traduit, annoté, précédé d'une introduction et suivi d'un compte rendu des travaux anthropologiques du Congrès international d'anthropologie et d'archéologie préhistoriques, tenu à Paris (session de 1867), par E. Dally; avec une préface de l'auteur pour l'édition française. — *Paris, Baillière*, 1868, *in-8°*.

1822. **Huzar** (E.) fils. La Fin du Monde par la Science; 2ᵉ édition. — *Paris, Dentu*, 1858, *in-12*.

1823. **Huzard** (J.-B.). De quelques questions relatives au Métissage dans les races d'animaux domestiques. — *Paris, Mᵉ Huzard*, 1831, *28 pp.* = Chevaux anglais de pur sang : ce que l'on doit entendre par ces mots. — 1830, *23 pp.* = *Ibid*. Notice sur quelques races de chevaux, sur les haras et les remontes dans l'empire d'Autriche. — 1823, *38 pp.* = *Ibid*. Encore un mot sur les courses de chevaux en France (Extr. des *Annales de l'agriculture française*, 1831). *16 pp.* — *1 vol. in-8°*.

I

1824. **Iankovitch** (A.) et **Grouïtch**. Slaves du Sud, ou le Peuple Serbe avec les Croates et les Bulgares, aperçu de leur vie historique, politique et sociale. — *Paris, Franck*, 1853, *in-8°*.

1825. Idée de l'Homme physique et moral, pour servir d'introduction à un traité de Médecine (par Louis de La Caze). — *Paris, Guérin*, 1775, *in-12*.

1826. **Iharce** (l'abbé d') de Bidassouet. Histoire des Cantabres, ou des premiers colons de toute l'Europe, avec celle des Basques, leurs descendants directs qui existent encore, et leur langue asiatique-basque, traduite et réduite aux principes de la langue française. — *Paris, Didot*, 1825, *in-8°*. T. Iᵉʳ.

1827. **Illiger** (K.). Magazin für Insektenkunde. — *Braunschweig, Reichard*, 1802-07, *6 vol. in-8°*.

1828. — Prodomus Systematis Mammalium et Avium, additis terminis zoographicis utriusque classis, eorumque versione germanica. — *Berolini, Salfeld*, 1811, *in-8°*.

1829. Illustrium Poetarum Flores per Octavium Mirandulam collecti et in communes locos digesti. — *Parisiis, de Marnef*, 1561, *in-12*.

1830. Incertitude (de l') des Sciences, Traité traduit de l'anglois (de Th. Backer, par Berger). — *Paris, Miquelin*, 1714, *in-12*.

1831. Indigenous Races of the Earth; or new Chapters of Ethnological Enquiry; including monographs on special departments of Philology, Iconography, Cranioscopy, Palæontology, Pathology, Archæology, comparative Geography and natural History : contributed by Alfred Maury, Francis Pulszky and J. Aitken Meigs, etc. ; presenting fresh investigations, documents, and materials; by J.-C. Nott and G.-R. Gliddon. — *Philadelphia, Lippincott*, 1857, *in-8°, planches*.

1832. **Ingen-Housz** (J.). Expériences sur les Végétaux, spécialement sur la propriété qu'ils possèdent à un haut degré, soit d'améliorer l'air quand ils sont au soleil, soit de le corrompre la nuit, ou lorsqu'ils sont à l'ombre; auxquelles on a joint une méthode nouvelle de juger du degré de salubrité de l'atmosphère ; traduit de l'anglois par l'auteur. Nouvelle édition. — *Paris, Barrois*, 1787-89, *2 vol. in-8°, pl.*

1833. Influence (De l') de la Nuit sur les malades. Recueil des Mémoires couronnés par la Société de Médecine de Bruxelles, en réponse à cette question qu'elle avait mise au concours. — *Bruxelles, Weissenbruch*, 1806, *in-8°*.

1834. Influence (De l') des Passions sur la production des maladies, ou Recueil des Mémoires qui ont été distingués par la Société libre des Sciences Physiques et Médicales de Liège, au concours établi sur cette question. — *Liège, Desoer*, 1809, *in-8°*.

1835. Institut (L'), journal universel des Sciences et des Sociétés savantes en France et à l'étranger. — 1re Section. Sciences mathématiques, physiques et naturelles. — IIe Section. Sciences historiques, archéologiques et philosophiques. — Rédacteur M. Eugène Arnoult. — *Paris*, 1833-72, *42 vol. in-4°*.

> Exemplaire incomplet. De la première section, fondée en 1833, nous n'avons que les T. 1, 2, 5 et 6. — De la seconde, fondée en 1836, nous n'avons que les T. 1 à 26 (1836-61).

1836. Institut historique (Journal de l'). — *Paris*, 1834-37, *T. I à VI, gr. in-8°, rel. en 3*.

1837. Institutions (Des) sociales, (par A.-A.-P.-F. Bacher). — *Sans ind.*, an VII, *in-8°*.

1838. Introduction à l'Histoire naturelle des Insectes, suivie d'une méthode de classification des Lépidoptères (papillons) de

France, avec la description et l'histoire des espèces les plus remarquables, et particulièrement de celles qui se trouvent aux environs de Bordeaux (par LALANNE). — *Bordeaux, Faye*, s. d., *3 parties en 1 vol. in-8°, pl.*

1839. Introduction à l'Histoire Universelle, contenant les sentimens des Philosophes anciens et modernes de toutes les nations de l'univers sur l'origine et la création du monde, traduite de l'anglois d'une Société de Gens de Lettres. — *La Haye, la Compagnie*, 1731, *in-12.*

1840. **Irañeta y Jauregui** (M.). Tratado del Tarantismo, o enfermedad originada del veneno de la Tarantula, segum las observaciones que hizo en las reales hospitales del Quartel general da San Roque; Se trata de paso de los efectos de otros animales venenosos, y su curacion. — *Madrid, Imprenta Real*, 1785, *in-12.*

1841. **Isidorus** (S.). Præclarissimum Opus Divi Isidori Hyspalensis quod Ethimologiarum inscribitur. *(In fine) : Impressum Parrhisiis, sumptibus Joannis Petit, anno* MDXX, *petit in-fol.*

1842. **Iselin** (I.). Über die Geschichte der Menschheit; vierte auflage. — *Basel, Schweighauser*, 1729, *2 vol. in-16.*

1843. **Isensee** (E.). Elementa nova Geographiæ et Statistices medicinalis. — *Berolini, Reimerus*, 1833, *in-8°.*

1844. **Itard** (E.-M.). Rapport sur les nouveaux développements de l'état actuel du Sauvage de l'Aveyron. — *Paris, Imp. Impériale*, 1807, *in-8°.*

1845. **Ith** (J.). Versuch einer Anthropologie oder Philosophie des Menschen nach seinen Körperlichen Anlagen. — *Bern, Haller*, 1794-95, *2 vol. in-8°.*

1846. Itinéraire topographique et historique des Hautes-Pyrénées, principalement des établissements thermaux : suivi de l'analyse de ces sources et d'un précis de leurs propriétés, par A. A*** (ABADIE). — *Paris, de Pelafol*, 1819, *in-8°, pl. et cart. gr.*

1847. **Izarn** (J.). Des Pierres tombées du ciel. Lithologie atmosphérique, présentant la marche et l'état actuel de la Science sur le phénomène des *Pierres de foudre*, *Pluies de pierres*, *Pierres tombées du ciel*, etc.; avec un essai de théorie sur la formation de ces Pierres. — *Paris, Delalain*, 1803, *in-8°.*

J

1848. **Jackson** (J.-W.). Ethnology and Phrenology as an aid to the Historian. — *London, Trübner and Co*, 1863, *pet. in-8°*.

1849. **Jacobi** (E.). Dictionnaire Mythologique universel, ou Biographie mythique des Dieux et des Personnages fabuleux de la Grèce, de l'Italie, de l'Inde, de la Chine, du Japon, de la Scandinavie, de la Gaule, de l'Amérique, de la Polynésie, etc.; trad. de l'allemand, refondu et complété par Th. Bernard. — *Paris, Didot*, 1854, *in-12*.

1850. **Jacobs** (A.). L'Afrique nouvelle. Récents voyages; état moral, intellectuel et social dans le continent noir. — *Paris, Didier*, 1862, *in-12*.

1851. **Jacobson** (L.). Die Okenschen Körper, oder Primordialnieren, ein beitrag zur Entwickelungs geschichte des Embryons. — *Kopenhagen, Popps*, 1830, *in-4°*.

1852. **Jacolliot** (L.). La Bible dans l'Inde. Vie de Iezeus Christna. Troisième édition. — *Paris, Libr. Internat.*, 1873, *in-8°*.

1853. **Jacopi** (G.). Elementi di Fisiologia e Notomia comparativa. — *Livorno, Masi*, 1823, *3 vol. in-12*.

1854. **Jacquet** (E.). Examen critique de l'ouvrage intitulé : Die Altpersischen Keilinschriften von Persepolis, etc.; von Dr Christian Lassen ; suivi de nouvelles recherches sur le système graphique des caractères persépolitains. — *Paris, Imp. Royale*, 1838, *in-8°*.

1855. **Jadelot** (J.-F.-N.). Description anatomique d'une Tête humaine extraordinaire, suivie d'un Essai sur l'origine des Nerfs. — *Paris, Fuchs*, an VII (1899), *in-8°, pl. gr.*

1856. **Jäger** (A.). Uber das Rhätische Alpenvolk der Brenni oder Breonen. — *Wien*, 1863, *in-8°*.

1857. **Jahn** (F.-L.). Essai historique sur les mœurs, la littérature et la nationalité des Peuples de l'Allemagne, contenant des détails sur leur religion, leur éducation, leurs coutumes, leurs usages, etc.; traduit de l'allemand par P. Lortet, avec notes historiques. — *Paris, Doyen*, 1825, *in-8°*.

1858. **Jähel** (E.). Der Germanische Ursprung der lateinischen

Sprache und des römischen Volkes. — *Breslau*, *Korn*, 1830, *in-8°*.

1859. **James** (C.). Du Darwinisme, ou l'Homme-Singe. — *Paris*, *Plon*, 1877, *in-12*.

1860. **Janet** (P.). Le Matérialisme contemporain. Examen du système du docteur Büchner. — *Paris*, *Baillière*, 1864, *in-12*.

1861. — La Crise philosophique. Taine, Renan, Littré, Vacherot. — *Paris*, *Baillière*, 1865, *in-12*.

1862. — Le Cerveau et la Pensée. — *Paris*, *Baillière*, 1867, *in-18*.

1863. **Janin** (J.). Le Livre. — *Paris*, *Plon*, 1870, *in-8°*.

1864. **Jannelli** (C.). Sulla natura e necessita della Scienza delle Storie Umane. — *Napoli*, *Porcelli*, 1817, *in-8°*.

1865. Jardinage (Le) des Œillets (par L. B.). — *Paris*, *Boulanger*, 1647, *in-8°*.

1866. Jardinier (Le nouveau) François qui enseigne à cultiver les Arbres et les Herbes Potagères. Ensemble la manière de faire toutes sortes de Confitures, Conserves et Massepans; augmenté d'une nouvelle Instruction pour la taille des arbres, et pour cueillir et conserver les fruits; avec un Catalogue des plus excellentes espèces des Poires qui se succèdent les unes aux autres, depuis le mois de Juin jusques aux nouvelles. — *Bordeaux*, *Boé*, 1699, *in-12*.

1867. **Jardot** (A.). Révolutions des Peuples de l'Asie mineure; influence de leurs migrations sur l'état social de l'Europe. T. I. — *Paris*, *Dessearts*, 1839, *in-8°*.

1868. **Jaubert** (P.-A.). Voyage en Arménie et en Perse, fait dans les années 1805 et 1806, suivi d'une notice sur le Ghilan et le Mazenderan, par le Colonel Trezel. — *Paris*, *Pélicier et Nepveu*, 1821, *in-8°*, *fig. et pl.*

1869. **Jaubert de Passa** (F.-J.). Voyage en Espagne dans les années 1816-19, ou Recherches sur les arrosages, sur les lois et coutumes qui les régissent, sur les lois domaniales et municipales, considérés comme un puissant moyen de perfectionner l'agriculture française. — *Paris*, *Huzard*, 1823, *2 vol. in-8°*, *cartes*.

1870. **Jauffret** (L.-F.). Zoographie des diverses régions, tant de l'ancien que du nouveau Continent, offrant, avec la notice géographique de chaque contrée, l'histoire naturelle abrégée des Mammifères et des Oiseaux qui en sont originaires ou qui s'y sont naturalisés, classés d'après le système de Linné, etc. — *Paris, Crapelet, an VII, gr. in-4° et atlas.*

On y a joint :
2. Mémoire sur la distribution géographique des Animaux vertébrés, moins les Oiseaux, par A. Desmoulins. (*Extr. du Journal de Physique*, 1822.)
3. Jo Frid. Blumenbachii de quorumdam Animantium coloniis sive sponte migratis, sive casu aut studio ab hominibus aliorsum translatis commentatio. — *Gottingæ, Dieterich,* 1823.
4. Recherches sur quelques changements observés dans les Animaux domestiques transportés de l'ancien dans le nouveau Continent, par Roulin. (Extr. des *Mém. de la Soc. des Sc. nat.*, Sav. étr., t. 6.)

1871. **Jehan de Saint-Clavien** (L.). Dictionnaire de Cosmogonie et de Paléontologie ; examen critique des systèmes anciens et modernes sur l'origine du monde ; vues sur la création de la terre et des corps célestes, et appréciation des théories cosmogonico-bibliques, description stratigraphique, géographique, zoologique et chronologique des terrains fossilifères et de leurs étages. Histoire de la Géologie, ses applications aux arts, etc. — *Paris, Migne,* 1854, *gr. in-8°.*

1872. — Dictionnaire d'Anthropologie, ou histoire naturelle de l'homme et des races humaines. Anatomie, Physiologie, Psychologie, Ethnologie, etc. Réfutation des théories matérialistes, panthéistes, rationalistes, etc. — *Paris, Migne,* 1853, *gr. in-8°, fig.*

1873. — Dictionnaire de Linguistique et de Philologie comparée. Histoire de toutes les Langues mortes et vivantes, ou Traité complet d'Idiomographie, embrassant l'examen critique des systèmes et de toutes les questions qui se rattachent à l'origine et à la filiation des Langues, à leur essence organique et à leurs rapports avec l'Histoire des Races Humaines, etc. — *Paris, Migne,* 1858, *in-8°.*

1874. **Jeuffrain** (A.). Essai d'interprétation des Types de quelques médailles muettes émises par les Celtes-Gaulois. — *Tours. Mame,* 1846, *in-8°, pl. gr.*

1875. **Joblot.** Observations d'Histoire Naturelle, faites avec le microscope, sur un grand nombre d'Insectes et sur les Animalcules qui se trouvent dans les liqueurs préparées et dans celles qui ne le sont pas ; avec la description et les usages des différens microscopes. — *Paris, Jombert,* 1754, *2 vol. in-4°, rel. en 1, pl.*

1876. **Johanneau** (E.). Mélanges d'origines étymologiques et de questions grammaticales. — *Paris, Alex. Johanneau*, 1818, *in-8°*.

1877. **John** (J.-F.). Tableaux chimiques du Règne Animal, ou aperçu des résultats de toutes les analyses faites jusqu'à ce jour sur les animaux. Traduit de l'allemand par Stéphane Robinet. — *Paris, Colas*, 1816, *in-4°*.

1878. **Johnes** (A.-J.). Philological Proofs of the original unity and recent origin of the Human Race; derived from a comparison of the languages of Asia, Europe, Africa and America; being an inquiry how far the differences in the language of globe are referrible to causes now in operation. — *London, Clarke*, 1843, *in-8°*.

1879. **Johnson** (S.). A Dictionary of the English Language : to which are prefixed a History of the Language and an English grammar. The Eighth edition. — *London, Johnson*, 1799, 2 *vol. gr. in-4°*.

1880. **Jolibois** (l'abbé). Dissertation sur l'Atlantide, suivie d'un essai sur l'histoire de l'arrondissement de Trévoux au temps des Celtes, des Romains et des Bourguignons. — *Lyon, Boitel*, 1846, *gr. in-8°*.

1881. **Jolowicz** (H.). Bibliotheca Ægyptiaca. Repertorium über die bis zum jahre 1857 in bezug auf Ägypten, seine geographie, landeskunde, naturgeschichte, denkmäler, sprache, schrift, religion, mythologie, geschichte, kunst, wissenschaft, etc., etc., Erschienenen schriften, academischen abhandlungen und aufsätze in wissenschaftlichen und anderen zeitschriften. — *Leipzig, W. Engelmann*, 1858, *in-8°*.

1882. **Joly** (J.-R.). La Géographie sacrée et les Monuments de l'Histoire Sainte. Nouvelle édition. — *Paris, Jombert*, 1784, *in-4°, pl. gr*.

1883. **Joly** (H.). Psychologie comparée. L'Homme et l'Animal. — *Paris, Hachette*, 1877, *in-8°*.

1884. **Joly** (L.). Du Principe des Nationalités. — *Paris, Garnier*, 1863, *in-12*.

1885. **Jonstonus** (J.). Thaumatographia naturalis in decem classes distributa, in quibus admiranda Cœli, Elementorum, Meteororum, Fossilium, Planta rum, Avium, Quadrupedum, Exanguium, Piscium, Hominis. — *Amstelodami, Janssonius*, 1661, *in-12*.

1886. **Jordan** (A.). De l'Origine des diverses variétés ou espèces d'Arbres fruitiers et autres végétaux généralement cultivés pour le besoin de l'homme. — *Paris, Baillière*, 1853, *in-8°*.

1887. **Jördens** (J.-H.). Entomologie und Helminthologie des Menschlichen Körpers, oder beschreibung und abbildung der Bewohner und Feinde desselben unter den Insekten und Würmern. — *Hof, Grau*, 1801-02, 2 vol. gr. *in-4° rel. en 1, pl. color.*

1888. **Joret** (C.). Herder et la renaissance littéraire en Allemagne au XVIII° siècle. — *Paris, Hachette*, 1875, *in-8°*.

1889. **Jornandès**. Histoire générale des Goths, traduite du latin (par Drouet de Maupertuys). — *Paris, V° Claude Barbin*, 1603, *in-12*.

1890. — De la Succession des Royaumes et des Temps, et de l'origine et des actes des Goths; traduction nouvelle par A. Savagner. — *Paris, Panckoucke*, 1842, *in-8°*.

1891. **Josephi** (W.). Grundriss der Naturgeschichte des Menschen nebst einer vorangeschickten Uebersicht der allgemeinen Naturgeschichte. — *Hamburg, Hoffmann*, 1790, *in-12*.

1892. **Joubert** (L.). Erreurs populaires et propos vulgaires touchant la Médecine et le régime de santé; expliquez et refutez. — *Bourdeaux, S. Millanges*, 1579. = Seconde partie des Erreurs, etc., avec deux catalogues de plusieurs autres erreurs ou propos vulgaires qui n'ont été mantionnés *(sic)* an la première et segonde *(sic)* édition de la première partie; item deux autres petits Traités concernant les Erreurs populaires, avec deux Paradoxes du maime auteur. Plus l'apologie de son ortographie. — *Paris, L'Angelier*, 1579, 2 part. en 1 vol. *in-8°*.

1893. **Jouffroy** (Th.). Cours de Droit naturel. Troisième édition. — *Paris, Hachette*, 1858, 2 vol. *in-18*.

1894. — Mélanges Philosophiques. 3° édition. — *Paris, Hachette*, 1860, gr. *in-18*.

1895. — Nouveaux Mélanges Philosophiques, précédés d'une notice et publiés par Ph. Damiron. Deuxième édition. — *Paris, Hachette*, 1861, gr. *in-18*.

1896. **Jourdan** (A.-J.-L.). Dictionnaire raisonné, étymologique, synonymique et polyglote des Termes usités dans les sciences naturelles, comprenant l'anatomie, l'histoire naturelle et la physiologie générales, l'astronomie, la botanique, la chimie, la géographie physique, la géologie, la minéralogie, la physique et la zoologie. — *Paris, Baillière*, 1834, *2 vol. in-8°.*

1897. **Jourdain** (A.). La Perse, ou Tableau de l'Histoire, du Gouvernement, de la Religion, de la Littérature, etc., de cet Empire; des mœurs et coutumes de ses habitans. — *Paris, Ferra et Imbert*, 1814, *5 vol. in-12, pl. gr.*

1898. Journal de Botanique, rédigé par une Société de Botanistes. — *Paris, Tourneisen*, 1808-14, *4 tom. en 5 vol. in-8°, pl. gr.*

1899. Journal de la Société Phrénologique de Paris. — *Paris, Baillière*, janv.-octobre 1835, *4 livr. gr. in-8°, pl.*

1900. Journal of the Anthropological Society of London. — *London, Trübner and Co.*, 1863-70, *8 vol. in-8°, rel. en 7.*

1901. **Jouvencel** (P. de). Genèse selon la science. La Vie. 2ᵉ édition. — *Paris, Garnier*, 1862, *gr. in-18.*

1902. Juifs (Les) d'Europe et de Palestine. Voyage de MM. Keith, Black, Bonar et Mac Cheyne, envoyés par l'Église d'Écosse; traduit de l'anglais par le traducteur de la « *Vie et ouvrages de J. Newton* » (Mlle de Chabaud-Latour). — *Paris, Delay,* 1844, *in-8°, cartes.*

1903. **Julia de Fontenelle** (J.-S.-E.). Recherches médico-légales sur l'incertitude des signes de la Mort, les dangers des inhumations précipitées, les moyens de constater les décès et de rappeler à la vie ceux qui sont en état de mort apparente. — *Paris, Rouvier et Le Bouvier,* 1834, *in-8°.*

1904. **Julius** (N.-H.). Leçons sur les Prisons; ouvrage traduit de l'allemand par H. Lagardette. — *Paris, Levrault*, 1831, *2 vol. in-8°.*

1905. **Jullien** (M.-A.). Essai sur l'Emploi du Temps, ou Méthode qui a pour objet de bien régler sa vie, premier moyen d'être heureux. Troisième édition. — *Paris, Dondey-Dupré*, 1824, *in-8°, fig. gr.*

1906. **Junius** (H.). Nomenclator omnium Rerum propria nomina variis linguis explicata indicans; tertia editio. — *Antverpiæ, Plantinus*, 1583, *in-8°.*

1907. **Jurine** (L.). Nouvelle méthode de classer les Hyménoptères.

— *Genève, Paschoud*, 1807, gr. in-4°. T. Ier *(seul paru)* et atlas in-4°.

1908. **Jussieu** (A.-L. de). Genera Plantarum secundum ordines naturales disposita, juxta methodum in horto regio Parisiensi exaratam, anno 1874. — *Parisiis, Herissant*, 1789, in-8°.

1909. **Justinus.** Historiarum ex Trogo Pompeio libri XLIV, ex recensione Isaaci Vossii. — *Amstelodami, Dan. Elzevirius*, 1671, in-12.

1910. — Histoire universelle extraite de Trogue Pompée; traduction nouvelle (avec texte en regard) par Jules Pierrot et E. Boitard. — *Paris, Panckoucke*, 1833, 2 vol. in-8°.

K

1911. **Kaemper** (E.). Histoire naturelle, civile et ecclésiastique de l'empire du Japon; traduite en françois sur la version anglaise de J. Gaspar Scheuchzer (par Naudé). — *Amsterdam, Uytwerf*, 1732, 3 vol. in-12, pl. gr.

1912. **Kaemtz** (L.-F.). Cours complet de Météorologie; traduit et annoté par Ch. Martins, avec un appendice par L. Lalanne. — *Paris, Paulin*, 1843, gr. in-18.

1913. **Kannegiesserus** (G.-H.). Institutiones Medicinæ Legalis, cum præfatione A. E. Buchneri. Editio altera, aucta et emendata. — *Kiliæ Holsatorum, Bartschius*, 1777, in-8°, portr.

1914. **Kant** (I.). Kleine Anthropologisch-praktische Schriften, herausgegeben von Fried Wilh. Schubert. — *Leipzig, Voss*, 1838, in-8°.

1915. — Anthropologie, suivie des divers fragments du même auteur relatifs aux rapports du physique et du moral et au commerce des esprits d'un monde à l'autre; traduit de l'allemand par J. Tissot. — *Paris, Ladrange*, 1863, in-8°.

1916. — Schriften zur physischen Geographie, herausgegeben von Fried. Wilh. Schubert. — *Leipzig, Voss*, 1839, in-8°.

1917. — Philosophie de Kant, ou principes fondamentaux de la Philosophie transcendante, par Ch. Villers. — *Metz, Collignon*, 1801 (an IX), in-8°. Première partie.

1918. — Théorie de Kant sur la Religion, dans les limites de la raison; ouvrage traduit de l'allemand par le Dr Lortet, précédé d'une introduction par Fr. Bouillier. — *Paris, Joubert*, 1842, *in-12*.

1919. Karte von Klein-Asien entworfen und gezeichnet nach den neuesten und zuverlässigsten Quellen, hauptsächlich nach den in den jahren 1838-39, von baron V. Vincke, Fischer, und baron V. Moltke; und 1841-43 von H. Kiepert, A. Schönborn und K. Kock. — *Berlin, Schropp*, 1844, *in-fol*.

1920. **Kaulfuss** (R.-St.). Die Slawen in den ältesten zeiten bis Samo (623); eine linguistisch-geographisch-historische untersuchung nebst einem anhange : gedrängte übersicht der heutigen Slawen. — *Berlin, Schroeder*, 1842, *in-8°*.

1921. **Kay** (S.). Travels and researches in Caffraria : describing the character, customs, and moral condition of the Tribes inhabiting that portion of southern Africa : with historical and topographical remarks illustrative of the state and prospects of the british settlement in its borders, the introduction of Christianity and the progress of civilization. — *London, Mason*, 1833, *fig*.

1922. **Kayssarow** (A. von). Versuch einer Slavischen Mythologie in alphabetischer ordnung. — *Göttingen, Baier*, 1804, *in-12, pl. gr.*

1923. **Keate** (G.). Relation des Iles Pelew, situées dans la partie occidentale de l'Océan Pacifique, composée sur les journaux et les communications du capitaine Henri Wilson et de quelques-uns de ses officiers qui, en août 1723, y ont fait naufrage sur *l'Antilope;* traduit de l'anglois (par le v^te de Mirabeau). — *Paris, Le Jay et Maradan*, 1788, *2 vol. in-8°, portr., pl. gr.*

1924. **Keferstein** (A.). Die, dem Menschen und den Thierenschädlichen Insecten nach eigenen und fremden Beobachtungen. — *Erfurt, Keyser*, 1837, *in-12*.

1925. **Keferstein** (C.). Geschichte und Litteratur der Geognosie. *Halle, Lippert*, 1840, *in-8°*.

1926. **Kellnerus** (W.-A.). Synopsis Observationum medicarum et Physicarum quas Decuriæ III ac Centuriæ X Ephemeridum Academiæ Cæsareæ Leopoldino-Carolinæ naturæ curiosorum ab anno MDCLXX usque ad annum MDCCXXII publicatarum continent, ordine alphabetico exposita, etc., cum præfatione A.-E. Büchneri. — *Noribergiæ, Endterus*, 1739, *in-4°*.

1927. **Kennedy** (J.). Ethnological and Philological Essays. — *London, Hall and Vertue*, 1855, *in-8°*.

1928. **Kératry** (A.-H.). Inductions morales et philosophiques; troisième édition. — *Paris, Gosselin*, 1841, *in-18*.

1929. — Examen philosophique des Considérations sur le sentiment du Sublime et du Beau, dans le rapport des caractères, des tempéramens, des sexes, des climats et des religions, d'Emmanuel Kant; pour faire suite à l'ouvrage du Beau dans les arts d'imitation, de ce dernier auteur. — *Paris, Bossange frères*, 1823, *in-8°*.

1930. **Kerkherdere** (J.). De situ Paradisi terrestris. Præcedit conatus novus de Cepha reprehenso ex Galatarum secundo capite. Accessit Irenæus Distinguens Reprehensum ab Apostolo et ejusdem chronologia, etc. — *Lovanii, van Oberbeke*, 1729, *in-12*.

1931. **Kestnerus** (C.-G.). Bibliotheca medica, optimorum per singulas medicinæ partes auctorum delectu circumscripta. — *Ienæ, Cuno*, 1746, *in-8°*.

1932. **Kien-Long**. Éloge de la ville de Monkden et de ses environs, poème composé par Kien-Long, empereur de la Chine actuellement régnant, accompagné de notes curieuses sur la géographie, l'histoire naturelle de la Tartarie orientale, et sur les anciens usages des Chinois; composées par les éditeurs chinois et tartares, etc. Traduit en françois par le P. Amiot, missionnaire, et publié par M. De Guignes. — *Paris, Tilliard*, 1770, *in-8°*.

1933. **Kirby** (W.). Strepsiptera, a new order of Insects proposed : and the characters of the order, with those of its genera, laid down. (Extr. des *Transactions of the Linnean Society*, 1811), gr. *in-4°*, *pl.*

1934. — Centurie d'Insectes, contenant plusieurs genres nouveaux décrits dans sa collection. — *Paris, Lequien*, 1834, *pl. col.*

1935. **Kircher** (A.). Sphinx Mystagoga, sive Diatribe hieroglyphica, qua Mumiæ ex Memphiticis Pyramidum adytis erutæ, et non ita pridem in Galliam transmissæ, juxta veterum Hieromystarum mentem, intentionemque, plena fide et exacta exhibetur interpretatio. — *Amstelodami ex offic. Janssonio-Waesbergiana*, 1676, *in-fol., pl. gr.*

1936. **Kirwan** (R.). Estimation de la Température de différens degrés de Latitude. Traduit de l'anglais par Adet. — *Paris, Cuchet*, 1790, *in-8°*.

1937. **Klaproth** (J.). Verzeichniss der Chinesischen und Mandshuischen Bücher und Hanschriften der Königlichen Bibliotek zu Berlin, mit einer abhandlung über die Sprache und Schrift der Uiguren. — *Paris, in der Konigl. Druckerei*, 1822, *in-fol.*

1938. — Voyage au Mont Caucase et en Géorgie. — *Paris, Gosselin*, 1823, *2 vol. in-8°.*

1939. — Kaukasische Sprachen. Anhang zur reise in den Kaukasus und nach Georgien. — *Halle und Berlin, Buchland. des Hallischen Waisenhauses*, 1824, *in-8°.*

1940. — Mémoires relatifs à l'Asie, contenant des recherches historiques, géographiques et philosophiques sur les peuples de l'Orient. — *Paris, Dondey-Dupré*, 1826-28, *3 vol. in-8°, cartes et planches gr.*

1941. — Tableaux historiques de l'Asie, depuis la monarchie de Cyrus jusqu'à nos jours ; accompagnés de recherches historiques et ethnographiques sur cette partie du monde. — *Paris, Schubart*, 1826, *gr. in-4° et atlas in-fol.*

1942. — Tableau historique, géographique, ethnographique et politique du Caucase et des provinces limitrophes entre la Russie et la Perse. — *Paris, Ponthieu*, 1827, *in-8°.*

1943. — Asia Polyglotta von Julius Klaproth, Sprachatlas ; zweite auflage. — *Paris, Heideloff und Campe*, 1831, *in-4°.*

1944. — Magasin Asiatique, ou Revue géographique et historique de l'Asie centrale et septentrionale. — *Paris, Dondey-Dupré*, 1835, *in-8°, pl. coloriée.*

1945. **Klee** (F.). Le Déluge ; considérations géologiques et historiques sur les derniers cataclysmes du Globe. — *Paris, Masson*, 1847, *gr. in-18.*

1946. **Klein** (J.-T.). Doutes ou Observations sur la revue des animaux faite par le premier Homme, sur quelques animaux des classes des quadrupèdes et amphibies du Système de la nature de M. Linnœus, et remarques sur les Crustacés, sur les Animaux qui ruminent, et sur la vie de l'Homme comparée avec celle des animaux ; trad. du latin (par F-.A. Aubert de Lachesnaye des Bois). — *Paris, Bauche*, 1754, *in-8°, fig.*

1947. — Ordre naturel des Oursins de mer et Fossiles, avec des observations sur les piquans des Oursins de mer, et quelques remarques sur les Bélemnites ; traduit du latin (par F.-A. Aubert de Lachesnaye des Bois), avec le texte de l'auteur. — *Paris*, *Bauche*, 1754, *in-8°*, *port. et pl. gr.*

1948. **Klencke** (H.). Naturbilder aus dem Leben der Menschheit in briefen an Alexander von Humboldt. — *Leipzig*, *Weber*, 1850, *in-12*.

1949. — Panthéon du XIX° siècle. Biographies des Hommes célèbres : — Alexandre de Humboldt ; traduction de l'allemand par le Dr Burgkly. — *Bruxelles*, *Lacroix et Cie*, 1861, *gr. in-18*.

1950. **Knebel** (I.-G.). Handbuch der Literatur für die gerichtliche Arzneykunde bis zum ende des achtzehnten jahrhunderts. Erste abtheilung : allgemeine Literatur der gerichtlichen Arzneykunde. — *Görliz*, *Anton*, 1806, *in-8°*.

1951. **Knight** (R. P.). An Inquiry into the Symbolical Language of ancient Art and Mythology. — *London*, *Black and Armstrong*, 1836, *in-8°*.

1952. **Knobell** (A.). Die Völkertafel der Genesis. Ethnographische untersuchungen. — *Giessen*, *Ricker*, 1850, *in-8°*.

1953. **Knoch** (A.-W.). Beiträge zur Insektengeschichte. — *Leipzig*, *Schwickert*, 1782-83, *3 part. in-8°*, *cart. (manque la 1re)*.

1954. **Knorr** (G.-K.). Les Délices des yeux et de l'esprit, ou Collection générale des différentes espèces de Coquillages que la mer renferme. — *Nuremberg*, 1760-73, *6 part. en 3 vol. in-4°*, *fig. color*.

1955. **Knox** (R.). The Races of Men : a fragment. — *Philadelphia*, *Lea and Blanchard*, 1850, *pet. in-8°*.

1956. **Kobelt.** De l'Appareil du Sens génital des deux sexes dans l'espèce humaine et dans quelques mammifères, au point de vue anatomique et physiologique ; traduit de l'allemand par H. Kaula. — *Strasbourg*, *V° Berger-Levrault*, 1851, *in-8°*, *pl.*

1957. **Koch** (G.-D.-J.). Synopsis Floræ Germanicæ et Helveticæ, exhibens stirpes phanerogamas et vasculares cryptogamas rite cognitas, quæ in Germania, Helvetia, Borussia et Istria sponte crescunt atque in hominum usum copiosius coluntur, secundum systema Candolleanum digestas, etc. — *Lipsiæ*, *Gebhardt et Reisland*, 1843-45, *3 vol. in-8°*.

1958. **Koch** (C.-L.). Übersicht des Arachnidensystems — *Nürnberg, Zeh*, 1837-50, 6 part. en *12 livr. in-8°, pl. color. (V^r le N° 1626.)

1959. **Koeppen** (C.-F.). Literarische einleitung in die Nordische Mythologie. — *Berlin, Bechtold und Hartje*, 1837, *in-8°*.

1960. **Kollar** (V.). Naturgeschichte der Schädlichen Insecten in beziehung auf Landwirthschaft und Forstcultur. — *Wien, auf Kosten der Landwirthschafts-Gesellschaft*, 1837, *in-8°*.

1961. **Kölreuter** (J.-G.). Vorläusige nachricht von einigen das Geschlecht der Pflanzen betreffenden versuchen und beobachtungen. — *Leipzig, Gleditsch*, 1763-66, 4 part. en 1 vol. *in-8°*.

1962. **Kompert** (L.). Les Juifs de la Bohême, traduit de l'allemand par Daniel Stauben. — *Paris, Lévy*, 1860, gr. *in-18*.

1963. — Scène du Ghetto; traduction D. Stauben. — *Paris, Lévy*, 1859, gr. *in-18*.

1964. **Kool** (J.-A.). Craniometrie of onderzoek van den Menschelijken Schedel bij verschillende volken, in vergelijking met dien van den Orang oetan. Met afbeeldingen. — *Amsterdam, de Ruijter*, 1852, *in-8°, pl.*

1965. Koran (Le); traduction nouvelle faite sur le texte arabe, par Kasimirski, revue et précédée d'une introduction par G. Pauthier. — *Paris, Charpentier*, 1840, *in-12*.

1966. **Korner** (F.). Keltische studien. Abhandlung über die Wohnsitze der Kelten, über deren Sprachverwandtschaft mit den indogermanischen Völkern und uber den Einfluss ihrer Mythologie auf die Sagenbildung des Mittelalters. — *Halle, Heynemann*, 1849, *in-4°*.

1967. **Kornmann** (H.). Sibylla Trig-Andriana, seu de Virginitate, Virginum statu et jure, tractatus jucundus, ex jure naturali divino, canonico et civili, etc.; editio nova. = Ejusdem Linea Amoris sive commentarius in Versiculum glossæ, *Visus, Colloquium, Convictus, Oscula, Factum*, in L. 23 ff ad L. Juliani de *Adulteriis*. = Ejusdem de Annulo triplici : usitato, sponsalitio, signatorio. — *Coloniæ, P. Marteau*, 1765, 3 part. en 1 vol. *in-12*.

1968. **Koutorga** (M. de). Essai sur l'Organisation de la Tribu dans l'antiquité; traduit du russe par M. Chopin. — *Paris, Didot*, 1839, *in-8°*.

1969. **Krafft** (G.-W.). Description et représentation exacte de la maison de glace construite à St-Petersbourg au mois de janvier 1740 et de tous les meubles qui s'y trouvèrent, avec quelques remarques sur le froid en général, et particulièrement sur celui qu'on a senti cette même année dans toute l'Europe ; traduit de l'allemand par P.-L. Le Roy. — *St-Petersbourg, Impr. de l'Acad. des Sciences*, 1742, *in-4°*.

1970. **Krantzius** (A.). Wandalia. De Wandalorum vera origine, variis gentibus, crebris e patria migrationibus, regnis item, quorum vel autores vel eversores fuerunt. — *Hanoviæ, typis Wechelianis*, 1619. = Vandaliæ et Saxoniæ Alberti Cranzii continuatio, ab anno Christi 1500, ubi ille desinit, ad 1541 ; accessit Metropolis, seu Episcoporum in viginti diœcesibus Saxoniæ catalogus, usque ad annum 1585 deducta, cum præfatione Davidis Chytræi. — *Wittebergæ, Hæredes Joh. Cratonis*, 1586, *1 vol. in-fol.*

1971. — Saxonia. De Saxonicæ gentis vetusta origine, longinquis expeditionibus susceptis et bellis domi pro libertate diu fortiterque gestis, cum præfatione Nicolai Cisneri. — *Francofurti ad Mœnum, Wechelus*, 1575, *in-fol.*

1972. **Krasinski** (V.). Slavonia. Essai sur l'histoire religieuse des nations Slaves ; traduit de l'anglais. — *Paris, Garnier*, 1853, *gr. in-8°.*

1973. **Kretschmann** (T.). Commentatio Juridica de Stupro voluntario. — *Stuttgardiæ*, 1791, *in-4°.*

1974. **Krügelstein** (F.-C.-C.). Promptuarium Medicinæ forensis, oder : Realregister über die in die gerichtliche Arznei-wissenschaft einschlagenden Beobachtungen, Entscheidungen und Vorfälle. — *Erfurt und Gotha, Henning*, 1829, *3 vol. in-8°.*

1975. **Krüger** (M.-S.). Bibliographia Botanica. Handbuch der botanischen Literatur in systemacher ordnung nebst kursen biographischen Notizen über die botanischen Schriftsteller. Zum gebrauche für Freunde und Lehrer der Pflanzenkunde. — *Berlin, Haude und Spener.*, 1841, *in-8°.*

1976. **Küchenmeister** (F.). Die in und dem Körper des lebenden Menschen vorkommenden Parasiten. Ein lehr-und handbuch der diagnose und behandlung der Thierischen und Pflanzlichen parasiten des Menschen. — *Leipzig, Teubner*, 1855, *2 part. en 1 vol. in-8°, pl. gr.*

1977. **Kuhl** H. . Die deutschen Fledermäuse. — *Hanau*, 1817, *in-4°*.

1978. **Kühnholtz** H. . Coup-d'œil sur l'ensemble systématique de la Médecine-judiciaire, considérée dans ses rapports avec la Médecine-politique. — *Montpellier, Jullien*, 1834, *in-8°*.

1979. — Des caractères et des conditions de la Viabilité (Thèse). — *Montpellier, Jullien*, 1835, *in-8°*.

L

1980. **Labastide** ,C. de . Commentaires de César: traduction nouvelle, accompagnée de dissertations et de notes. Partie deuxième, contenant les Dissertations : Tome Ier. Dissertation sur les Basques. — *Paris, Monory*, 1786, *in-8°*.

Ni la traduction de César, ni le second vol. des dissertations n'ont paru.

1981. **Labbe** P. . Pharus Galliæ antiquæ. Ex Cæsare, Hirtio, Strabone, Plinio, Ptolomeo, Itinerariis, Notitiis, etc. : quadripartito indice geographico comprehensa: cum interpretatione vernacula. — *Molinis, Vernoy*, 1644, *in-12*.

1982. **La Bêche** H.-T. de . Manuel géologique : seconde édition. Traduction française par Brochant de Villiers. — *Paris, Langlois et Leclercq*, s. d., *in-8°*.

1983. — Recherches sur la partie théorique de la Géologie : traduit de l'anglais par H. de Collegno. — *Paris, Levrault*, 1838, *in-8°*, *pl. et fig*.

1984. — L'art d'observer en Géologie : traduit de l'anglais par H. de Collegno. — *Paris, Levrault*, 1838, *in-8°*, *fig*.

1985. — Coupes et Vues pour servir à l'explication des Phénomènes géologiques : avec un texte traduit de l'anglais par H. de Collegno. — *Paris, Pitois Levrault*, 1839, *gr. in-4°, pl. color*.

1986. **Labillardière** J.-J. . Relation du Voyage à la recherche de la Pérouse, fait par ordre de l'Assemblée constituante, pendant les années 1791, 1792, et pendant la 1re et la 2e année de la République Françoise. — *Paris, Jansen*, an VIII, *2 vol. in-8° et atlas*.

1987. — Sertum Austro-Caledonicum. — *Parisiis, Huzard*, 1824-25, *2 part. en 1 vol. gr. in-4°, pl. gr*.

1988. **La Boetie** (E. de). De la Servitude volontaire, ou le Contr'un (1548), avec les notes de M. Coste et une préface de F. de La Mennais (1835). — *Paris, Daubrée et Cailleux*, 1835, *in-8°*.

1989. **Laborde** (L. de). Commentaire géographique sur l'Exode et les Nombres. — *Paris, Renouard et Cie*, 1841, *in-fol., cartes*.

1990. **La Boulinière** (P.). Itinéraire descriptif et pittoresque des Hautes-Pyrénées françoises, jadis territoires du Béarn, du Bigorre, des Quatre-Vallées, du Comminges et de la Haute-Garonne, contenant, outre la description des lieux, l'histoire de ces diverses contrées et de leurs antiquités; un Précis sur la population, l'agriculture, l'industrie, le commerce, etc. — *Paris, Gide*, 1825, *3 vol. in-8°, carte et pl. lithogr.*

1991. **La Brousse** (de). Mémoire et Journal d'observations, d'expériences sur la meilleure manière de cultiver l'Olivier, et de le préserver des Insectes qui s'attachent à l'Arbre et au Fruit. — *(Montpellier, Martel, 1774), in-4°. (Extr. des Mém. de la Soc. Roy. des Sciences de Montpellier.)*

1992. — Mélanges d'Agriculture. — *Nismes, Belle*, 1789, *2 vol. in-8°, pl. gr.*

1993. **La Caille** (N.-L. de). Leçons élémentaires d'Astronomie géométrique et physique. Nouvelle édition. — *Paris, Guérin*, 1764, *in-8°, planches.*

1994. — Journal historique du Voyage fait au Cap de Bonne-Espérance; précédé d'un discours sur la Vie de l'auteur, suivi de remarques et de réflexions sur les Coutumes des Hottentots et les Habitans du Cap. — *Paris, Guillyn*, 1763, *in-12, fig. gr.*

1995. **Lacepède** (E. de). Vue générale des progrès de plusieurs branches des Sciences naturelles depuis la mort de Buffon; pour faire suite aux œuvres naturelles de ce grand naturaliste. — *Paris, Rapet*, 1818, *in-8°*.

1996. — Histoire naturelle de l'Homme (article extrait du 21e vol. du *Dictionnaire des Sciences naturelles*). — *Paris, Levrault*, 1821, *in-18*.

1997. — Histoire naturelle de l'Homme; précédée de l'Éloge historique de l'auteur, par G. Cuvier. — *Paris, Pitois-Levrault*, 1839, *in-8°, portr. et fac-simile.*

1998. — Les Ages de la Nature et Histoire de l'Espèce Humaine. — *Paris, Levrault*, 1830, *2 vol. in-8°*.

1999. **Lacepède** (E. de). Discours. (Volume faisant partie de ses OEuvres publiées par A.-G. Desmarest.) — *Paris, Ladrange,* 1826, *in-8°, portr.*

2000. **La Chambre** (M.-C. de). L'art de connoître les Hommes. Première partie, où sont contenus les discours préliminaires qui servent d'introduction à cette science. — *Paris, Rocolet,* 1660, *in-8°.*

2001. **La Chapelle** (l'abbé de). Traité de la Construction théorique et pratique du Scaphandre, ou du Bateau de l'Homme. — *Paris, Debure,* 1755, *in-8°, pl. gr.*

2002. — Le Ventriloque ou l'Engastrimythe. — *Paris, Vve Etienne,* 1772, *2 part. en 1 vol. in-12.*

2003. **La Condamine** C.-M.). Relation abrégée d'un voyage fait dans l'intérieur de l'Amérique méridionale, depuis la côte de la mer du Sud jusqu'aux côtes du Brésil et de la Guyane, en descendant la rivière des Amazones. — *Paris, Vve Pissot,* 1745, *carte.*

2004. — Relation abrégée d'un voyage fait dans l'intérieur de l'Amérique méridionale, depuis la côte de la mer du Sud jusqu'aux côtes du Brésil et de la Guyane, en descendant la rivière des Amazones : avec une carte du Maragnon ou de la rivière des Amazones. Nouvelle édition, augmentée de la relation de l'émeute populaire de Cuença au Pérou, etc. — *Maestricht, Dufour,* 1778, *in-8°, pl.*

2005. **Lacordaire** (Th.). Introduction à l'Entomologie, comprenant les Principes généraux de l'Anatomie et de la Physiologie des Insectes, des détails sur leurs mœurs, et un résumé des principaux systèmes de classification proposés jusqu'à ce jour. *Paris, Roret,* 1834-38, *2 vol. in-8° et atlas. (Suites à Buffon.)*

2006. — et **Chapuis** (F.). Histoire naturelle des Insectes. Genera des Coléoptères, ou exposé méthodique et critique de tous les genres proposés jusqu'ici dans cet ordre d'Insectes. — *Paris, Roret,* 1851-76, *12 tomes en 14 parties in-8°, pl. color. (Suites à Buffon.)*

2007. **Lacoste** (P.-F.). Observations sur les volcans de l'Auvergne, suivies de notes sur divers objets. — *Clermont-Ferrand, Vve Delcros,* an XI, *in-8°.*

2008. **La Coudraye** (D. de). Théorie des Vents et des Ondes ; seconde édition. — *Paris, Bernard,* an X, *in-8°, carte.*

2009. **Lacour** (P.). Æloïm ou les Dieux de Moïse. — *Bordeaux, Teycheney*, 1839, 2 vol. *in-8°, fig.*

2010. **Lacretelle** (P.-L.). Discours sur le Préjugé des Peines infamantes. Lettre sur la Réparation qui serait due aux Accusés jugés innocens, etc. — *Paris, Cuchet*, 1784, *in-8°.*

2011. **Lacroix** (P.). Réforme de la Bibliothèque du Roi. — *Paris, Techener*, 1845, *in-12.*

2012. — Curiosités de l'Histoire des Arts. — *Paris, Delahays*, 1858, *in-12.*

2013. — Curiosités de l'Histoire de France. — *Paris, Delahays*, 1858, 2 vol. *in-12.*

2014. **Lacroix** (S.-F.). Essais sur l'Enseignement général, et sur celui des Mathématiques en particulier. — *Paris, Courcier*, an XIV-1805, *in-8°.*

2015. **Ladvocat** (J.-B.). Grammaire Hébraïque, à l'usage des écoles de Sorbonne ; avec laquelle on peut apprendre les principes de l'hébreu sans le secours d'aucun maître. Nouvelle édition. — *Paris, Humblot*, 1765, *in-8°.*

2016. **Laet** (J. de). L'Histoire du Nouveau Monde, ou description des Indes occidentales. — *Lerzde, Bonaventure et Abraham Elseviers*, 1640, *in-folio, fig.*

2017. — Notæ ad dissertationem Hugonis Grotii de origine Gentium Americanarum, et observationes aliquot ad meliorem indaginem difficillimæ illius questionis. — *Parisiis, Vidua Pelé*, 1643. = Responsio ad Dissertationem secundam Hugoni Grotii de origine Gentium Americanarum. — *Amstelodami, Lud. Elsevirius*, 1644, 1 vol. *in-12.*

2018. **La Farelle** (F. de). Plan d'une réorganisation disciplinair des Classes Industrielles en France ; précédé et suivi d'études historiques sur les formes anciennes et modernes du Travail humain. — *Paris, Guilhaumin*, 1842, *in-12.*

2019. **Lafitau** (J.-F.). Mœurs des Sauvages Amériquains, comparées aux mœurs des premiers tems. — *Paris, Saugrain*, 1724, 2 vol. *in-4°, fig. gr.*

2020. **La Fontaine** (J. de). Fables mises en vers. — *Paris, Renouard*, 1795, 2 vol. *in-8°, fig. gr,*

2021. — Fables de La Fontaine. Illustrations par Grandville. — *Paris, Furne*, 1847, *gr. in-8°.*

2022. **Lafontaine** (F.-L. de). Traité de la Plique polonaise, suivi d'observations sur cette maladie; trad. de l'allemand par A.-J.-L. Jourdan; ouvrage auquel on a joint des notes et une liste des auteurs qui ont écrit sur cette affection. — *Paris, Méquignon*, 1817, *in-8°, pl. gr.*

2023. **Lafont-du-Cujula** (C.-M.). Annuaire, ou Description statistique du département de Lot-et-Garonne. — *Agen, Noubel,* 1806, *in-8°.*

2024. **Lafont-Gouzi** (G.-G.). De l'État présent des Hommes, considérés sous le rapport médical. — *Paris, Baillière,* 1827, *in-8°.*

2025. **Lagarde** (P. de). Voyage dans le Pays Basque et aux bains de Biaritz, contenant des observations sur la langue des Basques, leurs mœurs, leur caractère, etc. — *Paris, Audin,* 1835, *in-12.*

2026. **Lagneau** (L.-V.). Exposé des Symptômes de la Maladie Vénérienne, des diverses méthodes de traitement qui lui sont applicables, et des modifications qu'on doit leur faire subir selon l'âge, le sexe, le tempérament du sujet, les climats, les saisons et les maladies concomitantes. Quatrième édition. — *Paris, Gabon,* 1815, *in-8°.*

2027. **Lahontan** (de). Nouveaux voyages dans l'Amérique Septentrionale, qui contient une relation des différens Peuples qui y habitent, la nature de leur Gouvernement, leur Commerce, leurs Coutumes, leur Religion et leur manière de faire la Guerre, etc. — *La Haye, L'Honoré,* 1703, *in-12, frontisp. et fig. gr.*

2028. **Lair** (P.-A.). Essai sur les Combustions Humaines, produites par un long abus des liqueurs spiritueuses. — *Paris, Gabon,* an VIII-1800, *in-12.*

2029. **Lalande** (J. de). Abrégé d'Astronomie. Seconde édition. — *Paris, Didot,* 1795, *in-8°, pl.*

2030. — Bibliographie Astronomique avec l'histoire de l'Astronomie, depuis 1781 jusqu'à 1802. — *Paris, Impr. de la République,* an IX-1803, *gr. in-4°.*

2031. **Lalanne** (L.). Curiosités Bibliographiques. — *Paris, Paulin,* 1845, *in-12.*

2032. — Curiosités des Traditions, des Mœurs et des Légendes. — *Paris, Paulin,* 1847, *in-12.*

2033. **Lallemand** (F.). Éducation publique, physique et morale des Peuples. — *Paris, principaux libraires*, s. d. (1848), *gr. in-18*.

2034. — Observations Pathologiques, propres à éclairer plusieurs points de Physiologie. — *Paris, Gabon*, 1825, *in-8°, pl. gr.*

2035. **Lalos** (J.). De la composition des Parcs et Jardins pittoresques. — *Paris, Le Normant*, 1817, *in-8°, pl. gr.*

2036. **La Loubère** (S. de). Du Royaume de Siam. — *Paris, Coignard*, 1691, *2 vol. in-12, cart. et fig. gr.*

2037. **Lamarck** (J.-B.). Hydrogéologie, ou Recherches sur l'influence qu'ont les eaux sur la surface du globe terrestre; sur les causes de l'existence du bassin des mers, de son déplacement et de son transport successif sur les différens points de la surface de ce globe; enfin, sur les changemens que les corps vivans exercent sur la nature et l'état de cette surface. — *Paris, l'auteur*, an X, *in-8°*.

2038. — Philosophie zoologique, ou exposition des considérations relatives à l'histoire naturelle des Animaux : à la diversité de leur organisation et des facultés qu'ils en obtiennent; aux causes physiques qui maintiennent en eux la vie et donnent lieu aux mouvemens qu'ils exécutent; enfin, à celles qui produisent, les unes le sentiment, et les autres l'intelligence de ceux qui en sont doués. — *Paris, Dentu*, 1809, *2 vol. in-8°*.

2039. — Histoire naturelle des Animaux sans vertèbres, présentant les caractères généraux et particuliers de ces animaux, leur distribution, leurs classes, leurs familles, leurs genres et la citation des principales espèces qui s'y rapportent; précédée d'une Introduction offrant la détermination des caractères essentiels de l'animal, sa distinction du végétal et des autres corps naturels; enfin, l'exposition des principes fondamentaux de la Zoologie. — *Paris, Verdière*, 1815-22, *7 vol. in-8°*.

2040. — Système analytique des Connaissances positives de l'Homme, restreintes à celles qui proviennent directement ou indirectement de l'observation. — *Paris, Baillière*, 1830, *in-8°*.

2041. — et **Candolle** (A.-P. de). Synopsis Plantarum in Flora Gallica descriptarum. — *Parisiis, Agasse*, 1806, *in-8°*.

2042. — Flore Française, ou Descriptions succinctes de toutes les Plantes qui croissent naturellement en France, disposées selon une nouvelle méthode d'analyse, et précédées par un exposé des principes élémentaires de la Botanique. Troisième édition. — *Paris, Desray*, 1815, *6 vol. in-8°, pl.*

2043. **Lambert** (J.-H.). Système du Monde ; publié par Mérian. Seconde édition. — *Berlin ; et Paris, Duchesne*, 1784, *in-8°.*

2044. **La Mettrie** (J.-O. de). OEuvres philosophiques. Nouvelle édition. — *Amsterdam*, 1774, *3 vol. in-12.*

2045. **Lamiral** (D.-H.). L'Affrique et le peuple affricain *(sic)* considérés sous tous les rapports avec notre commerce et nos colonies. Cet ouvrage contient : L'Histoire politique et morale des Nègres, leur caractère, leur génie, leurs mœurs, etc. — De l'abus des priviléges exclusifs, et notamment de celui de la Compagnie du Sénégal. — Ce que c'est qu'une société se qualifiant d'*Amis des Noirs*. — *Paris, Desenne*, 1789, *in-8°, fig.*

2046. **Lamotte** (M.). Catalogue des Plantes vasculaires de l'Europe centrale, comprenant la France, la Suisse, l'Allemagne. — *Paris, Baillière*, 1847, *in-8°.*

2047. **Lamouroux** (J.-V.-F.). Histoire des Polypiers Coralligènes flexibles, vulgairement nommés Zoophytes. — *Caen, Poisson*, 1816, *in-8°, pl. gr.*

2048. — Exposition méthodique des genres de l'ordre des Polypiers avec leurs descriptions et celle des principales espèces, figurées dans 84 planches. — *Paris, V*ᵉ *Agasse*, 1821, *in-4°, pl. gr.*

2049. **Lamzweerde** (J.-B.-L.). Historia Naturalis Molarum Uteri, in qua de natura seminis, ejusque circulari in sanguinem regressu, accuratius disquiritur. — *Lugduni Batavorum, Petrus*, 1686, *in-12, frontisp. et fig. gr.*

2050. **Landrin** (H.). Dictionnaire de Minéralogie de Géologie et de Métallurgie. — *Paris, Didot*, 1852, *gr. in-18.*

2051. **Lanfrey** (P.). L'Église et les Philosophes au dix-huitième siècle. — *Paris, Lecou*, 1855, *gr. in-18.*

2052. **Langhans** (D.). Essai sur les maladies auxquelles sont sujettes les personnes qui vivent à la Cour et dans le grand-monde, traduit de l'allemand. Nouvelle édition. — *Lausanne, Grasset*, 1772, *in-12.*

2053. **Langlés** (L.). Monuments anciens et modernes de l'Hindoustan décrits sous le double rapport archéologique et pittoresque et précédés d'une notice géographique, d'une notice historique et d'un discours sur la religion, la législation et les mœurs des

Hindous. — *Paris, Didot*, 1821, 2 *vol. in-fol., fig. noires et coloriées.*

2054. **Langlès** (L.). Alphabet Mantchou, rédigé d'après le Syllabaire et le Dictionnaire universel de cette langue. Troisième édition, augmentée d'une notice sur l'origine, l'histoire et les travaux littéraires des Mantchoux actuellement maîtres de la Chine. — *Paris, Impr. nat.*, 1807, *gr. in 8°.*

2055. **Langlois** (A.). Monumens littéraires de l'Inde, ou mélanges de littérature sanscrite; contenant une exposition rapide de cette littérature, quelques traductions jusqu'à présent inédites et un aperçu du système religieux et philosophique des Indiens d'après leurs propres livres. — *Paris, Lefèvre*, 1827, *in-8°.*

2056. **Lanjuinais** (J. de). Recherches sur les langues, la littérature, la religion et la philosophie des Indiens. — *Paris, Dondey-Dupré*, 1832, *in-8°. (Forme le t. 4 de ses œuvres.)*

2057. **Lanoye** (F.). Le Nil, son bassin et ses sources, explorations et récits, extraits des voyageurs anciens et modernes. — *Paris, Hachette*, 1873, *in-12, cartes.*

2058. — L'Homme sauvage (œuvre posthume). — *Paris, Hachette*, 1173, *gr. in-18, fig.*

2059. **Lanzonus** (J.). Tractatus de Balsamatione cadaverum. In quo non tantum de Pollinctura apud Veteres; sed etiam de variis balsamandi cadavera modis apud Recentes, multa curiosa breviter exponuntur. — *Genevæ, Choüet*, 1696, *in-12.*

2060. **Laorty-Hadji** (Le P.). La Syrie, la Palestine et la Judée; pèlérinage à Jérusalem et aux Lieux Saints. — *Paris, Bolle-Lasalle*, 1856, *in-12.*

2061. — L'Egypte. — *Paris, Bolle-Lasalle*, 1856, *in-12.*

2062. **La Pilorgerie** (J. de). Histoire de Botany-Bay, état présent des colonies pénales de l'Angleterre dans l'Australie, ou Examen des effets de la déportation considérée comme peine et comme moyen de colonisation. — *Paris, Paulin*, 1836, *in-8°.*

2863. **Laplace** (P.-S. de). Exposition du Système du monde; cinquième édition. — *Paris, Bachelier*, 1824, 2 *vol. in-8°.*

2064. — Essai philosophique sur les Probabilités; cinquième édition. — *Paris, Bachelier*, 1725, *in-8°.*

2065. **La Ponneraye** (A.). Dictionnaire historique des peuples anciens et modernes, ou résumé de l'Histoire universelle. — *Paris*, 1835, *in-8°, d. br.*

2066. **Laprade** (R. de). Mémoire sur la question proposée en ces termes : 1° Quels sont les effets que produisent les orages sur l'homme et sur les animaux ? 2° De quelle manière ces effets ont-ils lieu ? 3° Quels sont les moyens de s'en garantir et de remédier aux désordres qu'ils occasionnent ? — *Bruxelles, Weissenbruch*, 1809, *in-8°.*

2067. **Lardier** (J.-S.). Lois fondamentales de la Nature sur les Semis et les Plantations, ou Règles universelles et invariables pour semer et planter, avec un plein succès, toutes les espèces de graines et d'arbres, quels que soient le climat, la qualité du terrain et l'exposition, etc. — *Marseille, Ricard*, 1825, *in-8°.*

2068. **La Renaudière** (P. de). Mexique et Guatemala. — Pérou, par M. Lacroix. — *Paris, Didot*, 1843, *in-8°, cartes et pl. gr.* (*Univers pittoresque.*)

2069. **Laromiguière** (P.). Leçons de Philosophie, ou Essai sur les Facultés de l'Ame. Troisième édition. — *Paris, Brunot-Labbe*, 1823, *2 vol. in-8°.*

2070. **La Roque** (J. de). Voyage de Syrie et du Mont-Liban, contenant la description de tout le pays compris sous le nom de Liban et d'Anti-Liban, Kesroan, etc., ce qui concerne l'origine, la créance et les mœurs des peuples qui habitent ce pays ; la description des ruines d'Heliopolis, aujourd'huy Balbeck, et une dissertation historique sur cette ville, etc. (1688-1690). — *Paris, Cailleau*, 1722, *2 vol. in-12, carte gr.*

2071. **La Rue** (A. de). Entomologie forestière, ou Histoire naturelle des Insectes nuisibles et utiles aux forêts. — *Paris, Huzard*, 1838, *in-8°, pl. lith.*

2072. **Lassalvy.** Paris et Montpellier, ou Examen comparatif des doctrines médicales de ces deux écoles. — *Montpellier, Martel*, 1847, *in-8°.*

2073. **Lassen** (Ch.). Indische Alterthumskunde. — *Bonn, König*, 1843, *et Leipsig, Kittler*, 1857-61, *4 vol. gr. in-8°.* (*Manque le T. 4.*)

2074. **Lassus** (P.). Essai, ou discours historique et critique sur les découvertes faites en anatomie par les Anciens et par les Modernes. — *Paris, Lambert et Baudouin*, 1783, *in-8°.*

2075. **Lastri** (M.). Biblioteca georgica, ossia Catalogo ragionato degli scrittori di Agricoltura, Veterinaria, Agrimensura, Meteorologia, Economia pubblica, Caccia, Pesca, ec. spettanti all' Italia. — *Firenze, Moücke, 1787, in-4°.*

2076. **Latham** (R.-G.). The Ethnology of the British colonies and dependencies. — *London, Van Voorst, 1851, in-12.*

2077. — Man and his migrations. — *London, Van Voorst, 1851, in-12.*

2078. — The native Races of the Russian empire. — *London, Baillière, 1854, in-8°, carte et planches coloriées.*

2079. — The Varieties of the Human species : being a Manual of Ethnography, introductory to the study of History. — *London, Houlston and Stoneman, 1856, in-8°, carte color.*

2080. **Latouche** (A.). Panorama des Langues-Clef de l'Étymologie. — *Paris, Vve Dondey-Dupré, 1836.* = Études Hébraïques. — Dictionnaire Idio-étymologique hébreu, et Dictionnaire grec-hébreu. — *Paris, Vve Dondey-Dupré, 1836, 1 vol. gr. in-8°.*

2081. **La Tour d'Auvergne-Corret** (T.-M.). Origines gauloises, celles des plus anciens peuples de l'Europe puisées dans leur vraie source, ou recherches sur la langue, l'origine et les antiquités des Celto-Bretons, de l'Armorique, pour servir à l'histoire ancienne et moderne de ce Peuple et à celle des Français ; troisième édition, augmentée d'une notice historique. — *Hambourg, Fauche, 1801, in-8°.*

2082. **Latreille** (P.-A.). Familles naturelles du Règne animal, exposées succinctement et dans un ordre analytique, avec l'indication de leurs genres. — *Paris, Baillière, 1825, in-8°.*

2083. — Histoire naturelle des Singes, faisant partie de celle des quadrupèdes de Buffon, présentée sous un ordre, dans lequel les supplémens sont fondus avec le premier texte; et augmentée de notes, etc. — *Paris, Dufart, an IX, 2 vol. in-8°, pl. col.*

2084. — Histoire naturelle des Salamandres de France, précédée d'un Tableau méthodique des autres reptiles indigènes. — *Paris, Crapelet, an VIII-1800, in-8°, pl. col.*

2085. — Genera Crustaceorum et Insectorum secundum ordinem naturalem in familias disposita, iconibus exemplisque plurimis explicata. — *Parisiis et Argentorati, Kœnig, 1806-09, 4 vol. in-8°, rel. en 2.*

2086. **Latreille** (P.-A.). Histoire naturelle, générale et particulière des Crustacés et des Insectes. Ouvrage faisant suite aux œuvres de Buffon, et partie du cours complet d'Histoire naturelle, rédigé par C.-S. Sonnini. — *Paris, Dufart*, an XII-XIII, *14 vol. in-8°, pl. color.*

2087. — Les Crustacés, les Arachnides et les Insectes, distribués en familles naturelles ; ouvrage formant les tomes 4 et 5 de celui de Cuvier sur le *Règne animal* (deuxième édition). — *Paris, Déterville*, 1829, *2 vol. in-8°, pl. gr.*

2088. — Cours d'Entomologie ou de l'Histoire naturelle des Crustacés, des Arachnides, des Myriapodes et des Insectes ; avec atlas. — *Paris, Roret*, 1831, *1 vol. in-8°.*

2089. — Histoire naturelle des Fourmis, et recueil de mémoires et d'observations sur les Abeilles, les Araignées, les Faucheurs et autres insectes. — *Paris, Barrois*, an X-1802, *in-8°, pl.*

2090. — Mémoires sur divers sujets de l'histoire naturelle des Insectes, de géographie ancienne et de chronologie. — *Paris, Deterville*, 1819, *in-8°.*

2091. **Laugel** (A.). Science et Philosophie. — *Paris, Mallet-Bachelier*, 1863, *in-8°.*

2092. — Les Problèmes de la nature. — *Paris, Baillière*, 1864, *in-12.*

2093. — Les Problèmes de la vie. — *Paris, Baillière*, 1868, *in-18.*

2094. — Les Problèmes de l'âme. — *Paris, Baillière*, 1868, *in-18.*

2095. **Laureau.** Histoire de France avant Clovis, contenant : 1° L'origine et les mœurs des Gaulois avant les Romains. 2° L'histoire des Francs jusqu'aux premiers rois régnant dans les Gaules. 3° L'histoire des rois qui ont régné avant Clovis. 4° L'état des Gaules à l'avènement de Clovis au trône. — *Paris, Lamy*, 1786, *in-12, pl. gr.*

2096. **Laurens** (J.-B.). Souvenirs d'un Voyage d'art à l'Ile de Majorque, ornés de cinquante-cinq planches lithographiées. — *Paris, Arthus Bertrand*, s. d., *gr. in-8°, pl.*

2097. **Laurentus** (J.-N.). Specimen medicum, exhibens Synopsim Reptilium emendatam cum experimentis circa Venena et Antidota Reptilium Austriacorum. — *Viennæ, de Trattnern*, 1768, *in-8°, pl. gr.*

2098. **Lauteschläger** (G.). Die Einfälle der Normänner in Teutschland, eine historische abhandlung. — *Darmstadt, Will*, 1827, *in-4°*.

2099. **Lauvergne** (H.). Les Forçats considérés sous le rapport physiologique, moral et intellectuel, observés au Bagne de Toulon. — *Paris, Baillière*, 1541, *in-8°*.

2100. — De l'Agonie et de la Mort dans toutes les classes de la Société sous le rapport humanitaire, physiologique et religieux. — *Paris, Baillière*, 1842, 2 vol. *in-8°*.

2101. **Lavater** (J.-G.). Essai sur la Physiognomie, destiné à faire connaître l'Homme et à le faire aimer (trad. de l'allemand par Mme de la Fite, Caillard, et H. Renfer). — *La Haye*, 1781-1803, 4 vol. gr. *in-4°*, *fig*.

2012. **Lavaur** (G. de). Conférence de la Fable avec l'Histoire sainte, où l'on voit que les grandes Fables, le culte et les mystères du Paganisme ne sont que des copies altérées des Histoires, des Usages et des Traditions des Hébreux. — *Paris, Cailleau*, 1730, 2 vol. *in-12*, *frontisp. gr*.

2103. **Laveaux** (J.-C.). Dictionnaire raisonné des Difficultés grammaticales et littéraires de la Langue françoise. — *Paris, Lefèvre*, 1818, *in-8°*.

2104. — Nouveau Dictionnaire de la Langue française. — *Paris, Deterville*, 1820, 2 vol. gr. *in-4°*.

2105. — Histoire des premiers peuples libres qui ont habité la France. — *Paris, Montardier*, an VI, *3 vol. in-8°*.

2106. **Laveleye** (E. de). Histoire de la Langue et de la Littérature provençales : leur influence sur une partie de l'Espagne et de l'Italie durant les XI° et XII° siècles. *(Bruxelles, 1846)*, gr. *in-8°*.

2107. **Lavicomterie** (L.). Du Peuple et des Rois. Augmenté de Notes et précédé d'une Notice historique sur la vie et les ouvrages de l'auteur. Quatrième édition. — *Paris, Pagnerre*, 1848, *in-16*.

2108. **Lavollée** (C.). Voyage en Chine. Ténériffe. — Rio-Janeiro. — Le Cap. — Ile Bourbon. — Malacca. — Singapore. — Manille. — Macao. — Canton. — Ports Chinois. — Cochinchine. — Java. — *Paris, Rouvier et Ledoyen*, 1853, *in-8°*.

2109. **Lawrence** (W.). An introduction to Comparative Anatomy and Physiology. — *London, Callow*, 1816, *in-8°*.

2110. **Lawrence** (W.). Lectures on Physiology, Zoology, and the natural history of Man. — *London, Callow*, 1819, *in-8°, pl. gr.*

2111. **Lazius** (W.). De Gentium aliquot migrationibus, sedibus fixis, reliquiis, linguarumque initiis et immutationibus ac dialectis, libri XII; in quibus præter cæteros populos, Francorum, Alemannorum, Suevorum, Marcomanorum, Boiorum, Carnorum, Tauriscorum, Celtarumque atque Gallogræcorum tribus, primordia et posteritas singulorum quæque...., explicantur. Secunda editio. — *Francofurti, Wecheli hæredes*, 1600, *in-fol.*

2112. **Leberecht de Wette** (W.-M.). Lehrbuch der hebräisch-jüdischen Archäologie nebst einem grundrisse der hebräich-jüdischen geschichte. Zweite verbesserte auflage. — *Leipzig, Vogel*, 1830, *in-8°, pl. gr.*

2113. **Leblais** (A.). Matérialisme et Spiritualisme. Étude de Philosophie positive; précédée d'une préface par E. Littré. — *Paris, Baillière*, 1865, *in-18.*

2114. **Leblond** (J.-B.). Voyage aux Antilles et à l'Amérique méridionale. Commencé en 1761 et fini en 1802. Contenant un précis historique des révoltes, des guerres et des faits mémorables dont l'auteur a été témoin, et de nouveaux détails sur les mœurs et les usages des nations sauvages ou policées qu'il a visitées; la statistique des Antilles et de l'Amérique méridionale, et l'influence des diverses températures sur les hommes, plantes et les animaux, suivi de recherches géologiques sur l'état primitif du globe avec des observations sur les effets du courant général de l'Océan, des marais, des vents, des moussons de l'Inde, etc. — *Paris, Arthus Bertrand*, 1813, *in-8°.*

2115. **Le Brigant** (J.). Élémens de la Langue des Celtes Gomérites, ou Bretons. Introduction à cette Langue, et par elle à celles de tous les Peuples connus. — *Strasbourg, Lorenz et Schouler*, 1779, *in-12.*

2116. — Observations fondamentales sur les Langues anciennes et modernes, ou Prospectus de l'Ouvrage intitulé : *La Langue primitive conservée.* — *Paris, Barrois*, 1787, *in-4°.*

2117. **Le Cat** (C.-N.). Traité de la Couleur de la Peau humaine en général, de celle des Nègres en particulier, et de la Métamorphose d'une de ces couleurs en l'autre, soit de naissance, soit accidentellement. — *Amsterdam (Rouen)*, 1765, *in-8°, fig. gr.*

2118. **Lechevalier** (J.-B.). Voyage de la Propontide et du Pont-

Euxin ; avec la carte générale de ces deux mers, la description topographique de leurs rivages ; le tableau des mœurs, des usages et du commerce des peuples qui les habitent ; etc. — *Paris, Dentu*, an VIII (1800), *2 vol. in-8°, cartes.*

2119. **Lechevalier** (J.-B.). Voyage de la Troade, fait dans les années 1785 et 1786. Troisième édition. — *Paris, Dentu*, an X (1802), *3 vol. in-8°, et atlas in-4°.*

2120. **Le Clerc** (D.). Histoire de la Médecine, où l'on voit l'origine et le progrès de cet art, de siècle en siècle; les Sectes qui s'y sont formées; les noms des Médecins, leurs découvertes, leurs opinions, et les circonstances les plus remarquables de leur vie. Nouvelle édition. — *La Haye, Van der Kloot*, 1729, *2 part. en 1 vol. in-4°, frontisp. et portr. gr.*

2121. **Leclerc** (L.). Les Oasis de la province d'Oran, ou les Oulad Sidi Cheikh. — *Paris, Tissier*, 1858, *in-8°.*

2122. **Lécluse** (F.). Grammaire Basque. — *Toulouse, Douladoure*, 1826, *in-8°.*

2123. **Leconte de Lisle** (C.-M.). Histoire Populaire du Christianisme. — *Paris, Lemerre*, 1871, *in-16.*

2124. Leçons de Botanique faites au Jardin Royal de Montpellier par M. Imbert, professeur et chancelier en l'Université de Médecine, et recueillies par M. Dupuy des Esquiles, maître ès arts et ancien étudiant en chirurgie (par P. Cusson, A. Gouan, et P.-E. Crassous). — *En Hollande (Montpellier)*, 1762, *in-12.*

2125. **Lecoq** (H.). Élémens de Géographie physique et de Météorologie, ou résumé des notions acquises sur les grands phénomènes et les grandes lois de la nature, servant d'introduction à l'étude de la Géologie. — *Paris, Baillière*, 1836, *in-8°, pl. gr.*

2126. — Élémens de Géologie et d'Hydrographie, ou résumé des notions acquises sur les grandes lois de la nature. — *Paris, Baillière*, 1838, *2 vol. in-8°, pl. gr.*

2127. **Lecouturier** (H.). La Cosmosophie, ou le Socialisme Universel. — *Paris, chez l'Auteur*, 1850, *in-8°, br.*

2128. **Le Deist de Botidoux** (J.). Des Celtes antérieurement aux temps historiques ; essai dans lequel on a tracé la marche de leurs colonies en Europe, au moyen des noms qu'ils prirent et de ceux qu'ils appliquèrent ; noms qui s'expliquent naturellement par le Bas-Breton et le Gallois, et dont la géographie et la fable, ou l'histoire, justifient l'étymologie celtique. — *Paris, Nicolle,* 1817, *in-8°.*

2129. **Ledermuller** (F.-M.). Mikroskopische Gemüths = und Augen = Ergötzung : bestehend, in ein hunderd nach der Natur gezeichneten und mit Farben erleuchteren kupfertafeln, sammt deren Erklärung. — *(Nurenberg), Chr. de Launoy,* 1761-62, 2 vol. *in-4°, fig. coloriées.*
    On trouve à la fin du second :
    Adam Wolfg. WINTERSCHMIDTS Beobachtung einer Stuben-Müke mit sehr viel kleinen Insecten, etc. *Nürnberg,* 1765, 8 pp. et 2 pl. color.
    Ledermuller's abnegöthigte Verteidigung als ein anhang seiner *Mikroskopischen gemuths,* etc. *Nürnberg,* 1765, 20 pp.

2130. **Le Duc** (L.). La Finlande, son histoire primitive, sa mythologie, sa poésie épique, avec la traduction complète de sa grande épopée le Kalewala, son génie national, sa condition politique et sociale depuis la conquête russe. — *Paris, Labitte,* 1845, 2 vol. *in-8°.*

2131. **Leems** (K.). De Lapponibus Finmarchiæ, eorumque lingua, vita et religione pristina commentatio, una cum J. E. Gunneri notis et E. J. Jessen's tractatu singulari de Finnorum Lapponumque Norvegic. religione pagana. (Même titre en danois). — *Kiobenhavn, Kongel. Wâysenhuses Bogtrykkerie af G. G Salikath in-4°, pl. gr.*

2132. **Leeuwenhoek** (A. van). Arcana Naturæ. *Delphis-Batavorum, Krooneveld,* 1695-97, 2 vol. *in-4°, frontisp. gr. (manque le t. 3).*

2133. **Lefébure de S.-Il.** (Ildefont) (R.-G.). Le Médecin de soi-même, ou méthode simple et aisée pour guérir les maladies vénériennes avec la recette d'un chocolat aphrodisiaque aussi utile qu'agréable; nouvelle édition augmentée des analyses raisonnées et instructives de tous les ouvrages qui ont paru sur le mal vénérien depuis 1740 jusqu'à présent, pour servir de suite à la Bibliographie d'Astruc; et de la traduction française de la Dissertation de M. Rochin. — *Paris, Lambert,* 1775, 2 vol. *in-8°.*

2134. **Le François.** Dissertation contre l'usage de soutenir des Thèses en Médecine, avec un mémoire pour la réformation de la Médecine dans la ville de Paris. — *Paris, Cavelier,* 1720, *in-12.*

2135. — Réflexions critiques sur la Médecine, où l'on examine ce qu'il y a de vrai et de faux dans les jugements qu'on porte au sujet de cet Art. — *Paris, Cavelier,* 1723, *2 vol. in-12.*

2136. **Legallois** (C.). Expériences physiologiques sur les Animaux, tendant à faire connaître le temps durant lequel ils peuvent être sans danger privés de la respiration, soit à l'époque de l'accouchement, lorsqu'ils n'ont point encore respiré, soit à différens âges après leur naissance. — *Paris, Rouvier,* 1835, *gr. in-4°.*

2137. **Le Gentil** (G.-H.-J.).Voyage dans les mers de l'Inde à l'occasion du passage de Vénus sur le disque du Soleil le 6 juin 1761, et le 3 du même mois 1769. — *En Suisse, chez les libraires associés,* 1780-81, *5 vol. in-8°.*

2138. **Léger** (L.). Le Monde Slave; voyages et littératures. — *Paris, Didier,* 1873, *gr. in-18.*

2139. **Legis** (G.-T.). Alkuna. Nordische und Nord-Slawische Mythologie. — *Leipzig, Hartmann,* 1831, *in-8°, pl. gr.*

2140. **Legonidec**(J.-F.-M.-M.-A.). Grammaire Celto-Bretone, contenant les principes de l'orthographe, de la prononciation, de la construction des mots et des phrases, selon le génie de la langue celto-bretonne. — *Paris, Lebour,* 1807, *in-8°.*

2141. **Legouvé** (E.). Histoire morale des Femmes. Troisième édition. — *Paris, Sandré,* s. d., *gr. in-8°.*

2142. **Legrand d'Aussy** (P.-J.-B.). Voyage fait en 1787 et 1788 dans la ci-devant haute et basse Auvergne, aujourd'hui département du Puy-de-Dôme, du Cantal et partie de celui de la Haute-Loire. Ouvrage où l'on traite ce qui regarde la nature du sol, les révolutions qu'il a éprouvées, ses productions, climat, météores, produits de volcanisation, mines, carrières, lacs, eaux minérales, mœurs des habitans, constitution physique, population, etc. — *Paris, Imp. des Sciences et Arts,* an III, *3 vol. in-8°.*

2143. — Histoire de la vie privée des François depuis l'origine de la nation jusqu'à nos jours; nouvelle édition avec des notes, corrections et additions par J.-B.-B. de Roquefort. — *Paris, Simonet,* 1815, *3 vol. in-8°.*

2144. **Leguével de Lacombe** (B.-F.). Voyage à Madagascar et aux Iles Comores (1823 à 1830), précédé d'une Notice historique et géographique sur Madagascar par M. E. de Froberville. — *Paris, Desessart,* 1840, *2 vol. in-8°.*

2145. **Le Hon** (H.). Temps antédiluviens et préhistoriques, — L'Homme Fossile en Europe, son industrie, ses mœurs, ses œuvres d'art. — Grande période glaciaire. — Age du Mammouth. — L'Homme des Cavernes. — Age du Renne. — Déluge. — Ages de Pierre polie, du Bronze, du Fer. — Cités Lacustres. — Darwinisme. — *Bruxelles, Muquardt*, 1867, *in-8°, fig.*

2146. **Leiblein** (V.). Grundzüge einer methodischen uebersicht des Thierreiches, nach seinen classen, ordnungen, familien, und gattungen, nebst anfzählung ihrer haupt-repräsentanten. Erstes bändchen : Der Mensch und die Saugethiere.— *Würzburg, Stahel*, 1839, *in-8°.*

2147. **Leibnitz** (G.-G.). Collectanea Etymologica, illustrationi Linguarum, veteris Celticæ, Germanicæ, Gallicæ, aliarumque inservientia cum Præfatione Jo. Georgii Eccardi. — *Hanoveræ, Færsterus*, 1717, *2 part. en 1 vol. in-12, pl. gr.*

2148. — Protogée, ou de la formation et des révolutions du Globe par Leibniz. Ouvrage traduit pour la première fois avec une introduction et des notes par Bertrand de Saint-Germain. — *Paris, Langlois*, 1859, *in-8°.*

2149. Esprit de Leibnitz, ou Recueil de Pensées choisies, sur la Religion, la Morale, l'Histoire, la Philosophie, et extraites de toutes ses œuvres latines et françoises. — *Lyon, Bruyset*, 1772, *2 vol. in-12.*

2150. **Lejoncourt** (C.). Galerie des Centenaires, anciens et modernes. — *Paris, Dupont*, 1842, *in-8°, port. lith.*

2151. **Lélut** (F.). Du Démon de Socrate, spécimen d'une application de la science Psychologique à celle de l'Histoire. — *Paris, Trinquart*, 1836, *in-8°.*

3152. — Physiologie de la Pensée. Recherche critique des rapports du corps à l'esprit. Deuxième édition. — *Paris, Didier*, 1862, *2 vol. in-12.*

2153. — Rejet de l'Organologie phrénologique de Gall et de ses successeurs. — *Paris, Fortin, Masson et Cie*, 1843, *in-8°.*

2154. — La Phrénologie, son histoire, ses systèmes et sa condamnation. Deuxième édition. — *Paris, Delahays*, 1858, *gr. in-18, pl. lith.*

2155. **Le Maout** (E.) et **Decaisne** (J.). Flore élémentaire des Jardins et des Champs, accompagnée des Clefs analytiques conduisant promptement à la détermination des Familles et des Genres, et d'un Vocabulaire des Termes techniques. — *Paris, Dusacq*, 1855, *2 vol. in-12*.

2156. **Lemnius** (L.). De Miraculis occultis Naturæ libri IIII. Item de Vita cum animi et corporis incolumitate recte instituenda liber unus. — *Antverpiæ, Plantinus*, 1574, *in-8°*.

2157. **Lemoine** (A.). Du Sommeil au point de vue physiologique et psychologique. — *Paris, Baillière*, 1855, *in-8°*.

2158. — L'Habitude et l'Instinct. Études de psychologie comparée. — *Paris, Baillière*, 1875, *in-18*.

2159. — L'Ame et le Corps. Études de philosophie morale et naturelle. — *Paris, Didier*, 1862, *in-12*.

2160. — De la Physionomie et de la Parole. — *Paris, Baillière*, 1865, *in-18*.

2161. — L'Aliéné devant la Philosophie, la Morale et la Société; 2° édition. — *Paris, Didier*, 1865, *in-12*.

2162. **Lemoine** (J.-J.). Les Français justifiés du reproche de légèreté. — *Paris, Treuttel et Würtz*, 1815, *in-8°*.

2163. **Lémontey** (P.-E.). La Peste de Marseille et de la Provence, pendant les années 1720 et 1721. Chapitre extrait d'un ouvrage inédit, intitulé : Histoire critique de la France, depuis la mort de Louis XIV. — *Paris, Didot*, 1821, *in-8°, cart*.

2164. **Lemprière** (G.). Voyage dans l'Empire de Maroc et le Royaume de Fez, fait pendant les années 1790 et 1791; contenant une description exacte de ces deux pays, et particulièrement du mont Atlas, etc.; accompagné d'une carte géographique; traduit de l'anglais par M. de Sainte-Suzanne. — *Paris, Tavernier,* an IX-(1801), *in-8°*.

2165. **Lenglet-Dufresnoy** (N.). Tablettes chronologiques de l'Histoire Universelle sacrée et profane, ecclésiastique et civile, depuis la création du monde jusqu'à l'année 1762; avec des réflexions sur l'ordre qu'on doit tenir, et sur les ouvrages nécessaires pour l'étude de l'histoire; nouvelle édition. — *Paris, Debure*, 1763, *2 vol. in-8°*.

2166. **Lenoir** (A.). Description historique et chronologique des monumens de sculpture réunis au Musée des Monumens Français; suivie d'une Dissertation sur la Barbe et les Costumes de chaque siècle, et d'un Traité de la Peinture sur verre, par le même auteur. Huitième édition. — *Paris, Levrault*, 1806, *in-8°*.

2167. **Lenormant** (C.). Cours d'Histoire ancienne professé à la Faculté des Lettres. Introduction à l'histoire de l'Asie occidentale. — *Paris, Augé*, 1837, *in-8°*.

2168. **Le Pelletier de Saint-Fargeau** (A.). Monographia Tenthredinetarum, synonimia extricata. —*Parisiis, Levrault*, 1823, *in-8°*.

2169. — et **Brullé** (G.-H.). Histoire des Insectes Hyménoptères (Abeilles, Guêpes, Fourmis, etc.). — *Paris, Roret*, 1853, 4 vol. *in-8°*, *fig.* *(Suites à Buffon.)*

2170. **Le Pileur** (H.-A.). Tableaux synoptiques de mots similaires qui se trouvent dans les langues Persane, Sanskrite, Grecque, Latine, Mæso-Gothique, Irlandoise, Suéo-Gothique, Suédoise, Danoise, Anglo-Saxone, Celto-Bretone ou Armorique, Angloise, Alémanique ou Francique, Haut-allemande et Bas-allemande ; précédés de l'abrégé d'une grammaire analytique du Persan, etc. — *Paris, Barrois*, s. d. (1812 ou 1813), *in-8°*.

2171. **Lepsius** (R.). Briefe aus Ægypten, Æthiopen und der Halbinsel des Sinaï. — *Berlin, Hertz*, 1852, *in-8°*, *pl. coloriée*.

2172. **Le Roux.** L'Art entomologique en six chants, avec des notes, où les Insectes sont considérés relativement à leur utilité, aux traits particuliers de leur histoire, et à l'art de les recueillir, de les élever et de les conserver. — *Versailles, Lebel*, 1814, *in-8°*.

2173. **Leroux** (P.). De l'Humanité, de son principe et de son avenir, où se trouve exposée la vraie définition de la Religion, et où l'on explique le sens, la suite et l'enchaînement du Mosaïsme et du Christianisme. — *Paris, Perrotin*, 1840, *2 vol. in-8°*.

2174. **Leroux** (P.-J.). Dictionnaire Comique, Satyrique, Critique, Burlesque, Libre et Proverbial, avec une explication très-fidèle de toutes les manières de parler, burlesques, comiques, libres, satyriques, critiques et proverbiales qui peuvent se rencontrer dans les meilleurs auteurs, tant anciens que modernes. Nouvelle édition. — *Pampelune (Paris)*, 1786, *2 vol. in-8°*.

2175. **Le Roux de Lincy** (A.-J.-V.). Le Livre des Proverbes français, précédé d'un essai sur la Philosophie de Sancho-Pança ; par F. Denis. — *Paris, Paulin, 1842, 2 vol. in-12.*

2176. **Leroy** (A.). De la Nutrition, et de son Influence sur la forme et la fécondité des animaux sauvages et domestiques. — *Paris, Maradan, 1798, in-8°.*

2177. **Le Roy** (C.). Mélanges de Physique et de Médecine. — *Paris, Cavelier, 1771, in-8°.*

2178. **Leroy** (C.-G.). Lettres philosophiques sur l'intelligence et la perfectibilité des Animaux, avec quelques lettres sur l'Homme ; nouvelle édition, à laquelle on a joint des lettres posthumes sur l'Homme, du même auteur. — *Paris, Valade, an X-(1802), in-8°, portr.*

2179. **Lery** (J. de). Histoire d'un Voyage fait en la terre du Brésil, autrement dite Amérique ; contenant la navigation, et choses remarquables veues sur mer par l'autheur ; le comportement de Villegagnon en ce pays-là ; les mœurs et façons de vivre estranges des sauvages amériquains, avec un colloque de leur langage, etc. ; reveue, corrigée et bien augmentée en ceste troisième édition, tant de figures qu'autres choses notables sur le sujet de l'autheur ; le tout recueilli sur les lieux. — *Pour les héritiers d'Eustache Vignon, 1594, in-8°, fig.*

2180. **Le Sage** (A.) (**Las-Cases**). Atlas généalogique, chronologique et géographique. — *Paris, Leclère, 1827, in-fol.*

2181. **Lespinasse** (Mlle J.-J.-E. de). Lettres, avec une Notice biographique par Jules Janin. — *Paris, Amyot, s. d., gr. in-18.*

2182. **Lesseps** (J.-B.-B. de). Journal Historique de son Voyage, depuis qu'il a quitté les frégates françoises au port Saint-Pierre et Saint-Paul du Kamtschatka, jusqu'à son arrivée en France, le 17 octobre 1788. — *Paris, Imprimerie Royale, 1790, 2 vol. in-8°, carte.*

2183. **Lessert** (F.-C.). Théologie des Insectes, ou démonstration des perfections de Dieu dans tout ce qui concerne les Insectes ; traduit de l'allemand avec des remarques de P. Lyonnet. — *La Haye, Swart, 1742, 2 vol. in-8°, pl.*

2184. **Lessing** (G.-E.). Du Laocoon, ou des limites respectives de la Poésie et de la Peinture ; traduit de l'allemand, par C. Vanderbourg. — *Paris, Renouard, an X-1802, in 8°, frontisp. gr.*

2185. **Lessius** (L.) et **Cornaro** (L.). De la Sobriété et de ses avantages, ou le vrai moyen de se conserver dans une santé parfaite jusqu'à l'âge le plus avancé ; traduction avec notes, par D. L. B. (de la Bonodière). — *Paris, Edme,* 1772, *2 part. en 1 vol. in-12.*

2186. **Lesson** (R.-P.). Histoire naturelle, générale et particulière des Mammifères et des Oiseaux découverts depuis 1788 jusqu'à nos jours. Races humaines, Orangs et Gibbons. — *Paris, Baudouin,* 1828-29, *2 vol. in-8°. rel. en 1.*

2187. — Histoire naturelle, générale et particulière des Mammifères et des Oiseaux découverts depuis la mort de Buffon. Races humaines. — *Paris, Pourrat frères,* 1834 *(Tomes II à III de l'ouvrage),* 2 *vol. in-8°, rel. en 1.*

2188. — Compléments de Buffon ; deuxième édition. — *Paris, Pourrat,* 1838, *2 vol. in-8°.* (Races humaines et Mammifères. — Oiseaux.)

2189. — Tableau sur les Races humaines (Extr. de la Description de Mammifères et d'Oiseaux récemment découverts). — *Paris, Levêque,* 1847, *gr. in-18, fig. gr.*

2190. — Species des Mammifères, Bimanes et Quadrumanes ; suivi d'un mémoire sur les Oryctéropes. — *Paris, Baillière,* 1840, *in-8°.*

2191. — Mœurs, instinct et singularités de la vie des Animaux Mammifères. — *Paris, Paulin,* 1842, *in-12.*

2192. — Manuel de Mammalogie, ou histoire naturelle des Mammifères. — *Paris, Roret,* 1827, *in-18.*

2193. — Centurie Zoologique, ou choix d'animaux rares, nouveaux ou imparfaitement connus. — *Paris, Levrault,* 1830, *in-8°, pl. gr.*

2194. — Manuel d'Ornithologie, ou Description des genres et des principales espèces d'oiseaux. — *Paris, Roret,* 1828, *2 vol. in-18.*

2195. — Histoire naturelle des Zoophytes Acalèphes (Physale, Beroé, Angèle, etc.). — *Paris, Roret,* 1843, *1 vol. in-8° et pl. (Suites à Buffon.)*

2196. — Voyage médical autour du monde, exécuté sur la corvette *la Coquille,* commandée par L.-I. Duperrey, pendant les années 1822-25, ou rapport sur l'état sanitaire de l'équipage pendant la durée de la campagne, avec quelques renseignements sur des pratiques empiriques locales, en usage dans plusieurs des contrées visitées par l'expédition ; suivi d'un mémoire sur les races humaines répandues dans l'Océanie, la Malaisie et l'Australie. — *Paris, Roret*, 1829, *in-8°*.

2197. **Lesur** (C.-L.). Histoire des Kosaques, précédée d'une introduction ou coup d'œil sur les peuples qui ont habité le pays des Kosaques avant l'invasion des Tartares. — *Paris, Nicolle*, 1814, *in-8°*.

2198. **Letourneau** (C.). Physiologie des Passions. — *Paris, Baillière*, 1868, *in-18*.

2199. — La Biologie. — *Paris, Reinwald*, 1876, *gr. in-18*.

2200. **Letronne** (A.). Mélanges d'érudition et de critique historique, précédés de l'éloge de l'auteur; par M. Walckenaer. — *Paris, Ducrocq*, s. d., *in-8°*, *portr*.

2201. — Fragments des Poèmes géographiques de SCYMNUS de Chio et du faux DICÉARQUE, restitués principalement d'après un ms. de la Bibliothèque royale ; précédés d'observations littéraires et critiques sur ces fragments, sur Scylax, Marcien d'Héraclée, Isidore de Charax, le Stadiasme de la Méditerranée ; pour servir de suite et de supplément à toutes les éditions des Petits Géographes grecs. — *Paris, Renouard*, 1841, *in-8°*.

2202. — Recherches géographiques et critiques sur le livre *De Mensura orbis terræ*, composé en Irlande, au commencement du neuvième siècle, par DICUIL; suivies du texte restitué. — *Paris, Mathiot*, 1814, *in-8°*.

2203. Lettre de Pékin sur le génie de la langue Chinoise et la nature de leur écriture symbolique, comparée à celle des anciens Égyptiens (publiée par l'abbé NEEDHAM); on y a joint l'extrait de deux ouvrages nouveaux de M. de Guignes, relatifs aux mêmes matières, par un Père de la Compagnie de Jésus (AMYOT). — *Bruxelles, de Boubers*, 1773, *in-4°*.

2204. Lettres (deux) d'un Médecin de Montpellier à un Magistrat de la Cour des Aydes de la même ville et agriculteur, sur la Médecine Vétérinaire, avec la Bibliothèque des auteurs vétérinaires (par J.-P. AMOREUX). — *S. ind.*, *in-8°*.

2205. Lettre d'un Suisse aux Étudians en Médecine de Peironellim (Montpellier). (Attribuée à P. ESTÈVE.) — *Glaris, chez Sosok, à l'enseigne du Sentiment*, 1775, *in-12*.

2206. Lettre sur les Sourds et Muets, à l'usage de ceux qui entendent et qui parlent (par Diderot), avec les additions. — *S. ind.*, 1751, *in-12*.

2207. Lettre sur les Oliviers, écrite à M. B. par M. D., le 23 décembre 1762. — Observations sur les Insectes qui se nourrissent des diverses substances de l'olivier (par J. Isnard). — *S. ind.*, *in-12, pl. gr.*

2208. Lettre sur l'Homme et ses rapports (par Hemsterhuys). — *Paris*, 1772, *in-12*.

2209. Lettres à Eugénie, ou préservatif contre les préjugés (par d'Holbach). — *Londres, s. ind.*, 1768, *2 t. en 1 vol. in-12*.

2210. Lettres à un Amériquain *(sic)* sur l'Histoire naturelle de Monsieur de Buffon (par l'abbé de Lignac). Nouvelle édition, corrigée par l'auteur. — *Paris, Duchesne*, 1756, *9 vol. in-12*.

2211. Lettres critiques sur divers écrits de nos jours, contraires à la Religion et aux Mœurs; par C.... (L. Charpentier). — *Londres*, 1751, *2 vol. in-12. (Manque le T. Ier.)*

2212. Lettres de Junius; traduites de l'anglois (par Varney). — *Paris, Gueffier*, 1791, *2 part. en 1 vol. in-8°*.

2213. Lettres d'un Voyageur anglois (par M. Sherlock). — *Neuchatel, Soc. Typogr.*, 1781, *in-8°*.
On y a joint :
Les Soirées d'un Solitaire, ou considérations sur les principes constitutifs des États; par J.-E. Chappuyzi. — *Paris, Bur. génér. des Nouveautés*, an V-1797.

2214. Lettres intéressantes pour les Médecins de profession, utiles aux ecclésiastiques qui veulent s'appliquer à la médecine, et curieuses pour tout lecteur (par J.-P. Rome d'Ardène). — *Avignon, Chambeau*, 1759, *2 vol. in-12*.

2215. Lettres philosophiques et historiques à mylord S...., sur l'état moral et politique de l'Inde, des Indous, et de quelques autres principaux peuples de l'Asie au commencement du XIXe siècle; traduites, en grande partie, des *Asiatic Researches*, des *Works of William Jones*, et d'autres ouvrages anglais les plus récents et les plus estimés (par M. d'Ecrammeville). — *Paris, Pougens*, an IX-1803, *in-8°, carte*.

2216. Lettres philosophiques sur les Physionomies. Seconde édition. (par J. Pernetty). — *La Haye, Néaulme*, 1748, *in-12, front. gr.*

2217. Lettres sur les Anglois, les François, et sur les Voyages (par Muralt). — *Cologne, s. n.*, 1725, *in-12.*

2218. Lettres sur le pouvoir de l'Imagination des Femmes enceintes, où l'on combat les préjugés qu'on attribue à l'Imagination des Mères, le pouvoir d'imprimer sur le corps des Enfants renfermés dans leur sein la figure des objets qui les ont frappés (par Bellet). — *Paris, Guérin*, 1745, *in-12.*

2219. Lettres sur l'Histoire philosophique des Langues, considérées dans leurs rapports avec le génie des peuples et les principes physiques de l'étymologie, par Le Ch… — *Lyon, Guyot*, 1819, *in-12.*

2220. **Leuckart** (F.-S.). Versuch einer naturgemässen eintheilung der Helminthen nebst dem entwurfe einer verwandtschafts und Stufenfolge der Thiere überhaupt. — *Heidelberg und Leipzig, Groos*, 1827, *in-8°.*

2221. — Allgemeine Einleitung in die Naturgeschichte. — *Stuttgard, Schweizerbart*, 1832, *in-8°.*

2222. — Untersuchungen über das Zwischenkieferbein des Menschen in seiner normalen and anormalen metamorphose; ein beitrag zur entwickelungs-geschichte des Menschen nebst betrachtungen über das zwischenkieferbein der Thiere. — *Stuttgard, Schweizerbart*, 1840, *gr. in-4°, pl. lithogr.*

2223. **Leuliette** (J.-J.). Tableau de la littérature en Europe, depuis le seizième siècle jusqu'à la fin du dix-huitième, et examen des causes politiques, morales et religieuses qui ont influé sur le génie des Écrivains et sur le caractère de leurs productions. — *Paris, Collin*, 1809, *in-8°.*

2224. **Leuret** (F.). Mémoire sur l'Épidémie actuelle, désignée sous le nom de Choléra-Morbus de l'Inde, contenant une analyse de tout ce que les auteurs les plus estimés ont écrit sur les causes, les symptômes, la nature, le traitement de cette maladie, et sur les moyens de s'en préserver. — *Paris, Crochard*, 1831, *in-8°.*

2225. — Fragments psychologiques sur la Folie. — *Paris, Crochard*, 1834, *in-8°.*

2226. — Anatomie comparée du Système nerveux, considéré dans ses rapports avec l'intelligence, comprenant la description de l'encéphale et de la moelle rachidienne, des recherches sur le développement, le volume, le poids, la structure de ces organes chez l'homme et les animaux vertébrés ; l'histoire du système ganglionnaire des animaux articulés et des mollusques, et l'exposé de la relation qui existe entre la perfection progressive de ces centres nerveux et l'état des facultés instinctives, intellectuelles et morales. — *Paris, Baillière,* 1839, *in-8°. Tome I*er.

2227. **Levchine** (A. de). Description des hordes et des steppes de Kirghiz-Kazaks ou Kirghiz-Kaïssaks ; traduite du russe par Ferry de Pigny, revue et publiée par E. Charrière. — *Paris, impr. royale,* 1840, *in-8°.*

2228. **Léveillé** (J.-B.-F.). Dissertation physiologique sur la nutrition des Fœtus, considérés dans les mammifères et dans les oiseaux. — *Paris, Crapelet,* an VIII, *in-8°.*

2229. **Lévêque** (C.). Les Harmonies Providentielles. — *Paris, Hachette,* 1872, *gr. in-18.*

2230. **Leverdays** (J.-G.). Quelques considérations sur l'Homme physique. — *Paris, Gabon,* an XI-1803, *in-8°.*

2231. **Levesque** (P.-C.). Histoire de Russie, tirée des chroniques originales, de pièces authentiques et des meilleurs historiens de la nation. — *Paris, Debure,* 1782, *5 vol. in-12.* = Histoire des différens Peuples soumis à la domination des Russes, ou suite de l'Histoire de Russie. — *Paris, Debure,* 1783, *2 vol. in-12.*

2232. — L'Homme moral, ou l'Homme considéré, tant dans l'état de pure nature que dans la société. — *Amsterdam,* 1775, *in-12.*

2233. **Leyden** (J.) et **Murray** (H.). Histoire complète des voyages et découvertes en Afrique, depuis les siècles les plus reculés jusqu'à nos jours ; accompagnée d'un précis géographique sur ce continent et les Iles qui l'environnent ; de notices sur l'état physique, moral et politique des divers peuples qui l'habitent, etc. ; traduite de l'anglais, et augmentée de toutes les découvertes faites jusqu'à ce jour ; par M. A. G. — *Paris, Bertrand,* 1821, *4 vol. in-8° et atlas in-4°.*

2234. **Libes** (A.). Histoire philosophique de la Physique. — *Paris, Courcier,* 1810-13, *4 vol. in-8°, rel. en 2.*

2235. **Lichtenstein** (H.). Reisen im Südlichen Africa in den Jahren 1803-06. — *Berlin, Salfeld,* 1811, *2 vol. in-8°, pl. gr.*

2236. **Liebig** (J.). Lord Bacon ; traduit de l'allemand par Pierre de Tchihatchef. — *Paris, Guérin,* 1866, *gr. in-18.*

2237. Ligue des Nobles et des Prêtres contre les Peuples et les Rois, depuis le commencement de l'ère chrétienne jusqu'à nos jours ; ou tableau des conspirations, révoltes, détrônemens, actes arbitraires, jugemens iniques, violation des lois, etc., dont les privilégiés se sont rendus coupables, etc. ; par Paul de P.... (Potter). — *Paris*, *Barba*, 1820, *2 vol. in-8°*.

2238. **Limbourg** (J.-P. de). Caractères des Médecins, ou l'idée de ce qu'ils sont communément et celle de ce qu'ils devroient être, d'après Pénelope de feu M. de la Mettrie. — *Paris*, *La Comp.*, 1760, *in-12*.

2239. **Lindley** (J.). Aphorismes de Physiologie végétale et de Botanique, suivis du Tableau des alliances des plantes et de l'analyse artificielle des ordres; traduits de l'anglais, et précédés d'une introduction par P.-A. Cap. — *Paris*, *Colas*, 1838, *in-8°*.

2240. **Lindner** (D.-J.). Vergleichende Grammatik der lateinischen, italienischen, spanischen, portugiesischen, französischen und englischen Sprache, in bezug auf den Mechanismus und die Eigenthümlichkeiten dieser Sprachen unter einander ; nach der zweiten ausgabe der von Blondin herausgegeben Grammaire Polyglotte. — *Leipzig*, *Baumgärtner*, 1827, *in-8°*.

2241. **Link** (H.-F.). Voyage en Portugal, depuis 1797 jusqu'en 1799 ; suivi d'un Essai sur le commerce du Portugal, traduit de l'allemand. — *Paris*, *Levrault*, an XII-1803-1808, *3 vol. in-8°*.

2242. — Elementa Philosophiæ Botanicæ. — *Berolini*, *Haude et Spener*, 1824, *in-8°*.

2243. — Le Monde primitif et l'Antiquité expliqués par l'étude de la Nature ; trad. de l'allemand sur la 2ᵉ édition, par J.-J. Clément Mullet. — *Paris*, *Gide*, 1837, *2 vol. in-8°*.

2244. **Linné** (C. a). Systema Naturæ : per Regna tria naturæ secundum classes, ordines, genera, species, cum characteribus, differentiis, synonymis, locis; editio duodecima. — *Holmiæ*, *Salvius*, 1706, *2 vol. in-8°*.

2245. — Systema Naturæ, etc.; editio decima tertia. — *Lugduni*, *Delamollière*, 1789-96, *3 vol. en 6 tom. in-8°*.

2246. — Système naturel du Règne Animal par classes, familles ou ordres, genres et espèces, avec une notice de tous les animaux, les noms grecs, latins et vulgaires que les naturalistes leur ont donnés, etc. (trad. du latin par Klein). — *Paris, Bauche*, 1754, *2 vol. in-8°, portr. et pl. gr.*

2247. **Linné** (C. a). Fauna Suecica, sistens animalia Sueciæ regni : quadrupedia, aves, amphibia, pisces, insecta, vermes, distributa per classes et ordines, genera et species. Cum differentiis specierum, synonymis auctorum, nominibus incolarum, locis habitationum, descriptionibus insectorum. — *Lugduni-Batavorum, Wishoff*, 1746, *in-8°, pl. et front. gr.*

2248. — Entomologia, Faunæ Suecicæ descriptionibus aucta; D.-D. Scopoli, Geoffroy, de Geer, Fabricii, Schrank, etc.; speciebus vel in systemate non enumeratis, vel nuperrime detectis, vel speciebus Galliæ Australis locupletata ; curante et augente C. de Villers. — *Lugduni, Delamollière*, 1789, *4 vol. in-8°.*

2249. — Bibliotheca Botanica, recensens libros plus mille de plantis huc usque editos, secundum systema auctorum naturale in classes, ordines, genera et species dispositos, additis editionis loco, tempore, forma, lingua, etc.; cum explicatione fundamentorum botanicorum ; editio nova. — *Halæ Salicæ, Bierwirth*, 1747, *in-8°.*

2250. — Philosophia Botanica, in qua explicantur fundamenta botanica cum definitionibus partium, exemplis terminorum, observationibus rariorum. Editio secunda, curante J.-G. Gleditsch. — *Berolini*, 1780, *in-8°, portr.*

2251. — Philosophia Botanica, etc.; cui accedit critica botanica. Editio quarta. — *Coloniæ-Allobrogum, Piestre et de la Mollière*, 1787, *in-8°, pl.*

2252. — Fundamenta Botanica. Editio quarta, curante J.-E. Gilibert. — *Coloniæ-Allobrogum, Piestre et Delamollière*, 1786-87, *3 vol. in-8°, pl. gr.*

2253. — Philosophie Botanique, dans laquelle sont expliqués les fondements de la Botanique avec les définitions de ses parties, les exemples des termes, des observations sur les plus rares ; traduite du latin par F.-A. Quesné. — *Paris, Cailleau*, 1788, *in-8°.*

2254. — Systema Vegetabilium secundum classes, ordines, genera, species, cum characteribus et differentiis. Editio decima quarta, præcedente longe auctior et correctior, curante Io.-A. Murray. — *Gottingæ, Dieterich*, 1784, *in-8°.*

2255. — Systema Plantarum Europæ, exhibens characteres naturales generum, characteres essentiales generum et specierum, synonima antiquorum, etc.; curante J.-E. Gilibert. — *Coloniæ-Allobrogum, Piestre et Delamolliere*, 1785, *4 vol. in-8°.*

2256. **Lipschütz** (S.). De communi et simplici Humani Generis Origine. — *Hamburgi, Nolte,* 1864, *in-12.*

2257. **Liron d'Airoles** (O. de). Réflexions historiques sur les Nationalités. — *Montpellier, Gras,* 1866, *in-8°.*

2258. Liste comparative des cinq appels nominaux, faits dans les séances des 15, 16, 17, 18 et 19 janvier 1793, sur le procès et le jugement de Louis XVI, avec les déclarations que les Députés ont faites à chacune des séances, etc. — *Paris, Levigneur et Froullé,* 1793, *in-8°.*

2259. **Liszt** (F.). Des Bohémiens et de leur musique en Hongrie. — *Paris, librairie nouvelle,* 1839, *gr. in-8°.*

2260. Littérature (de la) française pendant le dix-huitième siècle (par de BARANTE). — *Paris, Nicolle,* 1820, *in-8°.*

2261. **Littré** (É.). Histoire de la Langue Française. Études sur les origines, l'étymologie, la grammaire, les dialectes, la versification et les lettres au moyen âge. Deuxième édition. — *Paris, Didier,* 1863, *2 vol. in-12.*

2262. — Littérature et Histoire. Deuxième édition. — *Paris, Didier,* 1877, *in-12.*

2263. — Médecine et Médecins. Deuxième édition. — *Paris, Didier,* 1872, *in-12.*

2264. — La Science au point de vue philosophique. Deuxième édition. — *Paris, Didier,* 1873, *in-12.*

2265. **Lobstein** (J.-F.). De Nervi sympathetici humani fabrica usu et morbis, commentatio anatomico-physiologico-pathologica. — *Parisiis, Levrault,* 1823, *gr. in-4°, pl. noires et coloriées.*

2266. **Livius** (Titus). Historiarum libri. — *Amsterdami, Blaeu,* 1633, *in-12, tit. gr.*

2267. **Locke** (J.). Essai philosophique concernant l'Entendement humain, où l'on montre quelle est l'étendue de nos connoissances certaines, et la manière dont nous y parvenons; traduit de l'anglois par Coste. Quatrième édition. — *Paris, Savoye,* 1847, *4 vol. in-12.*

2268. **Lœbenstein-Lœbel** (E.). Traité sur l'usage et les effets des vins dans les maladies dangereuses et mortelles, et sur la falsification de cette boisson ; traduit de l'allemand, par J.-F.-D. Lobstein. — *Strasbourg, Levrault*, 1817, *in-8°*.

2269. **Loew** (H.). Horæ anatomicæ. Beiträge zur genaueren anatomischen kenntniss der Evertebraten. Abtheilung I : Entomotomien, helft 1, 2 et 3. — *Posen, Heine*, 1841, *in-8°*. *(Manque la 3° partie.)*

2270. **Loiseleur-Deslongchamps** (J.-L.-A.). Flora Gallica seu Enumeratio plantarum in Gallia sponte nascentium, secundum Linnæanum systema digestarum, addita familiarum naturalium synopsi. Editio secunda. — *Parisiis, Baillière*, 1828, 2 vol. *in-8°, pl. gr.*

2271. **Lombard** (C.-P.). Manuel des Propriétaires d'Abeilles, contenant les instructions pratiques les plus récentes pour soigner ces insectes, n'avoir que de bonnes ruches et en tirer du profit. 6ᵉ édition. — *Paris, Renouard*, 1825, *in-8°, fig.*

2272. **Londe** (C.). Gymnastique médicale, ou l'Exercice appliqué aux organes de l'homme, d'après les lois de la physiologie, de l'hygiène et de la thérapeutique. — *Paris, Croullebois*, 1821, *in-8°*.

2273. **Londres**, la Cour et les Provinces d'Angleterre, d'Écosse et d'Irlande, ou esprit, mœurs, coutumes, habitudes privées des habitans de la Grande-Bretagne (par P.-J.-B. Nougaret). — *Paris, Briand*, 1816, 2 vol. *in-8°*.

2274. **Longchamp.** Annuaire des Eaux minérales de la France, 1832. — *Paris, Fournier*, 1832, *in-16*.

2275. **Longperier** (A. de). Notice des Monuments exposés dans la salle des antiquités américaines (Mexique, Pérou, Chili, Haïti, Antilles) au Musée du Louvre ; deuxième édition. — *Paris, Vinchon*, 1852, *in-12*.

2276. **Longus.** Les Amours Pastorales de Daphnis et de Chloé, traduites du grec par Amyot. — *Paris, Didot*, an VIII, *in-12*.

2277. **Lord** (H.). Histoire de la Religion des Banians, contenant leurs loix, leur liturgie, leurs tribus, leurs coutumes, etc. ; recueillie de leurs Bramanes et tirée du livre de leur loi qu'ils appellent *Shaster*, avec un traité de la religion des anciens Persans ou Parsis, etc.; trad. de l'anglois (par F. Briot). — *Paris, Robert de Ninville*, 1667, *in-12*.

2278. **Lordat** (J.). Observations sur quelques points de l'anatomie du Singe Vert, et réflexions physiologiques sur le même sujet. — *Paris, Goujon*, an XII (1804), *in-8°*.

2279. — Exposition de la Doctrine médicale de P.-J. Barthez et Mémoires sur la vie de ce médecin. — *Paris, Gabon*, 1818, *in-8°*.

2280. **Lorenz** (J.-B.). Manuel du Forestier, ou Traité complet de tout ce qui a rapport à l'histoire naturelle des arbres, etc., etc. — *Paris, Levrault*, an X, *2 vol. in-12*.

2281. **Lorichs** (G.-D. de). Recherches numismatiques, concernant principalement les médailles Celtibériennes. — *Paris, Didot*, 1852, *gr. in-4°, pl. gr. (T. Ier)*.

2282. **Lorot** (P.). De la Vie. — *Paris, Porthmann*, 1818, *in-8°*.

2283. **Losana** (M.). Saggio sopra le Formiche indigene del Piemonte. — *(Torino, Stamp. reale) gr. in-4°, pl. gr.* (Extr. des *Mém. de l'Acad. des Sc. de Turin*, T. 37.)

2284. **Lotze** (H.). Mikrokosmus. Ideen zur Naturgeschichte und Geschichte der Menschheit, versuch einer anthropologie. Erster band (und einziger). — *Leipzig, Hirzel*, 1856, *in-8°*.

2285. — Principes généraux de Psychologie physiologique; nouvelle édition, traduite de l'allemand par A. Penjon. — *Paris, G. Baillière*, 1876, *in-18*.

2286. **Loudon** (C.). Solution du problème de la Population et de la Subsistance, soumise à un médecin dans une série de lettres. — *Paris, Girard*, 1842, *in-8°*.

2287. **Louis** (A.). Lettres sur la certitude des signes de la Mort, où l'on rassure les citoyens de la crainte d'être enterrés vivans, avec des observations et des expériences sur les noyés. — *Paris, Lambert*, 1752, *in-12*.

2288. — Recueil de Pièces sur différentes matières chirurgicales. — *Paris, Delaguette*, 1752, *in-12*.

2289. **Lowth** (R.). Cours de Poésie sacrée, traduit pour la première fois du latin en français par F. Roger. — *Paris, Migneret*, 1813, *2 vol. in-8°, rel. en 1*.

2290. — Leçons sur la Poésie sacrée des Hébreux, traduites pour la première fois en français du latin, par M. Sicard. Seconde édition, revue et augmentée de la traduction d'un discours latin du Dr Rau. — *Avignon, Seguin*, 1839, *2 vol. in-12*.

2291. **Lubbock** (J.). L'Homme avant l'Histoire, étudié d'après les monuments et les costumes retrouvés dans les différents pays de l'Europe, suivi d'une description comparée des mœurs des sauvages modernes; traduit de l'anglais par Ed. Barbier. — *Paris, Germer Baillière, 1867, in-8°, fig.*

2292. — Les Origines de la Civilisation, état primitif de l'Homme et mœurs des sauvages modernes; traduit de l'anglais sur la seconde édition, par Ed. Barbier. — *Paris, Germer-Baillière, 1873, in-8°, fig. gr.*

2293. **Lubin** (A.). Mercure géographique, ou le Guide du Curieux des cartes géographiques. — *Paris, Remy, s. d., in-12, titre gravé.*

2294. **Luc** (J.-A. de). Lettres physiques et morales sur les Montagnes et sur l'Histoire de la Terre et de l'Homme. — *En Suisse, Libraires associés, 1778, in-8°.*

2295. — Lettres physiques et morales sur l'Histoire de la Terre et de l'Homme. — *La Haye, de Tune; et Paris, Vᵉ Duchesne, 1779, 5 vol. in-8°.*

2296. — Recherches sur les modifications de l'Atmosphère, contenant l'histoire critique du Baromètre et du Thermomètre, un Traité sur la construction de ces instrumens, des expériences relatives à leurs usages, etc. Nouvelle édition. — *Paris, Vᵉ Duchesne, 1784, 4 vol. in-8°, pl.*

2297. — Idées sur la Météorologie. — *Paris, Duchesne, 1787, 2 vol. in-8°, pl.*

2298. — Histoire du passage des Alpes par Annibal, dans laquelle on détermine d'une manière précise la route de ce général, depuis Carthagène jusqu'au Tésin, d'après la narration de Polybe, comparée aux recherches faites sur les lieux, suivie d'un examen critique de l'opinion de Tite-Live et de celles de quelques auteurs modernes. — *Genève, Paschoud, 1818, in-8°, carte.*

2299. **Lucæ** (J.-C.-G.). Zur Organischen Formenlehre: I. Symmetrische Gestaltung der Thiere. — II. Geometrische abbildungen interessanter Schädel. — *Frankfurt, A. M. Varrentrapp, 1844, in-4°, pl.*

2300. — Die Hand und der Fuss; ein beitrag zur vergleichenden osteologie der Menschen, Affen und Beulelthiere. — *Frankfurt. Winter, 1865, gr. in-4°, pl.*

2301. **Lucas** (A.). Des dangers de la Prostitution. — *Paris, principaux libraires*, 1841, *in-12*.

2302. **Lucas** (P.). Traité philosophique et physiologique de l'Hérédité naturelle dans les états de santé et de maladie du système nerveux, avec l'application méthodique des lois de la procréation au traitement général des affections dont elle est le principe. Ouvrage où la question est considérée dans ses rapports avec les lois primordiales, les théories de la génération, les causes déterminantes de la sexualité, les modifications acquises de la nature originelle des êtres, et les diverses formes de névropathie et d'aliénation mentale. — *Paris, Baillière*, 1847-50, 2 vol. *in-8°*.

2303. **Luce** (J.-W.-L.). Ueber die Ursachen der Degeneration der organisirten Körper. — *Göttingen, Dieterich*, 1744, *in-12*.

2304. **Lucchesini** (C.). Congetture intorno al primitivo Alfabeto Greco; seconda edizione. — *Lucca, Bertini*, 1829, *in-8°*.

2305. **Lucretius.** De Rerum natura. Libri sex, cum interpretatione et notis Thomæ Creech, collegii omnium Animarum socii. Editio nova emendatior. — *Basileæ, Thurneysen*, 1770, *in-8°*.

2306. **Ludolfus** (J.). Historia Æthiopica, sive brevis et succincta descriptio regni Habessinorum quod vulgo male Presbyteri Johannis vocatur. — *Francofurti ad Mœnum, Zunner*, 1681, *in-fol., pl. gr.*

2307. **Ludwig** (C.-F.). Grundriss der Naturgeschichte der Menschenspecies. — *Leipzig, Schwicker*, 1796, *in-8°*.

2308. — Scriptores Nevrologici minores selecti, sive Opera minora ad anatomiam, physiologiam et pathologiam Nervorum spectantia. — *Lipsiæ, Junius*, 1793, *in-4°, pl. gr., T. III*.

2309. **Lüken** (H.). Die Enheit des Menschengeschlechts und dessen ausbreitung über die ganze Erde. — *Hannover, Hahn*, 1845, *in-8°*.

2310. **Luke Burke** (L.). The Ethnological journal; a monthly record of Ethnological research and criticism. — *London, Tübner*, July 1865-february 1816, *1 vol. in-8°*.

2311. **Lund.** Lettres sur les Habitudes de quelques Fourmis du Brésil, adressée à M. Audouin. — *(Extr. des Annales des Sc. naturelles*, 1831), *in-8°*.

2312. **Lunemann** (G.-H.). Descriptio Caucasi gentiumque Caucasiarum, ex Strabone, comparatis scriptoribus recentioribus. — *Lipsiæ, Feindius*, 1803, *in-4°*.

2313. **Lussaud.** Apologie pour les Médecins, contre ceux qui les accusent de déférer trop à la nature, et de n'avoir point de religion; ouvrage imprimé à Paris en 1663, revu, corrigé, augmenté de notes et d'une préface historique; par P.-J. Amoreux. — *Montpellier, Sevalle*, 1816, *in-8°*.

2314. **Luther** (M.). Propos de Table, revus sur les éditions originales, et traduits pour la première fois en français par Gustave Brunet. — *Paris, Garnier frères*, 1844, *gr. in-18*.

2315. **Luzzato** (P.). Le Sanscritisme de la langue Assyrienne, ou les restes de la langue assyrienne recueillis et expliqués par le sanscrit. Études préliminaires au déchiffrement des inscriptions assyriennes. — *Padoue, Bianchi*, 1849, *in-12*.

2316. **Lycée** (Le), journal des Sciences et des Sociétés savantes (5ᵉ année), Nᵒˢ 1-41 (1ᵉʳ septembre 1831-19 janvier 1832). — *In-4°*.

2317. **Lyell** (C.). Principes de Géologie, ou illustrations de cette science empruntées aux changements modernes que la terre et ses habitans ont subis; traduit de l'anglais, sur la sixième édition, par Mᵐᵉ Tullia Meulien. — *Paris, Langlois et Leclercq*, 1843-48, *4 vol. gr. in-18, fig. et pl. gr.*

2318. — Principes de Géologie, ou illustrations de cette science empruntées aux changements modernes de la terre et de ses habitants; ouvrage traduit de l'anglais par J. Ginestou. — *Paris, Garnier*, 1873, *2 vol. in-8°, fig.*

2319. — L'Ancienneté de l'Homme prouvée par la géologie, et remarques sur les théories relatives à l'origine des espèces par variation; traduit par M. Chaper. — *Paris, Baillière*, 1864, *in-8°, fig.*

2320. — L'Ancienneté de l'Homme; appendice. — L'Homme Fossile en France; communications faites à l'Institut (Académie des Sciences), par MM. Boucher de Perthes, Boutin, P. Cazalis de Fondouce, Chresty, J. Desnoyers, H. et Alph. Milne Edwards, H. Filhou, A. Fontan, F. Garrigou, Paul Gervais, Scipion Gras, Ed. Hebert, Ed. Lartet, Martin, Pruner-Bey, de Quatrefages, Trutat, de Vibraye. — *Paris, Baillière et fils*, 1864, *in-8°, pl. gr.*

2321. **Lyonnet** (P.). Traité anatomique de la Chenille qui ronge le bois de Saule, augmenté d'une explication abrégée des planches, et d'une description de l'instrument et des outils dont l'auteur s'est servi pour anatomiser à la loupe, etc. — *La Haye, Gosse et Pinet,* 1762, *gr. in-4°, pl. gr.*

M

2322. **Mabit** (J.). Observations sur l'Homœopathie, relatives à la décision prise par l'Académie Royale de Médecine sur cette nouvelle doctrine. — *Bordeaux, Gassiot aîné,* juillet 1835, *in-8°.*

2323. **Macaulay** (K.). Histoire de Saint-Kilda, imprimée en 1764, traduite de l'anglois (par Madame d'Arconville); contenant la description de cette isle remarquable, les mœurs et les coutumes des habitans, les antiquités religieuses et payennes qu'on y a trouvées, avec plusieurs autres particularités curieuses et intéressantes. — *Paris, Knapen,* 1782, *in-12.*

2324. **Mac Carthy** (J.). Nouveau Dictionnaire Géographique universel, contenant la description détaillée des Régions, Empires, Royaumes, Républiques, Provinces, Villes, Bourgs, Villages, Océans, Mers, Iles, etc., des différentes parties du monde. — *Paris, l'auteur,* 1824, *1 vol. in-8°, relié en 2 part.*

2325. **Mac Culloh** (J.-H.). Researches on America; being an attempt to settle some points relative to the Aborigenes of America. — *Baltimore, Robinson,* 1817, *in-8°.*

2326. **Macdonald Kinneir** (J.). Voyage dans l'Asie Mineure, l'Arménie et le Kourdistàn, dans les années 1813 et 1814; suivi de remarques sur les marches d'Alexandre, et la retraite des dix-mille; traduit de l'anglais par N. Perrin. — *Paris, Gide fils,* 1818, *2 vol. in-8°, carte.*

2327. **Macé Descartes.** Histoire et Géographie de Madagascar, depuis la découverte de l'île en 1506, jusqu'au récit des derniers événements de Tamatave. — *Paris, Garnier,* 1846, *in-8°.*

2328. **M'Intosh** (C. d'). The Greenhouse, hot house, and stove: including selected lists of most beautiful species of exotic flowering plants, and directions for their cultivation. — *London, Orr and Co,* 1838, *in-12, pl. col.*

2329. **Mackenzie** (J.). Histoire de la Santé et de l'art de la conserver, ou exposition de ce que les médecins et les philosophes anciens et modernes ont enseigné de plus intéressant sur cette matière ; traduite de l'anglois. — *La Haye, Aillaud*, 1761, *in-12*.

2330. **Mac Leay** (W.-S.). Annulosa Javanica, ou description des Insectes de Java ; précédés d'un extrait des *Horæ entomologicæ* du même auteur. — *Paris, Lequiem*, 1833, *in-8°, pl. col.*

2331. **Macnish** (R.). The Philosophy of Sleep ; second édition. — *Glascow, M'phun*, 1834, *in-8°*.

2332. **Macpherson** (J.). The Works of Ossian, the son of Fingal. Translated from the Galic language. The third edition. — *London, Becket*, 1765, *2 vol. in-8°*.

2333. — Ossian, fils de Fingal, barde du 3ᵉ siècle ; poésies galliques, traduites sur l'anglais de MACPHERSON, par Letourneur ; nouvelle édition, augmentée des poèmes d'Ossian et de quelques autres bardes, traduits sur l'anglais de J. SMITH, pour servir de suite à l'Ossian de Letourneur, et précédée d'une notice sur l'état actuel de la question relative à l'authenticité des poèmes d'Ossian, par Ginguené. — *Paris, Dentu*, 1810, *2 vol. in-8°, front. gr.*

2334. **Macquart** (J.). Insectes Diptères du Nord de la France. — *Lille, Leleux et Danel*, 1826, *5 vol. in-8°, pl.*

2335. — Histoire naturelle des Insectes Diptères (Mouches, Cousins, etc.). — *Paris, Roret*, 1835, *2 vol. in-8°, pl. (suites à Buffon).*

2336. — Facultés intérieures des Animaux invertébrés. — *Lille, Danel*, 1850, *in-8°*.

2337. — Les Arbres et Arbrisseaux d'Europe, et leurs Insectes. — *Lille, Danel*, 1852, *in-8°*.

2338. **Macrobe.** OEuvres. Traduction nouvelle, par A. Dubois, Laass d'Aguen, A. Ubicini Martelli. — *Paris, Panckoucke*, 1845-47, *3 vol. in-8°*.

2339. **Maffei** (G.-P.). Historiarum Indicarum libri XVI. Selectarum, item, ex India epistolarum, libri IV. Accessit Ignatii Loiolæ vita. — *Coloniæ-Agrippinæ in offic. Birckmannica*, 1590, *in-8°*.

2340. **Mage** (E.). Voyage dans le Soudan occidental (Sénégambie-Niger), (1863-66). (Extr. du *Tour du Monde*, T. XVII). — *In-4°*.

2341. **Magnin** (C.). Histoire des Marionnettes en Europe, depuis l'antiquité jusqu'à nos jours. Deuxième édition. — *Paris, Lévy*, 1862, *gr. in-18*.

2342. **Magnol** (P.). Hortus Regius Monspeliensis, sive Catalogus plantarum quæ in Horto regio Monspeliensi demonstrantur, etc. — *Monspelii, Pech*, 1697, *in-8°, pl. gr.*

2343. **Mahon** (P.-A.-O.). Histoire de la Médecine Clinique, depuis son origine jusqu'à nos jours, et recherches importantes sur l'existence, la nature et la communication des maladies syphilitiques dans les Femmes enceintes, dans les Enfans nouveau-nés et dans les Nourrices, etc. — *Paris, Buisson*, an XII, *1 vol. in-8°*.

2344. **Maillet** (B. de). Telliamed, ou Entretiens d'un philosophe indien avec un missionnaire françois sur la diminution de la mer. Nouvelle édition. — *La Haye, Gosse*, 1755, *2 vol. in-12*.

2345. — Description de l'Égypte, contenant plusieurs remarques curieuses sur la géographie ancienne et moderne de ce pays, sur ses monumens anciens, sur les mœurs, les coutumes et la religion des habitans, sur le gouvernement et le commerce, sur les animaux, les arbres, les plantes, etc., composée sur les Mémoires de M. de Maillet par l'abbé Le Mascrier. — *La Haye, Beauregard*, 1740, *2 vol. in-12, fig.*

2346. **Maine-Biran** (P.). L'Influence de l'Habitude sur la faculté de Penser. — *Paris, Henrichs*, an XI, *in-8°*.

2347. — Nouvelles Considérations sur les rapports du Physique et du Moral de l'homme; ouvrage posthume, publié par M. Cousin. — *Paris, Ladrange*, 1834, *in-8°*.

2348. **Maire** (I.-H.). Psychologie physiologique. — *Havre, Lepelletier*, 1857, *in-8°*. (Extrait des Public. *de la Société havraise d'Études diverses.)*

2349. Maison Rustique du XIXe siècle, contenant les meilleures méthodes de culture usitées en France et à l'étranger; tous les procédés pratiques propres à guider le cultivateur, le fermier, le régisseur et le propriétaire, dans l'exploitation d'un domaine rural; les principes généraux d'agriculture, la culture de toutes les plantes utiles, l'éducation des animaux domestiques, l'art vétérinaire, la description de tous les arts agricoles, etc., rédigé et professé par une réunion d'agronomes et de praticiens, sous la direction du Dr A. Bixio. — *Paris, Librairie agricole*, 1844, *5 vol. gr. in-8°*.

2350. **Maistre** (J. de). Examen de la Philosophie de Bacon, où l'on traite différentes questions de philosophie rationnelle ; ouvrage posthume. 3° édition. — *Lyon, Pélagaud*, 1853-55, *2 vol. in-8°.*

2351. **Majer** (F.). Zur Kulturgeschichte der Völker : historische untersuchungen. — *Leipzig, Hartknoch*, 1798, *2 vol. in-12.*
La 1re partie est précédée d'une introduction par Herder.

2352. **Malcolm** (J.). Histoire de la Perse, depuis les temps les plus anciens jusqu'à l'époque actuelle, suivie d'observations sur la religion, le gouvernement, les usages et les mœurs des habitants de cette contrée ; traduit de l'anglais (par Benoist). — *Paris, Pillet*, 1821, *4 vol. in-8°, pl. et portrait.*

2353. **Maleville** (P.-J. de). Les Benjamites rétablis en Israël ; poëme traduit de l'hébreu. — *Paris, Cerioux*, 1816, *in-8°, cart.*

2354. **Malgaigne** (J.-F.). Manuel de Médecine opératoire, fondée sur l'Anatomie normale et l'Anatomie pathologique. — *Paris, Deville-Cavellin*, 1834, *in-12.*

2355. **Malicki** (B.-K.). Klucz do iesyka francuskiego to iest grammatika Polsko-Francuska. — *Krakow, N. Al. Schedl*, 1700, *in-12.*

2356. **Mallet** (P.-H.). Monumens de la Mythologie et de la Poésie des Celtes, et particulièrement des anciens Scandinaves, pour servir de supplément et de preuves à l'introduction de l'Histoire de Dannemarck. — *Copenhague, Philibert*, 1756, *in-4°.*

2357. — Edda, ou Monumens de la Mythologie et de la Poésie des anciens Peuples du Nord. Troisième édition. — *Genève, Mainget*, 1787, *in-12.*

2358. **Malmenius** (A.-A.). De Reliquiis Linguæ Geticæ dissertatio philologica. — *Upsaliæ, Höjer* (1758), *in-4°.*

2359. **Malo** (C.). Histoire des Tulipes. — *Paris, Janet*, s. d., *in-12, pl. color.*

2360. **Malpighius** (M.). Dissertatio Epistolica de Bombyce. — *Londini, Martyn et Allestry*, 1669, *in-4°, pl. gr.*

2361. **Malte-Brun** (C.). Annales des Voyages, de la Géographie et de l'Histoire, ou Collection des voyages nouveaux les plus estimés, traduits de toutes les langues européennes ; des relations originales, inédites, communiquées par des voyageurs français et étrangers, et des mémoires historiques sur l'origine, la langue, les mœurs et les arts des peuples, etc. Seconde édition. — *Paris, Buisson et autres, 1809-24, 24 vol. et 1 vol. de table pour les 20 premiers, in-8°, fig. et cartes gr.*

2362. **Malte-Brun** (C.). Tableau de la Pologne ancienne et moderne, contenant la description de ce pays, un précis de l'histoire de Pologne depuis les temps les plus anciens jusqu'à nos jours, des recherches sur l'origine des Slavons et des Sarmates, et des détails sur les restes de la langue sarmatique. — *Paris, Tardieu, 1807, in-8°.*

2363. — Géographie universelle, ou description de toutes les parties du monde sur un plan nouveau, d'après les grandes divisions naturelles du globe, précédée de l'histoire de la Géographie chez les Peuples anciens et modernes, etc.; cinquième édition, corrigée et augmentée, etc.; par J.-J.-N. Huot. — *Paris, Furne, 1841, 6 vol. gr. in-8°, pl. gr.*

2364. — Mélanges scientifiques et littéraires, ou choix de ses principaux articles sur la littérature, la géographie et l'histoire; recueillis et mis en ordre par M. J. Nachet. — *Paris, André, 1828, 3 vol. in-8°.*

2365. **Malte-Brun** (V.-A.). Résumé historique de la grande exploration de l'Afrique centrale, faite de 1850 à 1855, par J. Richardson, H. Barth, A. Overweg, avec une carte itinéraire. — *Paris, Arthus Bertrand, 1856, in-8°.*

2366. **Malthus** (T.-R.). Essai sur le principe de la Population, ou exposé des effets passés et présens de l'action de cette cause sur le bonheur du genre humain; suivi de quelques recherches relatives à l'espérance de guérir ou d'adoucir les maux qu'elle entraîne; traduit de l'anglais sur la 5e édit., par P. Prévost et par son fils G. Prévost; 2° édition française. — *Genève, Paschoud, 1823, 4 tomes en 2 vol. in-8°.*

2367. **Manavit** (A.). Esquisse historique sur le cardinal Mezzofanti. Seconde édition. — *Paris, Bray, 1854, in-8°, pl. gr.*

2368. **Mandet** (F.). Histoire de la Langue Romane (roman provençal); depuis la conquête des Gaules par César, jusqu'à la croisade contre les Albigeois; — suivie d'une Histoire de la Littérature et des Poètes au moyen âge, d'un chapitre sur les Cours d'Amour et de considérations sur les principaux dialectes de la France méridionale. — *Paris, Dauvin et Fontaine, 1840, in-8°.*

2369. **Mandl** (L.). Traité pratique du Microscope et de son emploi dans l'étude des corps organisés; suivi de recherches sur l'organisation des animaux infusoires, par D.-C.-G. Ehrenberg. — *Paris, Baillière*, 1839, *in-8°*.

2370. **Manesse** (L.-C.). Traité de la manière d'empailler et de conserver les animaux, les pelleteries et les laines. — *Paris, Deterville*, s. d., *in-12*.

2371. **Manetti** (S.). Delle specie diverse di Frumento et di Pane, siccome della Panizzazione. — *Firenze, Moücke*, 1765, *in-4°*.

2372. **Mangin** (A.). L'Homme et la Bête. — *Paris, Didot*, 1872, *gr. in-8°, fig. gr.*

2373. **Manière** (De la) d'apprendre les Langues (par C.-F. de RADONVILLIERS). — *Paris, Saillant*, 1768, *in-8°*.

2374. **Manne** (A.-E. de). Nouveau recueil d'Ouvrages anonymes et pseudonymes. — *Paris, Gide*, 1834, *in-8°*.

2375. **Maratti** (J.-F.). De Plantis Zoophytis et Lithophytis in mari Mediterraneo inventibus. — *Romæ, Casaletti*, 1776, *in-8°*.

2376. **Marcard** (H.-M.). De la Nature et de l'Usage des Bains; traduit de l'allemand, par M. Parant. — *Paris, Bossange*, an IX-1801, *in-8°*.

2377. **Marchand** (E.). Voyage autour du Monde, pendant les années 1790-92; précédé d'une *Introduction historique*, auquel on a joint des *Recherches sur les Terres Australes* de Drake, et un *Examen critique du Voyage de* Roggeween; par C.-P. Claret Fleurieu. — *Paris, Courcier*, 1809, 5 vol. *in-8°, cartes et fig.*

2378. **Marcus** (L.). Histoire des Wandales, depuis leur première apparition sur la scène historique, jusqu'à la destruction de leur empire en Afrique; accompagnée de recherches sur le commerce que les États Barbaresques firent avec l'étranger dans les six premiers siècles de l'ère chrétienne; deuxième édition. — *Paris, Roret*, 1838, *in-8°*.

2379. **Maréchal** (S.). Le Lucrèce français, fragments d'un poème; nouvelle édition. — *Paris*, an VI, *in-8°*.

2380. — Pour et Contre la Bible. — *Jérusalem*, 1801, *in-8°*.

2381. — Il ne faut pas que les Femmes sachent lire, ou Projet d'une loi portant défense d'apprendre à lire aux Femmes. Troisième édition. — *Paris, Sandré*, s. d., *in-32*.

2382. — Mélanges tirés d'un petit Portefeuille. — *Avignon*, 1782, *in-8°*.

2383. **Margollé** (E.). Les Phénomènes de la Mer. — *Paris, Dubuisson, in-16.*

2384. **Märklin** (G.-G.). Betrachtungen über die Urformen der niedern Organismen. — *Heidelberg, Winter,* 1823, *in-12.*

2385. **Marmier** (X.). Histoire de la Littérature en Danemark et en Suède. — *Paris, Bonnaire,* 1839, *in-8°.*

2386. **Marnezia** (C.-F.-A. de). Essai sur la Nature champêtre en vers, avec des notes. — *Paris, Prault,* 1787, *in-8°.*

2387. **Maron** (E.). Histoire littéraire de la Révolution : Constituante. — Législative. — *Paris, Chamerot,* 1856, *gr. in-18.*

2388. **Marquis** (A.-L.). Podalire, ou le premier âge de la médecine. — *Paris, Eymery,* 1815, *in-12, frontisp. gr.*

2389. — Esquisse du Règne Végétal, ou tableau caractéristique des Familles des Plantes, avec l'indication des propriétés générales de chaque famille, et des principaux médicamens qu'elle fournit; précédé d'un apercu de physiologie végétale, etc. — *Rouen, Baudry,* 1820, *in-8°.*

2390. **Marsden** (W.). Histoire de Sumatra, dans laquelle on traite du gouvernement, du commerce, des arts, des loix, des coutumes et des mœurs des habitants; des productions naturelles et de l'ancien état politique de cette isle; trad. de l'anglois, par M. Parraud. — *Paris, Buisson,* 1788, 2 *vol. in-8°, cartes.*

2391. **Marsilli** (L.-F. de). Histoire physique de la Mer. — *Amsterdam, La Compagnie,* 1725, *frontisp. et pl. gr.*

2392. **Marteau** (P.-A.). Traité théorique et pratique des Bains d'eau simple et d'eau de mer avec un mémoire sur la douche. — *Amiens, Godard,* 1770, *in-12.*

2393. **Martha** (C.). Le Poëme de Lucrèce : Morale; Religion; Science. Deuxième édition. — *Paris, Hachette,* 1873, *gr. in-18.*

2394. **Martial.** Epigrammata, cum notis Th. Farnabii. — *Amsterdami, Janssonius,* 1645, *in-12.*

2395. **Martin** (A.). Manuel de l'Amateur des Truffes, ou l'art d'obtenir des truffes au moyen des plans artificiels, dans les parcs, bosquets, jardins; précédé d'une Histoire de la Truffe et d'anecdotes gourmandes, et suivi d'un Traité sur la culture des champignons. — *Paris, Leroi,* 1829, *in-12, pl.*

2396. **Martin** (L.-A.). Les Civilisations primitives en Orient. Chinois. — Indiens. — Perses. — Babyloniens. — Syriens. — Égyptiens. — *Paris, Didier*, 1864, *in-8°*.

2397. **Martin** (Jac.). Histoire des Gaules et des Conquêtes des Gaulois, depuis leur origine jusqu'à la fondation de la monarchie françoise. — *Paris, Saugrain*, 1730, 2 *vol. in-4°, cart. gr.*

2398. — La Religion des Gaulois, tirée des plus pures sources de l'antiquité. — *Paris, Saugrain*, 1727, 2 *vol. in-4°, pl. gr.*

2399. **Martin** (John) et **Mariner** (W.). An account of the natives of the Tongo islands in the South Pacific Océan, with an original grammar and vocabulary of their language compiled and arranged from the extensive communications of Mr W. Mariner. — *London, Murray*, 1817, 2 *vol. in-8°.*

2400. **Martin** (H.). Jeanne d'Arc. — *Paris, Furne*, 1857, *front. gr.*

2401. **Martin** (T.-H.). Philosophie spiritualiste de la Nature. Introduction à l'histoire des Sciences physiques dans l'antiquité. — *Paris, Desobry et Magdeleine*, 1849, 2 *vol. in-8°.*

2402. **Martin** (W.-C.-L.). Naturgeschichte des Menschen mit einer einleitung über den innern Bau des Menschenkörpers im vergleich mit dem Körper der Säugethiere, aus dem englischen übersetst von G. Moritz und C. Thomä. — *Wiesbaden, Scholz*, 1844, *in-8°, fig.*

2403. **Martine** (G.). Dissertation sur la chaleur, avec des observations nouvelles sur la construction et la comparaison des thermomètres ; traduits de l'anglois par (Lavirotte). — *Paris, Hérissant*, 1751, *in-12.*

2404. — **Martins** (C.). Voyage botanique le long des côtes septentrionales de la Norvège, depuis Drontheim jusqu'au cap Nord. (Extrait des *Voyages en Scandinavie et au Spitzberg* de la corvette la *Recherche.*) — *S. l. n. d., in-8°, carte.*

2405. — Le Jardin des Plantes de Montpellier. Essai historique et descriptif, accompagné de neuf planches. — *Montpellier, Boehm*, 1854, *gr. in-4°.*

2406. — **Martyn** (Th.). The universal Conchologist, exhibiting the figure of every known shell, accurately drawn and pointed after nature with a new systematic arrangement (en anglais et en français). — *London*, 1784, 2 *vol. in-fol.*

Un second titre porte : Figures of non descript shells, collected in the different voyages to the South seas, since the year 1764, published by Th. Martyn, 1784.

2407. **Mary-Lafon.** Tableau historique et littéraire de la langue parlée dans le Midi de la France, et connue sous le nom de langue romano-provençale. — *Paris, Maffre-Capin,* 1842, *in-18.*

2408. — Histoire d'un Livre. — *Paris, Parmantier,* 1857, *in-12.*

2409. **Masselin** (J.-G.). Dictionnaire universel des Géographies physique, commerciale, historique et politique du monde ancien, du moyen âge et des temps modernes comparées, etc. — *Paris, Delalain,* 1844, 2 *vol. in-8°.*

2410. **Massias** (N.). Rapport de la Nature à l'Homme et de l'Homme à la Nature, ou Essai sur l'instinct, l'intelligence et la vie. — *Paris, Didot,* 1821-23, *4 vol. in-8°.*

2411. **Masson.** Le Jardin anglois, poème en quatre chants; traduit de l'anglois. — *Paris, Leroy,* 1788, *in-8°, pl. gr.*

2412. **Mathews** (C.). Légendes indiennes recueillies chez les peuples sauvages de l'Amérique; traduites de l'anglais, avec l'autorisation de l'auteur, par Mme Frappaz. — *Paris, Hachette,* 1861, *gr. in-18.*

2413. Matinées Sénonoises, ou Proverbes françois, suivis de leur origine, de leur rapport avec ceux des langues anciennes et modernes; de l'emploi qu'on en a fait en poésie et en prose (par J.-Ch.-Fr. Thuet). — *Paris, Née de la Rochelle,* 1789, *in-8°.*

2414. **Matsson** (P.-E.). Dissertatio mythologica religionem Celtarum, præcipue septentrionalium compendio sistens (thesis). — *Gryphiæ, Eckhardt,* 1799, *in-4°.*

2415. **Matteuci** (C.). Traité des Phénomènes Electro-Physiologiques des Animaux, suivi d'études anatomiques sur le système nerveux et sur l'organe électrique de la Torpille, par Pau. Savi. — *Paris, Fortin, Masson,* 1844, *in-8°, pl. lithogr.*

2416. **Matthey** (A.). Les Moyens de vivre heureux, ou recueil d'observations et de réflexions utiles à tous les hommes. — *Paris, Richard,* an XI-1802, *in-8°.*

2417. **Matthiä** (A.). Versuch über die Ursachen der Verschiedenheiten in den Nationalcharacteren. — *Leipzig, Fleischer,* 1802, *in-8°.*

2418. **Matthiæ** (G.). Conspectus Historiæ medicorum chronologicus. — *Gottingæ, Vandenhœck,* 1761, *in-8°.*

2419. **Mauduit** (A.-F.). Description d'un projet de Bibliothèque, composé à Rome en 1833 pour la ville de Paris. — *Paris, Didot*, janvier 1839, *in-8°, pl.*

2420. **Maupertuis** (P.-L.-M. de). Lettres. Seconde édition, augmentée d'un avertissement et de plusieurs lettres. — *Berlin*, 1753, *in-12.*

2421. **Maupied** (F.-L.-M.). Prodrome d'Ethnographie, ou Essai sur l'origine des principaux peuples anciens, contenant l'histoire revue et détaillée du Boudhisme et du Brahmanisme. — *Paris, Debécourt*, 1842, *in-8°.*

2422. **Maupin.** Avis particulier et très-nécessaire à tous les propriétaires bourgeois, sur la Vigne, les Vins et les Terres, contenant au moyen des principales bévues des vignerons et de la richesse des vignobles, ou manipulation générale des vins qui y sont jointes : 1° des moyens certains et *qui ne coûteront rien*, pour supprimer une partie très-considérable des frais ordinaires de la culture et de toutes les vignes faites, etc., etc., à l'usage de tous les pays. — *Paris, Musier*, 1786, *in-8°.*

2423. **Maury** (L.-A.). La Terre et l'Homme, ou aperçu historique de géologie, de géographie et d'ethnologie générales, pour servir d'introduction à l'histoire universelle. — *Paris, Hachette*, 1857, *gr. in-8°.*

2424. — Croyances et Légendes de l'Antiquité. Les Religions de la Perse et de l'Inde. Traditions de la Grèce et de la Gaule. Les premiers historiens et les anciennes légendes du christianisme. Rapports de l'Occident avec l'extrême Orient ; deuxième édition. — *Paris, Didier*, 1863, *in-12.*

2425. **Maximilien de Wied-Neuwied.** Voyage au Brésil dans les années 1815-17 ; traduit de l'allemand par J.-B.-B. Eyriès. — *Paris, Arthus Bertrand*, 1821-22, *3 vol. in-8° et atlas in-fol.*

2426. — Voyage dans l'intérieur de l'Amérique du Nord, exécuté pendant les années 1832, 1833 et 1834. — *Paris, Arthus Bertrand*, 1840-43, *3 tomes en 5 vol. gr. in-8°, fig.*

2427. **Mayer** (A.). Des Rapports conjugaux considérés sous le triple point de vue de la population, de la santé et de la morale publique. Quatrième édition. — *Paris, Baillière*, 1860, *gr. in-18.*

2428. **Mayeux** (F.-L.). Les Bédouins ou Arabes du désert; ouvrage publié d'après les notes inédites de don Raphael sur les mœurs, usages, lois, coutumes civiles et religieuses de ces peuples. — *Paris, Ferra*, 1816, *3 vol. in-16, fig. (manque les T. 2 et 3).*

2429. **Mayne Reid.** Les Peuples étranges, etc. ; traduit de l'anglais par H. Loreau. — *Paris, Hachette*, 1862, *in-18, fig.*

2430. **Mead** (R.). Mechanica expositio Venenorum variis dissertationibus comprehensa. Ex anglico sermone in latinum versa a Joshua Melson ; accedit ejusdem R. Mead tractatus de Imperio solis ac lunæ in corpora humana, et morbis inde oriundis. — *Lugduni-Batavorum, Pecker*, 1750, *in-8°, fig.*

2431. **Meares** (J.). Voyages de la Chine à la côte nord-ouest d'Amérique, faits dans les années 1788 et 1789 ; précédés de la relation d'un autre voyage exécuté en 1786 ; d'un recueil d'observations sur la probabilité d'un passage Nord-Ouest ; traduits de l'anglois par J.-B.-L.-J. Billecocq. — *Paris, Buisson*, an 3e, *3 vol. in-8° et atlas.*

2432. **Meckel** (J.-F.). Handbuch der Pathologischen Anatomie. — *Leipzig, Reclain*, 1812-16, *2 vol. en 3 tom. in-8°.*

2433. — Manuel d'Anatomie générale, descriptive et pathologique ; traduit de l'allemand et augmenté des faits nouveaux dont la science s'est enrichie jusqu'à ce jour, par A.-J.-L. Jourdan et G. Breschet. — *Paris, Baillière*, 1825, *3 vol. in-8°.*

2434. — Traité général d'Anatomie comparée ; traduit de l'allemand et augmenté de notes, par MM. Riester et Sanson ; précédé d'une lettre de l'auteur. — *Paris, Villeret*, 1828-38, *10 vol. in-8°.*

2435. Médecine expérimentale, ou résultat de nouvelles observations pratiques et anatomiques (par THIERRY). — *Paris, Duchesne*, 1755, *in-12.*

2436. Médecins (Les) français contemporains (par J.-L.-H. PEISSE). — *Paris, Gabon*, 1827-28, *in-8°, 1re et 2° livr.*

2437. Méditations sur la Condition humaine, par A.-M.-C. — *Paris, Nicolle*, 1819, *in-8°.*

2438. Meditazione filosofica di Francesco L.... (LUINI). — *Pavia, Bolzani*, 1778, *in-8°.*

2439. **Meibomius** (J.-H.). De l'utilité de la Flagellation dans la médecine et dans les plaisirs du mariage, et des fonctions des lombes et des reins ; ouvrage singulier, traduit du latin, et enrichi de notes historiques, critiques et littéraires, etc. ;

par C.-F.-X. Mercier. Nouvelle édition. — *Paris, Mercier,* 1795, *in-12, front. gr.*

2440. **Meidinger** (J.-V.). Grammaire allemande pratique, ou méthode nouvelle et amusante pour apprendre l'allemand. Nouvelle édition. — *S. ind., in-8°.*

2441. **Meiners** (C.). Versuch über die Religionsgeschichte der ältesten Völker, besonders der Egyptier. — *Göttingen, Dieterich,* 1775, *in-12.*

2442. — Geschichte des Luxus der Athenienser von den ältesten zeiten an bis auf den Tod Philipps von Makedonien. — *Lemgo, Meyer,* 1782, *in-8°.*

2443. — Histoire de l'origine, des progrès et de la décadence des Sciences dans la Grèce; traduite de l'allemand, par J.-Ch. Laveaux. — *Paris, Laveaux,* an VII, *5 vol. in-8°.*

2444. — Histoire de la décadence des mœurs chez les Romains, et de ses effets dans les derniers temps de la République; traduite de l'allemand par R. Binet. — *Paris, Jansen,* an III, *in-12.*

2445. — Grundriss der Geschichte der Menschheit; zweyte ausgabe. — *Lemgo, Meyer,* 1793, *in-12.*

2446. — Geschichte des weiblichen Geschlechts. — *Hannover, Helwing,* 1788-89, *2 vol. in-12.*

2447. **Meiners** (E.). Untersuchungen über die verschiedenheiten der Menschennaturen (die verschiedenen Menschenarten) in Asien und den Sudländern, in den Ostindischen und Südseeinseln, nebst einer historichen vergleichung der vormahligen und gegenwärtigen bewohner dieser Continente und Eylande. — *Tübingen, Cotta,* 1811-15, *3 vol. in-8°.*

2448. **Meister** (J.-H.). Études sur l'Homme, dans le Monde et dans la Retraite. — *Paris, Renouard,* XIII-1804, *in-8°.*

2449. — De l'Origine des principes religieux. — *S. ind.,* 1768, *in-12.*

2450. Mélange de traductions de différens ouvrages grecs, latins et anglois, sur des matières de politique, de littérature et d'histoire; par l'auteur de la Traduction d'Eschyle (J.-J. Lefranc de Pompignan). — *Paris, Nyon,* 1779, *in-8°.*

2451. Mélanges d'Histoire naturelle, par M. A.-D. (Alléon-Dulac). — *Lyon, Duplain,* 1763-65, *6 vol. in-8°.*

2452. Mélanges historiques de P. C. (Paul Colomiès). — *Utrecht, P. Elzevier,* 1692, *in-12.*

2453. Mémoire sur une demande en cassation de mariage, pour cause d'impuissance, pendante au Parlement de Provence (par J.-E.-M. Portalis). — *Aix, Mouret*, 1787, *in-8°*.

2454. Mémoire sur une question de Philologie. Histoire de la Langue et de la Poésie provençales (par E. de Laveleye). — *S. ind. (Bruxelles, 1846), in-8°*.

2455. Mémoire instructif sur la manière de rassembler, de préparer, de conserver et d'envoyer les diverses curiosités d'Histoire naturelle (par E.-F. Turgot). — *Lyon, Bruyset*, 1758, *in-8°, pl. gr.*

2456. Mémoire instructif sur les pépinières de meuriers blancs, et les manufactures de vers à soie, dont le Conseil a ordonné l'établissement dans le Poitou. — *Poitiers, Faulcon*, 1742, *in-12*.

2457. Mémoire pour servir à l'histoire des couplets de 1710, attribués faussement à M. Rousseau (par N. Boindin). — *Bruxelles, Foppens*, 1752, *in-12*.

2458. Mémoire sur la maladie épidémique qui a régné à Meyrueis et ses environs (par Tandon). — *Montpellier, Rochard*, 1769, *in-12*.

2459. Mémoire sur les Samoyèdes et les Lapons (par T.-M. Klingstoed). — *Copenhague, Philibert*, 1766, *in-8°, pl. gr.*

2460. Mémoires de l'Académie Celtique. — *Paris*, 1807-22, *T. I-IV, in-8°*.

2461. Mémoires de l'Académie des Sciences, Inscriptions, Belles-Lettres, Beaux-Arts, etc., nouvellement établie à Troyes, en Champagne (par P.-J. Grosley). — *Troyes et Paris, Duchesne*, 1756, 2 *vol. in-12, rel. en 1*.

2462. Mémoires de la Société d'Anthropologie de Paris. — *Paris, Masson*, 1860-75, *4 vol. in-8°, fig.*

2463. Mémoires sur l'Égypte, publiés pendant les campagnes du général Bonaparte, dans les années VI et VII. — *Paris, P. Didot*, an VIII, *in-8°*.

2464. Mémoires de la Société Ethnologique. — *Paris, V° Dondey-Dupré*, 1841-45, 2 *vol. in-8°, fig.*

2465. Mémoires de la Société Linnéenne de Paris, précédés de son Histoire depuis 1788, époque de sa fondation, jusques et y compris l'année 1822. — *Paris*, 1822, *in-8°. T. Ier*.

2466. Mémoires du Muséum d'Histoire naturelle, par les Professeurs de cet établissement. — *Paris, Dufour*, 1815-32, *20 vol. in-4°*.

2467. Mémoires historiques et géographiques sur les pays situés entre la mer Noire et la mer Caspienne, contenant des détails nouveaux sur les peuples qui les habitent, des observations relatives à la topographie ancienne et moderne de cette contrée ; avec un Vocabulaire des dialectes du Caucase, et deux cartes géographiques auxquelles on a joint un Voyage en Crimée et dans les parties méridionales de l'empire russe (par EDWARD, DE Ste-CROIX et DE BAERT). — *Paris, Jansen*, an V (1797), *in-4°*.

2468. Mémoires littéraires, critiques, philologiques, biographiques et bibliographiques, pour servir à l'histoire ancienne et moderne de la Médecine (par J. GOULIN). — *Paris, Bastien*, 1777, *2 part. en 1 vol. in-4°*.

2469. Mémoires pour l'Histoire naturelle de la Province de Languedoc (par J. ASTRUC). — *Paris, Cavelier*, 1737, *in-4°, pl. gr.*

2470. Memoirs read before the Anthropological Society of London. — *London, Trübner and Co*, 1863-70, *3 vol. in-8°, pl.*

2471. Mémorial d'un Mondain (par J.-M. de LAMBERG). Nouvelle édition — *Londres*, 1776, *2 vol. in-8°, portr. gr.*

2472. **Ménage** (G.). Dictionnaire étymologique, ou origines de la Langue françoise ; nouvelle édition, avec les origines françoises de M. de Caseneuve, un discours sur la science des étymologies par le P. Besnier, et une liste des noms de Saints qui paraissent éloignez de leur origine, et qui s'expriment diversement selon la diversité des lieux ; par l'abbé Chastelain. — *Paris, Anisson*, 1696, *in-fol.*

2473. **Ménard** (C.). Histoire des Antiquités de la ville de Nismes et de ses environs ; nouvelle édition, augmentée du résultat des fouilles faites depuis 1821 jusqu'à ce jour. — *Nismes, Aury*, 1826, *in-8°, pl. gr.*

2474. — Les Mœurs et les Usages des Grecs. — *Lyon, Ve Delaroche*, 1743, *in-12*

2475. **Menault** (E.). L'Intelligence des Animaux. Troisième édition. — *Paris, Hachette*, 1872, *gr. in-18, fig.*

2476. **Menken** (J.-B.). De la Charlatanerie des Savans, avec des remarques critiques de différens auteurs ; traduit en françois (par Durand). — *La Haye, Duren*, 1721, *in-12, front. gr.*

2477. Mensch (Der) und sein Gott in und ausser dem Christenthum ; von einem weltlichen. — *Offenbach-a.-M., André*, 1846, *in-12.*

2478. **Mentelle** (E.) et **Chanlaire** (P.-G.). Atlas de Géographie. — *3 vol. in-fol.*

2479. **Mercadier** (J.-B.). Recherches sur les Ensablements des ports de mer et sur les moyens de les empêcher à l'avenir, particulièrement dans les ports de Languedoc ; contenant une nouvelle théorie touchant les jonctions des rivières et le chemin que suivent les eaux d'une rivière ou d'un étang qui se jettent dans la Méditerranée, ou dans certaines parties de l'Océan. — *Montpellier, Martel,* 1788, *in-4°, cartes.*

2480. **Mercier** (L.-S.). Les Entretiens du Palais-Royal de Paris. — *Paris, Buisson,* 1786, *in-8°.*

2481. — L'Homme sauvage. — *Neuchatel, Soc. Typogr.*, 1784, *in-8°.*

2482. — Néologie, ou Vocabulaire des mots nouveaux, à renouveler, ou pris dans des acceptions nouvelles. — *Paris, Moussard,* an IX-1801, *2 vol. in-8°, portr. gr.*

2483. **Mérian** (A.-A. de). Principes de l'étude comparative des Langues ; suivis d'observations sur les racines des langues sémitiques, par Klaproth. — *Paris, Schubart et Heideloff,* 1828, *in-8°.*

2484. **Mericlet** (A.-G. de). Physiologie de l'Esprit. — *Paris, Vrayet de Surcy,* 1848, *in-12.*

2485. **Mérimée** (P.). Notes d'un voyage dans le Midi de la France. — *Paris, Fournier,* 1835, *in-8°.*

2486. — Lettres à une Inconnue, précédées d'une Étude sur Mérimée, par H. Taine ; sixième édition. — *Paris, Lévy,* 1874, *2 vol. gr. in-18.*

2487. **Merren** (B.). Tentamen systematis Amphibiorum (texte allemand et latin). — *Marburgi, Kriegerus,* 1820, *in-8°.*

2488. **Meslier** (J.). Le Bon Sens du curé J. Meslier, suivi de *son Testament* (ou plutôt du précis fait par Voltaire de la première partie de ce document). — *Paris, Guillaumin,* 1830, *in-12.*

2489. Métaphysique des Études, ou Recherches sur l'état actuel des méthodes dans l'étude des Lettres et des Sciences, et sur leur influence relativement à la solidité de l'érudition ; par G.-M. R. (Raymond). — *Paris, Pougens,* an XII-(1804), *in-8°.*

2490. **Metzger** (J.-D.). Über den Menschlichen Kopf in anthropologischer Rüchsicht; nebst einigen bemerkungen über Galls Hirn-und Schädeltheorie. — *Konigsberg, Goebbels und Unzer*, 1803, *in-12*.

2491. — Principes de Médecine légale ou judiciaire, traduits de l'allemand et augmentés de notes; par le Dr J.-J. Ballard. — *Paris, Gabon*, 1812, *in-8°*.

2492. **Meunier** (V.). La Philosophie zoologique. — *Paris, Pagnerre, in-16*.

2493. — Histoire philosophique des progrès de la Zoologie générale, depuis l'Antiquité jusquà nos jours. — *Paris, Paulin*, 1840, *in-8°. T. Ier, 1re partie (seule parue)*.

2494. — Essais Scientifiques. — *Paris*, 1857-58, *3 vol. gr. in-18*.

2495. **Mezler.** Ueber die Vortheile des Fiebers in langwierigen Krankheiten; aus dem lateinischen. — *Ulm*, 1790, *Wohler, in-12*.
On y a joint :
Tractatus de salubritate Febris per H.-F. Vander Stadt. — *Gandavi*, 1768. (Extr. du *Thesaurus* de Schlegel), *in-8°*.

2496. **Micali** (G.). L'Italia avanti il dominio dei Romani; terza edizione. — *Milano, Silvestri*, 1826, *4 vol. in-12*.

2497. **Michaeler** (K.). Historich-kritischer versuch über die ältesten Völkerstämme und ihre ersten wanderungen, nebst weiterer fortpflanzung nach America; zur entwickilung des dunkeln zeitalters. — *Wien, Pichler*, 1801-02, *4 vol. in-12, rel. en 2, portr. et pl. gr.*

2498. **Michaelis** (J.-D.). Recueil de questions proposées à une Société de Savants qui, par ordre de S. M. Danoise, font le voyage de l'Arabie; traduit de l'allemand (par Mérian). — *Amsterdam, Baalde*, 1774, *in-4°*.

2499. **Michaud** (A.-L.-G.). Complément de l'Histoire naturelle des Mollusques terrestres et fluviatiles de la France, de Draparnaud. — *Verdun, Lippmann*, 1831, *in-4°, pl.*

2500. **Michaux** (F.-A.). Voyage à l'Ouest des Monts Alléghanys, dans les états de l'Ohio, du Kentucky et du Tennessée, et retour à Charleston par les Hautes-Carolines (1802). — *Paris, Levrault*, 1804, *in-8°, carte*.

2501. **Michel** (F.). Études de Philologie comparée, sur l'Argot et

16

les Idiomes analogues parlés en Europe et en Asie. — *Paris, Didot*, 1856, *in-8°*.

2502. **Michel** (F.). Le Pays Basque, sa population, sa langue, ses mœurs, sa littérature et sa musique. — *Paris, Didot*, 1857, *in-8°*.

2503. — Histoire des Races maudites de la France et de l'Espagne. — *Paris, Franck*, 1847, *2 vol. in-8°*.

2504. — et **Fournier** (E.). Histoire des Hôtelleries, Cabarets, Courtilles et des anciennes communautés et confréries d'hôteliers, de taverniers, etc. — *Paris, Séré*, 1851-59, *2 vol. gr. in-8°, fig.*

<blockquote>Le T. Ier a pour faux titre : Histoire de la grande Bohême ; *et pour titre* : Histoire des royaumes d'Argot et de Thunes, du duché d'Égypte, des Enfants de la Matte, des races maudites et des classes réprouvées depuis les temps les plus reculés jusqu'à nos jours.</blockquote>

2505. **Michelet** (J.). Histoire romaine. Première partie : République ; deuxième édition. — *Paris, Hachette*, 1833, *2 vol. in-8°*.

2506. — Introduction à l'Histoire universelle, suivie du Discours d'ouverture prononcé à la Faculté des Lettres, le 9 janvier 1834 ; deuxième édition. — *Paris, Hachette*, 1834, *in-8°*.

2507. — Du Prêtre, de la Femme, de la Famille ; deuxième édition. — *Paris, Hachette*, 1845, *in-12*.

2508. — Bible de l'Humanité. — *Paris, Chamerot*, 1864, *in-12*.

2509. — Le Peuple. Deuxième édition. — *Paris, Hachette*, 1846, *in-12*.

2510. — La Mer. — *Paris, Hachette*, 1861, *in-12*.

2511. — La Montagne. — *Paris, Librairie Internationale*, 1868, *in-12*.

2512. **Mignet** (A.-F.). Histoire de la Révolution française depuis 1789 jusqu'en 1814 ; seconde édition. — *Paris, Didot*, 1824, *2 vol. in-16, cart.*

2513. Militaire (Le) Philosophe, ou difficultés sur la Religion proposées au R. P. Malebranche ; par un ancien officier (Naigeon). — *Londres*, 1768, *in-8°*. On y a joint : Dieu et les Hommes, œuvre théologique, mais raisonnable, par le Dr Obern. Traduit par Jacques Aimon (Voltaire). — *Berlin, de Vos*, 1769.

2514. **Milius** (A.). De origine Animalium et migratione Populorum: ubi inquiritur quomodo quaque via Homines cæteraque Animalia Terrestria provenerint ; et post Diluvium in omnes Orbis terrarum partes et regiones, Asiam, Africam, Europam, utramque Americam et Terram Australem sive Magellanicam pervenerint. Accedit de Diluvii universalitate dissertatio, (auctore Gasp. Kirchmaier). — *Genevæ, Lolumesius,* 1667, *2 part. en 1 vol. in-12.*

2515. **Milizia** (F.). L'art de voir dans les Beaux-Arts, traduit de l'italien: suivi des Institutions propres à les faire fleurir en France et d'un état des objets d'arts dont ses musées ont été enrichis par la guerre de la Liberté ; par le Général Pommereul. — *Paris, Bernard,* an VI. *in-8°.*

2516. **Millar** (J.). The origin of the distinction of Ranks; or, an Inquiry into the circumstances which give rise to Influence and Authority in the different Members of Society. — *Basil, Tourneisen,* 1793, *in-8°.*

2517. — Observations sur la distinction des Rangs dans la Société. Traduit de l'anglois d'après la seconde édition (par Suard). — *Amsterdam; et Paris, Pissot,* 1778, *in-12.*

2518. **Millet** (P.-A.). Faune de Maine-et-Loire, ou description méthodique des Animaux qu'on rencontre dans toute l'étendue du département de Maine-et-Loire, tant sédentaires que de passage ; avec des observations sur leurs mœurs, leurs habitudes. — *Paris, Rosier,* 1828, *2 vol. in-8°, pl.*

2519. **Millin** (A.-L.). Introduction à l'étude des Pierres gravées. — *Paris, Impr. du Magasin Encyclopédique,* An IV-1796, *in-8°.*

2520. — Dictionnaire des Beaux-Arts. — *Paris, Desray,* 1806, *3 vol. in-8°.*

2521. — Minéralogie Homérique, ou essai sur les Minéraux dont il est fait mention dans les Poèmes d'Homère ; seconde édition. — *Paris, Wassermann,* 1816, *in-8°.*

2522. — Voyage dans le Milanais, à Plaisance, Parme, Modène, Mantoue, Crémone, et dans plusieurs autres villes de l'ancienne Lombardie. — *Paris,* 1817, *2 vol. in-8°.*

2523. Million (Un) de Faits, aide-mémoire universel des Sciences, des Arts et des Lettres, par J. Ricard, Desportes, P. Gervais, Jung, Léon Lalanne, Ludovic Lalanne, A. le Pileur, C. Martin, C. Vergé. Cinquième édition. — *Paris, Garnier,* 1850, *in-8°.*

2524. **Millot** (C.-F.-X.). Histoire Littéraire des Troubadours, contenant leurs vies, les extraits de leurs pièces, et plusieurs particularités sur les mœurs, les usages et l'histoire du douzième et du treizième siècles. *Paris, Durand,* 1774, *3 vol. in-12.*

2525. **Millot** (J.-A.). L'Art de procréer les Sexes à volonté, ou Histoire physiologique de la génération humaine; complétée par la nouvelle découverte de six obstacles à la génération, avec les procédés pour les surmonter et une explication plus détaillée du mode de fécondation, etc. Quatrième édition. — *Paris, Migneret,* s. d. *in-8°, fig.*

2526. **Mills** (C.). Histoire des Croisades entreprises pour la délivrance de la Terre-Sainte; traduite de l'anglais, par Paul Tiby. — *Paris, Depélafol,* 1835, *3 vol. in-8°.*

2527. **Milne Edwards** (H.). Introduction à la Zoologie générale, ou considérations sur les tendances de la nature dans la constitution du règne animal. — *Paris, Masson,* 1851, *in-12. Première partie.*

2528. — Histoire naturelle des Crustacés (Ecrevisses, Homards, Crabes, etc.); comprenant l'anatomie, la physiologie et la classification de ces animaux. — *Paris, Roret,* 1834-40, *3 vol. in-8°, fig. (suites à Buffon).*

2529. — et **Haime** (J.). Histoire naturelle des Coralliaires ou Polypes proprement dits (Coraux, Gorgones, Eponges, etc.). — *Paris, Roret,* 1859-60, *3 vol. in-8°, pl. color. (suites à Buffon).*

2530. **Milne Edwards** (A.). Histoire des Crustacés Podophthalmaires fossiles; — Monographies des Portuniens et des Thalassiniens. — *Paris, Masson,* 1861, *gr. in-4°, pl.*

2531. **Miltitz** (F.-A.). Bibliotheca Botanica secundum Botanices partes, locos, chronologiam, formam, auctores, volumen, titulos, pretium et recensiones concinnata; præfatus est Ludov. Reichenbach (même titre en allemand). — *Berolini, Rücker,* 1829, *in-8°.*

2532. **Milton** (N.) et **Cheadle** (W.-B.). Voyage de l'Atlantique au Pacifique à travers le Canada, les Montagnes rocheuses et la Colombie anglaise; traduit de l'anglais par J. Belin de Launay. — *Paris, Hachette,* 1866, *gr. in-8°, fig.*

2533. **Mimaut** (M.). Histoire de Sardaigne, ou la Sardaigne ancienne et moderne, considérée dans ses lois, sa topographie, ses productions et ses mœurs. — *Paris, Blaise,* 1825, *2 vol. in-8°, fig.*

2534. **Minding** (J.). Ueber die geographiche Vertheilung der Säugethiere. — *Berlin, Enslin,* 1829, *in-4°.*

2535. **Miquel** F.-A.-G. . Prodromus Systematis Cycadearum. — *Ultrajecti, Van der Post*, 1861, *in-4°*.

2536. **Mizaldus** A. . Alexikepus, seu auxiliaris et medicus Hortus Rerum variarum, et secretorum Remediorum accessione locupletatus. — *Lutetiæ, Morellus*, 1575, *2 part. en un vol. in-8°*.

2537. Mœurs Des et des usages des Romains par LEFÈVRE de MORSAN. Nouvelle édition revue et augmentée par Granet). — *Paris, Buisson*, 1744, *2 vol. in-12*.

2538. **Moffat** R. . Vingt-trois ans de séjour dans le Sud de l'Afrique, ou travaux, voyages et récits missionnaires ; traduit de l'anglais par M. H. Monod. — *Paris, Delay*, 1846, *in-8°, pl. gr.*

2539. **Moheau**. Recherches et considérations sur la population de la France. — *Paris, Moutard*, 1778, *2 tom. en 1 vol. in-8°*.

2540. **Moke** H.-G. . Histoire des Francs. — *Paris, Paulin*, 1835, *T. I", in-8° (seul paru) ; cartes*.

2541. — Mœurs, usages, fêtes et solennités des Belges. — *Bruxelles*, 1849, *2 vol. in-12, cart. en 1, planches*.

2542. **Moleschot** J. . La Circulation de la Vie. Lettres sur la Physiologie, en réponse aux lettres sur la Chimie de Liebig ; traduit de l'allemand, par E. Cazelles. — *Paris, Baillière*, 1866, *2 vol. in-18*.

2543. **Molina**. Essai sur l'histoire naturelle du Chili ; trad. de l'italien et enrichi de notes, par Gravel. — *Paris, Née de la Rochelle*, 1789, *in-8°*.

2544. **Molitor** J.-F. . Philosophie de la Tradition ; traduit de l'allemand par X. Quris. Nouvelle édition. — *Paris, Debécourt*, 1837, *in-8°*.

2545. **Mollien** G. . Voyages dans l'intérieur de l'Afrique, aux sources du Sénégal et de la Gambie, fait en 1818 ; deuxième édition. — *Paris, Bertrand*, 1822, *2 vol. in-8°*.

2546. — Voyage dans la République de Colombia, en 1823. — *Paris, Arthus Bertrand*, 1824, *2 vol. in-8°, planches et carte*.

2547. Monachologia. Monachologie trad. du latin d'Ignace de BORN. par P.-M.-A. Broussonnet ; publiée par Ch. Martins ; illustrée de figures sur bois. — *Paris, Paulin*, 1841, *in-12*.

2548. **Monboddo** J.-B. lord . Werk von dem Ursprunge und Fortgange der Sprache übersetzt von E.-A. Schmid ; mit einer vorrede von Herder. — *Riga, Hartknoch*, 1784-85, *2 vol. in-8°*.

2549. **Monde** (Le), son origine et son antiquité (par J.-B. de Mirabaud). — *Londres*, 1702, *in-12*.

2550. **Mondot** (A.). Histoire des Indiens des États-Unis, faite d'après les statistiques et les rapports officiels que le congrès a publiés en 1851. — *Montpellier, Boehm*, 1856, *in-8°*.

2551. **Monestier** (B.). Les Sens et la Raison, ou la vraie philosophie dans ses principes et ses conséquences; édition revue par M. Needham. — *Paris, Royez*, 1784, *in-8°*.

2552. **Monfalcon** (J.-B.). Précis de Bibliographie médicale, contenant l'indication et la classification des ouvrages les meilleurs, les plus utiles; la description des livres de luxe et des éditions rares, et des tables pour servir à l'histoire de la médecine. — *Paris, Baillière*, juin 1827, *in-12*.

2553. **Monita** secreta Societatis Jesu. Instructions secrètes des Jésuites, suivies de pièces justificatives. — *Paris, Dentu*, 1861, *gr. in-18*.

2554. **Monnier** (D.) et **Vingtrinier** (A.). Traditions populaires comparées. Mythologie. — Règne de l'air et de la terre. — *Paris, Dumoulin*, 1854, *in-8°*.

2555. **Monro** (A.). Traité d'Anatomie comparée; nouvelle édition, avec des notes, traduite de l'anglois par M. Sue. — *Paris, Rue et Hôtel Serpente*, 1786, *in-12*.

2556. **Montaigne** (J.). Essais; publiés d'après l'édition la plus authentique, et avec des sommaires analytiques et de nouvelles notes, par Amaury Duval. — *Paris, Rapilly*, 1827, *6 vol. in-8°, portr. gr.*

2557. **Montanus** (B.-A.). Liber generationis et regenerationis Adam, sive de historia generis humani. Operis magni pars prima, id est Anima. — *Antverpiæ, Moretus*, 1593, *in-4°*.

2558. **Montbron** (J.-C.). Essais sur la Littérature des Hébreux, — Rachel, — Le Meurtrier, — Les Noces Funèbres, — Néhémie; Narrations imitées de l'hébreu; précédées d'une introduction et du voyage de Benjamin de Tudèle à l'Oasis lointaine; suivies de notes et de dissertations qui peuvent servir à l'intelligence de la Bible. — *Paris, Janet*, 1819, *3 tomes en 4 vol. in-12*.

2559. **Monteil** (A.-A.). Description du département de l'Aveiron. — *Paris, Fuchs*, an X, *2 vol. in-8°, pl.*

2560. **Monteil** (A.-A.). Traité des Matériaux manuscrits de divers genres d'Histoire. — *Paris, Duverger, 1835, 2 vol. in-8°.*

2561. — Histoire des Français des divers États, ou histoire de France aux cinq derniers siècles; troisième édition. — *Paris, Coquebert, 1847, 5 vol. in-8°.*

2562. **Montesquieu** (C. de S. de). De l'Esprit des Lois. — *Paris, P. Didot, 1820, 4 vol. in-8°.*

2563. — Considérations sur les causes de la Grandeur des Romains et de leur décadence. — *Paris, Dupont, 1834, in-12.*

2564. **Montesquiou** (L.-A. de). Essai de Zoologie médicale, ou de la connaissance du règne animal et de ses produits appliqués à la matière médicale, à l'hygiène, à la physiologie et à la pathologie humaine. — *Montpellier, Martel, 1856, in-8°.*

2565. **Montlosier** (F.-D.-R. de). Essai sur la théorie des Volcans d'Auvergne; nouvelle édition. — *Clermont, Landriot et Rousset, an 10-1802, in-8°.*

2566. — Des Mystères de la Vie humaine, précédés d'une notice de l'auteur. — *Paris, Pichon, 1829, 2 vol. in-8°.*

2567. **Moore** (T.). Histoire de l'Irlande, traduite de l'anglais par M. de Roujoux. Tome I. — *Lyon, Pelagaud et C°, 1836, in-8°.*

2568. **Mooyer** (E.-F.). Die Grinfälle der Normannen in die Pyrenäische halbinsel line grösten theils aus dem Dänischen ubersetzte zusammenstellung der darüber vorhandenen Nachrichten. — *Münster und Minden, Wundermann, 1844, in-12.*

2569. **Moquin-Tandon** (A.). Monographie de la famille des Hirudinées. — *Paris, Gabon, 1827, in-8°, pl. gr.*

2570. — Chenopodearum monographica enumeratio. — *Parisiis, Loss, 1840, in-8°.*

2571. Morale (La) universelle, ou les devoirs de l'Homme fondés sur sa nature (par d'Holbach). — *Amsterdam, Rey, 1776, 3 vol. in-8°.*

2572. **Morand** (J.). Histoire philosophique des Sciences et de la Civilisation. (Première partie : de la Civilisation des anciens peuples jusqu'à l'ère chrétienne). — *Paris, Braconnier, 1838, in-8°.*

2573. — Introduction à l'étude des Sciences physiques. — *Paris, Pagnerre, s. d., in-16.*

2574. **Moreau** (J.-L.). Histoire naturelle de la Femme, suivie d'un Traité d'Hygiène appliquée à son Régime physique et moral aux différentes époques de la vie. — *Paris, Duprat, 1803, 3 vol. in-8°, pl. gr.*

2575. **Moreau de Jonnès** (A.-C.). Eléments de Statistique, comprenant les principes généraux de cette science et un aperçu historique de ses progrès. — *Paris, Guillaumin, 1847, gr. in-18.*

2576. — Statistique des peuples de l'Antiquité. Les Egyptiens, les Hébreux, les Grecs, les Romains et les Gaulois. Économie sociale, civile et domestique de ces peuples; territoire, population origine; races et cartes; agriculture, industrie, commerce, richesse publique, sciences militaires. — *Paris, Guillaumin, 1851, 2 vol. in-8°.*

2577. — Ethnogénie Caucasienne; recherches sur la formation et le lieu d'origine des peuples Ethiopiens, Chaldéens, Syriens, Hindous, Perses, Hébreux, Grecs, Celtes, Arabes, etc. — *Paris, Cherbuliez, 1861, in-8°.*

2578. — L'Océan des Anciens et les Peuples préhistoriques. — *Paris, Didier, 1873, in-12.*

2579. — La France avant ses premiers habitants et origines nationales de ses populations. — *Paris, Guillaumin, 1856, gr. in-18.*

2580. **Morel** (B.-A.). Traité des Dégénérescences physiques, intellectuelles et morales de l'Espèce Humaine et des causes qui produisent ces variétés maladives. — *Paris, Baillière, 1857, in-8°, br. et atlas.*

2581. **Morelly.** Code de la Nature, ouvrage attribué à Diderot; réimpression complète augmentée des fragments importants de la Basiliade avec l'analyse du système social de Morelly par Villegardelle. — *Paris, Masgana, 1841, in-12.*

2582. **Morgan** (Lady). La France (traduit de l'anglais par Lebrun de Charmettes). — *Paris et Londres, Treuttel et Würtz, 1817, 2 vol. in-8°, br.*

2583. **Morgan** (T.-C.). Essai philosophique sur les Phénomènes de la Vie; traduit de l'anglais, sous les yeux de l'auteur (par Mlle Sobry), avec des corrections et des additions. — *Paris, Dufart, 1819, in-8°.*

2584. **Morgan Cavanagh.** La découverte de la Science des Langues, contenant : une opinion sur la manière d'opérer d'un esprit humain ; l'explication de la nature réelle des parties du discours et de la signification que tous les mots renferment en eux-mêmes comme leur propre définition : l'origine des mots, lettres, chiffres, etc., ainsi que les principes fondamentaux de la première religion de l'homme ; traduit de l'anglais par Morgan Cavanagh et Ch. Joubert. — *Paris, Impr. réunis*, 1844, 2 vol. in-8°.

2585. **Moricheau-Beaupré.** Des Effets et des Propriétés du Froid, avec un aperçu historique et médical sur la campagne de Russie. — *Montpellier, Sevalle*, 1817, in-8°.

2586. — Mémoire sur le choix des hommes propres au service militaire dans l'armée de terre, et sur leur visite devant les conseils de révision. — *Paris, Anselin*, 1820, in-8°.

2587. **Morin** (E.). Les Britanni. Essai d'ethnographie. — *Paris, Dezobry*, 1862, in-8°.

2588. **Morin** (J.-B.). Dictionnaire étymologique des mots françois dérivés du grec, auquel on a joint les noms des nouvelles mesures et les autres mots nouveaux tirés du grec ; enrichi de notes par d'Ansse de Villoison : 2ᵉ édition. — *Paris, Impr. impér.*, 1809, 2 vol. in-8°.

2589. **Morin** (P.). Remarques nécessaires sur la culture des fleurs, la manière avec laquelle il les faut cultiver, et les ouvrages qu'il faut faire selon chaque mois de l'année, etc. ; nouvelle édition, augmentée d'un Traité des Œillets, et de quelle façon il les faut cultiver. — *Lyon, Muguet*, 1677, in-12.

2590. **Morisot** (T.). La Propriété, journal d'Architecture civile et rurale, des Beaux-Arts et d'Économie sociale. — *Paris*, 1833, *Tomes I et II en 1 vol. in-4° (seuls parus)*.

2591. **Morisson** (J.). Histoire générale de la Réformation ; traduit de l'anglais par L. Burnier. — *Paris, Delay*. 1845, in-8°.

2592. **Moritz** (K.-P.). Götterlehre oder mythologische Dichtungen der Alten. — *Wien und Prag, Haas*, 1798, in-8°.

2593. **Mornand** (F.). La Vie Arabe. — *Paris, Levy*, 1856, gr. in-18.

2594. **Mortillet** (G. de). Matériaux pour l'histoire positive et philosophique de l'Homme. Bulletin des travaux et découvertes concernant l'Anthropologie, les Temps Ante-Historiques, l'Époque quaternaire, les questions de l'Espèce et de la Génération spontanée. — *Paris, (1ʳᵉ année)*, 1865, in-8°.

2595. **Mortillet** (G. de). Promenades Préhistoriques à l'exposition Universelle. — *Paris, Reinwald,* 1867, *in-8°.*

2596. **Morton** (R.). Opera Medica, quibus præter tractatus varios prioribus subjunctos, alii rursus ad majoren illustrationem, et utilius augmentum adjiciuntur. Editio novissima. — *Lugduni, Bruyset,* 1737, 2 *vol, in-4°.*

2597. **Morton** (S.-G.). Crania Americana ; or, a comparative view of the Skulls of various aboriginal nations of north and south America: to which is prefixed an Essay on the varieties of the Human species. — *Philadelphia, Dobson,* 1839, *in-fol. pl.*

2598. — Crania Ægyptiaca ; or, observations on Ægyptian Ethnography, derived from Anatomy, History and the Monuments. — *Philadelphia, Penington,* 1844, *in-4°. (From the Transactions of the American Philosophical society, vol. IX.).*

2599. — Types of Mankind: or Ethnological Researches based upon ancient monuments, paintings, sculptures and crania of races, and upon their natural, geographical, physiological and biblical history; illustrated by selections from the inedited papers, and by additional contributions from L. Agassiz, W. Usher, and H. S. Patterson; by J. C. Nott. and Geo. R. Gliddon. — *London, Trubner,* 1854, *in-4°, pl. noires et coloriées, et portr.*

2600. **Mosblech** (B.). Vocabulaire Océanien-Français et Français-Océanien des dialectes parlés aux îles Marquises, Sandwich, Gambier, etc., d'après les Documens recueillis sur les lieux, par les Missionnaires catholiques et les ministres protestans et particulièrement d'après les manuscrits du R. P. Mathias, auteur des lettres sur l'Océanie. — *Paris, Renouard,* 1843, *gr. in-18.*

2601. **Mosca** (G.). Dell'Aria e de' morbi dell'Aria dependenti. Edizione prima. — *Napoli, Pellecchia,* 1746-49, 2 *vol. in-4°, br.*

2602. **Most** (G.-F.). Aüsfuhrliche Encykopädie der gesammten Staatsarzneikunde im vereine mit mehreren Doctoren der Rechtsgelahrtheit, der Philosophie der Arzneiwissenschaft und Wundarzneikunst, parktischen Aertzen, Physikern und Chemikern. — *Leipzig, Brockhaus,* 1838, *livraisons I. V, in-8°.*

2603. **Moufet** (T.). Insectorum sive minimorum Animalium Theatrum, olim ab Ed. Wottono, Conr. Gesnero Thomaque Pennio inchoatum, tandem Tho. Moufeti opera sumptibusque maximis concinnatum, auctum, perfectum. — *Londini, Cotes,* 1634, *in-fol., fig.*

2604. **Mouhot** (H.). Voyage dans les Royaumes de Siam, de Cambodge, de Laos et autres parties centrales de l'Indo-Chine, relation extraite du Journal et de la Correspondance de l'Auteur par Ferdinand de Lanoye. — *Paris, Hachette*, 1868, *in-12*.

2605. **Moullet** (F.). De l'Être en général et de l'Être organisé en particulier, considéré sous le rapport de ses fonctions vitales, dites fonctions physiologiques. — *Paris, Masson*, 1846, *in-8°*.

2606. **Mourgue** (J.-A.). Essai de Statistique. — *Paris, Crapelet*, an IX, *in-8°*.

2607. — Essai sur la quantité de Semence la plus avantageuse au produit des récoltes ; seconde édition. — *Montpellier, Martel*, 1769, *in-4°*.
On y a joint :
Dissertation sur cette question : quels sont les caractères principaux des Terres en général ? assigner les défauts de celles qui sont peu propres à la production des grains, et les moyens d'y remédier ; par M. Bergman. *(Extrait des Mémoires de la Société Royale des sciences de Montpellier.)*

2608. **Mousin** (J.). Discours de l'Yvresse et Yvrongnerie, auquel les causes, nature et effects de l'yvresse sont amplement déduictz, avec la guérison et préservation d'icelle. Ensemble la manière de carrousser, et les combats bacchiques des anciens yvrongnes ; le tout pour le contentement des curieux. — *Toul, Philippe*, 1612, *in-8°*.

2609. **Moustalon**. Morale des Poètes, ou Pensées extraites des plus célèbres poètes latins et français. — *Paris, Lebel et Guitelle*, 1809, *in-12*.

2610. **Mouton-Fontenille** (J.-P.). Tableau des Systèmes de Botanique généraux et particuliers, contenant : 1° le plan de chaque système ; 2° les principes sur lesquels ils sont fondés ; 3° leurs avantages et leurs désavantages ; 4° spécialement le développement du système sexuel de Linnæus, etc. — *Lyon, Reymann et Cie*, an VI (1798), *in-8°*.

2611. — L'art d'empailler les Oiseaux, contenant des principes de théorie nouveaux, et des procédés de pratique avantageux pour conserver à chaque famille ses formes et ses attitudes naturelles, faisant suite au Traité élémentaire d'Ornithologie. — *Lyon, Journault et Cabin*, 1811, *in-8°*.

2612. **Moynier** (M.). De la Truffe. Traité complet de ce tubercule, contenant sa description et son histoire naturelle la plus détaillée, son exploitation commerciale et sa position dans l'art culinaire ; suivie d'une quatrième partie, contenant les meilleurs moyens d'employer les truffes en apprêts culinaires, etc. — *Paris, Barba,* 1836, *in-8°.*

2613. **Müller** (A.). Ueber die erste Entstehung organischer Wesen und deren Spaltung in Arten. — *Berlin, Lüderitz,* 1866, *in-8°,*

On y a joint : De l'Origine des Espèces, en particulier du système Darwin ; conférence par Léon Simon fils. — *Paris, Baillière,* 1865, *in-8°.* = De la Méthode et de l'Espèce en histoire naturelle, par Émile Bertin et Paul Cazalis de Fondouce. — *Paris, Masson,* 1860, *in-8°.*

2614. **Müller** (G.-F.). Die Entstehung des Menschengeschlecht. Ist der Mensch geschöpf eines persönlichen Gottes oder erzengniss der natur, und stammt die Menschheit von einem oder mehreren Paaren ab? — *Erlangen, Heyder,* 1842, *in-8°.*

2615. **Muller** (G.-P.). Voyages et découvertes faites par les Russes le long des côtes de la Mer Glaciale et sur l'Océan oriental, tant vers le Japon que vers l'Amérique. On y a joint l'histoire du Fleuve Amur et des pays adjacens, depuis la conquête des Russes ; avec la nouvelle carte qui présente ces découvertes et le cours de l'Amur, etc.; par C.-G.-F. Dumas. — *Amsterdam et Paris, Rozet,* 1768, *2 vol. in-12, carte.*

2616. **Muller** (J.). Manuel de Physiologie ; traduit de l'allemand sur la quatrième édition (1844), avec des annotations par A.-J.-L. Jourdan. — *Paris, Baillière,* 1845, *2 vol. gr. in-8°, pl. gr.*

2617. **Muller** (J.-B.). Les Mœurs et usages des Ostiackes, et la manière dont ils furent convertis, en 1712, à la religion chrétienne du rit grec, avec plusieurs remarques curieuses sur le royaume de Sibérie et le détroit de Weygatz ou de Nassau. — *S. ind., in-12, fig.*

2618. **Müller** (M.). Essais sur l'histoire des Religions ; ouvrage traduit de l'anglais par G. Harris ; deuxième édition. — *Paris, Didier,* 1872, *in-12.*

2619. — La Science de la Religion ; traduit de l'anglais par H. Dietz. — *Paris, Baillière,* 1873, *in-18.*

2620. — Essai de Mythologie comparée ; traduit de l'anglais. — *Paris, Durand,* 1869, *in-8°.*

2621. **Müller** (M.). Essais sur la Mythologie comparée, les traditions et les coutumes; ouvrage traduit de l'anglais, avec l'autorisation de l'auteur, par G. Perrot. Deuxième édition. — *Paris, Didier*, 1874, *gr. in-18*.

2622. **Muller** (K.-O.). Ueber die Wohnsitze, die Abstammung und die ältere Geschichte des Makedonischen Volks. — *Berlin, Mylius*, 1825, *in-16*.

2623. — Die Etrusker. — *Breslau, Mar und Comp.*, 1828, 2 vol. *in-8°*.

2624. — Die Dorier. — *Breslau, Mar und Comp.*, 1824, 2 vol. *in-8°*.

2625. **Müller** (O.-F.). Vermium terrestrium et fluviatilium, seu animalium Infusoriorum, Helminthicorum et Testaceorum non marinorum succincta Historia. — *Hauniæ, Heineck*, 1773-74, 2 vol. *in-4° rel. en 1*.

2626. — Hydrachnae, in aquis Daniae palustribus detecta, descripta, pingi et tabulis XI aeneis incidi curavit O.-F. Muller. — *Lipsiæ, Lebrebht*, 1781, *in-4°, pl. color*.

2627. — Animalcula infusoria, fluviatilia et marina, quæ detexit, systematice descripsit et ad vivum delineari curavit. Opus posthumum a vidua in lucem traditum, cura Ot. Fabricii. — *Hauniæ, Möllerus*, 1786, *in-4°, pl. gr*.

2628. **Müller** (P.-E.). Ueber den Ursprung und Verfall der Isländischen historiographie nebst einem anhange über die Nationalität der altnordischen Gedichte; aus dem dänischen übersetzt von L.-E. Sander. — *Kopenhagen, Schultz*, 1813, *in-12*.

2629. **Mulsant** (M.-C.). Histoire naturelle des Coléoptères de France. I. Longicornes. — II. Lamellicornes. — III. Palpicornes. — IV. Sulcicolles. — Securipalpes. — *Lyon, Savy*, 1840-46, 4 vol. *in-8°*.

2630. **Munaret.** Du Médecin des Villes et du Médecin de Campagne, mœurs et science. Deuxième édition. — *Paris, Baillière*, 1840, *in-12*.

2631. **Munby** (G.). Flore de l'Algérie, ou Catalogue des plantes indigènes du royaume d'Alger; accompagné des descriptions de quelques espèces nouvelles ou peu connues. — *Paris, Baillière*, 1847, *in-8°, pl*.

2632. **Munck** (S.). Palestine. Description géographique, historique et archéologique. — *Paris, Didot*, 1845, *in-8°, carte et pl. gr. (Univers pittoresque)*.

2633. **Munter** (G.-W.). Allgemeine Zoologie oder Physik der Organischen Körper. — *Halle, Schwetschke*, 1840, *in-8°*.

2634. **Munzinger** (W.). Ueber die sitten und das recht der Bogos; mit einer karte der nördlichen Grensländer Abyssiniens und einem vorwort von J.-M. Ziegler. — *Winterthur, Wurster,* 1859, *gr. in-8°*.

2635. **Murat** (J.-A.). Mémoire couronné sur cette question : « Déterminer quels sont les avantages ou les inconvénients de la multiplicité des Nomenclatures, relativement aux travaux des anatomistes, des physiologistes et des nosographes. » — *Montpellier, Seguin,* 1807, *in-8°*.

2636. — Des causes et de l'origine de l'établissement des Hôpitaux civils et militaires. — *Montpellier, Tournel,* 1813, *in-8°*.

2637. — Topographie médicale de la ville de Montpellier. — *Montpellier, Renaud,* 1810, *in-8°*.

2638. **Muret** (J.). Cérémonies funèbres de toutes les nations. — *Paris, Michallet,* 1677, *in-12*.

2639. **Mutzl** (S.). Die Urgeschichte der Erde und des Menschengeschlechtes nach der Mosaischen urkunde und den Ergebnissen der Wissenschaften. — *Landshut, Thomann,* 1843, *in-8°*.

N

2640. **Nacquart** (J.-B.). Traité sur la nouvelle Physiologie du Cerveau, ou exposition de la doctrine de Gall sur la structure et les fonctions de cet organe. — *Paris, Collin,* 1808, *in-8°, portr. et pl. gr.*

2641. **Nadaillac** (de). L'Ancienneté de l'Homme. Deuxième édition. — *Paris, Franck,* 1870, *in-12*.

2642. Naturalisme (Le) des Convulsions dans les maladies de l'Epidémie convulsionnaire (par Ph. Hecquet). — *Soleure, Gymnicus,* 1733, *4 part. en 3 vol. in-12*.

2643. **Naudé** (G.). Apologie pour les grands hommes soupçonnés de Magie. Dernière édition, où l'on a ajouté quelques remarques. — *Amsterdam, Bernard,* 1712, *in-12, front. gr.*

2644. — Πέντας Quæstionum iatro-philologicarum. — *(Sine loco), Sam. Chouet,* 1647, *pet. in-8°*.

I. An magnum homini a venenis periculum. — II. An vita hominum hodie, quam olim brevior. — III. An matutina studia vespertinis salubriora. — IV. An liceat medico fallere ægrotum. — De fato et fatali vitæ termino.

2645. **Naurath** (L.-J. de). De Manuum Morphologia et Physiologia. Disquisitio anatomico-physiologica. — *Berolini, Bechtold et Hartje*, 1833, *in-8°*.

2646. **Necker** (N.-J. de). Physiologie des Corps organisés, ou examen analytique des animaux et des végétaux comparés ensemble, à dessein de démontrer la chaîne de continuité qui unit les différens règnes de la nature. Édition françoise (par Coste) du livre publié en latin à Manheim, sous le titre de Physiologie des Mousses. — *Bouillon, Société typogr.*, 1775, *in-12*.

2647. — Phytozoologie philosophique, dans laquelle on démontre comment le nombre des genres et des espèces, concernant les animaux et les végétaux, a été limité et fixé par la nature; avec les moyens de donner l'histoire la plus complète et la plus parfaite de ces corps organisés différens, selon la découverte du système naturel. — *Neuwied, Société typograph.*, 1790, *in-8°*.

2648. **Needham** (T.). Nouvelles découvertes faites avec le Microscope; traduites de l'anglois avec un mémoire sur les Polypes à bouquet et sur ceux en entonnoir, par A. Trembley. — *Leide, Luzac*, 1747, *in-12, pl. gr.*

2649. **Nees ab Esenbeck** (C.-G.). Hymenopterorum Ichneumonibus affinium, Monographiæ, genera Europæa et species illustrantes. — *Stuttgartiæ et Tubingæ, Cotta*, 1834, 2 vol. *in-8°*.

2650. **Nerval** (G. de). Les Illuminés; récits et portraits. — *Paris, Lecou*, 1852, *gr. in-18*.

2651. **Nestler** (C.-G.). Monographia de Potentilla, præmissis nonnullis observationibus circa familiam Rosacearum. — *Parisiis, Treuttel et Wurtz*, 1826, *in-8°, pl. gr.*

2652. **Nestor.** La Chronique de Nestor, traduite en français d'après l'édition impériale de Pétersbourg (manuscrit de Kœnigsberg), accompagnée de notes et d'un recueil de pièces inédites touchant les anciennes relations de la Russie avec la France, par L. Paris. — *Paris, Heideloff et Campé*, 1834-35, 2 vol. *in-8°, frontisp. lithogr.*

2653. **Neubauer** (A.). La Géographie du Talmud. — *Paris, Lévy,* 1868, *gr. in-8°.*

2654. **Nève** (F.). Introduction à l'histoire générale des Littératures orientales. — *Louvain, Vanlinthout et Vandenzande,* 1844, *in-8°.*

2655. New (The) Zealanders. — *London, Knight,* 1830, *fig. gr.*

2656. **Newnham** (W.). Essay on Superstition : being an inquiry into the effects of physical influence on the mind, in the production of dreams, visions, ghosts, and other supernatural appearances. — *London, Hatchard,* 1830, *in-8°.*

2657. **Newton** (I.). Exposition des Découvertes philosophiques de M. le Ch. Newton, par Mac-Laurin ; trad. de l'anglois par Lavirotte. — *Paris, Durand,* 1749, *in-4°.*

2658. **Nicolas** (P.-F.). Méthode de préparer et conserver les animaux de toutes les classes, pour les cabinets d'histoire naturelle. — *Paris, Buisson,* an IX, *in-8°, pl. gr.*

2659. **Nicolucci** (G.). Delle Razze Umane, saggio etnologico. — *Napoli, Stamp. del Fibreno,* 1857-58, *2 vol. gr. in-8°.*

2660. — Sull' Antropologia della Grecia. — *Napoli, Stamp. del Fibreno,* 1867, *in-4°, pl. lith.*

2661. **Niebuhr** (C.). Description de l'Arabie, d'après les observations et recherches faites dans le pays même (trad. par Mourier). — *Copenhague, Möller,* 1773, *in-4°, fig. gr.*

2662. — Voyages en Arabie et en d'autres pays circonvoisins ; traduit de l'allemand par (Mourier). — *Amsterdam, Baalde,* 1776-80, *2 vol. in-4°, cartes et pl. gr.*

2663. **Niebuhr** (B.-G.). Kleine historiche und philologische Schriften. Erste Sammlung. — *Bonn, Weber,* 1828, *in-8°, carte et planche gr.*

2664. — Römische Geschichte. — *Berlin, Reimer,* 1830-33, *3 vol. in-8°.*

2665. **Nieupoort** (G.-H.). Explication abrégée des coutumes et cérémonies observées chez les Romains ; trad. du latin par Desfontaines. — *Paris, Desaint,* 1741, *in-12.*

2666. **Nils Idman.** Recherches sur l'ancien peuple Finois, d'après les rapports de la langue finoise avec la langue grecque ; traduit du suédois par Genet le fils. — *Strasbourg, Bauer et Treuttel,* 1778, *in-12.*

2667. **Nilsson** (S.). Die Urcinwohner des Scandinavischen Nordens : ein versuch in der comparativen Ethnographie und ein beitrag zur entwicklungsgeschichte des Menschengeschlechtes ; aus dem schwedischen übersetzt. I. Das Bronzealter. — *Hamburg, Meissner*, 1863-66, *in-8°, avec supplément, pl. gr.*

2668. — Les Habitants primitifs de la Scandinavie ; essai d'Ethnographie comparée, matériaux pour servir à l'histoire du développement de l'homme. Première partie : L'âge de Pierre, traduit du suédois. — *Paris, Reinwald*, 1868, *in-8°, pl. gr.*

2669. **Nisard** (C.). Curiosités de l'Étymologie française, avec l'explication de quelques proverbes et dictons populaires. — *Paris, Hachette*, 1863, *gr. in-18°.*

2670. **Nisard** (D.). Histoire et description de la ville de Nismes. — *Paris, Desenne*, 1842, *gr. in-4°, pl. gr.*

2671. **Nitzsch** (C.-L.). Beitrag zur Infusorienkunde oder Naturbeschreibung der Zerkarien und Bazillarien. — *Halle, Hendeel*, 1817, *in-8°, pl. color.*

2672. — Darstellung der Familien und Gattungen der Thierinsekten (Insecta epizoïca), als Prodromus einer Naturgeschichte. — *Halle*, 1818, *in-8°.*

2673. **Nodier** (C.). Bibliothèque sacrée grecque-latine, comprenant le tableau chronologique, biographique et bibliographique des auteurs inspirés et des auteurs ecclésiastiques, depuis Moïse jusqu'à Saint Thomas d'Aquin ; ouvrage rédigé d'après Mauro Boni et Gamba. — *Paris, Thoinier-Desplaces*, 1826, *in-8°.*

2674. — Questions de Littérature légale. — Du Plagiat, de la supposition d'auteur, des supercheries qui ont rapport aux livres ; seconde édition. — *Paris, Crapelet*, 1828, *in-8°.*

2675. — Mélanges de littérature et de critique ; mis en ordre et publiés par A. Barginet. — *Paris, Raymond*, 1820, *2 vol. in-8°.*

2676. — Histoire du roi de de Bohême et de ses sept châteaux. — *Paris, Delangle*, 1830, *in-8°.*

2677. **Noel** (F.). Dictionnaire de la Fable. 3e édition. — *Paris, Le Normant*, 1820, *2 vol. in-8°.*

2678. — et **Carpentier** (L.-J.-M.). Nouveau Dictionnaire des Origines, Inventions et Découvertes dans les arts, les sciences, la géographie, le commerce, l'agriculture, etc., indiquant les époques de l'établissement des peuples, des religions, des sectes et institutions religieuses, des lois, des dignités; l'origine des différentes coutumes, des modes, des monnaies, etc. — *Paris, Janet et Cotelle*, 1827, *2 vol. in-8°.*

2679. **Noirot** (N.-J.-E.). L'Art de conjecturer appliqué aux sciences morales, politiques et économiques. — *Paris, Guillaumin et Cie*, 1851, *in-8°.*

2680. **Nolé** (P.). Réfutation de *Force et Matière*. Le matérialisme contemporain. Lettre à Monsieur Francisque Sarcey. — *Paris, Lemerre*, 1868, *in-8°.*

2681. **Norden** (F.-L.). Voyage d'Égypte et de Nubie; avec des notes et des additions tirées des auteurs anciens et modernes, et des géographes arabes par L. Langlès. — *Paris, Didot*, 1705-98, *3 vol. in-4°, pl. gr.*

2682. **Nordforss** (E.). Nytt Swenskt och Fransyskt Hand-Lexikon jeinte flere sprakkännare; audra upplagan ofwersedd och forbättrad af Carl Delén. — *Orebro, Lindh*, 1827, *2 vol. pet. in-4°.*

2683. **Nore** (A. de). Les Animaux raisonnent. Examen philosophique de leur organisation, de leurs mœurs, et des faits les plus intéressants de leur histoire. — *Paris, Delahaye* (1844), *in-8°, fig.*

2684. **Norris** (E.). The Ethnographical library. Vol. I. The Native races of the Indian Archipelago : Papuans. — *London, Baillière*, 1853, *in-8°, planches col.*

2685. **North Douglas** (F.-S.). An Essay on certain points of ressemblance betwen the ancient and modern Greeks; third edition. — *London, Murray*, 1813, *in-8°.*

2686. Notice des ouvrages de M. d'Anville, premier géographe du Roi (par de Manne et D. Barbié du Bocage, précédée de son éloge (par B.-J. Dacier). — *Paris, Fuchs*, an X-(1802), *in-8°.*

2687. Notice historique sur Sorèze et ses environs, suivie d'un voyage au dedans et au dehors de la montagne du Causse; par J.-A. C. (Clos). — *Toulouse, Bénichet*, 1822, *in-8°.*

2688. Notice sur le Chemin de fer de Montpellier à Cette. — *Montpellier, Boehm*, s. d., *in-12, pl. lith.*

2689. Notice sur les Langues et l'Écriture des Indiens, et sur celle des Tamouls en particulier. — *Paris, s. ind.*, 1806, *in-4°.* (Extrait du *Voyage aux Indes et à la Chine*.)

2690. **Nougarède de Fayet** (A.). Des anciens Peuples de l'Europe et de leurs premières migrations ; pour servir d'introduction à l'histoire de France jusqu'à la fin du règne de Louis XIV. — *Paris, Didot, 1842, in-8°, cartes.*

2691. **Nougaret** P.-J.-B.). Voyages intéressans dans différentes colonies françaises, espagnoles, anglaises, etc.; contenant des observations importantes relatives à ces contrées, et un Mémoire sur les Maladies les plus communes à Saint-Domingue, leurs remèdes et le moyen de se préserver moralement et physiquement, avec des anecdotes singulières, etc. — *Londres et Paris, Bastien, 1788, in-8°.*

2692. **Noulet** J.-B.. Précis analytique de l'histoire naturelle des Mollusques terrestres et fluviatiles qui vivent dans le Bassin sous-pyrénéen. — *Toulouse, Paya, 1834, in-8°.*

2693. Nouveau Recueil de Voyages au nord de l'Europe et de l'Asie, contenant les Extraits des Relations de Voyage les plus estimés, et qui n'ont jamais été publiés en françois. Ouvrage traduit de différentes langues, par une Société de Gens de Lettres, avec des notes, des éclaircissemens, etc. (publié par P.-H. MALLET). — *Genève, Barde, 1785-86, 6 vol. in-8°, cartes et fig. gr.*

2694. Nouveau Sistème *(sic)* de Bibliographie alfabetique (par M. de FORTIA d'URBAN ; seconde édition, précédée des considérations sur l'orthographe française : divisée en trois parties, ornée d'un portrait de Toth ou Hermés. — *Paris, Lebègue, février 1822, in-12.*

2695. Nouveau Traité de la Civilité qui se pratique en France parmi les honnestes gens (par Ant. de COURTIN). — *Paris, Josset, 1671, in-12.*

2696. Nouvelle Méthode pour apprendre facilement les Langues hébraïque et chaldaïque, avec le Dictionnaire des racines hébraïques et chaldaïques, et de leurs dérivez (par J. RENOU). — *Paris, Collombat, 1708, in-8°.*

2697. Nouvelles Observations sur l'état actuel des montagnes des Hautes-Pyrénées et des sources thermales qui en découlent, en particulier de celles de Saint-Sauveur ; précédées du passage de la reine de Hollande par le Vignemale, etc., de l'oraison funèbre de Dusault dans la vallée de la Gavarnie, etc. (par FABAS). — *Tarbes, Lavigne, 1808, in-8°.*

2698. **Nouvion** (V. de). Extraits des Auteurs et Voyageurs qui ont écrit sur la Guyane; suivis du Catalogue bibliographique de la Guyane. — *Paris, Béthune et Plon*, 1844, *in-8°*.

2699. **Nysten** (P.-H.). Recherches de Physiologie et de Chimie pathologiques, pour faire suite à celles de Bichat sur la vie et la mort. — *Paris, Brosson*, 1811, *in-8°*.

O

2700. **Oberlinus** (J.-J.). Orbis Antiqui monumentis suis illustrati primæ lineæ. — *Argentorati, Stein*, 1776, *in-8°*.

2701. **Obry** (J.-B.-F.). Du Berceau de l'Espèce Humaine, selon les Indiens, les Perses et les Hébreux. — *Paris, Durand*, 1858, *in-8°*.

2702. — Observaciones filosoficas en favor del Alfabeto primitivo, ò respuesta apologética a la censura critica del cura de Montuenga (don Jose Antonio Conde), por D. J. B. E. — *Pamplona, Longas*, 1807, *in-8°*.

2703. Observations adressées à M. Marcel de Serres, sur son ouvrage intitulé : *De la Cosmogonie de Moïse comparée aux faits géologiques*; (par le V. de Bonald). *Avignon, Seguin*, 1841, *in-8°*.

2704. Observations historiques sur la Nation Gauloise sur son origine, sa valeur, ses exploits, sa puissance; avec l'établissement des Galates en Asie; leur origine, leurs mœurs, leur religion et leur gouvernement; (par l'abbé Dordelu du Fays). — *Paris, Giffart*, 1746, *in-12*.

2705. Observations faites dans les Pyrénées, pour servir de suite à des observations sur les Alpes, insérées dans une traduction des Lettres de W. Coxe sur la Suisse; (par L.-F.-E. Ramond). — *Paris, Belin*, 1789, 2 vol. *in-8°, pl. gr.*

2706. Observations on the power of Climate, over the Policy, Strength, and Manners of Nations. — *London, Almon*, 1774, *in-8°*.

2707. Observations sur la structure des Yeux de divers Insectes et sur la Trompe des Papillons, contenues en deux lettres au R. P. Lamy, et dans une mémoire qui explique les figures de quelques objets qu'on découvre par le secours du Microscope. (par Louis de Puget). — *Lyon, Plaignard*, 1706, *in-12, pl.*

2708. Observations sur la Virginie par M. J.... (Th. JEFFERSON), traduites de l'anglois (par l'abbé A. Morellet). — *Paris, Barrois*, 1786, *in-8°, carte.*

2709. Observations sur les Plantes et leur analogie avec les Insectes, précédées de deux discours, l'un sur l'accroissement du corps humain ; l'autre sur la cause pour laquelle les bestes nagent naturellement et que l'homme est obligé d'en étudier les moyens (par G.-A. BAZIN). — *Strasbourg, Doulssecker*, 1741, *in-8°.*

2710. **Ocellus Lucanus.** De la nature de l'Univers, avec la traduction françoise et des remarques, par l'abbé Batteux. — *Paris, Saillant*, 1768, *in-8°.*

2711. **Odart** (Cte). Ampélographie universelle, ou Traité des Cépages les plus estimés dans tous les vignobles de quelque renom. — *Paris, Dusacq*, 1849, *in-8°.*

2712. **Oersted** (H.-C.). Der Geist in der Natur, deutsch aus den dänischen, von H.-L. Hannegiesser. — *Leipzig, Lorck*, 1850, *in-8°, portrait gr.*

2713. **Ohsson** (C.-M. d'). Des Peuples du Caucase et des pays au nord de la Mer Noire et de la mer Caspienne dans le dixième siècle, ou voyage d'Abou-el-Cassim. — *Paris, Didot*, 1828, *in-8°.*

2714. **Oken** (L. von). Isis, encyclopädische zeitschrift vorzüglicht für Naturgeschichte, vergleichende Anatomie und Physiologie. — *Leipzig, Brockhaus*, 1832-33, *3 vol. in-4°, br. (manque le N° 8 de 1832.)*

2715. **Olaus Magnus.** Gentium septentrionalium historiæ breviarium. — *Amstelodami, Ravesteyn*, 1669, *in-12, titre gr.*

2716. **Olivet** (J.-T. d'). Remarques sur la langue françoise. — *Paris, Barbou*, 1767, *in-12.*

2717. **Olivier** (G.-A.). Entomologie, ou Histoire naturelle des Insectes Coléoptères, avec leurs caractères génériques et spécifiques, leur description, leur synonymie et leur figure enluminée. — *Paris, Baudouin*, 1789-*Desray*, 1808, *6 vol. gr. in-4°, fig. color.*

2718. — Voyage dans l'empire Othoman, l'Égypte et la Perse ; avec atlas. — *Paris, Agasse*, an 9-1807, *6 vol. in-8° et atlas in-fol.*

2719. **Ollivier** (C.-P.). Traité de la Moëlle épinière et de ses maladies, contenant l'histoire anatomique, physiologique et pathologique de ce centre nerveux chez l'homme; deuxième édition. — *Paris, Crevot*, 1827, 2 *vol. in-8°, pl. lith.*

2720. **Omalius d'Halloy** (J.-J.). Éléments de Géologie. — *Paris, Levrault*, 1831, *in-8°.*

2721. — Notions élémentaires de Statistique. — *Paris, Bertrand*, 1840, *in-8°.*

2722. — Des Races Humaines, ou éléments d'Ethnographie. — *Paris, Bertrand*, 1845, *in-8°.*

2723. — Des Races Humaines, ou éléments d'Ethnographie; 3ᵉ édition. — *Bruxelles, Jamar, in-12, pl. col.*

2724. — Des Races Humaines, ou éléments d'Ethnographie; 4ᵉ édition. — *Paris, Lacroix et Baudry*, 1859, *in-12, pl. color.*

2725. — Des Races Humaines, ou éléments d'Ethnographie; 5ᵉ édition. — *Bruxelles, Muquardt*, 1869, *in-8°, pl. col.*

2726. — Manuel pratique d'Ethnographie, ou description des Races Humaines : les différents peuples, leurs caractères naturels, leurs caractères sociaux; divisions et subdivisions des différentes Races Humaines. Cinquième édition. — *Paris, Lacroix*, 1864, *in-12.*

2727. Omnibus (Les) du Langage (par D. Lévi Alvarès). — *Paris, Colas*, 1828, *in-32.*

2728. Opuscule, ou Essai tendant à rectifier des préjugés nuisibles, et à former des vertueux éclairés ; par un ami du genre humain (Poopds). — *Londres, Fowler*, 1791, *in-12.*

2729. **Orbigny** (A. d'). L'Homme Américain (de l'Amérique méridionale), considéré sous ses rapports physiologiques et moraux. — *Paris, Pitois-Levrault*, 1839, 2 *vol. in-8° et atlas in-4°.*

2730. — Cours élémentaire de Paléontologie et de Géologie stratigraphiques. — *(Paris), Masson*, 1850-52, 2 *tomes en 3 vol. gr. in-18, et atlas.*

2731. **Orfila** (P.). Traité de Médecine légale. Troisième édition, suivie du Traité des Exhumations juridiques. — *Paris, Bechet*, 1836, 2 *vol. in-8° et atlas, pl. noires et col.*

2732. Origine (De l') des Appariteurs des Universités et de leurs masses (par L.-E. Pajon de Montcets). — *Paris, Quillau*, 1782, *in-12.*

2733. Origine (De l') des Lois, des Arts et des Sciences, et de leurs progrès chez les anciens peuples (par A.-Y. Goguet et A.-C. Fugère). — *Paris, Desaint et Saillant,* 1758, *3 vol. in-4°.*

2734. Origine des premières sociétés, des peuples, des sciences, des arts et des idiomes anciens et modernes (par L. Poinsinet de Sivry). — *Paris, Le Jay,* 1770, *in-8°.*

2735. **Origny** (P.-A. d'). L'Égypte ancienne, ou Mémoires historiques et critiques sur les objets les plus importans de l'Histoire du grand Empire des Égyptiens. — *Paris, Vincent,* 1762, *2 vol. in-12.*

2736. **Ortelius** (A.). Thesaurus geographicus, recognitus et auctus, in quo omnium totius terræ regionum, montium, promontoriorum, collinum, silvarum, desertorum, insularum, etc., nomina et appellationes veteres ; additis magna ex parte etiam recentioribus. — *Antverpiæ, ex officina Plantiniana,* 1596, *in-fol., tit. gr.*

2737. **Otto** (A.-W.). Lehrbuch der pathologischen Anatomie des Menschen und der Thiere. Erster band. — *Berlin, Rücker,* 1830, *in-8°.*

2738. **Ourches** (C. d'). Traité général des Prairies, et de leurs irrigations ; seconde édition. — *Paris, Marchant,* 1806, *pl. gr.*

2739. Ouvrage de Pénélope, ou Machiavel en médecine; par Aletheius, Demetrlus (La Mettrie). — *Berlin,* 1748-50, *3 vol. in-12.*

2740. **Ovidius.** Metamorphoseon libri XV, cum notis Th. Farnabii. — *Amstelodami, Blaeu,* 1668, *in-12.*

2741. Les Métamorphoses d'Ovide. Traduction nouvelle par E. Gros. — *Paris, Panckoucke,* 1841, *3 vol. in-8°, cart.*

2742. **Ovington** (J.). Voyages faits à Surate et en d'autres lieux de l'Asie et de l'Afrique avec l'Histoire de la Révolution du royaume de Golconde, et des observations sur les vers à soye. Traduit de l'anglois (par Niceron). — *Paris, Ganeau,* 1721, *2 tomes en 1 vol. in-12.*

2743. **Ozanam** (A.-F.). Les Germains avant le Christianisme, recherches sur les origines, les traditions, les institutions des peuples germaniques, et sur leur établissement dans l'empire Romain. — *Paris, Lecoffre,* 1847, *in-8°.*

2744. — La Civilisation chrétienne chez les Francs ; recherches sur l'histoire ecclésiastique politique et littéraire des temps Mérovingiens et sur le règne de Charlemagne. — *Paris, Lecoffre*, 1849, *in-8°*.

<blockquote>Le faux titre de ces deux ouvrages porte : Études germaniques pour servir à l'histoire des Francs.</blockquote>

2745. **Ozeray** (M.-J.-F.). Recherches sur Buddou ou Bouddou, instituteur religieux de l'Asie orientale ; précédées de considérations générales sur les premiers hommages rendus au Créateur ; sur la corruption de la religion, l'établissement des cultes du soleil, de la lune, des planètes, du ciel, de la terre, des montagnes, des eaux, des forêts, des hommes et des animaux. — *Paris, Brunot-Labbe*, 1817, *in-8°*.

P

2746. **Pabst** (J.-H.). Der Mensch und seine Geschichte ; ein beitrag zur Philosophie des Christenthums. — *Wien, Wimmer*, 1830, *in-8°*.

2747. **Pagès** (L.). Bibliographie Japonaise, ou Catalogue des ouvrages relatifs au Japon qui ont été publiés depuis le XV° siècle jusqu'à nos jours. — *Paris, Dupont*, 1859, *gr. in-4°*.

2748. **Palæphate.** Traité touchant les Histoires incroyables, traduit du grec avec une préface et des notes du traducteur (C.-G. Polier de Bottens). — *Lausanne, Heubach*, 1772, *in-12*.

2749. **Palafox** (J. de). Histoire de la Conqueste de la Chine par les Tartares, contenant plusieurs choses remarquables touchant la religion, les mœurs et les coutumes de ces nations, et principalement de la dernière ; traduite de l'espagnol par le sieur Collé. — *Paris, Bertier*, 1670, *in-8°, frontisp. gr.*

2750. **Palassou.** Mémoires pour servir à l'Histoire naturelle des Pyrénées et des pays adjacents. — *Pau, Vignancour*, 1815-1828, *5 vol. in-8°*.

2751. **Paley** (W.). Théologie Naturelle, ou preuves de l'existence et des attributs de la divinité, tirées des apparences de la Nature. Traduction libre de l'anglais, par Pictet. — *Genève, Paschoud*, an XII-1804, *in-8°*.

2752. **Palgrave** (F.). Histoire des Anglo-Saxons ; traduite de l'anglais par Licquet. — *Rouen, Frère*, 1836, *in-8°*.

2753. **Palisot de Beauvois** (A.-M.-F.-J.). Essai d'une nouvelle

Agrostographie, ou nouveaux genres des Graminées. — *Paris, l'auteur,* 1812, *in-8°.*

2754. **Palissy** (B.). OEuvres ; revues sur les exemplaires de la Bibliothèque du Roi, avec des notes par Faujas de Saint-Fond et des additions de Gobet. — *Paris, Ruault,* 1777, *in-4°.*

2755. **Palladius.** De Gentibus Indiæ et Bragmanibus. — S. Ambrosius de moribus Brachmanorum. — Anonymus de Bragmanibus : quorum priorem et postremum nunc primum in lucem protulit ex biblioth. regia, Edvardus Bissœus. — *Londini, Rob. Scott,* 1668, *pet. in-fol.*

2756. **Pallas** (P.-S.). Voyages dans plusieurs provinces de l'Empire de Russie et dans l'Asie septentrionale ; traduits de l'allemand par le C. Gauthier de la Peyronie. Nouvelle édition, revue et enrichie de notes par les CC. Lamarck et Langlès. — *Paris, Maradan,* an II, *8 vol. in-8°.*

2757. — Second voyage de Pallas, ou voyages entrepris dans les gouvernements méridionaux de l'Empire de Russie, pendant les années 1793 et 1794; traduit de l'allemand par MM. de la Boulaye et Tonnelier. — *Paris, Deterville,* 1811, *4 vol. in-8° et atlas in-4°.*

2758. — Samlungen historischer Nachrichten uber die Mongolischen Völkerschaften. — *St-Pétesbourg, gedruckt bei der Kais. Akademie des Wissenschaften,* 1776-1801, *2 vol. in-4°, pl. gr.*

2759. — Observations sur la formation des Montagnes et les changements arrivés à notre globe, pour servir à l'Histoire naturelle de M. de Buffon. — *Paris, Méquignon,* 1782, *in-12.*

2760. **Pallegoix** (J.-B.). Description du royaume Thai ou Siam, comprenant la topographie, histoire naturelle, mœurs et coutumes, législation, commerce, industrie, langue, littérature, religion, annales des Thai et précis de la mission. — *Paris,* 1854, *2 vol. gr. in-18, fig.*

2761. **Palma** (G.). Carte de la plus grande partie de la Turquie d'Europe dressée sur d'anciens matériaux rectifiés par les observations astronomiques faites récemment sur les côtes, et sur les nombreux renseignements fournis par divers voyageurs. — *Trieste,* 1811, *in-folio, entoilée.*

2762. **Palmireno** (L.). Vocabulario del humanista. Añadieron se en este segunda impression, Pons Cæsaris, Selecta animalia stromata, etc. — *En Barcelona, Malo,* 1575, *petit in-8°.*

2763. **Panlatinisme** (Le), confédération gallo-latine et celto-gauloise ; contre-testament de Pierre-le-Grand et contre-Panslavisme, ou projet d'union fédérative des peuples gallo-latins : les français, belges, italiens, espagnols et portugais ; greco-latins : les grecs libres ; anglo-gallo-latins : les anglais ; celto-gaulois, de race pure : les irlandais, écossais ; gallois, corwaillais, etc. ouvrage suivi du Traité de Paris, de ses annexes, etc. (par Cyprien ROBERT). — *Paris, Passart,* 1860, *gr. in-8°.*

2764. **Panzer** (G.-W.-F.). Faunæ Insectorum Germanicæ initia, oder Deutschlands Insecten. — *Nürnberg, Felsecker,* 1793-1823, *110 livraisons in-16, pl. color.*

<small>Manquent les tables des fascicules 1-2, 4-6, 10, 13-14, 16-18, 20, 24, 27-32, 35, 38-41, 43-49, 51, 54, 64, 73, 79-80, 85, 92, 98, 107-10.
On y a joint :</small>

Kristiche revision der Insectenfaune Deutschlands nach dem system bearbeitet von G.-W.-F. Panzer (Helft 1-96). I. Eleutherata Fabr. — *Nürnberg, Felsecker,* 1805, *in-8°, pl. color.*

Entomologischer versuch die Jurineschen gattungen der Linneschen Hymenoptern nach dem Fabriziusschen system zu prüfen, in bezug auf die in der deutschen Insektenfauna bekannt gemachten gattungen und arten dieser klasse. — *Nürnberg, Felssecker,* 1806, *in-8°.*

2765. **Papillon** (F.). La Nature et la Vie. — Faits et Doctrines. Deuxième édition. — *Paris, Didier,* 1874, *in-12.*

2766. **Papin** (D.). La Manière d'amollir les Os, et de faire cuire toutes sortes de viandes en fort peu de temps, et à peu de frais ; avec une description de la Machine dont il se faut servir à cet effet, ses propriétés et ses usages, confirmez par plusieurs expériences. Nouvelle édition. — *Amsterdam, Desbordes,* 1788, *in-12, pl. gr.*

2767. **Papon** (J.-P.). De la Peste, ou les Époques mémorables de ce fléau et les moyens de s'en préserver. — *Paris, Lavillette,* an VIII, *2 vol. in-8°.*

2768. Parallèle de la Condition et des Facultés de l'Homme avec la Condition et les Facultés des autres animaux ; contenant des observations critiques sur l'usage qu'il fait des facultés qui lui sont propres, et les avantages qu'il en pourrait retirer pour rendre sa condition meilleure. Ouvrage traduit de l'anglois sur la quatrième édition, par M. J. B. ROBINET. — *Bouillon, Société Typogr.,* 1770, *in-12.*

2769. Parallèle des Religions (par l'abbé Fr.-Fl. Brunet, lazariste). — *Paris, Knapen,* 1792, *3 tomes en 5 vol. in-4°.*

2770. **Paravey** (C.-H. de). Essai sur l'origine unique et hiéroglyphique des chiffres et des lettres de tous les peuples ; ouvrage accompagné de planches. Précédé d'un coup d'œil rapide sur l'histoire du monde, entre l'époque de la création et l'ère de Nabonassar, et de quelques idées sur la formation de la première de toutes les écritures, qui exista avant le Déluge, et qui fut hiéroglyphique. — *Paris, Treuttel et Wurtz,* 1826, *in-8°, front. gr. et atlas in-folio.*

2771. **Parchappe** (M.). Recherches sur l'Encéphale, sa structure, ses fonctions et ses maladies. — *Paris, Rouvier,* 1836, *in-8°.*

2772. **Parent Duchatelet** (A.-J.-B.). De la Prostitution dans la ville de Paris considérée sous le rapport de l'hygiène publique, de la morale et de l'administration ; ouvrage appuyé de documents statistiques puisés dans les archives de la Préfecture de Police, précédé d'une notice historique sur la vie et les ouvrages de l'auteur, par Fr. Leuret. — *Paris, Baillière,* 1836, *2 vol. in-8°.*

2773. — Hygiène publique, ou mémoire sur les questions les plus importantes de l'Hygiène appliquées aux professions et aux travaux d'utilité publique. Précédé d'une notice historique sur la vie et les ouvrages de l'auteur, par Fr. Leuret. — *Paris, Baillière,* 1836, *2 vol. in-8°.*

2774. **Paris.** Observations physiques et morales sur les Orientaux. — *Montpellier, J. Martel,* 1790, *in-8°.*

2775. **Paris** (E.). Guide-Manuel du Touriste et du Baigneur à Bagnères de Luchon. — *Paris, Delanchy,* 1842, *in-18, carte.*

2776. **Paris** (P.). Essai d'un Dictionnaire historique de la Langue française. — *Paris, Techener,* 1847, *in-4° (spécimen).*

2777. Paris et Montpellier, ou tableau de la médecine dans ces deux écoles ; par John. Cross ; traduit de l'anglais par E. Revel (par Amédée Pichot et Eusèbe Dessalles). — *Paris, Plancher, et Montpellier, Sevalle,* 1820, *in-8°.*

2778. **Pariset** (B.-F.). Histoire médicale de la Fièvre jaune ; observée en Espagne et particulièrement en Catalogne, dans l'année 1821. — *Paris, Impr. Roy.,* 1823, *in-8°, cart. lith.*

2779. **Parny** (E.). OEuvres diverses ; nouvelle édition. — *Paris, Debray,* an XI, 1802.

2780. **Parrot** (J.-L. von). Versuch einer entwicklung der sprache, abstammung, geschichte, mythologie und bürgerlichen verhältnisse der Liwen, Latten, Eesten; mit hinblick auf einige benachbarte Ostscevölker, von den ältesten zeiten bis zur einführung des Christenthums. Neue ausgabe mit einer topographie und einer topographischen karte des Landes zu anfang des dreizehenten jahrhunderts und einem polyglotten-atlas. — *Berlin, Klemann*, 1839, *3 parties in-8° et 1 partie in-folio.*

2781. **Parsons** (J.). Remains of Japhet : being Historical enquiries into the affinity and origin of the European languages. — *London, Davis and Reymers*, 1767, *gr. in-4°.*

2782. Partium (De) externarum Generationi inservientium in Mulieribus naturali, vitiosa et morbosa dispositione, theses (auctore Antonio Louis). — *Parisiis, Delaguette,* (1775), *in-4°.*

2783. **Pascal** (B.). Pensées ; précédées d'une notice sur sa vie par Madame Périer, sa sœur. — *Paris, Didier,* 1844, *in-8°, portrait.*

2784. **Pasquier** (É.). OEuvres choisies, accompagnées de notes et d'une étude sur sa vie et sur ses ouvrages, par Léon Feugère. — *Paris, Didot,* 1849, *2 vol. in-12.*

2785. **Passerat de la Chapelle** (C.-F.). Réflexions générales sur l'isle Minorque ; sur son climat, sur la manière de vivre de ses habitans, et sur les maladies qui y règnent. — *Paris, Vᵉ d'Houry,* 1764, *in-12.*

2786. **Pasta** (G.). Del Corragio nelle Malattie. — *(Parme, Bodoni),* 1792, *in-8°.*
    On y a joint :
    1° Discours sur le Courage médical, par F. Bernard. — *Montpellier, Martel,* 1822, *12 pp.* = 2° Du Courage dans les maladies, par J.-B. Campardon. — *Paris, Croullebois,* 1819.

2787. **Pasteur** (L.). Études sur le Vin, ses maladies, causes qui les provoquent, procédés nouveaux pour le conserver et pour le vieillir. — *Paris, Impr. Impériale,* 1866, *in-8°, pl. col.*

2788. **Pastoret** (E.-C.-J.-P. de). Dissertation qui a remporté le prix de l'Académie royale des Inscriptions et Belles-Lettres à Pâques 1784, sur cette question : Quelle a été l'influence des loix maritimes des Rhodiens sur la marine des Grecs et des Romains, et l'influence de la marine sur la puissance de ces deux peuples. — *Paris, Jombert,* 1784, *in-8°.*

2789. — Zoroastre, Confucius et Mahomet, comparés comme sectaires, législateurs et moralistes; avec le tableau de leurs dogmes, de leurs lois et de leur morale. — *Paris, Buisson,* 1787, *in-8°.*

2790. **Pastoret** (E.-C.-J.-P. de). Moyse, considéré comme législateur et comme moraliste. — *Paris, Buisson,* 1788, *in-8°.*

2791. **Paterson** (W.). Quatre voyages chez les Hottentots et chez les Cafres, depuis mai 1777 jusqu'en décembre 1779; traduit de l'anglois (par Castera). — *Paris, Didot,* 1790, *in-8°.*

2792. **Patissier** (P.). Manuel des Eaux minérales de la France contenant.... la topographie, le tableau des sources; les propriétés physiques, chimiques, médicales, etc., des eaux, une notice bibliographique, etc. — *Paris, Méquignon-Marvis,* 1818, *in-8°.*

2793. Patria. La France ancienne et moderne, morale et matérielle, ou collection encyclopédique et statistique de tous les faits relatifs à l'histoire physique et intellectuelle de la France et de ses colonies; par J. Aicard, Félix Bourquelot, A. Bravais, F. Chassériau, Paul Gervais, Léon et Ludovic Lalanne, Ch. Louandre, Ch. Martins, Ch. Vergé, etc., etc. — *Paris, Dubochet,* 1847, *1 vol. en tomes in-8°.*

2794. **Paulinus A. S. Bartholomæo** (J.-Ph.-Wesdin.). De Antiquitate et affinitate Linguæ Zendicæ, Samscrdamicæ et Germanicæ, dissertatio. — *Patavii, Typis Seminarii,* 1798, *in-4°.*

2795. — Voyage aux Indes Orientales, traduit de l'Italien par M*** (Marchena); avec les observations de MM. Anquetil du Perron, J.-R. Forster et Sylvestre de Sacy, etc. — *Paris, Tourneisen,* 1808, 3 *vol. in-8°, portr. et atlas in-4°.*

2796. **Paullinus** (C.-F.). Cynographia curiosa, seu Canis descriptio, juxta methodum et leges illustris Academiæ naturæ Curiosorum adornata, multisque curiosis, raris, jucundis et stupendis naturæ artisque observationibus, secretis et quæstionibus referta, et mantissa curiosa ejusdem argumenti, complectente Joh. Gaji Libellum de Canibus Britannicis, et Joh-Henr. Meibomii Epist. De Χυνοφορα. — *Norimbergæ, Endterus,* 1685, *in-4°, front. gr.*

2797. — De Lumbrico terrestri Schediasma, varijs memorabilibus, curiositatibus et observationibus illustratum. — *Francofurti et Lipsiæ, Stösselius,* 1703, *in-12, frontisp. gr.*

2798. **Paulus** (P.). Discours sur l'Egalité des Hommes, et sur les droits et les devoirs qui en dérivent. — *Haerlem, Plaat,* 1794, *in-8°.*

2799. **Pausanias.** Description de la Grèce, traduction nouvelle avec le texte grec collationné sur les mss. de la bibliothèque du roi, par M. Clavier. — *Paris, Eberhart,* 1814-21, *6 vol. in-8°.*

2800. **Pauthier** (G.). Chine, ou description historique, géographique et littéraire de ce vaste empire, d'après des documents chinois. Résumé de l'histoire et de la civilisation chinoise depuis les temps les plus anciens jusqu'à nos jours. — *Paris, Didot,* 1837, *in-8°, carte et pl. gr. (Univers pittoresque).*

2801. **Pauw** (C. de). Recherches philosophiques sur les Grecs. — *Berlin, Decker et fils,* 1788, *2 vol. in-12.*

2802. — Recherches philosophiques sur les Egyptiens et les Chinois. — *Berlin, Decker et fils,* 1773, *2 vol. in-12.*

2803. — Recherches philosophiques sur les Américains, ou mémoires intéressants pour servir à l'histoire de l'espèce humaine; avec une dissertation sur l'Amérique et les Américains par don Pernety, et la défense de l'auteur des Recherches contre cette dissertation. — *Berlin,* 1770, *3 vol. in-12.*

2804. **Payer** (J.). Botanique Cryptogamique, ou histoire des familles naturelles des plantes inférieures; deuxième édition, revue et annotée, par H. Baillon. — *Paris, Savy,* 1868, *gr. in-8°.*

2805. **Payraudeau** (B.-C.). Catalogue descriptif et méthodique des Annélides et des Mollusques de l'île de Corse. — *Paris, Béchet,* 1826, *in-8°, pl.*

2806. **Pechlinus** (J.-N.). De habitu et colore Æthiopum qui vulgo Nigritæ, liber. — *Kiloni, Reumannus,* 1677, *in-12.*

2807. **Pecqueur** (C.). Des Améliorations matérielles, dans leurs rapports avec la liberté; seconde édition. — *Paris, Gosselin,* 1841, *in-12.*

2808. **Peignot** (G.). Répertoire de Bibliographies spéciales, curieuses et instructives, contenant la notice raisonnée : 1° des ouvrages imprimés à petit nombre d'exemplaires; 2° des livres dont on a tiré des exemplaires sur papier de couleur; 3° des livres dont le texte est gravé, et 4° des livres qui ont paru sous le nom d'Ana. — *Paris, Renouard,* 1810, *in-8°.*

2809. — Mélanges littéraires, philologiques et bibliographiques. — *Paris, Renouard,* 1818, *in-8°.*

2810. **Peignot** (G.). Abrégé de l'histoire de France composé de recherches curieuses, la plupart négligées par les historiens, etc. — *Paris, Renouard, 1819, in-8°, fig. gr.*

2811. **Peiruis** des **Ambies**. Le Médecin sincère, qui après avoir enseigné que la véritable médecine, bien loin d'approuver la multiplicité des remèdes, demande que l'usage en soit très-modéré, en montre clairement, et en peu de mots, la pratique. — *Marseille, Brebion, 1675, in-12.*

2812. **Peisse** (L.). La Médecine et les Médecins. Philosophie, Doctrines, Institutions critiques, Mœurs et Biographies médicales. — *Paris, Baillière, 1857, 2 vol. in-12.*

2813. **Pelletan** (E.). Les Rois Philosophes. — *Paris, Pagnerre, 1858, in-8°.*

2814. **Pelloutier** (S.). Histoire des Celtes, et particulièrement des Gaulois et des Germains, depuis les temps fabuleux jusqu'à la prise de Rome par les Gaulois ; édition augmentée. — *Paris, Quillau, 1771, 2 vol. in-4°.*

2815. **Peltier** (A.). Météorologie. Observations et recherches expérimentales sur les causes qui concourent à la formation des Trombes. — *Paris, Couzin, 1840, in-8°.*

2816. **Pennant** (T.). Le Nord du Globe, ou tableau de la Nature, dans les contrées septentrionales ; qui fait connaître la terre dans ses formes, ses climats, ses qualités ; la mer dans ses marées, ses écueils, ses phénomènes ; et le ciel dans ses météores, depuis le 60e degré de latitude jusqu'aux extrémités les plus voisines du pôle ; traduit de l'anglois (par Letourneur). — *Paris, Barrois, 1789, 2 vol. in-8°.*

2817. **Pennetier** (G.). L'Origine de la Vie, avec une préface par F.-A. Pouchet. 2e édition. — *Paris, Rothschild, 1868, in-12.*

2818. Pensées (Mes) (par L.-A. de LA BEAUMELLE) ; septième édition. — *Berlin, 1753, in-12.*

2819. Pensées sur l'Interprétation de la nature (par D. DIDEROT). — *S. ind. 1754, in-12.*

2820. **Perchard Tupper** (J.). An Essay on the probability of Sensation in Vegetables ; with additional observations on Instinct, Sensation, Irritability. — *London, Taylor and Co, 1811, in-8°.*

2821. **Percheron** (A.). Bibliographie Entomologique, comprenant l'indication par ordre alphabétique des noms d'auteurs : 1° des ouvrages entomologiques publiés en France et à l'étranger depuis les temps les plus reculés jusques et y compris l'année 1834 ; 2° des monographies et mémoires contenus dans les recueils, journaux et collections académiques françaises et étrangères ; accompagnée de notices sur les ouvrages périodiques, les dictionnaires et les mémoires des sociétés savantes, etc. — *Paris, Baillière*, 1837, 2 vol. *in-8°*.

2822. **Perier** (J.-A.-N.). Fragments Ethnologiques ; études sur les vestiges des peuples Gaëlique et Cymrique dans quelques contrées de l'Europe occidentale ; sur la couleur de la chevelure des Celtes ou Gaulois ; sur les liens de famille entre les Gaëls et les Cymris. — *Paris, Masson*, 1857, *in-8°*.

2823. **Perizonius** (J.). Origines Babylonicæ et Ægyptiacæ. — *Trajecti-ad-Rhenum*, Reers, 1726, 2 vol. *in-8°*.

2824. **Pernety** (A.-J.). Dictionnaire Mytho-Hermétique, dans lequel on trouve les allégories fabuleuses des poètes, les métaphores, les énigmes et les termes barbares des philosophes hermétiques expliqués. — *Paris, Delalain*, 1787, *in-12*.

2825. — Histoires d'un Voyage aux îles Malouines, fait en 1763 et 1764 ; avec des observations sur le détroit de Magellan et sur les Patagons ; nouvelle édition. — *Paris, Saillant et Nyon*, 1770, 2 vol. *in-8°*, pl.

2826. **Péron** (F.). Voyage de découvertes aux Terres Australes, exécuté sur les corvettes le *Géographe*, le *Naturaliste*, et la goëlette *Le Casuarina*, pendant les années 1800-1804, rédigé en partie par Péron et continué par L. Freycinet. — *Paris, Impr. Impér. et Royale*, 1807-16, 2 vol. gr. *in-4°*, portr. et atlas.

2827. **Perrault** (C.). Mémoires pour servir à l'Histoire naturelle des Animaux. — *Paris*, 1734, *in-4°*. (Extr. des *Mémoires de l'Académie des Sciences*, T. III.)

2828. **Perrin** (J.). Les Élémens de la conversation française et anglaise, ou dialogues nouveaux, précédés d'un vocabulaire français et anglais ; nouvelle édition. — *Paris, Barrois*, an XII-1804, *in-8°*.

2829. **Perris** (E.). Histoire des Insectes du Pin maritime. Tome Ier, Coléoptères. — *Paris, Buquet*, 1863, *in-8°*, pl. gr.

2830. **Perrot** (J.-F.-A.). Essai sur les Momies. Histoire sacrée de l'Égypte, expliquée d'après les peintures qui ornent les sarcophages. — *Nimes, V° Gaude*, 1846, *in-8°, fig.*

2831. **Perrot** (G.). Souvenirs d'un voyage chez les Slaves du Sud ; desseins de Valerio. *(Extr. du Tour du Monde. XXI), gr. in-4°.*

2832. Perruques (Les). Conte moral traduit de l'anglais. — *Chimaflor*, 1766, *in-12.*

2833. **Persoon** (C.-H.). Traité sur les Champignons comestibles, contenant l'indication des espèces nuisibles ; précédé d'une introduction à l'Histoire des Champignons. — *Paris, Belin-Leprieur*, 1819, *in-8°, pl. noires.*

2834. — Traité sur les Champignons comestibles, etc. — *Paris, Belin-Leprieur*, 1819, *in-8°, pl. color.*

2835. **Perty** (M.). Grundzüge der Ethnographie. — *Leipzig und Heidelberg, Winter*, 1859, *in-8°.*

2836. — Anthropologische Vorträge, gehalten im winter 1862-63 in der Aula zu Bern. — *Leipzig und Heidelberg, Winter*, 1863, *in-8°.*

2837. **Pestalozzi** (J.-J.). Opuscules sur la Maladie contagieuse de Marseille, de l'année 1720, augmentée de la Dissertation qui a remporté le prix de l'Académie de Bordeaux, etc. — *Lyon, Bruyset*, 1723, *2 tom. en 1 vol. in-12. (Aux armes de Bon.)*

2838. **Petermann** (A.). Mittheilungen aus Justus Perthes' Geographischer anstalt über wichtige neue erforschungen auf dem gesammtgebiete der Geographie. — *Gotha, Justus Perthes*, 1860, *gr. in-4°, cartes.*

2839. Peter's Prophecy; or the President and Poet; or an Important Epistle to sir J. Banks, on the approaching election of a President of the Royal Society. With an Etching by an Eminent Artist. By Peter Pindar (Dr Wolcott). — *London, Kearsley*, 1788, *gr. in-4°, frontisp. gr.*

2840. **Petetin** (J.-H.-D.). Mémoire sur la découverte des Phénomènes que présentent la Catalepsie et le Somnambulisme, symptômes de l'affection hystérique essentielle, avec des recherches sur la cause physique de ces phénomènes. — *(Lyon)*, 1787, *2 part. en 1 vol. in-8°.*

2841. **Petit** (P.). Traité historique sur les Amazones, où l'on trouve tout ce que les auteurs, tant anciens que modernes, ont écrit pour ou contre ces Héroïnes, et où l'on apporte quantité de

18

médailles et d'autres monumens anciens, pour prouver qu'elles ont existé. — *Leide, Langerak*, 1718, *in-12, front. et fig, gr.*

2842. **Petit de Baroncourt.** De l'Émancipation des Noirs ; lettres à M. le duc de Broglie sur les dangers de cette mesure, suivies de considérations sur le droit de visite. 2ᵉ édition. — *Paris, Amyot*, 1845, *in-12.*

2843. **Petit-Radel** (P.). Voyage historique, chorographique et philosophique dans les principales villes de l'Italie, en 1811 et 1812. — *Paris, Chanson et Didot*, 1815, *3 vol. in-8°, port. et carte gr.*

2844. — Essai sur le Lait, considéré médicinalement sous ses différens aspects, ou Histoire de ce qui a rapport à ce fluide chez les femmes, les enfants et les adultes, soit qu'on le regarde comme cause de maladie, comme aliment ou comme médicament. — *Paris, Boudet*, 1786, *in-8°.*

2845. **Petit-Radel** (L.-C.-F.). Examen analytique et Tableau comparatif des Synchronismes de l'histoire des temps héroïques de la Grèce. — *Paris, Imprimerie roy.*, 1827, *gr. in-4°.*

2846. — Recherches sur les Bibliothèques anciennes et modernes, jusqu'à la fondation de la Bibliothèque Mazarine, et sur les causes qui ont favorisé l'accroissement successif du nombre des livres. — *Paris, Rey et Gravier*, 1809, *in-8°.*

2847. **Petrini** (G.). Dell' Arte Greca riguardante il disegno della Figura Umana. — *Roma, Pagliarini*, 1807, *in-8°.*

2848. **Peuchet** (J.). Essai d'une statistique générale de la France. — *Paris, Testu*, an IX, *in-8°.*

2849. **Peyerus** (J.-C.). Merycologia sive de Ruminantibus et Ruminatione commentarius, quo primum exponuntur ruminantium species et differentiæ, per omnia animalium genera ; deinde organorum ruminationi inservientium admiranda structura detegitur, et iconibus ære incisis ante oculos ponitur : denique de ruminatione ipsa ejusque causis ac utilitate disseritur. — *Basileæ, Kœnig*, 1685, *in-4°, pl.*

2850. **Peyrat** (A.). Un nouveau Dogme ; histoire de l'Immaculée-Conception. Portrait de la Vierge ; Les visions d'un Jacobin ; Lettre apostolique. — *Paris*, 1855, *in-12.*

2851. **Peyronnet** (C. de). Histoire des Francs. 2ᵉ édition. — *Paris, Plon*, 1851, *4 vol. in-8°.*

2852. **Peyssonnel** (C. de). Observations historiques et géographiques sur les Peuples barbares qui ont habité les bords du Danube et du Pont-Euxin ; (suivies d'un voyage à Magnésie, à Thyatire, à Sardes, etc. ; contenant une relation de ce qu'il y a de plus curieux en monumens antiques, inscriptions, médailles, etc., et précédées d'une dissertation sur l'origine de la langue Sclavone prétendue Illyrique). — *Paris, Tilliard*, 1765, in-4°, fig. et portr. gr.

2853. **Pezron** (P.). Défense de l'Antiquité des Tems, où l'on soutient la tradition des Pères et des Églises, contre celle du Talmud ; et où l'on fait voir la corruption de l'Hébreu des Juifs. — *Paris, Bondot*, 1691, in-4°.

2854. — Antiquité de la nation et de la langue des Celtes autrement appelés Gaulois. — *Paris, Marchand*, 1730, in-12.

2855. **Pezzani** (A.). La Pluralité des Existences de l'Ame, conforme à la doctrine de la Pluralité des mondes. Opinions des philosophes anciens et modernes, sacrés et profanes, depuis les origines de la philosophie jusqu'à nos jours. 2ᵉ édition. — *Paris, Didier*, 1865, in-18.

2856. — Une Philosophie nouvelle ; ce qu'elle doit être devant la science. — *Paris, Didier*, 1872, in-12.

2857. **Pfaff** (J.-W.). Allgemeine Umrisse der Germanischen sprachen der Hochdeutschen, der Niederdeutschen, der Schwedischen und der Gothischen des Ulfilas, in neuer art gefasst samt anhang enthaltend die vorzüglichsten worke welche den niederdeutschen, schwedischen und gothischen eigenthümlich sind. — *Nürnberg, Campe*, 1817, in-8°.

2858. **Pfeiffer** (I.). Voyage à Madagascar, traduit de l'allemand par W. de Suckau et précédé d'une notice historique sur Madagascar par Francis Riaux. — *Paris, Hachette*, 1862, in-12, carte.

2859. **Pfeiffer** (J.-F.). Histoire du Charbon de terre et de la Tourbe ; suivie de la méthode d'épurer ces deux combustibles, et d'en employer avec utilité et avantage les différents produits. Ouvrage traduit de l'allemand (par H.-J. Jansen). — *Paris, de Lormel*, 1787, in-12.

2860. **Phædrus**. Fabularum Æsopiarum lib. V ; Nic. Rigaltius recensuit et notis illustravit. — *Lutetiæ, Drouart*, 1600, in-12.

2861. **Philibert** (J.-C.). Dictionnaire Universel de Botanique ; contenant l'explication détaillée de tous les termes français et latins de Botanique et de Physique végétale. — *Paris, Merlin*, an XIII-1804, *3 vol. in-8°, pl. gr.*

2862. Philosophie (De la) Corpusculaire, ou des connaissances et des procédés magnétiques chez les divers Peuples; par M. Del*** (F.-A. DELANDINE). — *Paris, Cuchet*, 1785, *in-8°*.

2863. Philosophie (La) de l'Histoire, par l'abbé Bazin (VOLTAIRE). — *Amsterdam, Changnion*, 1765, *in-8°*.

2864. Phrénologie (La), journal des applications de la Physiologie animale à la physiologie sociale par l'observation exacte; par Ch. Place, A. Berigny et J. Florens. — *Paris, T. Ier*, (10 avril 1837-30 mars 1838), *in-folio*.

2865. Physionomies nationales des Peuples, ou les traits de leur visage comparés à leurs mœurs et caractères. — *Paris, Delaunay*, s. d., *in-12, fig. col.*

2866. Physique (La) de l'Histoire, ou considérations générales sur les principes élémentaires du tempérament et du caractère naturel des peuples (par l'abbé T.-J. PICHON). — *La Haye et Paris, Vente*, 1765, *in-12*.

2867. **Piault** (M.-F.). De l'existence universelle, de celle de l'homme en société et de ses fins; ou aperçus géologiques, ontologiques, théologiques et politiques. — *Paris, Didot*, 1848, *in-8°*.

2868. **Pichler** (J.-F.-C.). Mémoire sur les Maladies contagieuses, dans lequel on examine quelles sont parmi les maladies soit aiguës, soit chroniques, celles qu'on doit regarder comme vraiment contagieuses; par quels moyens chacune de ces maladies se communique d'un individu à un autre; et quels sont les procédés les plus sûrs pour arrêter le progrès de ces différentes contagions. — *Strasbourg*, 1786, *in-8°*.

2869. **Pichot** (A.). Histoire de Charles Edouard, dernier prince de la maison de Stuart. Nouvelle édition. — *Paris, Gosselin*, 1833, *2 vol. in-8°*.

2870. — Charles-Quint. Chronique de sa vie intérieure et de sa vie politique, de son abdication et de sa retraite dans le cloître de Yuste. — *Paris, Furne*, 1854, *in-8°*.

2871. Les Poètes amoureux; épisodes de la vie littéraire. — *Paris, Lévy*, 1858, *in-12*.

2872. — Le Perroquet de Walter Scott. Esquisses de voyages; légendes ; romans ; contes biographiques et littéraires. — *Paris, Boucheron*, 1834, 2 *vol. in-8°.*

2873. **Pichot** (A.). Sir Charles Bell. Histoire de sa vie et de ses travaux. — *Paris, Lévy*, 1858, *gr. in-18.*

2874. — Voyage historique et littéraire en Angleterre et en Ecosse. — *Paris, Ladvocat et Gosselin*, 1825, *3 vol. in-8°, pl. gr.*

2875. **Pickering** (C.). The Races of Man ; and their geographical distribution ; new edition to which is prefixed an analytical synopsis of the natural history of Man, by J. Ch. Hall. — *London, Bohn*, 1851, *pet. in-8°, pl. gr.*

2876. **Picot** (J.). Histoire des Gaulois, depuis leur origine jusqu'à leur mélange avec les Francs, et jusqu'aux commencements de la monarchie françoise ; suivie de détails sur le climat de la Gaule, sur la nature de ses productions, sur le caractère de ses habitans, leurs mœurs, leurs usages, leur gouvernement, leurs lois, leur religion, leur langage, etc. — *Genève, Paschoud, an XII-1804, 3 vol. in-8°.*

2877. **Picot de La Peyrouse** (P.). Description de plusieurs nouvelles espèces d'Orthocératites et d'Ostracites (texte latin et français). — *Erlang, Walther; et Paris, Didot*, 1781, *pet. in-fol., fig. color.*
On y a joint :
Abbildungen der Marmor = Arten und einiger verwandten Steine nach der natur auf das Sorgfaltigste mit Farben erleuchtet gestochen und herausgegeben durch Adam Ludwig Wirsing. — *Nürnberg*, 1775, *pl. coloriées.*

2878. — Histoire abrégée des Plantes des Pyrénées, et Itinéraire des Botanistes dans ces montagnes, — *Toulouse, Bellegarrigue*, 1813, *in-8°.*

2879. — Supplément à l'Histoire abrégée des Plantes des Pyrénées. — *Toulouse, Bellegarrigue*, 1818, *in-8°.*

2880. **Pictet** (A.). De l'Affinité des Langues Celtiques avec le Sanscrit. — *Paris, Duprat*, 1837, *in-8°.*

2881. — Les Origines Indo-Européennes ou les Aryas primitifs, essai de Paléontologie linguistique. — *Paris, Cherbuliez*, 1859-63, 2 *vol. gr. in-8°.*

2882. **Picus** (V.). Melethemata inauguralia. — *Augustæ-Taurinorum, Briolus*, 1788, *in-8°, pl. color.*

2883. **Pierquin de Gembloux** (C.-C.). Idiomologie des Animaux, ou recherches historiques, anatomiques, physiologiques, philologiques et glossologiques sur le langage des bêtes. — *Paris, à la Tour de Babel (Bourges, Manceron), 1844, in-8°.*

2884. — Histoire littéraire, philologique et bibliographique des Patois. — *Paris, Techener, 1841, in-8°.*

2885. **Pigault-Lebrun** (G.-C.-A.). Le Citateur. — *Paris, Barba, 1803, 2 vol. in-12.*

2886. **Pigeaire** (J.). Considérations générales sur cette question : L'Anatomie comparée, les expériences faites sur les animaux vivans, la pathologie comparée, peuvent-elles être de quelque utilité dans l'étude des maladies de l'Homme? (Thèse.) — *Montpellier, Martel, 1826, in-4°.*

2887. **Pietra Santa** (P. de). Essai de Climatologie. (Thèse.) — *Montpellier, Gras, 1864, gr. in-4°.*

2888. **Pietro** (F.-E. di). Histoire d'Aiguesmortes. — *Paris, Furne et Perrotin, 1849, pl. gr.*

2889. **Pillon** (F.). L'Année philosophique. Études critiques sur le mouvement des idées générales dans les divers ordres de connaissances. Deuxième année (1868). Critique générale, par Ch. Renouvier. — Science des religions, par F. Pillon. — *Paris, G. Baillière, 1869, gr. in-18.*

2890. **Pinel Domry.** Genèse universelle, ou le dernier Déluge. — *Paris, 1850, in-12.*

2891. **Pini** (E.). Sulle Rivoluzioni del Globo terrestre provenienti dall' azione delle Acque, memoria geologica. *(Estr. dal Tomo IV delle Memor. della Societ. ital.), in-4°.*

2892. **Pinkerton** (J.). Recherches sur l'origine et les divers établissemens des Scythes ou Goths, servant d'introduction à l'Histoire ancienne et moderne de l'Europe : accompagnées de plusieurs éclaircissements sur la Géographie ancienne de cette partie du monde; ouvrage traduit de l'anglais (par Miel). — *Paris, Impr. de la République, an XII-(1804), in-8°.*

2493. **Piso** (G.). De Indiæ utriusque re naturali et medica libri quatuordecim. — *Lud. et Dan. Elzevirii, 1658, in-fol., front. gr. et pl. dans le texte.*

2894. **Pitta** (N.-C.). Treatise on the influence of Climate on the Human species and on the varieties of Men resulting from it;

including an account of the criteria of intelligence which the form of the head presents ; and a sketch of a rational system of physiognomy as founded on physiology. — *London , Longman,* 1812, *in-8°, pl. gr.*

2895. **Pitton Tournefort** (J.). Élémens de Botanique, ou méthode pour connaître les plantes. — *Paris, Impr. Royale,* 1694, *3 vol. in-8°, frontisp. gr. (Les T. II et III forment l'atlas.)*

2896. **Pizzetta** (J.). Les Secrets de la Plage. — *Paris, Brunet,* 1868, *gr. in-18, fig.*

2897. — Le Monde avant le Déluge. — *Paris, Brunet,* 1869, *gr. in-18.*

2898. **Planche** (J.). Dictionnaire français-grec, composé sur le plan des meilleurs dictionnaires français-latins ; nouvelle édition. — *Paris, Belin-Mandar,* 1840, *gr. in-8°.*

2899. **Planchon** (J.-E.). Hortus Donatensis. — Catalogue des Plantes cultivées dans les serres du prince A. de Demidoff, à San Donato, près Florence. — *Paris, Remquet,* 1854-58, *gr. in-4° et atlas in-fol.*

2900. — Les Vignes Américaines, leur culture, leur résistance au Phylloxera et leur avenir en Europe. — *Montpellier, Coulet,* 1875, *in-12.*

2901. **Planchon** (G.). Des Quinquinas. — *Paris, Savy,* 1864, *in-8°.*

2902. **Plane** (J.-M.). Physiologie morale, ou l'art de connaître les hommes sur leur physionomie. — *Paris, Johanneau,* 1819, *2 vol. in-8°, titre et pl. gr.*

2903. **Platon.** Pensées sur la religion, la morale, la politique, recueillies et traduites par J.-V. Le Clerc (texte en regard). — *Paris, Delalain,* 1829, *in-8°.*

2904. **Playfair** (J.). A Geographical and statistical description of Scotland, containing a general survey of that Kingdom, its climate, mountains, lakes, rivers, products, population, manufactures, commerce, religion, litérature, government, revenue, history. — *Edinburgh, Constable and Co,* 1819, *2 vol. in-8°, carte color.*

2905. **Plazius** (A.-G.). De jucundis Morborum Causis dissertationes septem. Editio altera.— *Lipsiæ, Hæredes Lankisiani,* 1738, *in-4°.*

2906. **Plenk** (J.-J.). Elementa Medicinæ et Chirurgiæ forensis. — *Lugduni-Batavorum, Koster,* 1786, *in-8°.*

2907. **Plenk** (J.-J.). Physiologie et Pathologie des Plantes ; traduites du latin par P. Chanin. — *Paris, Barrau,* an X (1802), *in-8°.*

2908. **Plinius** (C.). Historiæ Naturalis libri XXXVII quos interpretatione et notis illustravit Joannes Harduinus e Soc. Jesu. Editio altera. — *Parisiis, Coustelier,* 1723, *2 vol. en 3 part. in-fol.*

2909. **Plisson** (F.-E.). Les Mondes, ou Essai philosophique sur les conditions d'existence des Êtres organisés dans notre système planétaire. — *Paris, Paulin,* 1847, *gr. in-18.*

2910. **Ploucquet** (G.-G. de). Literatura medica digesta, sive repertorium medicinæ practicæ, chirurgiæ atque rei obstetriciæ. — *Tubingæ, Cotta,* 1808-09, *4 tom. gr. in-4°, rel. en 2.*

2911. **Pluche** (N.-A.). La Mécanique des Langues et l'Art de les enseigner. — *Paris,* Vve *Estienne,* 1751, *in-12.*

2912. — Supplément à la Mécanique des Langues. — *Paris, Estienne,* 1753, *in-12.*

2913. **Pluquet** (F.-A.-A.). De la Sociabilité. — *Paris, Barrois,* 1767, *2 vol. in-12.*

2914. **Plutarque.** OEuvres morales, traduites du grec par Ricard. — *Paris, Lefèvre,* 1844, *5 vol. gr. in-18.*

2915. **Poiret** (J.-L.-M.). Voyage en Barbarie, ou Lettres écrites de l'ancienne Numidie pendant les années 1785 et 1786, sur la religion, les coutumes et les mœurs des Maures et des Arabes Bédouins ; avec un Essai sur l'Histoire naturelle de ce pays. — *Paris, Née de la Rochelle,* 1789, *2 vol. in-8°.*

2916. **Poitevin** (J.). Essai sur le Climat de Montpellier, contenant des vues générales sur la nature et la formation des météores, et les principaux résultats des observations faites à Montpellier depuis l'établissement de la ci-devant Académie des Sciences de cette ville ; ouvrage qui peut servir de suite aux Mémoires publiés par cette Compagnie. — *Montpellier ; et Paris, Marchant,* an XI (1803), *in-4°, gr. pap. vél.*

  On y a joint un Éloge de l'académien Montet, par le même. — *Montpellier, Martel,* 1783, *17 pp.*

2917. **Poivre** (P.). OEuvres complètes, précédées de sa vie et accompagnées de notes. — *Paris, Fuchs,* 1797, *in-8°.*

2918. — Voyage d'un Philosophe, ou Observations sur les mœurs et les arts des peuples de l'Afrique, de l'Asie et de l'Amérique. — *Maestricht, Dufour et Philippe,* 1779, *in-12.*

2919. Politique du Médecin de Machiavel, ou le Chemin de la fortune ouvert aux médecins : ouvrage réduit en forme de conseils, par le docteur Fum-Ho-Ham et traduit sur l'original chinois par un nouveau maître ès arts de St-Come. Première partie (seule parue), qui contient les portraits des plus célèbres médecins de Pekin (par DE LA METTRIE). — *Amsterdam, Bernard*, s. d., *in-12*.

On y a joint :

1° Problème sur les Femmes (traduction par de Querlon de l'ouvrage latin d'ACIDALIUS : *Disputatio qua anonymus probare nititur mulieres homines non esse.)* — *Amsterdam*, 1744.

2° Essai sur l'Esprit et les Beaux-Esprits (par de La Mettrie). — *S. ind.* (1740).

2920. Politique (La) naturelle, ou Discours sur les vrais principes du Gouvernement (par d'HOLBACH). — *Londres, s. ind.*, 1773, *2 vol. in-8°*.

2921. **Pölitz** (K.-H.-L.). Geschichte der Kultur der Menschheit nach kritischen Principien. Erster Theil. — *Leipzig, Weygand*, 1795, *in-8°*.

2922. **Pomponius Mela.** Traduit en français sur l'édition d'Abraham Gronovius, le texte vis-à-vis la traduction, avec des notes critiques, géographiques et historiques, par C.-P. Fradin. — *Paris, Pougens*, an XII-1804, *3 vol. in-8°*.

2923. **Pompper** (H.). Die Saügethiere. Vogel und Amphibien nach ihrer geographischen verbreitung, tabellarisch zusammengestellt. — *Leipzig, Hinrichs*, 1841, *in-fol.*

2924. **Ponceau** (P.-E. du). Mémoire sur le Système grammatical des Langues de quelques nations indiennes de l'Amérique du Nord. — *Paris, Pihan de La Forest*, 1838, *in-8°*.

2925. **Poncelet** (P.). La Nature dans la formation du Tonnerre, et la reproduction des Êtres vivants, pour servir d'introduction aux vrais principes de l'agriculture. — *Paris, Le Mercier*, 1766, *2 part. en 1 vol. in-8°, fig. gr.*

2926. **Poncelin** (J.-Ch.). Origine des Français, avec la concordance de nos historiens sur ce sujet. — *Paris, l'auteur*, 1781, *in-8°*.

2927. **Poncet de la Grave** (G.). Considérations sur le Célibat, relativement à la politique, à la population et aux bonnes mœurs. — *Paris, Moutardier*, an IX-1801, *in-8°*.

2928. **Pope** (A.). Essai de traduction littérale et énergique de l'Essai sur l'Homme, par le marquis de Saint-Simon. — *Harlem, Enschede*, 1771, *2 tom. en 1 vol. gr. in-8°.*

2929. **Pope** (A.). Essai sur l'Homme et sur la Poésie (trad. par Duresnel). — *Paris, Dabo*, 1823, *in-16.*

2930. — Essai sur l'Homme ; traduit de l'anglois en françois par de Silhouette. Quatrième édition. — *Parme, Gozzi*, 1800, *in-12.*

2931. — Traduction de l'Essai sur l'Homme, en vers français ; précédée d'un discours et suivie de notes, par M. de Fontanes. — *Paris, Le Normant*, 1821, *in-8°.*

2932. — L'Essai sur l'Homme, traduit en vers français, par Jacques Delille ; suivi de notes, de variantes, et de la Prière universelle, en vers français, par M. de Lally-Tolendal. — *Paris, Michaud*, 1821, *in-8°, frontisp. gr.*

2933. **Porphyrius.** Traité touchant l'Abstinence de la chair des animaux, avec la vie de Plotin par ce philosophe, et une dissertation sur les Génies, par M. de Burigny. — *Paris, de Bure*, 1747, *in-12.*

2934. Popular (The) Magazine of Anthropology. Vol. I (et unique). — *London, Tübner*, 1866, *in-8°.*

2935. **Porta** (J.-B.) Phytognomonica, octo libris contenta ; in quibus nova facillimaque affertur methodus qua plantarum, animalium, metallorum ; rerum denique omnium ex prima extimæ faciei inspectione quivis abditas vires assequatur, etc. — *Rothomagi, Berthelin*, 1650, *in-8°.*

2936. — La Physionomie humaine, divisée en quatre livres. Enrichie de quantité de figures tirées au naturel, où par les signes extérieurs du corps, on voit si clairement la complexion, les mœurs et les desseins des hommes qu'on semble pénétrer jusques au plus profond de leurs âmes. Nouvellement traduite du latin en françois par le sieur Rault ; première édition. — *Rouen, Jean et David Berthelin*, 1655, *in-8°, fig.*

2937. **Portal** (A.). Histoire de l'Anatomie et de la Chirurgie, contenant l'origine et les progrès de ces sciences ; avec un tableau chronologique des principales découvertes, et un catalogue des ouvrages d'Anatomie et de Chirurgie, des mémoires académiques, des dissertations insérées dans les journaux, et de la plupart des Thèses qui ont été soutenues dans les Facultés de Médecine de l'Europe. — *Paris, Didot*, 1770-73, *7 vol. in-8°.*

2938. **Portal** (A.). Instruction sur le traitement des Asphyxiés par le gaz méphitique ; des noyés ; des enfans qui paraissent morts en naissant; des personnes qui ont été réduites à l'état d'asphyxie par le froid et par le chaud ; de celles qui ont été mordues par des animaux enragés ; de celles qui ont été empoisonnées ; avec des observations sur les causes de ces accidens, et sur les signes qui distinguent la mort réelle de celle qui n'est qu'apparente. Nouvelle édition. — *Paris, Imprimerie Royale*, 1816, *in-12*.

2939. **Portal** (F.). Les Symboles des Egyptiens comparés à ceux des Hébreux. — *Paris, V° Dondey Dupré*, 1840, *in-8°*.

2940. **Portalis** (J.-E.-M.). De l'usage et de l'abus de l'Esprit philosophique durant le dix-huitième siècle ; précédé d'une notice sur la vie de l'auteur et d'un discours préliminaire. — *Paris, Egron*, 1820, 2 *vol. in-8°, portr. gr.*

2941. **Portalis** (A.). L'Homme et la Société, ou essai sur les droits et les devoirs respectifs de l'homme et de la société. — *Paris, Pagnerre*, 1849, 2 *vol. in-12.*

2942. **Porte-feuille** (Le) d'un Philosophe ou mélange de pièces philosophiques, politiques, critiques, satyriques et galantes (par l'abbé Du Laurens). — *Cologne, Marteau fils*, 1770, *6 tomes en 3 vol. in-12.*

2943. **Portius** (L.-A.). De Militis in Castris sanitate tuenda. Editio novissima. Accessit Johann. Valentin. Willii Tractatus de morbis castrensibus curante J. Chr. Rieger. — *Hagæ Comitum, Gosse*, 1739, *in-8°, pl. gr.*

2944. **Possevinus** (A.). Apparato all'Historia di tutte le nationi et il modo di studiare la geographia ; primo in lingua latina uscito in luce... et nuovamente fatto italiano dall'istesso auttore. — *Venetia, Ciotti*, 1592, *in-8°.*

2945. **Postel** (G.). De la République des Turcs ; et là ou l'occasion s'offrera, des mœurs et loy de tous Muhamedistes. — *Poitiers, Eng. de Marnef*, 1559. = Histoire et considérations de l'origine loy et coustume des Tartares, Persiens, Arabes, Turcs, et tous autres Ismaélites ou Muhamédiques dits par nous Mahométains ou Sarrazins. — *Ibidem*, 1560. = La Tierce partie des Orientales histoires, ou est exposé la condition, puissance et revenu de l'empire Turquesque : avec toutes les provinces et païs generalement depuis 950 ans en ça par tous Ismaelites conquis. — *Ibidem*, 1560, *1 vol. in-4°.*

2946. **Potocki** (J.). Dynasties du second livre de Manethon. — *Florence, Piatti*, 1803, *in-12*.

2947. — Principes de Chronologie pour les temps antérieurs aux Olympiades. — *St-Pétesbourg, Pluchard*, 1820, *gr. in-4°*.

2948. — Voyage dans les Steps d'Astrakan et du Caucase. Histoire primitive des peuples qui ont habité antérieurement ces contrées. Nouveau périple du Pont-Euxin. Ouvrages publiés et accompagnés de notes et de tables par Klaproth. — *Paris, Merlin*, 1829, *2 vol. in-8°*.

2949. **Pott** (A.-F.). Die Zigeuner in Europa und Asien. — *Halle, Heyneman*, 1844-45, *2 vol. in-8°*.

2950. — Die Ungleichheit menschlicher Rassen hauptsächlich vom sprachwissenschaftlichen Standpunkte, unter besonderer verücksichtigung von des grafen von Gobineau gleichnamigen werke; Mit einem ueberblicke über die Sprachverhältnisse der Völker : ein ethnologischer versuch. — *Lemgo und Detmold, Meyer*, 1856, *in-8°*.

2951. **Pott** (D.-J.). Moses und David keine Geologen. Ein Gegenstück zu hrn Kirwan's geologischen Versuchen in briefen an hrn bergrath v. Crell. — *Berlin und Stettin, Nicolai*, 1799, *in-12*.

2952. **Pottinger** (H.). Voyages dans le Beloutchistan et le Sindhy, suivis de la description géographique et historique de ces deux pays; traduit de l'anglais par J.-B.-B. Eyriès. — *Paris, Gide*, 1818, *2 vol. in-8°, cart. et fig. gr.*

2953. **Potton** (A.). De la Prostitution et de la Syphilis dans les grandes villes, dans la ville de Lyon en particulier ; de leurs causes, de leur influence sur la santé, les habitudes et le bien-être de la population ; des moyens de remédier à ces fléaux. — *Paris, Baillière*, 1842, *in-8°*.

2954. **Pouchet** (F.-A.). Histoire des Sciences naturelles au moyen âge, ou Albert-le-Grand et son époque, considérés comme point de départ de l'école expérimentale. — *Paris, Baillière*, 1853, *in-8°*

2955. — Hétérogénie, ou traité de la Génération spontanée, basée sur de nouvelles expériences. — *Paris, Baillière*, 1859, *in-8°, fig. gr.*

2956. — Nouvelles expériences sur la Génération spontanée et la résistance vitale. — *Paris, Masson*, 1864, *in-8°*.

2957. **Pouchet** (F.-A.). Recherches et expériences sur les animaux ressuscitants, faites au Muséum d'histoire naturelle de Rouen. — *Paris, Baillière*, 1859, *in-8°*.

2958. — L'Univers. — Les Infiniments grands et les Infiniments petits. — *Paris, Hachette*, 1865, *gr. in-18*.

2959. **Pouchet** (G.). De la Pluralité des Races humaines. Essai anthropologique. — *Paris, Baillière*, 1858, *in-8°*.

2960. **Pougens** (C.). Archéologie française, ou Vocabulaire de mots anciens tombés en désuétude, et propres à être restitués au langage moderne. — *Paris, Desoer*, 1821-25, *2 tomes en 1 vol. in-8°*.

2961. — Trésor des Origines, et Dictionnaire grammatical raisonné de la langue française; spécimen. — *Paris, Imp. Royale*, 1819, *in-4°*.

2962. — Essai sur les Antiquités du Nord, et les anciennes langues septentrionales; seconde édition, augmentée d'une notice d'ouvrages choisis sur les religions, l'histoire et les divers idiomes des anciens peuples du Nord. — *Paris, Pougens*, an VII (1799), *in-8°*.

2963. — Jocko, anecdote détachée des lettres inédites sur l'instinct des animaux. — *Paris, Persan*, 1824, *in-12*.

2964. **Poulain** (J.). Anthologie françoise, ou rencontre sur divers sujets, esquels sont comprises plusieurs belles, rares et doctes instructions pour la conduite et fin de l'humaine vie, des meilleurs livres grecs, latins et françois. — *Paris, Huby*, 1624, *in-8°*. *(Le titre manque.)*

2965. **Poulet-Delsalle** (F.). Vocabulaire raisonné des principaux éléments créateurs de la langue française, puisés dans le grec, le latin, l'italien, l'espagnol, l'arabe, l'allemand, l'hébreu, le sanscrit, le syriaque, l'éolique, le vieux français, et dans tous les idiomes connus. — *Lille, Vanackere*, 1856, *in-8°*.

2966. **Poupin** (T.). Caractères Phrénologiques et Physiognomoniques des contemporains les plus célèbres selon les systèmes de Gall, Spurzheim, Lavater, etc.; avec des remarques bibliographiques, historiques, physiologiques et littéraires, et 37 portraits d'illustrations contemporaines. — *Paris, Baillière*, 1837, *in-8°, port*.

2967. **Pouqueville** (F.-C.-H.-L.). Voyage dans la Grèce, comprenant la description ancienne et moderne de l'Épire, de l'Illyrie grecque, de la Macédoine Cisaxienne, d'une partie de la Tribaillie, de la Thessalie, de l'Acarnanie, de l'Étolie ancienne et Epictète, de la Locride Hespérienne, de la Doride, et du Péloponèse, avec des considérations sur l'archéologie, la numismatique, les mœurs, les arts, l'industrie et le commerce des habitans de ces provinces. — *Paris, Didot*, 1820-21, 5 vol. in-8°, portr., fig. et cart. gr.

2968. **Pouqueville** (F.-C.-H.-L.). Grèce. — *Paris, Didot*, 1835, in-8°. *(Univers pittoresque.)*

2969. **Pouzin** (F.). De l'Insalubrité des Étangs, et des moyens d'y remédier. — *Montpellier, Tournel*, 1813, in-8°, pap. fort.

2970. **Pouzolz** (de). Flore du département du Gard, ou description des plantes qui croissent naturellement dans ce département. — *Montpellier, Coulet*, 1862, 2 tomes en 4 vol. in-8°, pl.

2971. **Pradt** (D.-D. de). De l'état de la Culture en France, et des améliorations dont elle est susceptible. — *Paris, Maradan*, an X-1802, 2 vol. in-8°.

2972. Præadamitæ, sive Exercitatio super versibus duodecimo, decimo tertio et decimo quarto capitis quinti Epistolæ D. Pauli ad Romanos, quibus inducuntur primi homines ante Adamum conditi (auctore Is. LA PEYRÈRE). — *Anno salutis* 1655. = Ejusdem Systema Theologicum ex Præadamitarum hypothesi. — 1 vol. pet. in-12.

2973. Prairies artificielles, ou moyen de perfectionner l'agriculture dans toutes les provinces de France. 3° édition, augmentée d'un Traité sur la culture de la Luzerne, du Trèfle et du Sainfoin; d'une Dissertation sur l'exportation du Bled (par S.-P. de LA SALLE DE L'ETANG). — *Paris, Desaint*, 1762, in-12.

2974. **Pranck** (L.-F. de). Dissertatio Academica de origine Germanorum eorumque statu religionis, politico atque legali; addita digressione de utilitate, imo necessitate Juris Justinianei (thesis). — *Salisburgi, Mayr*, 1750, in-4°.

2975. Précis historique des Guerres des Sarrazins dans les Gaules par M. B...n C....f (BENOITON CHATEAUNEUF). — *Paris*, 1810, in-8°.

On y a joint :

Tableau historique des descentes et de l'établissement des Sarrazins en Provence et en Italie pendant les IX° et X° siècles, fragment extrait de l'Histoire générale du moyen âge, par M. Desmichels. — *Paris, Fain,* 1831, *in-8°.*

2976. **Préfontaine** (de). Maison rustique à l'usage des habitans de la partie de la France équinoxiale connue sous le nom de Cayenne; suivie d'un Dictionnaire Galibi, précédé d'un essai de Grammaire, par M. D. L. S. (de La Salle). — *Paris, Banche,* 1763, *in-8°, pl.*

2977. **Prescott** (W.-H.). History of the reign of Ferdinand and Isabella the catholic, of Spain ; a new edition, with additions. — *London, Bentley,* 1839, *3 vol. in-8°, portrait gr.*

2978. — History of the conquest of Mexico, with a preliminary view of the ancient mexican civilization, and the life of the conqueror, Hernando Cortés. — *Paris, Baudry,* 1844, *5 vol. in-8°*

2979. — History of the conquest of Peru, with a preliminary view of the civilization of the Incas. — *Paris, Baudry,* 1847, *2 vol. in-8°, carte.*

2980. **Prévost** (A.-F.). Histoire de Manon Lescaut et du chevalier Des Grieux ; précédée d'une notice sur l'auteur, par J. Janin. — *Paris, Bibl. choisie,* 1861, *in-8°.*

2981. **Prévost** (C.). Les Continents actuels ont-ils été, à plusieurs reprises, submergés par la mer? Documents pour l'Histoire des terrains tertiaires. — *Paris, Tilliard,* s. d., *in-8°.*

2982. **Prévost** (L.). Hégel. Exposition de sa Doctrine, avec une table analytique des matières. — *Toulouse, Labouisse-Rochefort,* 1844, *in-8°.*

2983. **Prévost** (P.). Essais de Philosophie, ou étude de l'Esprit humain ; suivis de quelques opuscules de G.-L. Le Sage. — *Genève, Paschoud,* an XIII, *2 vol. in-8°.*

2984. **Prichard** (J.-C.). Histoire naturelle de l'Homme, comprenant des recherches sur l'influence des agens physiques et moraux, considérés comme cause des variétés qui distinguent entre elles les différentes races humaines ; traduit de l'anglais par le Dr F. Roulin. — *Paris, Baillière,* 1843, *3 vol. in-8°, dont un de pl. color.*

2985. **Priestley** (J.). A comparison of the Institutions of Moses with those of the Hindoos and other ancient nations ; with remarks on Mr Dupuis's *Origin of all Religions,* the Laws and Institutions of Moses methodized, and an adress to the Jews on the present state of the world and the Prophecies relating to it. — *Northumberland, Kennedy*, 1799, *in-8°.*

2986. **Priestley** (J.). Expériences et observations sur différentes espèces d'Air ; traduites de l'anglois (par Gibelin). — *Paris, Saillant et Nyon*, 1775, *in-12, pl. gr.*

2987. **Primerose** (J.). Traité sur les Erreurs vulgaires de la Médecine, avec des additions très-curieuses par de Rostagny. — *Lyon, Certe*, 1689, *in-8°.*

2988. Principes de la Philosophie naturelle, dans lesquels on cherche à déterminer les degrés de certitude ou de probabilité des connaissances humaines (par J.-C. de Lamétherie). — *Genève*, 1787, 2 vol. *in-8°.*

2989. Procès-verbaux, et Bulletins de la Société Ethnologique de Paris (1839-1847). — *Paris, Arthus Bertrand*, 1 vol. *in-8°.* *(Extraits des Mémoires de la Société.)*

2990. **Procope.** De la Guerre contre les Vandales (trad. par L. Mauger). — *Paris, de Luyne*, 1670, *in-12.*

2991. **Prunelle** (C.-F.-V.-G.). Fragmens pour servir à l'Histoire des Progrès de la Médecine, dans l'Université de Montpellier. — *Montpellier, Martel*, an IX, *in-4°.*

2992. — De l'Influence exercée par la Médecine sur la Renaissance des Lettres ; discours prononcé dans la salle des Actes de la Faculté de médecine de Montpellier, le 20 novembre 1809. — *Montpellier, Martel*, 1809, *in-4°.*

2993. Psycanthropie (La), ou nouvelle théorie de l'homme. Spectacle des Esprits (par Falconnet de la Bellonie). — *Avignon, Chambeau*, 1798, 2 vol. *in-12.*

2994. **Ptolemæus.** Geographiæ libri octo græco-latini, latine primum recogniti et emendati cum tabulis geographicis ad mentem auctoris restitutis per Gerardum Mercatorem, jam vero ad græca et latina exemplaria a Petro Montano iterum recogniti et castigati. — *Amsterodami, Hondius*, 1605, *in-fol., titr. et portr. gr.*

2995. **Puffendorf** (S.). Histoire de Suède, avant et depuis la fondation de la monarchie (traduite de l'allemand par Rouxel) ; nouvelle édition, continuée jusqu'à l'année 1748 (par Desroches de Partenay). — *Amsterdam, Chatelain*, 1748, 3 vol. *in-12, port.*

2996 **Pugnet** (J.-F.-X.). Mémoires sur les Fièvres pestilentielles et insidieuses du Levant, avec un aperçu physique et médical du Sayd. — *Lyon, Reymann, an X-1802, in-8°, planche.*

2997. **Puibusque** (A. de). Histoire comparée des Littératures espagnole et française. — *Paris, Dentu, 1843, 2 vol. in-8°.*

2998. **Pujatus** (J.-A.). Dissertationes Medicæ quinque, ab ejus filio Antonio Cajetano editæ.—*Venetiis, Pasqualius, 1771, in-8°.*

2999. **Pultenay** (R.). Esquisses historiques et biographiques des progrès de la Botanique en Angleterre, depuis son origine jusqu'à l'adoption du système de Linné; ouvrage traduit de l'anglais (par Boulard). — *Paris, Maradan, 1809, 2 vol. in-8°.*

3000. — Revue générale des écrits de Linné; ouvrage dans lequel on trouve les anecdotes les plus intéressantes de sa vie privée, un abrégé de ses systèmes et de ses ouvrages; un extrait de ses Aménités académiques, etc.; traduit de l'anglois, par L.-A. Millin de Grandmaison; avec des notes et des additions du traducteur. — *Paris, Buisson, 1789, 2 vol. in-8°.*

3001. **Pyrard de Laval** (F.). Voyage, contenant sa navigation aux Indes Orientales, Maldives, Moluques, et au Brésil; et les divers accidens qui lui sont arrivez en ce voyage pendant son séjour de dix ans dans ces païs; avec une description exacte des mœurs, lois, façons de faire, police et gouvernement, du trafic et commerce qui s'y fait, des animaux, arbres, fruits et autres singularitez qui s'y rencontrent, etc.; nouvelle édition, augmentée de divers traitez et relations curieuses; par le sieur Du Val. — *Paris, Billaine, 1679, in-4°.*

3002. **Pythagore.** Vers Dorés, expliqués et traduits pour la première fois en vers eumolpiques français; précédés d'un discours sur l'essence et la forme de la poésie, chez les principaux peuples de la terre; par Fabre d'Olivet. — *Paris, Treuttel et Würtz, 1813, in-8°.*

Q

3003. Quadriga Scriptorum Diæteticorum celebriorium, adcurante Joh. Sigismundo Hennuigero. — *Argentorati, Lerse, 1713, in-8°.*

3004. **Quatrefages** (J.-L.-A. de). Physiologie comparée. Métamorphoses de l'Homme et des Animaux. — *Paris, Baillière, 1862, in-12.*

3005. **Quatrefages** (J.-L.-A. de). Charles Darwin et ses précurseurs français. Étude sur le Transformisme. — *Paris, Baillière*, 1870, *in-8°*.

3006. — Crania Ethnica. Les Crânes des Races humaines, décrits et figurés d'après les collections du Muséum d'Histoire Naturelle de Paris, de la Société d'Anthropologie de Paris, et les principales collections de la France et de l'étranger; par A. de Quatrefages et Ernest T. Hamy. — *Paris, Baillière*, 1876 et s., *gr. in-4° (en publication)*.

3007. — Unité de l'Espèce humaine. — *Paris, Hachette*, 1861, *gr. in-18*.

3008. — L'Espèce humaine. — *Paris, Baillière*, 1877, *in-8°*.

3009. — Histoire de l'Homme. Conférences populaires faites à l'Asile Impérial de Vincennes. — *Paris, Hachette*, 1867-68, 5 part. en *1 vol. in-16*.

3010. — La Race Prussienne. — *Paris, Hachette*, 1871, *in-12*.

3011. — Les Polynésiens et leurs migrations. Première partie : caractères généraux de la race polynésienne. Seconde partie : Origine et migrations des Polynésiens. — *Paris, Bertrand*, s. d., *in-4°, cartes*.

3012. — Rapports sur les progrès de l'Anthropologie. — *Paris, Impr. impériale*, 1867, *gr. in-8°*. (Fait partie du *Recueil de Rapports sur les progrès des lettres et des sciences en France*).

3013. — Histoire naturelle des Annelés marins et d'eau douce. Annélides et Géphyriens. — *Paris, Roret*, 1865, T. I et II (en 2 parties), *in-8°, pl. color. (Suites à Buffon.)*

3014. **Quatremère** (E.). Recherches critiques et historiques sur la Langue et la Littérature de l'Égypte. — *Paris, Impr. Imp.*, 1808, *in-8°*.

3015. — Mémoires géographiques et historiques sur l'Égypte et sur quelques contrées voisines; recueillis et extraits des manuscrits coptes, arabes, etc., de la Bibliothèque impériale. — *Paris, Schoell*, 1811, 2 vol. *in-8°*.

3016. — Mélanges d'Histoire et de Philologie orientale, précédés d'une notice sur l'auteur, par M. Bʳ Saint-Hilaire. — *Paris, Ducrocq*, s. d., *in-8°, portr*.

3017. Quelques Mémoires sur différens sujets : la plupart d'Histoire naturelle ou de Physique générale et particulière (par Dupont de Nemours). — *Paris, Delance*, 1807, *in-8°*.

3018. Quelques Pensées extraites de divers moralistes, pour servir à l'Homme de la Nature devenu Homme social (par Tellier). — *Paris, Baudouin*, 1793, *in-8°*.

3019. **Quérard** (J.-M.). Les Auteurs déguisés de la Littérature française au XIXe siècle : essai bibliographique, pour servir de supplément aux recherches d'A.-A. Barbier, sur les ouvrages pseudonymes. — *Paris*, 1845, *gr. in-8°*.

On y a joint :

De la Bibliographie générale au dix-neuvième siècle, et plus particulièrement du Manuel du libraire et de l'amateur de livres. Lettre à M. Jacques-Charles Brunet. — *Paris*, avril 1863.

3020. — Le Quérard, archives d'histoire littéraire, de biographie et de bibliographie françaises (1855-56) ; complément périodique de la France littéraire. — *Paris*, 1855-56. *2 vol. in-8°*.

3021. **Quesné** (J.-S.). Lettres à Madame de Fronville sur le Psychisme. Cinquième édition. — *Paris, Pillet*, 1821, *in-12*.

3022. Questions relatives à l'Agriculture et la Nature des Plantes (par C.-F. Tiphaigne de la Roche). — *La Haye, Neaulme*, 1759, *in-12*.

3023. **Quételet** (A.). Du Système social et des Lois qui le régissent. — *Paris, Guillaumin et Cie*, 1848, *in-8°*.

3024. — Sur l'Homme et le développement de ses facultés, ou essai de Physique sociale. — *Paris, Bachelier*, 1835, *2 vol. in-8°, pl.*

3025. — Théorie des Probabilités. — *Bruxelles, Jamar* (1853), *in-12*.

3026. **Quillet** (C.). La Callipédie, ou la Manière d'avoir de beaux enfans ; poème didactique, traduction libre en vers françois (par Lancelin de Laval) (texte latin en regard). — *Amsterdam et Paris, Dupuis*, 1774, *in-12*.

3027. **Quinet** (E.). Le Génie des Religions ; deuxième édition. — *Paris, Chamerot*, 1851, *gr. in-18*.

3028. — La Création. — *Paris, Lacroix*, 1870, *2 vol. in-8°*.

3029. — **Quinte-Curce.** De la Vie d'Alexandre, avec les supplémens de Jean Freinshemius en latin et en françois ; par M. Mignot. — *Paris, Impr. de Monsieur.* 1781, *2 vol. in-8°*.

3030. **Quintus de Smyrne.** Guerre de Troie, depuis la mort d'Hector jusqu'à la ruine de cette ville; poème en quatorze chants, faisant suite à l'Iliade, et traduit pour la première fois du grec en français; par R. Tourlet. — *Paris, Lesguilliez*, an IX-1800, 2 vol. *in-8°*.

R

3031. **Rabaut de Saint-Étienne** (J.-P.). Lettres à Monsieur Bailly sur l'Histoire primitive de la Grèce. — *Paris, Debure*, 1787, *in-8°*.

3032. **Rabutaux** (A.-P.-E.). De la Prostitution en Europe, depuis l'antiquité jusqu'à la fin du XVIe siècle; avec une bibliographie par P. Lacroix. — *Paris, Séré*, 1861, *in-4°*.

3033. **Radiguet** (M.). Les derniers Sauvages; souvenirs de l'occupation française aux îles Marquises (1842-59). — *Paris, Hachette*, *gr. in-18*.

3034. — Souvenirs de l'Amérique espagnole. Chili, — Pérou, — Brésil. — *Paris, Lévy*, 1856, *gr. in-18*.

3035. **Radlof** (I.-G.). Neue Untersuchungen des Keltenthumes zur Aufhellung der Urgeschichte der Teutschen. — *Bonn, Büschler*, 1822, *in-8°*.

3036. **Raffeneau - Delille** (A.). Centurie de Plantes d'Afrique du voyage à Meroé, recueillies par M. Cailliaud. — *Paris, Impr. Royale*, 1826, *in-8°, pl.*

3037. **Raffenel** (A.). Voyage dans l'Afrique occidentale, comprenant l'exploration du Sénégal, depuis Saint-Louis jusqu'à la Falémé au delà de Bakel; de la Falémé, depuis son embouchure jusqu'à Sansandig; des mines d'or de Kéniéba, dans le Bambouk; des pays de Galam, Bondou et Woolli; et de la Gambie, depuis Baracounda jusqu'à l'océan, exécuté en 1843 et 1844. — *Paris, Arthus Bertrand*, 1846, *gr. in-8°*.

3038. **Raffles** et **Crawfurd** (J.). Description géographique, historique et commerciale de Java et des autres îles de l'Archipel Indien, contenant des détails sur les mœurs, les arts, les langues, les religions et les usages des habitans de cette partie du monde; ouvrage traduit de l'anglais par M. Marchal. — *Bruxelles, Tarlier*, 1824, *gr. in-4°, gr. et cartes coloriées*.

3039. **Ramazzinus** (B.). Opera omnia Medica et Physiologica. Editio quarta; accessit vita autoris. — *Londini, Vaillant, 1739, 2 tom. en 1 vol. in-4°.*

3040. **Rambur** (P.). Histoire naturelle des Insectes Névroptères (Demoiselles, Éphémères, etc.). — *Paris, Roret, 1842, in-8°, pl. (suites à Buffon).*

3041. **Rame** (X.). Essai historique et médical sur Lodève. — *Lodève, Grillières, 1841, in-8°.*

3042. **Ramée** (D.). Manuel de l'Histoire générale de l'Architecture chez tous les peuples, et particulièrement de l'architecture en France au moyen-âge. — *Paris, Paulin, 1843, 2 vol. in-12.*

3043. — Théologie cosmogonique, ou reconstitution de l'ancienne et primitive loi. — *Paris, Amyot, 1853, in-12.*

3044. **Ramel** (M.-F.-B.). Aperçu et doutes sur la Météorologie appliquée à la médecine. — *Aix, Adibert, 1787, in-12.*

3045. **Ramond** (L.). Voyages au Mont-Perdu, et dans la partie adjacente des Hautes-Pyrénées. — *Paris, Belin, an IX-1801, in-8°, pl. gr.*

3046. **Ranchin** (F.). Opuscules, ou Traictés divers et curieux en Médecine. — *Lyon, Ravaud, 1630, in-8°.*

> On a ajouté en tête une gravure, publiée en 1720, représentant le chancelier Chicoyneau en *habit contre la mort*, lors de la peste de Marseille.

3047. — Traité politique et médical de la Peste, avec l'histoire de la Peste qui affligea Montpellier en 1629 et 1630; les ordres qu'on y apporta, et la désinfection de la ville. Extrait de ses Opuscules, ou Traités divers et curieux en médecine. — *Liége, Broncard, 1721, in-12.*

3048. **Rantzow** (L. de). Discussion si la Polygamie est contre la Loi Naturelle ou Divine, tant de l'Ancien que du Nouveau Testament; de ce qui a donné lieu de l'interdire aux chrétiens; si les souverains chrétiens sont autorisés de la réintroduire dans leurs états, et de quelle manière ils pourroient s'y prendre sans occasionner des désordres dans les ménages. — *Saint-Pétersbourg, 1774, in-12.*

3049. **Raoul-Rochette** (D.). Discours sur l'origine, le développement et le caractère des Types imitatifs qui constituent l'Art du christianisme. — *Paris, Le Clere, 1834, in-8°.*

3050. — Cours d'Archéologie. — *Paris, Renduel, 1828, in-8°.*

3051. **Raoux** (A.-G.). Dissertation historique sur l'origine du nom de *Belges*, et sur l'ancien *Belgium*. — (Extr. des *Nouv. Mém. de l'Acad. de Bruxelles*, années 1825 et 1831). *Bruxelles, Hayez*, in-4°. = (*On y a joint*): Mémoire sur la question proposée par l'Académie de Bruxelles, pour l'année 1778 : Donner un précis des principales expéditions ou émigrations des Belges dans les pays lointains, depuis les temps les plus reculés, jusques et y compris celui des croisades; examiner aussi quelle a été l'influence de ces expéditions sur les mœurs et le caractère national; par M. Méan. = Extrait du Mémoire de M. d'Hoop sur le même sujet. *In-4°*.

3052. **Rapin** (R.). Hortorum libri IV, cum disputatione de Cultura Hortensi. Joan. Meursii Fil. Arboretum sacrum. Angeli Politiani Rusticus. Ad hæc Lipsii leges Hortenses, et Lazari Bonamici carmen de Vita Rustica. — *Ultrajecti, Ribbius*, 1672, *in-12*, *frontisp. gr.*

3053. — Les Jardins; poème en quatre chants; traduction nouvelle avec le texte, par V*** et G*** (Voiron et Gabiot). — *Amsterdam; et Paris, Cailleau*, 1782, *in-8°*.

3054. **Rapp** (C.). Über den Ursprug der Menschen und Völker nach der mosaischen Genesis. — *Nürnberg, Schrag*, 1829, *in-8°*.

3055. — Versuch einer Physiologie der Sprache nebst historischer entwicklung der abendländischen Idiome nach physiologischen grundsätzen. — *Sttugart und Tübingen, Cotta*, 1836-41, 4 vol. *in-8°*.

3056. Rapport général sur les travaux du Conseil de salubrité de Nantes, pendant l'année 1829. — *Nantes, Mellinet*, 1830, *in-8°*.

3057. Rapport général des travaux du Conseil central de Salubrité du département de la Gironde, pour les années 1833-36. — *Bordeaux, Teycheney*, 1835-37, *2 fasc. in-8°*.

3058. Rapport sur le Choléra Morbus, lu à l'Académie royale de médecine et en séance générale, les 26 et 30 juillet 1831. — *Paris, Impr. Royale*, 1831, 2 part. en 1 vol. *in 8°*.

3059. **Rask** (R.). Die älteste Hebräische Zeitrechnung bis auf Moses, nach den Quellen neu bearbeitet und mit einer karte vom Paradiese versehen; aus dem dänischem übersetzt, von D.-Gottl. Mohnike. — *Leipzig, Barth*, 1836, *in-8°*.

3060. — Über das Alter und die Echtheit der Zend-Sprache und des Zend-Avesta und Herstellung des Zend-Alphabets; nebst einer übersicht des gesammten sprachstammes ubersetzt von Fried Heinrich von der Hagen. — *Berlin, Duncker und Humblot*, 1826, *in-12.*

3061. **Raspail** (F.-V.). Nouveau système de Chimie organique, fondé sur des méthodes nouvelles d'observation. — *Paris, Baillière*, 1833, *in-8°, pl. col.*

3062. **Rastoul** (A.). Tableau d'Avignon. — *Avignon, Rastoul*, 1836 *in-8°.*

3063. **Rautenbach** (E.). Ueber Nationalität und Nationalisirung der Sprachen. — *Darmstadt, Pabst*, 1835, *in-12.*

3064. **Ray** (J.). The Wisdom of God manifested in the works of the Creation; the fourth edition. — *London, Smith*, 1704, *in-8°, portrait.*

3065. — L'Existence et la Sagesse de Dieu, manifestées dans les œuvres de la création ; trad. de l'anglois. — *Utrecht, Broedelet*, 1723, *in-12.*

3066. **Rayer** (P.). Sommaire d'une Histoire abrégée de l'Anatomie pathologique. — *Paris, Gabon*, 1818, *in-8°.*

3067. — Archives de médecine comparée (1823-43). — *2 liv. gr. in-4°.*
Sur l'Anévrysme vermineux et le *Strongylus ormatus minor*. — Des vers qu'on rencontre dans le sang de certains animaux, par Rayer. — Acares dans le système pileux, par G. Simon.
Helminthes dans les yeux des animaux supérieurs, par Nordmann et Rayer, etc. ; *pl.*

3068. **Raymond** (D.). Traité des Maladies qu'il est dangereux de guérir. — *Avignon, Mérande*, 1757, 2 tomes en 1 vol. *in-12.*

3069. — Histoire de l'Elephantiasis, contenant aussi l'origine du Scorbut, du Feu St-Antoine, de la Vérole, etc. ; avec un précis de l'histoire physique des Tems. — *Lausanne, Grasset*, 1767, *in-12.*

3070. **Raymond** (E.) (L. Galibert). Histoire des Pérégrinations de Molière dans le Languedoc, d'après les documents inédits, 1642-1658. — *Paris, Dubuisson*, 1858, *in-8°.*

3071. **Raynal** (G.-T.). Des Peuples et des Gouvernemens. Recueil de pensées extraites de l'Histoire philosophique des deux Indes. — *Paris, Pollantru*, 1822, *in-16, portr.*

3072. **Raynaudus** (T.). De Incorruptione Cadaverum, occasione de mortui fœminei corporis post aliquot secula incorrupti, nuper refossi Carpentoracti. Editio altera, aucta. — *Arausioni, Rabanus,* 1651, *in-8°.*

3073. **Raynouard** (F.-J.-M.). Éléments de la Grammaire de la Langue Romane, avant l'an 1000 ; précédés de recherches sur l'origine et la formation de cette langue. — *Paris, Didot,* 1816, *in-8°.*

3074. — Grammaire comparée des Langues de l'Europe latine, dans leurs rapports avec la langue des Troubadours. — *Paris, Didot,* 1821, *in-8°.*

3075. — Influence de la Langue Romane rustique, sur les langues de l'Europe latine. — *Paris, Crapelet,* 1836, *in-8°.*

3076. **Razoumowsky** (G. de). Histoire naturelle du Jorat et de ses environs, et celle des trois Lacs de Neufchatel, Morat et Bienne ; précédées d'un essai sur le climat, les productions, le commerce, les animaux de la partie du pays de Vaud ou de la Suisse Romande, qui entre dans le plan de cet ouvrage. — *Lausanne, Mourer,* 1789, *2 vol. in-8°, pl. gr.*

3077. **Re** (F.). Elementi di Agricoltura appoggiati alla storia naturale ed alla chimica moderna. Prima edizione veneta, in cui per la prima volta si aggiunsero dallo stesso autore varie annotazioni illustrative ; ed un saggio di Bibliografia Georgica, ossia Indice raggionato delle principali opere di Agricoltura si antiche che moderne. — *Venezia, Pezzana,* 1802, *3 vol. en 2.*

3078. **Read.** Traité du Seigle ergoté ; seconde édition. — *Metz, Collignon,* 1774, *in-12.*

3079. **Réaumur** (R.-A.-F. de). Pratique de l'art de faire éclore et d'élever en toute saison des oiseaux domestiques de toutes espèces, soit par le moyen de la chaleur du fumier, soit par le moyen de celle du feu ordinaire. — *Paris, Impr. Royale,* 1751, *in-12, pl. gr.*

3080. **Reboul** (H.). Essai de Géologie descriptive et historique. Prolégomènes et période primaire. — *Paris, Levrault,* 1835, *in-8°, pl.*

3081. — Géologie de la Période quaternaire, et introduction à l'Histoire ancienne. — *Paris, Levrault,* 1833, *in-8°.*

3082. — Le Dernier des Trencavels. Mémoires d'un Troubadour du treizième siècle, traduits de la langue romane, avec notes historiques et critiques. — *Paris, Tenon,* 1835, *4 vol. in-12.*

3083. **Reboul.** Sommaire des Règlemens faits par le Bureau de Police de la ville de Montpellier. — *Montpellier, Rochard*, 1760, *in-8°*.

3084. Recherches Asiatiques, ou Mémoires de la Société établie au Bengale pour faire des recherches sur l'histoire et les antiquités, les arts, les sciences et la littérature de l'Asie ; traduits de l'anglois par A. Labaume, revus et augmentés de notes pour la partie orientale philologique et historique, par M. Langlès ; et pour la partie des sciences exactes et naturelles, par MM. Cuvier, Delambre, Lamarck et Olivier. — *Paris, Impr. Impériale*, an XIV-(1805), 2 vol. *in-4°*.

3085. Recherches historiques sur les principales nations établies en Sibérie et dans les pays adjacens, lors de la conquête des Russes ; ouvrage traduit du russe (de Fischer), par Stollenwerck. — *Paris, Laran*, (an IX-(1801), *in-8°*.

3086. Recherches sur l'origine du Despotisme oriental ; ouvrage posthume de M. B. I. D. P. E. C. (Boulanger). — *S. ind.*, 1763, *in-12*.

3087. Recherches sur l'Origine des Bretons Armoricains, par (Maudet de Penhouet). — *Nantes, Mangin*, 1814, *in-4°, pl. gr.*

3088. Recherches sur quelques points d'histoire de la médecine qui peuvent avoir rapport à l'arrêt de la Grand Chambre du Parlement de Paris, concernant l'Inoculation (par Bordeu fils). — *Paris, Cailleau*, 1764, 2 vol. *in-12*.

3089. **Reclus** (E.). La Terre, description des Phénomènes de la vie du Globe. — *Paris, Hachette*, 1868-69, 2 vol. gr. *in-8°*, cartes et fig.

3090. — Les Phénomènes terrestres : Les Continents. — *Paris, Hachette*, 1870, gr. *in-18°, fig.*

3091. — Les Phénomènes terrestres : Les Mers et les Météores. — *Paris, Hachette*, 1872, gr. *in-18*.

3092. Recherches (Nouvelles) sur la Langue, l'Origine et les Antiquités des Bretons ; par M. L. T. D. C. (La Tour d'Auvergne Corret). On a joint à ces recherches un glossaire d'un grand nombre de mots grecs, latins, français, etc., qui, pour la forme et le sens ont encore conservé, de nos jours, le plus grand rapport avec le celto-breton, et paraissent avoir appartenu, primitivement, à cette langue. — *Bayonne, Fauvet*, 1792, *in-8°*.

3093. Recueil de Discours prononcés à la Faculté de Médecine de Montpellier, par des Professeurs de cette Faculté. — *Montpellier, Picot,* 1820, *in-8°.*

3094. Recueil des Bulletins publiés par la Société libre des Sciences et Belles-Lettres de Montpellier. — *Montpellier, Tournel*, an XI-(1803), 1813, *6 vol. in-8°, pl. gr.*

3095. Recueil des choses mémorables avenues en France sous le règne de Henri II, François II, Charles IX et Henri III de la maison de Valois, depuis l'an M.D.XLVII jusques au commencement du mois d'aoust M.D.LXXXIX, contenant infinies merveilles de nostre siècle (par Jean de SERRES). — *Sans ind.*, 1595, *in-8°.*

3096. Recueil des Lettres, Mémoires et autres pièces, pour servir à l'histoire de l'Académie des Sciences et Belles-Lettres de la ville de Béziers (par BOUILLET). — *Béziers, Barbut,* 1736.

3097. Recueil de Voyages au Nord, contenant divers Mémoires très-utiles au commerce et à la navigation. — *Amsterdam, Bernard,* 1715, *8 vol. in-12, cartes et fig. gr. (Manquent les T. 4-8.)*

3098. Recueil philosophique et littéraire de la Société Typographique de Bouillon (publié par ROBINET et CASTILHON). — *Paris, Lacombe,* 1769-70, *5 vol. in-12.*

3099. **Recupitus** (J.-C.). De Vesuviano incendio Nuntius. Editio tertia. — *Lovanii, de Vitte,* 1639, *in-18.*

3100. **Redi** (F.). Experimenta circa generationem Insectorum. — *Amstelodami, Frisius,* 1671, *in-12, frontisp. et fig gr.*

3101. — Esperienze intorno a diverse cose naturali et particolarmente a quelle che si son portate d'all' Indie. — *Firenze, Martini,* 1686. = Osservazioni intorno agli animali viventi che si trovano negli animali viventi. — *Firenze, Martini,* 1684, *pl. gr.* = Esperienze intorno alla generazione degli Insetti. Quinta Impressione. — *Firenze, Martini,* 1688, *pl. gr.*, *1 vol. in-4°.*

3102. — Opere; edizione veneta seconda. — *Venezia, Eredi Hertz,* 1742, *2 vol. in-4°, pl. gr.*

3103. **Reeve** (H.). An Essay on the Torpidity of Animals. — *London, Longman,* 1839, *in-8°.*

3104. Réflexions et Maximes sur divers sujets de morale, de religion et de politique. — *Paris, Couterot,* 1690, *in-12.*

3105. Réflexions sur le Discours de J.-Jacques Rousseau, sur l'origine et les fondemens de l'Inégalité parmi les hommes (par François de LA TOUR). — *Turin, Briolo,* 1778, *in-12.*

3106. Réflexions sur les Grands Hommes qui sont morts en plaisantant. Nouvelle édition, augmentée d'épitaphes et autres pièces curieuses qui n'ont point encore paru (par DESLANDES). — *Amsterdam, Westein,* 1732, *in-12.*

3107. Réflexions sur un projet de géographie médicale de la France, inséré dans le journal de Médecine Militaire. (Extrait des Nouvelles instructives de Médecine pour l'année 1787. — *S. ind., in-24 de 35 pp.*

3108. **Rega** (H.-J.). Tractatus medicus de Sympathia, seu consensu partium corporis humani, ac potissimum ventriculi, in statu morboso. — *Francofurti et Lipsiæ, Fleischerius,* 1762, *in-8°.*

3109. **Reghellini** (M.), de Schio. Examen du Mosaïsme et du Christianisme. — *Paris, Dondey-Dupré,* 1834, 3 *vol. in-8°.*

3110. **Regis** (P.). Moses legislator seu de mosaicarum legum præstantia. — *Augustæ Taurinorum, Briolus,* 1779, *in-4°.*

3111. **Régy.** Mémoire sur l'amélioration du littoral de la Méditerranée dans le département de l'Hérault. — *Paris, Dunod,* 1863, *in-8°, pl.*

3112. **Reil.** Pepinieren zum Unterricht ärztlicher Routiniers als Bedürfnisse des Staats nach feiner Lage wie sie ist. — *Halle, Curtsch,* 1804, *in-12.*

3113. **Reimar** (H.-S.). Observations physiques et morales sur l'Instinct des animaux, leur industrie et leurs mœurs; traduit de l'allemand, sur la dernière édition, par M. (Réneaume de Latache). — *Amsterdam, Changuion,* 1770, 2 *tom. en 1 vol. pet. in-8°.*

3114. **Reinaud** (J.-T.). Invasions des Sarrazins en France et de France en Savoie, en Piémont et dans la Suisse, pendant les 8°, 9° et 10° siècles de notre ère, d'après les auteurs chrétiens et mahométans. — *Paris, V° Dondey-Dupré,* 1836, *in-8°.*

3115. — Fragments arabes et persans inédits relatifs à l'Inde, antérieurement au XI siècle de l'ère chrétienne. — *Paris, Impr. royale,* 1845, *in-8°.*

3116. — Relation des Voyages faits par les Arabes et les Persans dans l'Inde et à la Chine, dans le IX° siècle de l'ère chrétienne;

texte arabe imprimé en 1811 par les soins de feu Langlès, publié avec des corrections et additions, et accompagné d'une traduction française et d'éclaircissements. — *Paris, Impr. Royale*, 1845, 2 vol. *in-16*.

3117. **Reinwald** (J.-G.). Kultur und Barbarei, oder Andeutungen aus und zu der geschichte der Menschheit, mit steter beziehung auf unsre zeit. — *Mainz, Kupferberg*, 1825, *in-12*.

3118. Relations (Anciennes) des Indes et de la Chine de deux voyageurs mahométans, qui y allèrent dans le huitième siècle ; traduites d'arabe (par Eusèbe Renaudot) ; avec des remarques sur les principaux endroits de ces relations. — *Paris, Coignard*, 1718, *in-8°*.

3119. Relation du Groenland (par La Peyrère). — *Paris, Courbé*, 1647, *in-8°, pl. gr.*

3120. Relation en forme de journal du Voyage pour la rédemption des Captifs aux royaumes de Maroc et d'Alger, pendant les années 1723, 1724 et 1725 ; par les PP. Jean de la Faye, Denis Mackar ; Augustin d'Arcias, Henry Le Roy, députez de l'ordre de la Sainte-Trinité, dits Mathurins. — *Paris, Sevestre*, 1726, *in-12*.

3121. Religio Medici (opus ex anglico sermone Th. Brown in latinum conversum a J. Merryweather). — *Juxta exemplar, Lugduni-Batavorum (Parisiis)*, 1644, *in-12, tit. gr.*

3122. — Religion du Médecin, c'est-à-dire : Description nécessaire, par Thomas Brown, touchant son opinion accordante avec le pur service divin d'Angleterre (trad. du latin de Merryweather en français par Le Febvre). — *S. ind.*, 1668, *in-16, front. gr.*

3123. Remarques morales, philosophiques et grammaticales sur le Dictionnaire de l'Académie françoise (par Feydel). — *Paris, Renouard*, 1807, *in-8°*.

3124. Remarques nouvelles sur la Langue Françoise (par le P. Bouhours). — *Paris, Mabre Cramoisy*, 1676, *petit in-12*.

3125. **Remer** (W.-H.-G.). Police judiciaire pharmaco-chimique, ou Traité des alimens salubres, de leur sophistication et des altérations qu'ils éprouvent dans les vaisseaux qui servent à leur préparation ; des substances tirées des trois règnes que l'on peut considérer comme poisons ; des matières vénéneuses que fournissent les serpens, les crapauds, les vers, les insectes, etc. ; et des mesures de surveillance et de police nécessaires pour prévenir les méprises si funestes dans les préparations des remèdes, etc.; traduit de l'allemand par E.-J.-B. Bouillon-Lagrange et A. Vogel, etc. — *Paris, Caille et Ravier*, 1816, *in-8°*.

3126. **Rémusat** (J.-P.-A.). Essai sur la Langue et la Littérature chinoises; suivi de notes et d'une table alphabétique des mots chinois. — *Paris, Treuttel et Wurtz*, 1811, *in-8°*.

3127. — Recherches sur les Langues Tartares, ou Mémoires sur divers points de la grammaire et de la littérature des Mandchous, des Mongols, des Ouigours et des Tibétains. Tome Ier (seul paru). — *Paris, Impr. Royale*, 1820, *in-4°*.

3128. — Mélanges Asiatiques, ou choix de morceaux critiques et de mémoires relatifs aux religions, aux sciences, aux coutumes, à l'histoire et à la géographie des nations orientales. — *Paris, Dondey-Dupré*, 1825-26, 2 vol. *in-8°*.

3129. — Nouveaux Mélanges Asiatiques, ou recueil de morceaux de critique et de mémoires relatifs aux religions, aux sciences, aux coutumes, à l'histoire et à la géographie des nations orientales. — *Paris, Schubart et Heideloff*, 1829, 2 vol. *in-8°*.

3130. — Mélanges posthumes d'Histoire et de Littérature orientales. — *Paris, Imprimerie Royale*, 1843, *in-8°*.

3131. **Remy.** De la Vie et de la Mort; considérations philosophiques sur la vie de la terre et des êtres qui en dépendent, en particulier de la vie et de la mort de l'homme et de son avenir, comprenant la géogénie, concordant avec l'interprétation du Ier chap. de la Genèse, la géologie, l'histoire naturelle philosophique, la vie humaine particulière et sociale. — *Paris, Imprimeurs unis*, 1847, *in-8°*.

3132. **Renan** (E.). De l'Origine du Langage; deuxième édition. — *Paris, Lévy*, 1858, *in-8°*.

3133. — Histoire générale et système comparé des Langues Sémitiques. — *Paris, Impr. Impériale*, 1855, *in-8°*.

3134. — Essais de Morale et de critique. — *Paris, Lévy*, 1859, *in-8°*.

3135. — Études d'Histoire religieuse. — *Paris, Lévy*, 1857, *in-8°*.

3136. — Averroès et l'Averroïsme. Essai historique. Deuxième édition. — *Paris, Lévy*, 1861, *in-8°*.

3137. — Le Livre de Job, traduit de l'hébreu. Étude sur l'âge et le caractère du poëme. Deuxième édition. — *Paris, Lévy*, 1860, *in-8°*.

3138. **Renan** (E.). Le Cantique des Cantiques ; traduit de l'hébreu avec une étude sur le plan, l'âge et le caractère du poëme. Deuxième édition. — *Paris, Lévy*, 1861, *in-8°*.

3139. — Vie de Jésus. — *Paris, Lévy*, 1863, *in-8°*.

3140. **Renard** (L.). Histoire d'Espagne ; temps primitifs, domination carthaginoise, romaine, visigoths, arabe. — *Paris, Furne*, 1855, *in-8°*.

3141. **Renauldin** (L.-J.). Études historiques et critiques sur les Médecins numismatistes, contenant leur biographie et l'analyse de leurs écrits. — *Paris, Baillière*, 1851, *in-8°*.

3142. **Rendella** (P.). Tractatus de Vinea, Vindemia et Vino, in quo quæ ad vineæ tutelam et culturam, vindemiæ opus, vinitoris documenta pertinent ; ac plures quæstiones, et leges, animadvertuntur, et dilucide explicantur. Nec non Vini genera plurima, ac de vini commercio, et usu solerti cura proponuntur. — *Venetiis, Juntæ*, 1629, *in-fol*.

3143. **Rendu** (V.). L'Intelligence des Bêtes. — *Paris, Hachette*, 1863, *gr. in-18*.

3144. — Nouveau Spectacle de la Nature, ou Dieu et ses œuvres. Insectes. — *Paris, Pitois-Levrault*, 1840, *in-16*.

3145. **Rengger** (J.-R.). Physiologische Untersuchungen über die thierische haushaltung der Insecten. — *Tübingen, Laupp*, 1817, *in-8°*.

3146. **Rennell** (J.). Description historique et géographique de l'Indostan ; traduite de l'anglais par J.-B. Boucheseiche, sur la septième et dernière édition, à laquelle on a joint des mélanges d'histoire et de statistique sur l'Inde ; traduits par J. Castéra. — *Paris, Poignée*, an VIII-(1800), *3 vol. in-8°, cartes*.

3147. Répertoire anglois, ou Recueil de littérature, d'histoire et d'anecdotes angloises (par Chomel de Saint-Ange). — *Paris, Knapen*, 1789, *2 vol. in-12*.

3148. Républicaines (Les), chansons populaires des Révolutions de 1789-1792 et 1830. Quatrième édition. — *Paris, Pagnerre*, 1848, *2 vol. in-12*.

3149. République (La) des Hébreux, où l'on voit l'origine de ce

Peuple, ses Lois, sa Religion, son Gouvernement, tant ecclésiastique que politique ; ses cérémonies, ses coutumes, ses progrez, ses révolutions, sa décadence, et, enfin, sa ruine (trad. du latin de P. Cunæus, par G. Goerée). — *Amsterdam, P. Mortier, 1705, 3 vol. in-8°, fig. gr.*

3150. **Résie** (de). Histoire et Traité des sciences occultes, ou examen des croyances populaires sur les êtres surnaturels, la magie, la sorcellerie, la divination, etc., depuis le commencement du monde jusqu'à nos jours. — *Paris, Vivès, 1857, 2 vol. in-8°.*

3151. Résumé de l'Histoire des Traditions morales et religieuses chez les divers peuples, par de S.... (Sénancourt). Seconde édition. — *Paris, Lecointe et Durey, 1827, in-16.*

3152. **Rétif de la Bretonne** (N.-E.). Les Gynographes, ou idées de deux honnêtes femmes sur un projet de règlement proposé à toute l'Europe pour mettre les femmes à leur place, et opérer le bonheur des deux sexes ; avec des notes historiques et justificatives, suivies des noms des femmes célèbres. — *La Haye, Gosse et Pinet, 1777, 2 part. en 1 vol. in-8°.*

3153. **Retz.** Météorologie appliquée à la Médecine et à l'Agriculture ; ouvrage qui a remporté le prix de l'Acad. de Bruxelles, du 12 octobre 1778 sur cette question : Décrire la température la plus ordinaire des saisons aux Pays-Bas, et en indiquer les influences, tant sur l'économie animale que végétale, etc. — *Paris, Méquignon, 1784, in-8°.*

3154. **Reuilly** (J.). Voyage en Crimée et sur les bords de la Mer Noire, pendant l'année 1803 ; suivi d'un Mémoire sur le commerce de cette mer, et de notes sur les principaux ports commerçans. — *Paris, Bossange, Masson et Besson, 1806, in-8°, pl. et cart. gr.*

3155. **Reusch** (F.-H.). La Bible et la Nature. Leçons sur l'histoire biblique de la Création, dans ses rapports avec les sciences naturelles ; traduit de l'allemand, par X. Hertel. — *Paris, Gaume, 1867, in-8°.*

3156. **Reuss** (J.-D.). Repertorium Commentationum a Societatibus litterariis editarum. Scientia naturalis. T. I : Historia naturalis, generalis, et Zoologia. T. II : Botanica et Mineralogia. — *Gottingæ, Dieterich, 1801-02, 2 vol. in-4°.*

3157. — Repertorium Commentationum a Societatibus litterariis editarum. Historia : Subsidia historica (geographia ; chronologia ; monumenta veterum populorum ; inscriptiones ; numi et res numaria ; ars diplomatica ; heraldica) ; historia universalis ; historia generis humani ; historia mythica ; historia specialis ; Asiæ ; Africæ ; Americæ ; Europæ ; historia ecclesiastica ; historia litteraria. = Philologia ; linguæ ; scriptores græci ; scriptores latini ; litteræ elegantiores ; poesis ; rhetorica ; ars antiqua ; pictura ; musica. — *Gottingæ, Dieterich*, 1810, *2 vol. in-4°, rel. en 1.*

3158. **Reuss** (J.-D.). Repertorium Commentationum a Societatibus litterariis editarum. Scientia et Ars medica et chirurgica. — *Gottingæ, Dieterich,* 1813-21, *5 part. en 7 vol. in-8°.*

3159. **Reveillé-Parise** (J.-H.). Physiologie et Hygiène des hommes livrés aux travaux de l'esprit, ou recherches sur le physique et le moral, les habitudes, les maladies et le régime des gens de lettres, artistes, savans, hommes d'état, jurisconsultes, administrateurs. — *Paris, Dentu,* 1834, *2 tomes en 1 vol. in-8°.*

3160. — Traité de la Vieillesse, hygiénique, médical et philosophique, ou recherches sur l'état physiologique, les facultés morales, les maladies de l'âge avancé, et sur les moyens les plus surs, les plus expérimentés, de soutenir et de prolonger l'activité utile à cette époque de l'existence. — *Paris, Baillière,* 1853, *in-8°.*

3161. Révélations (Les) indiscrètes du XVIII° siècle, par le cardinal de Bernis, Bossuet, Cabanis, Cerutti, Champcenetz, etc., etc. (par Auguis) ; le tout précédé des Confessions, lettre apologitique sur l'état présent de la littérature. — *Paris, Guitel,* 1814, *in-16 (avec les cartons).*

3162. **Revolat** (E.-B.). Nouvelle Hygiène militaire, ou préceptes sur la santé de l'homme de guerre, considéré dans toutes ses positions, comme : les garnisons, les cantonnemens, les campemens, les bivouacs, les ambulances, les hôpitaux, les embarquemens, etc., etc. — *Lyon, Tournachon-Molin,* an XII-1803, *in-8°.*

3163. Revue Britannique, choix d'articles extraits des meilleurs écrits périodiques de la Grande-Bretagne. — *Paris,* 1825-1877, *307 vol. in-8°.*

3164. Revue chronologique de l'Histoire de France, depuis la première convocation des notables jusqu'au départ des troupes étrangères, 1787-1818 (par M. de Montgaillard). — *Paris, F. Didot,* 1820, *in-8°.*

3165. Revue des Cours scientifiques de la France et de l'Étranger. — *Paris, Baillière,* 1863-77, *17 vol. in-4°.*

3166. **Rey** (M.). Dégénération de l'Espèce humaine et sa régénération. — *Paris, Germer-Baillière,* 1863, *in-8°.*

3167. **Reybaud** (L.). La Polynésie et les Iles Marquises; voyages et marines, accompagnés d'un voyage en Abyssinie et d'un coup d'œil sur la canalisation de l'isthme de Panama. — *Paris, Guillaumin,* 1843, *in-8°.*

3168. — Études sur les Réformateurs ou socialistes modernes, Saint-Simon, Charles Fourier, Robert Owen. 5ᵉ édition. — *Paris, Guillaumin,* 1848, *2 vol. in-8°.*

3169. **Reynier** (L.). De l'Économie publique et rurale des Perses et des Phéniciens. — *Genève, Paschoud,* 1819, *in-8°.*

3170. **Reynaud** (J.). Considérations sur l'esprit de la Gaule. — *Paris, Martinet,* 1847, *in-8°.*

3171. **Reynier** (J.-L.-A.) et **Struve** (H.). Mémoires pour servir à l'histoire naturelle de la Suisse. — *Lausanne, Mourer,* 1788, *in-8°, pl. gr. (T. Iᵉʳ, et unique.)*

3172. **Rhode** (J.-G.). Ueber religiöse bildung, mythologie und philosophie der Hindus, mit rücksicht auf ihre älteste geschichte. — *Leipzig, Brockhaus,* 1827, *2 vol. in-8°.*

3173. **Rhyne** (W.-T.). Dissertatio de Arthritide. — Mantissa schematica de Acupunctura : et orationes tres, I. De Chymiæ ac Botanicæ antiquitate et dignitate. II. De Physiognomia. III. De Monstris. — *Londini, Chilwell,* 1683, *in-8°, portr. et pl. gr.*

3174. **Ribes** (F.). Doctrine médicale de la Vie universelle. — *Toulon,* 1835; *et Montpellier, Castel,* 1836, *2 vol. in-8°. (Extr. de la Bibliothèque méridionale.)*

3175. **Ribeyre de Villemont** (de). Ethnologie de l'Europe. Origines, migrations et établissements des différentes races qui ont peuplé l'Europe. — *Paris, Dentu,* 1856, *in-12.*

3176. **Ribeyro** (J.). Histoire de l'Isle de Ceylan, écrite et présentée au Roy de Portugal en 1685; traduite du portugais en françois. — *Trévoux, Ganeau,* 1701, *in-12.*

3177. **Ribot** (T.). L'Hérédité. Étude psychologique sur ses phénomènes, ses lois, ses causes, ses conséquences. — *Paris, Ladrange*, 1873, *in-8°*.

3178. **Ribot** (T.). La Philosophie de Schopenhauer. — *Paris, Baillière*, 1874, *in-18*.

3179. **Rich** (A.). Dictionnaire des Antiquités romaines et grecques, accompagné de 2,000 gravures d'après l'antique, représentant tous les objets de divers usages d'art et d'industrie, des grecs et des romains ; traduit de l'anglais, sous la direction de M. Cheruel. — *Paris, Didot*, 1861, *in-8°*.

3180. **Richard** (pseudonyme de J.-M.-V. Audin). Guide aux Pyrénées, itinéraire pédestre des montagnes, orné d'une belle carte des Pyrénées. — *Paris, Audin*, 1834, *in-12, frontisp. et cart. gr.*

3181. — Guide du Voyageur aux Pyrénées ; itinéraire pittoresque et artistique du géologue, de l'homme du monde et du malade aux bains des Hautes et Basses-Pyrénées, des Pyrénées-Orientales et de la Haute-Garonne. Cinquième édition. — *Paris, Maison*, 1852, *in-12, fig. et carte.*

3182. **Richard** (Ch.). Cosmogonie. Origine et fin des mondes. — *Paris, Dubuisson, in-12.*

3183. **Richard** (J.). La Théorie des Songes. — *Paris, les Frères Estienne*, 1766, *in-12*.

3184. **Richard** (L.-C.). Demonstrations botaniques, ou analyse du Fruit considéré en général ; publiées par H.-A. Duval. — *Paris, Gabon*, 1808, *in-12*.

3185. **Riche** (C.-A.). De Chemia Vegetabilium. — Considération sur la Chimie des Végétaux (thèses). — *Avenione, Domergue*, 1786-87, *in-8°*.

3186. **Richerand** (A.). Des Erreurs populaires relatives à la Madonne. — *Paris, Crapelet*, 1810, *in-8°*.

3187. — De la Population, dans ses rapports avec la nature des gouvernemens. — *Paris, Béchet jeune*, 1837, *in-8°*.

3188. **Rickmann** (C.). Von den Einfluss der Arzneiwissenschaft auf das wohl des Staats und dem besten mittel zur rettung des Lebens. — *Iena, Hartung*, 1771, *in-12*.

3189. **Ricord-Madiana** (J.-B.). Recherches et expériences sur les Poisons d'Amérique, tirés des trois règnes de la nature, pour servir à la toxicologie générale du continent d'Amérique et des Antilles. Le Brinvilliers. Le Mancenillier vénéneux. — *Bordeaux, Lawalle*, 1826, *in-4°*.

3190. **Rigaud** (A. et C.). Poucsias patouesas. — *Mounpélié, Renaud*, 1806, *in-8°*. *(Notes manuscrites de R. Martin.)*

3191. **Ring** (M. de). Histoire des Peuples Opiques, de leur législation, de leur culte, de leurs mœurs, de leur langue. — *Paris, Duprat*, 1859, *in-8°, pl.*

3192. **Risso** (A.). Ichthyologie de Nice, ou histoire naturelle des Poissons du département des Alpes maritimes. — *Paris, Schœell*, 1810, *in-8°, pl. gr.*

3193. — Histoire naturelle des Crustacés des environs de Nice. — *Paris*, 1816, *in-8°, pl. gr.*

3194. — Histoire naturelle des principales productions de l'Europe méridionale, et particulièrement de celles des environs de Nice et des Alpes maritimes. — *Paris, Levrault*, 1826, 5 *vol. in-8°.*

3195. **Ritter** (K.). Géographie générale comparée, ou Etude de la terre dans ses rapports avec la nature et avec l'histoire de l'homme, pour servir de base à l'enseignement et à l'étude des sciences physiques et historiques ; traduit de l'allemand par E. Buret et Édouard Desor. — *Paris, Paulin*, 1836, *T. I-III, in-8° (seuls publiés).*

3196. — Die Vorhalle Europäischer Völkergeschichten vor Herodotus, um den Kaukasus und an den Gestaden des Pontus ; eine abhandlung zur Alterthumskunde. — *Berlin, Reimer*, 1820, *in-8°.*

3197. **Rivarol** (A.). Esprit de Rivarol (précédé d'une notice sur cet écrivain, par Fayolle). — *Paris, Perronneau*, 1808, *in-12.*

3198. **Rivière** (A.). Études Géologiques et Minéralogiques, ou considérations pour servir à la théorie de la classification rationnelle des terrains, à celle de l'âge relatif des minéraux et des roches, ainsi qu'à celle du métamorphisme. Première partie : Considérations pour servir à la théorie de la classification rationnelle des terrains. — *Paris, Lacour*, 1847, *in-8°.*

3199. **Rixner** (T.-A.). Handbuch der Geschichte der Philosophie zum gebrauche seiner vorlesungen ; zweite auflage. — *Sulzbach, Seidel*, 1829, 3 *vol. in-8°.*

3200. **Robert** (M.-J.-C.) De la Vieillesse. — *Paris, Cellot*, 1779, *in-12.*

3201. **Robert** (L.-J.-M.). De l'Influence de la Révolution française sur la Population ; ouvrage où l'on prouve qu'elle a augmenté depuis dix ans, et où l'on donne les causes morales et politiques, avec des tableaux à l'appui. — *Paris, Allut,* an XI-(1802), 2 vol. *in-12.*

3202. — Nouvel Essai sur la Megalantropogénésie, ou l'art de faire des enfans d'esprit qui deviennent de grands hommes ; suivi des traits physiognomoniques propres à les faire reconnoître ; décrits par Aristote, Porta et Lavater, avec des notes additionnelles de l'auteur ; seconde édition, considérablement augmentée, et qui ne ressemble à la première que par le titre. — *Paris, Le Normant,* an XI-1803, 2 vol. *in-8°.*

3203. — Manuel des Bains de Mer sur le littoral de Marseille. — *Marseille, Ricard,* 1827, *in-12.*

3204. **Robert** (C.). Les Slaves de Turquie, Serbes, Monténégrins, Bosniaques, Albanais et Bulgares ; leurs ressources, leurs tendances et leurs progrès politiques. — *Paris, Passard,* 1844, 2 vol. *in-8°.*

3205. **Robert** (E.). Lettres sur la Russie, suivies de considérations géologiques sur les révolutions du globe. — *Paris, Arthus Bertrand,* 1840, *in-8°.*

3206. **Robert** (G.). Géographie sacrée et historique de l'ancien et du nouveau Testament,.... avec plusieurs dissertations des sieurs Sanson et autres. — *Paris, Durand,* 1747, *2 vol. in-12.*

3207. **Robert de Vaugondy** (D.). Essai sur l'histoire de la Géographie ou sur son origine, ses progrès et son état actuel. — *Paris, Boudet,* 1755, *in-12.*

3208. **Robertson** (W.). Recherches historiques sur la connoissance que les anciens avoient de l'Inde et sur les progrès du commerce avec cette partie du monde, avant la découverte du passage par le cap de Bonne-Espérance, etc. ; traduit de l'anglois. — *Paris, Buisson,* 1792, *in-8°, cartes.*

3209. — The History of America ; a new edition. — *Basil, Tourneisen and Legrand,* 1790, *3 vol. in-8°.* = The History of America containing the history of Virginia to the year 1688 ; and the history of New England to the year 1652 ; by the same. — 1800, *in-8°.*

3210. — Histoire de l'Amérique ; traduite de l'anglois par MM. Suard et Morellet ; nouvelle édition augmentée. — *Paris, Janet et Cotelle,* 1818, *3 vol. in-8°.*

3211. **Robin** (C.). Le Mont-Glonne, ou recherches historiques sur l'origine des Celtes, Angevins, Aquitains, Armoriques, et sur la retraite du premier solitaire des Gaules au Mont-Glonne, de nul diocèse, sur les confins d'Anjou, d'Aquitaine et de Bretagne. — *Paris, Valade, 1774, 2 vol. in-12, rel. en 1.*

3212. **Robin** (Ch.). Des Végétaux qui croissent sur l'homme et sur les animaux vivants. — *Paris, Baillière, 1847, gr. in-8°, pl. gr.*

3213. — Histoire naturelle des Végétaux parasites qui croissent sur l'homme et sur les animaux vivants (avec un atlas de 15 pl. gravées, en partie coloriées). — *Paris, Baillière, 1853, in-8°.*

3214. **Robineau-Desvoidy** (J.-B.). Recherches sur l'organisation vertébrale des Crustacés, des Arachnides et des Insectes. — *Paris, Compère, 1828, in-8°, pl.*

3215. **Robinet** (J.-B.). De la Nature. Troisième édition. — *Amsterdam, van Harrevelt, 1761, 4 vol. in-8°.*

3216. — Considérations philosophiques de la gradation naturelle des formes de l'Être, ou les Essais de la Nature qui apprend à faire l'homme. — *Paris, Saillant, 1868, in-8°, fig. gr.*

3217. **Robinson** (J.). Antiquités grecques, ou tableau des mœurs, usages et institutions des grecs; traduit de l'anglais (par Leduc et Buchon). — *Paris, Verdière, 1822, 2 vol. in-8°.*

3218. **Rochas** (V. de). La Nouvelle Calédonie et ses habitans. Productions. — Mœurs. — Cannibalisme. — *Paris, Sartorius, 1862, gr. in-18.*

3219. **Rochefort** (H.). Les Français de la Décadence. — *Paris, Librairie Centrale, 1866, gr. in-18.*

3220. **Rochegude** (de). Essai d'un Glossaire occitanien, pour servir à l'intelligence des Poésies des Troubadours. — *Toulouse, Bénichet, 1819, in-8°.*

3221. **Rodier** (G.). Antiquité des Races Humaines. Reconstruction de la chronologie et de l'histoire des peuples primitifs par l'examen des documents originaux et par l'astronomie. — *Paris, Amyot, 1862, gr. in-8°.*

3222. **Rodes** (de). Essai sur la Nationalité du peuple Belge; deuxième édition. — *Bruxelles, 1838, in-8°.*

3223. **Rodriguez de Castro** (J.). Biblioteca Española. Tomo primero que contiene le noticia de los Escritores Rabinos

Españoles desde la epoco conocida de su literatura, hasta el presente. — *Madrid, imprenta real de la Gazeta, 1781, in-fol.*

3224. **Roesel de Rosenhof** (A.-J.). Historia naturalis Ranarum nostratium, in qua omnes earum proprietates, præsertim quæ ad generationem ipsarum pertinent, fusius enarrantur; cum præfatione Alberti de Haller (texte latin et allemand). — *Norinbergæ, Fleischmannus, 1758, in-fol., fig. color.*

3225. — Monatlich herausgegebenen Insectenbelustigungen. — *Nürnberg, Fleischmann,* 1746-61, *4 vol. in-4°, pl. coloriées.* = C.-F.-C. KLEEMANNS Beiträge zur Insecten-Geschichte fortgesezt von Christian Schwars : Erste Theil (1761, *sans titre*). Zweiter Theil. — *Nürnberg, Raspe,* 1793, *2 vol. in-4°, pl. color.* = Chr. SCHWARZ, Nomenclator über die in den Röselschen Insekten-Belustigungen und Kleemannschen Beyträgen zur Insekten-Geschichte abgebildeten und beschriebenen Insekten und Würmer mit möglichst vollständiger Synonymie. — *Nürnberg, Raspe und Bauer,* 1793, 1810 et 1830, *3 part. en 1 vol. in-4°.*

3226. **Roger** (A.). Le Théâtre de l'Idolâtrie, ou la Porte ouverte pour parvenir à la cognoissance du Paganisme caché, et la vraye représentation de la vie, des mœurs, de la religion et du service divin des Bramines qui demeurent sur les costes de Chormandel et aux pays circonvoisins; traduite en françois par le sieur Thomas La Grue. — *Amsterdam, Schipper,* 1670, *in-4°, frontisp. et pl. gr.*

3227. **Roger** (J.-L.). Traité des Effets de la Musique sur le corps humain; traduit du latin et augmenté de notes, par E. Sainte-Marie. — *Paris, Brunot, an XI-*(1803), *in-8°, pl. gr.*

3228. **Rogniat** (J.-B.). Essai d'inductions philosophiques d'après les faits. — *Paris, Ladrange,* 1836, *in-8°.*

3229. **Rolland du Roquan** (O.). Description des Coquilles fossiles de la famille des Rudistes qui se trouvent dans le terrain crétacé des Corbières (Aude). — *Carcassonne, Pomiès-Gardel,* 1841, *gr. in-4°, pl.*

3230. **Rolle** (F.). Der Mensch, seine Abstammung und Gesittung im lichte der Darwin'schen Lehre von der Art-Entstehung und auf grundlage der neuern geologischen entdeckungen. — *Frankfurt am Main, Hermann,* 1866, *in-8°.*

3231. **Romand** (de). Tableau de l'aile supérieure des Hyménoptères. — *Paris, Baillière,* 1839, *gr. in-4°.*

3232. **Romanelli** (D.). Voyage à Pompéi; trad. de l'italien, pour la première fois, par M. P....; suivi d'une notice sur la découverte d'un Temple romain en 1822, à Avallon, en Bourgogne, avec lithographies. — *Paris, Houdaille,* 1829, *in-12.*

3233. **Romieu** (A.). Fragments scientifiques. — *Paris, Paulin,* 1847, *gr. in-18.*

3234. **Rondelet** (G.). Histoire entière des Poissons, composée premièrement en latin; maintenant traduite en françois, sans avoir rien omis estant nécessaire à l'intelligence d'icelle; avec leurs portraits au naïf. — *Lion, Bonhome,* 1558, *2 part. en 1 vol. in-fol., fig. gr.*

3235. **Rondonneau** (L.). Concordance des Calendriers Républicain et Grégorien, depuis 1793, jusques et y compris l'an 22; sixième édition. — *Paris, Rondonneau et Decle,* 1812, *in-8°.*

3236. **Roquefort** (J.-B.-B.). Glossaire de la Langue Romane, rédigé d'après les manuscrits de la Bibliothèque impériale, et d'après ce qui a été imprimé de plus complet en ce genre; contenant l'étymologie et la signification des mots usités dans les XI°, XII°, XIII°, XIV°, XV° et XVI° siècles; avec de nombreux exemples, puisés dans les mêmes sources; et précédé d'un Discours sur l'origine, les progrès et les variations de la langue françoise. — *Paris, Warée,* 1809; *et Chassériau et Hécart,* 1820, *5 vol. in-8°, front. gr. (notes autographes par R. Martin.)*

3237. — Dictionnaire Étymologique de la langue françoise, où les mots sont classés par familles; contenant les mots du Dictionnaire de l'Académie françoise, avec les principaux termes d'arts, de sciences et de métiers; précédé d'une dissertation sur l'Etymologie, par J.-J. Champollion-Figeac. — *Paris, Decourchant,* 1829, *2 vol. in-8°.*

3238. **Roques** (J.). Histoire des Champignons, comestibles et vénéneux, où l'on expose leurs caractères distinctifs, leurs propriétés alimentaires et économiques, leurs effets nuisibles et les moyens de s'en garantir ou d'y remédier; deuxième édition, revue et augmentée. Atlas. — *Paris, Fortin, Masson et Cie,* 1841, *in-4°, pl. color.*

3239. **Rorarius** (H.). Quod Animalia Bruta sæpe ratione utantur melius homine, libri duo. Quos recensuit, dissertatione historico-philosophica de Anima Brutorum adnotationibusque auxit

Georg.-Heinr. Ribovius. — *Helmstadii*, *Weygandus*, 1728, *pet. in-8°*.

3240. **Rosenkranz** (K.). System der Wissenschaft, ein philosophisches encheiridion. — *Konigsberg, Borntrâger*, 1850, *in-8°*.

3241. **Rosny** (J. de). Tableau littéraire de la France pendant le XIII° siècle, ou recherches historiques sur la situation des Arts, Sciences et Belles-Lettres, depuis l'an 1200 jusqu'en 1301. — *Paris, Hécart*, 1809, *in-8°*.

3242. **Rosseeuw Saint-Hilaire** (E.-F.-A.). Histoire d'Espagne, depuis l'invasion des Goths jusqu'au commencement du XIX° siècle. — *Paris, Furne*, 1846 et s., *14 vol. in-8°*.

3243. **Rossello** (C.). Tractatus de Memoria artificiosa. — *Venetiis, Paduanus*, 1529, *in-4° (le titre et le 2° feuillet manquent)*.

3244. **Rosset** (F. de). L'Agriculture, ou les Géorgiques françoises; poème. Seconde édition. — *Paris, Moutard*, 1777, *in-12*.

3245. **Rossi** (D.-C.). Le Darwinisme et les générations spontanées, ou réponses aux réfutations de MM. P. Flourens, de Quatrefages, Léon Simon, Chauvet, etc.; suivie d'une Lettre de M. le Dr F. Pouchet. — *Paris, Reinwald*, 1870, *gr. in-18*.

3246. **Rossius** (P.). Fauna Etrusca sistens Insecta in Provinciis Florentina et Pisana praesertim collecta. — *Helmstadii*, *Fleckeisen*, 1795 et 1807, *2 vol. in-8°, pl. color.*

3247. **Rostrenen** (P.-F.-Grégoire de). Grammaire française celtique, ou française bretonne, contenant tout ce qui est nécessaire pour apprendre, par les règles, la langue celtique ou bretonne; nouvelle édition. — *Guingamp, Jollivet*, 1833, *in-12*.

3248. **Roubieu** (G.-J.). Opuscules d'Anatomie et d'Histoire naturelle. — *Montpellier, Tournel*, 1816, *in-8°*.

3249. **Roucher** (J.-A.). Les Mois; poème en douze chants. — *Paris, Brissot-Thivars*, 1826, *2 vol. in-18*.

3250. **Roucher-Deratte** (C.). Discours sur l'utilité des Sciences et des Arts, et notamment entr'autres des Sciences physiques. — *Montpellier, G. Izar et A. Ricard*, an XII, *in-8°*.

3251. **Rougé** (E. de). Notice des Monuments exposés dans la galerie d'Antiquités égyptiennes au Musée du Louvre. — *Paris, Vinchon*, 1849, *in-8°*.

3252. **Rougemont** (F. de). Du Monde, dans ses rapports avec

Dieu, d'après la Bible et d'après les philosophes. Leçons préliminaires d'un cours donné à Neuchâtel en hiver 1841, sur l'histoire physique de la terre, d'après la Bible et les traditions païennes. — *Neuchâtel, Michaud*, 1841, *in-8°*.

3253. **Rougemont** (F. de). Fragments d'une Histoire de la Terre, d'après la Bible, les traditions païennes et la géologie. —*Neuchâtel, Michaud*, 1841, *in-8°*.

3254. **Rouger** (F.-A.). Topographie statistique et médicale de la ville et canton du Vigan. — *Montpellier, Martel*, 1819, *in-8°*.

3255. **Rougier de la Bergerie** (J.-B.). — Les Forêts de la France ; leurs rapports avec les climats, la température et l'ordre des saisons ; avec la prospérité de l'agriculture et de l'industrie, etc. —*Paris, Bertrand*, 1817, *in-8°*.

3256. — Considérations générales sur l'Histoire, servant d'introduction à l'histoire de l'Agriculture ancienne et moderne en Europe, considérée dans ses rapports avec les lois, les cultes, les mœurs, usages ou coutumes de chaque peuple. — *Paris, Dentu,* 1829, *in-8°*.

3257. — Histoire de l'Agriculture ancienne des Romains, considérée dans ses rapports avec celles des Gaules, de la Grèce et de l'Europe. — *Paris, Dentu,* 1834, *in-8°*.

3258. — Histoire de l'Agriculture des Gaulois depuis leur origine jusqu'à Jules César, considérée dans ses rapports avec les lois, les cultes, les mœurs et les usages, contenant en outre 1° l'histoire chronologique de leurs grandes émigrations, de leurs conquêtes, de leurs colonisations en Europe et en Asie, et de leurs exploits militaires ; 2° des faits importans, la plupart inédits ou méconnus et qui se rapportent à l'histoire générale des Grecs, des Romains et des grands peuples de l'Europe ou de l'Asie mineure. —*Paris, Dentu,* 1829, *in-8°*.

3259. **Roujou** (A). Recherches sur les Races humaines de la France (thèse). — *Paris, Hennuyer,* 1793, *in-4°*.

3260. **Roulin** (F.). Histoire Naturelle et Souvenirs de voyage. — *Paris, Hetzel,* s. d., *gr. in-18*.

3261. **Rousseau** (J.-J.). OEuvres complètes. — *Paris, Sautelet,* 1826, *1 vol. en 2 part. in-8°*.

3262. — Discours sur l'origine et les fondements de l'inégalité parmi les hommes. — *Amsterdam, Rey,* 1755, *in-8°. gr.*

3263. **Rousseau** (J.-J.). Du Contrat Social ou principes du Droit politique. — *Lyon, Delamollière*, 1790, *in-8°*.

3264. **Rousseau** (L.) et **Céran-Lemonier**. Promenades au Jardin des Plantes, comprenant la description : de la Ménagerie, avec des notices sur les mœurs des animaux qu'elle renferme; du Cabinet anatomique comparé, des Galeries; de l'École de Botanique; des Serres et du Jardin de naturalisation et des semis; de la Bibliothèque. — *Paris, Baillière*, 1837, *in-8°, pl. gr.*

3265. **Roussel** (P.). Système physique et moral de la Femme, suivi du système physique et moral de l'Homme et d'un fragment sur la sensibilité; précédé de l'éloge de l'auteur, par J.-L. Alibert. Nouvelle édition. — *Paris, Crapart*, an XIII-1805, *in-8°*.

3266. **Roussel** (N.). Les Nations Catholiques et les Nations Protestantes comparées sous le triple rapport du bien être, des lumières et de la moralité. — *Paris, Meyrueis*, 1854, *2 vol. in-8°*.

3267. **Rouville** (P.-G. de). Compte rendu de la session de la Société Géologique de France à Montpellier (Octobre 1868). — *Montpellier, Bœhm*, 1869, *in-8°, pl.*

3268. **Roux** (F.). De l'Homœopathie et de son efficacité curative. — *Montpellier, Bœhm*, 1848, *in-8°*.

3269. **Roux-Lavergne** (P.-C.). Essai sur la Philosophie de l'histoire (thèse). — *Rennes, Marteville et Lefas*, 1847, *in-8°*.

3270. **Rouzé** (J.-L.-M.). Examen du Système de multiplicité, par rapport à l'unité des langues, au fait primitif de la médecine, au mécanisme de l'astronomie, et à la solution du problème de la quadrature du cercle. — *Paris*, 1827, *in-8°*.

3271. **Roxas-Clemente** (S.). Essai sur les variétés de la Vigne qui végètent en Andalousie; traduit par de Caumels. — *Paris, Poulet*, 1814, *in-8°, pl. color.*

3272. **Royer** (M° C.). Origine de l'Homme et des Sociétés. — *Paris, Masson*, 1870, *in-8°*.

3273. **Rozet** (C.-A.). Cours élémentaire de Géognosie. — *Paris, Levrault*, 1830, *in-8°*.

3274. **Rozier** (F.). Mémoire sur la meilleure manière de faire et de gouverner les vins de Provence, soit pour l'usage, soit pour leur faire passer les mers. — *Lausanne; et Lyon, Rosset*, 1772, *in-8°, pl. gr.*

3275. **Rudhart** (J.-T.). Ueber den unterschied zwischen Kelten und Germanen mit besonderer rucksicht auf die Bayer'sche urgeschichte. — *Erlangen, Palm und Enke, 1826, in-12.*

3276. **Rudolphi** (C.-A.). Entozoorum sive Vermium intestinalium historia naturalis. — *Amstelædami, sumptibus Tabernæ Librariæ et Artium, 1801-10, 2 vol. en 3 tom. in-8°, fig.* = Ejusdem Entozoorum synopsis, cui accedunt mantissa duplex et indices locupletissimi. — *Berolini, Rücker, 1819, in-8°, pl. gr.*

3277. — Beyträge zur Anthropologie und allgemeinen Naturgeschichte. — *Berlin, Haude und Spener, 1812, in-8° portraits.*

3278. **Ruland** (T.-A.) Von den Einflusse der Staatsarzneykunde auf die Staatsverwaltung; nebst einem entwurfe der Staatsarzneykunde. — *Rudolstadt, Klüger, 1806, in-8°.*

3279. **Rumford** (B. de). Essais politiques, économiques et philosophiques, traduits de l'anglois par L.-M.-D.-C. (de Courtivron et Seignette). — *Genève, Manget, an VII-1799, 2 vol. in-8°, pl. gr.*

3280. **Rumph** (G.-E.). Thesaurus Imaginum Piscium Testaceorum ut et Cochlearum, quibus accedunt Conchylia, denique Mineralia, variis in locis reperta. — *Hagæ-Comitum, de Hondt, 1739, in-fol. portr. et pl. gr.*

3281. **Russell** (P.). OEconomia naturæ in morbis acutis et chronicis Glandularum. — *Londini, Bowyer, 1755, in-8°.*

3282. **Russel Wallace** (A.). La Sélection naturelle ; essais traduits de l'anglais sur la deuxième édition, avec l'autorisation de l'auteur par Lucien de Candolle. — *Paris, Reinwald, 1872, in-8°.*

3283. Russia : or a compleat historical account of all the nations which compose that empire. — *London, Nichols, 1780, in-8°.* (*T. Ier seulement.*)

S

3284. **Sabatier** (J.-C.). Recherches historiques sur la Faculté de Médecine de Paris, depuis son origine jusqu'à nos jours. — *Paris, Deville Cavellin, 1835, in-8°.*

3285. **Sablier** (C.). Essai sur les Langues en général, sur la langue françoise en particulier, et sa progression depuis Charlemagne jusqu'à présent. — *Paris, Monory, 1777, in-8°.*

3286. **Saboureux de la Bonneterie** (C.-F.). Traduction d'anciens ouvrages latins, relatifs à l'Agriculture et à la Médecine vétérinaire, avec des notes. — *Paris, Didot*, 1771-75, 6 vol. *in-8°, pl. gr.*

3287. **Sacchini** (F.). De Ratione Libros cum profectu legendi libellus, deque vitanda moribus noxia lectione, oratio. — *Montalbani, Teulières*, 1753, *in-12*.

3288. **Sacy** (A.-I.-S.). Mémoires sur diverses antiquités de la Perse et sur les médailles des rois de la dynastie des Sassanides; suivis de l'histoire de cette dynastie, traduite du Persan de Mirkhond. — *Paris, Imprimerie Nationale exécutive du Louvre*. 1793, *in-4°*.

3289. **Sacy** (S. de). Mélanges de Littérature orientale, précédés de l'éloge de l'auteur par le duc de Broglie. — *Paris, Ducrocq*, s. d. *in-8°, portrait*.

3290. Saggi sulla Filosophia delle Lingue e del Gusto (da M. CESAROTTI). — *Pisa, Tip. della. Soc. lett*, 1801, *in-12*.

3291. Saggio di Lingua Etrusca e di altre antiche d'Italia, per servire alla storia de'popoli, delle lingue e delle belle arti (da L. LANZI). — *Roma, Pagliarini*, 1719, *2 vol. en 3 tomes, in-8°*.

3292. **Saigey** (J.-F.). Petite Physique du Globe. — *Paris, Hachette*, 1842, 2 vol. *in-16*.

3293. — La Physique moderne. Essai sur l'unité des phénomènes naturels. — *Paris, Baillière*, 1867, *in-18*.

3294. — et **Raspail** (F.-V.). Annales des Sciences d'observation comprenant l'Astronomie, la Physique, la Chimie, la Minéralogie, la Géologie, la Physiologie et l'Anatomie des deux règnes, la Botanique, la Zoologie; les Théories mathématiques et les principales applications de toutes ces sciences à la Météorologie, à l'Agriculture, aux Arts et à la Médecine. — *Paris, Baudouin*, 1829-30, *4 vol. in-8°*.

3295. **Saillant** (C.-F.). Tableau historique et raisonné des Épidémies catharrales, vulgairement dites la Grippe, depuis 1510 jusques et y compris celle de 1780 avec l'indication des traitements curatifs et des moyens propres à s'en préserver. — *Paris, Didot*, 1780, *in-12*.

3296. **Saint-Amans** (J.-F.). Philosophie Entomologique, ouvrage qui renferme les généralités nécessaires pour s'initier dans l'étude des Insectes, et des aperçus sur les rapports naturels de ces petits animaux avec les autres êtres organisés ; suivi de l'exposition des méthodes de Geoffroi, et de celle de Linné, combinée avec le système de Fabricius, etc. — *Agen, Noubel,* an VII, *in-8°*.

3297. **Saint-Amans** (J.-F.). Fragments d'un Voyage sentimental et pittoresque dans les Pyrénées, ou lettre écrite de ces montagnes, etc. — *Metz, Devilly,* 1719, *in-8°*.

3298. **Saint-André** (De). Lettres à quelques-uns de ses amis au sujet de la Magie, des Maléfices et des Sorciers, où il rend raison des effets les plus surprenans qu'on attribue ordinairement aux démons ; et fait voir que ces intelligences n'y ont souvent aucune part ; et que tout ce qu'on leur impute, qui ne se trouve ni dans l'Ancien, ni dans le Nouveau Testament, ni autorisé par l'Église, est naturel ou supposé. — *Paris, Despilly,* 1725, *in-12.*

3299. **Saint-Evremont.** Nouveau recueil d'Ouvrages qui n'ont pas encore été publiés — *Paris, Anisson,* 1701, *in-12.*

3300. **Saint-Germain Leduc.** Serviteurs et Commensaux de l'Homme. — *Tours, Mame,* 1868, *in-8°*.

3301. **Saint-Hilaire** (A. de). Voyage dans les provinces de Rio de Janeiro et de Minas Geraes. — *Paris, Grimbert et Dorez,* 1830, 2 vol. *in-8°, fig.*

3302. — Voyage dans le district des Diamants et sur le littoral du Brésil, suivi de notes sur quelques plantes caractéristiques, et d'un précis de l'histoire des révolutions de l'Empire Brésilien, depuis le commencement du règne de Jean VI, jusqu'à l'abdication de D. Pedro. — *Paris, Gide,* 1833, 2 vol. *in-8°.*

3303. — Tableau général de la province de Saint-Paul. Extrait d'un voyage dans les provinces de Saint-Paul et de Sainte-Catherine. — *Paris, Bertrand,* 1852, *in-8°.*

3304. **Saint-Lambert** (J.-F.). Les Saisons, poème. — *Paris, Didot,* 1775, 2 vol. *in-16.*

3305. — Principes des Mœurs chez toutes les nations, ou Catéchisme universel. — *Paris, Agasse,* an VI (1790), 3 vol. *in-8°, rel. en 2.*

3306. **Saint-Martin** (M.-J.). Recherches sur l'histoire et la géographie de la Mésène et de la Characène ; ouvrage posthume. — *Paris, Imprimerie Royale,* 1838, *in-8°, pl. gr.*

3307. **Saint-Martin** (M.-J.). Nouvelles recherches sur l'époque de la mort d'Alexandre et sur la chronologie des Ptolémées, ou examen critique de l'ouvrage de M. Champollion-Figeac intitulé : *Annales des Lagides*. — *Paris, Imprimerie Royale*, 1838, *gr. in-8°*.

3308. — Fragments d'une histoire des Arsacides, ouvrage posthume. — *Paris, Impr. Nationale*, 1850, *2 vol. in-8°*.

3309. **Saint-Paul** (P. de). Discours sur la Constitution de l'Esclavage en Occident, pendant les derniers siècles de l'Ère païenne. — *Montpellier*, 1817, *in-8°*.

3310. **Sainte-Beuve** (C.-A.) Notice sur M. Littré, sa vie et ses travaux. — *Paris, Hachette*, 1863, *in-8°*.

3311. **Sainte-Croix** (G.-E.-J.-G. de C.-L. de). Mémoires pour servir à l'histoire de la Religion secrète des anciens peuples, ou recherches historiques et critiques sur les mystères du Paganisme. — *Paris, Nyon*, 1784, *in-8°*.

3312. — Recherches historiques et critiques sur les mystères du Paganisme, deuxième édition revue et corrigée. — *Paris, Debure*, 1817, *2 vol. in-8°*.

3313. — Examen critique des anciens historiens d'Alexandre-le-Grand. Seconde édition. — *Paris, Grand*, 1810, *gr. in-4°*

3314. **Sainte-Marie** (E.) Précis élémentaire de Police médicale. — *Paris, Cormon et Blanc*, 1824, *in-8° (1ᵉʳ Cahier, seul paru)*.

3315. — Dissertations sur les Médecins-Poètes. — *Paris, Cormon et Blanc*, 1824, *in-8°*.

3316. — Lectures relatives à la Police médicale faite au Conseil de salubrité de Lyon et du département du Rhône, pendant les années 1826-28. — *Paris, Baillière*, 1829, *in-8°*.

3317. **Saissy** (J.-A.) Recherches expérimentales, anatomiques, chimiques, etc., sur la physique des Animaux mammifères hibernans, notamment les marmottes, les loirs, etc. — *Paris, Nicolle*, 1808, *in-8°*.

3318. **Sajnovics** (J.). Demonstratio, idioma Ungarorum et Lapponum idem esse. — *Hafniæ, typis Orphanotrophii Regii*, 1770, *in-4°*.

3319. **Salaville** (J.-B.). L'Homme et la Société, ou nouvelle théorie de la nature humaine et de l'état social. — *Paris, Carteret*, an VII, *in-8°*.

3320. **Salaville** (J.-B.). De l'Homme et des Animaux. — *Paris, Deterville*, an XIII-1805, *in-8°*.

3321. **Salgues** (J.-B.). Des Erreurs et des Préjugés répandus dans la société. — *Paris, Buisson et le Petit*, 1811-18, *3 vol. in-8°*.

3322. **Salvoni** (F.). Campagne de Rhamsès-le-Grand (Sésostris) contre les Schéta et leurs alliés. Manuscrit hiératique égyptien, appartenant à M. Sallier, à Aix en Provence. Notice sur ce manuscrit. — *Paris, V° Dondey-Dupré*, 1835, *in-8°, pl. gr.*

3323. **Sallustius** (C.-C.). Opera. — *Amstelodami*, *Hondius*, 1625, *in-24, titre gravé.*

3324. — OEuvres de Salluste ; traduction nouvelle, comprenant la guerre de Jugurtha, les fragmens de la grande Histoire romaine, la conjuration de Catilina, et les deux épîtres à César ; accompagnées d'une notice biographique et littéraire sur Salluste, d'observations préliminaires, et d'un commentaire historique et critique ; par Ch. du Rozoir. — *Paris, Panckoucke*, 1835, *2 vol. in-8°*.

3325. **Salles** (E.-F. de). Histoire générale des Races humaines, ou Philosophie ethnographique. — *Paris, Pagnerre*, 1849, *in-12.,*

3326. **Salmasius** (C.). De Annis Climactericis et antiqua Astrologia diatribæ. — *Lugd.-Batavorum, ex officina Elzeviriarum*, 1648, *in-8°*.

3327. **Salt** (H.). Voyage en Abyssinie, exécuté dans les années 1809 et 1810 ; traduit de l'anglais par I.-F. Henry. — *Paris, Maginel*, 1816, *2 vol. in-8° et atlas in-4°*.

5328. **Salubrité** (La) du Caffé *(sic)*, prouvée par la raison et par l'expérience. — *Genève, Libr. assoc.*, 1757, *in-12, 30 pp.*

On y a joint : Observations sur les Vices de la préparation ordinaire du Café, et sur les moyens d'y remédier en soumettant cette opération aux lois pharmacochimiques ; avec un aperçu instructif sur les propriétés et les effets de ce fruit salutaire, autrement dit de l'usage qu'on peut en faire pour la santé ; par Pierre Roucu. — An XII, *in-12, 24 pp.*

3329. **Salvador** (J.). Histoire des Institutions de Moïse et du Peuple hébreu. — *Paris, Ponthieu*, 1828, *3 vol. in-8°*.

3330. **Salverte** (E.). De la Civilisation, depuis les premiers temps historiques jusqu'à la fin du dix-huitième siècle. — *Paris, Schoell*, 1813, *in-8°*.

3331. **Salverte** (E.). Essai historique et philosophique sur les Noms d'Hommes, de Peuples et de Lieux, considérés principalement dans leurs rapports avec la civilisation. — *Paris, Bossange*, 1824, *2 vol. in-8°, carte.*

3332. — Des Sciences occultes, ou Essai sur la Magie, les Prodiges et les Miracles. — *Paris, Sédillot*, 1829, *2 vol. in-8°.*

3333. **Sanches** (A.-R.). Dissertation sur l'origine de la Maladie vénérienne, pour prouver que ce mal n'est pas venu d'Amérique, mais qu'il a commencé en Europe par une épidémie; suivie de l'examen historique sur l'apparition de la maladie vénérienne en Europe, et sur la nature de cette épidémie; nouvelle édition. — *Leide, Koster*, 1777, *in-8°.*

> On y a joint : Système de M. Herman Boerhaave sur les Maladies vénériennes; traduit en françois par M. de la Mettrie, avec des notes et une dissertation du traducteur sur l'origine, la nature et la cure de ces maladies. — *Paris, Prault*, 1735.

3334. **Sanchoniathon.** Sanchoniathonis Berytii quæ feruntur fragmenta de Cosmogonia et Theologia Phoenicum, græce versa a Philone Byblio, servata ab Eusebio Cæsariensi Præparationis Evangelicæ libro I, cap. vi et vii : græce et latine recognovit, emendavit, notis selectis variorum suisque animadversionibus illustravit Joh. Conradus Orellius. — *Lipsiæ, Hinrichsius*, 1826, *in-8°.*

3335. — Analyse des neufs livres de la Chronique de Sanchuniaton, avec des notes par M. Wagenfeld, et précédée d'un avant-propos par G.-F. Grotefend; traduit de l'allemand par M. Ph. Lebas. — *Paris, Paulin*, 1836, *in-8°.*

3336. **Sanctorius** (S.). De Medicina statica aphorismi : commentaria, notasque addidit A.-C. Lorry. — *Parisiis, Cavelier*, 1770, *in-12.*

3337. **Sander-Rang.** Manuel de l'histoire naturelle des Mollusques et de leurs coquilles, ayant pour base de classification celle de Cuvier. — *Paris, Roret*, 1829, *in-18, pl. gr.*

3338. **Sandifort** (G.). Tabulæ Craniorum diversarum nationum. — *Lugduni-Batavorum, Luchtmans*, 1838, *gr. in-fol., pl. lithog.*

3339. **Sandras** (M.-S.). Du Choléra épidémique observé en Pologne, en Allemagne et en France, avec quelques remarques sur les mesures prises par l'administration, et quelques conseils à l'autorité, aux gens du monde et aux médecins. — *Paris, Crochard*, 1832, *in-8°.*

3340. **Sangutellus** (A.). De Gigantibus nova disquisitio historica et critica; edidit ac præfatus est God. Schütze. — *Altonæ, Iversen*, 1736, *in-8°*.

3341. **Santarem** (E.-F. de). Recherches sur la priorité de la découverte des pays situés sur la côte occidentale d'Afrique, au delà du cap Boyador, et sur les progrès de la science géographique après les navigations des Portugais au XVe siècle. — *Paris, Ve Dondey-Dupré*, 1842, *in-8°*.

3342. **Santeul** (L. de). Des Propriétés de la Médecine par rapport à la vie civile. — *Paris, Briasson*, 1739, *in-12*.

3343. **Sauer.** Voyage dans le Nord de la Russie asiatique, dans la Mer Glaciale, dans la mer d'Anadyr, et sur les côtes de l'Amérique, depuis 1785 jusqu'en 1794, par le Commodore Billings ; rédigé par Sauer, et traduit de l'anglais avec des notes, par J. Castéra. — *Paris, Buisson*, an X-(1802), *2 vol. in-8° et atlas in-4°*.

3344. **Saulcy** (F. de). Recherches analytiques sur les Inscriptions Cunéiformes du système Médique. — *Paris, Impr. Nat.*, 1850, *in-8°*.

3345. — La Palestine, le Jourdain et la Mer Morte ; examen du rapport de M. Isambert. — *Paris, Rouvier*, 1854. = La Syrie et la Palestine ; examen critique de l'ouvrage de M. Van de Velde. — *Paris, Rouvier*, 1855, *2 part. gr. in-8°*.

3346. **Saussure** (H.-B. de). Essais sur l'Hygrométrie. — *Neuchatel, Fauche*, 1783, *in-8°, pl.*

3347. — Agenda du Voyageur géologue, tiré du 4e volume des *Voyages dans les Alpes*. — *Genève, Paschoud*, 1796, *in-8°*.

3348. **Sauvestre** (C.). Les Congrégations religieuses dévoilées ; 2e édition. — *Paris, Dentu*, 1870, *in-18*.

3349. **Savaron** (J.). Chronologie des États Généraux, où le tiers État est compris, depuis l'an 1613 jusqu'à 422. — *La Haye; et Paris, Buisson*, 1788, *in-8°*.

3350. **Savary** (C.). Lettres sur l'Égypte, où l'on offre le parallèle des mœurs anciennes et modernes de ses habitans, où l'on décrit l'état, le commerce, l'agriculture, le gouvernement du pays, et la descente de S. Louis à Damiette, tirée de Joinville et des auteurs arabes, avec des cartes géographiques ; 2e édition. — *Paris, Onfroy*, 1785, *3 vol. in-8°*.

3351. **Savary** (C.). Lettres sur la Grèce, faisant suite de celles sur l'Égypte. — *Paris, Onfroy,* 1788, *in-8°.*

3352. **Savérien** (A.). Histoire des Progrès de l'Esprit Humain dans les Sciences et dans les arts qui en dépendent. — *Paris, Humblot,* 1778, *in-8°.*

3353. — Histoire des Progrès de l'Esprit Humain dans les Sciences exactes et dans les arts qui en dépendent. — *Paris, Lacombe,* 1766, *in-8°, front. gr.*

3354. — Histoire des Progrès de l'Esprit Humain dans les Sciences naturelles et dans les arts qui en dépendent. — *Paris, Lacombe,* 1775, *in-8°, front. gr.*

3355. **Savigny** (J.-C.). Mémoires sur les Animaux sans vertèbres. Première partie : Description et classification des animaux invertébrés et articulés, connus sous le nom de Crustacés, d'Insectes, d'Annelides, etc. ; 1er fasc. Théorie des organes de la bouche des crustacés et insectes. *Insecta*, Lin., *12 pl.* — 2e fasc. : Recherches anatomiques sur les Ascidies composées et sur les Ascidies simples. Système de la classe des Ascidies, *24 pl.* — Deuxième partie : Description et classification des animaux invertébrés, non articulés, connus sous le nom de Mollusques, Radiaires, de Polypes, etc. — *Paris, Deterville,* 1816, *2 vol. in-8°, pl. noires et color.*

3356. — Histoire naturelle et mythologique de l'Ibis. — *Paris, Allais,* 1805, *in-8°, pl. color.*

3357. Sâvitrî, épisode du Mahabharata, grande épopée indienne ; traduit du Sanskrit, par M. G. Pauthier. — *Paris, Curmer,* 1841, *in-12.*

3358. **Say** (J.-B.). Esquisse de l'Économie politique moderne, de sa nomenclature, de son histoire et de sa bibliographie. — *Paris,* 1826, *in-8°.*

3359. — Petit Volume, contenant quelques aperçus des Hommes et de la Société ; 3° édition, publiée par H. Say. — *Paris, Guillaumin,* 1839, *in-16.*

3360. **Say** (T.). OEuvres entomologiques, contenant l'Entomologie américaine, les Mémoires insérés dans le Journal de l'Académie des Sciences naturelles de Philadelphie, dans les Transactions de la Société philosophique d'Amérique, etc., etc. ; recueillies et traduites par M. A. Gory. — *Paris, Lequien,* 1837, *3 liv. in-8° (complet).*

3361. **Scaliger** (J.-J.). Opuscula varia ante hac non edita; nunc vero multis partibus aucta. — *Francofurti, Fischerus*, 1612, *in-8°*.

3362. **Schafarik** (P.-J.). Slawische Alterthümer. Deutsch von Mosig von Acchrenfeld, herausgegeben von Heinrich Wuttke. — *Leipzig, Engelmann*, 1843, 2 vol. *in-8°*.

3363. **Schaeffer** (J.-C.). Elementa Entomologica cum appendice. CXL Tabulæ æri incisæ floridisque coloribus distinctæ; editio tertia (texte latin et allemand). — *Ratisbonæ*, 1780, *gr. in-4°*, *pl. coloriées*.

3364. **Scheffer**. Histoire de la Laponie, sa description, l'origine, les mœurs, la manière de vivre de ses habitans, leur religion, leur magie, et les choses rares du païs, etc.; traduites du latin par L. P. A. L. — *Paris, Olivier de Varennes*, 1678, *in-4°*, *pl. gr*.

3365. **Scherer** (J.-B.). Recherches historiques et géographiques sur le Nouveau-Monde. — *Paris, Brunet*, 1777, *in-8°, carte gr*.

3366. — Annales de la Petite Russie, ou histoire des Cosaques-Saporogues et des Cosaques de l'Ukraine, ou de la Petite Russie, depuis leur origine jusqu'à nos jours; suivie d'un abrégé de l'histoire des Hettmans des Cosaques et des Pièces justificatives; traduite d'après les manuscrits conservés à Kiow, enrichie de notes. — *Paris, Cuchet*, 1788, 2 vol. *in-8°*.

3367. **Scheuchzer** (J.-J.). Bibliotheca Scriptorum historiæ naturalis omnium Terræ regionum inservientibus, Historiæ naturalis Helvetiæ Prodromus. Accessit Jacobi Lelong de Scriptoribus Historiæ naturalis Galliæ. — *Tiguri, Heideggerus*, 1751, *in-12*.

3368. **Schiern** (F.-E.). Origines et migrationes Cimbrorum; dissertatio historico-critica. — *Hauniæ, Bianco Luno*, 1842, *in-8°*.

3369. **Schiller** (F.). Mélanges philosophiques, esthétiques et littéraires, traduits pour la première fois par F. Wege. — *Paris, Hachette*, 1840, *in-8°*.

3370. **Schillingius** (G.-G.). De Lepra commentationes; recensuit J.-D. Hahn. — *Lugduni-Batavorum, Luchtmans*, 1778, *in-8°*.

3371. **Schlatter** (G.-F.). Die Unwahrscheinlichkeit der Abstammung des Menschengeschlechts von einem gemeinschaftlichen Urvaare. — *Mannheim*, 1861, *in-8°*.

3372. **Schlegel** (A.-W. de). Réflexions sur l'étude dès Langues Asiatiques. — *Bonn, Weber,* 1832, *grand in-8°.*

3373. — Essais littéraires et historiques. — *Bonn, Weber,* 1842, *in-8°.*

3374. **Schlegel** (F. de). Philosophie de l'Histoire, ouvrage traduit de l'allemand en français par l'abbé Lechat. — *Paris, Parent-Desbarres,* 1836, 2 *vol. in-8°.*

3375. — Ueber die Sprache und Weisheit der Indier ; ein beitrag zur begründung der Alterthumskunde; nebst metrischen uebersetzunjen indischer gedichte. — *Heidelberg, Mohr und Zimmer,* 1808, *in-8°.*

3376. — Essai sur la langue et la philosophie des Indiens; traduit de l'allemand, et suivi d'un appendice contenant une dissertation sur la philosophie des temps primitifs, dans laquelle sont controversés plusieurs points de la partie du livre de Schlegel qui traite de la philosophie de l'Inde. Par A. Mazure. — *Paris, Desbarres,* 1837, *in-8°.*

3377. **Schlegel** (J.-C.-T.). Sylloge selectiorum opusculorum de mirabili sympathia quæ partes inter diversas corporis humani intercedit. — *Lipsiæ, Schneider,* 1787, *in-8°.*

3378. **Schleicher** (A.). Les langues de l'Europe moderne. Traduit de l'allemand par H. Ewerbeck. — *Paris, Ladrange,* 1852, *in-8°.*

3379. **Schlichthorst** (H.). Geographia Homeri. — *Gottingæ, Vandenhoeck,* 1787, *in-4°.*

3380. **Schloezer** (K. de). Les premiers habitants de la Russie ; Finnois, Slaves, Scythes et Grecs. Essai historique et géographique. — *Paris, Klincksieck,* 1846, *in-8°.*

3381. **Schlosser** (F.-C.). Histoire universelle de l'Antiquité, traduit de l'allemand par P.-A. de Golbery. — *Paris, Levrault,* 1828, 3 *vol. in-8°.*

3382. **Schmalz** (E.). XIX Tabulæ Anatomiam Entozoorum illustrantes congestæ nec non explicatione præditæ. — *Dresdæ et Lipsiæ, Arnoldus,* 1831, *in-4°.*

3383. **Schmalz** (F.). Neue Ansichten und Erfahrungen uber Racebildung. — *Königsberg, Bornträger,* 1848, *in-8°.*

3384. **Schmarda** (L.-R.). Die geographische Verbreitung der Thière. — *Wien, Gerold,* 1853, *3 part. in-8°.*

3385. **Schmid** (C.). Kurze Naturgeschichte des Menschen..., nebst einem anhange über gesundheitslehre. — *München, Deschler*, 1850, *in-8°*.

3386. **Schmidt** (O.). Descendance et Darwinisme.— *Paris, Baillière*, 1874, *in-8°, fig*.

3387. **Schneider** (J.-G.). Grieschich-Deutsches Wörterbuch beym lesen der griechischen profanen scribenten zu gebrauchen ; dritte auflage. — *Leipzig, Hahn*, 1819, 2 *vol. gr. in-4°*.

3388. — Eclogæ Physicæ historiam et interpretationem corporum et rerum naturalium continentes ex scriptoribus præcipue græcis excerptæ. — *Iena et Leipzig, Frommann*, 1801-02, 2 *vol. in-8°*.

3389. **Schnurrer** (F.). Geographische Nosologie oder die Lehre von den Veränderungen der Krankheiten in den verschiedenen gegenden der Erde, in Verbindung mit physischer Geographie und Natur-Geschichte des Menschen. — *Stuttgart, Steinkopf*, 1813, *in-8°*.

3390. — Chronik der Seuchen in verbindung mit den gleichzeitigen Vorgängen in der physischen welt und in der geschichte der Menschen. — *Tübingen, Osiander*, 1823-25, 2 *vol. in-8°, rel. en 1*.

3391. **Schœbel** (C.). Analogies constitutives de la langue allemande avec le grec et le latin expliquées par le sanskrit. — *Paris, Imprimerie Royale*, 1845, *gr. in-8°*.

3392. **Schoelcher** (V.). Abolition de l'Esclavage, examen critique des préjugés contre la couleur des Africains et des Sang-mêlés; 2ᵉ édition. — *Paris, Pagnerre*, 1841, *in-32*.

3393. **Schoell** (F.). Tableau des Peuples qui habitent l'Europe, classés d'après les langues qu'ils parlent, et tableau des religions qu'ils professent. — *Paris, Schoell*, 1812, *in-8°, carte*.

3394. — Elémens de Chronologie historique. — *Paris, Schoell*, 1812, 2 *vol. in-12, rel. en 1*.

3395. — Répertoire de Littérature ancienne, ou choix d'auteurs classiques grecs et latins, d'ouvrages de critique, d'archéologie, d'antiquités, de mythologie, d'histoire et de géographie ancienne imprimés en France et en Allemagne, nomenclatures de livres latins, français et allemands sur diverses parties de la littérature. Notice sur la Stéréotypie. — *Paris, Schoell*, 1808, 2 *vol. in-8°*.

3396. **Schoell** (F.). Histoire abrégée de la Littérature romaine. — *Paris, Gide*, 1825, 4 vol. *in-8°*.

3397. **Schoen** (F.-L.). L'Homme et son perfectionnement. — *Paris, Ledoux*, 1845, *in-8°*.

3398. Schola Salernitana, sive de conservanda Valetudine præcepta metrica ; auctore Joanne de Mediolano, hactenus ignoto, cum luculenta et succinta Arnoldi Villanovani in singula capita exegesi, ex recensione Zachariæ Sylvii. Nova editio. — *Roterodami, Leers*, 1649, *in-12*.

3399. **Schouw** (J.-F.). Grundzüge einer allgemeinen Pflanzengeographie, aus dem dänischen übersetz vom verfasser. — *Berlin, Reimer*, 1823, *in-8°, et atlas gr. in-folio*, 1824.

3400. — Die Erde, die Pflanzen und der Mensch ; populäre naturschilderungen aus dem dänischen unter mitwirkung des verfassers, von H. Zeise ; mit der biographie des verfassers von P. L. Möller. — *Leipsig, Lorck*, 1851, *in-8°, portrait et pl.*

3401. — Naturschilderungen. Eine Reihe gemeinverständiger vorträge aus dem gebiet der naturwissenschaften. Neueste ausgabe frei nach dem dänischen von C. F. von Jenssen-Tusch., mit eine lebensskizze. — *Cassel, Balde*, 1854, 2 vol. *in-16*.

3402. **Schrader** (A.). Germanische Mythologie mit einer kurzen abhandlung über die soustigen deutschen Alterthümer. — *Berlin, Schroeder*, 1843, *in-8°*.

3403. **Schrader** (J.). Observationes et Historiæ omnes à singulæ è Guilielmi Harvei libello *De Generatione Animalium* excerptæ. Item Wilhemi Langly de generatione animalium observationes quædam. Accedunt Ovi fæcundi singulis ab incubatione diebus factæ inspectiones ; ut et observationum anatomico-med. decades quatuor ; denique cadavera balsamo condiendi modus. — *Amstelodami, Wolfgang*, 1694, *in-12, frontisp. et pl. gr.*

3404. **Schraud** (F.). Aphorismi de Politia Medica. — *Pestini, Kilian*, 1795, *in-8°*.

3405. **Schubert** (G.-H.). Die Simbolik des Traumes ; zweite auflage. — *Bamberg, Kuanz*, 1821, *in-8°*.

3406. — Reise durch das Südliche Frankreich und durch Italien, erster band. — *Erlangen, Palm und Enke*, 1827, *in-8°*.

3407. **Schultz** (C.-H.). Natürlisches System des Pflanzenreichs nach seiner inneren organisation, nebst einer vergleichenden darstellung der wichtigsten aller früheren künstlichen und natürlichen Pflanzensysteme. — *Berlin, Hirschwald*, 1832, *in-8°*.

3408. **Schurigius** (M.). Spermatologia historico-medica, hoc est Seminis humani consideratio physico-medico-legalis, qua ejus natura et usus insimulque opus generationis et varia de Coitu aliaque huic pertinentia, de Castratione, Herniotomia, Phimosi, Circumcisione, Recutitione, et Infibulatione, item de Hermaphroditis et sexum mutantibus, raris et selectis observationibus traduntur. — *Francofurti-ad-Mœnum, Beckius*, 1720, *in-4°*.

3409. — Gynæcologia historico-medica, hoc est Congressus muliebris consideratio physico-medico-forensis, qua utriusque sexus salacitas et castitas, deinde coitus ipse ejusque voluptas, et varia circa hunc actum occurrentia, necnon coitus ob atresiam seu vaginæ uterinæ imperforationem et alias causas impeditus et denegatus, item nefandus et sodomiticus, raris observationibus et aliquot casibus medico-forensibus exhibentur. — *Dresdæ et Lipsiæ, Hekelius*, 1730, *in-4°*.

3410. — Syllepsilogia historico-medica, hoc est Conceptionis muliebris consideratio physico-medico-forensis, qua ejusdem locus, organa, materia, modus in atretis seu imperforatis, item signa et impedimenta, deinde Didymotokia seu Gemellatio, Superfœtatio et Embryotokia, et denique varia de graviditate vera, falsa, occulta et diuturna, necnon de gravidarum privilegiis animique pathematis et impressione, raris et curiosis observationibus traduntur. — *Dresdæ et Lipsiæ, Hekelius*, 1731, *in-4°*.

3411. — Embryologia historico-medica, hoc est infantis humani consideratio physico-medico forensis, qua ejusdem in utero nutritio, formatio, sanguinis circulatio, vitalitas seu animatio, respiratio, vagitus et morbi, deinde ipsius ex utero egressus præmaturus et serotinus, imprimis partus legitimus et circa eumdem occurrentia, verbi gratia partus difficilis, post matris mortem, numerosus et multiplex, tam puellarum quam vetularum, item per insolitas vias et plane insolitus, porro varia symptomata, e. g. uteri prolapsus ejusque inversio et resectio, denique partus cæsareus et supposititius cum puerperarum tortura raris observationibus exhibentur. — *Dresdæ et Lipsiæ, Hekelius*, 1732, *in-4°*.

3412. **Schvenemann** (C.-T.-G.). Commentatio de Geographia Homeri. — *Gottingæ, Dieterich*, 1787, *in-4°*.

3413. **Schvenemann** (C.-T.-G.). Commentatio de Geographia Argonautarum. — *Gottingæ, Dieterich*, 1788, in-4°.

3414. **Schwencke** (T.). Hæmatologia, sive sanguinis historia experimentis passim superstructa; accedit observatio anatomica de acetabuli ligamento interno caput femoris firmante. — *Hagæ-Comitum, Husson*, 1743, in-8°, pl. gr.

3415. **Schweickard** (C.-L.). Tentamen Catalogi rationalis Dissertationum ad Medicinam forensem et Politicam medicam spectantium ab anno MDLXIX ad nostra usque tempora. — *Francofurti ad Mænum, Macklot*, 1796, in-8°.

3416. **Schweinfurth** (G.). Au cœur de l'Afrique (1868-1871). Voyages et découvertes dans les régions inexplorées de l'Afrique centrale, traduit sur les éditions anglaise et allemande par M. H. Loreau. — *Paris, Hachette*, 1875, 2 vol. gr. in-8°, fig.

3417. **Scilla** (A.). De Corporibus Marinis Lapidescentibus, quæ defossa reperiuntur; addita dissertatione Fabii Columnæ de Glossopetris. — *Romæ, de Rubeis*, 1747, gr. in-4°, frontisp. et pl. gr.

3418. **Scotti** (A.-A.). Catechismo medico, osia sviluppo delle dottrine che conciliano la Religione colla Medecina; edizione ristampata su quella di Napoli 1821. — *Modena, Tipografia Camerale*, 1823, in-8°.

3419. **Scott** (W.). La Démologie, ou histoire des démons et des sorciers; traduite sur le texte anglais par A. Montémont. — *Paris, Aubrée*, 1832, in-8°.

3420. **Scott Moore** (J.). Pre-Glacial Man, and geological Chronology. — *Dublin, Hodges, Smith and Foster*, 1868, in-8°, carte.

3421. **Scriba** (L.-G.). Beiträge zu der Insecten-geschichte. — *Frankfort, Varrentrapp und Venner*, 1790-93, 3 part. en 1 vol. in-4°, pl. coloriées.

3422. Scriptores Physiognomoniæ (*Voir* FRANZIUS). = Scriptores Nevrologi minores selecti (*Voir* LUDWIG).

3423. **Scuderi** (R.). Introduzione alla Storia della Medicina antica e moderna. — *Napoli, Porcelli*, 1794, in-8°.

3424. — Introduction à l'histoire de la Médecine ancienne et moderne; traduite de l'italien par Ch. Billardet. — *Paris, Colas*, 1810, in-8°.

On y a joint :
Essai sur la Philosophie médicale, contenant l'examen des

principes qui servent de bases aux diverses théories, et leur application à la pratique, par A. Roullier. — *Paris, Croullebois,* 1825.

3425. Secrets (Les) de la Médecine des Chinois, consistant en la parfaite connaissance du pouls. Envoyez de la Chine par un François, homme de grand mérite (HARVIEU). — *Grenoble, Charvys,* 1671, *in-12.*

3426. **Sedillot** (L.-A.). Histoire des Arabes. — *Paris, Hachette,* 1854, *gr. in-18.*

3427. **Seemann** (B.). Die Palmen. Populäre naturgeschichte derselben, nebst verzeichnisse aller bekannten und in gärten eingeführten arten, unter mitwirkung des verfassers, deutsch bearbeitet von Carl Bolle. — *Engelmann,* 1863, *in-8°, pl. noires et col.*

3428. **Ségond** (A.). Essai sur la Névralgie du grand Sympathique, maladie connue sous le nom de Colique végétale, de Poitou, de Devonshire, de Madrid, de Surinam, et sous ceux de Barbiers, de Béribéri, etc. — *Paris, Impr. Royale,* 1837, *in-8°.*

3429. — Histoire et systématisation générale de la Biologie, principalement destinée à servir d'introduction aux études médicales. — *Paris, Baillière,* 1851, *gr. in-18.*

3430. **Séguier** (J.-F.). Bibliotheca Botanica, sive Catalogus auctorum et librorum omnium qui de re botanica, de medicamentis ex vegetabilibus paratis, de re rustica, et de horticultura tractant. Accessit Bibliotheca botanica Jo. Ant. Bumaldi seu potius Ovidii Montalbani Bononiensis. — *Hagæ-Comitum, Néaulme,* 1740, *in-4°.*

3431. **Séguier** (N.-M.-S.). La Philosophie du Langage, exposée d'après Aristote. — *Paris, Bourgeois-Maze,* 1838, *in-8°.*

3432. **Ségur** (J.-A. de). OEuvres diverses, contenant ses morceaux de littérature, ses poésies fugitives, etc.; précédées d'une notice sur la vie de l'auteur. — *Paris, Dalibon,* 1819, *in-8°.*

3433. **Selle** (C.-L.). Introduction à l'étude de la Nature et de la Médecine ; traduite de l'allemand, d'après la seconde édition, par Coray. — *Montpellier, Tournel,* an II, *in-8°.*

3434. **Selys-Longchamps** (E. de). Études de Micrommalogie. Revue des Musaraignes, des Rats et des Campagnols, suivie d'un Index méthodique des Mammifères d'Europe. — *Paris, Roret*, 1839, *in-8°*, *pl.*

3435. **Senancour** (P. de). Rêveries sur la Nature primitive de l'Homme. Nouvelle édition, avec des changemens et des additions considérables. — *Paris, Cerioux*, 1809, *in-8°*.

3436. — Libres méditations d'un Solitaire inconnu, sur le détachement du monde, et sur d'autres objets de la morale religieuse. *Paris, Mougie aîné*, 1819, *in-8°*.

3437. **Senebier** (J.). Expériences sur l'Action de la Lumière solaire dans la Végétation. — *Genève, Barde*, 1788, *in-8°*.

3438. — Physiologie végétale, contenant une description des organes des plantes, et une exposition des phénomènes produits par leur organisation. — *Genève, Paschoud*, 1808, 5 *vol. in-8°*.

3439. — Rapports de l'Air avec les êtres organisés, ou Traité de l'action du poumon et de la peau des animaux sur l'air, comme de celle des plantes sur ce fluide, tirés des journaux d'observations et d'expériences de Lazare Spallanzani, avec quelques mémoires de l'éditeur sur ces matières. — *Genève, Paschoud*, 1807, *3 vol. in-8°*.

3440. — Météorologie pratique à l'usage de tous les hommes, et surtout des cultivateurs, avec des considérations générales sur la Météorologie, et sur les moyens de la perfectionner; quatrième édition. — *Paris, Paschoud*, 1820, *in-16*.

3441. — Essai sur l'art d'observer et de faire des expériences; seconde édition. — *Genève, Paschoud*, an X-(1802), *3 vol. in-8°*.

3442. **Sénèque.** Questions naturelles; de la version de P. Du-Royer. — *Paris, Sommaville*, 1659, *in-12*.

3443. — Questions naturelles; trad. par Ajasson de Grandsagne. — *Paris, Panckoucke*, 1833, *in-8°*.

3444. **Sépher** (L.). Manuscrit autographe, contenant des extraits du Journal de Trévoux sur l'origine et la couleur des Nègres, et un extrait des Mém. de l'Acad. des Inscriptions sur les anciennes navigations des Chinois en Amérique, et l'origine des Américains. — *1 vol. pet. in-8°*.

3445. **Serel-Desforges.** De la Dignité de l'Homme, caractérisée par les attributs naturels de l'Humanité, et par les conditions essentielles de son développement moral et social. — *Paris, Renouard*, 1854, *in-8°*.

3446. Serie dell' Edizioni Aldine per ordine cronologico ed alfabetico; terza edizione con emendazioni e giunte. — *Firenze, Manni*, 1803, *in-8°*.

3447. **Serieys** (A.). Bibliothèque Académique, ou choix fait par une Société de Gens de Lettres, de différens mémoires des Académies françaises et étrangères, la plupart traduits pour la première fois du latin, de l'italien, de l'anglais, etc.; mis en ordre par A. Serieys (Voyages et Géographie). — *Paris, Delacour*, 1810, *in-8°*.

3448. **Seringe** (N.-C.). Monographie des Céréales de la Suisse, ou description de blés, seigle, orges, avoines, maïs, millets cultivés en Suisse, leurs maladies et leurs usages économiques. — *Berne, Soc. Typogr.*, 1819, *in-8°, pl.*

3449. Serments, Règlements, Bulles, Ordonnances, Arrests et Notabilia, extraits du Livre des Statuts et du Livre des Privilèges de l'Université de Médecine de Montpellier, par le chancelier Laurent Joubert (1573-1582).

> Mss. in-8° sur vélin, auquel on a ajouté, par la suite, divers autres documents manuscrits ou imprimés. La reliure en veau porte sur les plats et dans l'intérieur les armes de Ph.-Laurent Joubert, dernier trésorier des États du Languedoc.
> On lit au v° du 1er feuillet :
> Dono datus a vidua rev. dni Laurentii Jouberti; xix junii 1508. *Varandal.* — Dono datus a filia D. Varandæi, anno 1618 die 15 maii. *Ranchinus Cancell.* — Dono datus a Gourraigne D. M. die 14 aprilis 1749. *Pelissier.* — Sauvé du pilon le 5 février 1841 (vente des héritiers Magnol). *Jules Renouvier.* — Dono datus amico et parenti *Foges.*

3450. **Serpette de Marincourt.** Histoire de la Gaule. — *Paris, Dufart*, 1822, *3 vol. in-8°*.

3451. **Serres** (A.). Essai sur l'Anatomie et la Physiologie des Dents, ou nouvelle théorie de la Dentition. — *Paris, Méquignon Marvis*, 1817, *in-8°, pl. gr.*

3452. — Anatomie comparée du Cerveau, dans les quatre classes des animaux vertébrés, appliquée à la physiologie et à la pathologie du système nerveux. — *Paris, Gabon*, 1827, *2 vol. in-8° et atlas in-4°*.

3453. **Serres** (P.). Histoire abrégée de la ville de Montpellier, avec un Abrégé de la vie de quelques Hommes Illustres, tant en droit civil qu'en médecine, de la dite ville, qui s'y sont rendus recommandables. — *Montpellier, Martel*, 1719, *2 part. en 1 vol. in-12*.

3454. **Serres** (Marcel de). Observations pour servir à l'histoire des Volcans éteints du département de l'Hérault. — *Montpellier, Tournel*, 1808, *in-8°*.

3455. — Essai pour servir à l'Histoire des Animaux du Midi de la France. — *Paris, Gabon*, 1822, *in-4°* (avec notes mss. du Dr C.-A. Fages).

3456. — Géognosie des Terrains tertiaires, ou Tableau des principaux animaux invertébrés des terrains marins tertiaires du Midi de la France. — *Montpellier, Pomathio-Durville*, 1829, *in-8°, pl. lith.*

3457. — Recherches sur les Ossemens humatiles des cavernes de Lunel-Viel; par Marcel de Serres, Dubreuil et Jeanjean. — *Montpellier, Boehm*, 1839, *gr. in-4°, pl. lith.*

3458. — Des Causes des Migrations des divers animaux, et particulièrement des Oiseaux et des Poissons; 2e édition. — *Paris, Lagny*, 1845, *in-8°*.

3459. — Observations sur les Insectes, considérés comme ruminans, et sur les fonctions des diverses parties du tube intestinal dans cet ordre d'animaux. — *Paris, Dufour*, 1813, *in-4°*.

3460. — Observations sur les usages du Vaisseau dorsal, ou sur l'influence que le Cœur exerce dans l'organisation des animaux articulés, et sur les changemens que cette organisation éprouve, lorsque le cœur ou l'organe circulaire cesse d'exister. — *S. ind., in-4°, pl. gr.*

3461. **Serviez** (J.-R. de). Les Hommes illustres du Languedoc. — *Béziers, Barbut*, 1723, *in-12* (Tome Ier, seul paru).

3462. **Serville** (J.-G.-A.). Histoire naturelle des Insectes Orthoptères (grillons, criquets, sauterelles). — *Paris, Roret*, 1838, *in-8°, pl.* (Suites à Buffon.)

3463. **Sestini** (D.). Lettres écrites à ses amis en Toscane, pendant le cours de ses voyages en Italie, en Sicile et en Turquie, sur l'histoire naturelle, l'industrie et le commerce de ces différentes contrées. Traduites de l'italien et enrichies de notes par M. Pingeron. — *Paris, Ve Duchesne*, 1789, *3 vol. in-8°, fig.*

3464. **Seydelius** (J.-M.). Nonnulla de Linguarum divisione, Babylonicæ Turris ædificatores dispellente. — *Annæbergæ* (1720), *Richterus, in-4°*.

On y a joint :

2. De Linguarum origine, et diversitatis earum causis dissertatio, præside

G. Ch. Hallbauer, respondente E. Fr. Schmersahl. — *Ienæ, Schillius* (1739).

3. De Lingua adscita Hominum orbis Babylonicii (thesis), præside Joh. And. Mich. Nagelio, respondente Joh. Barti Riederer. — *Altorfii Noricorum, Hesselius.*

4. De Linguarum diversitate necessaria, sed multis modis proficua (thesis), præside J.-G. Musæo, disserente Alb. Christoph. Holst. — *Ienæ, Croekerus* (1747).

5. De variis Linguarum perfectionibus (thesis), præside G. Chr. Hallbauero, defendente, Joh Christ. Toemmlich. — *Ienæ, Schillius*, 1739.

6. De analogia Linguarum interpretationis subsidio (thesis), autoribus G. G. Zemisch et Chr. S. Weisius. — *Lipsiæ, Breitkopf* (1758).

7. De vera Linguarum quarumdam eruditione et loco (thesis), auctoribus Frid. et Jo. Em. Strunzio. — *Vitembergæ-Saxonum, Gerdesius,* 1707.

8. De recta Linguarum discendarum ratione (dissertatio), præside G. Chr. Hallbauero, defendente Jo. Ph. Hauth. — *Ienæ, Schillius*, 1739.

9. Oratio solemnis de cultura Linguarum ex societatibus quærenda, auctore. Joh. Marco Spaethio. — *Ienæ, Crockerus,* 1739.

3465. **Seynes** (J. de). Essai d'une Flore mycologique de la région de Montpellier et du Gard. Observations sur les Agaricinés, suivies d'une énumération méthodique. — *Paris, Baillière*, 1863, *in-8°, pl. et cart.*

3466. **Shaftsbury.** OEuvres contenant ses Caracteristicks, ses lettres et autres ouvrages. Traduits de l'anglois sur la dernière édition. — *Genève,* 1769, *3 vol. in-8°.*

3467. **Sharon Turner.** The history of the Anglo-Saxons, from the earliest period to the Norman conquest. — *Paris, Baudry,* 1840, *3 vol. in-8°.*

3468. **Sharp** (S.). Recherches critiques sur l'état présent de la chirurgie. Traduites de l'anglois par A.-F. Jault. — *Paris, Nyon,* 1702, *in-12.*

3469. **Shermgham** (R.). De Anglorum gentis origine disceptatio ; qua eorum migrationes, variæ sedes et ex parte res gestæ, a confusione linguarum et dispersione gentium, usque ad adventum eorum in Britanniam investigantur : quædam de veterum Anglorum religione, Deorum cultu eorumque opinionibus de statu animæ post hanc vitam explicantur. Quâ etiam de veterum Britannorum origine aliquoties disceptatur, etc. — *Cantabrigiæ, Joan. Hayes,* 1670, *in-8°.*

3470. **Sicard** (H.). Recherches anatomiques et histologiques sur le *Zonites algirus* — Observations sur quelques Epidermes végétaux. (Thèses). — *Paris, Masson,* 1874, *gr. in-8°.*

3471. **Sieuve** (L.). Mémoires et journal d'observations et d'expériences sur les moyens de garantir les olives de la piqûre des insectes ; nouvelle méthode pour en extraire une huile plus abondante et plus fine, etc. ; nouvelle édition. — *Paris, Lambert*, 1785, *in-8°, pl.*

On y a joint :

Notice sur le *Dacus Oleæ* vulgairement connu sous le nom de *Mouche de l'Olivier*, et sur les moyens de détruire cet insecte malfaisant ; par Norbert Bonafous. — *Aix, Illy*, 1860.

Rapport sur l'ouvrage de M. César Blaud intitulé : *Histoire des insectes qui attaquent l'Olivier*, etc. (*Extr. des Mém. de la Soc. royale d'Agriculture*, 1844).

3472. **Siestrzencewicz de Bohusz** (S.). Précis des Recherches historiques sur l'origine des Slaves ou Esclavons et des Sarmates, et sur les époques de la conversion de ces peuples au christianisme ; seconde édition. — *Saint-Pétersbourg, impr. de l'Acad. impériale*, 1824, *gr. in-4°, cart.*

3473. **Siéyès.** Essai sur les Privilèges. Nouvelle édition. 1789. = Qu'est-ce que le Tiers-État ? Troisième édition. 1789. = Vues sur les moyens d'exécution dont les représentants de la France pourront disposer en 1789. Seconde édition. 1789, *1 vol. in-8°.*

3474. **Simon** (J.). La Religion naturelle. Quatrième édition. — *Paris, Hachette*, 1857, *in-12.*

3475. — La Liberté de conscience. Deuxième édition. — *Paris, Hachette*, 1857, *in-12.*

3476. — Le Devoir. Deuxième édition. — *Paris, Hachette*, 1854, *in-12.*

3477. **Simon** (L.). Résumé complet d'Hygiène publique et de Médecine légale, précédé d'une introduction historique et suivi d'une biographie, d'une bibliographie et d'un vocabulaire. — *Paris, Bachelier*, 1830, *in-16, front. lith.*

3478. **Simonin** (L.). Histoire de la Terre. Origines et métamorphoses du Globe. — *Paris, Hetzel*, s. d., *gr. in-18.*

3479. — Les Merveilles du Monde souterrain. — *Paris, Hachette*, 1868, *gr. in-18, fig. et carte gr.*

3480. **Sinner** (J.-R.). La Religion des Bramins de l'Indoustan sur le purgatoire et la métempsychose. — *Berne, Société typographique*, 1793. *in-12.*

3481. **Simonde de Sismondi** (J.-C.-L.). De la Littérature du Midi de l'Europe. Seconde édition. — *Paris, Treuttel et Würtz,* 1819, 4 vol. *in-8°*

3482. **Sismonde de Sismondi** (J.-C.-L.). Tableau de l'Agriculture Toscane. — *Genève, Paschoud,* 1801, *in-8°, pl.*

3483. Sketches of the History of Man; considerably enlarged by the last additions and corrections of the autor (Home, lord Kaimes). — *Basil, Tourneisen,* 1796, 4 vol. *in-8° rel. en 2.*

3484. Slaves (Les) d'Autriche et les Magyars; études ethnographiques, politiques et littéraires sur les Polono-Galliciens, Ruthènes, Tchèques ou Bohêmes, Moraves, Slovaques, Sloventzis ou Wendes méridionaux, Croates, Slavons, Dalmates, Serbes, etc., et les Hongrois proprement dits ou Magyars (par Ladislas Rieger). — *Paris, Passard,* 1861, *in-8°.*

3485. **Smeathman** (H.). Some account of the Termites, which are found in Africa and other hot climates. — *S. ind.*, *in-8°, pl. gr.*

3486. **Smith** (A.). Théorie des Sentimens moraux, ou Essai analytique sur les principes des jugemens que portent naturellement les hommes, d'abord sur les actions des autres, et ensuite sur leurs propres actions; suivi d'une Dissertation sur l'Origine des Langues; traduit de l'anglais, sur la septième et dernière édition, par S. Grouchy Vᵉ Condorcet. Elle y a joint huit lettres sur la Sympathie. — *Paris, Buisson,* an VI-(1798), 2 vol. *in-8°.*

3487. **Smith Barton** (B.). Abhandlungen über die vermeinte zauberkraft der Klapperschlange und anderer amerikanischen Schlangen; und über die wirksamsten mittel gegen den biss der Klapperschlange; aus dem englischen übersetzt, mit einer einleitung, etc.; von E.-A.-W. von Zimmerman. — *Leipzig, Reinicke und Hinrichs,* 1798, *in-12.*

3488. **Smyth** (T.). The Unity of the Human Races proved to be the doctrine of Scripture Reason and Science : with a review of the present position and theory of professor Agassiz ; from the american edition, revised and enlarged by the author. — *Edinburgh, Johnstone and Hunter,* 1851, *pet. in-8°, port. gr.*

3489. **Snellaert** (A.). Histoire de la Littérature flamande. — *Bruxelles, Jamar,* s. d., *in-12.*

3490. **Sniadecki** (A.). Théorie des Êtres organisés, renfermant les généralités de la vie organique ; traduit du polonais par J.-J. Ballard et Dessaix. — *Paris, Gabon,* 1825, *in-8°.*

3491. **Snider** (A.). L'Homme et sa raison d'être sur la terre. — *Paris, Dentu,* 1862, *in-8°.*

3492. **Sobreviela** (M.) et **Barcelo** (N. y). Voyages au Pérou, faits dans les années 1791 à 1794 ; précédés d'un tableau de l'état actuel de ce pays, sous les rapports de la géographie, de la topographie, des mœurs et coutumes de ses habitans de toutes les classes ; publiés à Londres en 1805, par John Skinner, d'après l'original espagnol ; traduits par P.-F. Henry. — *Paris, Dentu,* 1809, *2 vol. in-8° et atlas in-4°.*

3493. Société (Actes de la) d'Histoire naturelle de Paris. Tome Ier. Première partie. — *Paris, Reynier,* 1792, *in-fol., frontisp. et pl. gr.*

3494. **Solayrès de Renhac** (F.-L.). Commentatio de Partu viribus maternis absoluto. Quam denuo edidit nec non præfatione et annotationibus instruxit Ed.-Casp.-Jac. de Siebold. — *Berolini, Enslin,* 1831, *in-8°.*

3495. **Soldanis** (G.-P.-F.-A. de). Della Lingua Punica presentemente usatu da Maltesi, ec ; ovvero nuovi documenti, li quali possono servire di lume all'antica Lingua Etrusca. — *Roma, Salomoni,* 1750, *in-8°.*

3496. **Solis** (Ant. de). Histoire de la Conquête du Mexique ou de la Nouvelle Espagne, traduite de l'espagnol (par Citry de la Guette). — *Paris, Libraires associés,* 1704, *2 vol. in-12.*

3497. **Sommé** (C.-L.). Recherches sur l'Anatomie comparée du Cerveau. — *Anvers, Ancelle,* 1824, *in-8°.*

3498. **Sömmering** (S.-T.). De Corporis humani fabrica ; latio donata (à Clossio et Schregero) ; ab ipso auctore aucta et emendata. — *Trajecti ad Mænum, Varrentrappius et Wennerus,* 1794-1801, *6 vol. in-8° rel. en 4.*

3499. — Ueber die Körperliche Verschiedenheit des Negers vom Europäer. — *Frankfurt und Mainz, Varrentrapp und Wenner,* 1785, *in-8°.*

3500. — Über die ursache, erkenntniss und behandlung der Nabel = Brüche. — *Frankfurt am Main, Wenner,* 1811, *in-8°.*

3501. — Über die ursache, erkenntniss und behandlung der Brüche am Bauche und Becken ausser der Nabel = und Leistengegend. — *Frankfurt am Main, Wenner,* 1811, *in-8°.*

3502. **Sömmering** (S.-T.). Atlas de l'Iconologie de l'organe de l'Ouïe. — *In-fol. cart.*

3503. — Lehre von den Knochen und Bändern des menschlichen Körpers ; nach der zweiten auflage und nach den handexemplaren des verfassers mit den nöthigen ergänzungen und zusätzen, etc. herausgegeben von R. Wagner. — *Leipzig, Woss,* 1839, *in-8°.*

3504. **Sonnerat** (P.). Voyage à la Nouvelle-Guinée, dans lequel on trouve la description des lieux, des observations physiques et morales, etc. — *Paris, Ruault,* 1776, *in-4°, frontisp. et fig. gr.*

3505. — Voyage aux Indes Orientales et à la Chine, depuis 1774 jusqu'en 1781 ; nouvelle édition, revue et rétablie d'après le manuscrit autographe de l'auteur ; augmentée d'un précis historique sur l'Inde, depuis 1778 jusqu'à nos jours, de notes et de plusieurs mémoires inédits, par M. Sonnini. — *Paris, Dentu,* 1806, *4 vol, in-8°.*

3506. **Sonnet** (T.) **de Courval**. Satyre contre les Charlatans et Pseudo-médecins empyriques. En laquelle sont amplement descouvertes les ruses et tromperies de tous les Theriacleurs, Alchimistes, Chimistes, Paracelsistes, Distillateurs, Extracteurs de quintescences, Fondeurs d'or potable, Maistres de l'Elixir, et telle pernicieuse engeance d'imposteurs. En laquelle d'ailleurs sont refutées les erreurs, abus et impiétés des Iatro-Mages, ou médecins-magiciens qui usent de charmes, billets, paroles, charactères, invocations de démons, et autres détestables et diaboliques remèdes, en la cure des maladies. — *Paris, Milot,* 1610, *in-8°, port.. gr.*

3507. **Sonnini** (C.-S.). Voyage dans la Haute et Basse-Egypte contenant des observations de tous genres ; avec une collection de 40 planches, gravées en taille douce par J.-B.-P. Tardieu. — *Paris, Bouisson,* an VII, *3 vol. in-8°, et atlas in-4°.*

3508. — Voyage en Grèce et en Turquie. — *Paris, Buisson,* an IX (1801), *2 vol. in-8°, et atlas in-4°.*

3509. **Soulié** (F.). Physiologie du Bas-Bleu. — *Paris, Aubert,* s. d., *in-16.*

3510. **Soupé** (P.). Essai critique sur la Littérature Indienne et les études sanscrites, avec des notes bibliographiques. — *Paris, Durand,* 1856, *gr. in-18.*

3511. **Soviche** (J.). Des Hôpitaux et des secours à domicile. — *Paris, Gabon*, 1822, *in-8°*.

3512. **Sowerby** (J.-C.). et **Johnson** (C.). The Ferns of Great Britain. — *London, Sowerby*, 1855, *in-8°, pl. color.*

3513. **Soyer-Willemet.** Mémoire sur le Nectaire. — (Extr. des *Annales de la Société Linnéenne de Paris*, 1826), *in-8°*.

3514. **Spallanzani** (L.). Programme, ou précis d'un ouvrage sur les Reproductions animales ; traduit de l'italien par B. de la Sabionne. — *Genève, Philibert*, 1768, *in-8°*.

3515. — Nouvelles Recherches sur les découvertes microscopiques et la génération des corps organisés ; traduit de l'italien avec des notes, des recherches physiques et métaphysiques sur la Nature et la Religion, et une nouvelle théorie de la Terre ; par M. de Needham. — *Paris, Lacombe*, 1769, 2 part. en 1 vol. *in-8°*.

3516. — Expériences sur la Digestion de l'Homme et de différentes espèces d'Animaux, avec des considérations sur sa méthode de faire des expériences et les conséquences pratiques qu'on peut tirer en médecine de ses découvertes. — *Genève, Chirol*, 1783, *in-8°*.

3517. — Expériences sur la Génération de l'Homme et de différentes espèces d'Animaux ; avec des considérations sur sa méthode de faire des expériences, et les conséquences pratiques qu'on peut tirer en médecine de ses découvertes, par J. Senebier. — *Geneve, Chirol*, 1783, *in-8°*.

3518. — Expériences pour servir à l'histoire de la Génération des Animaux et des Plantes ; avec une ébauche de l'histoire des êtres organisés avant leur fécondation, par J. Senebier. — *Genève, Chirol*, 1786, *in-8°*.

3519. — Expériences sur la Circulation observée dans l'universalité du système vasculaire ; les phénomènes de la Circulation languissante ; les mouvemens du sang indépendans de l'action du cœur ; la pulsation des artères ; traduit de l'italien avec des notes, précédé d'une esquisse de la vie littéraire de l'auteur, par J. Tourdes. — *Paris, Maradan*, an 8, *in-8°, pl.*

3520. — Mémoires sur la Respiration ; traduits en français, d'après son manuscrit inédit, par J. Senebier. — *Genève, Paschoud*, an IX-(1803), *in-8°*.

3521. **Spallanzani** (L.). Opuscules de Physique animale et végétale, augmentés de ses expériences sur la digestion de l'homme et des animaux ; trad. de l'italien par J. Senebier. — *Paris, Duplain*, 1787, 2 vol. *in-8°, pl.*

3522. — Voyages dans les Deux Siciles et dans quelques parties des Apennins ; traduits de l'italien par G. Toscan, avec des notes du cit. Faujas de-St-Fond. — *Paris, Maradan*, an VIII, 6 vol. *in-8°, pl. gr.*

3523. **Sparrman** (A.). Voyage au Cap de Bonne-Espérance et autour du Monde avec le capitaine Cook, et principalement dans les pays des Hottentots et des Caffres ; traduit par M. Le Tourneur. — *Paris, Buisson*, 1787, 3 vol. *in-8°, pl. gr.*

3524. **Speke** (J.-H.). Les Sources du Nil; voyage des capitaines Speke et Grant, abrégé d'après la traduction de E.-D. Forgues, par J. Belin-Delaunay ; 3° édition. — *Paris, Hachette*, 1877, *in-12, cartes.*

3525. **Spencer** (H.). Classification des Sciences ; traduit de l'anglais, sur la troisième édition, par F. Réthoré. — *Paris, Baillière*, 1872, *in-12.*

3526. — Introduction à la Science sociale. — *Paris, Baillière*, 1874, *in-8°.*

3527. **Spiers** (A.). Dictionnaire général anglais-français, nouvellement rédigé d'après Johnson, Webster, Richardson, etc. — *Paris, Baudry*, 1846, *in-8°.*

3528. **Sperlingius** (O.). Dissertatio de Nummis non cusis tam veterum quam recentiorum. — *Amstelædami, Halmann*, 1700, *in-4°.*

3529. **Spinola** (M.). Insectorum Liguriæ species novæ aut rariores, quas in agro ligurtico nuper detexit, descripsit, et iconibus illustravit, adjecto catalogo specierum auctoribus jam enumeratarum, quæ in eadem regione passim occurrunt. — *Genuæ, Gravier*, 1806-08, 2 vol. *in-4°, pl. gr.*

3530. **Spinoza** (B.). OEuvres, traduites par Émile Saisset, avec une introduction du traducteur. — *Paris, Charpentier*, 1842-43, 2 vol. *gr. in-18.*

3531. **Spon** (J.). Recherches curieuses d'Antiquité, contenues en plusieurs dissertations sur des médailles, bas-reliefs, statues, mosaïques et inscriptions antiques. — *Lyon, Amaulry,* 1683, *in-4°, pl. gravées.*

3532. **Spon** (J.) et **Wheler** (G.). Voyage d'Italie, de Dalmatie, de Grèce et du Levant, fait aux années 1675 et 1676 (rédigé par Spon tout seul). — *La Haye, Albertz,* 1724, *2 vol. in-12, portr. et pl. gr.*

3533. **Sprengel** (S.). Historia Rei Herbariæ. — *Amsteldami, sumtibus Tabernæ Librariæ et Artium,* 1807-08, *2 vol. in-8°.*

3534. — Histoire de la Médecine, depuis son origine jusqu'au dix-neuvième siècle ; traduite de l'allemand, sur la seconde édition, par A.-J.-L. Jourdan, et revue par E.-F.-M. Bosquillon. — *Paris, Deterville,* 1815-20, *9 vol. in-8°.*

3535. **Sprengerus** (B.). Opuscula physico-mathematica. — *Hannoveræ, Schmidt,* 1753, *in-8°.*
  <small>Naturalis mortuæ Halcyonis incorruptibilitas. — De Avium hybridarum virtute generandi usque ad tertiam generationem. — De nova mensura Celeritatis, etc.</small>

3536. **Spring** (A.-F.). Ueber die Naturhistorischen Begriffe von Gattung, Art und Abart und über die Ursachen der Abartungen in den organischen Reichen. — *Leipzig, Fleischer,* 1838, *in-8°.*

3537. **Spurzheim** (G.). Observations sur la Folie, ou sur les dérangemens des fonctions morales et intellectuelles de l'Homme. — *Paris, Treuttel et Würtz,* 1818, *in-8°, pl. gr.*

3538. — Observations sur la Phrænologie, ou la connaissance de l'Homme moral et intellectuel, fondée sur les fonctions du système nerveux. — *Paris, Treuttel et Würtz,* 1818, *in-8°, frontisp. et pl. gr.*

3539. — Essai philosophique sur la nature morale et intellectuelle de l'Homme. — *Paris, Treuttel,* 1820, *in-8°.*

3540. **Staël Holstein** (Mme de). De l'Allemagne. Seconde édition. — *Paris, Nicole,* 1814, *3 vol. in-8°.*

3541. **Stähelim** (J.-J.). Kritische Untersuchungen über die Genesis. — *Basel, Neukirch,* 1830, *in-8°.*

3542. **Stahl** (G.-E.). Sileni Alcibiadis ; id est Ars Sanandi, cum expectatione, opposita Arti Curandi nuda expectatione : Satyra Harveana castigata. — *Parisiis, Horthemels,* 1730, *in-12, frontisp. gr.*

3543. **Stahl** (P.-J.). (Hetzel). Les Opinions de mon ami Jacques sur les Femmes d'esprit et sur l'Esprit des Femmes. — *Paris, Lecou*, 1855, *in-32*.

3544. **Stanhope Smith** (S.). An Essay on the Causes of the variety of complexion and figure in the Human species, to which are added strictures on lord Kaims's Discourse, on the original diversity of Mankind. — *Philadelphia, Stockdale*, 1789, *in-8°*.

3545. **Stanley** (H.-M.). Comment j'ai retrouvé Livingstone. Voyages, aventures et découvertes dans le centre de l'Afrique; traduit de l'anglais par M⁰ H. Loreau. — *Paris, Hachette*, 1876, *gr. in-8°, fig*.

3546. **Stapfer** (P.-A.). Examen de l'ouvrage intitulé : *Problème de l'Esprit Humain, ou Origine, développement et certitude de nos Connaissances*, faisant suite et complément au livre *Du Rapport de la Nature à l'Homme et de l'Homme à la Nature*; par M. le Bᵒⁿ Massias. — *Paris, Rignoux, in-8°*. (Extrait de la *Revue Encyclopédique*, 1827.)

3547. **Staples Harriot** (J.). Observations on the oriental origin of the Romnichal or Tribe miscalled Gypsey and Bohemian. — *London, Cox*, 1830, *gr. in-4°*.

3548. Statuta Facultatis Medicinæ Parisiensis 1660. — *Parisiis, Muguet*, 1660, *in-12, titre gr*.

3549. **Stauben** (D.). Scènes de la Vie juive en Alsace. — *Paris, Lévy*, 1860, *gr. in-18*.

3550. **Steffens** (H.). Anthropologie. — *Breslau, Mar*, 1822, 2 vol. *in-8°*.

3551. **Stein** (G.-W.). Der Unterschied zwischen Mensch und Thier im Gebären; zur aufklärung über das Bedürfniss der Geburtshülfe für der Menschen. — *Bonn, Marcus*, 1820, *in-8°*.

3552. **Steinthal** (H.). Die classification der Sprachen dargestellt als die entwickelung der Sprachidee. — *Berlin, Dümmler*, 1850, *in-8°*.

3553. — Der Ursprung der Sprache, im zusammenhange mit den letzten fragen alles wissens; eine darstellung, kritik und fortentwickelung der vorzüglichsten ansichten; zweite ausgabe. — *Berlin, Dümler*, 1858, *in-8°*.

3554. **Stendel** (E.-T.). Nomenclator Botanicus, seu synonymia

Plantarum universalis, enumerans ordine alphabetico nomina atque synonyma, tum generica tum specifica, et a Linnæo et a recentioribus de Re Botanica scriptoribus Plantis phanerogamis imposita. Editio secunda ex novo elaborata et aucta. — *Stuttgartiæ et Tubingæ, Cotta*, 1840-41, *2 part. en 1 vol. gr. in-8°*.

3555. **Stendhal** (Henry Beyle, dit). Correspondance inédite, précédée d'une Introduction par Prosper Mérimée. — *Paris, Lévy*, 1855, *2 vol. gr. in-18, portr. gr.*

3556. **Steno** (N.). Elementorum Myologiæ specimen : seu musculi descriptio geometrica; cui accedunt canis carchariæ dissectum caput et dissectus piscis ex canum genere. — *Amstelodami, Jans. a Waesberge*, 1669, *pet. in-8°*.

3557. **Stephanus Byzantinus.** Gentilia per epitomen ante περι Πολεων de Urbibus inscripta, quæ ex mss. codd. Palatinis ab Cl. Salmasio quondam collatis et ms. Vossiano restituit, supplevit ac latina versione et integro commentario illustravit Abr. Berkelius; accedent collectæ a Jac. Gronovio variæ lectiones, ex cod. ms. Perusino, intermixtis ejusdem notis, etc. — *Lugduni-Batavorum, Haaring*, 1694, *in-fol.*

3558. **Stephanus** (C.). Prædium Rusticum, in quo cujusvis soli vel culti vel inculti plantarum vocabula ac descriptiones, earumque conserendarum atque excolendarum instrumenta suo ordine describuntur. — *Parisiis, Pelicanus*, 1529, *in-8°*.

3559. — De Re Hortensi libellus, vulgaria herbarum, florum, ac fruticum, qui in hortis conseri solent, nomina, latinis vocibus efferre docens ex probatis authoribus; multo quam antea locupletior factus. Cui nuper additus est alius libellus de cultu et satione Hortorum ex antiquorum sententia. — *Parisiis, Rob. Stephanus*, 1539, *in-8°*.

3560. — Seminarium, sive Plantarium earum arborum, quæ post hortos conseri solent : quarum nomina, fructus, item etiam, conserendi vocabula apud authores bene recepta hoc libello declarantur. — *Lugduni, Vincentii hæredes*, 1537, *in-8°*. = Antonini Venuti Notensis de Agricultura opusculum; denuo recognitum, et summa diligentia impressum. — *Vinegia (heredi di Gioan. Padoano)*, 1556, *1 vol. in-8°*.

3561. — Seminarium, et Plantarium fructiferarum præsertim arborum quæ post hortos conseri solent, denuo auctum et locupletatum. Huic accessit alter libellus de conserendis arboribus in Seminario : deque iis in Plantarium transferendis atque inserendis. — *Parisiis, ex off. Rob. Stephani*, 1540, *in-12*.

3562. **Stern** (S.). Vorlaufige grundlegung zu einer Sprachphilosophie. — *Berlin, Bechtold und Hartje*, 1835, *in-8°*.

3563. **Steur** (C.). Ethnographie des Peuples de l'Europe avant Jésus-Christ, ou essai sur les Nomades de l'Asie, leurs migrations, leur origine, leurs idées religieuses, leurs caractères sociaux, etc. ; étude mise en rapport avec les mœurs des principales nations européennes de race greco-latine, germanique et slave. — *Bruxelles, Muquardt*, 1872-73, *3 vol. gr. in-8°, pl.*

3564. **Stewart** (D.). Élémens de la Philosophie de l'Esprit humain ; traduit de l'anglais par Pierre Prévost. — *Genève, Paschoud*, 1808-25, *3 vol. in-8°*. *(V^r aussi 1079-80.)*

3565. **Stockhusen** (S.). Traité des mauvais effets de la Fumée de la Litharge ; traduit du latin et commenté par J.-J. Gardane, pour servir à l'histoire des maladies des Artisans. — *Paris, Ruault*, 1776, *in-12*.

3566. **Stoll** (C.). Natuurlyke en naar't leeven naauwkeurig gekleurde afbeeldingen en beschryvingen der Wantzen, en der Cicaden, in alle vier waerelds deelen Europa, Asia, Africa en America ; (texte hollandais et français). —*Amsterdam, Seep*, 1788, *2 part. en 1 vol. gr. in-4°, pl. noires*.

3567. **Strabon.** Géographie; traduction nouvelle par Amédée Tardieu. — *Paris, Hachette*, 1867-73, *T. I, II, gr. in-18*.

3568. **Stralhenberg.** Description historique de l'empire Russien ; traduit de l'allemand (par Barbeau de la Bruyère).— *Amsterdam; et Paris, Desaint et Saillant*, 1757, *2 vol. in-12*.

3569. **Strambio** (G.). Cagioni natura e sede della Pellagra, desunte dai libri di Gaetano Strambio et dai principj della dottrina Broussaisiana. — *Milano, Bocca*, 1824, *in-8°*.

3570. **Strass** (F.). Le Cours des Temps, ou tableau de l'Histoire Universelle depuis l'antiquité la plus reculée jusqu'à nos jours, terminée en février 1809. — *Carte in-folio, entoilée*.

3571. **Strauss** (D.-F.). Nouvelle vie de Jésus. Traduite de l'allemand par A. Nefftzer et Ch. Dollfus. — *Paris, Libr. intern.*, 1864, *2 vol. in-8°*.

3572. **Straus-Durckhein** (H.). Théologie de la Nature. — *Paris, l'auteur*, 1852, 4 vol. *in-8°, pl. gr.*

3573. **Strehler**. Mittheilungen aus meinem Tagebuche zunächst für Freunde und Bekannte über meine zweimalige reise von Rotterdam nach Batavia der Hauptstadt der Insel Java meinen vier monatlichen Aufenthalt daselbst und Besuch auf der Insel S. Helena in den Jahren 1828 bis 1830. — *Nürnberg, Campe*, 1832, *in-12*.

3574. **Struve** (H.). Méthode analytique des Fossiles, fondée sur leurs caractères extérieurs. — *Lausanne, Lacombe*, 1797, *in-8°, pl. col.*

On y a joint :

De l'Aranéologie, ou sur la découverte du rapport constant entre l'apparition ou la disparition, le travail ou le repos, le plus ou le moins d'étendue des toiles et des fils d'attaches des Araignées des différentes espèces ; — et les variations athmosphériques du beau temps à la pluie, du sec à l'humide, mais principalement du chaud au froid, et de la gelée à glace au véritable dégel. Par QUATREMÈRE DISJONVAL. — *Paris, Fuchs*, an V, 1797.

3575. **Stuart** (G.). A View of Society in Europe in its progress from Rudeness to Refinement : or, inquiries concerning the history of Law, Government, and Manners ; a new edition. — *Basil, Tourneisen*, 1797, *in-8°.*

3576. — Tableau des progrès de la Société en Europe; traduit de l'anglois (par A.-M.-H. Boulard) ; ouvrage contenant des recherches sur l'origine des gouvernemens, les variations des mœurs, et du système féodal. — *Paris, Maradan*, 1789, *2 tomes en 1 vol. in-8°.*

3577. — Dissertation historique sur l'ancienne constitution des Germains Saxons, et habitans de la Grande-Bretagne ; ouvrage contenant des recherches sur l'ancienneté des Jurés et des Délibérations des Communes ; traduit par A.-M.-H.-B. — *Paris, Maradan*, an II (1794), *in-8°.*

3578. **Stuart Poole** (R.). The Genesis of the Earth and of Man : or the history of Creation and the antiquity and races of Mankind considered on biblical and other grounds ; second edition. — *London, Williams and Norgate*, 1860, *in-12*.

3579. **Sturm** (J.). Verzeichniss meiner Insecten-Sammlung oder Entomologisches Handbuch für Liebhaber und Sammler. — (*Nürnberg*, 1800,) *in-8°, pl. gr.*

3580. **Sturm** (R.-Ch.-G.). Ueber Racen, Kreuzungen und Veredlung der landwirthschaftlichen hausthiere; nebst einer allegemeinen beschreibung des Skeletts der hausthiere, von Weber. — *Elberfeld, Büschler,* 1825, *in-8°, pl.*

3581. **Sudre.** Le Noble jeu de Mail de la ville de Montpelllier, avec ses règlements. Nouvelle édition. — *Montpellier, Martel,* 1772, *in-12, fig. gr.*

3582. **Sue** (P.). Essais historiques littéraires et critiques sur l'art des Accouchemens, ou recherches sur les coutumes, les mœurs, et les usages des anciens et des modernes dans les accouchemens, l'état des Sages-Femmes, des Accoucheurs et des Nourrices chez les uns et les autres ; ouvrage dans lequel on a recueilli les faits les plus intéressans et les plus utiles sur cette matière, avec un grand nombre de notes curieuses et d'anecdotes singulières. — *Paris, Bastien,* 1779, *2 vol. in-8°.*

3583. — Tables analytiques et raisonnées des matières et des auteurs pour la nouvelle édition de l'Histoire Naturelle de Buffon, rédigée par C.-S. Sonnini. — *Paris, Dufart,* 1808, *3 vol. in-8°.*

3584. **Sue** (J.-J.). Essai sur la Physiognomonie des Corps vivans, considérés depuis l'Homme jusqu'à la Plante. Ouvrage où l'on traite principalement de la nécessité de cette étude dans les arts d'imitation, des véritables règles de la beauté et des grâces, des proportions du corps humain, de l'expression, des passions, etc. — *Paris, Dupont,* an V-1797, *in-8°.*

3585. **Suetonius** (C.), cum annot. diversorum. — *Amsterodami, Blaeuw,* 1630, *in-24, titre gr.*

3586. **Suhm** (P.-F. von). Geschichte der Dänen, aus dem dänischen ubertragen von F.-D. Gräter. Erster band : Geschichte der Nordischen Fabelzeit von grauesten alterthum an bis zu ende des achten jahrhunderts. — *Leipzig, Gräff,* 1803-04, *2 vol. in-8°.*

3587. **Sulzer** (J.-H.). Abzekürzte Geschichte der Insecten nach den Linnæischen System. — *Winterthur, Steiner,* 1776, *2 part. en 1 vol. gr. in-4°, pl. coloriées.*

3588. Supplément à la *Philosophie de l'Histoire* de feu l'abbé Bazin, nécessaire à ceux qui veulent lire cet ouvrage avec fruit (par P.-H. Larcher). — *Amsterdam, Changuion,* 1767, *in-8°.*

3589. **Swainson** (W.). A Treatise on the Geography and classification of Animals. — *London, Longman,* 1835, *in-12, portr.*

3590. **Swammerdamm** (J.). Biblia Naturæ, sive historia Insectorum in classes certas redacta necnon exemplis et anatomico variorum animalculorum examine æneisque tabulis illustrata, insertis numerosis rariorum naturæ observationibus : accedit præfatio in qua vitam auctoris descripsit Herm. Boerhaave. Omnia lingua batava conscripta, latine adscripsit Hier. Dav. Gaubius. — *Leydæ, Severinus*, 1727, *3 vol. in-fol. dont un de planches.*

3591. **Swaving** (C.). Eerste bijdrage tot de Kennis der Schedels van Volken in den Indischen Archipel (overgedrukt uit het *Kon. Natuurk-tijdschrift, deel* XXIII *en* XXIV.) *In-8°, pl. lithogr.*

3592. **Swediaur** (F.). Traité complet sur les symptômes, les effets, la nature et le traitement des Maladies syphilitiques; septième édition. — *Paris, Méquignon-Marvis*, 1817, *2 vol. in-8° (manque le T. I).*

3593. **Swift** (J.). Le Procès sans fin, ou l'histoire de John Bull, publiée sur un manuscrit trouvé dans le Cabinet du fameux Sire Humfroy Polesworth, en l'année 1712 (trad. de l'anglais, par Velly). — *Londres, Nourse*, 1853, *in-12.*

3594. **Symes** (M.). Relation de l'Ambassade anglaise, envoyée en 1795, dans le Royaume d'Ava, ou l'empire des Birmans ; suivie d'un voyage fait en 1798, à Colombo, dans l'île de Ceylan, et à la baie de Lagoa, sur la côte orientale d'Afrique, etc. Traduits de l'anglais avec des notes par J. Castéra. — *Paris, Buisson, an* IX, 1800, *3 v. in-8°, et atlas in-4°, cart. (manque le texte).*

3595. Système de la Nature, ou des loix du monde physique et du monde moral ; par M. Mirabaud (d'HOLBACH). — *Londres*, 1770, *2 vol. in-8°.*

3596. Réflexions sur le *Système de la Nature*, par M. HOLLAND. — *Paris, Valade*, 1773, *2 part. en 1 vol. in-12.*

3597. Système Social, ou principes naturels de la Morale et de la Politique, avec un examen de l'influence du gouvernement sur les mœurs. Par l'auteur du *Système de la Nature* (D'HOLBACH). — *Londres*, 1773, *3 t. en 1 vol. in-8°.*

3598. Système tiré de l'Écriture Sainte sur la durée du monde depuis le premier avènement de Jésus-Christ jusqu'à la fin des siècles (par Cl. LESQUEVIN) — *Paris, Huart*, 1736, *in-12.*

3599. **Szerlecky** (L.-A.). Dictionnaire abrégé de Thérapeutique, ou exposé des moyens curatifs employés par les praticiens les plus distingués de la France, de l'Allemagne, de l'Angleterre et de l'Italie, dans toutes les maladies. — *Paris, Rouvier et Le Bouvier*, 1837, 2 tomes an 1 vol. *in-8°.*

T

3600. Tableau des Saints, ou examen de l'esprit, de la conduite, des maximes et du mérite des personnages que le Christianisme révère et propose pour modèles (par d'Holbach). — *Londres, s. ind.*, 1770, 2 vol. *in-12.*

3601. Tableau historique de l'Orient, par le chevalier M... D... (Mouradja d'Ohsson). — *Paris, Didot*, an XII, 1804, 2 vol. *in-8°.*

3602. Tableau historique du Rouergue suivi de recherches sur des points d'histoire peu connus. — *Rodez, Carrère*, 1819, *in-8°.*

3603. Tableau naturel des rapports qui existent entre Dieu, l'Homme et l'Univers (par de Saint-Martin). — *Edimbourg*, 1782, 2 parties en 1 vol.

3604. Tableau philosophique du Genre humain, depuis l'origine du monde jusqu'à Constantin (par Borde). Traduit de l'anglois. — *Londres*, 1770, *in-12.*

3605. Tableau physique et topographique de la Tauride, suivi d'observations sur la formation des montagnes, et les changements arrivés à notre globe, pour faire suite aux Voyages de Pallas (rédigé par MM. E. Montréal et N. de Chateaugiron, d'après les mémoires de M. Charette de la Colinière). — *Paris, Guéffier*, an VI, *in-4°.*

3606. Tableau synoptique des principaux Cultes exercés par les habitans actuels de la terre, particulièrement de ceux qui sont en vigueur dans le monde chrétien, suivi d'un Tableau de la propagation du Christianisme dans les cinq parties de la Terre (par R.-H. de Reutlinger). — *Zuric, Schulthess*, 1840, *in-fol.*

3607. Tablettes d'un Curieux, ou variétés historiques, littéraires et morales (publiées par Sautreau de Marsy). — *Bruxelles, et Paris, Defer de Maisonneuve*, 1789, 2 vol. *in-12.*

3608. **Tagereau** (V.). Discours sur l'Impuissance de l'homme et de la Femme, auquel est déclaré que c'est qu'Impuissance empeschant et séparant le mariage. Comment elle se cognoist.

Et ce qui doit estre observé aux procès de séparation pour cause d'Impuissance, conformément aux Saints Canons et Decrets : et a ce qu'en ont escrit les Theologiens et Canonistes. Reveu et augmenté en cette seconde édition. — *Paris, du Brayet,* 1612, *in-12.*

On y a joint :

Traité de la Dissolution du mariage pour cause d'Impuissance, avec quelques pièces curieuses sur le même sujet (par le président Bouhier). — *Luxembourg, Vander Kragt,* 1735.

3609. **Taboetius** (J.). De Primigenia Magistratuum diathesi, et multiplici personarum, ad triplicem Reip. formam pertinentium distinctione. — *Parisiis, Nic. Edoardus,* 1562, *in-4°.*

On y a joint de même :

De Republica et lingua francica, ab Hebreis, Romanis et Gotthis derivata, deque diversis Gallorum ordinibus, necnon de prima Senatuum origine et magistratibus ad militarem disciplinam spectantibus : adjecta Francicarum antiquitatum et urbium serie, latino gallicis dialectis explicata. — *Parisiis, Nic. Edoardus,* 1562.

3610. **Taine** (H.). Essais de Critique et d'Histoire. — *Paris, Hachette,* 1858, *gr. in-18.*

3611. — Les Philosophes français du XIX° siècle. — *Paris, Hachette,* 1857, *gr. in-18.*

3612. — Philosophie de l'Art. — *Paris, Baillière,* 1865, *in-18.*

3613. **Taillepied** (F.-N.). Traité de l'Apparition des Esprits. A sçavoir, des ames séparées, fantosmes, prodiges et accidens merveilleux qui précèdent quelquefois la mort des grands personnages, ou signifient changement de la chose publique. — *Brusselles, Ximenez,* 1609, *in-12.*

On y a joint:

Examen des Esprits propres et naiz aux sciences. Où par merveilleux et utiles secrets, tirez tant de la vraye philosophie naturelle que divine, est démontrée la différence des grâces et habilitez qui se trouvent aux hommes, et a quel genre de lettres est convenable l'esprit de chacun, etc. Traduit d'Espagnol (de Huarte) en François par Gabriel Chappuis ; dernière édition. — *Paris, Gobert,* 1614.

3614. **Tacite**. La Germanie, traduite par C.-L.-F. Panckoucke ; avec un nouveau commentaire extrait de Montesquieu et des principaux publicistes, le rapprochement des mœurs Germaines avec celles des Romains et de divers autres peuples, particulièrement avec celles de la nation française, des notes historiques et géographiques, une table chronologique indiquant les progrès des différentes peuplades de la Germanie, leurs envahissements successifs et leurs établissements, etc. — *Paris, C.-L.-F. Panckoucke, 1824, in-8° (exemplaire interfolié).*

3615. **Talleyrand-Périgord** (C.-M. de). Rapport sur l'Instruction publique fait au nom du Comité de constitution à l'Assemblée Nationale, les 10, 11 et 19 septembre 1791. — *Paris, Imprimerie Nationale, 1791, in-4°.*

3616. **Talvy** (T.-A.-L. von Jacob). Historical view of the languages and literature of the Slavic nations; with a sketch of their popular poetry; with a preface by Edward Robinson. — *New-York, Putnam, 1850, in-8°.*

3617. **Tamisier** (M.). Voyage en Arabie : séjour dans le Hetjaz. — Campagne d'Assir. —*Paris, Desessart, 1840, 2 vol. in-8°, cart.*

3618. **Tanchou** (S.). Du froid et de son application dans les maladies: considérations physiologiques et thérapeutiques, observations, — corollaires. *Paris, Crevot, 1824, in-8°.*

3619. **Tardieu** (A.). Galerie des Uniformes des Gardes Nationales de France; contenant : 1° Les ordonnances, règlements et instructions sur les dits Uniformes ; 2° une légende détaillée des planches ; 3° 28 planches gravées et coloriées des uniformes et de leurs détails, etc. — *Paris, Tardieu, 1817, gr. in-8°, pl. color.*

3620. **Tardinus** (J.). Disquisitio physiologica de Pilis. — *Turnoni, Linocerius, 1609, in-8°.*

3621. **Targioni Tozetti** (J.). Voyage minéralogique, philosophique et historique en Toscane. — *Paris, Lavilette, 1792, 2 vol. in-12.*

3622. **Tarlier** (J.). Atlas général de Géographie moderne, extrait des cartes de Lapie, Berghaus, Stieler, Sydow, Bauerkeller, Arrowsmith, etc. *Bruxelles, Jamar, s. d., in-12.*

3623. **Taupenot** (J.-M.). Mémoire sur les Terrains en général, et spécialement sur le Terrain d'eau douce des environs de Montpellier (Thèse). — *Dijon, Loireau, 1851, in-8°, carte sur toile.*

3624. **Tavante** (J.). Mémoire sur l'Olivier ; traduit de l'italien par M. de Belleval. — *Montpellier, Tournel, 1812, in-8°.*

3625. **Tavernier** (J.-B.). Nouvelle Relation de l'intérieur du Serrail du Grand Seigneur, contenant plusieurs singularitez qui, jusqu'icy, n'ont point été mises en lumière. — *Amsterdam, van Someren*, 1678, *in-12, frontisp.*

On y a joint :

1° Relation du Voyage et retour des Indes Orientales, pendant les années 1690 et 1691, par un garde de la marine, servant sur le bord de M. Duquesne, commandant de l'Escadre (C.-M. Pouchot de Chantassin). — *Paris, Coignard*, 1692, *in-8°*. = 2° L'État de la Cour de Rome en général et son vray caractère durant le siége vacant, avec l'idée du Conclave et les Factions ou Parties qui s'y sont renfermez, et le caractère de plusieurs cardinaux papables ; par un Abbé Romain. — *Amsterdam, Du Bois*, 1676.

3626. **Taxil** (J.). L'Astrologie et Physiognomie en leur splendeur. — *Tournon, Reynaud*, 1614, *in-8°, titre et fig. gr.*

3627. **Tebeldi** (A.). Die Slawen im Kaiserthume Oestreich. — *Wien, Tendler und Comp.*, 1848, *in-8°.*

3628. **Teichmeyer** (H.-F.). Institutiones Medicinæ legalis vel forensis, in quibus præcipuæ materiæ civiles, criminales et consistoriales, secundum principia medicorum decidendæ, ex recentissimis atque optimis eorum hypothesibus erutæ traduntur. Editio quinta, curante J.-F. Fasclio. — *Ienæ, Croekerius*, 1797, *in-4°.*

3629. **Teissier** (J.). De l'Influence de la Civilisation sur la santé de l'Homme (Thèse). — *Montpellier, Martel*, 1822, *in-8°.*

3630. — Des Bains et Thermes chez les anciens, des Bains romains de Nimes et du Temple de Diane. — *Nimes, Balivet et Fabre*, 1850, *in-8°, pl. gr.*

3631. — Confidences du Dieu Némausus. — *Nimes, Ballivet et Fabre*, 1844, *in-8°.*

3632. — Cours d'Histoire naturelle, professé à l'Athénée du Gard, en 1833. Analyses, publiées par le *Courrier du Gard* en 1833 et 1834. — *Nimes, Triquet*, 2 *fasc. in-8°.*

3633. **Temminck** (C.-J.). Manuel d'Ornithologie, ou Tableau systématique des Oiseaux qui se trouvent en Europe ; précédé d'une analyse du système général d'Ornithologie, et suivi d'une Table alphabétique des espèces ; seconde édition. — *Paris, Dufour*, 1820, 2 *vol. in-8°.*

3634. **Tenant de Latour** (J.-B.). Mémoires d'un Bibliophile (Lettres sur la Bibliographie à Mad. la C^{sse} de Ranc....). — *Paris, Dentu*, 1861, *gr. in-18.*

3635. **Tennemann** (G.-A.). Manuel de l'Histoire de la Philosophie ; traduite de l'allemand, par V. Cousin. — *Paris, Pichon et Didier*, 1829, 2 vol. *in-8°.*

3636. **Tenon** (J.). Mémoires sur les Hôpitaux de Paris. — *Paris, Pierres*, 1788, *in-4°, pl. gr.*

3637. **Terme** (J.-F.) et **Monfalcon** (J.-B.). Histoire statistique et morale des Enfans trouvés. — *Paris, Baillière*, 1837, *in-8°.*

3638. **Ternaux** (H.). Historia Reipublicæ Massiliensium a primordiis ad Neronis tempora. — *Gottingæ, Huth*, 1826, *in-4°.*

3639. **Ternaux Compans** (H.). Lettre à M. le Ministre de l'Instruction publique sur l'état actuel des Bibliothèques publiques de Paris. — *Paris, Delaunay*, 1837, *in-8°.*

3640. — Recueil de Documents et Mémoires originaux sur l'histoire des possessions espagnoles dans l'Amérique à diverses époques de la conquête, renfermant des détails curieux sur les mœurs, les coutumes et les usages des Indiens, leurs relations avec les espagnols, et sur la géographie et l'histoire naturelle de ces contrées ; publiés sur les manuscrits anciens et inédits de la Bibliothèque. — *Paris, Gide*, 1840, *in-8°.*

3641. — Bibliothèque Asiatique et Africaine, ou Catalogue des ouvrages relatifs à l'Asie et à l'Afrique qui ont paru jusqu'en 1700. — *Paris, Arthus Bertrand*, 1841, *in-8°, supplément.*

3642. **Terrasson** (J.). La Philosophie applicable à tous les objets de l'esprit et de la raison. — Ouvrage en réflexions détachées ; précédé des réflexions de M. d'Alembert ; d'une lettre de M. Moncrif ; et d'une autre lettre de M*** sur la personne et les ouvrages de l'auteur. — *Paris, Prault*, 1754, *in-12.*

3643. **Testa** (A.-J.). De Vitalibus Periodis Ægrotantium et Sanorum seu elementa Dynamicæ animalis. — *Londini, Davis*, 1787, 2 vol, *in-8°, rel. en 1.*

3644. **Teule** (J.-C.). De l'Oreille. Essai d'Anatomie et de Physiologie, précédé d'un exposé des lois de l'Acoustique. — *Paris, Gabon*, 1828, *in-8°.*

3645. — Etude des Mouvemens de l'Homme. — *Paris, Gabon*, 1831, *in-8°, pl. gr.*

3646. — Pensées et notes critiques extraites du Journal de mes voyages dans l'empire du Sultan de Constantinople, dans les provinces Russes, Georgiennes et Tartares du Caucase et dans le royaume de Perse.— *Paris, Arthus Bertrand,* 1842, *2 vol. in-8°.*

3647. Théâtre de Campagne, ou recueil de Parades les plus amusantes propres au délassement de l'esprit (par GRANDVAL père). — *A Nugopolis; et se trouve à Paris, chez la V*e *Duchesne,* 1767, *in-8°.*

3648. **Théis** (A. de). Glossaire de Botanique, ou Dictionnaire étymologique de tous les noms et termes relatifs à cette science. — *Paris, Dufour,* 1810, *in-8°.*

3649. Théisme (Le); essai philosophique (par de FERRIÈRE). — *Londres,* 1773, *2 vol. in-8°.*

3650. Thelyphthora; or a treatise on Female ruin, in its causes, effects, consequences, prevention, and remedy; considered on the basis of the Divine Law : under the following Heads, viz. Marriage, Whoredom and Fornication, Adultery, Polygamy, Divorce; with many other incidental matters; particularly including an examination of the principles and tendency of Stat. 26 Geo. II, c. 33, commonly called the *Marriage act.;* the second edition. — *London, Dodsley,* 1781, *2 vol. in-8°.*

3651. **Thénard** (L.-J.). Traité de Chimie élémentaire, théorique et pratique ; quatrième édition. — *Paris, Crochard,* 1824, *5 vol. in-8°, br., pl. gr.*

3652. Théologie portative, ou Dictionnaire abrégé de la religion chrétienne, par l'abbé Bernier (d'HOLBACH). — *Rome,* 1776, *2 part. en 1 vol. in-12.*

3653. **Theophrastes.** Opera omnia, græce et latine, cura Danielis Heinsii. — *Lugduni-Batavorum, H. ab Haestens,* 1693, *in-fol.*

3654. — Les Caractères de Théophraste, d'après un manuscrit du Vatican contenant des additions qui n'ont pas encore paru en France. Traduction nouvelle avec le texte grec, des notes critiques et un discours préliminaire sur la vie et les écrits de Théophraste, par Coray. — *Paris, Fuchs,* an VII (1799), *in-8°, portr. gr.*

3655. Théorie des Resssemblances, ou essai philosophique sur les dispositions physiques et morales des animaux d'après les analogies de formes, de robes et de couleurs; par le Ch. Da G. M... (J.J. Da GAMA MACHADO); troisième partie. — *Paris, Fournier,* 1844, *in-fol., pl. color.*

3656. Théorie du Système Animal. — *Leide, Luzac*, 1767, *in-12*.

3657. **Thibaut** (A.) (G.-H. Haas). Nouveau Dictionnaire de poche Français-Allemand et Allemand-Français, précédé d'une préface; nouvelle édition. — *Paris, Treuttel et Würtz*, 1810, 2 vol. *in-8°, rel. en 1*.

3658. **Thiebaud de Berneaud** (A.). Compte rendu des travaux de la Société Linnéenne de Paris, depuis son organisation jusques et compris l'année 1821. — *Paris, d'Hautel*, 1822, *in-8°*.

3659. — Relation de la première fête champêtre, célébrée par la Société Linnéenne de Paris, le 24 mai 1822, jour anniversaire de la naissance de Linné. — *Paris, d'Hautel*, 1822, *in-8°*.

3660. **Thiéry.** Observations de Physique et de Médecine faites en différents lieux de l'Espagne ; on y a joint des considérations sur la lèpre, la petite vérole et la maladie vénérienne. — *Paris, Garnery*, 1791, 2 vol. *in-8°, rel. en 1*.

3661. **Thierry** (A.). Résumé de l'Histoire de la Guyenne. — *Paris, Lecointe et Durey*, 1825, *in-16*.

3662. — Histoire des Gaulois depuis les temps les plus reculés jusqu'à l'entière soumission de la Gaule à la domination Romaine; cinquième édition. — *Paris, Didier*, 1858, 2 vol. *gr. in-18*.

3663. **Thomas** (A.-L.). Essai sur le caractère, les mœurs et l'esprit des Femmes dans les différens siècles. — *Paris, Moutard*, 1772, *in-18*.

3664. **Thomas** (A.-L.). Essai historique et descriptif sur Montpellier, pour servir de Guide dans cette ville et dans ses environs. — *Montpellier, Castel*, 1836, *in-8°*.

3665. **Thomassen** (J.-H.). Enthüllungen aus der Urgeschichte, oder : Existirt das Menschengeschlecht nur 6000 Jahre ? Die Ergebnisse der neuesten wissenschaftlichen forschungen über die Ur-und Entwicklungsgeschichte der Menschheit in allgemein verständlicher darstallung. — *Neuwied und Leipzig, Heuser*, 1869, *in-8°*

3666. **Thomassy** (R). Le Maroc et ses caravanes, ou relations de la France avec cet Empire ; deuxième édition. — *Paris, Didot*, 1845, *in-8°*.

3667. **Thommerel** (J.-P.). Recherches sur la fusion du Franco-Normand et de l'Anglo-Saxon. — *Paris, Pourchet*, 1841, *in-8°*.

3668. **Thomson** (A.). On the development of the vascular system in the Fœtus of vertebrated animals. — (*From the Edinburgh new Philosophical, Journal of Oct.* 1830), *in-8°, pl. col.*

3669. **Thomson** (T.). Système de Chimie, traduit de l'anglais sur la troisième édition par J. Riffault. — *Paris, Méquignon-Marvis,* 1817-22, *5 vol. in-8°.*

3670. **Thouin** (A.). Cours de culture et de naturalisation des Végétaux. Publié par Oscar Leclerc. — *Paris, Mme Huzard,* 1825, *3 vol. in-8° et atlas in-4°.*

3671. — Voyage dans la Belgique, la Hollande et l'Italie. Rédigé sur le Journal autographe de ce savant professeur par le Baron Trouvé. — *Paris,* 1841, *2 vol. in-8°.*

3672. **Thouret** (M.-A.). Recherches et doutes sur le Magnétisme animal. — *Paris, Prault,* 1784, *in-12.*

3673. **Thouret** (J.-G.). Abrégé des Révolutions de l'ancien Gouvernement Français. Ouvrage extrait de l'abbé Dubos, et de l'abbé Mably ; seconde édition. — *Paris, Lheureux,* 1820, *in-8°.*

3674. **Thucydide.** Histoire ; traduite du grec par Lévesque. — *Paris, Lefèvre,* 1840, *gr. in-18.*

3675. **Thunberg** (C.-P.). Voyages au Japon (1772-78), par le Cap de Bonne-Espérance, les îles de la Sonde, etc. ; traduits, rédigés et augmentés de notes par L. Langlès, et revus, quant à la partie d'Histoire naturelle, par J.-B. Lamarck. — *Paris, Dandré,* an IV-(1796), *4 vol. in-8°, fig. et cartes.*

3676. **Thurnam** (J.). On the two principal forms of ancient British and Gaulish Skulls. — *(London, Richard,* 1865, *in-8°.* (Extr. des *Mem. of Anthropol. Soc. of London,* vol. 3.)

3677. **Tiedemann** (F.). Anatomie du Cerveau, contenant l'histoire de son développement dans le fœtus, avec une exposition comparative de sa structure dans les animaux ; traduite de l'allemand, avec un discours préliminaire sur l'étude de la physiologie en général et sur celle de l'action du cerveau en particulier ; par A.-J.-L. Jourdan. — *Paris, Baillière,* 1823, *in-8°, pl.*

3678. — Das Hirn des Negers mit dem des Europäers und Orang-Outangs verglichen. — *Heidelberg, Winter,* 1837, *gr. in-4°.*

3679. — Traité complet de Physiologie de l'Homme ; traduit de l'allemand, par A.-J.-L. Jourdan. — *Paris, Baillière,* 1831, *2 vol. in-8°.*

3680. **Tigny** (F.-M.-G.-T. de). Histoire naturelle des Insectes, composée d'après Réaumur, Geoffroy, De Geer, Roesel, Linnée, Fabricius et les meilleurs ouvrages qui ont paru sur cette partie; rédigée suivant la méthode d'Olivier, avec des notes, plusieurs observations nouvelles et des figures. — *Paris, Deterville*, an X, *9 vol. pet. in-12, fig. gr.*

3681. **Tillet.** Dissertation sur la cause qui corrompt et noircit les grains de Bled dans les Épis, et sur les moyens de prévenir ces accidents. — *Bordeaux, Vve Brun; et Paris, Briasson*, 1755, *2 part. en 1 vol. in-4°.*

3682. **Timkovski** (G.). Voyage à Péking, à travers la Mongolie, en 1820 et 1821; traduit du russe par M. N****, revu par M. J.-B. Eyriès, publié avec des corrections et des notes, par M. J. Klaproth. — *Paris, Dondey-Dupré*, 1827, *2 vol. in-8°.*

3683. **Timoni** (A.). Tableau synoptique et pittoresque des Littératures les plus remarquables, tant anciennes que modernes, et nommément de la Grecque littérale, de la Latine, de la Gallique, de la Servienne, de la Française, de l'Italienne, de l'Espagnole, de la Portugaise, de l'Allemande, de l'Anglaise, de la Polonaise, de la Russe, de la Hollandaise, de la Danoise et de la Suédoise; suivi du tableau synoptique et politique des littératures les plus remarquables de l'Orient, etc. — *Paris, Hubert*, 1853, *3 vol. in-12.*

3684. **Tinchant.** Doctrine nouvelle sur la reproduction de l'Homme, suivie du tableau des variétés de l'Espèce humaine. — *Paris, Trouvé*, 1822, *in-8°.*

3685. **Tiphaigne** (C.-F.). Essai sur l'Histoire æconomique des Mers occidentales de France. — *Paris, Bauche*, 1760, *in-8°.*

3686. **Tissandier** (G.). L'Eau. Deuxième édition, revue et augmentée. — *Paris, Hachette*, 1869, *gr. in-18, fig. et cartes gr.*

3687. **Tissot** (C.-G.). Gymnastique médicinale et chirurgicale, ou Essai sur l'Utilité du Mouvement, ou des différens Exercices du corps, et du repos dans la cure des maladies. — *Paris, Bastien*, 1780, *in-12.*

3688. — Du Régime diététique dans la cure des maladies. — *Paris, Kœnig*, 1798, *in-8°.*

3689. — De l'Influence des Passions de l'Ame dans les maladies, et des moyens d'en corriger les mauvais effets. — *Paris, Kœnig*, 1798, *in-8°.*

3690. **Tissot** (S.-A.). Essai sur les Moyens de perfectionner les Etudes de médecine. — *Lausanne, Mourer*, 1785, *in-8°*.

3691. — De la Santé des Gens de Lettres; nouvelle édition, augmentée d'une notice sur l'auteur et de notes, par P.-G. Boisseau. — *Paris, Baillière*, 1826, *in-12*.

3692. — L'Onanisme, ou Dissertation physique sur les maladies produites par la masturbation; traduit du latin. — *Lausanne, Grasset*, 1760. = De l'Onanisme ou Discours philosophique et moral sur la luxure artificielle et sur tous les crimes relatifs (par M. P.-D. Du Toit Mambrini). — *Lausanne, Grasset*, 1760, *1 vol. in-12*.

2693. **Tissot** (J.). La Vie dans l'Homme. — *Paris, Masson*, 1861, *2 vol. in-12*.

3694. **Tkàny** (A.). Mythologie der alten Teutschen und Slaven, in verbindung mit dem wissenswürdigsten aus dem Gebiethe der Sage und des Aberglaubens. — *Znaim, Hosmann*, 1827, *2 part. in-8°*. *(Manque la seconde.)*

3695. **Toaldo** (J.). Essai météorologique sur la véritable influence des astres, des saisons et changemens de Tems, fondé sur les longues observations et appliqué aux usages de l'agriculture, de la médecine, de la navigation, etc.; nouv. édition; traduit de l'italien par J. Daguin. On y a joint la traduction française des Pronostics d'Aratus, trad. du grec en italien, par A.-L. Bricci. — *Chambéry, Gorrin*, 1784, *in-8°*.

3696. **Toderini** (J.-B.). De la Littérature des Turcs; traduit de l'italien en françois, par l'abbé de Cournand. — *Paris, Poinçot*, 1789, *3 vol. in-8°*.

3697. **Toland** (J.). Lettres philosophiques sur l'Origine des Préjugés, du dogme de l'Immortalité de l'Ame, de l'Idolâtrie et de la Superstition; sur le système de Spinosa et sur l'origine du mouvement dans la matière; traduites de l'anglois (par d'Holbach, et publiées par Naigeon). — *Londres*, 1768, *in-12*.

3698. **Tombe** (C.-F.). Voyage aux Indes Orientales, pendant les années 1802-06, contenant la description du Cap de Bonne-Espérance, des Iles de France, Bonaparte, Java, Banca et de la ville de Batavia; des observations sur le commerce et les productions de ces pays, sur les mœurs et les usages de leurs habitans; la campagne du contre-amiral de Linois dans les mers de l'Inde et à la côte de Sumatra, etc.; enfin un

Vocabulaire des Langues française et malaise ; revu et augmenté par plusieurs notes et éclaircissements, par M. Sonnini. — *Paris, A. Bertrand, 1810, 2 vol. in-8° et atlas gr. in-4°.*

3699. **Tonnellé** (A.). Fragments sur l'Art et la Philosophie, suivis de notes et de pensées diverses, recueillis et publiés par G.-A. Heinrich. Troisième édition. — *Paris, Didier, 1874, gr. in-8°.*

3700. **Töpffer** (R.). Réflexions et menus propos d'un Peintre genèvois, ou Essai sur le Beau dans les Arts ; précédés d'une Notice sur la vie et les ouvrages de l'auteur, par A. Aubert. — *Paris, Hachette, 1858, gr. in-18.*

3701. **Topinard** (P.). L'Anthropologie ; avec préface du professeur Paul Broca. — *Paris, Reinwald, 1876, in-18, fig.*

3702. **Toscan** (G.). L'Ami de la Nature, ou choix d'observations sur divers objets de la Nature et de l'Art ; suivi d'un catalogue de tous les animaux qui se trouvent actuellement dans la Ménagerie. — *Paris, Crapelet, an VIII, in-8°, fig.*

3703. **Touchy** (A.). Opuscules d'Histoire Naturelle et de Littérature. — *Montpellier, Renaud, 1808, 2 parties en 1 vol. in-8°.*

3704. **Tourdes** (J.). Notices sur la Vie littéraire de Spallanzani, avec un sonnet de l'abbé Cesarotti ; des remarques sur l'observation et l'expérience, la circulation du sang, la force d'irritabilité, l'influence du cœur sur le cerveau, la vitalité du système nerveux et sanguin, la digestion, etc. ; seconde édition. — *Milan, s. ind., 1800, in-8°.*

3705. **Tourtelle** (E.). Histoire Philosophique de la Médecine, depuis son origine jusqu'au commencement du 18e siècle. — *Paris, Levrault, an XII (1804), 2 vol. in-8°.*

3706. **Tourtelle** (M^{ie}). Traité d'Hygiène publique. — *Strasbourg, Louis, 1812, 2 vol. in-8°.*

3707. **Toussaint** (F.-V.). Les Mœurs. Nouvelle édition. — *Genève, s. ind. 1750, in-12.*

3708. — Eclaircissement sur les Mœurs ; par l'auteur des Mœurs. — *Amsterdam, Rey, 1762, in-12.*

3709. **Tracy** (A.-L.-C. D. de). Analyse raisonnée de l'*Origine de tous les Cultes, ou Religion universelle;* ouvrage publié en l'an III, par Dupuis. — *Paris, Courcier, an XII-1804, in-8°. (V^r aussi 969-81.)*

3710. Traité de l'Ame et de la connoissance des Bêtes, ou, après avoir démontré la spiritualité de l'ame de l'homme, on explique par la seule machine, les actions les plus surprenantes des animaux, suivant les principes de Descartes, par A. D**** (Dilly). — *Amsterdam, Gallet,* 1691, *in-12, frontisp. gr.*

3711. Traité de la culture des Pêchers (par de Combes). Deuxième édition. — *Paris, Delaguette,* 1750, *in-12.*

3712. Traité de la Formation mécanique des Langues, et des principes physiques de l'Etymologie (par C. de Brosses). — *Paris, Saillant,* 1765, 2 *vol. in-12.*

3713. Traité de la Raison humaine, (par. Clifford). Traduit de l'anglois (par Poppel); et augmenté d'une préface qui contient plusieurs authoritez justificatives des sentimens de l'autheur. — *Amsterdam, Van-Dyck,* 1682, *in-12.*

3714. Traité de l'Olivier, contenant l'histoire et la culture de cet arbre, les différentes manières d'exprimer l'huile d'olive, celles de la conserver, etc. (par P.-J. Amoreux). — *Montpellier, Gontier,* 1784, *in-8°.*

3715. Traité de l'Orangerie, des Serres chaudes et des Chassis, par L.-B. (R. Le Berryais). — *Caen, Manoury,* 1788, *in-8°, pl. gr.*

3716. Traité des Renoncules, dans lequel, outre ce qui concerne ces fleurs, on trouvera des observations physiques, et plusieurs remarques utiles, soit pour l'Agriculture, soit pour le Jardinage, (par le P. d'Ardène). — *Paris, Lottin,* 1746, *in-8°, front. et pl. gr.*

3717. **Tralles** (B.-L.). De Animæ existentis Immaterialitate et Immortalitate cogitata. — *Vratislaviæ, Meycrus,* 1774, *in-8°.*

3718. — De Machina et Anima Humana prorsus a se invicem distinctis commentatio, libello latere amantis auctoris gallico *Homo Machina* inscripto opposita. — *Lipsiæ, Hubertus,* 1749, *in-18.*

3719. Transactions of the American Ethnological Society. Vol. I. — *New-York, Bartlett and Welford,* 1845, *in-8°.*

3720. **Trapany** (D.-G.) et **Rosily** (A. de). Nouveau Dictionnnaire Français-Espagnol et Espagnol-Français, avec la nouvelle orthographe de l'Académie espagnole; rédigé d'après Gattel, Capmany, Nunez de Taboada, Boiste, Laveaux, etc., par don

3721. **Traugott Schlegel** (J.-C.) Collectio Opusculorum selectorum ad Medicinam Forensem spectantium.— *Lipsiæ, Schneider,* 1785-91, *6 vol. in-8°.*

Domingo Gian Trapany, et pour la partie française, par A. de Rosily. Revu par Ch. Nodier. — *Paris, Thoisnier-Desplaces*, 1826, *in-8°*.

3722. **Trebuchet** (A.). Jurisprudence de la Médecine, de la Chirurgie et de la Pharmacie en France, comprenant la médecine légale, la police médicale, la responsabilité des Médecins, Chirurgiens, Pharmaciens, etc, l'exposé et la discussion des lois, ordonnances, règlemens, et institutions concernant l'art de guérir, etc. — *Paris, Baillière*, 1834, *in-8°*.

3723. **Trémaux** (P.). Origine et Transformations de l'Homme et des autres êtres. — *Paris, Hachette*, 1865, *gr. in-18*.

3724. **Trembley** (A.). Mémoires pour servir à l'histoire d'un genre de Polypes d'eau douce à bras, en forme de cornes. — *Leide, Verbeek*, 1744, *in-4°, pl. gr.*

3725. — Instructions d'un père à ses enfans, sur la Nature et sur la Religion. — *Genève, Cailler*, 1775, 2 vol. *in-8°*.

3726. **Treschow.** Om Menneskeslægtens Udartning. — *S. ind.* (1807). = Om Aarsagen til Legemers Elasticitet med en Almindelig Indledning. — *S. ind.* (1807), *in-4° (extrait d'un recueil danois)*.

3727. **Treviranus** (G.-R.). Biologie oder Philosophie der lebenden Natur für Naturforscher und Aertze. — *Göttingen, Röwer*, 1802-14, 6 vol. *in-8°*.

3728. — Die Erscheinungen und Gesetze der organischen Lebens. — *Bremen, Heyse*, 1831-33, 2 vol. *in-8°, rel. en 1*.

3729. Tribune (la) des Linguistes. Philosophie des langues, études philologiques, questions grammaticales, réforme orthographique, alphabet universel, langue universelle; sous la direction de Casimir Henricy. — *Paris*, 1858, 2ᵉ *année, in-8°*.

3730. **Triller** (D.-W.). Opuscula medica ac medico philologica, antea sparsim edita, nunc autem in unum collecta atque digesta; curavit et præfatus est C. Chr. Krause. — *Francofurti et Lipsiæ, Fleischer*, 1766-72, 3 vol, *in-4°*.

3731. **Troil** (U. de). Lettres sur l'Islande; traduites du suédois par M. Lindblom. — *Paris, Impr. de Monsieur*, 1781, *in-8°, fig.*

3732. **Trollope** (Mʳˢ). Mœurs domestiques des Américains; ouvrage traduit de l'anglais sur la quatrième édition; troisième édition. *Paris, Gosselin*, 1841, *gr. in-18*.

3733. **Troyon** (F.). Habitations Lacustres des temps anciens et modernes. — *Lausanne, Bridel*, 1864, *in-8°, pl. gr.*

3734. **Tuckey** (J.-K.). Relation d'une Expédition entreprise en 1816 pour reconnoître le Zaïre, communément appelé le Congo, fleuve de l'Afrique méridionale ; suivie du journal du professeur Smith, et de quelques observations sur les habitans, et l'histoire naturelle de la partie du royaume de Congo arrosée par le Zaïre, etc.; traduit de l'anglais par Defauconpret. — *Paris, Gide fils*, 1818, *2 vol. in-8°, et atlas in-4°.*

3735. **Turner** (S.). Ambassade au Thibet et au Boutan, contenant des détails très-curieux sur les mœurs, la religion, les productions et le commerce du Thibet, du Boutan et des états voisins; et une notice sur les événements qui s'y sont passés jusqu'en 1793 ; traduit de l'anglais avec des notes par J. Castera. — *Paris, Buisson*, an XI (1800), *2 vol. in-8°, et atlas in-4°.*

3736. **Turpin** (P.-J.-F.). Essai d'une Iconographie élémentaire et philosophique des Végétaux, avec un texte explicatif. — *Paris, Panckoucke*, 1820, *in-8°, pl. noires,*

3737. Turquie d'Europe, gravée par Tardieu père et Ambroise Tardieu. — *Paris, Tardieu*, 1821, *in-fol., entoilée.*

3738. **Tursellin** (H.). Histoire universelle, traduite du latin avec des notes sur l'Histoire, la Fable et la Géographie (par Lagneau); seconde édition. — *Amsterdam, Humbert*, 1708, *3 vol. in-12, frontisp. gr.*

3739. Types et Caractères anciens d'après des documents peints ou écrits; dessins par Th. Fragonard et Dufey, texte par A. Mazuy. — *Paris, Delloye*, 1841, *gr. in-4°, pl. color.*

U

3740. **Ubicini** (A). Lettres sur la Turquie, ou Tableau statistique, religieux, politique, administratif, militaire, commercial, etc; de l'empire Ottoman depuis le Khatti-Chérif de Gulkhané (1839). — *Paris, Dumaine*, 1853-54, *2 vol. gr. in-18.*

3741. **Ukert** (F.-A.). Geographie der Griechen und Römer von den frühesten zeiten bis auf Ptolemäus; mit charten. — *Weimar, Verlage des Geographischen Instituts*, 1816-32, *2 tomes en 4 part. in-8°.*

3742. **Ukert** (F.-A.). Bemerkungen über Homer's Geographie. — *Weimar, Verlage des geographischen Instituts*, 1814, *in-8°*.

3743. **Ulloa** (A.). Mémoires philosophiques, historiques, physiques, concernant la découverte de l'Amérique, ses anciens habitants, leurs mœurs, leurs usages, leur connexion avec les nouveaux habitants, leur religion ancienne et moderne, les produits des trois règnes de la nature, etc ; avec des observations et additions sur toutes les matières dont il est parlé dans l'ouvrage : traduit par M. (Lefebvre de Villebrune). — *Paris, Buisson*, 1787, 2 vol. *in-8°*.

3744. — et **Juan** (G.). Voyage historique de l'Amérique Méridionale, ouvrage qui contient une histoire des Yncas du Pérou, et les observations astronomiques et physiques faites pour déterminer la Figure et la Grandeur de la Terre : traduit de l'espagnol par Mauvillon. — *Amsterdam et Leipzig, Arkstée et Merkus*, 1752, *in-4°, frontisp. et fig. gr.*

3745. Universalité (De l') de la Langue française : discours qui a remporté le prix à l'Académie de Berlin (par RIVAROL). — *Berlin ; et Paris, Bailly*, 1784, *in-8°*.

3746. **Unæus** (J.-J.). Dissertatio Academica de antiquitate Gentis Suio-Gothicæ. — *Upsaliæ, Werner*, 1729, *in-12*.

V

3747. **Vaccà Berlinghieri** (F.). Lettere Fisico-mediche. — *Venezia, Pasquali*, 1801, *in-8°*.

3748. **Vacherot** (E.). La Métaphysique et la Science, ou Principes de Métaphysique positive. — *Paris, Chamerot*, 1858, 2 vol. *in-8°*.

1749. — La Métaphysique et la Science, ou Principes de Métaphysique positive : deuxième édition. — *Paris*, 1863, 3 vol. gr. *in-18*, *(manque le t. 2)*.

3750. — Essai de Philosophie critique. — *Paris, Chamerot*, 1864, *in-8°*.

3751. — La Science et la Conscience. — *Paris, Baillière*, 1870, *in-18*.

3752. **Vaillant** (J.-A.). La Romanie, ou histoire, langue, littérature, orographie, statistique des Peuples de la Langue d'or, Ardia-

liens, Vallaques et Moldaves résumés sous le nom de Romans.
— *Paris, Arthus Bertrand*, 1844, *3 vol. in-8°, carte.*

3753. **Vaillant** (J.-A.). Les Romes. Histoire vraie des vrais Bohémiens. — *Paris, Dentu,* 1857, *in-8°.*

3754. **Valat** (L.-J.-A.). Mémoires concernant un service rural de santé à fonder en France pour les indigens et les simples journaliers. *Paris, Levrault,* 1833, *in-8°.*

3755. **Valentia** (G.). Voyages dans l'Hindoustan, à Ceylan, sur les deux côtes de la Mer Rouge, en Abyssinie et en Egypte, durant les années 1802, 1803, 1804, 1805 et 1806 ; traduits de l'anglais par P.-F. Henry. — *Paris, Ve Lepetit,* 1813, *4 vol. in-8°, et atlas in-fol.*

3756. **Valentin** (L.). Voyage en Italie fait en l'année 1820; deuxième édition, corrigée et augmentée de nouvelles observations faites dans un second voyage en 1824. — *Paris, Gabon,* 1826, *in-8°.*

3757. **Valentin-Smith** (J.-E.). Des Insubres des bords de la Saône et des Impôts chez les Segusiani Liberi sous les Romains. — *Lyon, Boitel,* 1852, *gr. in-8°.*

3758. **Valerius Maximus.** Dictorum Factorumque memorabilium libri IX, cum selectissimis notis. — *Roterodami, Leers,* 1662, *in-12, titre gr.*

3759. **Vallée** (O. de). Les Manieurs d'Argent ; études historiques et morales, 1720-1857 ; cinquième édition, contenant une nouvelle Introduction, la Lettre de l'Empereur et la défense des Manieurs d'Argent. — *Paris, Lévy,* 1858, *gr. in-18.*

3760. **Vallemont** (P.-L. de). Curiositez de la Nature et de l'Art sur la Végétation ou l'Agriculture, et le Jardinage dans leur perfection. Où l'on voit : le secret de la multiplication du Blé, et les moyens d'augmenter considérablement le revenu des biens de la Campagne. De nouvelles découvertes pour grossir, multiplier et embellir les Fleurs et les Fruits, etc ; nouvelle édition. — *Paris, Soc. des libr.,* 1711, *2 vol. in-12, pl.*

3761. — Curiosités de la Nature et de l'Art, sur la Végétation ou l'Agriculture et le Jardinage dans leur perfection, etc. — *Paris, Nyon,* 1753, *2 vol. in-12, front. et fig. gr.*

3762. **Vallesius** (F.). De iis quæ scripta sunt physice in Libris sacris, sive de sacra Philosophia liber singularis ; cui propter argumenti similitudinem adjuncti sunt duo alii ; nempe Levini

Lemnii de plantis sacris: et Francisci Ruæi de gemmis, ante quidem editi, sed nunc emendatius expressi ; editio tertia. — *Lugduni, Hug. a Porta*, 1592, *in-8°*.

3763. **Valmont-Bomare** (J.-C.). Homme. (Article extrait du *Dictionnaire raisonné, universel d'Histoire Naturelle*, tome VIIe). — *Lyon, Bruyset*, an VIII-1800, *in-8°*.

3764. **Valny** (S.-C.). Études sur la Dépopulation des Campagnes, ses causes, ses conséquences et les moyens pratiques de la combattre. — *Auch, Cocharaux*, 1862, *in-12*.

3765. **Valroger** (H. de). La Genèse des Espèces, Études philosophiques et religieuses sur l'histoire naturelle et les naturalistes contemporains. — *Paris, Didier et Comp.*, 1853, *gr. in-18*.

3766. **Vambéry** (A.). Voyages d'un faux Derviche dans l'Asie centrale de Téhéran à Khiva, Bokhara et Samarcand par le grand désert Turcoman ; traduits de l'anglais par E.-D. Forgues ; seconde édition. — *Paris, Hachette, gr. in-8°, fig*.

3767. **Van Beneden** (P.-J.). Les Commensaux et les Parasites dans le Règne Animal. — *Paris, Baillière*, 1875, *in-8°*.

3768. **Van Bemmel** (E.). De la Langue et de la Poésie provençales. — *Bruxelles, Van Dale*, 1846, *in-8°*.

3769. **Vancouver** (G.). Voyage de Découvertes à l'Océan Pacifique du Nord et autour du monde, exécuté pendant les années 1790-95 ; traduit de l'anglais par P.-F. Henry, et accompagné d'un atlas. — *Paris, Didot*, an X, 6 vol. *in-8°*, (le T. VI contient l'atlas).

3770. **Van der Hoeven** (J.). Disputatio de Causarum Finalium Doctrina ejusque in Zoologia usu. — 1822, *in-8°*. (Prod. in actis Soc. Rheno-Trajectinæ).

3771. — Philosophia Zoologica. — *Lugduni-Batavorum, Brill*, 1864, *in-8°*.

3772. — Bijdragen tot de Natuurlijke geschiedenis van den Negerstam. — *Leiden, Luchtmans*, 1842, *gr. in-4°*.

3773. **Vander Linden** (P.-L.). Observations sur les Hyménoptères d'Europe de la famille des Fouisseurs. — *Bruxelles, Hayez*, 1829, *in-4°*.

3774. **Vandermonde** (C.-A.). Essai sur la manière de perfectionner l'Espèce Humaine. — *Paris, Vincent*, 1756, 2 vol. *in-12*.

3775. **Van Doeveren** (G.). Observations physico-médicales sur les

Vers qui se forment dans les intestins, où l'on traite particulièrement du Tœnia. — *Lyon, Reguilliat,* 1764, *in-8°.*

3776. **Van Hasselt** (A.). Histoire des Belges, depuis les temps primitifs jusqu'à l'invasion des Francs. — *Bruxelles, Jamar* (1849-51), *2 vol. gr. in-18, fig.*

3777. **Van Heurck** (H.). Le Microscope; sa construction, son maniement et son application aux études d'anatomie végétale; deuxième édition. — *Anvers, Baggerman,* 1869, *gr. in-18, fig.*

3778. **Van Heusde** (G.). Diatribe in Civitates antiquas. — 1817, *in-4°.*

> De Antiquorum civitatum origine, — natura, — vigore et lapsu. — De Tyrannide et antiquarum civitatum interitu.

3779. — Oratio de Pulcri Amore. — *Trajecti ad Rhenum, van Paddenburg,* 1819, *in-18.*

3780. **Vanière** (J.). OEconomie rurale; traduction du poëme intitulé : *Prædium Rusticum,* par Berland. — *Paris, Estienne,* 1756, *2 vol. in-12.*

3781. **Vanini** (L.). OEuvres philosophiques; traduites par X. Rousselot. — *Paris, Gosselin,* 1842, *in-12.*

3782. **Van Phelsum** (M.). Historia Physiologicà Ascaridum. — — *Leovardiæ, Wigerus Wigeri,* 1762, *in-8°, pl. gr.*

3783. Variétés morales et amusantes tirées des journaux anglois; traduction nouvelle (par l'abbé BLANCHET; publiées par Dusaulx). — *Paris, Debure,* 1784, *2 vol. in-12.*

3784. **Varro** (M.-T.). De Lingua latina libri qui supersunt cum fragmentis ejusdem : accedunt notæ Antonii Augustini, Adr. Turnebi, Jos. Scaligeri, et Aus. Popmæ. — *Biponti, Typographia Societatis,* 1788, *2 vol. in-8°.*

3785. **Vater** (J.-S.). Litteratur der Grammatiken, Lexica und Wörtersammlungen aller sprachen der Erde; zweite völlig umgearbeitete ausgabe von B. Jülg. — *Berlin, Nicolaischen buchhandlung,* 1847, *in-8°.*

3786. **Vaucher** (J.-P.). Histoire des Conferves d'eau douce, contenant leurs différents modes de reproduction et la description de leurs principales espèces; suivie de l'Histoire des Trémelles et des Ulves d'eau douce. — *Genève, Paschoud,* an XI-1803, *gr. in-4°, pl.*

3787. **Velleius Paterculus.** Historiæ, cum notis Ger. Vossii. — *Lugduni-Batavorum, ex off. Elzevir.,* 1639, *in-12, titre gr.*

3788. **Velpeau** (A.-A.-L.). Embryologie ou Ovologie humaine, contenant l'histoire descriptive et monographique de l'OEuf humain. — *Paris, Baillière*, 1833, *in-fol., pl. lithogr.*

3789. **Velschius** (G.-H.). Dissertatio medico-philosophica de Ægagropilis. — *Augustæ-Vindelicorum, Prætorius*, 1660, *in-4°, pl. gr.*

3790. — Exercitatio de Vena Medinensi ad mentem Ebnsinæ, sive de Dracunculis veterum ; specimen exhibens novæ versionis ex arabico cum commentario uberiori : cui accedit altera de vermiculis capillaribus infantium. — *Augustæ Vindelicorum. Gœbelius*, 1674, *in-4°, frontisp. et fig, gr.*

3791. **Venedey** (J.). Das Südliche Frankreith. — *Frankfurt an Main, Rütten*, 1846, 2 *vol. in-8°.*

3792. **Venel** (G.-F.). Instructions sur l'usage de la Houille, plus connue sous le nom impropre de Charbon de terre, pour faire du feu ; sur la manière de l'adapter à toute sorte de feux ; et sur les avantages tant publics que privés, qui résulteront de cet usage. Publiées par ordre des États de la province de Languedoc. — *Lyon, Regnault*, 1775, *in-8°, pl. gr.*

3793. **Venette** (N.). Tableau de l'Amour conjugal, ou histoire complète de la génération de l'homme. Entièrement refondu et mis à la hauteur des connoissances modernes en physiologie et en médecine. Augmenté de tous les systèmes sur la génération de l'homme, de tous les moyens qui peuvent concourir à sa perfectibilité physique et morale, tels que l'art de faire de beaux enfans, celui de faire des enfans d'esprit, celui d'avoir des enfans sans passion, etc., et terminé par l'histoire des monstruosités humaines. — *Paris, Duprat-Duverger*, 1810, 2 *vol. in-18, pl., front. gr.*

3794. Vénus physique. (Par de MAUPERTUIS). Sixième édition. — 1751, *in-12.*

3795. **Verdé-Delisle** (N.-M.). De la Dégénérescence physique et morale de l'Espèce humaine déterminée par de Vaccin. — *Paris, Charpentier*, 1855, *gr. in-18.*

3796. **Verdier** (J.). La Jurisprudence de la Médecine en France ou traité historique et juridique des établissemens, règlemens, police, devoirs, fonctions, honneurs, droits et privilèges des trois corps de Médecine ; avec les devoirs, fonctions et autorité des juges à leur égard. — *Alençon, Malassis*, 1763-62, *2 vol. in-12*.

3977. **Verdier** (J.). La Jurisprudence particulière de la Chirurgie en France, ou traité historique et juridique des établissemens, règlemens, police, devoirs, fonctions, honneurs, droits et les devoirs, privilèges des sociétés de chirurgie et de leurs suppôts ; avec fonctions et autorité des juges à leur égard. — *Paris, d'Houry*, 1764, *2 vol. in-12*.

3798. **Vereschaguine** (B.). Voyage dans les provinces du Caucase ; traduit du russe par M. B. Lebarbier. — (1864-65, Extr. du *Tour du monde*, XVII), *in-4°*.

3799. Verhandlungen des Vereins zur beförderung des Gartenbaues in den königlich Preuszischen Staaten. — *Berlin*, 1836-47, T. *XII-XVIII. in-4° (manque la 2ᵉ partie du T.* 17).

3800. **Verity** (R.). Changes produced in the Nervous system by Civilisation, considered according to the evidence of Physiology and the Philosophy of History. — *London, Highley*, 1837, *in-8°*.

3801. **Vernier** (T.). Du Bonheur Individuel, considéré au physique et au moral dans ses rapports divers avec les facultés et conditions humaines. — *Paris, Blaise*, 1811, *in-8°*.

On y a joint:

Histoire critique des opinions des anciens et des systèmes des Philosophes sur le Bonheur, par M. de Rochefort. — *Paris, Knapen*, 1779.

3802. **Véron** (E.). Supériorité des Arts modernes sur les Arts anciens. Poésie, — Sculpture, — Peinture, — Musique. — *Paris, Guillaumin*, 1862, *in-8°*.

3803. **Verrier** (A.). Des Nationalités. Revue ethnographique. — *Bruxelles, Lebègue*, 1868, *in-8°, Tom. 1ᵉʳ*.

3804. **Vertot** (R.-A.). Histoire critique de l'établissement des Bretons dans les Gaules et de leur dépendance des Rois de France et des Ducs de Normandie. — *Paris, Barrois*, 1720, *2 vol. in-12*.

3805. **Verville** (B. de). Le Moyen de Parvenir, œuvre contenant la raison de ce qui a été, est et sera, avec démonstration certaine selon la rencontre des effets de la vertu ; publié pour la première fois avec un commentaire historique et philologique accompagné de notices littéraires, par Paul L. Jacob (Paul Lacroix). — *Paris, Gosselin*, 1841,*gr. in-18*.

3806. Verzeichniss der Bücher, Landkarten, etc. welche vom 1820 bis 1861 in Deutschland neu erschienenen oder neu anfgelest worden sind mit Bemerkung der Bogenzahl, der Verleger und der Preise nebst andern literarischen notizen und einem wissenschaftlichen Repertorium ; zu finden in der J.-C. Hinrichs'schen Buchlandlung, *in Leipzig*, *94 vol. in-12, ou in-8°.*

3807. Verzeichniss der in dem Jahren 1813 und 1814 eschiernenen Bücher ; zu bekommen bei Aug. Campe in Hamburg. — *in-12.*

3808. Vestiges of the natural history of Creation ; with a sequel. — *New-York, Harper*, s. d., *in-12.*

3809. **Vettori** (P.). Trattato delle Lodi et della Coltivatione de gl'-Ulivi. — *Firenze, Giunti*, 1574, *pet. in-4°.*

3810. **Viardot** (L.). Essai sur l'histoire des Arabes et des Mores d'Espagne. — *Paris, Paulin*, 1833, *2 vol. in-8°.*

3811. **Vico** (G.-B.). Principi di una Scienza nuova, prima edizione pubblicata dall' autore il 1725, riprodotta ed annotata da Salvatore Gallotti; seguita da un sommario della terza grande edizione dell' autore medesimo, compilato dal cav. Gius. de Cesare, e da una lettera inedita del Vico al P. Vitri su l'andamento che le scienze avevan preso ne' principi del secolo XVIII. — *Napoli, Marotta e Vanspandoch*, 1826, *in-8°, portrait.*

3812. — Principes de la Philosophie de l'Histoire ; traduits de la *Scienza nuova* et précédés d'un discours sur le système et la vie de l'auteur par Jules Michelet. — *Paris, Renouard*, 1827, *in-8°.*

3813. **Vicq-d'Azyr** (F.). OEuvres, recueillies et publiées avec des notes et un discours sur sa vie et ses ouvrages, par J. Moreau (de la Sarthe). — *Paris, Duprat Duverger*, an XIII-1805, *6 vol. in-8°, frontisp. gr.*

3814. — Discours sur l'Anatomie comparée, suivis du Tableau des Fonctions, ou caractères propres aux corps vivans. — *Paris*, s. ind. *in-12.*

3815. — Système anatomique. Quadrupèdes. — *Paris, Panckoucke*, 1792, *in-4° (Extrait de l'Encyclopédie méthodique.)*

3816. — Essai sur les Lieux et les Dangers des Sépultures ; traduit de l'italien (de Piattoli), publié avec quelques changemens, et précédé d'un Discours préliminaire, dans lequel on trouve l'extrait des ouvrages et les règlemens qui ont paru en France sur les dangers des inhumations dans les villes et dans les églises, etc. *Paris, Didot*, 1778, *in-12.*

3817. **Victor** (P.). Coup d'œil sur les Antiquités Skandinaves, ou aperçu général des diverses sortes de monuments archéologiques de la Suède, du Danemark et de la Norvége. — *Paris, Challamel,* 1841, *gr. in-8°. fig. sur bois.*

3818. **Victor** (T.). Insectes du Caucase et des Provinces Transcaucasiennes. *4 fasc. in-8°, pl. color.* = Extrait d'une Lettre adressée par M. V. Motschoulsky à M. B. Zoubkoff. — *1 fasc. pl. color. (Extr. des Mémoires et du Bulletin de la Société Impériale de Moscou),* 1838-40.

3819. **Vidal** (L.). Résumé de l'Histoire du Languedoc : Haute-Garonne, Tarn, Aude, Hérault, Gard, etc., etc. — *Paris, Lecointe et Durey,* 1825, *in-12.*

3820. **Vieberstein** (F.-A. von). Beschreibung der Lander zwischen den Flussen Terek und Kur am Caspischen Meere, mit einem botanischen anhang. — *Frankfurt an Main, Esslinger,* 1800, *in-12.*

3821. Vie (La) de l'Homme respectée et défendue dans ses derniers moments ; ou Instruction sur les soins qu'on doit aux morts, et à ceux qui paroissent l'être ; sur les funérailles et les sépultures (par THIERY). — *Paris, Debure,* 1787, *in-8°.*

3822. Vie du Législateur des Chrétiens, sans lacunes et sans miracles (Par J.-M. MONNERON). — *Paris, Dabin,* an XI, (1803), *in-8°.*

3823. **Viguier** (A.-L.-G.). Notice sur la ville d'Anduze et ses environs. — *Paris, Delaunay,* 1823, *in-8°, planche et carte gr.*

3824. — Histoire naturelle, médicale et économique des Pavots et des Argémones (Thèse). — *Montpellier, Martel,* 1814, *in-4°.*

3825. **Villa** (E.). Nouveaux Gasconismes corrigés, ou Tableau des principales expressions et constructions vicieuses, usitées dans la partie méridionale de la France. — *Montpellier, Izar et Ricard* (an X-1802), *2 tom. en 1 vol. in-8°.*

3826. **Villars** (D.). Essai de Littérature médicale, adressé aux Étudians de la Faculté de Médecine de Strasbourg. — *Strasbourg, Levrault,* 1811, *in-8°.*

On y a joint :

Séance publique de l'École de Santé du 25 vendém. an IV. Discours du C. Sue, professeur-bibliothécaire, sur la Bibliographie médicale. — *(Paris, Boiste), in-8°.*

3827. **Villars** (D.), **Lauth** (G.) et **Nestler** (A.). Précis d'un Voyage Botanique fait en Suisse, dans les Grisons, aux sources du Rhin, au Saint-Gothard, dans le Département du Tessin, le Milanais, le Piémont; autour du Lac majeur, sur le Simplon, au Vallais, etc., en juillet, août et septembre 1811 ; précédé de quelques réflexions sur l'utilité des voyages pour les naturalistes. — *Paris, Lenormant,* 1812, *in-8°, planch. gr.*

3828. **Villemot** (A.). La Vie à Paris. Chroniques du *Figaro*, précédées d'une étude sur l'esprit en France à notre époque, par P.-J. Stahl. — *Paris, Hetzel,* 1858, 2 *vol. gr. in-18.*

3829. **Villeneuve** (L. de). Essai d'un Manuel d'Agriculture, ou exposition du système de culture suivi pendant dix-neuf ans dans le domaine d'Hauterive. Seconde édition. — *Toulouse, Douladoure,* 1825, *in-8°, planche.*

3830. **Villermé** (L.-R.). Des Prisons, telles qu'elles sont, et telles qu'elles devraient être; ouvrage dans lequel on les considère par rapport à l'hygiène, à la morale et à l'économie politique. — *Paris, Méquignon-Marvis,* 1820, 2 *vol. in-8°.*

3831. — Tableau de l'État physique et moral des Ouvriers employés dans les manufactures de coton, de laine et de soie. — *Paris, Renouard,* 1840, 2 *vol. in-8°.*

3832. **Villers** (H. de). De l'Influence de la France en Europe; notes posthumes. — *Versailles, Kléfer,* 1846, *in-8°.*

3833. **Villers** (C. de). Nomenclator Iconum Entomologiæ Linneanæ. — *S. l. n. d., in-4°, pl. gr.*

3834. **Villot** (F.). Origine astronomique du Jeu des Échecs, expliquée par le Calendrier Égyptien. — *Paris, Treuttel et Wurtz,* 1825, *in-8°.*

3835. **Vimont** (J.). Traité de Phrénologie humaine et comparée. — *Paris, Baillière,* 1832-35, 2 *vol. gr. in-4° et atlas in-fol.*

3836. **Vincens** (J.-C.) et **Baumes** (J.-B.-T.). Topographie de la ville de Nismes et de sa banlieue; publiée avec des notes (par J. Vincens St-Laurent). — *Nismes, Belle,* an X-1802, *in-4°.*

3837. **Vincent** (F.-V.). Recherches sur l'origine des Boïes et sur le lieu d'établissement d'une colonie de ces Peuples dans la Gaule; précédées d'observations sur les récits de Tite-Live et des autres historiens des Émigrations gauloises. — *Paris, l'auteur,* 1843, *in-8°.*

On y a joint : Problème historique sur les Boïens, par J.-F. SAMAZEUIL. — *In-8°*.

3838. **Vinci** (L. de). Tabula anatomica è bibliotheca Magnæ Britanniæ Hannoveræque regis depromta, Venerem obversam è legibus naturæ hominibus solum convenire ostendens. — *Brunsvigæ, Vieweg, 1830, gr. in-4°, pl. gr.*

3839. **Virey** (J.-J.). L'Art de perfectionner l'Homme ; ou de la Médecine spirituelle et morale. — *Paris, Deterville, 1808, 2 vol. in-8°.*

3840. — Histoire des Mœurs et de l'Instinct des Animaux, avec les distributions méthodiques et naturelles de toutes leurs classes. — *Paris, Deterville, 1822, 2 vol in-8°.*

3841. — De la Puissance Vitale, considérée dans ses fonctions physiologiques chez l'Homme et tous les Êtres organisés ; avec des recherches sur les forces indicatrices et les moyens de prolonger l'existence. — *Paris, Crochard, 1823, in-8°.*

3842. — Histoire naturelle du Genre humain. Nouvelle édition. — *Paris, Crochard, 1824, 3 vol. in-8°, fig. gr.*

3843. — De la Femme, sous ses rapports physiologique, moral et littéraire ; seconde édition, complétée par une dissertation sur un sujet important. — *Paris, Crochart, 1825, in-8°.*

3844. — Hygiène philosophique appliquée à la politique et à la morale ; nouv. édition, avec des notes. — *Paris, Crochard, 1831, 2 vol. in-8°.*

3845. — Philosophie de l'Histoire naturelle, ou Phénomènes de l'organisation des animaux et des végétaux. — *Paris, Baillière, 1835, in-8°.*

3846. — De la Physiologie dans ses rapports avec la Philosophie. — *Paris, Baillière, 1844, in-8°.*

3847. **Vitet** (L.). Traité de la Sangsue médicinale ; publié par P.-J. Vitet, son fils. — *Paris, Nicolle, 1809, in-8°, pl. gr.*

3848. **Vivien de Saint-Martin** (L.). Recherches sur les populations primitives et les plus anciennes traditions du Caucase. — *Paris, A. Bertrand, 1847, in-8°.*

3849. — Les Huns blancs ou Ephthalites, des Historiens bysantins. — *Paris, Thunot, 1849, in-8°.*

3850. — Sur les Khazars (Mémoire lu à l'Acad. des Insc., les 28 février et 7 mars 1851). — *Paris, Challamel, in-8°.*

3851. **Vivien de Saint-Martin** (L.). Étude sur la Géographie et les populations primitives du Nord-Ouest de l'Inde, d'après les hymnes védiques, précédée d'un aperçu de l'état actuel des études sur l'Inde ancienne. — *Paris, Impr. Impériale*, 1859, *in-8°*.

3852. — Nouveau Dictionnaire de Géographie universelle, contenant : 1° la géographie physique ; 2° la géographie politique ; 3° la géographie économique ; 4° l'ethnologie ; 5° la géographie historique ; 6° la bibliographie. — *Paris, Hachette*, 1877, *3 vol. gr. in-4° (en publication)*.

3853. Vocabulaire universel latin-françois, contenant les mots de la latinité des différens siècles, à l'exception de ceux qui sont analogues à la langue françoise, avec un dictionnaire françois-latin des mots qui sont le plus d'usage dans la langue latine ; (par P.-J. CHOMPRÉ). — *Paris, Guérin*, 1754, *in-8°*.

3854. **Vogel** (C.-F.). Chronologischer Raupenkalender oder Naturgeschichte aller europaïschen Raupen wie sie der Zeit nach in gewissen Monaten in der Natur zum Vorschein kommen. Nebst einem einleitenden vorbericht über das Aufsuchen und zweckmässige Erziehen der Raupen, das Aufsuchen und Ueberwintern der Puppen, das Einfangen und Aufbewahren der Schmetterlinge, etc.; dritte auflage. — *Berlin, Gumprecht*, 1845, *in-8°, pl. coloriées*.

3855. **Vogt** (C.). Untersuchungen über Thierstaaten. — *Frankfurt am Main, Literarische Anstalt*, 1851, *in-8°, pl.*

3856. — Köhlerglaube und Wissenschaft, eine streitschrift gegen hofrath Rudolph Wagner in Göttingen ; vierte auflage. — *Giessen, Ricker*, 1856, *in-8°*.

3857. — Vorlesungen über den Menschen ; seine stellung in der Schöpfung und in der Geschichte der Erde. — *Giessen, Ricker*, 1863, *2 vol. in-8°*.

3858. — Leçons sur l'Homme ; sa place dans la Création et dans l'Histoire de la Terre ; traduction française de J.-J. Moulinié, revue par l'auteur. — *Paris, Reinwald*, 1865, *gr. in-8°*.

3859. — Leçons sur les Animaux utiles et nuisibles, les bêtes calomniées et mal jugées ; traduites de l'allemand, par G. Bayvet. — *Paris, Reinwald*, 1867, *gr. in-18*.

3860. **Voigt** (F.-S.). Uebersicht der Naturgeschichte zum gebrauch für höhere Schulen und zum Selbstunterricht. — *Iena, Bran-schen buchhandlung*, 1819, *in-8°, pl.*

3861. **Voigtel** (F.-G.). Handbuch der Pathologischen Anatomie; mit zusätzen von P.-F. Meckel. — *Halle, Hemmerde und Schwetschke*, 1804-05, *3 vol. in-8°.*

3862. Voices from the Rocks; or, proofs of the existence of Man during the palæozoic or most ancient period of the earth · a reply to the late Hugh Millers's *Testimony of the Rocks*. — *London, Judd and Glass*, 1857, *in-12, fig.*

3863. **Volney** (C.-F.). Simplification des Langues Orientales, ou Méthode nouvelle et facile d'apprendre les langues Arabe, Persane et Turque, avec des caractères Européens. — *Paris, Impr. de la République,* an III, *in-8°.*

3864. — Les Ruines, ou Méditations sur les révolutions des Empires. — *Paris, Dugour et Durand*, an VII, *in-8°.*

3865. — Leçons d'Histoire, prononcées à l'École normale en l'an III; ouvrage élémentaire, contenant des vues neuves sur la nature de l'Histoire; sur le degré de conscience et le genre d'utilité dont elle est susceptible; sur l'abus de son emploi dans l'éducation de la jeunesse, et sur le danger de ses comparaisons et de ses imitations généralement vicieuses en matière de gouvernement, etc. — *Paris, Brosson,* an VIII, *in-8°.*

3866. — Recherches nouvelles sur l'Histoire ancienne; nouvelle édition. — *Paris, Bossange*, 1822, *2 vol. in-8°.*

3867. — Chronologie d'Hérodote. — *Paris, Bossange*, 1821, *in-8°.*

3868. — Voyage en Syrie et en Égypte pendant les années 1783, 1784 et 1785. — *Paris, Volland et Desenne*, 1787, *2 vol. in-8°, pl. et carte gr.*

3869. — Tableau du Climat et du Sol des États-Unis d'Amérique, suivi d'éclaircissemens sur la Floride, sur la colonie française au Scioto, sur quelques colonies canadiennes et sur les sauvages. — *Paris, Courcier,* an XII-1803, *2 vol. in-8°, planches et cartes.*

3870. **Voltaire** (F. A. de). OEuvres complètes; édition dédiée aux amateurs de l'art typographique. — *Paris, Didot*, 1827-29, *4 vol. in-8°.*

3871. — Dictionnaire philosophique, avec les notes de tous les commentateurs. — *Paris, Barba*, 1828, *8 vol. in-12, port. gr.*

3872. **Voltelenius** (F.-J.). De Lacte Humano ejusque cum asinino et ovillo comparatione, observationes medicæ; accesserunt H. Doorschodti de Lacte atque I. G. Greiselii de cura Lactis in Arthritide commentationes; conjunctim edendas curavit J.-G.-F. Franzius. — *Lipsiæ, Bueschelius,* 1779, *in-8°.*

On y a joint :

Conradi Gesneri libellus de Lacte et operibus lactariis, cum epistola ad. Jac. Avienum de Montium admiratione : iterum edidit, præfationem adjecit J.-G. Franzius. — *Lipsiæ, Bueschelius,* 1777.

3873. Voyage littéraire de deux religieux Bénédictins de la Congrégation de Saint-Maur (par Dom Martène et Dom Durand). — *Paris, Delaulne,* 1717, 2 part. en 1 vol. in-4°, pl. gr.

3874. Voyage littéraire de Provence; contenant tout ce qui peut donner une idée de l'état ancien et moderne des villes, les curiosités qu'elles renferment, la position des anciens Peuples, quelques Anecdotes littéraires, l'Histoire Naturelle, les Plantes, le Climat, etc., et cinq lettres sur les Trouvères et les Troubadours; par P. D. L. (Papon). — *Paris, Barrois,* 1780, *in-12.*

3875. Voyage à l'Isle de France, à l'Isle de Bourbon, au Cap de Bonne-Espérance, etc.; avec des observations nouvelles sur la nature et sur les Hommes, par un Officier du Roi (Bernardin de Saint-Pierre). — *Amsterdam, Paris, Merlin,* 1773, *2 vol. in-8°, frontisp., pl. gr.*

3876. Voyage au Mont Pilat, dans la province du Lyonnois, contenant des observations sur l'histoire naturelle de cette montagne et des lieux circonvoisins, suivies du catalogue raisonné des plantes qui y croissent (par Claret de la Tourette). — *Avignon et Lyon, Regnault,* 1770, *in-8°.*

3877. Voyage autour du Monde, fait en 1764 et 1765 sur le vaisseau de guerre anglois le *Dauphin,* commandé par le chef d'escadre Byron, dans lequel on trouve une description exacte du détroit de Magellan et des géans appelés Patagons, ainsi que de sept îles nouvellement découvertes dans la mer du Sud; traduit de l'anglois par M. (Suard). — *Paris, Molini,* 1767, *in-12, fig.*

3878. Voyage dans l'Empire de Flore, ou Élémens d'Histoire naturelle végétale (par Hanin). — *Paris, Méquignon,* an VIII-(1800), 2 part. en 1 vol. in-8°.

3879. **Voyage** de Découvertes de *L'Astrolabe*, pendant les années 1826-1827-1828-1829, sous le commandement de M. J. Dumont-d'Urville. — Philologie, par M. d'Urville. — *Paris*, 1833-34, 2 *vol. gr. in-4°.*

3880. **Voyages** de la Perse dans l'Inde, et du Bengale en Perse; le premier, traduit du persan (d'Abd-Oulrizaq); le second de l'anglais (de William Franklin); avec une notice sur les Révolutions de la Perse, un Mémoire historique sur Persepolis, et des notes; par L. Langlès. — *Paris, Crapelet*, an VI, 2 *vol. in-18, fig.*

3881. **Voyage** de l'Arabie heureuse par l'Océan Oriental et le détroit de la Mer Rouge fait par les François pour la première fois dans les années 1708-10, avec la relation particulière d'un Voyage fait du Port de Moka à la Cour du Roy d'Yemen, dans la seconde Expédition des années 1711-13; un mémoire concernant l'arbre et le fruit du Café...., son introduction en France, et l'établissement de son usage à Paris; par La Roque. — *Paris, Cailleau*, 1716, *in-12, pl. gr.*

3882. **Voyage** de Néarque, des Bouches de l'Indus jusqu'à l'Euphrate, ou journal de l'expédition de la flotte d'Alexandre, rédigé sur le journal original de Néarque conservé par Arrien, à l'aide des éclaircissemens puisés dans les écrits et relations des auteurs, géographes ou voyageurs tant anciens que modernes; et contenant l'histoire de la première navigation que des Européens aient tentée dans la mer des Indes; traduit de l'anglois de Wiliam Vincent par J.-B.-L.-J. Billecocq. — *Paris, Impr. de de la République*, an VIII, *gr. in-4°, pap. velin.*

3883. **Voyage** de Siam des Pères Jésuites, envoyés par le Roy, aux Indes, à la Chine, avec leurs observations astronomiques, et leurs Remarques de Physique, de Géographie, d'Hydrographie et d'Histoire; par le P. Tachard. — *Amsterdam, Mortier*, 1688, *in-12, fig.*

3884. **Voyage** au Pays des Niams-Niams ou Hommes à queue, avec le portrait d'un Niam-Niam, et une notice biographique sur l'auteur, par Alexandre Dumas; par Hadji-abd-el-Hamid-Bey. — *Paris, Martinon*, 1874.

3885. **Voyage** en Islande, contenant des observations sur les mœurs et les usages des Habitants; une description des Lacs, Rivières, Glaciers, Sources chaudes et Volcans, etc; traduit du danois d'OLAFSEN et POVELSEN, par Gautier de Lapeyronie et Biornered. — *Paris, Levrault*, 1802, 5 vol. *in-8°, et atlas gr. in-4°*.

3886. Voyage fait en 1819 et 1820 sur les vaisseaux L'*Hécla* et le *Griper*, pour découvrir un passage du Nord-Ouest de l'Océan Atlantique à la mer Pacifique, sous les ordres de W.-Ed. PARRY; traduit de l'anglais par Defauconpret. — *Paris, Gide fils*, 1822, *in-8°*.

3887. Voyage fait par ordre du Roy Louis XIV dans la Palestine vers le grand Emir, chef des princes Arabes du désert connus sous le nom de Bedouins, etc. Ou il est traité des mœurs et des coutumes de cette nation ; avec la description générale de l'Arabie faite par le sultan Ismaël ABULFEDA ; traduite en françois, avec des notes, par M. D. L. R. (DE LA ROQUE). 1688. — *Paris, Cailleau*, 1717, *in-12, fig*.

3888. Voyage (Mon) au Mont d'Or, par l'auteur du Voyage à Constantinople par l'Allemagne et la Hongrie (M. de SALABERY). — *Paris, Maradan*, an X, 1802, *in-8°*.

3889. Voyage pittoresque aux Glacières de Savoye fait en 1772, par M. B. (L.-C. BORDIER). — *Genève, Caille*, 1773, *in-12*.

3890. Voyage vers le Pôle Arctique, dans la Baie de Baffin, fait en 1818 par le capitaine Ross et le lieutenant Parry, pour vérifier s'il existe un passage au Nord-Ouest de l'Océan Atlantique, dans la mer Pacifique...., rédigé par l'auteur d'*Une année de séjour à Londres* (DEFAUCONPRET). — *Paris, Gide fils*, 1819, *in-8°, pl. et fig. gr*.

3891. Voyages en France et autres pays, en prose et en vers, par RACINE, LA FONTAINE, REGNARD, CHAPELLE et BACHAUMONT, HAMILTON, VOLTAIRE, PIRON, GRESSET, FLÉCHIER, LEFRANC de POMPIGNAN, BERTIN, DESMAHIS, BERENGER, BRET, BERNARDIN de SAINT-PIERRE, PARNY, BOUFFLERS, etc, etc ; ornés de 36 planches dessinées et gravées par les meilleurs artistes ; troisième édition, augmentée. — *Paris, Briand*, 1818, 5 vol. *pet. in-12, pl. gr*.

3892. Voyages, relations et mémoires originaires pour servir à l'histoire de la découverte de l'Amérique, publiés pour la première fois en français par H. Ternaux-Compans : Histoire des Chichimèques ou des anciens rois de Tezcuco par don Fernando d'Alva Ixtlilxochitl ; traduite sur le manuscrit espagnol. Inédite. — *Paris, Bertrand*, 1840, 2 vol. *in-8°, rel. en 1*.

3893. **Vrolik** (G.). Considération sur la diversité des Bassins de différentes Races humaines ; traduit d'après le manuscrit hollandais. — *Amsterdam, Van der Hey*, 1826, *in-8°*.

3894. **Vulcanius** (B.). De Literis et Lingua Getarum, sive Gothorum. Item de notis Lombardicis. Quibus accesserunt specimina variarum Linguarum. — *Lugduni-Batavorum, ex offic. Plantiniana*, 1597, *in-12*.

W

3895. **Wagner** (Ad.). Zum Europäischen Sprachenbau ; oder forschungen über die verwandtschaft der Teutonen, Griechen, Celten, Slaven und Inder ; nach Alexander Murray. — *Leipzig, Hartmann*, 1825, 2 vol. *in-8°*.

3896. **Wagner** (Andr.). Geschichte der Urwelt, mit besonderer berücksichtigung der Menschenrassen und des mosaischen Schopfungsberichtes. — *Leipzig, Voss*, 1845, *2 part. en 1 vol. in-8°*.

3897. — Die geographische Verbreitung der Saugthiere — *(Abhandlungen d. II Cl. d. Ak. d. Wiss. IV Bd)*, *3 parties gr. in-4°, pl.*

3898. **Wagner** (F.-J.-D.-R.). Naturgeschichte des Menschen, handbuch der populären anthropologie. — *Kempten, Dannheimer* 1831, 2 vol. *in-8°*.

3899. **Wagner** (M.). Reise nach Persien und dem Lande der Kurden. — *Leipzig, Arnoldische Buchhandlung*, 1852, 2 vol. *in-8°*, rel. en 1.

3900. **Wagner** (R.). Lehrbuch der Speziellen Physiologie ; zweite auflage. — *Leipzig, Voss*, 1843, *in-8°*.

3901. — Zoologisch-anthropologische Untersuchungen. I. Die Forschungen über Hirn-und Schädelbildung des Menschen in ihrer Anwendung auf einige Probleme der allgemeinen Naturund Geschichtswissenschaft. — *Göttingen, Dieterich*, 1861, *gr. in-4°*.

3902. **Waitz** (T.). Anthropologie der Naturvölker. — *Leipzig, Fleischer*, 1859-72, *6 vol. in-8°, carte et pl.*

3903. **Walckenaer** (C.-A.). Recherches Géographiques sur l'intérieur de l'Afrique septentrionale, comprenant l'histoire des Voyages entrepris ou exécutés jusqu'à ce jour pour pénétrer dans l'intérieur du Soudan ; l'exposition des systèmes géographiques qu'on a formés sur cette contrée ; l'analyse des divers itinéraires arabes pour déterminer la position de Tombouctou ; et Examen des connaissances des Anciens, relativement à l'intérieur de l'Afrique : suivies d'un appendice contenant divers itinéraires traduits de l'arabe par MM. Silv. de Sacy et de la Porte ; et plusieurs autres relations ou itinéraires également traduits de l'arabe, ou extraits des voyages les plus récents. — *Paris, Arthus Bertrand*, 1821, *in-8°, carte.*

3904. **Walckenaer** (C.-A.). Géographie ancienne, historique et comparée des Gaules cisalpine et transalpine, suivie de l'analyse géographique des Itinéraires anciens et accompagnée d'un atlas. — *Paris, Dufart*, 1839, *3 vol. in-8°.*

3905. — Recherches sur la Géographie ancienne et sur celle du Moyen âge. — *Paris, Imprimerie Royale*, 1823, *gr. in-4°.*

3906. — Essai sur l'Histoire de l'Espèce humaine. — *Paris, Du Pont* 1798, an VI, *in-8°.*

3907. — Faune parisienne. Insectes ; ou Histoire abrégée des Insectes des environs de Paris, classés d'après le système de Fabricius ; précédée d'un Discours sur les Insectes en général, pour servir d'introduction à l'étude de l'Entomologie. — *Paris, Dentu*, an XI, 1802, *2 vol. in-8°, pl. gr.*

3908. — Tableau des Aranéides, ou Caractères essentiels des tribus, genres, familles et races que renferme le genre *Aranea* de Linné, avec la désignation des espèces comprises dans chacune de ces divisions. — *Paris, Dentu*, 1805, *in-8°, pl. gr.*

3909. — Mémoires pour servir à l'histoire naturelle des Abeilles solitaires qui composent le genre *Halicte*. — *Paris, Didot*, 1817, *in-8°, pl.*

3910. — et **Gervais** (P.). Histoire naturelle des Insectes Aptères (Araignées, Scorpions, etc). — *Paris, Roret*, 1836-47, *4 vol. in-8°, pl. (Suites à Buffon).*

3911. **Walerton** (C.). Excursions dans l'Amérique méridionale, le nord-ouest des Etats-Unis et les Antilles, dans les années 1812, 1816, 1820 et 1824 ; suivi d'une notice sur les Sauvages de l'Amérique septentrionale. Traduit de l'anglais (par De Caze). — *Paris, Lance ; et Rouen, Périaux*, 1833, *in-8°, fig.*

3912. **Walker** (J.). A critical pronouncing Dictionary and expositor of the English Language, etc.; to which are prefixed principles of English Pronunciation, etc.; the whole interspersed with observations etymological, critical, and grammatical. The fourteenth edition. — *London, Wilson,* 1814, *in-8°.*

3913. **Walker** (J.). A Critical pronouncing Dictionary, and expositor of the English Language; etc. An entirely new edition. — *London, Dove,* (1828), *gr. in-8°, portr. gr.*

3914. **Wallace** (R.). Essai sur la différence du Nombre des hommes dans les tems anciens et modernes, dans lequel on établit qu'il était plus considérable dans l'antiquité ; traduit de l'anglois, par de Joncourt. — *Londres,* 1754, *in-8°.*

3915. — Dissertation Historique et politique sur la Population des anciens temps, comparée avec celle du nôtre. On y a joint plusieurs observations sur le même sujet, et quelques remarques sur le Discours politique de M. Hume, sur la population des anciens tems. Traduite de l'anglois, par M. E. (de Joncourt). — *Paris, Rozet,* 1769, *in-8°.*

3916. **Wallérius** (J.-G.). De l'Origine du Monde et de la terre en particulier ; traduit par J.-B. D. (Dubois). — *Paris, Bastien,* 1780, *in-12, pl.*

3917. **Walpole** (H.). Essai sur l'art des Jardins modernes ; traduit en françois par M. le duc de Nivernois en 1784 (texte anglais et français). — *Strawberry-Hill, Kirgate,* 1785, *in-4°.*

3918. **Ward** (N.-B.). On the growth of Plants in Closely glazed cases. — *London, Van Voorst,* 1842, *in-8°.*

3919. **Watts** (I.). La Culture de l'Esprit ; ou directions pour faciliter l'acquisition des connoissances utiles ; traduit de l'anglois par D. de Superville. — *Amsterdam; et Paris, Desaint,* 1762, *in-12.*

3920. **Watelet** (C.-H.). Essai sur les Jardins.— *Paris, Prault,* 1764, *in-8°.*

3921. **Ward** (W.). A View of the history, literature and religion of the Hindoos : including a minute description of their manners and customs, and translation from their principal works ; the third edition. — *Londres, Black and Co.,* 1817, 2 *vol. in-8°, rel. en 1.*

3922. **Warden** (D.-B.). Recherches sur les antiquités de l'Amérique septentrionale. — *Paris, Everat,* 1827, *gr. in-4°, pl. gr.*

3923. **Webb** (J.). An Historical Essay endeavoring Probability that the Language of the empire of China is the primitive language. — *London, Broock,* 1669, *pet. in-8°.*

3924. **Weber** (A.). Histoire de la Littérature Indienne ; cours professé à l'Université de Berlin. Traduit de l'allemand par Alf. Sadous. — *Paris, Durand,* 1859, *in-8°.*

3925. **Weber** (E.-H.). Anatomia comparata Nervi Sympathici. — *Lipsiæ, Reclam,* 1817, *in-8°, pl. gr.*

3926. **Weber** (F.). Nomenclator Entomologicus secundum Entomologiam systematicam Fabricii; adjectis speciebus recens detectis et varietatibus. — *Chilonii, Bohn,* 1795, *in-16.*

3927. **Weber** (G.). Histoire Universelle : Histoire ancienne : les peuples orientaux ; traduite de l'allemand sur la 9ᵉ édition par J. Guillaume. — *Paris, Bohné,* 1861, *in-12.*

3928. **Weber** (M.-J.). Die Lehre von den Ur-und Racen-formen der Schädel und Becken des Menschen. — *Düsseldorf, Arnz,* 1830, *gr. in-4°, pl.*

3929. **Wechniahoff** (T.). Recherches sur les conditions anthropologiques de la Production scientifique et esthétique. — Partie Anthropologique de l'Economie des travaux scientifiques et esthétiques. — *Saint-Pétersbourg, Dufour,* 1865, *in-8°, (1ᵉʳ fascicule).*

3930. **Weerth** (C.). Die Entwicklung der Menschen-Rassen durch Einwirkungen der Auszenwelt. — *Lemgo, Meyer,* 1842, *in-8°.*

3931. **Weisse** (J.-F.). Paris und London für den Arzt, besonders in rücksicht der öffentlichen kranken-und verpflegungs-anstalten geschildert. Erster bändchen : Paris. — *Sᵗ-Pétesbourg, Buchladen der Kaiserl. akad. der Wissenschaften,* 1820, *in-8°.*

3932. **Wendeborn** (F.-A.). Vorlesungen über die Geschichte der Menschen und seine natürliche vestimmung; neue ausgabe mit einer vorrede von C. D. Ebeling. — *Leipzig, Vogel,* 1818, *in-12.*

3933. **Werlhofius** (P.-G.). Tractatus varii, scilicet : Cautiones medicæ, de Variolis et Anthracibus, Acta medica Edinburgentia. — *Venetiis, Basilius,* 1759, *in-8°.*

3934. **Werner.** Die Produktionskraft der Erde oder die Entstehung des Menschengeschlechts aus Naturkräften, nach der verfassers tode herausgegeben von H. Richter ; dritte auflage. — *Leipzig, Engelmann,* 1826, *in-8°.*

3935. **Wernerus** (P.-C.-F.). Vermium Intestinalium, præsertim Tæniæ humanæ brevis expositio, cum continuatione. — *Lipsiæ, Lebrecht Crusius*, 1782. = Continuatio secunda et tertia, post mortem autoris edita et animadversionibus aucta a Joan-Leonardo Fischer. — *Ibidem*, 1786-88. = Tæniæ hydatigenæ in flexu choroideo inventæ Historia; accedunt nonnullæ alius argumenti de Vermibus intestinalibus observationes, auctore John Leonhardo Fischer. — *Ibidem*, 1789, *4 part. en 1 vol. in-8°, pl. noires et coloriées.*

3936. **Wesmael** (C.). Monographie des Braconides de Belgique. — *Bruxelles, Hayez*, 1835, *3 fasc. gr. in-4°.*

3937. **Weston** (S.). A specimen of the conformity of the European languages, particularly the English, with the Oriental languages, especially the Persian ; in the order of the alphabet : with notes and authorities. The second edition. — *London, Rousseau*, 1803, *in-8°.*

3938. **Westwood** (J.-O.). Further notices of the bristish parasitic Hymenopterous Insects; together with the « Transactions of a Fly with a long Tail », observed by E. W. Lewis and additional observations. — *(From the Magazine of Nat. history*, 1833 *), in-8°.*

3939. **Weyland** (G.). Traité sur le Choléra asiatique offrant l'histoire de cette maladie, ainsi que les moyens de s'en préserver et de s'en guérir. — *Paris, Heideloff et Campé*, 1831, *in-8°.*

3940. **Wheaton** (H.). Histoire des Peuples du Nord ou des Danois et des Normands, depuis les temps les plus reculés jusqu'à la conquête de l'Angleterre par Guillaume de Normandie, et du royaume des Deux-Siciles par le fils de Tancrède de Hauteville; édition revue et augmentée par l'auteur, avec cartes, inscriptions et alphabet runiques, etc.; traduit de l'anglais par Paul Guillot. — *Paris, Marc-Aurel*, 1844, *in-8°.*

3941. **Wheler** (G.). Voyage de Dalmatie, de Grèce et du Levant. Traduit de l'anglois. — *La Haye, Alberts*, 1723, *2 vol. in-12, frontisp. et fig. gr.*

3942. **White** (C.). An account of the regular gradation in Man, and in différent Animals and Vegetables; and from the former to the latter. — *London, Dilly*, 1799, *in-4°, pl. gr.*

3943. **White** (J.). Voyage à la Nouvelle-Galles du Sud, à Botany-Bay, au Port-Jackson, en 1787-89; traduit de l'anglais, aves des notes critiques et philosophiques sur l'histoire naturelle et les mœurs, par Charles Pougens. — *Paris, Pougin,* 1795, *in-8°.*

3944. **Whitney** (W.-D.) La Vie du Langage. — *Paris, Germer Baillière* , 1875, *in-8°.*

3945. **Wienholtz** (A.). Vorlesungen über die Wirkungsphäre der Lebenden körper. — *Lemgo, Meyer,* 1805, *in-8°.*

3946. **Wildberg** (C.-F.-L.). Bibliotheca Medicinæ publicæ, in qua scripta ad medicinam et forensem et politicam facientia, ab illarum scientiarum initiis ad nostra usque tempora digesta sunt. — *Berolini, Flittner,* 1819, 2 *tom. in-4°.*

3947. **Wilhem** (A.-B.). Germanien und seine Bewohner nach den quellen dargestellt. — *Weimar, verlage des Geographischen instituts,* 1823, *in-8°, cartes.*

3948. **Willemet** (R.). Monographie pour servir à l'histoire naturelle et botanique de la famille des Plantes Étoilées. — *Strasbourg, Koenig,* 1791, *in-12.*

3949. **Willaume** (A.). Notice physique, médicale et historique sur le climat, le sol et les productions de l'Espagne, considérés particulièrement sous le rapport de leur influence sur les armées étrangères qui y font ou qui y ont fait la guerre. — *Paris, Gabon,* 1812, *in-8°.*

3950. **Willemin** (N.-X.). Parallèle des plus anciennes Peintures et Sculptures antiques, ou Recueil de Monuments Égyptiens, Étrusques, Grecs, Indiens, Chinois, Persans et Français. — *Paris, Treuttel et Wurtz,* s. d., *in-fol.,* 1er *fasc. (seul paru).*

3951. **Willis** (T.). De Anima Brutorum quæ Hominis *Vitalis ac Sensitiva est*, exercitationes duæ. Prior Physiologica ejusdem naturam, partes, potentias et affectiones tradit; altera Pathologica, morbos qui ipsam et sedem ejus primariam, nempe cerebrum et nervosum genus afficiunt, explicat, eorumque Therapeias instituit, cum figuris æncis. — *Londini, Wells et Scot,* 1672, *in-12, fig. gr.*

3952. **Wilson** (A.). Some observations relative to the Influence of Climate on vegetable and animal bodies. — *London, Cadell,* 1780, *in-8°.*

3953. **Winkelmann** (J.). Histoire de l'Art chez les anciens; traduite de l'allemand (par Jansen) avec des notes historiques et critiques de différens auteurs. — *Paris, Jansen,* an VII-XI, 3 *part. en* 2 *vol. in-4°, portrait et pl. gr.*

3954. **Winkelman** (O.-R.-F.-W.). Nederduitsch en Fransch woordenboek, bevattende de betekenis en het onderscheiden gebruik der woorden. Uit de beste schrijvers verzameld. — *Utrecht, Wild,* 1783, *in-8°.*

3955. **Winning** (W.-B.). A Manual of comparative Philology, in which the affinity of the Indo-European languages is illustrated, and applied to the primeval history of Europe, Italy, and Rome. — *London, Rivington,* 1838, *in-8°.*

3956. **Winslow** (J.-B.). Dissertation sur l'Incertitude des signes de la Mort et l'abus des enterremens et embaumemens précipités ; traduite et commentée par Jacques-Jean Bruhier. — *Paris, Morel,* 1742-45, *2 vol. in-12.*

3957. **Wiseman** (N.). Discours sur les Rapports entre la Science et la Religion révélée, publiés par M. de Genoude ; 3ᵉ édition. — *Paris, Dufour,* 1842, *gr. in-18.*

3958. **Withof** (J.-P.-L.). De Castratis commentationes quatuor. — *Lausanne, Chapuis,* 1762, *in-8°.*

3959. **Wodward.** Géographie physique, ou essay sur l'Histoire naturelle de la Terre ; trad. de l'anglois par Noguez, avec la réponse aux observations de Camerarius ; plusieurs lettres écrites sur la même matière ; et la distribution méthodique des Fossiles, trad. de l'anglais du même auteur, par le P. Niceron. — *Amsterdam, la Compagnie,* 1735, *in-8°, pl.*

3960. **Wolff** (C.). La Logique, ou réflexions sur les forces de l'Entendement Humain, et sur leur légitime usage dans la connoissance de la Vérité ; traduit du latin (par Deschamps). Seconde édition françoise. — *Lausanne, Bousquet,* 1744, *in-8°, port. gr.*

3961. **Wollaston.** Ébauche de la Religion Naturelle ; traduite de l'anglois, avec un supplément et autres additions considérables (par Garrigue). — *La Haye, Swart,* 1756, *3 vol. in-12.*

3962. **Wolstein** (J.-G.). Ueber das Paaren und Verpaaren der Menschen und der Thiere, nebst einer Abhandlung über die Folgen und Krankheiten die aus der Verpaarung entstehn; dritte auflage. — *Altona, Hammerich,* 1836, *in-12.*

3963. **Wolter** (F.-A.). Versuch einer Geschichte des Alterthums der Afrikanischen und Asiatischen Völker und Staaten. Zweite auflage. — *Basel, Schweighauser,* 1831, *in-8°.*

3964. **Wood** (T.). An Inquiry concerning the primitive inhabitants of Ireland, illustrated by Ptolemy's Map of Erin, corretted by the aid of Bardic history. — *London, Whittaker*, 1821, *in-8°*.

3965. **Woolston.** Discours sur les Miracles de Jésus-Christ ; traduits de l'anglois. — xviii° siècle, 2 *vol. in-12.*

3966. **Worsaae** (J.-J.-A.). Zur Alterthumskunde des Nordens. Enthaltend : I. Blekingsche denkmäler aus dem heidnischen altherthum in irhen verhältniss zu den übrigen scandinavischen und europäischen alterthumsdenkmäler. II. Runamo und die Braavallechlacht. — *Leipzig, Voss*, 1847, *gr. in-8°.*

3967. **Wrangel.** Le Nord de la Sibérie ; voyage parmi les peuplades de la Russie asiatique et dans la Mer Glaciale, exécuté par MM. de Vrangel, Matiouchkine et Kozmine ; traduit du russe par le prince Emm. de Galitzin. — *Paris*, 1843, 2 *vol. in-8°.*

3968. **Wüllner** (F.). Über die Verwandtschaft des Indogermanischen, Semitischen und Tibetanischen, nebst einer einleitung über den Ursprung der Sprache. — *Münster, Theissing*, 1838, *in-8°.*

3969. **Wyville Thomson** (C.). Les Abimes de la Mer ; récits des expéditions de draguage des vaisseaux le *Porcupine* et le *Lichtning*, pendant les étés de 1868, 1869 et 1870, sous la direction scientifique de M. J. Gwyn Jeffreys et du Dr Wyville Thomson ; traduit de l'anglais par Lortet. — *Paris, Hachette*, 1875, *gr. in-8°, pl. et cartes.*

Y

3970. **Young** (A.). Voyage en Italie pendant l'année 1789 ; traduit de l'anglais par F. Soulès. — *Paris, Fuchs, an V de la République* (1796), *in-8°.*

3971. **Yvan** (M.). Voyages et récits. — *Bruxelles, Meline, Cans et Cie*, 1853, 2 *vol. in-12.*

Z

3972. **Zaborowski.** L'Homme Préhistorique. — *Paris, G. Baillière*, 1878, *in-12.*

3973. **Zamacola** (D.-J.-A. de). Historia de las naciones Bascas de una y otra parte del Pirineo septentrional y costas del mar Cantabrico, desde sus primeros pobladores hasta nuestros dias, con la descripcion, caracter, fueros, usos, costumbres y leyes de cada uno de los estados Bascos que hoy existen. — *Auch, viuda de Duprat*, 1818, *in-8°. T. I*ᵉʳ.

3974. **Zarate** (A. de). Histoire de la découverte et de la conquête du Pérou, traduite de l'espagnol par S.-D.-C. (Citry de la Guette). — *Paris, Compagnie des Libraires*, 1716, *2 vol. in-12, pl. gr.*

3975. **Zeising** (A.). Neue Lehre von den Proportionen des Menschlichen körpers, aus einem bisher unerkannt gebliebenen, die ganze Natur und Kunst durchdringenden morphologischen Grundgesetze entwickelt und mit einer vollstänndigen historischen uebersicht der bisherigen Systeme begleitet. — *Leipzig, Weigel*, 1854, *in-8°, pl.*

3976. **Zenker** (J.-C.). Parasitæ corporis humani internæ, seu Vermes intestinales hominis. — *Lipsiæ, Hofmeister*, 1827, *in-12.*

3677. **Zimmermann** (J.-C.). La Solitude, traduite de l'allemand par A.-J.-L. Jourdan. — *Paris, Baillière*, 1825, *in-8°.*

3978. — Traité de l'Expérience en général, et en particulier dans l'Art de guérir ; traduit de l'allemand par Lefèbvre de Villebrune. Nouvelle édition. — *Montpellier, Picot*, 1818, *3 vol. in-8°.*

3979. — De l'Orgueil national. — *Paris, Delalain*, 1769, *in-12.*

3980. **Zimmermann** (E.-A.-G.). Specimen Zoologiæ Geographicæ, Quadrupedum domicilia et migrationes sistens. — *Lugduni-Batavorum, Haak*, 1777, *in-4°, carte.*

3981. — Geographische Geschichte des Menschen und der allgemein verbreiteten viersüssigen Thiere nebst einer hieher gehörigen zoologischen weltcharte. — *Leipzig, Weygand*, 1778-83, *3 vol. in-8°, carte.*

3982. — Zoologie Géographique. Premier article : L'Homme ; (trad. de l'allemand par Mauvillon). — *Cassel, Imprimerie Françoise*, 1784, *in-8°.*

3983. **Zimmermann** (W.-F.-A.). Le Monde avant la création de l'Homme, ou le berceau de l'Univers ; histoire populaire de la création et des transformations du globe ; traduit de l'allemand sur la dixième édition par MM. L. Hymans et L. Strens. — *Paris, Schulz et Thuillié*, 1857, *gr. in-8°, fig.*

3984. **Zimmermann** (W.-F.-A.). L'Homme. Problèmes et merveilles de la Nature humaine, physique et intellectuelle. Origine de l'Homme ; son développement de l'état sauvage à l'état de civilisation ; exposé complet d'anthropologie et d'ethnographie à l'usage des gens du monde ; quatrième édition. — *Bruxelles, Muquardt,* 1864, *gr. in-8°, pl.*

3985. **Zobel** (R.-W.). Gedanken über die verschiedenen Meinungen der Gelehrten von Ursprunge der Sprachen. — *Magdeburg, Seidel und Scheidhauer,* 1773, *in-12.*

3986. **Zschokke** (H.). Histoire de la nation Suisse ; traduite de l'allemand par Ch. Monnard ; nouvelle édition. — *Arau, Sauerlænder, in-8°.*

3987. **Zuingerus** (T.). Fasciculus Dissertationum medicarum selectiorum, quibus curiosa non minus quam utilia Scientiæ Appolineæ Themata, diligenter pertractata, et adcurate exposita sistuntur. — *Basileæ, Kœnig,* 1710, *in-8°.*

3988. — Theatrum Vitæ humanæ ; tertiatione novem voluminibus locupletatum Jacobi Zvingeri fil. recognitione plurium imprimis recentiorum exemplorum auctario, etc., ampliatum. — *Basileæ, Seb. Henricpetri* (1604), 2 *vol. in-fol. (manque le second).*

3989. **Zurcher** (F.). Les Phénomènes de l'Atmosphère. — *Paris, Dubuisson,* s. d., *in-16.*

3990. — et **Margollé**. Les Tempêtes. — Orages. — Trombes. — Ouragans. — Ras de Marée. — Cyclones. — Météores. — Orages magnétiques. — Loi des Tempêtes. — Précisions du temps. — Légendes et Traditions. — *Paris, Hetzel,* s. d., *gr. in-18.*

3991. — Volcans et Tremblements de Terre. — *Paris, Hachette,* 1866, *gr. in-18, fig.*

3992. — Les Glaciers. — *Paris, Hachette,* 1868, *gr. in-18, fig. gr.*

3993. **Zürner** (W.). Inner OEsterreich oder die Herzogthümer Steyermarkkärnten und Krain. Die grasschaften Goerz und Monfalcone. Die Bezirke Triest und Istrien, etc. — *Wien, Artaria,* s. d., *in-fol. entoilée.*

RECUEILS

3994. Sciences Naturelles. Généralités. — *Recueil in-4°*.

1. Jac. Vosmaer Oratio de fugiendo utilitatis studio in exploranda natura. — 2. J. Dav. Hahn Sermo acad. de Scientia naturali ab observationum et experimentorum sordibus repurganda. — 3. D. And. Nunn de Scepticismo physico quædam comment. — 4. Fragment de Philosophie naturelle; par A. Genssane. — 5. Experientia, vitiaque circa eam generaliora (th.), auct. D. Bergmark. — 6. Réflexions sur la méthode d'étudier les Sciences naturelles; par J.-M.-V. Baradou. — 7. Propositions générales relatives à la doctrine des Sciences en général et à celles des Sciences naturelles; par Laurent. — 8. Esquisses de la *Philosophie de la Nature* de Schelling; par Barchou de Penhoen. — 9. Thèse sur les principes métaphysiques des Sciences naturelles; par M. Sales Girons. — 10. La Nature et la Philosophie idéaliste; par Ch. Lévêque. — 11. Le développement des idées dans les Sciences naturelles: étude philosophique; par J. de Liebig. — 12. Essai sur les Causes Providentielles dans leurs rapports avec l'art de guérir; par L.-L. Lambert. — 13. De l'influence que l'Histoire naturelle a exercée sur l'Hygiène; par J. Bonnet. — 14. De l'influence que l'Histoire naturelle a exercée sur la Thérapeutique; par J. Lecalvé.

3995. Histoire Naturelle. Généralités. — *Recueil in-8°*.

1. Discours académiques sur différents sujets de Physique et d'Histoire naturelle, par M. François. — 2. De l'influence de l'Histoire naturelle sur la Civilisation, par Brisseau-Mirbel. — 3. Discours sur les avantages de l'Histoire naturelle....; par J. Draparnaud. — 4. De l'utilité de l'Histoire naturelle dans la Médecine, par le même. — 5. Animadversiones generales circa necessitatem historiæ naturalis, auct. F.-R. Guichard. — 6. Mémoire sur l'abus du mot *Nouveau* appliqué en histoire naturelle à des êtres anciens; par Dupont (de Nemours)... — 7. Der Republicanismus in der Naturwissenschaft und Medicin auf der basis und unter der Ægide des Eclecticismus, von C.-F. Harless. — 8. Ueber Vergleichungen in der Naturwissenschaft, von A. Meckel. — 9. Fragment sur la Nature, par E. Geoffroy St-Hilaire. — 10. Discours sur la Vie Universelle, par F. Ribes. — 11. Illustrations of Nature, or the arrangement of Physical existence, by G.-T.-B. — 12. Discours sur l'origine, le criterium et la connexion des Sciences, par A. Bazin.

3996. Êtres Organisés. — *Recueil in-8°*.

1. Dissertation sur l'origine des Êtres organisés; par J.-B. Cas-

TAING. — 2. Quelques mots sur la succession des Êtres organisés à la surface de la terre ; par F.-J. Pictet. — 3. Quelques réflexions sur la genesie et la génération des Êtres ; par E. Boyron. — 4. Extrait d'un Mémoire sur la Reproduction considérée dans les divers corps organiques; par Draparnaud. — 5. Note sur la manifestation de la Polarité dans la distribution des Êtres organisés dans le temps ; par E. Forbes. — 6. Nouvelle théorie d'Histoire naturelle : L'origine des Espèces ; par A. Laugel. — 7. Darwin et ses critiques; par A. Laugel. — 8. La Vie aux divers âges de la terre; par Babinet. — 9. La loi du Progrès prouvée par l'observation de la nature ; par Philippe. — 10. Les animaux et les végétaux dont on ne retrouve plus les analogues à la surface de la terre, peuvent ils être considérés comme les souches des races actuelles? par Marcel de Serres. — 11. La Création du Monde organisé, d'après les naturalistes anglais et allemands de la nouvelle école; par C. Martins. — 12. Histoire de la création des Êtres organisés d'après les lois naturelles; par E. Haeckel: introduction biographique, par C. Martins. — 13. Un Naturaliste philosophe : Lamarck ; sa vie et ses œuvres ; par le même. — 14. Valeur et concordance des preuves sur lesquelles repose la théorie de l'Evolution en histoire naturelle ; par le même.

3997. Organologie générale. *Recueil en 2 vol. in-8º*.
    T. I.

1. Delle corporee differenze ezzentiali che passano fra la struttura de' Bruti e la Umana, da P. Moscati. — 2. G. Vrolik dissertatio de Homine ad statum gressumque erectum per corporis fabricam disposito. — 3. De signis charactericis quibus victus ratio in brutis distinguitur, haud temere ad hominem applicandis ; auct. M. Schönfeld. — 4. Extrait d'un mémoire sur les mouvements de progression de l'homme et des animaux ; par J. Chabrier. — 5. De la nature des animaux comparée à la nature humaine ; par N. Joly. — 6. Das Seelenleben der Thiere, insbefondere der Haussäugethiere im vergleich mit dem seelenleben des Menschen ; von C.-J. Fuchs. — 7. Du non-Cosmopolitisme des races humaines, par Boudin. — 8. Die Seelenthätigkeit der Thiere an sich und im vergleich zu denen der Menschen, von A.-C. Gerlach. — 9. Neue vergleichung der Becken und Brustglieder des Menschen und der Säugethiere von der drehung des oberarmbeins hergeleitet; von C. Martins. — 10. Das alter des Menschengeschlechts die Entstehung der arten und die stellung der Menschen in der natur ; von M.-J. Schleiden. — 11. Les principes de la méthode naturelle appliqués comparativement à la classification des végétaux et des animaux ; par G. Planchon.
    T. II.

1. Disputatio physiologica, quædam de Generatione complectens; auct. J.-E. Schmith. — 2. De analogia inter vegetabile regnum et

animale; auct. M. Drevon S¹-Hilaire. — 3. De generatione plantarum et animalium ; auct. G. Bechmann. — 4. Der wahre Grund der weissen Farbe ; von C.-C.-T. Burdach. — 5. De l'influence de la lumière sur les Êtres organisés, sur l'atmosphère et sur les différens composés chimiques ; par M. Bertrand. — 6. Discours sur la vie et les fonctions vitales, ou précis de Physiologie comparée ; par J. Draparnaud. — 7. Extrait d'un mémoire sur la reproduction considérée dans les divers corps organisés; par le même. — 8. Esquisse du système d'Anatomie, de Physiologie et d'Histoire naturelle ; par Oken. — 9. Des rapports sur l'influence du climat et de l'habitation sur les plantes et les animaux en général ; par A.-R. Pignol. — 10. Du mouvement dans les molécules organiques; par H. Royer-Collard. — 11. Mémoire sur la Géographie botanique et zoologique ; par Roux de Rochelle. — 12. Histoire des Sciences de l'organisation et de leurs progrès, par H. de Blainville; introduction. — 13. Réflexions sur l'Organisation végétale et animale : la Transformation des matières, etc ; par A. Deriaux. — 14. Forces qui président à l'organisation et aux fonctions des végétaux ; leur comparaison à celles qui président à l'organisation et aux fonctions des animaux ; par J. Lavalle. — 15. Fluides des Végétaux ; leur comparaison avec ceux des animaux ; par D. Clos.

3998. Varia Naturalia. — *Recueil in-4°.*

1. De la détermination des Espèces en zoologie ; par A. Charvet. — 2. Von dem vergehen und bestehen der gattungen und arten in der organischen natur ; von H. Schubert. — 3. Tentamen Biozoogeniæ generalis ; auct. A. Morren. — 4. De l'influence des circonstances extérieures sur les Êtres organisés; par Geoffroy Saint-Hilaire. — 5. De Corporum heterogeneorum in Plantis Animalibusque genesi ; auct. H. Schmidt. — 6. Of the Heat, etc, of animals and vegetables ; by J. Hunter. — 7. Du Calorique dans les végétaux et les animaux ; ses sources et ses effets, par J. Bonnet. — 8. Morphologie des corps hétérogènes dans les individus vivants : par L. Medynski. — 9. Considérations sur les corps organisés et vivants; par A. Vernial. — 10. Essai de comparaison entre les mouvemens des animaux et ceux des plantes ; par M. Broussonet. — 11. De l'influence atmosphérique sur les corps organisés. — 12. De effectibus Electricitatis in quædam corpora organica ; auct. H. Koestlin. — 13. De la reproduction considérée dans l'Animal et le Végétal ; par E. Manières*. — 14. Observations des Phénomènes périodiques (règne végétal et animal) ; par A. Quételet. — 15. Observations sur les Phénomènes périodiques du règne animal et particulièrement sur les migrations des oiseaux en Belgique (1841-46) ; résumées par E. de Selys-Longchamps. — 16. De la

---

* Thèse rejetée par la Faculté de Montpellier comme *attentatoire aux bonnes mœurs et injurieuse à l'École.* On y a joint une copie ms. de la délibération de la Faculté et d'une satire en vers contre ses signataires.

valeur des recherches microscopiques en anatomie ; par D. Desprès. — 17. Du Microscope et de son application à l'étude des êtres organisés; par C. Martins.

3999. Mélanges d'Anthropologie. — *Recueil en 7 vol. in-4°.*
T. I.
1. De Homine non machina disputatio, auct. C.-S. Krausio. — 2. De Homine physice considerato ; auct. G. Durand-Lajartes. — 3. Miser Homo, penicello medico-physico M. Bompartii. — 4. Est-ne Animalium robustissimus Homo ; auct. E. Col de Vilars. — 5. Homo in singulari dualis.... neque vel ibi simplex ubi videtur simplicissimus, etc., epistola G.-F. Sigwart. — 6. De quelques-unes des causes qui se sont opposées aux progrès de la science de l'Homme ; par R. Siozard. — 7. Considérations physiologiques et morales sur l'étude de l'Homme, par F. Donati. — 8. Considérations générales sur l'Homme ; par J.-P.-M.-A. Lavit. — 9. Biologie, ou essai sur l'Homme considéré dans les 4 âges de la vie ; par A. Baze. — 10. Considérations sur l'étude de l'Homme en général; par J.-F. Sérée. — 11. Aperçu physiologique sur l'Homme ; par B. Sabatier. — 12. Esquisse d'un traité de Craséologie ; par P. Magneval. — 13. Dissertation sur l'Homme droit et l'Homme gauche ; par J.-M.-F. Duclaux. — 14. Essai sur l'unité du corps vivant ; par C. Barjavel. — 15. Idée sur le corps de l'Homme ; par P. Casellas y Coll. — 16. Quelques considérations sur les différences individuelles de l'Homme ; par M.-J.-B. Lanet. — 17. (Article double avec le N° 11). — 18. La Société et l'Homme ; par D. Meng. — 19. Quelques propositions sur l'Homme et ses milieux ; par J.-A. Dauvin. — 20. Anthropologie (art. extr. du *Jardin des Plantes*, par P. Bernard et E. Couailhac).

T. II.
1. Histoire naturelle de l'Homme, par Daubenton (Extr. de l'Encyclop. méthodique.) — 2. De Humani generis varietatibus ; auct. G.-J. Taillefer. — 3. Sur les Variétés de l'Espèce humaine ; par F. Boyer. — 4. Sur l'Unité de l'Espèce humaine ; par E. Desalle. — 5. Sur l'Homme observé dans la vie sauvage, la vie pastorale et la vie policée ; par P.-C. Lévesque. (Mém. de l'Ac. des Sc. mor. et pol.) — 6. Des causes physiques du perfectionnement de l'Espèce humaine ; par J.-C. Boissat. — 7. Des Variations du Type humain, etc ; par E. Bonnifay. — 8. Homme ; par P. Garnot. (Extr. du Dict. d'Hist. nat.). 9. Über den Cynocephalus und den Sphinx der Ægyptier und über das Wechselverhältniss der Affen und Menschen; von C.-G. Ehrenberg. — 10. Zum andenken an J.-F. Blumenbach : eine gedächtnissrede...., von K.-F.-H. Marx. — 11. Rapport sur les résultats scientifiques du voyage de circumnavigation de l'*Astrolabe* et la *Zélée*: anthropologie, par M. Serres. — 12. Die Menschenrassen, von E.-F. Eberhard. — 13. Cosmogoniarum quarumdam antiquarum comparatio ; auct. N.-M. Petersen. — 14. Eloge hist. de J.-F. Blumenbach, par

Flourens. — 15. Caractères distinctifs de l'Espèce humaine, par J.-B. Rousseau. — 16. Une définition de l'Homme, par la Bible ; par H. de Castelnau. — 17. Les Études anthropologiques depuis dix ans en Europe et en Amérique, par P. Broca. — 18. La Sélection naturelle et l'origine de l'Homme, d'après A.-R. Wallace, par M. Claparède, 1870. — 19. Le Transformisme en Angleterre : l'origine de l'Homme d'après Darwin, par E. Perrier. — 20. La Méthode scientifique en Anthropologie, par R. Wirchow. — 21. La Crâniologie dans les œuvres de l'antiquité ; par A. de Quatrefages, *fig.*

T. III.

1. Beschreibung einiger menschlichen Köpfe von verschiedenen Racen, von H.-F. Isenflamm. — 2. Nouv. Observations sur une altération singulière de quelques têtes humaines, par G. Cuvier. — 3. Sur les Formes de la tête osseuse dans les Races humaines ; par J. Pucheran. — 4. Rapport sur le mémoire de M. Jacquart sur la mensuration de l'angle facial, etc. — 5. Über Schädelbildung zur festern Begrundung der Menschenrassen, von A. Zeune ; *pl.* — 6. Ueber Korpermessungen als hohef zur diagnostic der Menschenrassen, von R. Scherzer und E. Schwarz. — 7. Des causes de la coloration de la Peau et des différences dans les formes du crâne au point de vue de l'unité du genre humain, par J.-W. de Müller. — 8. Sur les variétés de la couleur des Hommes, par B. Campan. — 9. Races humaines. (Planches extr. du Dict. univ. d'Hist. nat.) — 10. Sur la coloration noirâtre des centres nerveux chez les individus de race blanche, etc ; par A. Gubler. — 11. De mutato post mortem colore corporis humani ; auct. E.-G. Bosc. — 12. Des colorations de l'Epiderme, par G. Pouchet. — 13. Circonstances anatomiques indiquant que l'Homme est destiné à l'attitude bipède, par C.-A. Girard. — 14. Recherches sur les variations de la Taille chez les animaux et dans les Races humaines, par H. Geoffroy Saint-Hilaire. — 15. Considérations physiologiques sur les inégalités intellectuelles d'Hommes, de Sexes et de Peuples ; par J. Charles (Laronde). — 16. Recherches médico-philosoph. sur les causes physiques de la Polygamie dans les Pays chauds ; par N. Charvin. — 17. Extr. d'un Mémoire sur les lois générales de la Population, par Pouillot. — 18. Sur les Lois de la population et de la mortalité en France, par F. de Monferrand. — 19. Rapport de Villermé sur l'ouvrage de Th. Doubleday : *the True Law of Population*, 1843. — 20. De la durée humaine dans plusieurs des principaux Etats de l'Europe, etc. ; par Benoiston de Chateauneuf. — 21. De la Température Humaine sous le rapport des âges, des tempéraments, des races et des climats ; par A.-M. Reynaud.

T. IV.

1. De Varia Cranii forma ; auct. C. L. Wittwerck. — 2. Recherches anat. sur les os du crâne de l'homme, par Hunauld ; *pl.* — 3. Sur les différences de la situation du grand trou occipital dans l'homme et dans les animaux, par Daubenton ; *pl.* — 4. Recherches anat.

sur les articulations des os de la face, par Bordeu. — 5. Σχιαγραφια suturarum cranii humani, etc; auct. C. Horlacher. — 6. De Suturarum cranii humani fabricatione, etc.; auct. C. Horlacher. — 5. De Suturarum Cranii humani fabricatione et usu, auct. E.-G. Bosc. — 7. De foraminibus Calvariæ corumque usu, auct. C. Hœrmanno. — 8. De Ossibus sesamoideis, auct. S. Pauer. — 9. Capitis articulatio cum prima et secunda colli vertebra, auct. H.-G. Rumelin. — 10. Luxatio nuchæ, auct. T.-E. Schmid. — 11. De Facie humana, cogitata anatomico-philosophica; auct. S.-C. Lucæ. — 12. Sur quelques points de l'économie et des proportions du corps humain, par J.-E. Petrequin. — 13. Sur un homme mort âgé de 62 ans dont les bras et les jambes ne s'étaient pas développés, par D. C.. — 14. Femme Phénomène (prospectus de foire, vendém. an XIII). — 15. Proportions du Squelette de l'homme, par Sue. — 16. Quelques considérations sur la Physiognomonie, par D. Clerc. — 17. Sur quelques conformations monstrueuses des doigts dans l'homme, par M. Morand. — 18. Conformation osseuse de la tête chez l'homme et les vertébrés, par C. Bertrand; pl.

T. V.

1. Meditatio physiologica de Hominis ortu; auct. J.-D. Hoffstadt. — 2. An omne animal ex ovo semine masculo fæcundato? auct. J. Higgins. — 3. An Hominis primordia vermis? auct. C. Duckrf. — 4. An Homo a vermibus? auct. S. Cluscard. — 5. An ut insectis animalibus sic et fœtui sua metamorphosis? auct. H.-F. Bourdelin. — 6. An successiva partium fœtus generatio? auct. P.-L.-M. Malvet. — 7. An præter genitalia, sexus inter se discrepent? auct. E.-T. Moreau. — 8. An Generatio naturæ arcanum? auct. F. Thiery de Bussy. — 9. Est-ne totus homo a natura morbus? auct. P. Courtois. — 10. De l'œuf et de son développement dans l'Espèce humaine; par A. Courty; pl. — 11. De Mascula sobole procreanda, dissert., auct. G. Mayoor. — 12. An fortes creantur fortibus? auct. C. Baralis. — 13. G. Horstii de causis similitudinis et dissimilitudinis in fœtu, respectu parentum. — 14. De l'Hérédité physiologique et pathologique, par G.-N.-P. Dubosc Taret. — 15. Essai sur l'Hérédité physiol. et pathologique chez l'homme, par C.-E. Farrat. — 16. Essai sur l'Hérédité chez l'homme, par F. Foix. — 17. Addition à l'Essai sur les probabilités de la durée de la vie humaine, par Deparcieux. — 18. Ephémérides de la vie humaine, ou recherches sur la révolution journalière et la périodicité de ses phénomènes, etc.; par J.-J. Viroy. — 19. De la durée de la vie humaine, par le Dr Bellefroid; pl.

T. VI.

1. Considérations médicales sur l'influence des Habillements sur l'économie vivante, par L.-M. Debrye. — 2. Essai sur les Vêtemens considérés sous le rapport de l'hygiène, par A. Peillard. — 3. Sur les Combustions humaines spontanées, par T.-L.-A Dufaure. — 4. Extrait d'une lettre de M. Dodart au sujet du Mangeur de feu.

— 5. Des épreuves par le feu le plus ardent sans traces de brulûres.
— 6. De qualitate et quantitate Alimentorum in quantum veterum Romanorum robori... contulerint, auct. J.-J. Schaffer. — 7. Considération sur l'influence des aliments et des boissons sur le corps humain, par T. Rittelmeyer. — 8. Propositions medico-politiques sur les aliments, par J.-J. Oliver et March. — 9. De l'influence des aliments sur les tempéramens et les caractères, par A. Costes. — 10. Collectanea quædam de Telluris in organismum animalem actione, auct. F.-L.-P. Cerruti. — 11. De l'influence de la lumière sur l'économie animale, par H. Fouquet. — 12. Des effets du Calorique et de la lumière sur les corps vivants, par P. Bories. — 13. De la Température animale considérée dans son indépendance de celle des corps extérieurs, par A. Blancsubé. — 14. Utrum ex recentioris Chemiæ detectis verosimilior assignari queat animalis coloris origo, auct. J.-J. Audirac (lege Dumas). — 15. Quelques propositions sur l'Homme et ses milieux, par Dauvin. — 16. La Société et l'homme, par D. Meng. — 17. An cuique Hominum suum genius? auct. L. Pena. — 18. Conspectus physiologicus de fontibus differentiarum inter homines relative ad scientias, auct. A.-C. Chaptal. — 19. (double du N° 16). — 20. De la Civilisation dans ses effets sur la constitution physique du corps humain, par J.-L. Morant. — 21. De l'influence exercée sur la vie de l'homme par la civilisation, par F. Andry. — 22. De l'influence de la civilisation sur la santé de l'homme, par J. Teissier. — 23. Quelques réflexions sur l'influence de la civilisation sur les maladies, par A.-P. Meyrieu.

T. VII.

1. L'influence du Climat sur l'Espèce humaine, par M. T. (Taillefer). — 2. M. Piales-Daxtrez conspectus de climatis influxu, temperamentis spectatis. — 3. Influence des climats sur l'homme, par E.-D.-S. Viader. — 4. Quelques considérations sur l'influence du climat sur les maladies, par P.-A. Terson. — 5. Aperçu sur les objets que le médecin doit prendre en considération dans l'étude des climats, par A.-D. Chaubert. — 6. Quelques réflexions sur la différence de la pratique de l'art de guérir dans les différens climats, par M. Villalba. 7. De l'influence des climats dans la production et la guérison des maladies, par L. Pech. — 8. De la Climatologie, par D. Baupertuy. — 9. Influence des climats chauds sur l'homme, par Bouthet-Desgennetières. — 10. Essai sur l'influence des climats chauds sur l'homme, par J.-B. Ricard. — 11. Généralités sur le climat du Littoral Provençal, par G. Maget. — 12. Effets du calorique dans l'économie animale, par J.-J.-B. Vacheresses. — 13. Influence du climat sur l'organisation des animaux; par François dit Brie. — 14. De l'Acclimatement, par A. Ancinelle. — 15. Sur l'Acclimatement dans les pays chauds, par L. Lez. — 16. De l'Acclimatement des Européens dans les régions intertropicales, par J.-J.-E. Lissençon. — 17. De l'Acclimatement des Européens dans les Antilles, par F.-R. Marquiseau.

4000. Homo. — *Recueil en 4 vol. in-4°.*

T. I.

1. Principes d'Anthropologie..., par DE JOANNIS. — 2. Fantasie über ein Museum für die culturgeschichte der Menschheit, von G. KLEMUS. — 3. Études anthropologiques : Leçons de M.-I. Geoffroy Saint-Hilaire, recueillies par C. DELVAILLE. — 4. Sull'importanza dell'Antropologia, da L. ZANGRANDI. — 5. Introductory adress on the study of Anthropology, by J. HUNT. — 6. Esquisse de l'état actuel de l'Anthropologie, ou l'histoire naturelle de l'Homme ; par W.-F. EDWARDS. — 7. L'Anthropologie et le Droit, par E. ACOLLAS. — 8. Recherches sur l'histoire de l'Anthropologie : prolégomènes, par M. VIVIEN. — 9. Statuts de la Société d'Anthropologie de Paris. — 10. Dell'Uomo considerato come un proprio regno dell'Istoria naturale ; da G. JAN. — 11. Esquisse d'une analogie de l'Homme et de l'Humanité, par F. BARRIER. — 12. Leçons sur l'Anthropologie par M. DUVERNOY; 1851. — 13. Les Singes et l'Homme ; considérations naturelles sur leurs prétendues affinités, par J.-J. BIANCONI. — 14. Coup d'œil sur la dégénération opérée dans le tempérament des Hommes, par G. LAFONT-GOUZI. — 15. Mémoire sur la dégénération considérée dans l'Homme, les Animaux et les Végétaux, par J.-J. VIREY. — 16. De la prétendue dégénérescence physique et morale de l'Espèce humaine déterminée par le Vaccin ; par C. ANGLADA.

T. II.

1. A. PRZEMIENIECKI Commentatio in et verum illud : *Nosce te Ipsum.* — 2. Précis des éléments d'Hist. naturelle de l'Homme et de Physiologie..., par J.-L. MOREAU DE LA SARTHE. — 3. Grundriss der Physiologie : Anthropologie, von K.-A. RUDOLPHI. — 4. Homme, Homo. (Art. extr. du Dict. abr. des Sc. médic., 1823.) — 5. Accord entre le récit de Moïse sur l'âge du genre humain et les phénomènes géologiques, par D. FROSSARD. — 6. Discours sur la vie de l'Espèce humaine, par F. RIBES. — 7. Est-il possible de déterminer depuis quand l'Espèce humaine existe sur la terre : mémoire par J.-F. KRUEGER. — 8. Esquisses zoologiques sur l'Homme, par LEREBOULLET. — 9. Cursory Remarks on the physical and moral history of the Human species, etc.; by L.-S. BOYNE (compte rendu). — 10. Imm. KANT von den verschiedenen racen der Menschen. — Einleitung zur Anthropologie. — 11. Philosophie fondée sur la nature de l'Homme, en 223 aphorismes, par Le baron MASSIAS. — 12. Accord de la doctrine anthropologique de Montpellier avec ce que demandent les lois, la morale publique et les enseignements religieux prescrits par l'État; par LORDAT. — 13. Abweisung der von H. Burmeister zu gunsten des geologisch-vulkanistichen fortschritts und zu ungunsten der mosaischen schöpfungsurkunden vorgebrachten behauptungen, von A. WAGNER. — 14. De l'Égalité et de l'Inégalité du Bonheur dans les diverses Sociétés dont l'Homme fait partie, par F.-L.-C. BOISSIER. —

15. Menschenschöpfung und Seelensubstanz: ein anthropologischer vortrag, von R. WAGNER.

T. III.

1. Homme (Homo). Art. par BORY de SAINT-VINCENT, 1825, *pl.* — 2. De l'Homme sur le rapport de ses caractères physiques; par P. GARNOT. — 3. Stammt das menschengeschlecht von einem paare ab? von naturwissenschaftlichen standpunkte näher beleuchtet: eine vorlesung, von J.-J. VILBRAND. — 4. L'Homme hermaphrodite et la création de la femme, nouvelle Japonaise; par A. LEROS. — 5. Nègre et blanc: de qui sommes-nous fils? Y a-t-il une ou plusieurs espèces d'hommes? par M. BOUCHER de PERTHES. — 6. G. FLOURENS. Histoire de l'homme: Cours d'histoire naturelle des corps organisés; première leçon. — 7. Ueber die bedeutung der Sprache für die naturgeschichte des Menschen, von A. SCHLEICHER. — 8. L'art de féconder les Espèces. (Extr. des poésies de P. GUDIN.) — 9. Recherches sur l'organisation de la peau de l'homme et sur les causes de sa coloration, par J.-A. GAULTIER; *pl.*

T. IV.

1. De Probabilitate vitæ ejusque usu forensi... dissertatio, auct. F.-A. SCHMELZER. — 2. Recherches sur la prédominance du bras droit sur le bras gauche, par A. COMTE. — 3. Ueber das Licht und dessen einfluss auf die natur, besonders auf den menschlichen Organismus; von G.-P. HOLSCHER. — 4. Considérations générales sur les rapports de l'homme avec les animaux, par N. JOLY. — 5. De la prééminence de la Femme sur l'Homme, d'après les connaissances actuelles et les traditions; par GUILMOT. — 6. Essai sur l'Irritabilité, par M. de GRIMAUD. — 7. De l'influence de la Pesanteur sur quelques phénomènes de la vie, par I. BOURDON. — 8. La chaleur naturelle de l'homme peut-elle être considérée comme un terme fixe? recherches, par M. GAUSSEN. — 9. Note sur les causes de la lassitude et de l'hanélation dans les ascensions sur les montagnes les plus élevées, par BRACHET. — 10. Force musculaire, par M. BÉRARD. — 11. Influence des climats sur l'Economie animale, par T.-J. HIRIART. — 12. Influence des climats sur les tempéramens, par J.-F. GUILLAND. — 13. Réflexions sur l'homme et les divers tempéramens considérés relativement au genre d'aliment qui leur est le plus convenable, par L.-F. ROZIER. — 14. Considérations sur les relations de l'Etre humain avec le monde qui l'environne, par F. RIBES. — 15. Discours sur la Science des rapports de l'homme avec le monde extérieur, par le même. — 16. Action du Climat et des influences locales sur la génération, par FLOQUIN fils. — 17. De l'influence de la Liberté sur la santé, la morale et le bonheur; par F. LANTHÉNAS. — 18. Dissertation sur les effets de la passion du jeu sur la santé de l'homme, par P. PAJOT de LAFORET.

4001. Paléontologie Humaine. — *2 vol. in-8°*.

T. I.

1. Études d'Histoire primitive: Y a-t-il eu des hommes sur la terre avant la dernière époque géologique? par L. Littré. — 2. De l'Homme antédiluvien et de ses œuvres, par M. Boucher de Perthes. — 3. Sur des Instruments en silex et des ossements fossiles trouvés à Paris; par H.-J. Gosse fils. — 4. Contemporanéité de l'Espèce humaine et de diverses espèces animales aujourd'hui éteintes; par A. Gaudry. — 5. De l'ancienneté de l'Espèce humaine ; par M.-J. Delanoue. — 6. De l'antiquité de l'Homme. (Extr. de la *Rev. Brit.*) — 7. Du Terrain quaternaire et de l'ancienneté de l'Homme dans le Nord de la France; par d'Archiac. — 8. l'Homme primitif d'après les travaux de Lyell et Huxley; par A. Laugel. — 9. Interprétation naturelle des pierres et des os travaillés par les habitants primitifs des Gaules; par E. Robert. — 10. La Géologie de Rome, ancienneté de l'Homme dans le Latium. (Ext. de la *Rev. Brit.*) — 11. L'Homme fossile; par F. Lenormant. — 12. Lettre du Dr F. Garrigou à M. L. Filhol père. — 13. La Paléontologie appliquée à l'étude des Races humaines; par G. de Saporta. — 14. L'Homme primitif : des lumières que les découvertes paléontologiques ont jetées sur son histoire : par A. Maury. — 15. Lettre sur l'utilité des Musées ethnographiques, etc ; par P.-F. de Siebold.

T. II.

1. Observations sur les ossements humains de Durfort ; par Marcel de Serres. — 2. Notice géologique sur le prétendu fossile humain trouvé près de Moret; par J.-J.-H. Huot. — 3. Notice sur les ossements fossiles des cavernes du Gard ; par M. de Christol. — 4. Notice sur les concrétions des grottes de Baume et de Loisia; par M. Houry. — 5. Homme fossile (extrait du *Traité élém. de Paléont.*); par F.-F. Pictet. — 6. Des ossements humains et des ouvrages de main d'homme enfouis dans les roches et les couches de la terre, etc ; par A. Maury. — 7. L'Homme fossile; par L. Giraud. — 8. Das alter der Menschengeschlechts, die Entstehung der Arten und die Stellung des Menschen in der natur; von M.-J. Schleiden. — 9. Les Habitations lacustres et les Races humaines antéhistoriques. (Extr. de la *Rev. Brit.*) — 10. De l'Homme dans les temps antéhistoriques : par Foubert. — 11. Remarques sur l'ancienneté de l'Homme dans le midi de l'Europe ; par P. Gervais. — 12. Der Fossile Mensch aus den Neanderthal und sein verhältniss zum alter des Menschengeschlechts; von C. Fuhlrott. — 13. Sur le monument et les ossements celtiques découverts à Meudon en 1845, par M. Serres. — 14. L'Homme et les Animaux des cavernes des Basses-Cevennes, par A. Jeanjean ; *pl.*

4002. — Crania. *Recueil gr. in-4°*.

1. Die Lehre von den Ur-und Racenformen der Schädel und Becker des Menschen, von M.-J. Weber ; *pl.* — 2. Ein neuer beitrag zun

Lehre von der conformität des Kopfs und Beckens (paginé 411-28) : pl. — 3. Schreiben an M.-J. Weber ueber dessen Lehre, etc; von G. Vrolik. — 4. Bericht über die Zusammenkunft einiger Anthropologen ein sept. 1861 in Göttingen..., erstattet von K.-L. von Baer und R. Wagner. — 5. Ueber die typisch gewordenen abbildungen Menschlicher Kopfformen namentlich auf Münzen in verschiedenen zeiten und völkern, von C.-G. Carus. — 6. Die Makrokephalen im boden der Krym und Österreichs verglichen mit der Bildungs-abweichung welche Blumenbach Macrocephalus gennant hat; von K.-L. von Baer (extr. des Mém. de l'Ac. de Saint-Pétersbourg). — 7. Schädel nordostafrikanischer Völker aus der v. prof. Bilharz in Cairo hinterlassenen Sammlung, abgebildet und beschrieben von A. Ecker. — 8. Ueber die Schädelform der Sandwich-Insularer; von C.-W.-F. Uhde. — 9. Beschrijving van Schedels van Inboorlingen der Carolina-Ellanden ; von J. Van der Hoeven. (In-8°.)

4003. **Crania.** *Recueil in-8°.*

1. Sur les formes du Crâne des Habitants du Nord ; par A. Retzius. — 2. Ueber die Schädel der Griechen und Finnen ; von A. Retzius. — 3. Caractères différentiels de la conformation crânienne, chez les Lapons et les Esquimaux ; par H. Guérault. — 4. H. Minchin's Contributions to Craniology. — 5. On the Human Crania contained in the Army medical museum, by G. Williamson. — 6. Nachrichten über die Ethnogr.-Craniologische Sammlung der K. Ak. d. W. zu S. Petersburg : von V. Baer. — 7. Sur l'état actuel de l'Ethnologie au point de vue de la forme du Crâne osseux ; par A. Retzius. — 8. Les dimensions de la Tête osseuse considérées avec leur rapport avec l'Histoire naturelle du genre humain ; par J. Van der Hoeven. — 9. The Neanderthal Skull, etc ; by J.-B. Davis. — 10. Note de M. A. Antelme sur un Céphalomètre de son invention. — 11. De la Microcéphalie considérée dans ses rapports avec la question des caractères du Genre humain ; par P. Gratiolet. — 12. Intorno al Cranio di Dante : lettera del prof. E. Velcker al dot. G.-B. Davis : relazione del dot. A. Garbiglietti. — 13. Sur la Mensuration de l'Angle facial, et un nouveau goniomètre facial inventé par Jacquart. — 14. Catalogue of Human Crania in the collection of the Acad. of Nat. Sc. of Philadelphia, etc; by J. Aitken Meigs. — 15. Catalogus Craniorum diversarum gentium collect. J. Van der Hoeven. — 16. Beschrijving van drie merkwaardige menschelijke Schedels uit het Rijks Mus. van Nat. Hist. te Leiden. — 17. Beschrijving van twee Schedels van Guajiro's, door J. Van der Hoeven.

4004. **Crâne, Squelette, etc.** *Recueil in-8°.*

1. Notice sur l'épaisseur du Crâne humain et sur l'appréciation du volume et de la configuration du Cerveau ; par S. de Volkoff. — 2. De la non-existence de l'os intermaxillaire chez l'Homme, à l'état normal ; par E. Rousseau. — 3. Die Charackteristik des Kopfes nach

den entwicklungsgesetz desselben, von R. Froriep. — 4. Comparatio Columnæ vertebralis Hominis cum eadem parte Sceleti mammalium; auct. E. Zieman. — 5. Description de Claude-Ambroise Seurat, appelé l'*Homme anatomique* ou le *Squelette vivant.* — 6. Théorie du Squelette humain fondée sur la comparaison ostéologique de l'Homme et des animaux vertébrés; par P. Gervais. — 7. Proportions physiques ou naturelles du Corps humain exprimées en mesures métriques; par J.-B. Silbermann.

4005. — Races Humaines. *Recueil en 4 vol. in-8°.*

T. I.

1. Lettre sur l'unité de l'Espèce humaine, par Pierquin de Gembloux. — 2. Linéaments de Philosophie ethnographique, par Eusèbe de Salles. — 3. Influence de l'Industrie sur le physique et le moral des Peuples; par J.-M. Gerbaud. — 4. Unité de l'Espèce humaine. (Extr. de la *Rev. Britan.*) — 5. La Race humaine et ses variétés. (Extr. du même recueil.) — 6. Principales classifications du Genre humain; distribution géographique des êtres à la surface de la terre; par A. Balbi; carte. — 7. Recherches sur l'unité du Genre humain..., par A. Brière de Boismont. — 8. Sur la classification anthropologique, et particulièrement sur les types principaux du Genre humain; par I. Geoffroy Saint-Hilaire. — 9. De l'Unité des Races humaines d'après les données de la Psychologie et de la Physiologie; par Ladevi-Roche. — 10. Les Langues et les Races, par H. Chavée. — 11. Histoire des travaux de la Société d'Anthropologie de Paris, par P. Broca. — 12. De l'Unité et de la Pluralité dans l'espèce humaine, par Foubert. — 13. L'Homme, sa haute antiquité, son origine et le problème de l'unité de sa race; par Amand Saintes.

T. II.

1. De Hominum varietatibus et harum causis disputatio, auct. J. Hunter. — 2. Des caractères physiologiques des Races humaines dans leurs rapports avec l'histoire; par F. Edwards. — 3. De l'influence réciproque des Races sur le caractère national; par le même. — 4. De la Diversité originelle des Races humaines et des conséquences qui en résultent dans l'ordre intellectuel et moral; par Bertrand de Saint-Germain. — 5. De l'Homme et des Races humaines, par P. Bérard. — 6. Opinion générale sur l'origine et la nature des Races humaines. Conciliation des diversités indélébiles des races avec l'unité historique du genre humain; par P. Sagot. — 7. Die Menschenrassen, von Klemm. — 8. Lucrèce. Poème de la Nature. Les premiers Hommes; trad. avec le texte en regard, par E. Magne.

T. III.

1. Mémoire sur les sept espèces d'Hommes et sur les causes des altérations de ces espèces, par Peyroux de la Coudrenère. — 2. Fragments sur les Races et les Langues des deux continents; par J. Klaproth. — 3. Des Essais de classification de l'Espèce humaine, par

le Dr PRITCHARD. (Extr. de la *Rev. Britann.*) — 4. Races humaines. (Extr. du *Dict. de Médec.*) — 5. Notes sur la classification des Races humaines, par J.-J. d'OMALIUS d'HALLOY. — 6. Unité spécifique des Races humaines, par P.-L.-E. VIEU. — 7. Ancienneté des diverses Races humaines, par MARCEL DE SERRES. — 8. Die Volkerstämme und ihre zweige nach der neuesten ergebnissen der Ethnographie, von G.-L. KRIEGK. — 9. Coup d'œil sur la pathologie comparée des Races humaines, par BOUDIN. — 10. Diversité originelle des Races humaines, par BERTRAND de St-GERMAIN. — 11. Un dernier mot, par M. BONTÉ. — 12. Mémoire sur le Bassin considéré dans les Races humaines, par JOULIN. — 13. Mémoire sur la taille de l'Homme en France, par L.-R. VILLERMÉ. — 14. De la Taille de l'Homme. (Extr. du *Mercure toscan.*)

T. IV.

1. Influence des Races humaines sur la forme et le développement des Sociétés, par V. COURTET. — 2. De l'Homme physique et des Races humaines, par I. GEOFFROY St-HILAIRE. — 3. Des Études contemporaines sur l'histoire des Races, par A. ESQUIROS. — 4. Du mouvement des Races humaines; cours de M. Serres. Art. de A. ESQUIROS. — 5. Histoire naturelle. Anthropomorphe; *pl.* (Extr. de l'*Encyclop. Mod.*) — 6. Des Races humaines, par P. DE RÉMUSAT. — 7. Moïse et les Langues, ou démonstration par la linguistique de la pluralité originelle des Races humaines; par A. CHAVÉE. — 8. Dégénérescence de l'Espèce humaine; par A. MAURY. — 9. Des maladies de l'intelligence chez les nations modernes, par A. LEGOYT. — 10. Nouvelle exégèse de Shakspeare, par E. LITTRÉ. — 11. Hist. naturelle de l'Homme, par A. DE QUATREFAGES. Unité de l'Espèce humaine. — 12. L'Homme: sa place dans la Création; unité et variété de l'espèce; par H. HOLLARD. — 13. Etude sur l'Homme. — Résumé d'un cours d'Anthropologie: par le même. — 14. L'Anthropologie dans ses rapports avec la Philologie comparée; par E. LAMÉ. — 15. Du non-Cosmopolitisme des Races humaines; par BOUDIN. — 16. Essai sur les Croisements ethniques; par N. PÉRIER. — 17. La *Terre et l'Homme*, par A. Maury; art. de L.-André Nuytz. — 18. Du mouvement moral des Sociétés, d'après les derniers résultats de la Statistique; par A. MAURY. — 19. De l'Égalité considérée dans ses rapports avec l'Égalité des Races humaines; par LÉLUT. — 20. L'Unité morale de l'Espèce humaine; par P. JANET. — 21. L'Origine de l'Homme d'après Darwin; par R. RADAU.

4006. Races Humaines. *Recueil in-4°.*

1. Les Peuples primitifs de l'Europe; par M. VIRCHOW. — 2. Recherches sur les Races humaines de la France; par A ROUJOU. — 3. Origine du Peuple français. — D'où venons-nous? par H. MARTIN. — 4. Recherches sur les Gabets de la ville de Bordeaux; par P. VENUTI. — 5. Beschrijving en afbeelding van eenen te Pompeij opgegraven menschelijken schedel, door W. VROLIK en J. Van der HOEVEN;

pl. — 6. Ethnographie de la Turquie d'Europe, par J. Lejean. — 7. Les Crânes finnois et esthoniens comparés aux crânes des tombeaux du nord-est de l'Allemagne, par Virchow. — 8. Histoire des Huns et des peuples qui en sont sortis, par Deguignes; prospectus. — 9. Älteste nachrichten von Mongolen und Tataren ; von W. Schott. — 10. Traduction inédite des *Tribus Mongoles*, de Pallas, par J.-B.-F. Ajasson de Grandsagne. — 11. Les Peuplades du Brahmaputra et de l'Iravadi, par L. Feer. — 12. Ueber die Indische verwandtschaften im Ægyptischen besonders in hinsicht auf Mythologie; von O. Frank. — 13. De Æthiopica generis humani varietate; auct. N. Ramaer; *pl.* — 14. Die Ueberbleibsel der Altägyptischen Menschenrace ; von F. Pruner; *pl.* — 15. Extrait d'observations faites sur le cadavre de la *Vénus Hottentotte*; par G. Cuvier. — 16. Sur une femme de la race Hottentotte; par M. de Blainville. — 17. Descriptio duorum Craniorum rariorum e gente Puriana; auct. C. Housselle. — 18. Antiquités Mexicaines; villes inconnues. (Extr. du *Musée des Fam.*) — 19. Uber einen Schädel aus den gräbern der alten Paläste von Mitla, im staate von Oajaca; von A. Berthold. — 20. Rapport sur les résultats scientifiques du voyage de l'*Astrolabe* et de la *Zélée* : Partie anthropologique, par M. Serres.

4007. Races Humaines. Europe. *Recueil in-8°*.

1. Oversigt over Europas Folkestammer. Udarbeidet til Læsning for disciplene i de hoiere Classer af Ed. Lembke. — 2. Notes sur les caractères naturels de quelques anciens Peuples de l'Europe occidentale ; par J.-J. d'Omalius d'Halloy. — 3. The Japhetic Races, a historical and ethnological Inquiry into the consanguinity of various European races; by R. Harries Jones. — 4. The European and Asiatic races : observations on the Paper read by J. Crawfurd before the Ethnol. Society; by Dadabhai Naoroji. — 5. Notice sur les autels et les tombeaux des anciens Peuples du nord de l'Europe, par Gaillardot et Percy. — 6. Tableau des mœurs, des usages et de l'industrie des habitans du Voralberg (Bavière); d'après J. Rohrer. — 7. Les Hongrois, par W. Rey. — 8. Sur les Huns Francisques. Extrait d'une lettre sur le passage des Huns à travers la Scandinavie, par J. Graberg. — 9. Essai sur l'origine, les mœurs et l'état actuel de la nation Albanaise, par A. Masci. — 10. Sur les Grecs ou Albanais de la Calabre; par Bartels; trad. par Winkler. — 11. Coup d'œil sur les nations qui habitent Constantinople ; par L. Castagne. — 12. Recherches sur les Peuples Pontiques qu'Ovide a connus dans son exil ; par R. Minzloff. — 13. Udsigt over den Kaukasiske Menneskestammes ældste hyemsted og Udvandringer, ved Finn Magnusen.

4008. Races Humaines. *Recueil en 7 vol. in-8°* :

T. I. Europe.

1. De l'Orient et de l'Occident; considérations physiologiques; par Lallemand. — 2. Orient et Occident, par Fortin d'Ivry. — 3. Origi-

nes Indo-Européennes. Etudes historiques sur les Peuples de race blonde ; par V. Courtet de l'Isle. — 4. Les Antiquités primitives du Danemark : l'âge de pierre, de bronze et de fer; par E. Beauvois. — 5. Les Études et les découvertes archéologiques dans le Nord; par E. Geffroy. — 6. Mythologie des Peuples Finnois ; par Léouzon-Leduc. — 7. Le Chant d'Altabiçar (pays Basque). — 8. Les Basques; un Peuple qui s'en va ; par E. Reclus. — 9. De l'origine des Euscariens ou Basques ; par J.-A. Chaho. — 10. Mœurs et usages des anciens habitans de l'Espagne avant la réunion de ce pays à l'empire romain. (Extr. des *Annales des voyages*.) — 11. Espagne et Angleterre ; par J.-J. Ampère. — 12. Que les Grecs sont des Slaves; par M. Monnier. — 13. Les Pélasges. Études historiques et linguistiques ; par L. Wilh. — 14. Les Cimmériens d'Homère ; par C.-E. Ruelle. — 15. Sull' Antropologia della Grecia, del dot. Nicolucci; relazione del dot. A. Garbiglietti. — 16. Die stellung der Slowaken in Ungarn beleuchtet ; von L. von Thun. — Le Slave ; revue périodique. Numero specimen. — 18. Origines et antiquités de la race Slave, par E. Chojecki. — 19. Ein beitrag zur Ethnographie Ost-Galiziens ; von J. Zimmermann.

T. II. Asie.

1. Recherches sur les mœurs des anciens Chinois, d'après le Chi-King ; par E. Biot. — 2. Rapport sur un mémoire relatif à l'origine des Japonais, par M. de Siebold. — 3. Bijdragen tot de natuurlijke geschiedenis van den Mensch, door J.-V. der Hoeven. — Iets over Sinezen en Japanners als voorbeelden van ven Mongoolschen Menschenstam ; *pl. (bijdr. tot de Nat. Gesch. van den Mensch, door J. V. D. Hoeven).* — 4. Mœurs des Aïno, insulaires de Yéso et des Kouriles ; par L. de Rosny. — 5. Mœurs et usages des Kirghises. (*Berghaus Annalen*, 1834.) — 6. De la différence entre les Kirghiz-Kaissak et les véritables Kirghiz, par L. Lewchine. — 7. Origine et mœurs des Sicks, par Benet. — 8. Sur l'Infanticide chez les Hindous et quelques autres nations. — 9. Sur les tours de force et d'adresse usités parmi les Hindous ; par le colonel Ironside. — 10. Aborigènes des Neilgherrys, au midi de la péninsule indienne. — 11. Les Ladakhis ; les Rajpoutes, tribus belliqueuses de l'Hindoustan. — 12. Phrenology of the Hindous. — 13. De l'origine des Hindous ; par A. W. de Schlegel. — 14. Les Hindous ; par Dupeuty-Trahon. — 15. Les populations primitives du Nord de l'Hindoustan ; par A. Maury. — 16. Des Castes de l'Inde; par J.-A. Dubois. — 17. Inde anglaise. Les Parsis (Guèbres) de Bombay ; par V. Fontanier. — 18. Les Parsis de l'Hindoustan. (Extr. de la *Rev. Brit.*) — 19. Notice de quelques tribus peu connues de l'Inde, par M. Buchanan.

T. III. Asie *(suite)*.

1. Mémoire pour servir à l'histoire des Druses, peuple du Liban, par Venture. — 2. Le Liban : les Druses et les Maronites. (Extr. de la *Rev. Britan.*) — 3. Mémoire sur les Tribus Arabes en Syrie et dans l'Arabie Déserte et Pétrée ; par J. Seetzen. — 4. Mémoire sur l'état

actuel des Samaritains; par S. de Sacy. — 5. Mémoire sur les Ismaelis et les Nosaïris de Syrie; par M. Rousseau. — 6. Sur les Tcherkesses ou Circassiens; par J. Klaproth. — 8. Mémoire où l'on prouve l'identité des Ossètes, peuplade du Caucase, avec les Alains du moyen-âge; par J. Klaproth. — 8. Mémoire sur les Khazars. (Extr. du *Journ. Asiat.*) 9. La Perse, la Russie et les Peuples du Caucase. (Extr. de la *Rev. Brit.*) — 10. Les Peuplades Transcaucasiennes; par M. Berthaud. — 11. Les Peuples de l'Altaï, d'après les travaux de Castren; par A. Maury. — 12. Les Explorations savantes de l'Allemagne, de l'Angleterre et de la France en Asie; par Vivien de St-Martin. — 13. Preuves de la liberté des Femmes en Orient; par Mirza Abou Taleb Khan. — 14. Mémoire sur les Parsis; par T. Pavie. — 15. Sur les Tartars. (Extr. du *Journ. Asiatique.*) — 16. Tartarie : les Mantchoux; les Mankous et les Houitzes; par B. Bruguière. — 17. Notice sur l'origine de la nation des Mandchoux. — 18. Les Mongols; par Bayle Saint-John. — 19. History of the Eastern Mongols, by Sanang-Setzen. (Compte rendu). — 20. Remarques sur les peuples qui habitent la frontière Chinoise...; par I. Pesterev.

T. IV. — Afrique.

1. Des diverses races d'habitants de l'Egypte. — 2. Archæographie. Observations sur quelques Momies égyptiennes ouvertes à Londres; par F. Blumenbach. — 3. Kurze nachrichten und anszüge-Sektion und wahrscheinliche krankheit einer vor mehreren tausend jahren ein balsamirten Egyptierin. — 4. Études sur les anciennes Races de l'Egypte et de l'Ethiopie. (Extr. du *Bullet. de la Soc. Ethnol.*) — 5. Essai sur les Momies; par Perrot. (Prospectus). — 6. Des diverses races qui peuplent l'Algérie. Les Arabes et les Kabyles. (Extr. de la *Revue d'Orient.*) — 7. Sur l'origine des Kabyles, par D. Kaltbrunner. — 8. Les Tribus du Sahara algérien. (Extr. de la *Rev. Brit.*). — 9. Renseignements sur l'Afrique centrale et sur une nation d'hommes à queue qui s'y trouverait; par F. de Castelnau. — 10. Les Yem-Yem, tribu anthropophage de l'Afrique centrale; par H. Aucapitaine. — 11. Le Commerce français dans le Soudan. Les Touaregs; par E. Rinn. — 12. Document relatif à un Prince noir de l'intérieur de l'Afrique et au pays de Ouadan : par M. Delaporte. — 13. Esquisse des peuples Nègres au Sud de l'Équateur; par Douville. — 14. Les Ouolofs : par A. Renzi. — 15. Inquiry into the origin and characteristic differences of the native Races inhabiting the Extra-Tropical Part of Southern Africa; by P. Knox. — 16. Traduction en français de l'article précédent. — 17. sur les Boushouanas ou Betjo:anas; par le Dr Lischtenstein. — 18. Notice sur la Vénus Hottentote, par Flourens; *fig. col.* — 19. Observation sur le Tablier des Femmes Hottentotes. (Extr. de la *Revue phil., litt. et pol.*, 1805.) — 20. Lettre de C. Dumont à M. Millin sur le Tablier des Hottentotes. — 21. Réponses au mémoire de M. Lacour intitulé : Origine chez un Peuple noir et africain de la langue hébraïque et du monothéisme hébreu; par M. de Serres et autres.

T. V. — Amérique du Nord.

1. Les Arts et les Manufactures des Esquimaux. (Extr. de la *Rev. Brit.*) — 2. Du caractère et de l'intelligence des Esquimaux : par R. KING. — 3. De la Population primitive de l'Amérique et des moyens de communication entre l'ancien et le nouveau continent, etc. (Extr. de la *Bibl. univ. de Genève.*) — 4. Expédition du capitaine Danois Graah dans le Groënland. (Extr. de la *Rev. Brit.*) — 5. Des Races Aborigènes de l'Amérique septentrionale et de leurs rapports avec les colons Européens. (Extr. du même recueil.) — 6. Letters and notes on the manners, customs and condition of the north American Indians, by G. CATLIN *(from the Edinb rev.).* — 7. Les Peaux Rouges (article sur le même ouvrage. extr. de la *Bibl. univ. de Genève*). — 8. Coup d'œil sur les Tribus indiennes de l'Amérique du Nord, par A. GALLATIN. — 9. Mœurs, coutumes et usages des Indiens de l'Amérique septentrionale; par E. DOMENECH. — 10. Des Sauvages de l'Amérique septentrionale; par W. IRVING. — 11. Observations sur les Indiens ou Sauvages de l'Amérique du Nord, avec un vocabulaire de la langue des Miamis; par VOLNEY. — 12. Histoire de la tribu des Osages; par P. VIREY. — 13. Notice sur des Indiens Osages arrivés du Missouri. — 14. Notice sur les Indiens Ioways; *fig.* — 15. Catalogue de la Galerie Indienne de V. Catlin. — 16. Portraits of North American Indians, etc.; painted by M. STANLEY. — 17. Ueber der natur der Amerikaner, besonders über ihre gemüthsart (aus dem *Gott. Hist. nat. Mag.*).

T. VI. — Amérique du Sud.

1. An Inquiry into the distinctive characteristics of the aboriginal Race of America; by L.-G. MORTON. — 2. Remarks on the ruins of Palenque and on the origin of the American Indians; by J. RANKING. — 3. Les Aztèques et l'ancien Mexique. — 4. Transactions de la Soc. Ethnolog. Américaine; par P. CHAIX. (Extr. de la *Bibl. de Genève.*) — 5. Mœurs, dispositions et coutumes des Caraïbes ou anciens habitants des Antilles. (Tiré de l'ouvrage d'Edwards: *Civil and commercial hist. of the Brit. colon.*) — 6. Sur les Naturels de la Guyane; par R. SCHOMBURGK. — 7. Sur les productions et sur les peuples géophages des bords de l'Orénoque; par L. CORTAMBERT. — 8. Sur l'origine Japonaise, Arabe et Basque de la civilisation des Peuples du Plateau de Bogota; par DE PARAVEY. — 9. Rapport sur les questions ethnologiques et médicales, relatives au Pérou; par A. GOSSE. — 10. Sur les Races qui composaient l'ancienne population du Pérou; par le même. — 11. Kurzer bericht über die Peruanischen Alterthümer des Ethnogr. Mus. der K. Akad. d. W.; von A. SCHIEFNER. — 12. Mœurs et usages des Brésiliens civilisés; par J.-B. DEBRET. — 13. Les Araucans; leur foyer, leurs mœurs et leur histoire; par F. BILBAO. — 14. Une entrevue avec les Patagons; par E. MAISSIN. — 15. Des Émigrations Européennes dans l'Amérique du Sud; par B. POUCEL.

T. VII. — Océanie.

1. Des Races d'Hommes de l'Océanie, de leurs variétés, etc ; par de Rienzi. — Sur les Iles du Grand Océan et sur l'origine des peuples qui les habitent ; par J. d'Urville. — 3. Des Races Malaise et Polynésiennes ; par J.-B. Hombron. — 4. Mœurs, amusements et spectacles des Javanais ; par L.-A. Deschamps. — 5. The Ethnology of South-Eastern Asia and the Indo-Pacific Islands ; by J.-R. Logan. — 6. Australie et Papouasie. Comparaison de la côte septentrionale de la Nouvelle Hollande et de la côte méridionale de la Nouv. Guinée. Des Races noires qui les habitent ; par J.-B. Hombron. — 7. Sur les Papouas ou Papous ; par Lesson et Garnot. — 8. Extrait d'un mémoire sur la force physique des Sauvages de la terre de Diémen, de la Nouvelle Hollande, etc ; par Péron. — 9. Description des naturels de la Terre du roi Georges ; par A. Montémont. — 18. Les Maoris de la Nouvelle Zélande ; par L. Smith. — 11. Te Ika a Mani ; traditions des Nouveaux Zélandais. (Extr. de la *Rev. Brit.*) — 12. Cannibalisme des habitants de la Nouvelle Zélande. — 13. Insulaires de la Polynésie. (Extr. de la *Rev. Brit.*) — 14. Histoire de la Race Neptunienne ; par Gaidan. — 15. Mémoire sur l'Histoire primitive des Races Océaniennes et Américaines ; par G. d'Eichtal. — 16. Notice phrénologique et ethnologique sur les Naturels de l'archipel Nouka-Hiva, par M. Dumontier.

4009. Ethnologie. Gaule et France. — *Recueil in-8°.*

1. Recherches sur l'Ethnologie de la France ; par P. Broca. — 2. Questions relatives à l'Ethnographie de la France ; par A. Maury. — 3. Instructions sur l'Anthropologie de la France ; rapport de M. G. Lagneau. (Extr. du Bullet. de *la Soc d'Anthrop.*) — 4. Fragments d'un mémoire sur les Gaels ; par F. Edwards. — 5. De la Civilisation Gauloise à l'époque de l'établissement des Romains dans la Narbonnaise ; par P. Trémolière. — 6. De l'état des sciences dans les Gaules avant l'ère vulgaire ; par A. Lenoir. — 7. Des Gaels et des Celtes ; par G. Lagneau. — 8. Problème historique sur les Boïens ; par J.-F. Samazeuil. — 9. Les Santons, avant et pendant la nomination romaine. (Extr. du *Journ. de l'Inst. Hist.*) — 10. Mémoire sur la population primitive des Gaules ; par A. Thierry. — 11. Types nationaux. Caractère de la nation Française ; par H. Martin. — 12. Étude Ethnologique sur les origines des populations Lorraines ; par A. Gobron. — 13. Ethnographie Belge ; par A. Morel. — 14. Les Celtes, les Armoricains, les Bretons. Nouvelles recherches d'Archéologie, de Géographie et d'Histoire sur l'Armorique bretonne ; par E. Halléguen. — 15. Les Celtes au XIXe siècle ; appel aux représentants actuels de la Race Celtique ; par C. de Gaulle. — 16. Mémoire à consulter pour les anciens Druides Gaulois, contre M. Bailly ; par l'abbé Beaudeau.

4010. **Bohémiens.** — *Recueil in-8°*.

1. De l'apparition et de la dispersion des Bohémiens en Europe; par P. BATAILLARD. — 2. Origine, langage et croyances des Ro-muni, Zind-romes et Zind-cali (Bohémiens, Égyptiens, Gypsi, Gitanos, etc.); par VAILLANT de Bucharest. — 3. Les Zincalis. (Extraits de l'ouvrage de BORROW, traduits dans la *Rev. Brit.*) — 4. Les Esclaves Tziganes dans les Principautés Danubiennes; par A. POISSONNIER.

4011. **Races Humaines. Nègres.** — *Recueil in-8°*.

1. Lettres sur la Race noire et la Race blanche, par G. d'EICHTHAL. — 2. On the Negro's place in nature, by J. HUNT. — . Bijdragen tot de natuurlijke geschiedenis van den Mensch, door J. Van der Hoeven: nadere aanteekeningen over den Negerstam. — Over de Geographische verbreiding van den Æthiopischen Menschenstam. — 4. Observations sur le Pelvis nègre, par BONTÉ. — 5. De l'Origine et de la couleur des Nègres. (Extr. des Œuvres de CAMPER). — 6. Rapport à la Société de Géographie sur le concours relatif à l'origine des Nègres Asiatiques. — 7. Les Noirs chez eux. (Extr. de la *Rev. Britann.*) — 8. De la Littérature des Nègres, ou recherches sur leurs facultés intellectuelles, etc; par GRÉGOIRE. — 9. Mémoire sur le commerce des Nègres au Kaire, etc; par L. FRANK. — 10. Mémoire sur les Iles du grand Océan, par le cap. J. d'URVILLE; *pl.*

4012. **Physiologie générale. Hérédité.** — *Recueil in-8°*.

1. La Transmission Héréditaire. (Extr. de la *Rev. Britann.*) — 2. Des Lois de la Ressemblance dans leur application au perfectionnement des Races; par D. L'HERITIER. — 3. Les Lois de l'Hérédité physiologique sont-elles les mêmes chez les Bêtes et chez l'Homme? par J. LORDAT. — 4. De l'Hérédité des Caractères. (Extr. de la *Rev. Britann.*) — 5. Essai sur l'Hérédité; par L. PAILLÉ. — 6. Sur les mariages consanguins et sur les croisements dans les règnes animal et végétal; par A. CHIPAULT. — 7. Du danger des mariages consanguins au point de vue sanitaire; par F. DEVAY. — 8. De la Consanguinité; par J. FALRET. — 9. Etude sur les mariages entre Consanguins dans la commune de Batz; par A. VOISIN. — Controverse sur les dangers ou l'innocuité de la consanguinité dans le mariage : par divers.

4013. **Varia Physiologica.** — *Recueil in-8°*.

1. P.-F.-H. GRASMEYERI Commentatio de Conceptione et Fœcundatione humana. — 2. E. G. BRENNER Commentatio de fallacia signorum graviditatis. — 3. Considérations physiologiques sur le pouvoir de l'imagination maternelle durant la grossesse, etc; par J.-B. DEMANGEON. — 4. Des moyens que la saine médecine peut employer pour multiplier un sexe plutôt que l'autre, par M. SAURY. — 5. Essai sur les différences et rapports physiques entre l'Homme et la Femme; par J.-B. LABOURDETTE. — 6. Mémoire sur les effets de la Castration dans le corps humain; par B. MOJON.

4014. Pathologie Ethnique. — 2 vol. in-4°.
   T. 1.
   1. Considérations médicales sur les Maladies endémiques; par J.-M. Béguerie. — 2. De Plica german. *(wichtel-zöpff)*; auct. S. Cressio. — 3. De Plica polonica; auct. C. Detlaus Lembke. — 4. De Plica; auct. J.-P. Pillingio. — 5. Dissertation sur la Plique; par S. Jansen. — 6. Essai sur la Pellagre ; par L. David de Lestrade. — 7. Recherches sur la Colique de Madrid; par J.-R. Tournel. — 8. Propositions sur la Colique, dite de Madrid, observée à Valence ; par J. Rampont. — 9. Idées sur le Crétinisme ; par F. Odet. — 10. Dissertation sur le Goître ; par J.-P. Beulac. — 11. Essai sur le Goître ; par J.-P. Theil. — 12. Considérations sur le Goître endémique ; par B. Cénac. — 13. Description d'une espèce singulière de Siphilis connue sous le nom de *Sclerlievo* ou *m^{al} de Fiume*, par J. Vidal. — 14. Essai sur l'Elephantiasis des Arabes par Moh. Chabassy. — 15. Considérations générales sur l'Elephantiasis ; par J. Espinosa y Casanas.— 16. Elephantiasis des Arabes ; par L.-M. Caradec. — 17. Observations pour servir à l'histoire de l'Elephantiasis des Arabes ; par F.-H. Gillin. — 18. Du Bouton d'Alep ; par E. Estienne. — 19. Essai sur la Dyssenterie considérée comme endémique en Egypte ; par Moh. Chafey Refay. — 20. Dissertation historique et médicale sur la Peste ; par Mostafa Effendi el Soubky Chams El Din. — 21. De la Peste d'Orient; par J.-L.-A. Niel. — 22. Dissertation pratique sur la Lèpre vulgaire ; par G. Rigaud. — 23. Observations sur les maladies les plus fréquentes dans les Echelles du Levant; par A. Lefèvre.
   T. II.
   1. Considérations générales sur les maladies des Européens dans les climats chauds ; par A. Souty. — 2. Coup d'œil sur le Pian ; par E. Negré. — 3. Le Pian, Epian, Yaws, par le Dr Levacher. — Le Crabe, Cancer, Cancre; par le même. — 4. De la Dyssenterie des Antilles ; par C. Salva. — 5. De l'Héméralopie endémique observée parmi les équipages des navires en station aux Antilles ; par E. Jobit. — 6. Notes sur une maladie de la Peau, endémique dans les provinces de Rio de la Plata; par M. Amic. — 7. Essai sur l'Erysipèle chronique qui règne d'une manière endémique à Rio de Janeiro ; par B. Pereira. — 8. Essai d'un Guide sanitaire de l'Européen au Sénégal; par F. Castel. — 9. Quelques réflexions sur le Sénégal et la dyssenterie observée dans ce pays; par A. Delord. — 10. Des Fièvres du Sénégal; par P. Bancal. — 11. Dissertation sur la Fièvre de Guinée ; par J. Isoard. — 12. Observations sur les maladies qui se manifestent le plus fréquemment chez les Nègres de l'Ile Maurice ; par A. Bonsergent. — 13. Considérations historiques et médicales sur l'état de l'Esclavage à l'Ile Bourbon ; par J. Morizot. — 14. De Hepatitide Indiæ orientalis; auct. T. Girdlestone. — 15. Sur une affection rhumatismale aiguë connue sous le nom de *Beriberi*, observée dans l'Inde; par N. Roy. — 16. Sur les Causes et le Traitement de la

Diarrhée et de la Dysenterie considérée spécialement chez les marins en station aux Antilles; par T. Raveneau. — 17. De l'Hépatite chronique, ou obstruction du Foie, observée dans l'Inde ; par J.-B. Dalmas. — 18. De la Dysenterie endémique des pays chauds marécageux ; par F. Ballot.

4015. **Pathologie Ethnique.** — *Recueil in-8°.*

1. Essai de Géographie médicale ; par M. Boudin. — 2. W.-X. Jansen, de Pelagra, morbo in Mediolanensi ducatu endemio. — 3. De Lepra Arabum in maris Mediterranei littore septentrionali observata: auct. C.-H. Fuchs. — 4. J. de Davalos, De morbis nonnullis Limæ grassantibus. — 5. Nouvelles considérations sur la Plique; par C. Sédillot. — 6. Observations sur l'Elephantiasis et sur quelques familles lépreuses existant encore dans certaines contrées méridionales de l'Europe ; par E. Fodéré. — 7. Observations sur les Yaws ; par J. Thomson. — 8. Réflexions sur la Leucopathie ; par le Dr Mansfeldt. — 9. Ueber die Physiognomie der Cretinen; von R. Virchow.

4016. **Longévité et Population.** — *Recueil in-8°.*

1. Essai sur la Longévité, etc ; par J. Sinclair. — 2. Sixième lettre de M. Dumont aux auteurs de la *Bibliothèque britannique* sur les mss de J. Bentham. Suite du Manuel d'Économie politique. De la Population. — 3. Observations on the influence of vaccination on other diseases, and on Population in general ; by R. Watt. — 4. On the comparative Population of the World in ancient and modern times (from *the Quatl. Journ.*) — 5. Sur la durée moyenne des maladies aux différents âges, etc ; par L.-R. Villermé. — 6. Sur la durée de la vie chez le riche et chez le pauvre : par Benoiston de Chateauneuf. — 7. Durée comparée de la vie humaine dans les principaux Etats de l'Europe et de l'Amérique, etc. (Extr. de la *Rev. Brit.*) — 8. Examen de l'Essai du Dr Price sur la population de l'Angleterre et du pays de Galles ; par J. Howlett. — Des Causes de la dépopulation et des moyens d'y remédier. (Extr. du *Jour. encyclop.*) 9. Sur l'accroissement de la population dans les Iles Britaniques ; par F. d'Ivernois. — 10. Sur la mortalité proportionnelle des Peuples considérée comme mesure de leur aisance et de leur civilisation, etc.; par le même. — 11. Recherches sur la population du globe terrestre : par J.-B. Eyriès. — 12. Influence de la Vaccine sur la population : par J.-B. Bousquet. — 13. Ueber die wahrscheinliche Lebensdauer des Menschen ; von J.-L. Casper. — 14. De la véritable loi de la Population : nouvelles considérations sur la théorie de Malthus. (Extr. de la *Rev. Brit.*) — 15. De l'action de la Médecine sur la Population des États: par Prunelle.

4017. **Civilisation.** — *Recueil in-8°.*

1. Mémoire sur l'antiquité de la Civilisation et des dernières revolutions de la terre ; par E. Guérard de Provins. 2. De l'Influence de la Civilisation, suivie d'une analyse des *Origines gauloises* de Latour-

d'Auvergne ; par M. de L... — 3. Warum die Civilisung des Menschengeschlechtes nur im Oriente gefunden werde? von T. Uckert. — 4. Essai d'Histoire naturelle et de Physiologie sur les moyens d'augmenter la perfectibilité de l'Homme; par J.-J. Virey. — 5. Du Genre Humain aux grandes époques de son développement, considérées sous le point de vue d'une Philosophie d'Histoire ; par le Baron d'Eckstein. — 6. Civilisation comparée des Anciens et des Modernes. (Extr. de la *Rev. Brit.*) — 7. Mémoire de M. H. Passy sur les causes qui ont influé sur la marche de la Civilisation dans les diverses contrées de la Terre. — 8. Des Inégalités naturelles et sociales ; par J. Cherbuliez. — 9. Des arts et inventions de la vie sauvage considérées comme un résultat direct de l'observation de la nature; par J.-R. Jackson. — 10. De la part des Peuples Sémitiques dans l'histoire de la Civilisation ; par E. Renan.

4018. Tatouage, Circoncision, etc. — *Recueil in-8°.*

1. Recherches sur les Tatouages ; par F. Hutin. — 2. Recherches sur le Tatouage ; par le Dr Berchon. — 3. Histore médicale du Tatouage ; par E. Berchon. — 4. Sur le Tatouage en général et particulièrement sur celui des Insulaires de Noukahiwa ; pl. — 5. Essai sur la Chevelure des différents peuples ; par R. Cortambert. — 6. Influence des vêtemens sur nos organes. Déformation du Crâne résultant de la méthode la plus générale de couvrir la tête des enfants ; par A. Foville. — 7. De la Circoncision au point de vue historique et médical; par E. Abram. — 8. De la Mode et des Habillemens; par V. Broussonnet. — 9. Nouvelles considérations d'Hygiène et d'Histoire naturelle sur les habillemens ou vêtemens de l'espèce humaine sur tout le globe ; par J.-J. Virey. — 10. Considérations médicales sur les vêtemens des hommes, particulièrement sur les culottes ; par J. Clairiau. (Compte rendu.)

4019. Aliments. — *Recueil in-8°.*

1. Discours sur la Sobriété ; par M. Segaud. — 2. Vitæ liberæ et dissolutæ Encomium ; auctore C.-G. Gruner. — 3. Observations sur les effets de la faim et de la soif éprouvées après le naufrage de *la Méduse;* par H. Savigny. — 4. De natura, diversitate et selectu Cibi vegetabilis, et ejus præstantia in Cibum animalem; auct. A. Pingon. — 5. Sur les dangers de l'usage des Champignons sauvages dans la cuisine ; par A. Raffeneau-Delile. — 6. Observations sur l'emploi de l'Escargot ingéré vivant, dans le traitement des affections du poumon et du larynx ; recueillies par J.-A. Chrestien. — 7. Sur les Empoisonnements par les Huîtres, les Moules, les Crabes, et par certains poissons de mer et de rivière ; par A. Chevalier et E.-A. Duchesne. — 8. De l'Huître et de son usage comme aliment et comme remède ; par E. Sainte-Marie. — 9. Utilité du Lait comme remède et comme aliment dans le traitement de l'Hydropisie ascite ; par J.-A. Chrestien. — 10. De l'Entomophagie, ou de la nourriture tirée des insectes, chez

différens peuples, et de ses effets sur l'économie animale; par J.-J. Virey. — 11. Nouvelles remarques sur les hommes qui mangent de la Terre. — 12. Description de Claude-Ambroise Seurat, appelé l'*Homme anatomique*. — 13. Notice sur Jacques de Falaise, ses habitutudes, sa nourriture, etc.

4020. **Mélanges de Zoologie.** — *Recueil en 8 vol. in-4°.*

T. I. — Généralités.

1. De l'Homme et des Animaux ; par A. Bonnefoy. — 2. Quelques considérations sur l'Animalité ; par A. Durand. — 3. De la Forme animale dans ses rapports avec l'organisme intérieur; par J.-B. Payer. — 4. Tabula affinitatum animalium. (Tableau in fol.) — 5. De Anatome comparata ; auct. A.-F. de Fourcroy. — 6. Considérations sur la Série animale, ses groupes et ses espèces ; par M. Maupied. — 7. De la détermination des Espèces en Zoologie ; par E. Charvet. — 8. Notice sur les variétés des animaux ; par A. Touchy. — 9. Ueber den Polymorphismus der Individuen oder die Erscheinungen der Arbeitstheilung in der natur ; von R. Leuckart. — 10. Quelques réflexions sur la Génésie et la Génération des êtres ; par E. Boyron. — 11. Métamorphose ; par Grimaud et St-Ange. (Art. extr. du *Dict. pitt. d'Hist. Nat.*) — 12. Sur la Respiration considérée dans tous les animaux ; par D. Bernard de Galles. — 13. Ueber den zwischenkiefer des Menschen und der Thiere ; von Goethe. — 14. De rarioribus quibusdam Sceleti humani cum animalium sceleto analogiis ; auct. J. Otto. — 15. Comparaison des Membres chez les animaux vertébrés ; par P. Gervais. — 16. Anatomie et Physiologie comparée de la Main ; par E. Guitton. — 17. Anatomie philosophique. Ostéologie comparée des articulations du coude et du genou chez les mammifères, les oiseaux et les reptiles ; par C. Martins. — 18. W. Vrolik, De Fœtu humano animalium minus perfectorum form..s referente. — 19. De natura Spermatis observationibus microscopicis indagata ; auct. E. Asch. — 20. Observatio quædam circa negotium generationis in Ovibus factæ ; auct. C. Kuhlmann. — 21. De Sanguine ejusque motu experimenta : auct. C. Reichel.

T. II. — Mammifères, Oiseaux.

1. J.-F. Blumenbachii Specimen Historiæ naturalis antiquæ artis ; pl. — 2. Mémoire sur le Tapir ; par Roulin ; pl. — 3. Sur les espèces de grands Chats nommés par Hermann *Felis chalybeata et guttata* ; par L. Duvernoy. — Sur les Musaraignes. — Sur le canal alimentaire des Semnopithèques : par le même ; pl. — 4. Extrait de divers mémoires de M. Sarrazin sur le Rat musqué ; par Réaumur ; pl. — 5. Sur le Sac et le parfum de la Civette ; par Morand ; pl. — 6. Description anatomique d'un animal connu sous le nom de Musc ; par La Peyronie ; pl. — 7. Examen de quelques parties du Singe ; par Hunauld ; pl. — 8. Sur le Porc-épic ; par Réaumur. — 9. Description anatomique de trois Loutres femelles : par Sue ; pl. — 10. Extrait d'une lettre

sur l'anatomie du Castor ; par Sarrazin. — 11. Sur la place que la famille des Ornithorynques et des Echidnés doit occuper dans les séries naturelles; par Ducrotay de Blainville. — 12. Sur le Delphinorhynque microptère échoué à Ostende ; par C. Dumortier. — 13. Prospectus des Schreber'schen Saügthierwerkes. — 14. Mémoire descriptif et ostéographie de la Baleine ; par L. Companyo; pl. — 15. Extrait d'un discours qui doit être mis à la tête d'une nouvelle Histoire des Oiseaux ; par le baron de Faugères. — 16. Observations anatomiques sur les mouvements du Bec des Oiseaux ; par Hérissant; pl. — 17. Sur la voix des Oiseaux; par Touchy. — 18. Sur quelques nouvelles espèces d'Oiseaux des côtes de Barbarie ; par Desfontaines; pl. — 19. Description anatomique de l'œil du Coq d'Inde ; par Petit; pl. — 20. Description anat. de l'œil du Hibou appelé *Ulula;* par le même ; pl. — 21. Observations sur la peau du Pélican ; par Méry. — 22. Sur les mouvemens de la langue du Piver ; par le même ; pl. — 23. Sur les petits Œufs de poule sans jaune, appelés vulgairement *Œufs de Coq;* par La Peyronie ; pl. — 24. Extrait d'une lettre sur le passage des Oiseaux ; par Godeheu de Riville. — 25. L.-G.-E. Hahn Comment. de Arteriis Anatis. — 26. Sur deux espèces d'animaux nommés *Trochilus* et *Bdella,* par Hérodote; leur guerre et la part qu'y prend le Crocodile, par G. St-Hilaire.

T. III. — Poissons.

1. Sur les Poissons qui se rapprochent le plus des animaux sans vertèbres ; par A.-M. Constant-Duméril. — 2. Sur quelques poissons peu connus du golfe de Gênes; par M. Spinola. — 3. Recherche de Dioptrique sur la manière dont les poissons s'offrent à notre vue et nous à la leur ; par P. Lenthéric. — 4. Sur l'organe de l'ouïe des Poissons ; par P. Camper ; pl. — 5. Sur la matière qui colore les Perles fausses, etc ; par Réaumur. — 6. Sur les usages du grand nombre de dents du Canis Carcharias; par Hérissant ; pl. — 7. Sur les différentes espèces de Chiens de mer ; par Broussonet. — 8. Sur le Loup marin ; sur les vaisseaux spermatiques des Poissons épineux ; sur la respiration des Poissons ; par le même ; pl. — 9. Histoire de la Carpe ; par Petit ; pl. — 10. Sur le Trembleur, espèce peu connue de poisson électrique ; par Broussonet. — 11. An account of the *Ophidium barbatum Lin.;* by A. Broussonet. — 12. J. Planci, de Mola Pisce ; pl. — 13. Des effets que produit le Poisson appelé en français Torpille ; par Réaumur. — 14. De l'origine des pierres appelées Yeux de Serpent et Crapaudines; par de Jussieu; pl. — 15. Untersuchungen über die aüsseren Kiemen der Embryonen von Rochen und Hayen ; von S. Leuckart ; pl. — 16. Travaux d'Erpétologie et d'Ichtyologie de S. Jourdain.

T. IV.

1. Traité de M. Méry sur le cœur des Tortues ; pl. — 2. Description anat. des yeux de la Grenouille et de la Tortue ; par Petit ; pl. — 3. Premier mémoire sur l'organe de l'ouïe des Reptiles et de quelques

poissons; par M. Geoffroy; *pl.* — 4. Observations sur plusieurs espèces de Salamandres des environs de Paris ; par Du Fay ; *pl.* — 5. Observations et expériences sur une espèce de Salamandre; par Maupertuis. — 6. H.-L. van Altena enumeratio systematica Specierum indigenarum Reptilium ex ordine Batrachiorum, etc ; *pl.* — 7. Descrizione anat. degli organi della circulazione delle Larve delle Salamandre acquatiche: da M. Rusconi ; *pl.* — 8. Observationes de Salamandris et Tritonibus; auct. E. de Siebold; *pl.* — 9. De Penitiori Auris in Amphibiis structura ; auct. H. Windischmann ; *pl.* — 10. R. Townson observationes physiologicæ de Amphibiis: *pl.* — 11. Observations ostéologiques sur l'appareil costal des Batraciens; par C. Morren ; *pl.* — 12. Observationes anatomicæ circa fabricam Ranæ Pipæ ; auct. G. Breyer; *pl.* — 13. Sur les Batraciens anoures à petits et à gros têtards ; par S. Jourdain.

T. V. — Myriapodes ; Arachnides ; Crustacés.

1. Sur un Jule ou Millepied cylindrique ; par M. de Geer ; *pl.* — 2. Sur une espèce singulière de Millepied ou de Scolopendre ; *pl.* — 3. Extrait ms du 3ᵉ vol. de Rœsel sur les Scorpions. — 4. Expérience sur les Scorpions ; par Maupertuis ; *pl.* — 5. Sur la Tarentule *(Lycosa Tarentula)* ; par L. Dufour; *pl.* — 6. G. Baglivi de Anatome, morsis et effectibus Tarentulæ. — 7. Observations sur les Araignées ; par Homberg ; *pl.* — 8. Expériences et réflexions sur la prodigieuse ductilité de diverses matières ; par Réaumur. — 9. Examen de la soie des Araignées ; par le même. — 10. Remarques sur la famille des Scorpions ; par P. Gervais ; *pl. col.* — 11. Description d'un Insecte qui s'attache aux mouches ; par La Hire ; *pl.* — 12. Insectes des Limaçons ; par Réaumur ; *pl.* — 13. Sur l'Achlysie, nouveau genre d'Arachnides trachéennes : par V. Audouin ; *pl.* — 14. Ueber deninnern Bau der Arachniden ; von R. Treviranus, *pl.* — 15. Sur les diverses reproductions qui se font dans les Ecrevisses, les Homards, les Crabes, etc.; par Réaumur ; *pl.* — 16. Observations sur les Ecrevisses de rivière par Geoffroy. — 17. Sur un nouveau genre de Crabes de mer *(Notogastropus)* ; par Vosmaer ; *pl.* — 18. Histoire d'un petit Crustacé *(Artomia Satina, Leach.)* ; par N. Joly ; *pl.*

T. VI. — Entozoaires.

1. De Vermibus intestinalibus ; auct. J.-H. Weysser. — 2. De Vermibus intestinalibus ; auct. J.-B. Bachelier. — 3. Essai sur les vers intestinaux ; par T. Dugas. — 4. Sur les vers intestinaux ; par A. Massot. — 5. Sur les affections vermineuses ; par A. Peysson. — 6. Description d'un ver nouveau contenu dans le canal intestinal humain ; par C. Sulzer. — 7. Cautela Anthelminticorum in paroxysmis verminosis ; auct. A. Meyer. — 8. De Lumbricis intestina perforantibus ; auctore C.-G. Ludwig. — 9. De Ascaride Lumbricoide Linn., vermium intestinalium apud homines vulgatissimo ; auct. C. Rauh. — 10. H. Kniphof, de trito dicto : *quemque suus vellicat vermis* (ein jeder Mensch hat seinen wurm). — 11. Hirudinella marina ; par M. Gar-

sin. — 12. Sur des vers trouvés dans les sinus frontaux, le ventricule et la surface extérieure des intestins d'un cheval ; par Bourgelat. — 13. Sur les Entozoaires et les Exozoaires ou parasites de l'homme ; par A. Peschier (lege C.-A. Fages). — 14. Des Entozoaires du Tube digestif chez l'homme ; par A. Gros. — 15. Sur le ver nommé en latin *Tænia* et en français Solitaire ; par M. Bonnet. — 16. Des Hydatides du tissu osseux ; par P. Escarguel. — 17. Sur quelques Entozoaires Tænioïdes et Hydatides ; par P. Gervais. — 18. Considérations sur le Tænia de l'Espèce humaine ; par A. Barracand. — 19. Étude sur le Tænia solium ; par A. Gormary. — 20. Des Tænias et des diverses méthodes employées pour les détruire ; par J. Chevanne. — 21. Des Acephalocystes chez l'Homme ; par X. Rame. — 22. Sur les maladies produites par les Acephalocystes ; par G. Duroni. — 23. Sur les Acephalocystes de l'Homme ; par G. Lamourdedieu. — 24. Des Acephalocystes des os ; par L. Vallin.

T. VII. — Mollusques ; Polypes ; Protozoaires.

1. Des notions relatives aux Céphalopodes consignées dans Aristote ; par P. Gervais. — Sur le grand Calmar de la Méditerranée ; par le même. — 2. Remarques sur la Moule des étangs : par Méry. — 3. Sur la formation des Coquilles ; par Réaumur. — 4. Sur un animal aquatique d'une forme singulière ; par Bigot de Morogues ; *pl.* — 5. Sur la Pinne marine ou Nacre de Perle ; par Réaumur ; *pl.* — 6. Eclaircissemens de quelques difficultés sur la formation et l'accroissement des Coquilles ; par le même. — 7. Des Merveilles des Dails ou de la lumière qu'ils répandent ; par le même. — 8. Sur les Coquillages à deux coquilles ; par Poupart ; *pl.* — 9. Formation et accroissement des coquilles des animaux tant terrestres que aquatiques ; par Réaumur ; *pl.* — 10-11. Du mouvement progressif et de quelques autres mouvemens de diverses espèces de Coquillages ; par le même ; *pl.* — 12. Des différentes manières dont plusieurs espèces d'animaux de mer s'attachent au sable et aux pierres ; par le même ; *pl.* — 13. Découverte d'une nouvelle teinture de Pourpre ; par le même ; *pl.* — 14. Sur la génération des Limaçons. — 15. Sur la génération de l'*Helix aspersa* ; par S. Jourdain. — 16. Die Blumenpolypen der süszen-wasser ; von J.-C. Schaffer ; *pl.* — 17. Sur le Corail ; par Geoffroy et Réaumur. — 18. Reproductions hybrides d'Echinodermes ; par F. Marion. — 19. Sur un Echinite singulier ; par M. de Luc. — 20. Eponge de rivière, branchue, cassante, qui a l'odeur du poisson ; par Reneaume ; *pl.* — 21. Sur la mer lumineuse ; par Godeheu de Riville. — 22. Observations sur une lumière produite par l'eau de la mer ; par le Roy ; *pl.* — 23. De la génération chez les Moules des peintres ; par Prévost ; *pl.*

T. VIII. — Varia Zoologica.

1. De Brutorum imaginatione ; auct. G. Plaz. — 2. Leçons sur la question de l'Intelligence des Bêtes ; par J. Lordat. — 3. De organo Vocis Mammalium ; auct. L. Wolff. — 4. Craniorum argalidis, ovis

et capræ domesticæ comparatio; auct. L. Boiano; *pl.* — 5. Historia partus monstri bicorporei monocephali hujusque descriptio; auct. G. Detharding. — 6. Sur la cause de la chute des bois ou des cornes des Cerfs; par de Williamson. — 7. Sur une paire de Cornes d'une grandeur et figure extraordinaire; par Hans Sloane; *pl.* — 8. Description d'un réseau osseux observé dans les cornets du nez de plusieurs quadrupèdes; par Morand. — 9. Description anat. d'un mouton monstrueux; par le même; *pl.* — 10. Sur quelques ossements, d'une tête d'Hippopotame; par de Jussieu; *pl.* — 11. Mémoire où l'on donne les raisons pourquoi les chevaux ne vomissent point; par Lamorier; *pl.* — 12. Observations anat. sur des Ovaires de vache et de brebis; par Verney le jeune; *pl.* — 13. Observations sur l'anat. de la Sangsue; par Morand; premier mémoire; *pl.* — 14. Rapport sur un mémoire relatif aux Insectes myriapodes; par P. Gervais. — 15. Rapport sur un travail de M. Gervais concernant l'histoire des Phrynéides, Scorpionides, etc. — 16. Observations sur les Araignées; par Homberg; *pl.* — 17. Des altérations que les Coquilles éprouvent pendant la vie des animaux qui les habitent et même après leur mort; par Marcel de Serres. — 18. (Article double du N° 1 du tome VII.) — 19. H. Kuhl de lento passu quo natura in Mammalium classe, ab una specie ad alteram quasi progreditur. — 20. Über die verwandlung der Infusorien in niedere algenformen; von F.-T. Kützing; *pl.* — 21. Découverte de la liqueur séminale dans les femelles vivipares et du réservoir qui la contient; par M. de Buffon; *pl.* — 22. Rapport sur les Collections zoologiques de M. Lamare Picquot. — 23. On the hereditary instinctive Propensities of Animals; by T. Andrew. — 24. Considérations sur la sphère génitale de la Femme et des femelles des vertébrés; par I. Dumas. — 25. Notice sur les travaux de Zoologie, d'Anatomie comparée et de Paléontologie publiés par M. P. Gervais.

4021. **Mélanges de Zoologie.** — *Recueil en 7 vol. in-8°.*

T. I.

1. Philosophie des Sciences naturelles. Théories zoologiques; par I. Geoffroy St-Hilaire. — 2. Questions pouvant servir de programme à un Cours de Philosophie zoologique; par H. Aucapitaine. — 3. Abhandlung über den unterschied zwischen *genus* (geschlecht), *species* (art), und *varietas* (abart), und über die Ursachen, woduch in der organischen natur das Entstehen der Aboder spielarten begründet wird, von A. Besnard. — 4. De l'Espèce et du Genre dans les corps organisés; par Gérard. — 5. Sur les Dégénérescences; par le même. — 6. De la Zoogénie et de la distribution des Êtres organisés à la surface du globe; par le même. — 7. Sur la distribution géographique des animaux vertébrés, moins les oiseaux; par A. Desmoulins. — 8. Sur la Peau et en particulier sur le Derme; par L. Girou de Buzareingues. — 9. Einige worte gegen die Theorie der stufenweisen

entstehung der organischen wesen auf der Erde ; von S. Kutorga. — 10. An introduction Lecture on Human and comparative Physiologie ; by M. Roget. — 11. Recherches sur la formation des Embryons; par Coste et Delpech. — 12. Sur un nouveau genre de Monstres célosomiens pour lequel l'auteur propose le nom de Dracontisome ; par N. Joly. — 13. Description d'un Poulet d'Inde difforme ; par Danyzy. — Description d'un Limaçon terrestre monstrueux ; par le même. — 14. De l'Hybridité dans les Plantes et les animaux ; par C. Seringe. — 15. Hybridation ; par le même. — 16. Zur vergleichenden Physiologie des Blutes ; von R. Wagner ; pl. — 17. Anatomie des systèmes nerveux des animaux vertébrés. (Extr. du Westm. rev.) — 18. Sur les Formes dans le règne animal et sur les caractères que l'on peut en tirer ; par P. Duchassaing. — 19. Anatomie comparative du cerveau dans les quatre classes d'animaux vertébrés. (Extr. des Rap. à l'Acad. des Sc., par Cuvier.) — 20. Sur les premières traces du système osseux, et sur le développement de la colonne vertébrale dans les animaux ; par J. Schultze. — 21. Physiologie animale. Observations sur les contenus du canal digestif chez le fœtus des vertébrés ; par Prévost et Le Royer. — 22. Remarques sur le rapport que le besoin de se nourrir et celui de goûter les plaisirs de l'amour ont avec certains phénomènes physiques et moraux, tant chez les animaux que chez l'homme ; par G. Jager. — 23. De l'Homme et des animaux ; par J.-B. Salaville. — 24. Sur les caractères distinctifs du Chien, du Loup et du Renard, fournis par leur squelette ; par Marcel de Serres.

T. II.

1. Synopsis de differentiis sexuum externis; auct. A. Dorthes. — 2. Plaidoyer en faveur des Animaux ; par Dumont. — 3. De la nécessité de protéger les animaux utiles ; par L. Gloger. — 4. Instructions sur les maladies des animaux domestiques ; par Pigeaire. — 5. Observations sur l'exfoliation de l'épiderme de l'embryon des mammifères, appliquées à la connaissance des métamorphoses des Insectes ; par de Baer. — 6. Nouvelles scientifiques. Zoologie. (Extr. de la Soc. Linn. de Paris.) — 7. Cynographia ; auct M. Lindecrantz. — 8. De Lupo ; auct. A. Rubner. — 9. Oves ; auct. I. Palmaero. — 10. Cervus Rheno ; auct. F. Hoffberg. — 11. Le Chameau. (Extr. de la Rev. Brit.) — 12. Sur les Chevaux Camargues ; par Poitevin. — 13. Sur les modifications du crâne de l'Orang-Outang ; par C. Dumortier. — 14. Sur l'histoire, les mœurs et l'organisation de la Girafe ; par N. Joly. — 15. Sur les Rhinocéros foss.les et humatiles ; par Marcel de Serres. — 16. Sur l'Opossum et quelques animaux à bourse ; par L. Valentin. — 17. Sur les glandes abdominales des Ornithorhynques ; par Geoffroy St-Hilaire. — 18. Revue de l'histoire de la Licorne ; (par P.-J. Amoreux). — 19. Observations sur la Licorne des anciens ; par Marcel de Serres. — 20. Sur la Baleine de la Méditerranée ; par P. Gervais. — 21. Sur un Cétacé échoué en 1828 près de St-Cyprien ; par Farines. — 22. Au bord de la Mer. Excursion géologique. (Extr.

de la *Rev. Brit.*) — 23. Catalogue du Cabinet d'Hist. nat. de Charlot de Courcy sur les trois Règnes.

T. III. — Poissons; Reptiles.

1. Considérations sur les Poissons et particulièrement sur les Anguilles; par le baron Rivière. — 2. L'Aquarium. (Extr. de la *Rev. Brit.*) — 3. De la destruction et de la Reproduction du Poisson dans les eaux douces de l'arrond. de Grenoble; par A. Charvet. — 4. Reptiles. Reptilia. (Art. extr. du *Dict. univ. d'Hist. nat.*) — 5. Considérations générales sur la distribution géographique et la classification des Reptiles vivants et fossiles; par P. Gervais. — 6. Recherches sur la déglutition dans les Reptiles; par A. Dugès; pl. — 7. Les Serpents. (Extr. de la *Rev. Brit.*) — 8. Réponse servant de réfutation à la critique du rapport de M.-C. Duméril sur mon mémoire concernant les Ophidiens, etc; par Lamarepicquot. — 9. Catalogue de la collection de Reptiles de M. Westphal-Castelnau. — 10. Sur les espèces indigènes du genre *Lacerta;* par A. Dugès; pl. — 11. Sur la reproduction de la queue des Reptiles Sauriens; par H. Gachet. — 12. Sur les changements de couleurs du Caméléon; par H. Milne-Edwards. — 13. Anatomiæ Batrachiorum prodromus; auct. H. Mertens. — 14. Recherches sur les organes transitoires et la métamorphose des Batraciens; par G. Martin St-Ange; pl. — 15. Osservazioni intorno alle metamorphosi del Girino della Rana comune; da M. Rusconi; pl. — 16. Lettre de J.-N. Vallot sur la vitalité des Crapauds enfermés dans des corps solides. — 17. De Metamorphosi quarumdam partium Ranæ temporariæ; auct. C. van Hasselt; pl.

T. IV. — Oiseaux.

1. Leçon de Zoologie générale pour servir d'introduction à l'Étude de l'Ornithologie; par A. Blanc. — 2. Réponse à M. Aimé-Martin sur sa critique du *Traité d'Ornithologie* de M. Mouton-Fontenille. — 3. Sur l'Oologie ou sur les œufs des animaux; par A. Moquin-Tandon. — 4. Méthode ornithologique établie d'après les divisions de M. Brisson. — 5. Extrait d'un mémoire sur les progrès de l'ossification dans le Sternum des oiseaux; par G. Cuvier. — 6. Sur les caractères de la classification des oiseaux de proie nocturnes; par I. Geoffroy St-Hilaire. — 7. Sur la voix des oiseaux; par A. Touchy. — 8. Mémoire sur des Cygnes qui chantent; par A. Mongez. — 9. Le Chant du Rossignol; par A. de C... (Chesnel.) — 10. Histoire du Coucou d'Europe; par J. Lottinger. — 11. Catalogue des Oiseaux du département des Landes et des Pyrénées-Orientales, observés par Darraco. — 12. Description d'une nouvelle espèce de Syrnium; par P. Lesson. — 13. Nouvelles observations sur l'utilité des oiseaux et particulièrement du Moineau; par V. Chatel. — 14. Catalogue des Oiseaux de la collection du baron de Faugères. — 15. La Légende des Oiseaux. (Extr. de la *Rev. Brit.*) — 16. Un combat de Coqs au Mexique. (Extr. de la *Rev. Brit.*)

T. V. — Mollusques et Polypiers.

1. Le genre Planorbe est-il dextre ou senextre ? Mémoire, par C. Desmoulins. — 2-3. Description de quelques Mollusques terrestres et fluviatiles, nouveaux ou peu connus, de France et de l'Amérique ; par le même; *pl.* — 6. Description d'une nouvelle espèce d'Anodonte ; par J. Ray et H. Drouet ; *pl.* — 7. Sur les moyens d'empêcher la corruption dans les bocaux où l'on conserve des animaux aquatiques vivants; par C. Desmoulins. — 8. Nouveau procédé pour la préparation et la consommation des Mollusques ; par E. Dubreuil. — 9. De la nourriture et des stations botaniques et géologiques des Mollusques terrestres et fluviatiles au point de vue géographique et statistique ; par de Grateloup. — 10. De Redintegratione partium Cochleis, Limacibusque præcisarum. — 11. Sur la structure et la formation de l'Opercule chez les Mollusques gastéropodes pectinibranches; par A. Dugès. — 12. Sur l'Embryogénie des Planorbes et des Lymnées ; par A. de Quatrefages. — 13. Mollusques terrestres et fluviatiles du département de la Somme ; par C. Picard. — 14. Sur la vie intra-brachiale des petites Anodontes ; par A. de Quatrefages ; *pl.* — 15. Résumé des recherches sur les animaux sans vertèbres faites aux îles Chausey; par Audouin et Milne Edwards. — 16. Synopsis Molluscarum terrestrium et fluviatilium quas in insulis Canariis observaverunt P. Barker Webb et S. Berthelot. — 17. Mollusques terrestres et fluviatiles de l'Hérault ; par E. Dubreuil. — 18. Dragages profonds au large de Marseille ; note par F. Marion. — 19. Considérations sur les Bélemnites, suivies d'un essai de Bélemnitologie synoptique ; *pl.* — 20. Histoire naturelle des Bélemnites ; par Raspail ; *pl.* — 21. Catalogue de la Bibliothèque d'Hist. naturelle de M. de Rolland du Roquan. — 22. Observations sur les Polypes d'eau douce. — 23. Lettre de Deromé Delisle sur les Polypes d'eau douce. — 24. Un mot sur le mode de reproduction des animaux inférieurs ; par Van Beneden ; *pl.* — 25. Note sur le genre de Polypier fossile établi sous le nom de Thamnastérie ; par Lesauvage ; *pl.*

T. VI. — Annélides ; Nématoïdes.

1. Circulation, Respiration et Reproduction des Annélides abranches; par A. Dugès ; *pl.* — 2. Sur un genre d'Annélide établi récemment sous le nom de *Sigation;* par E. Guérin ; *pl.* — 3. Sur le ver Dragonneau observé en Egypte ; par Clot. — 4. Anatomie de deux espèces du genre *Perichœta*, et essai de classification des Annélides lombricines ; par L. Vaillant ; *pl.* — 5. De Vermibus in Lepra obviis, etc.; auct. A. Murray ; *pl.* — 6. De Entozoorum systemate nervoso; auct. E. Schmalz. — 7. De vegetativis et animatis corporibus in corporibus animatis reperiundis; auct. M. de Olfers ; *pl.* — 8. De Potentiis morbificis animatis, seu Interaneis Animalculis ; auct. M. Batault. — 9. Sur l'organisation de quelques espèces d'Oxyures et de Vibrions ; par A. Dugès. — 10. Sur quelques Entozoaires et larves parasites des insectes orthoptères et hyménoptères ; par L. Dufour ; *pl.*

— 11. De la Sangsue officinale ; par B. Audubert. — 12-13. Quelques observations nouvelles sur les Planaires et plusieurs genres voisins ; par A. Dugès. — 14. De Planariorum vivendi ratione, et structura penitiori ; auct. F. Schulze. — 15. Sur les Hydatides du corps humain ; par Rougeot Desessarts.—16. Observations pour servir à l'hist. pathologique des Hydatides (*Tænia* hydatygena) ; par Michu. — 17. Sur des vers trouvés dans des pustules de la peau ; par Bosse. — 18. Description d'un Entozoaire microscopique infectant les muscles du corps humain ; par Owen.

T. VII. — Infusoires.

1. Origine et mode de développement des Zoospermes; par Lallemand. — 2. Nouvelles expériences sur les Animacules spermatiques, etc. ; par A. Donné. — 3. Recherches microscopiques sur la nature des mucus et la matière de divers écoulements des organes génitourinaires chez l'Homme et la Femme, etc ; par le même ; *pl.* — 4. De Chao Infusorio Linnæ ; auct. M. Terechowsky. — 5. Les Animalcules infusoires, ou la puissance des infiniments petits ; par N. Joly. — 6. Sur les Vibrions Lamellinaires des auteurs ; par A. Morren; *pl.* — 7. Sopra alcuni corpi organici che si osservano nelle Infusioni ; da A. de Zigno. — 8. Trois cents Animalcules infusoires dessinés à l'aide du microscope ; par Pritchard ; *pl. color.* — 9. Noctiluca marina ; auct. F. Adler ; *pl.* — 10. Sur quelques Mollusques et Zoophites considérés comme causes de la Phosphorescence de la mer ; par Quoy et Gaymard. —11. Sur la cause ordinaire de la Phosphorescence marine et description du *Noctiluca miliaris ;* par Surriray ; *pl.* — 12. Sur les Nummulites considérées zoologiquement et géologiquement; par N. Joly et Leymerie ; *pl.*

4022. **Mélanges d'Entomologie.** — *Recueil en 2 vol. in-4°.*

T. I.

1. [Discours de M. Geoffroy St-Hilaire aux funérailles de Latreille, 1833]. — 2. Gisement des Insectes fossiles et secours que cette étude peut fournir à la Géologie ; par A. Brulle. — 3. Mémoire d'Entomologie de Giorna. — 4. Rapport à l'Acad. des Sciences par le baron Cuvier, sur l'ouvrage de V. Audouin : Recherches anatom. sur le thorax des animaux articulés. — 5. Sulla Bocca degli Insetti presa per base sistematica, del sig. M. Spinola. — 6. Prodrome d'une histoire naturelle des Cantharides ; par V. Audouin. — 7. V. Petagnæ Specimen Insectorum ulterioris Calabriæ ; *pl.* — 8. Sur un Ver luisant femelle et sa transformation, par de Geer. — 9. Insectes sur lesquels on trouve des plantes, par Fougeroux de Bondaroy; 1769, *pl.* — 10. Sur un Insecte de l'Amérique, par le même ; 1771, *pl.* — 11. Observations sur les sexes des Coléoptères Hydrocanthares, par de Mannerheim. — 12. Proscopia novum Insectorum Orthopterorum genus ab Hoffmannsegg constitutum, exposuit Fr. Klug ; *pl.* — 13. Sesiæ Europææ, auct. J.-H. Laspeyres ; *pl.* — 14. Metamorphosis natu-

ralis, auct. J. Goedardo; *pl.* — 15. Observations diverses sur les Insectes, par le Cte de Loche; *pl.* — 16. Nids singuliers faits par des Chenilles, par Guettard; *pl.* — 17. Mécanique avec laquelle diverses espèces de chenilles plient et roulent les feuilles de plantes, par de Réaumur; *pl.* — 18. Histoire des Teignes qui rongent les laines, par le même; *pl.* — 19. Découverte d'un Papillon à tête de chenille, par M. Miller; — 20. Sur l'Origine d'un Papillon d'une grandeur extraordinaire, par Sedileau. — 21. Sur une nouvelle partie commune à plusieurs espèces de chenilles, par Bonnet; *pl.*

T. II.

1. Larve aquatique du genre Simulium, par J.-E. Planchon. — 2. Sur les Ephémères, les Pucerons et sur des galles résineuses, par de Geer; *pl.* — 3. Histoire du Formica Leo, par Poupart; *pl.* — 4. Berträge zur monographie der Pteromalinen nees, von A. Foerster; *pl.* — 5. Clavis novi Hymenopterorum systematis..., a G. Dahlbom; *pl.* — 6. Nouvelle classification des Diplolepaires, par M. Spinola. — 7. Sulle Larve, Ninfe e abitudini della Scolia flavifrons, dal dot. C. Passerini; *pl.* — 8. De Musca Cerambyce; epistola J.-Chr. Schœfferi; *pl.* — 9. Sur les Abeilles, par Maraldi; *pl.* — 10. Histoire des Guêpes, par de Réaumur; *pl.* — 11. Des Ecumes printanières, par Poupart. — Sur la Gomme lacque et autres matières animales qui fournissent la teinture du pourpre; par Geoffroy le jeune. — 12. Origine et nature du Kermès; par Nissolle. — 13. Sur un Insecte qui s'attache aux Orangers; par La Hire et Sedileau. — 14. Sur la Caprification; par Godeheu de Riville. — 15. Sur une excroissance de l'épine blanche, par Fougeroux de Bondaroy; *pl.* — 16. Sur le groupe des Aphides, etc.; par L. Courchet; *pl.* — 17. The Characters of *Otioccrus* and *Anotia*, two new genera of Hemipterous insects, by W. Kirby. — 18. Sur l'accouplement des cousins, par Godeheu de Riville; *pl.* — 19. Sur les Mouches de la Truffe; par Morand. — 20. Notice des ouvrages d'Hist. natur. de E. Donovan. — 21. Die Œstraciden (Bremsen) der Pferde, Rinder und Schafe, von K.-L. Schwab. — 22. Contribution à l'étude du Parasitisme, par G. Bonnet. — 23. Anatomie d'une Larve apode, trouvée dans le bourdon des pierres; par Lechat et Audouin.

4023. Mélanges d'Entomologie. — *Recueil en 6 vol. in-8°.*

T. I. — Généralités.

Verzeichniss aller in Europa vorkommen den geschlechter der Insekten, nach Latreille's system; von E. Hofmann. — 2. Observations entomologiques traduites et extraites de l'ouvrage inédit: J. *Vallot Insectorum incunabula*, etc; par A. Leschevin. — 3. Des Insectes peints ou sculptés sur les monuments antiques de l'Egypte. — Géographie des Insectes; par Latreille. — 4. Sur la Circulation dans les Insectes; par L. Dufour. — 5. Sur l'existence présumée d'une circulation péritrachéenne chez les Insectes, par N. Joly; *pl.*

— 6. Mémoires (trois) sur l'organisation des Insectes ; par Geoffroy St-Hilaire. — 7. Sur la génération des Insectes ; par V. Audouin. — 8. Discours lu en 1833 à la Société Entomologique de France ; par H. Dupont. — 9. Exposition d'une méthode naturelle pour l'étude et la classification des Insectes ; par Duméril. — 10. Extrait d'un mémoire sur les organes du chant des Insectes ; par J. Draparnaud. — 11. Anatomie comparée du Thorax dans les Insectes ailés, suivie d'une revue de l'état actuel de la nomenclature de cette partie ; par S. Mac-Leay ; pl. — 12. Mémoire sur les yeux composés et les yeux lisses des Insectes ; par Marcel de Serres ; pl. — 13. Sur la structure de l'œil composé des Insectes ; par A. Dugès ; pl. — 14. Les Insectes nuisibles et les oiseaux. Discours sur l'utilité des Oiseaux ; par F. de Tschudi. — 15. Essai sur les Insectes utiles et nuisibles ; par Guérin-Meneville. — 16. Degli Insetti carnivori adoperati a distruggere le specie dannose ; da A. Villa ; pl. — 17. Revista delle objezioni dei sig. Bassi e Bellani sulle Memorie intorno gli Insetti carnivori e le locuste, di A. Villa. — 18. Études entomologiques, ou descriptions d'Insectes nouveaux, etc. (Extr. de la *Rev. Entomol.*)

T. II. — Coléoptères.

1. Entomologie, ou Histoire naturelle des Insectes ; par Olivier ; prospectus. — 2. Catalogue des Coléoptères trouvés dans le département de la Somme. — 3. Quelques mots sur la larve et le nid du *Buprestis manca* ; par E. Perris. — 4-5. Recherches et considérations entomologiques sur quelques Coléoptères ; par L. Dufour ; pl. — 6. Enumeratio Insectorum Elytratorum circa Erlangam indigenarum ; auct. H. Hoppe ; pl. — 7. Histoire d'un petit Coléoptère (*Colaspis atra*, Latr.) qui ravage les luzernes du midi de la France ; par N. Joly ; pl. — 8. Note sur les Insectes qui attaquent les luzernes ; par M. Maffre. — 9. Recherches pour servir à l'Histoire naturelle des Cantharides ; par V. Audouin ; pl. — 10. Sur un nouveau genre d'Insecte trouvé en Afrique ; par Palissot-Beauvois ; pl. — 11. Descriptions of some new genera of Australian heteromenous beetles ; by W. Hope. — 12. Du Charançon vulgairement nommé Mite des Blés, etc.; par Chenest. — 13. Coléoptères divers. (Extr. du *Mag. de Zool.* ; 1839-41) ; pl. col.

T. III. — Orthoptères. Névroptères.

1. Revue méthodique des Orthoptères ; par G. Audinet-Serville. — 2. De l'odorat et des organes qui paraissent en être le siège chez les Orthoptères ; par Marcel de Serres. — 3. Recherches sur les Labidoures ou Perce-Oreilles, etc.; par L. Dufour ; pl. — 4. Sur la maladie forficulaire du Mûrier ; par A. Maccary. — 5. Sur les Courtillières par Lecène. — 6. Recherches pour servir à l'hist. nat. des Termites ou Fourmis blanches ; par N. Joly ; pl. — 7. Mémoire sur les Fourmis blanches, par H. Smeathman ; ouvrage rédigé en français par Cyrille Rigaud. — 8. Monographiæ Libellulinarum Europæarum specimen, auct. L. Vander Linden. — 9. Synonymia Libellularum Europæarum,

auct. A. Hagen. — 10. Agrion. *Agrio Fabricius Latreille*, etc. (Extr. du *Mag. de Zool.*; 1830); *pl.*

T. IV. — Lépidoptères. Hémiptères. Hyménoptères. Diptères.

1. Observations sur le *Bombyx Pavonia major;* par A. Maccary. — 2. Sur une Chenille qui attaque le *Pinus excelsa;* par E. Planchon. — 3. Sur la culture de l'Amandier et sur les Insectes de l'ordre des Lépidoptères qui ravagent tous les ans cet arbre; par M. Maffre. — 4. Sur trois Lépidoptères inédits ou peu connus du Midi de la France; par P. de Villiers; *pl.* — 5. Lépidoptères des environs de Bordeaux; par T. Roger. — 6. Rapport à la Société d'Agriculture sur les moyens de prévenir et d'arrêter les ravages de l'Alucite des grains. — 7. Description de quelques Lépidoptères nocturnes hyperboréens; par A. Lefebvre; *pl.* — 8. Lépidoptères divers. (Extr. du *Mag. de Zool.*); *pl.* — 9. Lettres de M. A. Maccary sur deux Noctues nouvelles. — 10. Mémoire sur les genres *Xylocoris, Leptopus* et Velia; par L. Dufour; *pl.* — 11. Le Kermès du Chêne ; par G. Planchon. — 12. Hémiptères divers. (Extr. du *Mag. de Zool,* 1839); *pl.* — 13. Rhipiptères. (Extr. du *Genera* des *Ins..* par Guérin et Percheron, 1835); *pl.* — 14. The Entomologist. N° XXI (July 1842); *pl.* — 15. Hymenoptera Britannica: *Oxyura Alysia;* auct. H. Halday. — 16. Métamorphoses du *Cerceris Buprestitica;* par L. Dufour; *pl.* — 17. Monographia Chalciditum Galloprovinciæ circa Aquas-Sextias degentium ; ed. Boyer de Fonscolombe. — 18. Hyménoptères divers. (Extr. du *Mag. de Zool.* 1841); *pl.* — 19. Observations on the genus *Œstrus,* by Bracy-Clark. — 20. Extrait d'une lettre de M. L. Dufour sur le Pteroptus Vespertilionis. — 21. Sur les Insectes Diptères qui nuisent aux céréales dans l'état de végétation; par J. Macquart. — 22. Description de quelques Diptères; par L. Dufour; *pl.* — 23. Caractères Zoologiques du genre *Pulex;* par A. Dugès; *pl.* — 24. Recherches pour servir à l'histoire des Œstrides, par N. Joly. — 25. Mémoire sur les Podures; par Bourlet; *pl.*

T. V. Arachnides. Acariens. Crustacés.

1. Conspectus Arachnidum, auct. S. Hardin et E.-T. Hammargzen. — 2. Description de six Arachnides nouvelles; par L. Dufour; *pl.* — 3. Des Araignées; par A. Dugès. — 4. Description et figures de quelques Aranéides nouvelles ou mal connues, etc.; par L. Dufour; *pl.* — 5. Sur deux Araignées venimeuses de la Russie méridionale, qu'on croit être le Tchim des Kalmouks; par V. de Motchoulsky; *pl.* — 6. Description de la Mygale de Barthélémy, grande araignée exotique trouvée vivante dans le port de Bordeaux ; par L. Dufour. — 7. Sur la Tarentule de la Pouille et sur les accidents causés par sa piqûre ; par A. Pittaro. — 8. Sur le Scorpion de la montagne de Cette, son venin, etc.; par A. Maccary. — 9. Lettre du doct. de Carro sur le Ver de Guinée et sur la piqûre des Scorpions de l'Inde. — 10. Sur les Insectes parasites de l'Homme ou de divers animaux, ou les Entozoaires; par J. Virey. — 11. Arachnides Argas. (Extr. du *Mag. de Zool,* 1845). — 12. Recherches sur le genre Trichodactyle ; par A.-L. Donnadieu;

pl. — 13. Sur l'ordre des Acariens en général; par A. Dugès; *pl.* — 14. Lettres pour servir de matériaux à l'histoire des Insectes; par V. Audouin; *pl.* — 15. Du Parasitisme dans le règne animal et dans le règne végétal; par J. de Seynes. — 16. Rapport à l'Acad. des Sciences sur l'ouvrage de V. Audouin et Milne-Edwards intitulé: Recherches anatomiques sur le système nerveux des Crustacés; par Geoffroy St-Hilaire; *pl.* — 17. Crustacés. G. *Cerataspis.* (Extr. du *Mag. de Zool.);* *pl.*

T. VI. — Insectes nuisibles à la Vigne.

1. Recherches sur les Insectes nuisibles à la Vigne connus des Anciens et des Modernes; par Le baron Walckenaer. — 2. Des Insectes qui attaquent la Vigne ; par F. Dunal ; *pl.* — 3. Pyrale. *Pyralis.* (Art. extr. du *Dict. pitt. d'Hist. nat.)* — 4. Sur les ravages causés dans le Mâconnais par la Pyrale de la Vigne ; par V. Audouin. — 5. Considérations nouvelles sur les dégâts causés par la Pyrale dans la commume d'Argenteuil ; par le même. — 6. Rapport à la Soc. d'Agr. de Mâcon, sur la destruction de la Pyrale de la Vigne ; par Batilliat. — 7. Premières expériences sur la destruction du Puceron de la Vigne ; par MM. Planchon et Saintpierre. — 8. Nouvelles Observations sur le Puceron de la Vigne *(Phylloxera vastatrix);* par E. Planchon. — 9. Maladie de la Vigne. — Le Phylloxera. Instructions pratiques aux viticulteurs; par E. Planchon et J. Lichtenstein. — 10. Rapport de la Commission départem. de l'Hérault instituée pour étudier la nouvelle maladie de la Vigne connue sous le nom de Pourri des Racines ; par E. Duffour. — 11. La Phthiriose, ou Pédiculaire de la Vigne chez les Anciens, et les Cochenilles de la vigne chez les Modernes; par E. Planchon. — 12. (Art. double du N° 9.) — 13. Le Phylloxera et la nouvelle maladie de la Vigne ; par L. Vialla, E. Planchon et Lichtenstein.

4024. **Insecta.** — *Recueil in-8°.*

1. D. Schreberi novæ species Insectorum. — 2. C.-P. Thunberg Insecta Suecica ; dissertationes entomologicæ : pars I et II (le recueil complet contient 9 parties); *fig.* — 3. C.-P. Thunberg Novæ Insectorum species : pars III et IV ; *fig.* (le recueil complet contient 6 parties.) — 4. F. Sigwart de Insectis Coleopteris necnon de Plantis quibusdam rarioribus ; *fig.* — 5. G. Linck, de Coccinellæ natura, viribus et usu ; *fig.* — 6. A. Baeckner, Noxa Insectorum. — 7. J.-P. Hebenstreit de Locustris immenso agmine aerem nostrum implentibus et quid portendere putentur ; *fig.*

4025. **Animaux venimeux.** — *Recueil in-4°.*

1. De Veneno Animantium naturali et adquisito ; auct. D. Brogiani. — 2. De Noxa Animalium ; auct. P.-J. Amoreux. — 3. De venenatis Galliæ Animalibus ; auct F. Boissier de Sauvages. — 4. De venenatis Galliæ Animalibus ; auct. J. Berthelot. — 5. De Animalibus nocivis Alsatiæ ; auct. J.-F. Weiler. — 6. Indication de théra-

peutique directe des morsures les plus venimeuses; par DELILLE. — 7. Venins. Thèse zoologico-médicale; par B. D'HERS; *pl.* — 8. Des accidents produits dans les trois premières classes des animaux vertébrés et plus particulièrement chez l'homme, par le venin de la Vipère ; par G. GUYON. — 9. Essai sur les plaies envenimées; par L. GAUTRAU. — 10. De Psyllorum, Marsorum et Ophiogenum adversus serpentes eorumque ictus virtute; auct B. et R. BOEHMER. — 11. Animaux venimeux vertébrés et invertébrés ; 2 *pl.*

4026. Mélanges de Botanique. — *Recueil en 4 vol. in-4°.*

T. I.

1. De utilitate atque jucunditate Botanicæ ; auct. J. ITIER. — 2. Botanique ; par A. CAP, C. MONTAGNE et C. MARTINS. *(Extr. de l'Instr. pour le Peuple. Cent Traités,* etc.*)* — 3. Utilité de la Botanique dans la Médecine ; par J. PUJADE. — 4. De utilitate rei Botanicæ in medicina, etc.; auct. P. BORIES. — 5. Utilité des connaissances botaniques pour la médecine, etc.; par P. LARRAT. — 6. Limites de la concordance entre les formes, la structure, les affinités des Plantes et leurs propriétés médicinales; par E. PLANCHON. — 7. Du Calorique dans les Végétaux et les Animaux; par I. BONNET. — 8. Observations et recherches sur les maladies des Végétaux ; par L. LOMBARD. — 9. Des fonctions des Végétaux dans lesquelles la Physique apporte le plus de lumière ; par L. DE POSTIS. — 10. Forces qui président à l'organisation et aux fonctions des Végétaux, comparées à celles qui président à l'organisation et aux fonctions des animaux ; par J. LAVALLE. — 11. Fluides des Végétaux ; leur comparaison avec ceux des animaux ; par D. CLOS. — 12. De la Métamorphose des organes et des générations alternantes dans la série animale et dans la série végétale ; par P. GERVAIS. — 13. Sexualité et Hybridité des Plantes ; par L. KREMER. — 14. Tératologie Végétale ; ses rapports avec la Tératologie Animale ; par C. MARTINS. — 15. Considérations sur le Végétal dans ses rapports anatomiques, physiologiques et chimiques ; par H. GOLFIN. — 16. Rapport sur la Théorie botanique de C.-A. Dupetit-Thouars sur la végétation des arbres par le développement des bourgeons; par X. RIGAUD. — 17. Expériences sur la Végétation des Plantes dans d'autres matières que la terre ; par M. BONNET.

T. II.

1. Discours sur les causes du mouvement de la Sève dans les plantes ; par A. GOUAN. — 2. La Sève circule-t-elle dans les plantes à l'instar du sang dans certaines classes d'animaux ? thèse ; par Y. DEGLAND. — 3. Sur la manière dont les arbres croissent et sur les dommages que la gelée leur fait ; par BUFFON et DUHAMEL. — 4. Considérations sur la végétation des Plantes Phanérogames; par D. TESTANIER. — 5. Fonctions des organes floraux colorés et glanduleux ; par F. DUNAL. — 6. Stationes Plantarum ; auct. A. HEDEMBERG. — 7. Migration des Végétaux ; par A. GODRON. — 8. Détermination d'une

plante nommée Κορσιον, etc. ; par Raffeneau-Delille. — 9. Examen de la question si les espèces changent parmi les Plantes ; par Adanson. — 10. Sur la production de nouvelles espèces de Plantes ; par Marchant. — 11. Über die Bastarderzeugung in Pflanzenreiche ; von F. Wiegmann ; pl. — 12. Sur les Maladies des Plantes ; par Tournefort. — 13. Essai de Pathologie végétale ; par A. Touchy. — 14. Sur l'irritabilité des organes sexuels d'un grand nombre de plantes ; par Desfontaines. — 15. Expériences propres à développer les effets de la lumière sur certaines plantes ; par Tessier. — 16. Experimenta circa mutationem colorum quorumdam vegetabilium a corporibus salinis ; auct. A. Becker. —17. Influence minéralogique du sol sur la végétation ; par F. Dunal. — 18. Différens effets produits sur les végétaux par les gelées de l'hiver et du printemps ; par Du Hamel et Buffon. — 19. Effets de la gelée sur les plantes ; par F. Dunal. — 20. L'Hiver de 1870-71 dans le Jardin des Plantes de Montpellier ; par C. Martins. — 21. Du Refroidissement nocturne et de l'Échauffement diurne pendant l'hiver de Montpellier, des diverses espèces de terres cultivées ; par C. Martins. — 22. Effets d'un poison de Java (upas tieuté) ; par Raffeneau-Delille. — 23. Sur quelques Plantes vénimeuses ; par Sauvages de la Croix. — 24. Sur les Plantes laiteuses ; par J. Roubieu. — 25. Influence des Végétaux sur l'eau et quelques boissons aqueuses, etc. ; par J. Hénon. — 26. Suite d'un mémoire imprimé en 1711 sur les fleurs et les graines de diverses plantes marines ; par Réaumur ; pl. — 27. Sur les Plantes qu'on peut élever dans l'eau ; par Du Hamel. —28. Persistance de la vitalité des graines flottant à la surface de la mer ; par C. Martins. — 29. Observations sur les Plantes qui peuvent fournir des couleurs bleues à la teinture, etc. ; par N. Joly ; pl.

T. III.

1. La Végétation du Spitzberg comparée à celle des Alpes et des Pyrénées ; par C. Martins. — 2. Flore algérienne ; par Champy (53 pages) ; pl. col. — 3. Promenade Botanique le long des côtes de l'Asie-Mineure, de la Syrie et de l'Égypte ; par C. Martins ; pl. — 4. Géographie botanique du port de Toulon et des îles d'Hyères ; par H. Lauvergne. — 5. Avis au botaniste qui doit parcourir les Alpes ; par F. Pouzin. — 6. Fragment d'une Flore de l'Arabie Pétrée ; par Delille. — 7. Archiv des Garten und Blumenbau vereins für Hamburg, Altona, etc. ; — 8. Hortus Van Houtteanus. Bulletin périodique : deux fascicules (seuls parus). — 9. Sur un genre nouveau de la Cryptogamie aquatique nommé Thorea ; par Bory de St-Vincent. — 10. Sur le phénomène de la coloration des eaux de la mer Rouge ; par Montagne. — 11. Récolte et préparation des Diatomées ; par E. Guinard. — 12. Genera Filicum ; or illustrations of the genera of Ferns ; by J. Hooker ; pl. — 13. Musci et Hepaticæ Œlandiæ ; auct. E. Zetterstedt. — 14. Sur le Fucus Helminthochorton, ou Vermifuge de Corse ; par de la Tourrette ; pl. — 15. Sur une espèce inédite

du genre Iris; par L. Henon; *pl.* — 16. Sur une nouvelle espèce fossile de Prèle (*Equisetum sulcatum*); par F. Dunal. — 17. Méthodus Lichenum; par Fée (4 planches color.) — 18. Mémoires (deux) sur le Safran ; par Fougeroux de Bondaroy. ; *pl.* — 19. Végétation de l'Isoetes setacea; par A. Raffeneau-Delille ; *pl.* — 20. Mémoires sur les espèces du genre Lis; par D. Spae. — 21. Espèces du genre Ophrys recueillies à Bône ; par A. Mutel ; *pl.* — 22. Fragments de la Bryologie d'Europe ; par Bruch et P. Schimper ; *pl.* — 23. Courte introduction au travail de M. E. Fabre d'Agde sur la métamorphose de deux Ægylops en Triticum ; par F. Dunal; *pl.* — 24. Monographie du genre Lolium ; par P. de Rouville ; *pl.* — 25. Des Hermodactes au point de vue botanique et pharmaceutique ; par E. Planchon ; *pl.*

T. IV.

1. Nouvelle description du *Benincasa cerifera* de Savi, par Delille. — 2. De l'Anagyre fétide ; par F. Arnoux ; *pl.* — 3. Caractères généraux des Champignons. Espèces principales que l'on mange, et caractères spéciaux des espèces vénéneuses ; par A. Monier. — 4. Du Croton Tiglium ; par L. Marchand ; *pl.* — 5. Développements et caractères des vrais et des faux Arilles, etc.; par E. Planchon; *pl.* — 6. Structure de l'Hellébore fétide et évolution de ses organes floraux ; par I. Dumas; *pl.* — 7. Description du Joliffia Africana ; par Raffeneau-Delille ; *pl.* — 8. Du Cailcédra et de son écorce ; par H. Rulland.— 9. Propriétés et principes actifs des Solanées ; par A. Moitessier. — 10. De la Digitale ; par E. Mangot. — 11. De l'Alkékenge (*Physalis Alkekengi*); par A. Mareschal. — 12. De l'action de l'Atropa Belladona sur l'homme sain et de son utilité en thérapeutique ; par H. Buksiki. — 13. Histoire des Pavots et des Argémones ; par A. Viguier; *pl.* — 14. Sur le Réséda à fleur odorante ; par Dalibard. — 15. Sur la Sensitive ; par du Fay ; *pl.* — 16. De quibusdam Chloridis speciebus ; auct. P. Durand. — 17. Existence de plusieurs Acides gras odorants et homologues dans le fruit du Gingko Biloba ; par A. Béchamp. — 18. Sur les racines aérifères ou vessies natatoires des espèces aquatiques du genre Jussiæa, etc.; par C. Martins ; *pl.*

4027. **Mélanges de Botanique.** — *Recueil en 6 vol. in-8°.*

T. I.

1. Mémoire sur les moyens d'accélérer les Progrès de la Botanique; par Villars. — 2. Discorso sull'origine e progresso della Storia naturale et piu particolarmente della Botanica, da J.-O. Smith. ; trad. dall'inglese. — 3. Essai sur une nouvelle langue botanique ; par de Rivière. — 4. Mémoire sur l'étude de la Botanique ; par V. Auger. — 5. Additions à la Flore bibliquode Sprengel ; par Encontre. — 6. Essai de Géographie botanique ; par A.-P. de Candolle. — 7. Essai sur la Géographie botanique ; par A. Schow. — 8. Fragment d'un discours sur la Géographie botanique ; par A.-P. de Candolle. — 9. Des caractères qui distinguent la végétation d'une contrée ; par le même. —

10. Esquisses sur la Physiologie et la Géographie des Plantes. (Extr. de la *Rev. Brit.*) — 11. La Géographie botanique et ses progrès; par C. MARTINS. — 12. Les Populations végétales, leur origine, leur composition, leur migration, etc.; par le même. — 13. Cours de Botanique à la Faculté des Sciences de Montpellier. Leçon d'ouverture; par A. RAFFENEAU-DELILLE; 1833. — 14. Sur l'Enseignement de la Botanique à Paris; notes par le Cte JAUBERT. — 15. Essai d'une Iconographie élémentaire et philosophique des végétaux; par F. TURPIN; *pl.* — 16. C. LINNÆI Exercitatio de nuptiis et sexu Plantarum. — 17. Le Mariage des Plantes; trad. de l'ouvrage de Petit-Radel, *de Amoribus Pancharitis*, etc. — 18. Les Mystères de Flore, ou coup d'œil sur la naissance, les amours, le mariage et la mort des Plantes; extrait de l'ouvrage précédent.

T. II.

1. De Analogia quæ extat inter vegetabile regnum et animale; auct. M. DREVON St-HILAIRE. — 2. Expérience sur les sèves des végétaux; par VAUQUELIN. — 3. Des Limites de la Concordance entre les formes, la structure, les affinités des Plantes et leurs propriétés médicinales; par E. PLANCHON. — 4. Fluides des végétaux comparés à ceux des animaux; par D. CLOS. — 5. Etudes phytologiques; par le Cte de TRISTAN: Tissus des végétaux. — 6. Sur l'Evolution des Plantes et l'accroissement en grosseur des Exogènes; par C. GIROU DE BUZAREINGUES. — 7. De natura Foliorum de arboribus cadentium; *pl.* — 8. De la Germination; par J. de SEYNES; *pl.* — 9. Origine des Plantes céréales et leur introduction dans le continent Européen; par A. DUREAU DE LA MALLE. — 10. Mémoire sur la Maturation des Fruits; par BÉRARD. — 11. Y a-t-il quelque possibilité d'exercer quelque influence sur la couleur et l'odeur des fleurs, sur le parfum et la saveur des fruits? par SAGERET. — 12. Moyen simple d'élever en pleine terre les plantes qui craignent la gelée et de préserver de la pourriture celles qu'on renferme; par DANYZY; *pl.* — 13. Sur la Sensibilité des Plantes; par ROUBIEU. — 14. Observations sur la Sensibilité des Plantes et surtout de la Dionæa murcipula ou Attrape-mouche de Vénus. (Extr. du *Journ. Encyclop.*) — 15. Fragment d'un essai sur la Pathologie végétale: par J. DRAPARNAUD. — 16. Rapport de M. DUMÉRIL et A. de St-HILAIRE à l'Acad. des Sciences (1833), sur un mémoire de Turpin relatif à quelques cas de Nosologie végétale. — 17. Effets de l'Hiver de 1853 à 1855 dans le Jardin des Plantes de Montpellier; par C. MARTINS. — 18. L'Hiver de 1868 à Montpellier; par le même. — 19. Examen de la partie botanique de l'*Essai sur l'Histoire pragmatique de la Médecine* de L. Sprengel; par F. GEIGER. — 20. Discours d'ouverture du Cours de Botanique médicale; par M. LOMBARD, (1846). — 21. Tableau des différentes parties des Plantes.

T. III.

1. Experimentos y observaciones sobre los sexos y fecundacion de las Plantas, por A. de MARTI. — 2. Expériences sur la Génération des

Plantes; par C. Girou de Buzareingues. — 3. De la Métamorphose des organes et des générations alternantes dans la série animale et dans la série végétale; par P. Gervais. — 4. Remarques sur l'influence supposée du Pollen dans les croisements, etc.; par T.-A. Knight. — 5. Des Fécondations étrangères spontanées et artificielles, et de la production des Hybrides, etc.; par Sageret. — 6. De la Sexualité et de l'Hybridité des Plantes; par P. Kremer. — 7. Opinion de Villars sur les Plantes hybrides, d'après sa correspondance avec Lapeyrouse; par E. Timbal-Lagrave. — 8. Sur la production et la fixation des variété dans les plantes d'ornement; par B. Verlot. — 9. De l'eau la plus propre à la végétation des Plantes; par l'abbé Bertholon. — 10. Observations et recherches sur les maladies des végétaux; par L. Lombard. — 11. De la dégénération et de l'extinction des variétés de végétaux propagés par les greffes, boutures, etc., et de la création des variétés nouvelles par les croisements et les semis; par A. Puvis. — 12. Sur l'Evolution des Plantes et l'accroissement en grosseur des exogènes; par C. Girou de Buzareingues. — 13. Sur l'amélioration des Plantes par le semis et considérations sur l'Hérédité dans les végétaux; par L. Vilmorin.

T. IV.

1. Catalogue des Plantes croissant spontanément en France; par M. Lamothe. — 2. Lettera del dot. P. Bubani al sig. Godron. — 3. Rapport sur l'*Essai de Phytostatique appliqué à la chaîne du Jura*, par Thurmann; par A. Jordan. — 4. Plantes cellulaires de la Meurthe; par A. Godron. — 5. Observations sur quelques Plantes Lorraines; par le même. — 6. Enumeratio Plantarum exsiccatarum quæ ex collectione Huguenin (à Chambéry) pro mutua commutatione offeruntur. — 7. Observations sur l'herbier de l'abbé Chaix; par E. Timbal-Lagrave. — 8. Florula Massiliensis advena. Florule exotique des environs de Marseille: par C. Grenier. — 9. L'Herbier de la Lozère et M. Prost; par H. Loret. — 10. Catalogus Plantarum Horti botanici Monspeliensis; auct. A.-P. de Candolle. — 11. Visite de la Commission d'Horticulture florale à la campagne de M. de Lunaret. Rapport de M. C. Cavallier. — 12. L'Herbier de Marchand et Lapeyrouse; par E. Timbal-Lagrave. — 12. Lettre sur des excursions au Pic d'Anie et au Pic Amoulat dans les Pyrénées; par L. Dufour. — 14. Excursion de la Société botanique de France de Bordeaux à Arcachon, etc.; rapport de M.-G. Lespinasse. — 15. Promenades botaniques dans l'arrondissement de S.-Pons de Thomières en 1866, etc.; par H. Loret. — 16-17. Notes sur diverses espèces, par A. Jordan, extraites des archives de la Flore de France et d'Allemagne. — 18. Les Jardins de Naples et l'Ile d'Ischia; par le comte Jaubert. — 19. Le Climat et la végétation des Iles Borromées comparés au climat et à la végétation des environs de Bayonne; par C. Martins. — 20. La végétation du Spitzberg comparée à celle des Alpes et des Pyrénées; par C. Martins. — 21. Plantes recueillies sur le plateau du Chersonèse pendant

le siège de Sébastopol par le docteur Saint-Supéry, et déterminées par E. Cosson. — 22. Les Jardins botaniques de l'Angleterre comparés à ceux de la France; par C. Martins. — 23. Præludia Floræ Columbianæ, ou matériaux pour servir à la partie botanique du voyage de J. Linden; par E. Planchon et Linden.

T. V.

1. Les Zoospores et les Antherozoïdes des Algues; par G. Lespinasse. — 2. Des Champignons comestibles suspects et vénéneux, etc.; par C. Descourtils; *pl.* — 3. Cryptogamie Tarbellienne; par Grateloup. — 4. Recherches sur le développement du Penicillium glaucum sous l'influence de l'acidification dans les liquides albumineux normaux et pathologiques; par Andral et Gavarret; *pl.* — 5. Influence du froid sur quelques individus de la famille des Agaricoïdées; par H. Léveillé. — 6. Procédé nouveau pour la conservation de quelques espèces de champignons fugaces; par G. Guillery. — 7. Traité pratique des Champignons comestibles, par J. Lavalle (livr. I-IV). — 8. Traité des Champignons comestibles et vénéneux du bassin sous-Pyrénéen; par A. Dassier et J.-B. Noulet. — 9. Nouvel examen de la Phosphorescence de l'Agaric de l'Olivier; par Raffeneau-Delille. — 10. Observations d'Esprit Fabre sur la structure, le développement et les organes générateurs d'une espèce de *Marsilea* trouvée dans les environs d'Agde; *pl.* — 11. Les Mousses; les Lycopodes; par J. Palissot-Beauvois. — 12. Index Palmarum Cyclanthearum, Pandanearum, Cycadearum quæ in hortis Europæis coluntur; auct. H. Wendland. — 13. Acclimatation du Nelumbium speciosum ou Nelumbo de l'Inde dans le midi de la France; par A. Raffeneau-Delille. — 14. De la Colocase des Anciens; par le même. — 15. Mémoire sur le Jonc piquant (*Juncus acutus*); par Lachabeaussière. — 16. Sur les usages de l'Asphodèle rameux; par Ramond. — 17. Énumération succincte des espèces de la famille des Nymphéacées; par E. Planchon. — 18. Index Aroidearum; auct. E. Ender. — 19. Essai d'expériences et d'observations sur l'espèce végétale en général, et en particulier sur la valeur des caractères spécifiques des Graminées; par Raspail. — 20. Courte introduction au travail de M. E. Fabre d'Agde sur la métamorphose de deux Ægylops en Triticum; par F. Dunal; *pl.* — 21. Observations sur les Cactus; par Danizy. — 22. Floraison en pleine terre du Dasylirion gracile au Jardin des Plantes de Montpellier, etc.; par C. Martins. — 23. Recherches sur quelques Orchidées des environs de Toulon; par C. Grenier. — 24. Études pour servir à l'histoire de la botanique du genre *Viola*, etc.; par E. Timbal-Lagrave; *pl.*

T. VI.

1. Monographie des Silènes de l'Algérie; par Soyer-Willemet et A. Godron. — 2. Monstruosité observée sur la fleur de plusieurs Crucifères; par A. Godron; *pl.* — 3. Histoire des plantes dites Azalées, de l'Inde; par A. Planchon. — 4. Revue des Trèfles de la section Chronosemium; par Soyer-Willemet et Godron. — 5. Notice sur l'Hydro-

cotyle asiatica ; par Dalpiaz et Fournier. — 6. Genre nouveau du groupe des Thismiées ; par E. Planchon. — 7. Culture et avantages qu'on peut tirer des tiges de l'*Urtica nivea* ; par M. Pepin. — 8. Sur les Euphorbiacées, etc. ; par le comte Jaubert. — 9. Solanorum, generumque affinium Synopsis, etc. ; auct. F. Dunal. — 10. Essai sur les propriétés des Solanées et sur leurs principes actifs ; par A. Moitessier. — 11. Des Globulaires ; par G. Planchon. — 12. Remarques sur les Senés ; par Raffeneau-Delille. — 13. Description de quelques espèces nouvelles de Statice ; par F. de Girard ; *pl.* — 14. Monographie des Rubus croissant naturellement aux environs de Nancy ; par Godron. — 15. Note sur la fructification du *Phormium tenax* à Cherbourg et à Toulon ; par Gillet de Laumont. — 16. Chêne gigantesque observé en 1832 à Montravail, par C. d'Orbigny ; *pl.* — 17. Observations sur la famille des Alsinées ; par Godron. — 18. Sur les genres *Mœnchia* et Malachium ; par le Dr Grenier. — 19. Sur un mode particulier d'excrétion de la gomme arabique produite par l'Acacia verek du Sénégal ; par C. Martins ; *pl.* — 20. Dissertation sur l'origine du Cachou ; (par P.-J. Amoreux). — 21. Sur le Robinia pseudo-acacia sans épines et franc de pied ; par A. Michaux. — 22. Histoire de l'ancien groupe des Terebinthacées ; par L. Marchand. — 23. Sur le Tulipier ; par M. de Cubières. — 24. Sur le Platane. *(Extr. du Bul. de la Soc. d'Agr. de l'Hérault.)* — 25. Notice sur le Cyprès horizontal connu sous le nom d'arbre de Montpellier ; par M. Pouzin. — 26. Sur une nouvelle plante de la famille des Rosacées employée avec le plus grand succès en Abyssinie contre le Tænia ; par Brayer ; *pl.* — 27. Genre nouveau du groupe des Thismiées ; par E. Planchon. — 28. Mémoire sur le Maclura Aurantiaca ; par Raffeneau-Delille ; *pl.* — 29. Description du Gingko-Biloba, dit Noyer du Japon ; par A. Gouan ; *pl.* — 30. Première récolte des fruits du Ginkgo du Japon en France ; par A. Raffeneau-Delille. — 31. Lettre sur l'origine étymologique des noms des plantes Achimènes et Achæmenis ; par E. Johanneau. — 32. Histoire des Azalées de l'Inde ; par E. Planchon. 33. Notes sur les Georgina ; par de Candolle. — 34. Recherches expérimentales sur le principe toxique du Redoul ; par J. Riban. — 35. Commentatio de arbuto Uva ursi.

4028. Agriculture Méridionale. — *1 vol. in-4°.*

1. Avis aux Habitans des villes et des campagnes de la province du Languedoc sur la manière de traiter leurs grains et d'en faire du pain. — 2. Mémoire sur la nécessité d'établir deux pépinières d'Oliviers dans la province du Languedoc et sur les avantages que la province en retirerait. — 3. Sur la meilleure manière de cultiver l'Olivier et le préserver des insectes, etc. ; par M. de la Brousse. — 4. Vues économiques sur les moulins et pressoirs à huile d'olives connus en France ou en Italie ; par l'abbé Rozier ; *pl.* — 5. Description du moulin hollandais pour extraire l'huile des graines de Lin,

de Colzat, etc.; par le même; *pl.* — 6. Mémoire (ms.) sur la meilleure manière de faire l'huile d'olive. — 7. Mémoire sur un nouveau moyen d'étouffer les chrysalides dans les cocons des vers-à-soie; par Arnauld. — 8. Discours sur la Science Vétérinaire et des rapports avec l'Agriculture et la Médecine; par Pigeaire. — 9. Dissertation sur la Vigne, le Vin et quelques autres de ses produits : par J. Ardevol et Cabré. — 10. Propositions générales sur la nature du Vin et sur son emploi diététique : par F. Captier. — 11. Observations sur les maladies régnantes de la Vigne ; par E. Fabre; *pl. col.*

4029. **Agriculture Méridionale.** — *Recueil in-8°.*

1. Lettres sur l'Agriculture du Bas-Languedoc. — 2. Avis aux habitants de la province du Languedoc sur la manière de traiter leurs grains et d'en faire du pain. — 3. Observations générales sur l'Agriculture considérée dans ses rapports avec la prospérité de la France, etc. ; par J.-A. Chaptal. — 4. Mémoire sur la nécessité et les moyens d'améliorer l'Agriculture dans le district de Montpellier; par P.-J. Amoreux. — 5. Fragments d'Agronomie. *(Extr. du Bul. de le Soc. d'Agricul. de l'Hérault.)* — 6. Comice agricole de Montpellier. Séance du 17 novembre 1823. — 7. Mélanges de Botanique agricole ; par F. Dunal; *pl.* — 8. Manuel d'Horticulture maraîchère pour le midi de la France; par A. Crassous. — 9. Discours prononcé dans une Fête rurale au nom de la Société d'Agriculture de l'Hérault. — 10. Chroniques agricoles; par F. Cazalis. — 11. L'Agriculture du Midi est-elle inférieure à celle du Nord ? mémoire par A. Lozivy.

4030. **Géographie Physique, Météorologie.** — *1 vol. in-8°.*

1. Géographie physique du globe. (Extr. de la *Rev. Brit.*) — 2. D'une Théorie nouvelle sur les courants atmosphériques; par F. Julien. — 3. D'une Théorie nouvelle sur les grands courants de la mer; par le même. — 4. De l'Équivalence de la chaleur et du travail mécanique ; par E. Saveney. — 5. Considérations sur les Forces naturelles; par Marié-Davy. — 6. Progrès et découvertes de la Météorologie ; par A. Laugel. — 7. De la Pluie, du Beau Temps et des lois de la Température. (Extr. de la *Rev. Brit.*) — 8. De la Prévision rationnelle du temps. Les Astronomes et les Astrologues ; par A. Hermant. — 9. Du dérangement dans l'ordre des Saisons. (Extr. des *Ann. polit.*) — 10. Mémoire sur le changement et la détérioration du climat. (Extr. du *Bullet. de la Soc. d'Agr. de l'Hérault.*) — 11. Observations sur l'Arc-en-ciel; par l'abbé P..... — 12. Note sur la Trombe de Cette; par d'Hombres-Firmas. — 13. Le Bolide du 14 mai 1864; les Aérolites et les Étoiles filantes; par Jamin. — 14. Mémoire hist. et physique sur les chutes des pierres tombées sur la surface de la terre à diverses époques ; par Bigot de Morogues. — 15. Comparaison des trois Thermomètres les plus en usage. — 16. De la Température des différentes parties de la Zone torride au niveau des mers; par A. de Humboldt. — 17. Des effets observés pendant l'hiver de 1853-54 dans le Jardin

des Plantes de Montpellier; par C. Martins. — 18. Température de la mer à diverses profondeurs, par J.-D. d'Urville; carte. — 19. Voyage scientifique du *Challenger* autour du monde; par C. Martins. — 20. Notice sur la latitude de l'Observatoire de Montpellier; par Danizy.

4031. Géologie. — *Recueil in-4°*.
1. Die Geologie der Griechen und Römer; von E. von Lasaulx. — 2. Die Vorstellung der alten Griechen und Römer über die Erde als Himmelskörper; von L. Öttinger. — 3. J.-F. Blumenbachii Specimen archæologiæ Telluris terrarumque imprimis Hannoveranarum. — 4. Des Phénomènes glaciaires dans le plateau central de la France, etc.; par A. Julien. — 5. Notice géologique sur le département de l'Aveyron; par Marcel de Serres; pl. col. — 6. Sur la composition des Péridots normaux et altérés du Puy-de-Dôme; par A. Moitessier. 7. De la Simultanéité des Terrains de sédiment supérieur; par Marcel de Serres. — 8. Sur des débris fossiles de Mastodontes et d'Elephas africanus découverts en Algérie; par P. Gervais. — 9. Mollusques et Zoophytes des terrains nummulitique et tertiaire marin de la province de Barcelone; par A. Vézian. — 10. Étude sur les Terrains quaternaires du bassin de la Seine; par A. Roujou; pl. — 11. Étude des Tufs de Montpellier au point de vue géologique et paléontologique; par G. Planchon; pl. — 12. Lettre sur les terres simples et principalement sur celle que M. Sage a désignée sous le nom de Terre absorbante; par Romé de l'Isle. — 13. Le Terrain Post-Pyrénéen des environs de Barcelone et ses rapports avec les formations correspondantes du bassin de la Méditerranée; par A. Vézian — 14. Note sur la constitution générale du Sahara dans le sud de la province d'Oran; par P. Marès. — 15. *Geology and Mineralogie considered with reference to natural Theology*, by W. Buckland; analyse par N. Joly.

4032. Mélanges de Géologie. — *Recueil en 2 vol. in-8°*.
T. 1.
1. Réforme totale de la théorie du globe terrestre sous le rapport des divisions naturelles de sa surface, ou la Climatologie universelle; par W. Butte. — 2. Éboulement du glacier de Getroz; fig. — 3. Coup d'œil géognostique sur le nord de l'Europe en général et particulièrement de la Russie; par G. de Razoumovsky. — 4. Rapports du globe terrestre avec l'Univers, et principales révolutions que sa surface a éprouvées; par J.-F. Kruegen. — 5. De la détermination géognostique du Terrain marin tertiaire; par H. Reboul. — 6. Intérieur du Globe. (Extr. de la *Rev. Brit.*) — 7. Introduction au rapport fait à l'Acad. des Sciences sur le voyage à l'Ile Julia en 1821; par C. Prevost. — 8. Notes géologiques sur les îles du nord de la Grèce, etc.; par T. Virlet. — 9. Considérations sur les volcans anciens du centre de la France et sur les cratères de soulèvement; par Tournal fils. — 10. L'observation dans les mines de houille du Canada et de la baie de

Baffin, des plantes analogues à celles qui vivent maintenant dans les régions équatoriales, annoncent-elles un changement dans l'inclinaison de l'Ecliptique? par Marcel de Serres. — 11. Constitution géologique de l'Europe. (Extr. de la *Rev. Brit.*) — 12. La Géologie et la Minéralogie considérées dans leurs rapports avec la Théologie naturelle; par W. Buckland; abrégé et traduit par N. Joly. — 13. Notice géologique sur les phénomènes diluviens observés dans l'Ariége; par E. Dupont. — 14. Geognostiche karten unseres jahrhunderts; von B. Cotta. — 15. La Géologie; sa place parmi les sciences; son objet; par P. de Rouville. — 16. Esquisse d'une histoire de la Géologie; par le même. — 17. Le Calcaire lithographique de Montdardier; par L. Donnadieu; *pl*.

T. II.

1. Notice géologique sur le département de l'Aude; par Marcel de Serres. — 2. Sur les carrières de Silex pyromaque et procédés en usage pour la fabrication des pierres à feu; par d'Auvergne. — 3. Discours sur la Géologie d'application à l'agriculture et aux arts industriels pour le dép. de la Gironde; par Grateloup. — 4. Notice sur les Bulléens fossiles du bassin de l'Adour aux environs de Dax; par le même. — 5. Description de quelques espèces nouvelles de Coquilles fossiles de la Champagne; par Michaud. — 6. Mémoire sur le gisement des ossements fossiles du Mont de la Molière; par M. Bourdet. — 7. Observations sur les Gypses tertiaires et secondaires du Midi de la France, etc; par Marcel de Serres. — 8. Essai sur les vallées dites d'érosion; par M. Labrousse. — Conchyologie fossile du bassin de l'Adour; par Grateloup; *pl*.

4033. Mélanges de Géologie. — *2 vol. in-8°.*

T. I.

1. Origine de l'antiquité du Monde ; par Fortia d'Urban. — 2. Mémoire sur la Création fondée sur la chimie physiologique des trois règnes, etc.; par Boze. — 3. Courte dissertation sur l'origine du Monde ; par D. Gradis. — 4. La Théorie de la création. Ducrotay de Blainville et Cuvier. (Extr. de la *Rev. Brit.*) — 5. De la Création. Essai sur l'origine et la progression des Êtres ; par Boucher de Perthes. *(Art. de M. T. extr. de la Démocratie pacifique.)* — Examen de cette question : l'Œuvre de la Création est-elle aussi complète pour l'Univers qu'elle paraît l'être pour la Terre? par Marcel de Serres. *(Art. de A. Dupuis, extr. du même Journal.)* — 6. Dissertation sur le vrai Système du Monde comparé avec le récit que Moïse fait de la création ; par Encontre. — 7. Sur les différences des dates données par les monuments et les traditions historiques, et celles qui résultent des faits géologiques ; par Marcel de Serres. — 8. Les Déluges historiques ; faits et théorie de ces grands cataclysmes ; par G. Rodier. — 9. Les nouvelles théories sur le Déluge; par A. Maury. — 10. Le Musée de Géologie au jardin des Plantes ; par A. Esquiros. —

11. Cosmos; par M. A. de Humbold. (Art. du *Correspondant*.) — 12. Tableau résumant l'ensemble des terrains composant l'écorce solide du globe, etc. ; par A.-P. L... — 13. Géologie. Le Delta du Mississipi.

T. II.

1. Discours sur cette question : Les variations du plan de l'Écliptique peuvent-elles servir à expliquer les faits qui se sont succédé à la surface du globe dans les temps géologiques ? par Marcel de Serres. — 2. Mémoire sur les dépressions de la surface du globe dans le sens longitudinal des chaînes de montagnes, etc. ; par le Cte Andréossy; *pl.* — 3. Les Oscillations du sol terrestre ; par E. Reclus. — 4. Quelques considérations géologiques sur les révolutions du globe ; par E. Robert. — 5. Une Station géodésique au sommet du Canigou ; par C. Martins. — 6. Les anciens Volcans de la Grèce ; par F. Fouqué. — 7. Les glaciers actuels et leur ancienne extension pendant la période glaciaire ; par C. Martins. — 8. Le Monde Alpestre et les hautes régions du globe ; par A. Maury. — 9. Recherches récentes sur les glaciers actuels et la période glaciaire ; par C. Martins. — 10. La Géologie et la Minéralogie dans leurs rapports avec la Théologie naturelle ; par W. Buckland ; art. par N. Joly. — 11. Principes élémentaires de Minéralogie d'après le prof. Werner ; par H. Struve. — 12. Tableau de la distribution méthodique des Espèces minérales ; par A. Brongniart. (*Cours fait au Muséum*, en 1826 et 1833.)

4034. Paléontologie. — *Recueil in-4°.*

1. Lettre à M. Geoffroy St-Hilaire sur les *Races distinctes* que paraissent présenter certaines espèces considérées jusqu'à présent comme fossiles; par Marcel de Serres. — 2. Sur un Cerveau pétrifié ; par Du Verney ; *pl.* — 3. Rapport de structure organique et de parenté qu'ont entr'eux les animaux des âges historiques et vivant actuellement, et les espèces antédiluviennes et perdues. — 4. Causes de la plus grande taille des espèces fossiles comparées aux races actuelles ; par Marcel de Serres ; *pl.* — 5. Sur les dents et les autres ossements de l'Éléphant trouvés dans la terre (1757) ; par Hans Sloane ; *pl.* — 6. Sugli Scheletri d'un Rinoceronte Africano e d'una Balena, etc. ; dissoterate ne' colli Piacentini ; da G. Cortesi ; *pl.* — 7. Recherches sur les caractères des grandes espèces de Rhinocéros fossiles ; par J. de Christol ; *pl.* — 8. Description de quelques ossements fossiles de Phoques et de Cétacés ; par P. Gervais ; *pl.* — 9. Sur quelques parties moins connues du Squelette des Sauriens fossiles de Maestricht ; par A. Camper ; *pl.* — 10. La Caverne de Bize et les espèces animales dont les débris y sont associés à ceux de l'Homme ; par P. Gervais et J. Brinckmann. — 11. Des Ossements humains des cavernes et de l'époque de leurs dépôts ; par Marcel de Serres. — 12. Sur les Ossements fossiles attribués au prétendu géant Teutobochus ; par H. de Blainville ; *pl.* — 13. Congrès internationaux

d'anthropologie et d'archéologie préhistorique. Sessions de Bologne, Copenhague et Norwich. — 14. L'Homme tertiaire en Amérique et la Théorie des centres multiples de Création ; par HAMY. — 15. De l'existence de l'Homme à l'époque tertiaire; par A. FAVRE. — 16. l'Histoire primitive de l'Homme; par K. VOGT. — 17. Le Transformisme et l'Homme primitif; par L. CARRAU. — 18. Les *Tumuli* et les habitans lacustres ; par R. VIRCHOW. — 19. Les Forêts cryptogamiques de la période houillière ; par W. CARRUTHERS. — 20. Les Troglodytes de la Vézère ; par P. BROCA. — 21. De l'emploi du bronze dans l'antiquité ; par J. LUBBOCK. *(Les art. 13-21 sont extraits de la Revue Scientifique).*

4035. **Paléontologie.** — *Recueil in-8°.*

1. Mémoire sur la question de savoir si des animaux terrestres ont cessé d'exister depuis l'apparition de l'Homme et si l'Homme a été contemporain des espèces perdues, etc.; par MARCEL DE SERRES. — 2. Sur la valeur du caractère paléontologique en géologie; par L. DE KONINCK. — 3. Sur les ossements humains découverts dans les crevasses des terrains secondaires et en particulier sur ceux observés dans les crevasses de Durfort; par MARCEL DE SERRES. — 4. Des causes de la plus grande taille des espèces fossiles et humatiles, comparées aux espèces vivantes, par le même. — 5. Observations générales sur les Brèches osseuses; par J. DE CHRISTOL. — 6. Sur les ossements humains fossiles des cavernes du Gard ; par le même. — 7. Sur la Pétrification des coquilles dans la Méditerranée ; par M. DE SERRES et L. FIGUIER. — 8. L'Homme fossile ; par L. GIRAUD. — 9. Sur les Forêts souterraines et sur le bois bitumineux de Wolfseck (H^{te} Autriche); par BORY DE St VINCENT. — 10. Di alcuni Fossili singulari della Lombardia e di altre parti dell'Italia; da E. PINI. — 11. Revue critique des Poissons figurés dans l'*Ittiolitologia Veronese;* par L. AGASSIZ. — 12. Encore un mot sur le Fossile..., par MM. PAYEN, CHEVALLIER et J. FONTENELLE.

4036. **Mélanges d'Histoire ancienne.** — *2 vol. in-8°.*

T. 1.

1. Discours sur l'Histoire universelle, par SCHILLER; traduit par B. Schneff. — 2. Recherches historiques sur l'Humanité primitive ; par le baron d'Eckstein. — 3. Discours (trois) sur l'Histoire primitive ; par le cardinal WISEMAN. — 4. Urgeschichte des Indogermanischen völkerstammes in ihren grundzügen wiederhergestellt : von J. KRÜGER. I. Die Eroberung von Vonderasien, Egypten und Griechenland durch die Indogermanen. — 5. De la Chaldée et des Chaldéens ; par E. BORÉ; 1re partie. — 6. Les Cares ou Cariens de l'antiquité; par le baron d'ECKSTEIN. — 7. Les Amazones dans l'Histoire et dans la Fable ; par F.-G. BERGMANN.

T. II.

1. Degli Etruschi; dall'ab. G.-B. Zannoni. — 2. Note sur la Géographie ancienne de la côte de Syrie de Beyrout à Akka; par F. de Saulcy. — 3. Notice sur l'époque de l'établissement des Juifs dans l'Abyssinie; par L. Marcus. — 4. Opinion sur certains rapports entre le costume des anciens Hébreux et celui des Arabes modernes; par H. Vernet. — 5. De la Chronologie et de sa plus ancienne base. Ancienne Chronologie Assyrienne. (Extr. de la Rev. du Monde payen.) — 6. Mémoire sur une coutume singulière des femmes de Babylone, écrit en latin par Heyne, analysé par Depping. — 7. Notice d'une Chronologie chinoise et japonaise; par Klaproth. — 8. Examen des Historiens Asiatiques; par le même. — 9. Mémoire sur quelques anciens monuments de l'Asie analogues aux pierres druidiques; par E. Biot. — 10. Corpus Scriptorum veterum qui de India scripserunt; ed. F. Schauffelberger. Fasc. I. In Scylacem, Hecatæum, Herodotum et Ctesiam commentatio.

4037. Egypte ancienne. — *Recueil in-8°.*

1. Ægyptens vorzeit und chronologie in vergleichung mit der west- und ost Asiatischer Kulturvölker, ein prodromus zur Ethnologie des Menschengeschleichtes; von C. Mayer. — 2. Place de l'Égypte dans l'histoire du Monde; par J. Bunsen. Dynasties Égyptiennes reconstituées d'après les textes et les monuments; par L. Delatre. — 3. Des Castes et de la transmission héréditaire des Professions dans l'ancienne Égypte; par J.-J. Ampère. — 4. Tradition musulmane sur les Magiciens de Pharaon, etc.; trad. et annotée par l'abbé Bargès. — 5. Alexandrie et les Alexandrins sous les Ptolémées. (Extr. de la Rev. Brit.) — 6. Sur les rapports de l'Éthiopie avec l'Égypte; par Jomard. — 7. Parallèle entre les antiquités de l'Inde et celles d'Égypte; par le même. — 8. Considération sur le caractère des arts de l'antique Égypte; par Raoul Rochette.

4038. Linguistique. — *Recueil in-8°.*

1. De l'Origine du Langage par J. Grimm; trad. par F. de Weigmann. — 2. De l'Origine du Langage; par E. Renan. (Extr. de la *Liberté de Penser*). — 3. De l'Origine des Formes grammaticales et de leur influence et sur le développement des Idées; par G. de Humboldt. — 4. Discours sur l'étude philosophique des Langues; par Volney. — 5. Notice sur le *Mithridate* d'Adelung; par Lanjuinais. — 6. Essai sur l'analyse physique des Langues, ou de la formation d'un alphabet méthodique; par P. Ackermann. — 7. Philologie. Linguistique morale; par le colonel Armandi. — 8. La *Science du Langage* de Muller; article de E. Burnouf. — 9. Le Cardinal Mezzofanti. (Extr. de l'*Edinb. review.*) — 10. Le Cardinal Mezzofanti. (Extr. de la Rev. Brit.) — 11. Christian Rask, le linguiste danois. (Extr. de la Rev. française; 1838.)

4039. Philologie comparée. — *Recueil en 2 vol. in-8°.*

T. I.

1. De la Méthode comparative appliquée à l'étude des Langues ; par M. Bréal. — 2. Discours (deux) sur l'étude comparative des Langues; par Wiseman. — 3. Considérations sur la première formation des Langues et le différent génie des langues originales et composées; trad. de l'anglais d'A. Smith, par H.-B. (Boulard). — 4. La Philologie comparée ; ses principes et ses applications nouvelles ; par A. Maury. (Extr. de la *Rev. des deux M.)* — 5. Philologie. Origine et affinités des Langues, par Eichoff. (Extr. de la *Rev. du Midi.)* — 6. Remarques sur les caractères distinctifs des différentes Familles linguistiques ; par J. Oppert. — 7. Considérations générales sur la Philologie comparée des Langues Indo-Européennes ; par le même. — 8. L'Aryanisme ; par le même. — 9. De l'origine des dénominations ethniques dans la racine aryane ; étude de philologie et de mythologie comparées ; par J. Baissac. — 10. Comparative Philology ; review of *Bopp's comparative grammar of the sanskrit, zend, greek, latin*, etc. *(from the Edinb. rev.)* — 11. De la classification des Langues et des écoles de Linguistique en Allemagne ; par H. de Charencey. — 12. Collection Philologique : recueil de travaux originaux ou traduits relatifs à la Philologie et à l'Hist. littéraire. La Théorie de Darwin et la Science du Langage. — De l'importance du Langage pour l'histoire naturelle de l'Homme, par A. Schleicher ; trad. de l'allemand, par M. de Pommayrol.

T. II.

1. Rapport de Volney à l'Acad. Celtique sur l'ouvrage de Pallas intitulé : Vocabulaires comparés des langues de toute la terre ; observations de M. P. Masson sur ce rapport, etc. — 2. Langues. Article de Klaproth. (Extr. de l'*Encyclop. Moderne.)* — 3. L'Echo du Panorama des Langues dans le système d'unité linguistique, par A. Latouche ; 1er cahier. — 4. Compte rendu d'un ouvrage inédit de Roehrig intitulé : *Researches in philos. and comparative Philology, chiefly with reference to the languages of Central Asia;* par L. Dubeux. — 5. Des Affinités des Langues transgangetiques avec les langues du Caucase ; par H. de Charencey. — 6. Mots sanscrits comparés avec ceux des autres idiomes Indo-Germaniques et avec les langues de l'Asie septentrionale ; par Klaproth. — 7. De l'Etude des Langues de l'Asie et de l'Europe considérées sous le double rapport de leur origine et des similitudes ou des différences qu'elles peuvent présenter entr'elles ; par Saint-Martin. — 8. Physiologie des Langues Indo-Européennes; par Perreymond. — 7. Sur l'affinité du Cophte avec les langues du Nord de l'Asie et du Nord-Est de l'Europe; par Klaproth. — 10. De Nominum generibus Linguarum Africæ Australis, Copticæ, Semiticarum aliarumque sequalium, auct. G. Bleek. — 11. Observations sur l'alphabet Tifinag ; par F. de Saulcy. — 12. Etude comparée des Langues et dialectes Slaves; par E. Chojecki. — 13. Ueber die verwandtschaft der Slavischen Sprache mit der griechischen,

lateinischen und deutschen; von F. Minsberg. — 14. Etwas über die Sprache der Koloschen.

4040. Langues Asiatiques. — *Recueil in-8°*.

1. Reflessioni sopra l'origine della Lingua ebraica, dell'ab. A. Zendrini. — 2. E. Renan. La Chaire d'Hébreu au Collége de France. — 3. Discours d'Ellious Bochtor à l'ouverture du Cours d'Arabe vulgaire de l'Ecole des Langues orientales vivantes; 1819. — 4. Discours sur l'utilité de la Langue arabe..., par J. Humbert. — 5. Des Règles de l'Arabe vulgaire; par M. Ayoud. — 6. De l'utilité de l'étude de la poésie arabe; par S. de Sacy. — 7. Notice sur la Langue Géorgienne; par Brosset. — 8. Réponse de M. Zohrab, docteur arménien, à une brochure de M. Cirbied. — 9. De la Langue Chinoise. (Extr. du *Mithridate* d'Adelung, par Lanjuinais.) — 10. Description de Formose tirée de livres chinois, avec un Vocabulaire Formosan. — 11. Letters on the Chinese Language, by J.-J. (from *the Asiatic Journ.*) — 12. Notice de l'Ouvrage; Lettre à M. A. Rémusat sur la nature des formes grammaticales en général et sur le génie de la langue chinoise en particulier; par G. de Humboldt. — 13. Programme du Cours de Langue et Littérature chinoises et de Tartare-Mandchou; par A. de Rémusat. — 14. De la parenté du Japonais avec les idiomes Tartares et Américains; par H. de Charencey. — 15. Eclaircissements sur quelques particularités des Langues Tartares et Finnoises, par O. Roehrig. — 16. Lettre écrite de Linz à un orientaliste allemand au sujet d'un orientaliste français, etc. — 17. Des Langues et de la Littérature de l'Archipel de l'Asie sous le rapport politique et commercial; par E. Dulaurier. — 18. Bibliothèque Malaye. Additions; par E. Jacquet.

4041. Linguistique. — *Recueil in-8°*.

1. Discours sur l'origine et les révolutions des Langues Celtique et Françoise; par Duclos. — 2. Détachement de la Langue primitive: celle des Parisiens avant l'invasion des Germains, la venue de César et le ravage des Gaules; par Le Brigant. — 3. Autres détachemens de la Langue primitive: celle des François, la même que la langue des Gaulois leurs ancêtres, etc. — 4. Histoire de la Langue des Gaulois, et par suite, de celle des Bretons; par L. Miorcec de Kerdanet. — 5. Ueber den Einflus der Normannen auf die Französische Sprache und Litteratur; von L. Heeren.

4042. Linguistique — *Recueil in-4°*.

1. Recherches sur l'écriture cunéiforme. Inscription de Van; par F. de Saulcy. — 2. Commentatio de Linguarum Asiaticarum in antiquo Persarum imperio varietate et cognatione; auctore A.-H.-L. Heeren. — 3. Études sur l'origine de la Langue et des Romances Espagnoles; par E. Rosseeuw St-Hilaire. — 4. Ueber die Sprache der Zigeuner; ein grammatische skizze, von Graffunder. — 5. Vocabu-

laires appartenant à diverses contrées ou tribus de l'Afrique, recueillies dans la Nubie supérieure ; par M. Koenig. — 6. Uber der Hawaiische Sprache ; von H.-V. Chamisso.

4043. Biographies ; Éloges historiques, etc. — *Recueil in-4°.*

1. Éloge de M. Amoreux ; par G.-J. Roubieu. — 2. Éloge du Président d'Aigrefeuille ; par de Ratte. — 3. Éloge d'Astruc, par Lorry. — 4. Éloge de Pierre Richer de Belleval ; par A. Dorthes. — 5. Éloge d'Auguste Broussonet ; par A.-P. de Candolle. — 6. Éloge de A.-P. de Candolle ; par F. Dunal. — 7. Éloge de P. de Candolle ; par Flourens. — 8. Discours prononcé aux funérailles de J. de Christol ; par P. Gervais. — 9. Éloge de C.-L. Dumas ; par Prunelle. — 10. Éloge de A. Dorthes ; par C.-L. Dumas. — 11. Notice des travaux de A. Raffeneau-Delille. — 12. Notice sur J.-P.-R. Draparnaud ; par M.-A.-G. Seneaux Vᵉ Draparnaud, son épouse. — 13. Discours prononcé aux funérailles de F. Dunal ; par P. Gervais. — 14. Éloge de H. Fouquet par C.-L. Dumas. — 15. Discours prononcé aux funérailles de M. Gergonne ; par P. Gervais. — 16. In Laudem D. Francisci de Lamure oratio ; auctore H.-L. Brun. — 17. Éloge de M. de Lamure ; par de Ratte. — 18. Éloge de M. de la Peyronie ; par le même. — 19. Éloge de M. Lafosse ; par le même. — 20. Éloge de M. Lallemand ; par A. Courty. — 21. Éloge de J. Pétiot ; par J.-N. Berthe. — 22. Éloge de M. Poitevin ; par M. Martin-Choisy. — 23. Notice historique sur M. Reboul ; par M. Arnal. — 24. Discours prononcé aux funérailles de M. Marcel de Serres ; par P. Gervais.

4044. Biographie ; Éloges historiques, etc. — *Recueil en 3 vol. in-8°.*
T. 1.

1. Liste chronologique de nombre de Savans nés à Montpellier et de plusieurs Savans étrangers qui y ont fait leur demeure, etc. ; par V.-L.-S... (Soulier). — 2. Éloge d'Anglada ; par E. René. — 2. Notice sur G. Amoreux ; (par J.-P. Amoreux). — 3. Recherches sur la vie et les ouvrages de P. Richer de Belleval ; (par le même). — 4. Éloge de P.-J. Barthez ; par T. Baumes. — 5. Samuel Boissière ; par H. Kühnholtz. — 6. Notice Biographique sur T. Baumes ; par Golfin. — 7. Paroles prononcées par le prof. Jaumes aux funérailles de R. Delile. — 8. Notice historique sur Fréd. Bérard ; par J. Teissier-Rolland. — 9. Éloge historique de T. Bordeu ; par Roussel. — 10. Éloge historique de Bordeu ; par Lefeuve. — 11. Discours sur la vie et les travaux de Cambacérès ; par J. Massot-Reynier. — 12. Discours prononcé le 4 février 1854 à l'inauguration du buste de De Candolle ; par P. Gervais. — 13. Éloge de Dugès ; par F. Bouisson. — 14. Notice biographique sur les Deparcieux oncle et neveu ; par R. Mahérault et d'Hombres-Firmas. — 15. Éloge de F.-J. Double ; par Bousquet. — 16. Notice sur la vie et les ouvrages de Draparnaud ; par J. Poitevin. — 17. Éloge historique de Dorthes ; par C.-L. Dumas.

T. II.

1. La vie et les principes de M. Fizes; par L. Estève. — 2. Notice historique sur Antoine Gouan; par P.-J. Amoreux. — 3. Éloge de A. Gouan; par J. Roubieu. — 4. Notice sur Guy de Chauliac ; par H. Rodrigues. — 5. Notice nécrologique sur J.-B.-P. Laborie ; par Pierquin. — 6. Notice historique et bibliographique sur la vie et les ouvrages de L. Joubert; par P.-J. Amoreux. — 7. Notice sur L. Joubert; par V. Broussonet. — 8. Éloge de Marcot; par J. Poitevin. — 9. Éloge de Méjan, Poutingon, Montabré et Fages; par A. Dugès. — 10. Notice historique sur A. Miquel ; par Arnal.

T. III.

1. Hommage à feu le professeur Pouzin; par J.-E. Planchon. — 2. Éloge de J. Poitevin ; par M. Martin-Choisy. — 3. Le docteur Prunelle ; sa vie et ses travaux ; par A.-F. Potton. — 4. Notice historique, bibliographique et critique sur F. Rabelais ; par H. Kühnholtz. — 5. Rabelais à Montpellier ; par V. Broussonnet. — 6. François Ranchin ; par le même. — 7. Notice sur C.-A.-G. Riche ; par son frère Riche de Prony. — 8. Notice sur G. Rondelet ; par V. Broussonnet. — 9. Éloge historique de L. Rouzet; par F. Bérard. — 10. Éloge historique de Marcel de Serres ; par P.-G. de Rouville. — 11. Étude biographique, philosophique, médicale et botanique sur François Boissier de Sauvages; par Barbaste. — 12. Notice hist. et bibliographique sur Jean Schyron; par H. Kühnholtz. — 13. Notice sur F. Vallériole, par Pontier. — 14. Éloge historique de Venel; par H. Menuret de Chambaud.

Articles Omis.

4045. **Baumes** (T.). Recueil (factice) d'Eloges Historiques. — *Montpellier Tournel, 1804-12, in-4°.*

    J.-P.-R. Draparnaud. — P.-J. Barthez. — A. Pujol. — H. Fouquet. — A. Tandon. — M.-A. Petit.

4046. **Charencey** (H. de). La Langue Basque et les Idiomes de l'Oural. — *Paris, Challamel; et Mortagne, Daupeley, 1864-66, in-8°.*

    On y a joint :

    Lettre à M. Xavier Raymond sur les analogies qui existent entre la Langue Basque et le Sanscrit, par J. Augustin Chaho. — *Paris, Arthus Bertrand, 1836.*

4047. **Graefius** (F.). Lingua græca et latina cum Slavicis Dialectis in re grammatica comparatur. — *Petropoli, typis Academicis, 1827, in-4°.*

4048. **Graslin** (L.-F.). Extraits originaux (mss.) d'auteurs anciens et modernes sur l'Espagne, pour servir à son ouvrage de l'*Ibérie* (V^r le N° 1558). — *31 cahiers pet. in-fol.*

4049. **Guibal** (G.). Le Poëme de la Croisade contre les Albigeois, ou l'Épopée nationale de la France du Sud au XIIIe siècle. Etude historique et littéraire. (Thèse). — *Toulouse, Chauvin,* 1863, *in-8°.*

4050. **Lanfrey** (P.). Essai sur la Révolution française. — *Paris, Chamerot,* 1858, *in-8°.*

4051. **Larchey** (L.). Dictionnaire historique, étymologique et anecdotique de l'Argot Parisien ; 6e édition des *Excentricités du Langage.* — *Paris, Polo,* 1873, *gr. in-8°, fig.*

4052. **Maury** (L.-F.). Histoire des grandes Forêts de la Gaule et de l'ancienne France, précédée de recherches sur l'histoire des forêts de l'Angleterre, de l'Allemagne et de l'Italie, etc. — *Paris, Leleux,* 1850, *in-8°.*

4053. **Michelet** (J.). Origines du Droit français, cherchées dans les Symboles et formules du Droit universel. — *Paris, Hachette,* 1837, *in-8°.*

4054. **Muller** (H.). Abhandlung über Germani und Teutones. — *Würzburg, Thein,* 1841, *br. in-4°.*

4055. **Textor** (J.). Officinæ Joannis Ravisii Textoris Epitome. — *Lugduni, Gryphius,* 1541, *2 vol. in-8°.*

4056. Collection de Planches photographiées représentant les divers types des Races humaines et tirées pour la plus grande partie de la Collection anthropologique du Muséum.

 Ces Planches sont renfermées dans un petit meuble à tiroirs, fait spécialement pour les contenir.

TABLE ALPHABÉTIQUE

DES AUTEURS CONTENUS DANS LES RECUEILS, ET DES AUTEURS D'OUVRAGES ANONYMES.

A

Abadie, 1846.
Abd Oulrizaq, 3880.
Abram (E.), 4018.
Acidalius, 2919.
Ackermann (P.), 4037.
Acollas (E.), 4000, I.
Adanson, 4026, II.
Adelan, 74.
Adler (F.), 4021, VII.
Aitken Meigs (J.), 4003.
Agassiz (L.), 4035.
Ajasson de Grandsagne (J.-B.-F.), 4006.
Albertus Magnus, 328.
Alléon-Dulac, 2451.
Alletz (P.-A.), 1733.
Altena (H.-L. van), 4020, IV.
Amant-Saintes, 4005, I.
Amic, 4014, II.
Amoreux (P.-J.), 1020, 2204, 3714, 4025, 4027, VI; 4029, 4043, I-II.
Ampère (J.-J.), 4008, I.
Amyot (le P.), 2203.
Ancinelle (A.), 3999, VII.
Andral, 4027, V.
Andréossy (Le Cte), 4033, II.
Andrew (T.), 4020, VIII.
Andry (F.), 3999, VI.
Anglada (C.), 4000, I.
Antelme (A.), 4003.
Archiac (d'), 4004, I.
Arconville (Mme d'), 1201.
Ardène (P. d'), 3716.
Ardevel (J.), 4028.
Armandi, 4037.
Armeyrie, 1001.
Arnal, 4042, 4043, II.
Arnauld, 4027, VI.
Asch (E.), 4020, I.
Astruc, 200, 2469.
Atger (X.), 155.
Aucapitaine (H.), 4008, IV; 4021, I.
Audinet-Serville (G.), 4023, III.
Audirac (J.-J.), 3999, VI.
Audouin (V.), 4020, V; 4021, V; 4022, I, II; 4023, I, II, V, VI.
Audubert (B.), 4021, VI.
Auger (V.), 4027, I.
Auguis, 3161.
Auvergne (d'), 4031, II.
Ayoub, 4039.

B

Babinet, 3996.
Bachelier (J.-B.), 4020, VI.
Bacher (A.-A.-P.-F.), 1837.
Backer (T.), 1830.
Baeckner (A.), 4024.
Baer (K.-L. von), 4002-03, 4021, II.
Baert (de), 2467.
Baglivius (G.), 4020, V.

Bailly d'Engel, 1202.
Baissac (J.), 4038, I.
Balby (A.), 4005, I.
Ballot (F.), 4814, II.
Bancal (P.), 4014, II.
Baradou (J.-M.-V.), 3994.
Baralis (C.), 3999, V.
Barante (de), 2260.
Barbaste, 4043, III.
Barbier (A.), 1234.
Barbier du Bocage, 2686.
Barchou de Penhoen, 3994.
Barclai (J.), 1229.
Barjavel (C.), 3999, I.
Barker Webb (P.), 4021, V.
Barracand (A.), 4020, VI.
Barrier (F.), 4000, I.
Bartels, 4007.
Bataillard, 4010.
Baumes (T.), 4043-44.
Baupertuy (D.), 3999, VII.
Batilliat, 4023, VI.
Bayle Saint-John, 4008, III.
Bazin (A.), 3995.
Bazin (G.-A.), 2709.
Baze (A.), 3999, I.
Beauchamp (A. de), 364.
Beaudeau (l'abbé), 4009.
Beauvois (E.), 4008, I.
Béchamp (A.), 4026, IV.
Bechmann (G.), 3997, II.
Becker (A.), 4026, II.
Beguerie (J.-M.), 4014.
Bel (J.-J.), 1004.
Bellefroid, 3999, V.
Bellet, 2218.
Bellin, 278.
Benet, 4008, II.
Benoiton de Chateauneuf, 2975, 3999, III ; 4046.
Bérard, 4000, IV; 4027, II; 4043, III.
Bérard (P.), 4005, II.
Bergman, 2607.
Bergmann (F.-G.), 4036.
Bergmark (D.), 3994.
Berchon, 1018.
Bernard (J.-F.), 1026.

Bernard (F.), 2777.
Bernard (P.), 3999, I.
Bernard de Galles (D.), 4020, I.
Berthaud, 4008, III.
Berthe (J.-N.), 4042.
Berthelot (S.), 4021, V.
Berthelot (J.), 4025.
Berthold (A.), 4006.
Bertholon (l'abbé), 4027, III.
Bertin (E.), 2613.
Bertrand, 3997, II.
Bertrand (C.), 3999, IV.
Bertrand de Saint-Germain, 4005, II, III.
Bertuch, 1208.
Besnard (A.), 4023, I.
Bethisi (de) de Mézières, 1159.
Beulac (J.-P.), 4014, I.
Bianconi (J.-J.), 4000, I.
Bigot de Morogues, 4020, VII; 4030.
Bilbao (F.), 4008, VI.
Biot (E.), 4008, II.
Blainville (H. de), 3997, II ; 4006, 4034.
Blanc (A.), 4021, IV.
Blanc d'Hauterive, 804.
Blancsubé (A.), 3999, VI.
Blek, 3038, II.
Blumenbach (F.), 4008, IV; 4020, II ; 4031.
Boehmer (B. et R.), 4025.
Boerhaave (H.), 3333.
Boiano (L.), 4020, VIII.
Boindin (N.), 2457.
Boissat (J.-C.), 3999, II.
Boissier (F.-L.-C.), 4000, II.
Boissier de Sauvages (F.), 4025.
Bompartius, 3999, I.
Bonald (V. de), 2703.
Bonnefoy (A.), 4020, I.
Bonnet, 4020, VI.
Bonnet (J.), 3994 ; 3998, 4022, I, II ; 4026, I.
Bonnifay, 3999, II.
Bonsergent (A.), 4014, II.
Bonté, 4005, III, 4011.
Borde, 3604.
Bordeu, 3999, IV.
Bordeu fils, 3088.

Bordier (L.-C.), 3889.
Boré (E.), 4036.
Bories (P.), 3999, VI; 4026, I.
Born (J. de), 2547.
Bory de Saint-Vincent, 4000, III; 4026, III; 4035.
Bosc (E.-G.), 3999, III, IV.
Bosse, 4021, VI.
Bouche, 1213.
Boucher de Perthes, 4000, III ; 4001, I; 4033, I.
Boudin, 3997, I; 4005, III-IV; 4015.
Bougeant (le P.), 70.
Bouhier (P.), 3608.
Bouhours (le P.), 1047, 3124.
Bouillet, 3096.
Bouillier, 1200.
Bouisson (F.), 4043, I.
Boulanger, 3086.
Bourdet, 4032, II.
Bourdelin (H.-F.), 3999, V.
Bourdon (J.), 4000, IV.
Bourgelat, 4020, VI.
Bourlet, 4023, IV.
Bousquet, 4043, I.
Bousquet (J.-B.), 4016.
Bouthet-Desgennetières, 3999, VII.
Boyer (F.), 3999, II.
Boyer de Fonscolombe, 4023, IV.
Boyne (L.-S.), 4800, II.
Boyron (E.), 3996, 4020, I.

Boze, 4033, I.
Brachet, 4000, IV.
Bracy-Clarck, 4023, IV.
Brayer, 4027, VI.
Bréal, 4038, I.
Brenner (E.-G.), 4013.
Breyer (G.), 4020, IV.
Brière de Boismont (A.), 4005, I.
Brinckmann (J.), 4034.
Brisseau-Mirbel, 3995.
Broca (P.), 3999, II; 4005, I; 4009, 4034.
Brogianus, 4025.
Brongniart (A.), 4033, II.
Brosses (de), 852, 3712.
Brosset, 4039.
Broussonet (A.), 3998, 4020, III.
Broussonnet (V.), 4018, 4043, II-III.
Bruch, 4026, III.
Brun (H.-L.), 4042.
Brunet (F.-F.), 2769.
Brunet (G.), 857.
Bruguière (B.), 4008, III.
Brulle (A.), 4022, I.
Bubani (P.), 4027, IV.
Buchanan, 4008, II.
Buckland (W.), 4032, I.
Buffon, 4020, VIII; 4026, II.
Burdach (C.-C.-T.), 3997, II.
Buksiki (H.), 4026, IV.
Burnouf (E.), 4037.
Butte (W.), 4032.

C

Cabré, 4028.
Cadet-Gassicourt (C.-L.), 824.
Cajot (D.-J.), 1172.
Campan (B.), 3999, III.
Campardon (J.-B.), 2787.
Camper (A.), 4039.
Camper (P.), 4011, 4020, III.
Candolle (A.-P. de), 4027, I, IV, VI; 4042.
Cap (A.), 4026, I.
Captier (F.), 4028.
Caradec (L.-M.), 4014, I.

Carli (D. de), 1440.
Carrau (L.), 4034.
Carruthers (W.), 4034.
Carus (C.-G.), 4002.
Casellas y Coll (P.), 3999, I.
Casper (J.-L.), 4016.
Castagne (L.), 4007.
Castaing (J.-B.), 3996.
Castel (F.), 4014, II.
Castelnau (F. de), 4008, IV.
Castelnau (H.-de), 3999, II.
Castilhon, 3098.

Catlin (G.), 4008, V.
Caumette (C.), 1154.
Cavallier (C.), 4027, IV.
Cavelier, 1426.
Cazalis (F.), 4029.
Cazalis de Fondouce (P.), 2613.
Cenac (B.), 4014, I.
Cerisier (A.-M.), 1725.
Cerruti (F.-L.-P.), 3999, VI.
Cesarotti, 3290.
Chabassy (Mob.), 4014, I.
Chabrier (J.), 3997, I.
Chafey Refay (Mob.), 4014, I.
Chaho (J.-A.), 4008, I.
Chaix (P.), 4008, VI.
Chamisso (H.-D.), 4041.
Champy, 4026, III.
Chappuyzi (J.-E.), 2213.
Chaptal (A.-C.), 3999, VI.
Chaptal (J.-A.), 4029.
Charencey (H. de), 4038, I, II; 4039, 4045.
Charette de la Colinière, 3605.
Charlot de Courcy, 4021, II.
Charpentier (L.), 2211.
Charvet (A), 3998, 4021, III.
Charvet (E.), 4020, I.
Charvin (N.), 3999, III.
Chatel (V.), 4021, IV.
Chavée (A.), 4005, IV.
Chavée (H.), 4005, I.
Chaubert (A.-D.), 3999, VII.
Chaumeton (F.-P.), 1322.
Chaussier, 1239.
Chenest, 4023, II.
Cherbuliez (J.), 4017.
Chesnel (A.-de), 4021, IV.
Chevalier, 4035.
Chevalier (A.), 4019.
Chevanne (J.), 4020, VI.
Chipault (A.), 4012.
Chojecki (E.), 4008, I; 4038, II.
Chomel, 1199.
Chomel de Saint-Ange, 3447.
Chompré (P.-J.), 3853.

Chrestien (J.-A.), 4019.
Christol (de), 4001, II; 4034, 4035.
Clairiau (J.), 4018.
Claparède, 3999, II.
Claret de la Tourette, 3876.
Clerc (D.), 3999, IV.
Clifford, 3713.
Clos (D.), 2687, 3997, II; 4026, I; 4027, II.
Clot, 4021, VI.
Cluscard (S.), 3999, V.
Col de Villars (E.), 3999, I.
Collins (D.-A.), 1018, 1193.
Colnet, 1226.
Colomiès (P.), 2452.
Combes (de), 3711.
Companyo (L.), 4020, II.
Comte (A.), 4000, III.
Constant-Duméril, 4020, III.
Contant, 1006.
Copineau, 1214.
Corancez (P.-A.-O.), 1735.
Cortambert (L.), 4008, VI.
Cortambert (R.), 4018.
Cortesi (J.), 4034.
Cosson (E.), 4027, IV.
Costard, 1006.
Coste, 4021, I.
Costes (A.), 3999, VI.
Cotta (B.), 4032, I.
Couailhac (E.), 3999, I.
Courchet (L.), 4022, II.
Court de Gebelin (A.), 999.
Courtet (V.), 1005, IV.
Courtet de l'Isle (V.), 4008, I.
Courtin (A. de), 2695.
Courtois (P.), 3999, V.
Courty (A.), 3999, V; 4042.
Crassous (A.), 4029.
Cressius (S.), 4014, I.
Creuzé de Lesser, 114.
Cubières (de), 4027, VI.
Cuncœus (P.), 3149.
Cuvier (J.), 3999, III; 4006, 4021, I, IV; 4022, I; 4033, I.

D

Dadabbai Naoroji, 4007.
Da Gama Machado (J.-J.), 3685.
Dahlbom, 4022, II.
Dalibard, 4026, IV.
Dalmas (J.-B.), 4014, II.
Dalpiaz, 4027, VI.
Dan.. del (J.), 1223.
Danyzy, 4021, I ; 4027, II, V; 4030.
Darracq, 4021, IV.
Dassier (A.), 4027, V.
Davalos (J. de), 4015.
David de Lestrade (L.), 4014, I.
Davis (J.-B.), 4003.
Daubenton, 3999, II, IV.
Dauvin (J.-A.), 3999, I, VI.
Debret (J.-B.), 4008, VI.
Debrye (L.-M.), 3999, VI.
Defauconpret, 3890.
Degland (Y.), 4026, II.
Deguignes, 4006.
Delandine, 805, 2862.
Delanoue (L.), 4001, I.
Delaporte, 4008, IV.
Delille, 4025; 4026, III, IV.
Delisle de Sales, 1740, 1750.
Delord (A.), 4014, II.
Delpech, 4021, I.
Delvaille (C.), 4000, I.
Demangeon (J.-B.), 4013.
Deparcieux, 3999, V.
Deriaux (A.), 3997, II.
Deromé Delisle, 4021, V.
Deschamps (L.-A.), 4008, VII.
Descourtils (C.), 4027, V.
Desfontaines, 4020, II ; 4026, II.
Des Hauterayes, 44.
Deslandes, 3106.
Desmichels, 2975.
Desmoulins (A.), 4021, I.
Desmoulins (C.), 4021, V.
Després (D.), 3998.
Dessalles (E.), 2777, 3999, II.
Detlaus Lembke (C.), 4014, I.
Detharding (G.), 4020, VIII.

Devay (F.), 4012.
Dezallier d'Argenville (A.-J.), 1743-44,
Dickenson, 90.
Diderot (D.), 2206, 2819.
Dilly, 3710.
Dodart, 3999, VI.
Domenech (E.), 4008, V.
Donati (F.), 3999, I.
Donnadieu (A.-L.), 4023, V.
Donnadieu (L.), 4032, I.
Donné (A.), 4021, VII.
Donovan (E.), 4022, II.
Dordelu du Fays, 2704,
Dorthes (A.), 4021, II; 4042.
Douville, 4008, IV.
Draparnaud (J.), 3995-96-97, II ; 4023,
  I ; 4027, II.
Drevon Saint-Hilaire, 3997, II ; 4025, II.
Drouet (H.), 4021, V.
Dubois (J.-A.), 4008, II.
Dubosc Taret (J.-N.-P.), 3999, V.
Dubreuil (E.), 4021, V.
Dubux (L.), 4038, II,
Ducerf (C.), 3999, V,
Duchassaing (P.), 4021, I.
Duchesne (E.-A.), 4019.
Duclaux (J.-M.-F.), 3999, I.
Duclos, 4040.
Ducrotay de Blainville, 4020, II ; 4033, I.
Dufaure (T.-L.-A.), 3999, VI.
Du Fay, 4020, IV; 4026, IV.
Dufour (L.), 4020, V ; 4021, VI; 4023,
  I-VI ; 4027, IV.
Dugas (T.), 4020, VI.
Dugès (A.), 4021, III, V, VI ; 4023, I, V;
  4043, II.
Duhamel, 4026, II.
Dulaure, 1029.
Du Laurens (l'ab.), 2942.
Dulaurier (E.), 4039.
Dumas (I.), 4020, VIII.
Dumas (L.), 4026, IV.
Dumas (C.-L.), 4042, 4043, I.
Duméril, 4023, I ; 4027, II.

Dumonchaux, 85, 354.
Dumont (C.), 4008, IV; 4016, 4021, II.
Dumontier, 4008, VII.
Dumortier (C.), 4020, II ; 4021, II.
Dunal (F.), 4023, VI ; 4026, II, III ; 4027, V, VI ; 4029, 4042.
Dupeuty-Trabon, 4008, II.
Dupetit Thouars (C.-A.), 4026, I.
Dupont (E.), 4032, I.
Dupont (H.), 4023, I.
Dupont de Nemours, 3017, 3995.
Dupuis (A.), 4033, I.
Durand (A.), 4020, I.
Durand (Dom), 3873.
Durand (P.), 4026, IV.
Durand-Lajartes (G.), 3999, I.
Dureau de la Malle (A.), 4027, II.
Duroni (G.), 4020, VI.
Durreuil (E.), 4021, V.
Duverney, 4034.
Duvernoy, 4000, I ; 4020, II.

E

Eberhard (E.-F.), 3999, II.
Ecker (A.), 4002.
Eckstein, 4036.
Eckstein (d'), 4017.
Ecrammeville (d'), 2215.
Edward de Ste-Croix, 2465.
Edwards (W.-F.), 4000, I, 4005, II, 4009.
Ehrenberg (C.-G.), 3999, II.
Eichoff, 4038, I.
Eichtal (G. d'), 4008, VII, 4011.
Encontre, 4027, I ; 4033, I.
Ender (E.), 4027, V.
Enslin (T.-C.-F.), 356.
Escarguel (P.), VI, 4020.
Espiard de la Borde (l'abbé), 1195.
Espinosa y Casanas (J.), 4014, I.
Esquiros (A.), 4005, IV, 4033, I.
Estève (L.), 4043, II.
Estienne (E.), 4014, I.
Eyriès (J.-B.), 4016.

F

Fabas, 2697.
Fabre (E.), 4027, V.
Fabry (de), 41.
Falconnet de la Bellonie, 2993.
Falle, 1736.
Fallet, 1006.
Fabret (J.), 4012.
Farrat (C.-E.), 3999, V.
Farines, 4021, II.
Faugères, 4020, II.
Favre (A.), 4034.
Fée, 4026, III.
Feer (L.), 4006.
Ferrière (de), 3649.
Feydel, 3123.
Figuier (L.), 4035.
Fischer (de), 3085.
Floquin fils, 4000, IV.
Flourens, 3999, II ; 4008, IV ; 4042.
Flourens (G.), 4000, III.
Fodéré (E.), 4015.
Foerster (A.), 4022, II.
Foix (F.), 3999, V.
Fontanier (V.), 4008, II.
Fontenelle (J.), 4035.
Forbes (E.), 3996.
Fortia d'Urban, 1025, 2694, 4033, I.
Fortin d'Ivry, 4008, I.
Foubert, 4001, II, 4005, I.
Foucher d'Obsonville, 1217.
Fougeroux de Bondaroy, 4022, I-II ; 4026, III.
Fouquet (H.), 3999, VI.
Fourcroy (A.-F. de), 4020, I.
Fournel, 1222.
Fournier, 4027, VI.

Fournier (Dom), 1726.
Foville (A.), 4018.
François, 3995.
François dit Brie, 3999, VII.
Frank (L.), 4011.
Frank (O.), 4006.
Franklin (Will.), 3880.

Frelin, 1160.
Froissard (D.), 4000, II.
Froriep (R.), 4004.
Fuchs (C.-H.), 4015.
Fuchs (C.-J.), 3997, I.
Fuhlrott (C.), 4001, II.

G

Gachet (H), 4021, III.
Gaidan, 4008, VII.
Gaillardot, 4007.
Gallatin (A.), 4008, V.
Garbiglietti (A.), 4003, 4008, I.
Garnot (P.), 3999, II; 4000, III; 4008, VII.
Garrigou (F.), 4001, I.
Garsin, 4020, VI.
Gaudry (A.), 4001, I.
Gaulle (C. de), 4009.
Gaultier (J.-A.), 4000, III.
Gaussen, 4000, IV.
Gautran (L.), 4025.
Gaymard, 4021, VII.
Gavarret, 4027, V.
Geer (de), 4020, V; 4022, I, II.
Geffroy (E.), 4008, I.
Geiger (F.), 4027, II.
Genssane (A.), 3994, 1182.
Geoffroy, 4020, IV, V, VII.
Geoffroy le jeune, 4022, II.
Geoffroy Saint-Hilaire, 3998, 4020, II; 4021, II; 4022, I; 4023, I, V.
Geoffroy St-Hilaire (E), 3995.
Geoffroy Saint-Hilaire (H.), 3997, III.
Geoffroy Saint-Hilaire (I.), 4005, I, IV; 4021, I, IV.
Gérard, 4021, I.
Gerbaud (J.-M.), 4005, I.
Gerdil (H.-S.), 1017.
Gerlach (A.-C.), 3997, I.
Gervais (P.), 4001, II; 4004, 4020, I, V, VIII; 4021, I-III; 4026, I; 4027, III; 4031, 4034, 4042, 4043, I.
Gervais de Laprise, 162.
Gesnerus (C.), 3872.

Gilibert (E.), 1216.
Gillet de Laumont, 4027, VI.
Gillin (F.-H.), 4014, I.
Giorna, 4022, I.
Girard (C.-A.), 3999, III.
Girard (F.-de), 4027, VI.
Giraud (C.-L.), 987.
Giraud (L.), 4001, II, 4035.
Girdlestone (T.), 4014, II.
Girou de Buzareingues (L.), 4021, I; 4027, II, III.
Gloger (L.), 4021, II.
Godcheu de Riville, 4020, II, VII; 4022, II.
Godron (A.), 4009, 4026, II; 4027, IV, VI.
Goedard (J.), 4022, I.
Goethe, 4020, I.
Goguet (A.-Y.), 2733.
Golfin (H.), 4026, I; 4042.
Gormary (A.), 4020, VI.
Gosse (A.), 4008, VI.
Gosse fils (H.-J.), 4001, I.
Gouan (A.), 4026, II, 4027, VI.
Goulin (J.), 2468.
Gourbillon (de), 90.
Graberg (J.), 4007.
Gradis (D.), 4033, I.
Graefius (F.), 4046.
Graflunder, 4041.
Grandval père, 3647.
Granet, 2537.
Grasmeyerus (P.-F.-H.), 4013.
Gratarolus (G.), 328.
Gratcloup, 4021, V; 4027, V; 4032, II.
Gratiolet (P.), 4003.
Grégoire, 4011.
Grenier (C.), 4027, IV, V.

Grimaud, 4020, I; 4037.
Grimaud (de), 4000, IV.
Gros (A.) 4020, VI.
Grosley (P.-J.), 2461.
Gruner (C.-G.), 4019.
Gubler (A.), 3999, III.
Gudin (P.), 4000, III.
Guérard de Provins (E.), 4017.
Guérault (H.), 4003.
Guérin, 4023, IV.
Guérin (E.), 4021, VI.

Guérin Méneville, 4023, I.
Guettard, 4022, I.
Guibal (G.), 4047.
Guichard (F.-R.), 3995.
Guilland (J.-F.), 4000, IV.
Guillery (G.), 4027, V.
Guilmot, 4000, IV.
Guinard (E.), 4026, III.
Guitton (E.), 4020, I.
Guyon (G.), 4025.

H

Haeckel (E.), 3996.
Hahn (J.-D.), 3994.
Hahn (L.-G.-E.), 4020, II.
Hagen (A.), 4023, III.
Halday (H.), 4023, IV.
Halléguen (E.), 4009.
Hammargzen (E.-T.), 4023, V.
Hamy, 4034.
Hanin, 3878.
Hans Sloane, 4020, VIII; 4034.
Hardin (S.), 4023, V.
Harless (C.-F.), 3995.
Harries Jones (R.), 4007.
Harvieu, 3425.
Hasselt (C. Van), 4021, III.
Hautel (d'), 998.
Hebenstreit, 4024.
Hecquet (Ph.), 502.
Hedemberg (A.), 4026, III.
Heeren (A.-H.-L.), 4044.
Heeren (L.), 4040.
Helvetius, 1194.
Hemsterhuys, 2208.
Hénon (J.), 4026, II.
Hénon (L.), 4026, III.
Herissant, 4020, II, III.
Hiriart (T.-J.), 4000, IV.
Hœrmann (C.), 3999, IV.
Hermant (A.), 4030.
Hers (B. d'), 4025.

Higgins (J.), 3999, V.
Hoffberg (F.), 4021, II.
Hoffstadt (J.-D.), 3999, V.
Hofmann, 4023. I.
Holbach (d'), 807, 1225, 2209, 2571, 2920, 3595, 3600, 3652.
Holland, 3596.
Hollard (H.), 4003, IV.
Holscher (J.-P.), 4000, IV.
Homberg, 4020, V, VIII.
Hombres Firmas (d'), 4030, 4043, I.
Hombron (J.-B.), 4008, VIII.
Home, lord Kaimes, 3483.
Hooker (J.), 4026, III.
Hope (W.), 4023, II.
Hoppe (H.), 4023.
Horlacher (C.), 3999, IV.
Houtte (L. van.), 1321.
Houry, 4001, II.
Housselle (C.), 4006.
Howlett (J.), 4016.
Huarte, 3613.
Huet (D.), 1738.
Humbert (J.), 4039.
Humboldt (A. de), 4050.
Humboldt (G. de), 4037, 4039.
Hunauld, 3999, IV; 4020, II.
Hunt (J.), 4000, I; 4011.
Hunter (J.), 3998, 4005, II.
Huot (J.-J.-H.), 4001, II.

— 447 —

I

Ironside, 4098, II.
Irving (W.), 4008, V.
Isenflamm (H.-F.), 3999, III.
Isnard (J.), 2207.

Isoard (J.), 4014, II.
Israeli (J. d'), 853.
Itier (J.), 4026, I.
Ivernois (F.), 4016.

J

Jackson (J.-R.), 4017.
Jacquart, 4003.
Jacquet (E.), 4039.
Jager (G.), 4021, I.
Jamin, 4030.
Jan (G.), 4000, I.
Janet (P.), 4005, IV.
Jansen (S.), 4014, I.
Jansen (W.-X.), 4015.
Jaubert (Le Cte), 4027, I, IV, VI.
Jaumes, 4043, I.
Jeanjean (A.), 4001, II.
Jefferson (Th.), 2708.

Joannis (de), 4000, I.
Jobit (E.), 4014, II.
Johanneau (E.), 4027, VI.
Joly (N.), 3997, I; 4000, IV; 4020, V;
    4021, I-II, VII ; 4023, I-IV; 4026, II;
    4031, 4032, I ; 4033, II.
Jordan (A.), 4027, IV.
Joulin, 1005, III.
Jourdain (S.), 4020, III, IV, VII.
Julien (A.), 4031.
Julien (F.), 4030.
Jussieu (de), 4020, III, VIII.

K

Kaltbrunner (D.), 1008, IV.
Kant (Im.), 4000, II.
King (R.), 4008, V.
Kirby (W.), 4022, II.
Klaproth (J.), 4005, III; 4008, III;
    4038, II.
Klemm, 4005, II.
Klemus (G.), 4000, I.
Klingtstoed (T.-M.), 2459.
Knight (T.-A.), 4027, III.
Kremer (P.), 4027, III.
Kniphof, 4020, VI.
Knox (R.), 4008, IV.

Kœnig, 4041.
Kœstlin (H.), 3998.
Krakeninnikow, 1739.
Krausius, 3999, I.
Kremer (L.), 4026, I.
Kriegk (G.-L.), 1005, III.
Krueger (J.-F.), 4000, II ; 4032.
Kruger (J.), 1728, 4036.
Kuhl (H.), 4020, VIII.
Kuhlmann (C.), 4020, I.
Kühnholtz (H.), 4043, III.
Kutorga (S.), 4021, I.
Kützing (F.-T.), 4020, VIII.

L

Labrousse, 4028, 4032, II.
La Beaumelle (L.-A. de), 2818.
Labourdette (J.-B.), 4013.
La Caze (de), 1240, 1825.

Lachabeaussière, 4027, V.
Ladevi-Roche, 4005, I.
Lafont-Gouzi (G.), 400, I.
Lagneau (G.), 4009.

La Hire, 4020, V; 4022, II.
Lalanne, 1838.
Lallemand, 4008, I; 4021, VII.
Lamarepicquot, 4021, III.
Lamberg (J.-M. de), 2471.
Lambert (L.-L.), 3994.
Lamé (E.), 4005, IV.
Lametherie (J.-C. de), 2988.
La Mettrie (de), 2919.
Lamoignon Malesherbes, 554.
Lamorier, 4020, VIII.
Lamourdedieu, 4020, VI.
Lamothe, 4027, IV.
Lamothe-Levayer, 739.
Lanet (J.-B.), 3999, I.
Lanfrey (P.), 4048.
Lanjuinais, 4037-38.
Lanthénas (F.), 4000, IV.
Lanzi (L.), 3291.
La Peyrere (Is.), 2972, 3119.
La Peyronie, 4020, II.
Larcher (P.-H.), 3588.
Larchey (L.), 4049.
Laronde (J.-Ch.), 3999, III.
Larrat (P.), 4026. I.
La Salle de l'Estang (S.-P. de), 2973.
Lasaulx (E. von), 4031.
Laspeyres (J.-H.), 4022, I.
Latouche (A.), 4038, II.
La Tour (F. de), 3105.
La Tour d'Auvergne Corret, 3092.
La Tourrette (de), 4026, III.
Latreille, 4023, I.
Laugel (A.), 3996, 4001, I; 4030.
Laurent, 3994.
Lauvergne (H.), 4026, III.
Lavalle (J.), 3997, II; 4026, 4027, V.
Laveleye (E. de), 2454.
Lavit (J.-P.-M.-A.), 3999, I.
Le Berryais (R.), 3715.
Le Brigant, 772, 4040.
Lecalvé (J.), 3994.
Lecène, 4023, III.
Lechat, 4022, II.
Lefebvre (A.), 4023, IV.
Lefeuve, 4043, I.

Lefevre (A.), 4014, I.
Lefevre de Morsan, 2537.
Legoyt (A.), 4005, IV.
Lejean (J.), 4006.
Lélut, 4005, IV.
Lembke (Ed.), 4007.
Lenglet Dufresnoy, 1727.
Lenoir (A.), 4009.
Lenormant (F.), 4001, I.
Lenthéric (P.), 4020, III.
Léouzon-Leduc, 4008, I.
Lereboullet, 4000, II.
Leros (A.), 4000. III.
Le Roy, 4020, VII.
Le Royer, 4021, I.
Lesauvage, 4021, V.
Leschevin (A.), 4023, I.
Lespinasse (G.), 4027, IV, V.
Lesquevin (Cl.), 3598.
Lesson (P.), 4008, VII ; 4021, IV.
Leuckart (R.), 4020, I.
Leuckart (S.), 4020, III.
Levacher, 4014, II.
Leveillé (H.), 4027, V.
Lévêque (Ch.), 3994.
Lévesque (P.-C.), 3999, II.
Levi-Alvarès (D.), 2727.
Lewchine (L.), 4008, II.
Leymerie, 4021, VII.
Lez (L.), 3999, VII.
L'Héritier (D.), 4012.
Lichtenstein (J.), 4023, VI.
Liebig (J. de), 3994.
Lignac (l'abbé de), 2210.
Limbourg (Ph. de), 624.
Linck (G.), 4024.
Lindecrantz, 4021, II.
Linden, 4027, IV.
Linnaeus (C.), 4027, I.
Lischtenstein, 4008, IV.
Lissençon (J.-J.-E.), 3999, VII.
Littré (L.), 4001, I.
Littré (E.), 4005, IV.
Loche (le Cte de), 4022, I.
Logan (J.-R.), 4008, VII.
Lombard (L.), 4026, I; 4027, II-III.

Lordat, 4000, II; 4012, 4020, VIII.
Loret (H.), 4027, IV.
Lorry, 4042.
Los Rios (J.-F. de), 358.
Lottinger (J.), 4021, IV.
Louis (A.), 2782.
Lozivy (A.), 4029.
Lubbock (J.), 4034.
Luc (de), 4020, VII.
Lucæ (S.-C.), 3999, IV.
Ludwig (C.-G.), 4020, VI.
Luini, 2438.

M

Maccary (A.), 4023, III, IV, V.
Mac-Leay (S.), 4023, I.
Maffre, 4023, II, IV.
Maget (G.), 3999, VII.
Magneval (P.), 3999, I.
Magnusen, 4007.
Mahérault (R.), 4043, I.
Maissin (E.), 4008, VI.
Malvet (P.-L.-M.), 3999, V.
Mangot (E.), 4026, IV.
Manières (E.), 3998.
Manne (de), 2686.
Mannerheim (de), 4022, I.
Mansfeldt, 4015.
Manuel (B.-E.), 1751.
Maraldi, 4022, II.
March, 3999, VI.
Marchand (L.), 4026, IV; 4027, VI.
Marchant, 4026, II.
Marès (P.), 4031.
Mareschal (A.), 4026, IV.
Marié-Davy, 4030.
Marion (F.), 4020, VII; 4021, V.
Marquiseau (F.-R.), 3999, VII.
Martène (Dom), 3873.
Marti (A. de), 4027, III.
Martin (H.), 4006, 4009.
Martin St-Ange (G.), 4021, III.
Martins (C.), 3996, 3997, I; 3998, 4020, I; 4026, I, IV; 4027, I, II, IV, VI; 4030, 4033, II.
Martin-Choisy, 4042, 4043, III.
Marx (K.-F.-H.), 3999, II.
Mascagni (P.), 609.
Masci (A.), 4007.
Massias (Le Baron), 4000, II.
Massot (A.), 4020, VI.
Massot-Regnier (J.), 4043, I.
Maucomble, 1721.
Maudet de Penhouet, 3087.
Maupertuis, 1021, 1235, 3794, 4020, IV et V.
Maupied, 4020, I.
Maury (A.), 4001, I, II; 4005, IV; 4008, II, III; 4009, 4033, I, II; 4038, I.
Maury (L.-F.-A.), 4050.
Mayoor (G.), 3999, V.
Meckel (A.), 3995.
Medynski (L.), 3998.
Meng (D.), 3999, I, VI.
Menuret de Chambaud (H.), 4043, III.
Mérimée (P.), 1617.
Mertens (H.), 4021, III.
Méry, 4020, II, VII.
Meyer (A.), 4020, VI.
Meyrieu (A.-P.), 3999, VI.
Michaud, 4032, II.
Michaux (A.), 4027.
Michelet (J.), 4051.
Michu, 4021, VI.
Miller, 4022, I.
Milne-Edwards (H.), 4021, III, V.
Minchin (H.), 4004.
Minsberg (F.), 4038, II.
Minzloff (R.), 4007.
Miorcec de Kerdanet (L.), 4040.
Mirabaud (J.-B. de), 2749.
Mirabeau (Le Cte de), 1188, 1207.
Mirza Abou Taleb Khan, 4008, III.
Moitessier (A.), 4026, IV; 4027, VII; 4031.
Mojon (B.), 4013.
Mongez (A.), 4421, IV.
Monier (A.), 4426, IV.

Monneron (J.-M.), 3822.
Monnier, 4008, I.
Montagne (C.), 4426, I, III.
Montémont (A.), 4008, VII.
Montferrand (F. de), 3999, III.
Moquin-Tandon (A.), 4021, IV.
Morand, 3999, IV; 4020, II, VIII; 4022, II.
Morant (J.-L.), 3999, VI.
Moreau (E.-L.), 3999, V.
Moreau de la Sarthe (J.-L.), 4000, II.
Morel (A.), 4009.
Morizot (J.), 4014, II.
Morren (A.), 3998, 4021, VII.
Morren (C.), 4020, IV.

Morton (L.-G.), 4008, VI.
Moscati (P.), 3997, I.
Mostafa Effendi el Soubky Chams El Din, 4014, I.
Motchoulski (V. de), 4023, V.
Mouradja d'Ohsson, 3601.
Muller (H.), 4052.
Muller (J.-W. de), 3999, III.
Muralt, 2217.
Murray (A.), 4021, VI.
Mussard (P.), 796.
Mueset Pathay (V.-D.), 353.
Mutel (A.), 4026, III.

N

Naigeon, 2513.
Négré (E.), 4014, II.
Niel (J.-L.-A.), 4014, I.
Nissolle, 4022, II.

Nogaret (le Cte de), 1209.
Nougaret (P.-J.-B.), 2273.
Noulet (J.-B.), 4027, V.
Nunn (D.-A.), 3994.

O

Odet (F.), 4014, I.
Oken, 3997, II.
Olfers (de), 4021, VI.
Olivier, 4023, II.
Olivier (J.-J.), 3999, VI.
Omalius d'Halloy (J.-J.), 4005, III; 4007.

Oppert (J.), 4038, I.
Orbigny (C. d'), 4027, VI.
Ottinger (L.), 4031.
Otto (J.), 4020, I.
Owen, 4021, VI.

P

Paillé (L.), 4012.
Pajon de Montcets, 2732.
Pajot de Laforet (P.), 4000, IV.
Palassou (l'abbé), 1205.
Palissot-Beauvois, 4023, II; 4027, V.
Palmaerus (I.), 4021, II.
Pannelier (J.-A.), 1716.
Panzer (G.-W.-F.), 2764.
Papon, 3874.
Paravey (de), 4008, VI.
Passerini (C.), 4022, II.
Passy (H.), 4017.
Pauer (S.), 3999, IV.

Paul, 5.
Pauthier (G.), 3357.
Pavie (T.), 4008, III.
Payen, 4035.
Payer (J.-B.), 4020, I.
Pech (L.), 3999, VII.
Peignot (G.), 1198.
Peillard (A.), 3999, VI.
Peisse (J.-L.-H.), 2436.
Pena (L.), 3999, VI.
Pepin, 4027, VI.
Percheron, 4023, IV.
Percy, 4007.

Pereira (B.), 4014, II.
Périer (N.), 4005, IV.
Pernetty (J.), 2216.
Perrève (P.), 1046.
Perreymond, 4038, II.
Perrier (E.), 3999, II.
Perris (E.), 4023, II.
Perrot, 4008, IV.
Peschier (A.), 4020, VI.
Pesterey (I.), 4008, III.
Petagna (V.), 4022, I.
Petersen (N.-M.), 3999, II.
Petit, 4020, II-IV.
Petit Radel, 4027, I.
Petrasch (di), 1028.
Petrequin (J.-E.), 3999, IV.
Peyroux de la Coudrendère, 4005, III.
Peysson (A.), 4020, VI.
Pezron (Le P.), 107.
Philippe, 3996.
Piales-Daxtrez, 3999, VII.
Picard (C.), 4021, V.
Pichon (l'abbé T.-J.), 2866.
Pichot (Am.), 2777.
Pictet (F.-F.), 4001, II.
Pictet (F.-J.), 3996.
Pierquin de Gembloux, 924, 4005, I; 4043, II.
Pigeaire, 4021, II, 4028.
Pignol (A.-R.), 3997, II.
Pillingius (J.-P.), 4014, I.
Pingon (A.)., 4019.
Pini (E.), 4035.
Pittaro (A.), 4023, V.
Planchon (A.), 4027, VI.
Planchon (G.), 3997, I; 4027, VI; 4031.
Planchon (J.-E.), 4022, II; 4023, IV, VI;
4026, I, III, IV; 4027, II, IV, VI; 4044, III.
Plancus (J.), 4020, III.
Plaz (G.), 4020, VIII.
Pluquet (l'abbé), 1236.
Poinsinet de Sivry (L.), 2734.
Poissonnier (A.), 4010.
Poitevin, 4021, II.
Poitevin (J.), 4043, I, II.
Poletika (M. de), 1208.
Poncet (Dom), 1155.
Pontier, 4043, III.
Poopds, 2728.
Postis (L. de), 4026, 1.
Portalis (J.-E.-M.), 2453.
Potter, 2237.
Potton (A.-F.), 4043, III.
Poucel (B.), 4008, VI.
Pouchet (G.), 3999, III.
Pouchot de Chantassin, 3625.
Pouillot, 3999, III.
Poulain de La Barre (F.), 1160, 1237.
Poupart, 4022, II, VII.
Pouzin, 4027, VI.
Pouzin (F.), 4026, III.
Prévost, 4020. VII; 4021, I.
Prevost (C.), 4032.
Pritchard (le Dr), 4005, III; 4021, VII.
Prunelle, 4016, 4042.
Pruner (F.), 4006.
Przemienieckus (A.), 4000, II.
Psaume (E.), 988.
Pucheran (J.), 3999, III.
Puget (L. de), 2707.
Pujade (J.), 4026, I.
Puvis (A.), 4027, III.

Q

Quatrefages (A. de), 3999, II; 4005, IV; 4021, V.
Quatremère Disjonval, 3574.
Quelus (D.), ou Chelus, 1747.
Quételet (A.), 3998.
Quoy, 4021, VII.

R

Radau (R.), 4005, IV.
Radonvilliers (C.-F. de), 2373.
Raffeneau-Delile, 4019, 4026, II, IV; 4027, I, V, VI.
Ramaer (N.), 4006.
Rame (A.), 4020. VI.
Ramond, 4027, V.
Ramond (L.-F.-E.), 2705.
Rampont (J.), 4014, I.
Ranking (J.), 4008, VI.
Raspail, 4021, V; 4027, V.
Ratte (de), 4042.
Raub (C.), 4020, VI.
Raveneau (T.), 4014, II.
Ray (J.), 4021, V.
Raymond (R.), 2489.
Razoumovsky (G. de), 4032.
Réaumur, 4020, II, III, V, VII; 4022, I, II; 4026, II.
Reboul (H.), 4032.
Reclus (E.), 4008, I; 4033, II.
Reichel (C.), 4020, I.
Remusat (A. de), 4039.
Remusat (P. de), 4005, IV.
Renan (E.), 1017, 4037, 4039.
Renaudot (E.), 3118.
René (E.), 4043.
Reneaume, 4020, VII.
Renou (J.), 2696.
Renzi (A.), 4008, IV.
Retzius (A.), 4003.
Reutlinger (R.-H. de), 3606.
Rey (W.), 4007.
Reynaud (A.-M.), 3999, III.
Riban (J.), 4027, VI.
Ribaud de La Chapelle, 1023.
Ribes (F.), 3995, 4000, II, IV.
Ricard (J.-B.), 3999, VII.
Riche de Prony, 4043, III.
Rieger (L.), 3484.
Rienzi (de), 4008, VII.
Rigaud (G.), 4014.
Rigaud (X.), 4026, I.

Rinn (E.), 4008, IV.
Riolan (J.), 854.
Rittelmeyer (T.), 3999, VI.
Rivarol, 3745.
Rivière, 4021, III.
Rivière (de), 4027, I.
Robert (C.), 2763.
Robert (E.), 4001, I; 4033, II.
Robinet, 3098.
Rochefort (C. de), 1748, 3801.
Rodier (G.), 4033, I.
Rodrigues, 4043, II.
Rœderer, 3.
Roehrig, 4039.
Roger (T.), 4023, IV.
Roget, 4021, I.
Rohrer (J.), 4007.
Rolland du Roquan, 4021, V.
Rome d'Ardène (J.-P), 2214.
Romé de L'Isle, 4031.
Rosny (L. de), 4008, II.
Rosseuw St-Hilaire (E.), 4041.
Roubieu (J.), 4026, II; 4027, II; 4042, 4043, II.
Rouch (P.), 3328.
Rougeot Desessarts, 4021. VI.
Roujou (A.), 4006, 4031.
Roulin, 4020, II.
Roullier (A.), 3424.
Rousseau, 4008, III.
Rousseau (E.), 4004.
Rousseau (J.-B.), 3999, II.
Roussel, 4043, I.
Rousselot de Surgy, 1749.
Rouville (P.-G. de), 4026, III; 4032, I; 4043, III.
Roux de Rochelle, 3997, II.
Roy (N.), 4014, II.
Royer-Collard (H.), 3997, II.
Rozier (l'abbé), 4028.
Rozier (L.-F.), 4000, IV.
Rubner (A.), 4021, II.
Rudolphi (K.-A.), 4000, II.

— 453 —

Ruelle (C.-E.), 4008, I.
Rulland (H.), 4026, IV.
Rumelin (H.-G.), 3999, IV.

Rusconi, 4020, IV; 4021, III.
Rutlige, 1203.

S

Sabatier (B.), 3999, I.
Sacy (S. de), 4039, 4008, III.
Sageret, 4027, II-III.
Sagot (P.), 4005, II.
Saint-Ange, 4020, I.
Saint-Hilaire (A. de), 4027, II.
Saint-Hyacinthe, 714.
Saint-Martin (de), 3603.
Saint-Martin, 4038, II.
Saintpierre, 4023, VI.
Saint-Pierre (Bernardin de), 3875.
Sainte-Marie (E.), 4019.
Salaberg (de), 3888.
Salaville (J.-B.), 4021, I.
Sales Girons, 3994.
Salles (E. de), 4005, I.
Salles (Is. de), 1706.
Salva (C.), 4014, II.
Samazeuil (J.-F.), 4009.
Sanang-Setzen, 4008, III.
Sanchès (A.-R.), 1022.
Saporta (F. de), 4001, I.
Sarrazin, 4020, II.
Saulcy (F. de), 4038, II; 4041.
Saury, 4013.
Sautreau de Marsy, 3607.
Sauvages (l'abbé de), 1003.
Sauvages de La Croix, 4026, II.
Saveney (E.), 4030.
Savigny (H.), 4019.
Schaffer (J.-C.), 4020, VII.
Schaffer (J.-J.), 3999, VI.
Scherzer (R.), 3999, III.
Schiefner (A.), 4008, VI.
Schiller, 4036.
Schimper (P.), 4026, III.
Schleicher (A.), 4000, III; 4038, I.
Schleiden (J.), 4001, II.
Schleiden (M.-J.), 3997, I.
Schlegel (A.-W. de), 4008, II.

Schmalz (E.), 4021, VI.
Schmelzer (F.-A.), 4000, IV.
Schmid (T.-E), 3999, IV.
Schmidt (H.), 3998.
Schmith (J.-E.), 3997, II.
Schœffer, 4022, II.
Schœll, 1720.
Schœpping, 1206.
Schomburgk (R.), 4008, VI.
Schonfeld, 3997, I.
Schott (W.), 4006.
Schôw (A.), 4027, I.
Schreberus (D.), 4024.
Schubert (H.), 3998.
Schultze (J.), 4021, I.
Schulze (F.), 4021, VI.
Schwab (K.-L.), 4022, II.
Schwarz (E.), 3999, III.
Sédileau, 4022, I, II.
Sédillot (C.), 4015.
Seetzen (J.), 4008, III.
Ségaud, 4019.
Sélys-Longchamps (E. de), 3998.
Senancour (E.-P.-P. de), 1453, 3151.
Séneaux (A.-J,), 4042.
Sérée (J.-F.) 3999, I.
Seringe, 4021, I.
Serres, 3999, II; 4006.
Serres (de), 4008, IV.
Serres (J. de), 3095.
Serres (Marcel de), 3996, 4001, II; 4005, III; 4020, VIII; 4021, I, II; 4023, I, III; 4031, 4032, I, II; 4033, I, II; 4034, 4035.
Seynes (J. de), 4023, V; 4027, II.
Sherlock, 2213.
Siebold (de), 4008, II.
Siebold (E. de), 4020, IV.
Siebold (P.-F. de), 4001, I.
Sigaud de Lafond, 994.

Sigwart (J.-F.), 3999, I,
Sigwart (F.), 4024.
Silbermann (J.-B.), 4004.
Simon fils (L.), 2613.
Simon (R.), 1722.
Sinclair (J.), 4016.
Siozard (R.), 3999, I.
Smeathman (H.), 4023, III.
Smith (d'A.), 4038, 1.
Smith (J.-O.), 4027, I.
Smith (L.), 4008, VII.
Soulier (V.-L.), 4043.

Souty (A.), 4014, II.
Soyer-Willemet, 4027, VI.
Spae (D.) 4026, III.
Spinola, 4022, I, III.
Spurzheim (G.), 1413.
Stanley, 4008, V.
Sticotti, 992.
Struve (H.), 4033, II.
Suard, 3877.
Sue (P.), 86, 3999, IV; 4020, II.
Sulzer (C.), 4020, VI.
Surriray, 4021, VII.

T

Taillefer (G.-J.), 3999, I] et VII.
Talepied (F.-N.), 1724.
Tandon, 2458.
Teissier (J.), 3999, VI.
Teissier-Rolland (J.), 4043, I.
Tellier, 3018.
Terechowsky, 4021, VII.
Terson (P.-A.), 3999, VII.
Teissier, 4026, II.
Testanier (D.), 4026, II.
Testor (J.), 4053.
Theil (J.-P.), 4014, I.
Thierry, 2435.
Thierry (A.), 4009.
Thiery, 3821.
Thiery de Bussy (F.), 3990, V.
Thomson (J.), 4015.
Thuet (J.-Ch.-F.), 2413.

Thun (L. von), 4008, I.
Thunberg (C.-P.), 4024.
Timbal Lagrave (E.), 4027, III, V.
Tiphaigne de la Roche, 3022.
Touchy (A.), 4020, I, II; 4021, IV; 4026, II.
Tournal fils, 4032.
Tournefort, 4026, II.
Tournel (J.-R.), 4014, I.
Towson (R.), 4020, IV.
Trembley (J.), 1210.
Trémolière (P.), 4809.
Treviranus (R.), 4020, V.
Tristan (le Cte de), 4027, II.
Tschudi (F. de), 4023, I.
Turgot (E.-F.), 2455.
Turpin (F.), 4027, I.

U

Uckert (T.), 4047.
Uhde (C.-W.-F.), 4002.

Urville (J. d'), 4008, VII; 4011, 4030.

V

Vacheresses (J.-J.-B.), 3999, VII.
Vaillant (L.), 4021, VI.
Vaillant (de Bucharest), 4010.
Vairasse (D.), 1732.

Vaissette (Dom J.), 1024.
Valentin (L.), 4021, II.
Vallin (L.), 4020, VI.
Vallot (J.-N.), 4021, III.

— 455 —

Van Beneden, 4021, V.
Van der Hoeven (J.), 4002, 4003, 4006, 4008.
Vander Linden (L.), 4023, III.
Vander Maelen (Ph.), 993.
Varney, 2212.
Vauquelin, 4027, II.
Venture, 4008, III.
Venuti (P.), 4006.
Verlot (B.), 4027, III.
Verney le jeune, 4020, VIII.
Vernial (A.), 3998.
Vezian (A.), 4031.
Viader (E.-D.), 3999, VII.
Vialla (L.), 4023, VI.
Vidal (J.), 4014, I.
Vieu (P.-L.-E.), 4005, III.
Viguier (A.), 4026, IV.
Vilbrand (J.-J.), 4000, III.
Villa (A.), 4023, I.

Villalba, 3999, VII.
Villars, 4027, I.
Villermé (L.-R.), 4005, III; 4016.
Villiers (P. de), 4023, IV,
Vilmorin (L.), 4027, III.
Virchow, 4006, 4015, 4034.
Virey (J.-J.), 4000, I; 4017-19, 4023.
Virey (P.), 4008, V.
Virlet (T.), 4032.
Viroy (J.-J.), 3999, V.
Vivien de St-Martin, 4000, I; 4008, III.
Vogt (K.), 4034.
Voisin (A.), 4012.
Volkoff (S. de), 4004.
Volney, 4008, V; 4037.
Voltaire, 73, 351, 612, 1005, 1204, 1768, 2513, 2863.
Vosmaer (J.), 3994, 4020, V.
Vrolik (G.), 3997, I; 4001, II; 4006, 4020, I.

W

Wagner (A.), 4000, II.
Wagner (R.), 4000, II; 4002, 4021, I.
Wailly (L. de), 856.
Walckenaer (Le Bon), 4023, VI.
Walcott (D.), 2839.
Watt (R.), 4016.
Weber (J.), 4002.
Weiler (J.-F.), 4025.
Wendland (H.), 4027, V.
Westphal-Castelnau, 4021, III.

Weysser (J.-H.), 4020, VI.
Wiegmann (F.), 4026, II.
Wilh (L.), 4008, I.
Williamson (de), 4020, VIII.
Williamson (G.), 4003.
Windischmann (H.), 4020, IV.
Wirchow (R.), 3999, II.
Wiseman, 4036, 4038, I.
Wittwerck (C.-L.), 3999, IV.
Wolff (L.), 4020, VIII.

Z

Zangrandi (L.), 4000, I.
Zendrini (A.), 4039.
Zetterstedt (E.), 4026, III.
Zeune (A.), 3999, III.

Zieman (E.), 4004.
Zigno (A. de), 4021, VII.
Zimmermann (J.), 4008, I.

CATALOGUE GÉNÉRAL

DE LA

BIBLIOTHÈQUE DE LA VILLE DE MONTPELLIER

Parties imprimées

Histoire Littéraire et Bibliographie. — Polygraphie. 1872. 1 vol.
Théologie. — Jurisprudence. 1875. 1 vol.
Belles-Lettres. 1876. 1 vol.

Sous presse

Histoire. 1 vol.

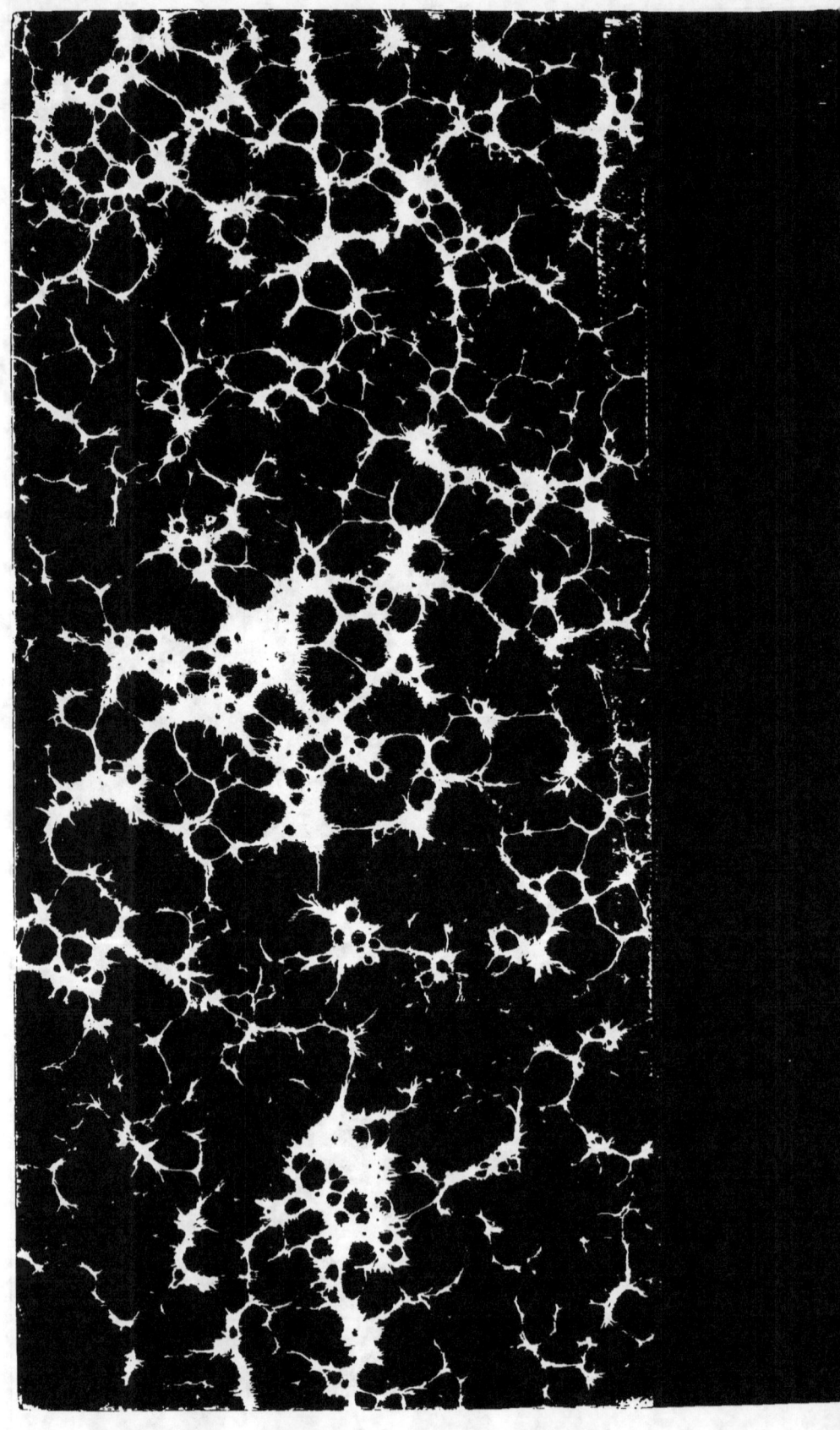

www.ingramcontent.com/pod-product-compliance
Lightning Source LLC
Chambersburg PA
CBHW072111220426

43664CB00013B/2075